《말괄량이 길들이기》 카타리나 에드워드 로버트 휴즈. 1896.

▲《말괄량이 길들이기》 오거스터스 에그

◀영화 《말괄량이 길들이기》
프랑코 제피렐리 감독, 리처드 버튼·엘리자베스 테일러 주연. 1967.

연극 〈말괄량이 길들이기〉 무대 광고 런던 아델피 극장. 1904.

《뜻대로 하세요》1막 2장 격투 장면 다니엘 매클라이즈. 1854.

《뜻대로 하세요》숲속의 로잘린드 존 에버렛 밀레이. 1868.

《뜻대로 하세요》 5막 1장 올란도와 로잘린의 위장 결혼식 월터 하엘 데버렐. 1845.

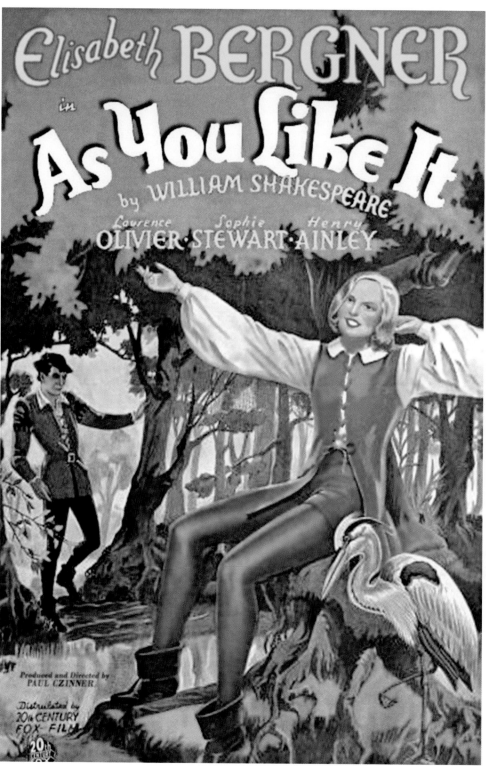

영화 〈뜻대로 하세요〉 폴 크지너 감독, 엘리자베스 베르그너·로렌스 올리비에 주연. 1936.

《십이야》 오시노와 바이올라 프레더릭 리처드 피커스길. 1850.

《십이야》 바이올라를 연기하는 조던 부인 존 로프너

《한여름밤의 꿈》 오베론과 티타니아의 화해 조셉 노엘 페이튼. 1847.

《한여름밤의 꿈》티타니아·장난꾸러기 요정 퍽 조지 롬니. 1793.

《한여름밤의 꿈》오베론과 티타니아의 말다툼 조셉 노엘 페이튼. 1849.

《한여름밤의 꿈》시종들에게 둘러싸인 티타니아 잠에서 깨어나다 헨리 푸젤리. 1794.

《베네치아의 상인》 샤일록과 딸 제시카 마우리시 고틀리브. 1876.

《베네치아의 상인》 포르티아와 샤일록 토마스 설리. 1835.

《베네치아의 상인》 포르티아 찰스 에드워드 페루기니

《베로나의 두 신사》 밸런타인이 구해준 실비아 프랜시스 휘틀리. 1792.

《베로나의 두 신사》 3막 1장, 영주, 실비아와 밸런타인 알프레드 엘모어. 1857.

World Book 286

셰익스피어전집5 [희극I]

William Shakespeare

TAMING OF THE SHREW/AS YOU LIKE IT/TWELFTH NIGHT
A MIDSUMMER NIGHT'S DREAM
THE MERCHANT OF VENICE/THE TWO GENTLEMEN OF VERONA

말괄량이 길들이기/뜻대로 하세요/십이야
한여름 밤의 꿈/베니스의 상인/베로나의 두 신사

셰익스피어/신상웅 옮김

동서문화사

디자인 : 동서랑 미술팀

셰익스피어전집 5 [희극I]
말괄량이 길들이기/뜻대로 하세요/십이야
한여름 밤의 꿈/베니스의 상인/베로나의 두 신사
차례

[컬러화보]

Taming of the Shrew
말괄량이 길들이기

[등장인물]

〈서막〉

영주(領主)

슬라이 술 취한 땜장이

주막 안주인

그 밖에 시동, 사냥꾼들, 하인들, 배우들

〈본극〉

밥티스타 파도바의 갑부

빈센티오 피사의 노신사

루센티오 빈센티오의 아들, 비앙카를 사랑하는 청년

페트루키오 베로나의 신사, 카타리나의 구혼자

그레미오
호르텐시오 } 비앙카의 구혼자

트라니오
비온델로 } 루센티오의 하인

그루미오
커티스
나다니엘
필립 } 페트루키오의 하인
요셉
니콜라스
피터

카타리나(말괄량이)
비앙카 } 밥티스타의 딸

과부

그 밖에 재봉사, 양품점 주인, 하인들

[장소]

파도바 및 페트루키오의 시골 별장

말괄량이 길들이기

벌판의 한 술집 앞.
문이 열리며 거지꼴을 한 슬라이가 주막 안주인에게 내쫓겨 휘청거리며 걸어 나
온다.

슬라이 두들겨 패줄까 보다, 제기랄.

안주인 차꼬나 차라, 이 악당아.

슬라이 이 떠버리 할망구야! 슬라이 집안에 악당은 없다. 역사책을 뒤져봐.
우리는 정복왕 리처드와 함께 이곳으로 왔어. 그러니 아가리 닥치라고. 세
상이야 될 대로 되라지. 꺼져!

안주인 유리잔을 깨놓고 물어내지 않을 작정이야?

슬라이 그래, 한 푼도 못 내겠어. 줄행랑치는 것이 현명하겠다. 차디찬 침대
로 가서 몸이나 녹여야지. (비틀비틀 걸어 나가다가 덤불 옆에 쓰러진다)

안주인 내게도 해결책이 있지. 가서 경찰을 불러올 테야. (퇴장)

슬라이 셋째 놈이건 넷째 놈이건 다섯째 놈이건 다 불러오라지. 법으로 할
테니까. 한 치도 물러나지 않겠다. 불러올 테면 불러와, 친절하게 상대해 주
마. (잠이 들어 코를 골기 시작한다)

뿔피리 소리. 영주와 그의 부하들이 사냥을 나갔다가 벌판을 가로질러 돌아오고
있다.

영주 여봐라 사냥꾼들, 내 사냥개들을 잘 돌봐라. 메리먼이란 암캐는 좀 풀
어 주는 게 좋겠다. 입에서 거품을 내고 있구나. 클라우더는 짖는 소리가

좋은 암놈과 같이 놔두어라. 그런데 실버란 놈이 하는 행동을 보았나? 글 쎄 아까 울타리 모퉁이에서 금세 냄새를 맡아 찾아냈다. 그 개는 20파운드 를 준다고 해도 바꿀 수 없지.

사냥꾼 1 벨먼도 그에 못지않습니다. 완전히 놓친 사냥감을 그놈이 찾아내 고 짖어댔습니다. 오늘도 거의 다 놓칠 뻔한 것을 두 번이나 그놈이 냄새를 맡았습니다. 정말, 제가 보기엔 그놈이 더 낫습니다.

영주 바보 소리 말아. 에코란 놈만 해도 좀더 잘만 뛴다면, 벨먼의 열두 배쯤 은 가치가 있어. 아무튼 밥 잘 주고, 잘 좀 돌봐줘. 내일 또 사냥을 나갈 테 니까.

사냥꾼 1 예, 잘 알겠습니다.

영주 (슬라이를 발견하고) 이건 뭐냐? 죽었나, 취했나? 어디, 숨은 붙어 있 느냐?

사냥꾼 2 숨은 쉽니다. 술기운이 아니고선, 차디찬 맨바닥에서 이렇게 곤히 잠이 들순 없을 겁니다.

영주 허, 짐승 같은 것! 돼지처럼 나자빠져 있는 꼴 좀 보게! 무서운 죽음도 이렇게 놓고 보니 그저 더럽고 지긋지긋한 것으로밖에 보이지 않는군. 한데, 이 주정뱅이에게 장난 좀 쳐봐야겠다. 자네들은 어찌 생각하나? 이 녀석을 침실로 떠메다가 좋은 옷으로 갈아입히고, 반지도 끼워 주고, 머리맡엔 진 수성찬을 차려놓고, 그럴듯한 시종들도 대기시켜 놓으면, 잠이 깨서 이 거 지가 자기 신분을 감쪽같이 착각하지 않을까?

사냥꾼 1 정말 그렇게 생각할 수밖에 없을 것입니다.

사냥꾼 2 잠이 깨면 아마 어리둥절해하겠지요.

영주 달콤한 꿈을 꾸고 있을 때나 헛된 망상에 잠겨 있을 때와 같을 테지. 그 럼 이자를 옮기고 잘해 봐. 가장 좋은 내 방에 가만히 데려다 놓으란 말이 야. 그리고 방 안에는 온통 음탕한 그림들을 걸어놓고, 이 더러운 머리에는 따뜻한 향수를 뿌려주고, 향나무를 태워서 방 안을 향기롭게 해둬. 그리고 음악을 준비해 두었다가 눈을 뜨거든 감미롭고 상쾌한 음악을 들려주어라. 그리고 혹 무슨 말을 하거든 빨리 대답하고 공손하게 낮은 목소리로 "무슨 분부하실 것이라도?" 하고 물으란 말이야. 그리고 누구 한 사람은 가득 담 은 장미수에 꽃을 띄운 은쟁반을, 다른 사람은 물병을, 또 한 사람은 물수

《말괄량이 길들이기》속표지　헨리 코트니 셀루스. 1830.

건을 들고 섰다가 "손을 시원하게 씻지 않으시렵니까?" 물어라. 누구는 값진 옷을 준비하고 있다가 어떤 것을 입으시겠는가 물어보고, 또 누구는 사냥개와 말 이야기를 해주고, 또 부인께서는 나리의 병환을 슬퍼하고 계신다고 말하는 거야. 이렇게 자기를 실성한 사람으로 믿게 만들란 말이야. 그리고 그자가 자신이 누구인지 말하거든 당장에 이렇게 말해 주도록 해. "그건 꿈을 꾸신 것이고 사실은 훌륭하신 영주님이 틀림없습니다"라고. 조심해서 잘해 보게. 적당히 잘 진행된다면 굉장한 놀이가 아니겠느냔 말이다.

사냥꾼 1 예, 저희들은 저마다 맡은 역할에 최선을 다해서 이자가, 저희가 말하는 바대로 믿게끔 하겠습니다.

영주 살며시 옮겨다 재우고, 눈을 뜨거든 내가 시킨 대로 하라. (사냥꾼들이 슬라이를 들고 퇴장. 나팔 소리) 아니, 저 나팔 소리는? 가서 무슨 일인지 알아봐라. (하인 한 사람 퇴장) 혹시 어떤 귀족이 여행을 하다가 이 근처에서 좀 쉬려는 건지도 모른다.

나갔던 하인이 다시 들어온다.

영주 그래 누구더냐?

하인 배우들입니다. 영주님 앞에서 공연을 해보이겠답니다.

영주 이리 불러들여라.

배우들 등장.

영주 아, 다들 잘 왔네.

배우들 감사하옵니다.

영주 오늘 밤 내 집에 머물러 주겠나?

배우 1 예, 영주님께서 허락해 주신다면요.

영주 기꺼이 그러지. 이 사람은 기억나네. 언젠가 농부의 맏아들 역할을 맡았었지…… 귀부인에게 그럴듯하게 구애하는 장면이었어. 누구 역할인지 이름은 잊었으나 그 역에 꼭 알맞았고, 분장도 자연스러웠네.

배우 1 아마 소토 역할을 말씀하시나 봅니다.

영주 옳아, 그래. 그건 참 잘했더랬어. 한데 자네들 참 잘 와주었네. 실은 심심풀이로 놀이를 계획하는 중인데, 자네들의 멋진 솜씨로 도움만 받는다면 한결 흥겨워질 수 있을 거야. 오늘 밤 어떤 영주님께 자네들의 연극을 보여드릴 생각인데, 다만 내가 염려하는 건, 그분이 여태껏 연극을 본 적이 없는지라 영주님의 기묘한 행동을 보고 자네들이 우스워서 못견디는 바람에 그분의 기분을 상하게 하지 않을까 하는 점이야. 자네들이 웃으면 그분은 화가 날 테니까.

배우 1 염려 마십시오. 저희들이 꼭 행동을 조심하겠습니다. 비록 그분이 세상에 둘도 없는 어릿광대라도 말입니다.

영주 음, 여봐라, 이 사람들을 식당으로 안내해서, 한 사람 한 사람 극진히 대접해라. 내 집에서 할 수 있는 거라면 뭐 하나 모자람이 없도록 하라. (하인이 배우들을 안내하여 퇴장) 여봐라, 너는 시동 바돌로매한테 가서 그 애를 귀부인 차림으로 갈아입힌 다음, 아까 그 주정뱅이 방으로 데리고 가서 그 아이에게 마님, 마님, 하며 굽실대거라. 그리고 시동에게는 시키는 대로 하면 그만한 보수는 있을 테니까, 귀부인이 남편에게 하는 것처럼 품위 있게 주정뱅이를 대하고 말도 고분고분하게 하고 허리도 나지막이 굽히면서 "무슨 분부든지 말씀하세요. 당신의 부인으로 모자란 아내지만, 정성과 애정을 보여드리기 위해서 곁에 있습니다"라고 말하라고 일러라. 그리고 가엾게도 일곱 해나 비참한 거지꼴이 된 줄로만 착각하고 있던 남편이 이제 건강이 회복되어 정말 기쁘다고 말하고는, 정답게 안고서 키스를 하고 머리를 상대 가슴에 파묻고 눈물을 짜내라고 일러라. 그 애가 소낙비 같은 눈물을 쏟는 여자의 재주가 없거든 묘안이 있다. 양파를 헝겊에 싸서 눈에 비비면, 눈물은 하염없이 쏟아질 것 아니냐. 되도록 빨리 처리해라. 다음 지시는 곧 내리겠다. (하인 퇴장) 시동이 품위나 목소리나 태도나 몸가짐 등으로 봐서 넉넉히 귀부인을 흉내낼 거야. 어서 들어가서, 그 아이가 주정뱅이를 남편이라 부르는 것을 보고 싶구나. 그리고 내 부하들이 우스운 것을 참고서 그 바보 같은 농군에게 굽실거리는 꼴은 참으로 볼만하겠어. 안에 들어가서 주의를 시켜야겠어. 내가 참석하면 너무들 흥겨워하다가 일을 그르치지는 않을 테니까. (모두 퇴장)

영주 저택의 한 침실.

호화스런 잠옷을 입은 슬라이가 들어온다. 그 주위에 시종들이 옷, 대야와 물병, 그 밖의 물건들을 들고 서 있다. 뒤이어 영주 등장.

슬라이 (잠이 덜 깬 얼굴로) 제발 에일(ale) 맥주나 한 잔 주시오.

하인 1 나리, 백포도주로 하시면 어떨까요?

하인 2 설탕에 절인 과일을 들지 않으시겠습니까?

하인 3 오늘은 어떤 옷을 입으시겠습니까?

슬라이 난 크리스토퍼 슬라이야. 나더러 나리, 나리, 하지 말라니까. 백포도주 따윈 마셔본 적도 없다. 무슨 절임을 주려거든, 소고기조림이나 줘. 무슨 옷을 입겠느냐고는 묻지도 마. 이 등이 내 저고리고, 두 다리가 양말이고, 신은 발이고, 아니 발이 신이라니까. 그래, 글쎄 이렇게 발가락이 쑥 삐져나와 있잖아.

영주 아이고, 우리 나리의 이 까닭 모를 병환을 속히 낫게 해주십시오! 그렇게도 훌륭한 혈통과 그렇게도 많은 재산에다, 그렇게도 귀하신 분께 이토록 흉악한 악령이 들리다니!

슬라이 아니 당신들, 나를 미치게 할 작정인가? 내가 크리스토퍼 슬라이가 아니란 말인가, 버튼 히스에 사는 슬라이 영감의 자식인? 본디는 떠돌이 장사꾼이었는데 교육을 받으면서 빗 만드는 공장에서 일하다가 곰치기로 전직하고, 이제는 땜장이 노릇을 하고 있는 슬라이가 아니란 말인가? 윈콧 주막의 저 뚱뚱한 안주인 마리안 하켓에게 가서 날 아느냐고 물어보구려. 외상 술값이 14펜스 있지만, 그런 일이 없다고 그 안주인이 잡아뗀다면, 나야말로 그리스도교도의 나라에서 으뜸가는 거짓말쟁이지.

하인이 맥주를 가지고 등장.

슬라이 내가 미치다니, 천만에. 그 증거로……. (하인이 내민 맥주잔을 받아서 마신다)

슬라이와 영주 윌리엄 퀼러 오차드슨 삽화, 찰스 윌리엄 샤프 판화. 1876.

하인 3 아, 이러시기 때문에 마님께서 슬퍼하고 계십니다.

하인 2 이러시기 때문에 하인들도 근심하고 있습니다.

영주 이러시기 때문에 일가 친척들도 영주님의 기이한 정신병을 두려워하여 영주님 댁에 발을 끊은 것입니다. 영주님, 가문을 생각하셔서 쫓아낸 옛 마음을 다시 불러들이시고, 이 비참한 악몽일랑 몰아내 버리십시오. 보십시오, 이렇게 하인들이 곁에서 영주님의 분부를 기다리고 서 있지 않습니까? 음악은 어떻겠습니까? 아폴론 신이 연주하는 음악을 들어보십시오. (음악이 연주된다) 밤꾀꼬리들도 스무 마리나 새장에서 노래하고 있습니다. 아니, 졸리십니까? 자리를 준비해 드릴까요? 저 아시리아의 세미라미스 여왕을 위하여 마련했다는 침상보다 더 푹신하고 달콤한 침상입니다. 산책하시겠다면 땅바닥에 꽃을 뿌려놓겠습니다. 아니면 말을 타시겠습니까? 황금과 진주로 꾸민 마구(馬具)를 채워서 말들을 대기해 놓겠습니다. 매사냥은 어떠십니까? 아침의 종달새보다도 높이 날 매들이 준비돼 있습니다. 그것도 아니면 사냥은 어떠십니까? 씩씩하게 짖어대는 사냥개들의 소리에는 하늘도 메아리치고 드넓은 대지도 날카로운 메아리를 울려 보낼 것입니다.

하인 1　달리라고 하시면, 사냥개들은 수사슴처럼 숨도 안 쉬고 쏜살같이 달릴 것입니다. 날쌔기로는 암사슴도 어림없습니다.

하인 2　그림은 어떻겠습니까? 지금 당장이라도 내오겠습니다. 졸졸 흐르는 개울가엔 미소년 아도니스가 서 있고, 향부자 덤불 속에는 아름다운 여신 키테레이아가 누워 있으며, 그 입김에 요염하게 움직이는 향부자들은 마치 바람에 산들거리는 듯 보이는 그림 말입니다.

영주　또 다른 그림도 보여드리겠습니다. 숫처녀 이오가 제우스 신한테 속아 습격당하는 광경이 생생하게 그려진 그림 말입니다.

하인 3　아니면 여신 다프네가 아폴론 신에게 쫓기어 찔레밭을 헤매다가 다리를 긁히고 피가 날 지경이어서 그 광경에 아폴론마저 슬퍼하고, 눈물이 날 정도로 잘 그려진 그림은 어떠십니까?

영주　영주님, 영주님은 정말로 저희들의 영주님이십니다. 영주님껜 이 말세에 다시없이 아름다운 부인이 계십니다.

하인 1　영주님 때문에 그 아름다운 얼굴에 밉살스런 폭포수 같은 눈물이 흘러내리기 전에는 이 세상에서 찾아보기 힘든 최고 미인이셨습니다…… 아니, 지금도 누구 못지않으십니다.

슬라이　내가 영주고, 내게 그런 부인이 있던가? 꿈결이 아닐까? 아니, 여태까지 꿈을 꾸고 있었을까? 확실히 잠결은 아니야. 음, 내 눈에 보이고, 내 귀에 들리고, 내가 말을 하고 있구먼. 좋은 냄새도 나고, 만져보니 보드라워. 내가 정말 영주로구나. 땜장이도 아니고 크리스토퍼 슬라이도 아니야. 그럼 부인을 어서 모셔오너라. 맥주도 한 잔 더 가져오고.

하인 2　(대야를 내밀며) 영주님, 손을 씻으십시오. (슬라이가 손을 씻는다) 영주님께서 정신을 되찾으시고 다시 신분을 알아보시니 참으로 기쁩니다. 지난 열다섯 해를 꿈속에 계시다가 잠에서 깨어나시듯 이제 눈을 뜨셨습니다.

슬라이　열다섯 해나! 많이도 잤네. 하지만 그동안 아무 말도 하지 않던가?

하인 1　웬걸요, 영주님, 말씀은 하셨지만 헛소리뿐이었습니다. 이렇게 훌륭한 방에 누워 계시면서도 밖으로 쫓겨났다고 말씀하시고, 술집 안주인을 야단치셨습니다. 그리고 마개를 따지 않은 술병을 가져오라는데 돌솥을 가져왔다며 고소를 하시겠다는 둥, 이따금 시슬리 하켓이란 이름을 입에 담으셨습니다.

슬라이 음, 주막집에서 일하는 아가씨야.

하인 3 아닙니다. 영주님께선 그런 술집이나 그런 아가씨를 아실 리가 없으십니다. 그리고 스티븐 슬라이, 그리스의 존 냅스 영감, 피터 터프, 헨리 핌퍼넬, 이 밖에 스무 명도 넘는 이름을 입에 담으셨지만, 그런 사람들은 이 근처에 살고 있지도 않고 만나보신 적도 없습니다.

슬라이 그렇다면 모두 하느님의 덕분이군. 하느님, 참으로 감사하나이다!

모두 아멘!

슬라이 다들 고맙군. 여러분의 기원이 헛되지 않게 하겠네.

부인으로 변장한 시동이 시녀들을 거느리고 등장. 그 가운데 한 시녀가 슬라이에게 맥주를 권한다.

시동 나리, 좀 어떠세요?

슬라이 아 좋소, 좋아. 여간 기운이 나지 않는구려. 한데 내 아내는 어디 있지? (맥주를 마신다)

시동 여기 있어요, 나리. 무슨 분부라도?

슬라이 당신이 내 아내요? 그럼 왜 남편을 여보라고 부르지 않소? 내 부하들은 나리, 나리 해도 좋지만, 난 당신의 남편이 아니오?

시동 저의 남편이며 주인어른이에요. 주인어른, 서방님, 전 당신의 아내로서 뭐든지 당신 뜻대로 하겠어요.

슬라이 잘 알았소. 그럼 나는 당신을 어떻게 부를까?

영주 부인이라고 부르십시오.

슬라이 앨리스 부인이요, 조안 부인이요?

영주 부인이라고만 부르십시오. 영주들은 자기 부인을 모두 그렇게 부른답니다.

슬라이 여보, 부인, 듣자니 난 열다섯 해 넘게 잠을 자며 꿈을 꾸고 있었다는데, 그게 정말이오?

시동 네, 그것이 저에게는 서른 해나 되는 것만 같아요. 그동안 저는 혼자 외로이 빈방을 지켜왔어요.

슬라이 그거 참 안됐었구면…… 여봐라, 하인들은 물러가고 우리 두 사람만

있게 해다오…… (하인들이 물러간다) 부인, 자 옷을 벗어요. 그리고 잠자리로 들어갑시다.

시동 귀하고도 귀하신 영주님, 부탁입니다. 제발 한두 밤만 참아주세요. 그 것조차 안 되시겠다면 해가 질 때까지만이라도. 의사들이, 당신 병이 재발할 위험이 있으니 동침은 삼가라고 말했어요. 이만하면 제 말을 이해해 주실 테죠.

슬라이 음, 온통 뭣해서 한시도 참을 수가 없는데. 하지만 또다시 그런 악몽 속에 떨어지는 것도 싫으니 참기로 하지. 피가 끓고 살이 뛰더라도.

하인 한 사람 들어온다.

하인 1 영주님의 전속 배우단이 영주님께서 쾌차하셨다는 소식을 듣고서 희극을 공연하려고 와 있습니다. 의사들도 때마침 잘된 일이라 반가워합니다. 심한 슬픔이 피를 굳게 했고 우울증이 실성의 보금자리이니만큼, 연극을 보시고 흥겨운 일에 마음을 돌리시면 수많은 해악도 미리 막을 수 있고, 수명도 늘릴 수 있다고 합니다.

슬라이 음, 그럼 곧 시작하게나. 한데 그 희극인가 뭔가는 크리스마스 춤인가, 아니면 곡예사의 재주인가?

시동 아녜요, 영주님, 그건 훨씬 더 재미있는 것이에요.

슬라이 그럼 집에서 슬금슬금 하는 것인가?

시동 그건 옛날이야기 같은 것이에요.

슬라이 음, 아무튼 구경해 봐야지. 자 부인, 내 곁에 와서 앉구려. 우리가 두 번 다시 이처럼 젊어질 수야 있겠나. (시동이 곁에 앉는다)

나팔 소리.《말괄량이 길들이기》극이 시작된다.

〔제1막 제1장〕

파도바. 광장.

파도바의 시뇨리 광장

밥티스타와 호르텐시오의 집과 다른 집들이 광장에 맞닿아 있다. 광장에 나무들이 서 있고 긴 의자가 놓여 있다. 루센티오와 그의 하인 트라니오 등장.

루센티오　트라니오, 문화의 요람인 이 아름다운 파도바를 꼭 한번 구경하고 싶었는데, 이탈리아의 낙원이라 할 이 기름진 롬바르디아 평야에 이제야 이르렀구나. 더구나 아버지의 호의와 승낙 아래 너처럼 믿음직한 시종과 함께 하니 모든 일은 다 잘만 돼가는구나. 자, 여기서 좀 쉬자꾸나. 그러고 나서 천천히 학문과 문화의 길을 찾기로 하자. 점잖은 시민들로 이름난 피사에서 태어나, 세상을 주름잡는 대상인이며 벤티볼리오 가문 출신인 빈센티오를 아버지로 두고, 피렌체에서 교육을 받은 내가 아니냐. 그러니 세상의 기대에 어긋나지 않기 위해서는 그만한 행운을 그만한 인격으로 장식해야 한다. 그러니 이봐, 지금 내가 배우고 싶은 것은 덕인데, 이 학문을 몸에 지니고 나면 덕으로 말미암아 행복에 이를 길도 자연스레 알게 될 것이 아니냐 말이다. 그래 네 생각은 어떠냐? 내가 피사를 버리고 파도바에 온 것은 바로 얕은 물 웅덩이를 떠나 깊은 못에 몸을 담그고 흐뭇하게 갈증을 없애고 싶은 마음에서다.

트라니오 예, 도련님. 전 뭐든지 도련님과 같은 마음이니 다디단 학문의 단 물을 빨아 잡수시겠다 결심하셔서 참으로 기쁩니다. 한데 도련님, 덕이나 수양을 존중하는 것은 좋지만, 제발 저 금욕주의자인지 통나무인지는 되지 말아주십시오. 엄격한 아리스토텔레스의 말만 듣고 계시다가 달콤한 오비 디우스의 부드러운 시를 내던지게 되시면 안 되니까요. 친구 사이의 대화는 논리학 공부로 삼으시고 보통 대화도 수사학의 연습으로 삼으세요. 그리고 기분을 되살리기 위해선 음악이나 시가 좋고, 수학이니 형이상학 같은 것 도 입맛이 당기실 적에는 해보십시오. 흥미가 없는 곳엔 소득도 없는 법이 니까요. 요컨대 도련님이 가장 하고 싶은 공부를 하십시오.

루센티오 고맙다, 트라니오. 네 말이 옳고말고. 비온델로가 도착해 있다면, 우린 당장 숙소를 정하고 지금 파도바에서 만날 수 있는 친구들은 모두 초 청하여 대접할 수 있을 텐데. 가만있자, 저 사람들은 뭐지?

트라니오 도련님, 저분들은 우리를 마중 나온 행렬 같습니다.

문이 열리고 밥티스타가 두 딸 카타리나와 비앙카를 데리고 등장. 나이 든 그레미 오, 호르텐시오가 그 뒤에 등장. 두 사람은 비앙카의 구혼자다. 루센티오와 트라니 오는 나무 그늘에 숨는다.

밥티스타 이제 제발 그만 조르시오. 내가 단단히 결심한 것을 당신들도 알고 있잖소. 글쎄 큰딸의 신랑을 정하기 전에는 작은딸을 시집보낼 수 없습니다. 만약 두 분 가운데 카타리나를 사랑하시는 분이 있다면, 내가 잘 알고 또 나의 호의를 받고 계신 두 분이니 사양 마시고 제발 그 애와 직접 담판해 보시구려.

그레미오 담판이 아니라 재판을 해야 할 판입니다. 큰따님은 제 힘에는 벅차 서요…… 그런데 저기 호르텐시오 씨, 당신이야 어떤 아내든 상관하지 않을 테지요?

카타리나 아버지, 그래 절 이런 짝패들 앞에서 웃음거리로 만드시려는 거예요?

호르텐시오 짝패들이라뇨! 무슨 뜻으로 하는 소리요? 좀더 얌전하고 점잖게 굴지 않으면 당신 짝은 없어요, 없어.

카타리나 당신은 걱정도 팔자군요. 난 결혼할 생각은 조금도 없어요. 하지만 결혼을 하는 날엔 정말이지, 세 발 의자를 빗삼아 당신의 머리털을 빗겨 주고 얼굴에는 색칠을 해서 바보처럼 대접하겠어요.

호르텐시오 아이고 하느님, 제발 이런 악마 같은 여자한테서 저를 구해 주시옵소서!

그레미오 하느님, 제발 저도.

트라니오 (혼잣말로) 쉬, 도련님! 이거, 굉장한 구경거리입니다. 저 말괄량이는 완전히 미쳤거나 안 그렇다면 굉장한 고집쟁이 같습니다.

루센티오 한데 말 없는 다른 쪽은 아주 처녀답게 얌전하고 온순하구나.

트라니오 참, 말씀대로 얌전하군요. 아무 말씀 마시고 실컷 바라보십시오.

밥티스타 내가 지금 한 말에 거짓이 없다는 걸 두 분에게 분명히 하기 위해서…… 비앙카, 너는 안으로 들어가라. 그러나 언짢게 생각해서는 안 된다. 내가 널 사랑하는 마음에는 변함이 없으니까. (비앙카의 머리를 쓰다듬는다)

카타리나 흥, 귀염둥이 아가씨. 그 까닭을 알면 손가락을 눈에 대고 울고 말걸.

비앙카 언니는 내가 잘못되면 속이 시원할 거야. 아버지, 전 아버지 뜻에 따르겠어요. 책과 악기를 동무삼아 혼자 읽고 연습하겠어요.

루센티오 (혼잣말로) 잘 들어봐, 트라니오, 미네르바의 여신이 말하는 것이 들리느냐!

호르텐시오 밥티스타 씨, 그건 너무하지 않습니까? 저희들의 호의가 도리어 비앙카에게는 슬픔의 씨가 되다니 참으로 섭섭합니다.

그레미오 밥티스타 씨, 그래 이런 지옥의 마녀 때문에 작은따님을 가둬 놓고, 그 독설의 벌을 동생에게 받게 할 작정이십니까?

밥티스타 아무튼 두 분 다 이해해 주시오. 난 이미 결심했소. 안으로 들어가라, 비앙카. (비앙카 퇴장) 글쎄, 그 애는 무엇보다도 음악과 악기와 시(詩)를 좋아합니다. 미숙한 그 애를 가르쳐 줄 가정교사를 둘 생각입니다. 그러니 호르텐시오 씨나 그레미오 씨, 누구 적당한 사람을 알거든 좀 소개해 주시오. 재주 있는 분 같으면 잘 대접해 드리고 자식들의 교육엔 돈 같은 건 아끼지 않을 생각이오. 그럼 또 봅시다…… 카타리나, 넌 여기 더 있어도 좋다. 난 비앙카한테 가봐야겠다. (퇴장)

카타리나 어머나, 나도 들어가 볼 테야, 왜 못 들어가 본담? 내가 그렇게 일일이 지시받아서 행동해야 해? 내가 맘대로 오가는 것조차 모르는 사람이람? 흥! (획 돌아선다)

그레미오 악마 어미에게로나 가보려무나. 인품이 그렇게 알뜰해서야 누가 붙잡을라고…… (카타리나는 안으로 달려들어가서 문을 탁 닫는다) 호르텐시오 씨, 저래서야 아버지와 딸 사이도 별로 좋지 않을 것 같소. 하나 우리는 손끝이나 혹혹 불면서 진득하니 참아봅시다. 지금 형편으론 밥은 설익었소. 그럼 안녕히 계시오. 하지만 사랑스런 비앙카를 생각하니 안됐군요. 그녀가 좋아하도록 어떻게 해서든지 적당한 가정교사를 찾아내서 그녀 아버지께 추천해 주고 싶소.

호르텐시오 나도 그렇게 할 생각이오. 그레미오 씨, 한마디 상의해야겠소. 우린 서로 경쟁하는 처지라 오늘까지 의논이라곤 하지 않았지만, 이렇게 되고 보니 생각을 좀 달리 해봐야겠습니다. 우리가 다시 그 아가씨한테 접근해서, 서로 사랑을 다투는 행복한 경쟁자가 되려면 한 가지 특별한 일을 마련해야 할 것만 같습니다.

그레미오 대체 뭐 말이오?

호르텐시오 방법은 딱 한 가지, 언니에게 신랑을 구해 주는 것이오.

그레미오 신랑이라뇨? 악마 말인가요?

호르텐시오 신랑 말이오.

그레미오 악마겠죠. 글쎄, 생각 좀 해봐요. 아버지가 아무리 부자라고 해도 지옥으로 장가를 들 바보가 어디 있겠느냔 말이오?

호르텐시오 쯧쯧, 그레미오 씨도! 당신이나 나는 그 말괄량이 말을 순순히 받아넘기지 못하지만, 세상에는 좋은 사람도 있으니 그런 사람을 만나면, 아무리 흠집이 많다 할지라도 지참금이 있으니 그 말괄량이는 짝을 찾게 될 것입니다.

그레미오 글쎄요. 그러나 나 같으면 혼수를 받느니보다는 차라리 매일 아침

성난 얼굴의 카타리나   윌리엄 조셉 에드워즈

네거리에서 매를 맞는 편이 낫겠소.

호르텐시오   당신 말마따나 썩은 사과를 고를 사람은 그다지 없을 것입니다. 하지만 자, 이렇게 같은 운명에 놓이고 보니 서로 친구가 될 수밖에요. 그러니 당분간 서로 협력하여 밥티스타네 큰딸에게 신랑을 구해 주고 작은딸도 자유로이 결혼할 수 있게 해줍시다. 그러고 나서 다시 경쟁을 하기로 합시다. 아름다운 비앙카여! 그대를 얻는 남자는 행복해! 가장 빨리 뛰는 자가 반지를 차지하는 법이지. 자, 어떻습니까, 그레미오 씨?

그레미오 찬성이오. 누구든지 그 말괄량이한테 구애하기 시작해서 완전히 설득하고 결혼해서 침실로 데리고만 가주면, 그렇게 친정집에서 몰아내만 주면, 난 그에게 파도바에서 으뜸가는 말(馬)을 줄 거요. 자, 가봅시다. (호르텐시오와 함께 퇴장)

트라니오 아이고 도련님, 말씀 좀 해보세요. 그렇게 갑자기 사랑에 붙들려 버릴 수 있는 건가요?

루센티오 아 트라니오, 이제까지만 해도 설마 이런 일은 절대로 있을 것 같지 않았다. 그런데 부질없이 바라보고 서 있는 동안에 그만 멍하니 사랑에 빠지고 말았구나. 이렇게 되고 보니 네게 솔직히 고백하겠다. 카르타고의 여왕 디도는 동생 안나에게 비밀을 고백했다지만, 너와 나는 그보다도 더한 사이가 아니냐. 그러니 트라니오, 내가 그 얌전한 처녀를 얻지 못하는 날엔 내 가슴은 타고 메말라서 끝내는 죽고 말 거야…… 트라니오, 어떻게 하면 좋겠느냐? 너 같으면 좋은 지혜가 있을 거다. 날 좀 도와다오. 너 같으면 그만한 일은 할 수 있을 거야.

트라니오 도련님, 이젠 도련님을 나무랄 단계가 아닌 것 같습니다. 애정이란 건 비난받아 봐야 가슴에서 떠나지 않으니까요. 한번 애정에 붙들리면 별수 없습니다. 라틴어 속담에도 있잖습니까, '가장 적은 값으로 속박에서 벗어나라.'

루센티오 고맙다. 자, 어서 본론을 말해 다오. 지금 그 충고는 그럴듯하니까, 다음 말도 위안이 될 것 같구나.

트라니오 도련님은 그 아가씨한테만 넋이 빠져 있었으니 아마 문제의 핵심은 미처 못 보셨을 거예요.

루센티오 아, 그 아름다운 얼굴은 아게노르의 딸 에우로페 얼굴 그대로였다. 제우스 신이 둔갑하여 크레타 해안에 이르렀을 때, 공손히 무릎을 꿇고 그녀의 손에 키스를 청했다는 그 에우로페 말이다.

트라니오 그 밖에 다른 것은 못 보셨습니까? 그녀의 언니가 떠들고 고래고래 소리를 지르며, 도저히 사람 귀론 듣지 못할 소동을 일으킨 건 못 보셨

비앙카 프레더릭 레이턴. 1862.

습니까?

루센티오 트라니오, 봤어. 그녀의 산호 같은 입술이 달싹이고, 그 입김으로 주위에 향기를 뿌리곤 했지. 그녀 속에 보인 것은 모조리 거룩하고 감미로웠어.

트라니오 이거, 꿈결에서 좀 깨워 드려야겠는걸…… 도련님, 정신을 차리세요. 그렇게도 그 아가씨를 사랑하신다면, 지혜를 짜내서 손에 넣을 궁리를 하셔야죠. 사태는 이렇습니다. 그 아가씨의 언니는 이만저만한 말괄량이가 아니라서 아버지로선 큰딸의 짝을 찾아주기 전에는 도련님이 사랑하시는 아가씨를 처녀로 집에만 붙들어 둘 생각입니다. 아버지가 딸을 가두어 놓는 겁니다. 그래야 구혼자가 귀찮게 굴지 못하니까요.

루센티오 아, 트라니오, 참 지독한 아버지도 다 있구나! 그러나 딸을 교육하기 위해서 좋은 가정교사를 찾고 있다는 말을 너는 듣지 못했느냐?

트라니오 저도 들었어요. 마침 좋은 계획이 있습니다.

루센티오 나도 있어, 트라니오.

트라니오 그렇다면 틀림없이 우리 두 사람의 계획은 같을 것입니다.

루센티오 그럼, 네 계획부터 먼저 들어보자.

트라니오 도련님이 가정교사가 되셔서 그 아가씨의 교육을 맡는 것입니다. 그게 도련님의 계획이죠?

루센티오 맞아. 그런데 잘될까?

트라니오 좀 어려울 것 같은데요. 그렇게 되면 도련님 역할, 그러니까 빈센티오 님 아들로서 파도바에 묵으면서 셋집을 지키고, 책을 읽고, 친구들을 대접하고, 고향 사람들을 방문하고 그들에게 잔치를 베푸는 등의 역할을 누가 합니까?

루센티오 염려할 것 없다. 마침 좋은 생각이 났어. 우리는 아직 누구의 집에도 들어가 보지 않았으니, 하인과 주인 얼굴을 분간할 사람은 없다. 그러니 이렇게 하자꾸나. 트라니오, 네가 내 주인이 되어 나 대신 집을 얻어 주인 행세도 하고, 하인도 거느리란 말이다. 난 딴 곳에서 온 사람, 그러니까 피렌체 사람이나 나폴리 사람이나 미천한 피사 사람처럼 행동할 테니 말이다. 이제 계획은 섰으니 실행에 옮기자. 자 트라니오, 얼른 옷을 벗고 이 화려한 모자와 외투를 입어라. 비온델로가 도착하면 네 하인 역을 하게 하겠다. 그러나 그전에 먼저 그 녀석을 속여서 입을 막아 놔야지.

트라니오　그럼, 할 수 없군요. (루센티오와 옷을 바꾸어 입는다) 아무튼 도련님이 그러신다면, 전 복종할 수밖에요…… 떠날 때에 아버님께서도 신신부탁하시며 "내 아들에게 잘해라" 하셨으니까요. 물론 이런 의미에서는 아니셨을 테지만 아무튼 제가 기꺼이 루센티오가 돼드리겠습니다. 도련님을 정말 사랑하니까요.

루센티오　트라니오, 그렇게 해다오. 이제 이 루센티오도 사랑에 눈을 떴으니, 그 처녀를 얻기 위해서라면 난 노예가 되어도 좋다. 한 번 보자 느닷없이 눈이 멀어 사로잡히다니.

비온델로 등장.

루센티오　저 녀석이 오는구나…… 얘, 너 어디에 가 있었어?

비온델로　어디에 가 있었냐고요? 아니 원, 그럼 도련님은 어디 계셨어요? 아니 이거, 트라니오 녀석이 도련님 옷을 훔쳐 입었나요? 아니면 도련님이 트라니오 녀석의 옷을 훔쳐 입으셨나요? 아니면 서로서로 훔쳐 입었나요? 대체 이게 무슨 일입니까?

루센티오　이보게, 이리 와봐. 농담하고 있을 때가 아니다. 그러니까 이 분위기에 좀 맞춰 달란 말이야. 네 동료 트라니오는 지금 내 목숨을 구하기 위해서 내 옷차림으로 내 행세를 하고, 난 트라니오 옷을 입고 달아나는 거다. 글쎄, 난 이곳에 도착하자마자 싸움에 말려들어 사람을 죽였는데 아마 발각될 것 같다. 그러니 네가 트라니오의 하인이 되어서, 내가 안전하게 달아날 수 있게 하란 말이다. 어때, 이제 알겠니?

비온델로　뭐가 뭔지 하나도 모르겠는데요.

루센티오　절대로 트라니오라고 불러선 안 돼. 이젠 트라니오는 루센티오로 바뀌었으니까.

비온델로　루센티오가 참 부럽군요. 저도 그렇게 되어봤으면 좋겠네요!

트라니오　어떻게 하든 루센티오 님이 되어야 할 텐데. 그래서 그다음 소원, 그러니까 밥티스타네 작은딸을 얻고자 하시는 도련님 소원이 이루어졌으면. 근데 이봐, 이건 나 때문이 아니라 도련님을 위해 하는 일이니 어떤 자리에서도 들키지 않도록 조심하란 말이야. 나 혼자 있을 땐, 그야 물론 트라니오지. 하지만 그 밖의 경우엔 네 주인 루센티오 님이야.

루센티오 트라니오, 이제 가보자. 부탁이 하나 더 있어. 네가 그 구혼자들의 한 사람으로 행세를 해야 한다. 그 까닭은 묻지 말고 정당하고 중대한 까닭이 있다고만 알아두게. (모두 퇴장)

서막의 관람자들이 무대 높은 곳에서 이야기를 한다.

하인 1 영주님은 졸고 계시는데, 연극이 마음에 안 드시는 모양이군요.

슬라이 (잠을 깨며) 아냐, 천만에. 여간 걸작이 아닌걸. 다음에 또 무엇이 있나?

시동 아이고 서방님도, 이제 겨우 시작인걸요.

슬라이 여보, 마누라, 이거 참 대단한 걸작이구려. 얼른 끝났으면 좋겠네. (모두 자리에 앉고, 다시 연극이 시작된다)

〔제1막 제2장〕

파도바. 호르텐시오의 집 앞.
페트루키오와 그의 하인 그루미오 등장.

페트루키오 베로나를 잠시 떠나서 이렇게 파도바의 친구들을 찾아왔는데 그 중에서도 가장 친한 친구, 호르텐시오를 만나봐야지. 이게 그 집이다, 틀림없어. 그루미오, 자, 두들겨 봐라.

그루미오 두들기다뇨? 누굴 두들깁니까? 누가 주인님께 실례라도 했습니까?

페트루키오 이놈아, 내 몸의 여길 세게 두들기란 말이다.

그루미오 주인님 몸의 여길 두들겨요? 그래, 제가 주인님 몸의 여길 두들겨서야 뭐가 되게요?

페트루키오 이놈 보게, 이 문 앞에서 나를 두들기란 말이야. 쿵쿵 두들기라니까. 머뭇머뭇하면 네놈의 골통을 두들겨 줄 테니까.

그루미오 주인님은 걸핏하면 싸우려 드신다니까. 하지만 제가 먼저 주인님을 두들긴다고 치면, 제가 무슨 변을 당할지는 뻔한 일이 아닙니까?

페트루키오 그래도 못하겠느냐? 그러면 인마, 내가 널 두들겨서 소릴 내게 해주겠다. 어디 "도레미파" 소리 좀 내봐라. (그루미오의 귀를 비튼다)

그루미오 아이고, 사람 살려요. 주인이 미쳤어요.

페트루키오 인마, 어서 명령대로 두들겨!

호르텐시오가 문을 열고 나온다.

호르텐시오 이거 웬일들인가? 나의 불알친구 그루미오, 그리고 나의 좋은 친구 페트루키오! 그래, 베로나에 사는 지인들은 모두 잘 지내는가?

페트루키오 호르텐시오, 자넨 싸움을 말리러 나왔나? 그럼 난 "콘 투토 일 쿠오레 벤 트로바토(참 잘 만났소)" 이렇게나 말할까?

호르텐시오 그럼 난 "알라 노스트라 카사 벤 베누토, 몰토 호노라토 시뇨르 미오 페트루키오(진심으로 환영하오, 존경하는 페트루키오 님)"라고 해두지. 그루미오, 일어서게, 어서. 이 싸움은 화해하기로 하지.

그루미오 그렇게 어려운 라틴어를 쓰셔도 전 상관없어요. 이래도 제가 하인 노릇을 그만둘 정당한 이유가 안 된단 말이십니까…… 호르텐시오 나리, 주인님은 저한테 실컷 쿵쿵 마구 두들기라고 하시는데, 하인이 어떻게 주인에게 그런 짓을 할 수 있겠습니까? 노름판이 틀려먹은 걸 뻔히 알고 있는데 말이죠. 제기, 차라리 제가 먼저 실컷 두들겨 줬더라면, 이 그루미오가 이런 지독한 꼴을 당하지는 않았을 텐데요.

페트루키오 요 멍청이 같으니! 여보게 호르텐시오, 내가 이 녀석에게 자네 집 문을 좀 두들기라고 했는데, 이 녀석이 어디 그걸 알아먹어야 말이지.

그루미오 문을 두들기라 하셨다고요? 아이고 세상에나, 주인님은 똑똑히 이렇게 말씀하셨잖아요. "이놈아, 여길 두들겨, 여길 두들기라니까, 쿵쿵 두들기란 말이다." 문을 두들기란 말씀은 이제야 하시면서요?

페트루키오 이놈, 꺼져라. 그게 싫거든 잠자코 대꾸나 말든지.

호르텐시오 페트루키오, 좀 참게나. 내가 그루미오의 보증인이 돼줄 테니. 원 이거 주인과 하인 사이에 굉장한 싸움이구먼. 쾌활한 충복 그루미오를 가지고. 그나저나 여보게, 무슨 행복한 바람이 불어서 고향 베로나를 버리고 이렇게 파도바를 찾아왔나?

페트루키오 젊은이들을 부추겨 세계 곳곳에서 행운을 찾게 하는 바람에 불려서 왔지. 그곳은 너무 좁아 경험할 게 없어. 그런데 호르텐시오, 실은……내 아버지 안토니오는 돌아가셨네. 그래서 난 운명에 몸을 내던지고, 운 좋으면 아내도 얻고 돈도 벌어보자는 속셈일세. 지갑에는 돈을, 고향에는 재산을. 이래서 세상 구경을 하려고 이렇게 나온 것이네.

호르텐시오 여보게 페트루키오, 그렇다면 솔직히 할 이야기가 있네. 심술 사나운 말괄량이를 아내로 맞아보지 않겠나? 이런 이야기가 그리 달갑지 않을는지 모르지만, 그녀가 부자라는 사실만은 말해 두겠네. 이만저만한 부자가 아니라네. 그야 물론 소중한 친구인 자네에게 그런 여자를 권하고 싶지는 않지만.

페트루키오 여보게 호르텐시오, 우리 친구 사이에 빈말은 그만두세. 아무튼 이 페트루키오의 아내로서 부족하지 않을 만한 재산이 있다면—재산은 청혼의 반주(伴奏)가 될 테니까—그녀가 저 플로렌티우스의 애인처럼 더럽게 생겼건, 시빌레 무당 같은 할망구건, 아니 소크라테스의 아내 크산티페만큼 심술궂고 악다구니를 부리는 사람이건 상관없네. 그녀가 저 아드리아 바다의 파도같이 사납게 굴더라도 난 꼼짝 않을 테고, 내 감정도 움직이지 않을 것이네. 돈 많은 아내를 얻으려고 파도바를 찾아온 나일세. 돈만 생긴다면야, 이 파도바는 천국이지 뭔가.

그루미오 호르텐시오 나리, 주인님의 지금 말씀은 정말 본심입니다. 돈만 생긴다면 상대가 꼭두각시건, 난쟁이건, 또는 말(馬) 쉰두 필 몫의 병을 혼자 짊어진 합죽이 할망구이건 주인님은 장가를 드실 겁니다. 뭐 나쁠 게 있나요, 돈만 생긴다면.

호르텐시오 페트루키오, 여기까지 이야기가 나왔으니 처음에는 농담으로 말을 꺼냈지만 이야기를 계속해야겠네. 자네 중매를 서고 싶은데, 돈은 많은 데다 젊고 미인이야. 어디다 내놔도 부끄럽지 않을 만한 교육도 받았어. 그러나 한 가지 흠은, 굉장한 흠이긴 하지만…… 지독하게 심술궂은 데다 사납고, 말괄량이고, 두 손 두 발 다 들었을 정도야. 나 같으면 아무리 형편이 안 좋아지더라도, 또 황금 노다지를 준대도 그런 여자와 결혼할 생각은 없어.

연극 〈말괄량이 길들이기〉 글로브 극장 공연. 2013.

페트루키오 가만있게 호르텐시오, 자넨 황금의 위력을 모르는군. 그녀의 아
버지 이름은 뭔가? 그것만 알면 돼. 당장에 찾아가 봐야지. 그 여자가 가을
철의 천둥 벼락처럼 고래고래 악을 쓰더라도 상관없어.

호르텐시오 아버지는 밥티스타 미놀라로, 아주 사람 좋고 점잖은 신사야. 딸
이름은 카타리나 미놀라인데, 그 지독한 말투 때문에 파도바에서 유명하지.

페트루키오 딸하고는 모르는 사이지만, 그녀 아버지는 알고 있네. 그분은 돌
아가신 내 아버지와 잘 아는 사이였지. 여보게 호르텐시오, 이제 그녀를 만
날 때까지는 잠을 자지 않겠네. 자네한테 좀 무례한 것 같네만, 날 좀 그곳
으로 안내해 주겠나. 싫다면 이렇게 자네와 만나자마자 작별할 수밖에.

그루미오 제발 주인님이 변덕을 부리기 전에 얼른 안내 좀 해드리세요. 정말
이지, 그 아가씨가 저만큼 주인님을 알 수 있다면, 아무리 욕을 퍼부어 봤
자 소용없다는 걸 깨닫게 될 것입니다. 아마 악당이니 뭐니 하고 욕을 퍼부
어 대겠지만 다 쓸데없지요. 주인님이 한번 시작했다 하면, 지독한 술책을
쓰실 겁니다. 그 아가씨가 대꾸라도 하는 날엔 주인님은 그 아가씨 얼굴에
온갖 비유를 내던져 얼굴을 묵사발을 만들어서 눈까지 없어져 고양이만큼

도 보지 못할 테죠. 호르텐시오 나리는 주인님을 잘 모르시네요.

호르텐시오 기다리게 페트루키오, 내가 함께 가겠네. 밥티스타네 집에는 내 보물이 맡겨져 있거든. 정말 목숨보다 소중한 보물, 바로 작은딸, 아름다운 비앙카가 있단 말이야. 그런데 그녀의 아버지는 날 접근도 하지 못하게 해. 아냐, 나만 아니라 내 경쟁자인 다른 구혼자들도 얼씬대지 못하게 하고 있지. 내가 말한 그 결점 때문에 큰딸 카타리나를 데려갈 사람이 없을 거라고 생각한 모양이야. 그래서 그 심술 사나운 카타리나의 짝을 찾아주기 전에는 아무도 비앙카에게 접근할 수 없게 돼 있어.

그루미오 저주받은 카타리나! 처녀의 별명치고 정말 가혹한 별명이지요.

호르텐시오 그런데 페트루키오, 날 좀 도와주게나. 좀 점잖은 옷으로 변장한 나를, 비앙카를 가르칠 음악에 능숙한 가정교사로 밥티스타 영감에게 추천해 주게. 그렇게만 해주면 난 마음대로 비앙카에게 접근해 태연하게 사랑을 고백할 수도 있고, 직접 담판을 지을 수도 있을 테니 말이네.

그루미오 이건 음모도 뭣도 아무것도 아냐. 그저 늙은이를 속이려고 젊은 이들이 같이 머리를 맞대고 지혜를 짜내는 것뿐이니까.

그레미오, 그리고 캠비오로 변장한 루센티오가 들어온다.

그루미오 주인님, 주인님, 저기 누가 옵니다.

호르텐시오 쉬, 그루미오! 저건 내 연적이야. 페트루키오, 이리 좀 물러서게.

그루미오 잘생긴 젊은이구먼. 게다가 멋쟁이고. (두 사람은 한쪽으로 비켜선다)

그레미오 아 좋소. 목록은 한번 훑어보았으니 잘 제본해 주시오. 그 연애책 말이오. 잘해야 하오. 한데 여보시게, 그녀에게 다른 강의는 하지 마시오. 아시겠소? 밥티스타 님한테서보다 훨씬 많은 사례를 내가 해드리리다. (목록을 돌려주면서) 자, 이 목록은 도로 넣어두시오. 그리고 책에는 향수를 잔뜩 뿌려놓으시오. 그 책을 받을 여자는 이보다 좋은 향기를 풍기는 사람이니까요. 그래 무엇을 읽어주기로 했소?

루센티오 내가 그녀에게 무엇을 읽어주든지 내 후원자인 당신을 대신해서 답변해 드릴 테니 안심하십시오. 당신이 그 자리에 있는 것처럼, 아니 당신이 학자는 아니니까 그 이상으로 교묘하게 전하지요.

그레미오　오 학문이란, 참으로 놀랍군.

그루미오　오 시골뜨기란, 참으로 바보스럽군.

페트루키오　쉿! 입 닥쳐!

호르텐시오　그루미오, 조용히 해! (앞으로 나오면서) 안녕하십니까, 그레미오 씨!

그레미오　아 잘 만났소, 호르텐시오 씨. 지금 내가 어디를 가는 중인 줄 아시오? 물론 밥티스타 미놀라 댁에 가는 길이지요. 아름다운 비앙카의 가정교사를 찾아주겠다고 약속을 해놨는데, 마침 이 청년을 만나게 됐지요. 학식이나 품행으로서는 그 처녀와 딱 어울리는 분입니다. 시는 물론 그 밖의 좋은 책들을 많이 읽은 분이고요.

호르텐시오　그거참 잘됐군요. 나도 한 신사를 만났는데, 그 처녀에게 음악을 가르칠 훌륭한 가정교사를 추천해 주겠다더군요. 그러니까 내가 사랑하는 아름다운 비앙카를 위해서는 나도 소홀히 하지는 않을 생각입니다.

그레미오　사랑하는 비앙카란 그 말은 행동으로 증명합시다.

그루미오　(혼잣말로) 그건 돈지갑이 증명할 문제지.

호르텐시오　그레미오 씨, 지금 우리가 사랑을 다투고 있을 때는 아닌 것 같소. 자, 내 말 좀 들어보시오. 당신이 솔직히 말씀해 주신다면, 나도 서로에게 해롭지 않을 이야기가 있소. 여기 이분을 내가 우연히 만났는데, 우리가 이분 요구에만 응해 주면 그 말괄량이 카타리나한테 구혼하시겠답니다. 그리고 지참금 액수에 따라서는 결혼까지도 하시겠답니다.

그레미오　그리 말씀하셨습니까? 그리고 그렇게 하시겠답니까? 좋습니다. 한데 호르텐시오 씨, 그 여자의 결점은 다 말씀드렸습니까?

페트루키오　잘 알고 있습니다. 아주 진절머리가 나는 말괄량이라고요. 그까짓 것이라면 조금도 상관없습니다.

그레미오　아, 그러십니까? 대체 고향은 어디십니까?

페트루키오　베로나입니다. 아버지 성함은 안토니오인데 돌아가셨습니다. 유산은 있으니, 평생 즐겁게 오래오래 살고 싶습니다.

그레미오　그런 신분에 그런 아내, 참 기묘한 짝이 되겠습니다. 그래도 입맛이 당긴다면 어쩔 수 없는 노릇이고죠. 내가 성의껏 도와드리죠. 그런데 정말 그 살쾡이한테 청혼하시겠습니까?

페트루키오 내가 잘 할 수 있을까요?

그루미오 그가 그녀에게 청혼할까요? 아, 하지 않는다면 내가 그녀의 목을 매달 것입니다.

페트루키오 그럴 생각이 없다면, 무엇하러 여기까지 왔겠소? 사소한 소리에 내 귀가 겁낼 줄 아시오? 나는 사자의 으르렁대는 소리도 들어본 사람이오. 땀으로 범벅이 된 데다 상처를 입고 미쳐 날뛰는 야생돼지같이 바람에 뒤끓는 파도 소리도 들어본 사람이오. 벌판을 뒤흔드는 대포 소리, 하늘에 울려대는 천둥소리는 안 들어본 줄 아십니까? 어지럽게 싸우는 전쟁터에서 요란한 종소리와 군마의 울음소리, 그리고 나팔 소리도 들어본 사람이오. 그런 내 귀가 여자의 혓바닥쯤에 까딱하겠습니까? 그까짓 것은 농부네 화로에서 군밤 껍질 터지는 소리의 절반만큼도 못합니다. 쯧쯧, 아이들이나 도깨비를 무서워하지요.

그루미오 주인님은 본디 무서운 것이 없으시답니다.

그레미오 호르텐시오 씨, 이분을 참 잘 모시고 오셨습니다. 이분은 자신을 위해서뿐 아니라 우리 둘을 위해서 잘 오셨지요.

호르텐시오 그래서 이렇게 약속했습니다. 이분의 구혼에 필요한 비용은 얼마가 들든 모두 우리가 부담하기로요.

그레미오 좋소, 그 여자를 꼭 넘어뜨려 주기만 한다면야.

그루미오 그럼 잔치도 확실히 벌어지게 되겠군요.

주인 루센티오로 변장하고 좋은 옷을 입은 트라니오가 하인 비온델로를 데리고 등장.

트라니오 여러분, 안녕하십니까. 실례지만, 밥티스타 미놀라 댁에 가려면 어느 길이 가장 **빠른**지 이야기해 주시겠습니까?

비온델로 예쁜 두 딸을 두신 분 말입니다. 그렇죠, 나리?

트라니오 그렇다, 비온델로.

그레미오 그래, 댁도 그 여자를 목적으로…….

트라니오 그렇소. 아버지와 딸, 양쪽에 다 볼일이 있습니다. 그런데 당신도 무슨 관계가?

페트루키오 제발 그 말괄량이 쪽은 아니기를 바라오.

트라니오 난 본디 말괄량이는 싫은 사람이오. 비온델로, 가보자.

루센티오 (혼잣말로) 제법인데, 트라니오.

호르텐시오 여보시오, 가시기 전에 한마디만 묻겠소. 그 처녀한테 청혼하실 생각이십니까? 그렇다, 아니다를 말씀해 주시오.

트라니오 그렇다고 대답하면, 무슨 실례라도?

그레미오 천만에요, 더 이상 아무 말씀 없이 물러가 주신다면.

트라니오 아니, 이보시오, 여기 거리는 당신들과 다르게 내게는 자유롭지 않단 말이오?

그레미오 아무튼 그 처녀에 관한 한은 안 되오.

트라니오 청하건대, 그 까닭 좀 들어봅시다.

그레미오 정 그러시다면 말씀해 드리죠. 그 여자는 나 그레미오가 선택한 사랑이니까요.

호르텐시오 호르텐시오가 선택한 사랑이오.

트라니오 조용히들 하십시오. 당신들도 신사라면 내 말 좀 들어보시오. 밥티스타 님은 점잖은 신사이시고 내 아버지와도 친분이 있으시지요. 그런데 그분 따님이 그렇게 아름답다면 구혼자는 얼마든지 나서도 상관없을 것이며, 나도 그중 한 사람이 될 수 있소. 레다의 딸 헬레네에게는 천 명의 구혼자가 있었다고 하지 않습니까. 그렇다면 아름다운 비앙카에게 한 명쯤 구혼자가 더 있다고 해도 상관없는 일이지요. 사실 그렇게 될 것입니다. 이 루센티오가 그 한 사람이 되어줄 테니까요. 만일 파리스가 이 자리에 나타나서 저 혼자 차지하려 들더라도 말입니다.

그레미오 거참, 이분은 입심도 좋구먼!

루센티오 가만 내버려 두시죠. 머잖아 지칠 테니까요.

페트루키오 호르텐시오, 무엇 때문에 그렇게 떠드는 거요?

호르텐시오 실례의 말이지만, 밥티스타 댁 따님을 만나보셨소?

트라니오 아니, 아직이요. 그런데 듣자니 자매가 있다는데, 한쪽은 사납기로 유명하고 다들 한쪽은 아주 미인이고 얌전하다던데요?

페트루키오 그렇소, 말괄량이는 내 것이니까 내버려 두시오.

그레미오 좋소, 그 일은 위대한 헤라클레스한테 맡겨두겠소. 아마 헤라클레스의 열두 가지 과업보다 더 힘들 것이오.

페트루키오 이것만은 알아두시오. 당신이 소원하는 그 작은딸 말인데, 아버지가 구혼자들을 조금도 얼씬대지 못하게 하고, 큰딸의 짝을 찾을 때까지는 누구에게도 주지 않겠다는 거요. 큰딸이 먼저 결혼한 뒤에는 작은딸도 자유롭게 되겠지만, 지금 형편으로는 도저히 안 될 것이오.

트라니오 그렇다면 당신은 우리에게, 아니 특히 내게 중요한 분이군요. 먼저 돌파구를 찾아내 언니 쪽을 손에 넣은 다음, 동생을 자유롭게 풀어주시면 우리들 가운데 누구와 인연이 닿든지 간에 당신의 은혜를 저버릴 사람은 없을 겁니다.

호르텐시오 좋은 말씀이고 좋은 생각입니다. 당신도 구혼자로 나선 이상 그러셔야죠. 우리처럼 이분에게 보답을 드려야죠. 다 같이 저분의 혜택을 입게 되니까요.

트라니오 물론 은혜를 잊을 내가 아닙니다. 그 증거로 우리 오늘 오후에 모여서 애인의 건강을 축복하는 의미에서 술 한잔 시원하게 들이켭시다. 싸울 때는 당당하게 싸우더라도, 지금은 친구로서 먹고 마시기로 합시다.

그루미오, 비온델로 오, 멋진 생각입니다. 함께 갑시다.

호르텐시오 이거 참 굉장한 제안이요. 이제 그만 가봅시다. 페트루키오, 자네 일은 모두 내게 맡겨두게. (모두 퇴장)

〔제2막 제1장〕

파도바. 밥티스타 집의 어느 방.
매를 든 카타리나, 비앙카에게 달려든다. 비앙카는 두 손이 묶인 채 벽 쪽에 웅크리고 있다.

비앙카 언니, 제발 날 이렇게 모욕하지 마. 이러면 언닌 자신을 모욕하는 셈이야. 노예처럼 이렇게 날 묶어놓다니, 정말 너무해. 내 손만 풀어주면 지니고 있는 싸구려 물건들은 내가 내 손으로 모두 떼어버릴게. 아니, 입고 있는 옷도, 속치마까지, 언니가 하라는 대로 할게. 나도 손윗사람에게 지켜야 할

연극 〈말괄량이 길들이기〉 2막 1장, 카타리나·비앙카·밥티스타   유타 셰익스피어 페스티벌 공연.
2008.

의무쯤은 잘 알고 있으니까.

카타리나   그럼 말해 봐. 네 구혼자들 가운데 누굴 가장 좋아하니? 시치미
떼면 알지?

비앙카   언니, 정말로 모든 남자들 중에서 내가 반한 남자는 아직 한 사람도
없어.

카타리나   요 계집애가, 거짓말하지 마. 호르텐시오를 좋아하지?

비앙카   언니가 그분께 마음이 있다면, 지금 맹세하지만 언닐 위해서 주선해
줄 테니 그분과 결혼해.

카타리나   아, 그럼 넌 부자가 더 마음에 있는가 보구나. 그렇다면 그레미오에
게 시집가서 호화판으로 살아볼 속셈이구나.

비앙카   그럼 그분 때문에 이렇게 날 미워하는 거야? 아냐, 언닌 장난일 거야.
이제 나도 알았지만 언닌 아까부터 쭉 날 놀리고 있는 거야. 언니, 제발 내
손 좀 풀어줘.

카타리나   (비앙카를 때리면서) 그럼 이렇게 때리는 것도 장난이게?

아버지 밥티스타 등장.

밥티스타 이게 웬일이야, 별일을 다 보겠구나. 비앙카, 이리 오너라. 가엾게 울고 있구나…… (비앙카의 손을 풀어주면서) 들어가서 바느질이나 하렴. 네 언니는 상대하지 마라. (큰딸에게) 염치도 없냐, 못된 것아. 가만있는 애를 왜 그렇게 못살게 굴어! 그래 그 애가 네게 무슨 나쁜 말이라도 했느냐?

카타리나 아무 말도 안 하니까 더 부아가 나요. 널 가만둘 줄 알아? (비앙카에게 달려든다)

밥티스타 (큰딸을 붙들면서) 아니, 내 앞에서까지? 비앙카, 안으로 들어가거라.

카타리나 아버지까지 저 애를 두둔하세요? 좋아요, 알았어요. 저 애는 아버지의 귀염둥이니까, 좋은 신랑을 얻어주겠다는 거군요. 저 애 결혼식날에 난 노처녀답게 맨발로 춤이나 춰야지. 아버지가 저 애만 귀여워하시니까, 난 노처녀답게 원숭이들이나 끌고 지옥으로 가겠어요. 이젠 말도 하기 싫어요. 분이 풀릴 때까지 혼자 가서 울고 있을 거예요. (방을 뛰쳐나간다)

밥티스타 의젓한 신분에 이 무슨 꼴이냐? 아니, 누가 오나?

그레미오, 누더기 옷을 입은 루센티오, 페트루키오, 음악 선생으로 변장한 호르텐시오, 루센티오로 변장한 트라니오, 류트와 책을 짊어진 사동(使童) 비온델로 등장.

그레미오 안녕하십니까, 밥티스타 씨.

밥티스타 아, 안녕하십니까, 그레미오 씨…… (인사를 한다) 여러분, 잘 오셨습니다.

페트루키오 아, 안녕하십니까. 예쁘고 얌전한 카타리나라는 따님이 있으시다죠?

밥티스타 예, 카타리나라는 딸이 있지요.

그레미오 너무 퉁명스럽잖소. 좀더 점잖게 이야기해요.

페트루키오 그레미오 씨, 참견하지 말고 날 가만 놔두시오…… 저는 베로나에서 온 신사입니다만, 듣자니 아름답고 총명한 따님이 있으시다죠. 게다가 상냥하고 수줍고 얌전한 데다 (밥티스타, 당황한다) 경탄할 만한 마음씨며, 온순한 몸가짐을 두루 갖추었다는 그 소문이 사실인지 이 눈으로 확인하고

2막 1장, 다투는 비앙카와 카타리나를 겨우 떼어놓는 아버지 밥티스타 H.C. 셸루스

싶어서 이렇게 실례를 무릅쓰고 댁을 찾아왔습니다. 그리고 처음 뵙는 인사치레로 이분을 소개하겠습니다. (호르텐시오를 소개한다) 음악과 수학에 능숙한 분인데, 따님도 소질이 있으시다니 충분히 가르칠 수 있을 줄 압니다. 저를 무시하지 않으신다면, 이분을 써 주십시오. 이름은 리치오라 하고, 만토바 출신이랍니다.

밥티스타 아, 잘 오셨소. 그리고 당신의 호의라면 이분도 잘 오셨소. 하지만 딸애 카타리나로 말하자면, 사실은 당신도 당해 내지 못하실 거요. 그게 이 아비의 슬픔이죠.

페트루키오 그럼 따님을 아무에게도 주시지 않겠단 말씀입니까? 아니면 제가 마음에 안 드셔서 그러시는 것입니까?

밥티스타 오해는 마시오. 나는 사실대로 말한 것이오. 그런데 어디서 오셨소? 이름은?

페트루키오 이름은 페트루키오, 안토니오의 아들입니다. 제 아버지는 이탈리아에서 모르는 사람이 없습니다.

밥티스타 나도 그분을 아오. 그분을 위해서 당신을 환영하겠소.

그레미오 페트루키오 씨, 당신은 그만 지껄이고 이 가엾은 청원자들에게도 말할 기회를 좀 주오. 그만두시오! 당신은 정말 스스럼이 없군요.

페트루키오 그레미오 씨, 미안하오. 시간 끌 일이 아니다 싶어서 그랬던 거요.

그레미오 그야 그럴 테지요. 그러나 지금의 청혼을 나중에 후회하게 될 거요. (밥티스타에게) 밥티스타 씨, 저분의 추천은 틀림없이 매우 고마운 선물이 될 것 같습니다. 그런데 저는 평소에 댁의 신세를 누구보다 많이 지고 있는 처지니, 같은 성의를 충심으로 보여드리겠습니다. (루센티오를 내세우면서) 이 젊은 선생은 프랑스에서 오랫동안 공부하신 분인데, 저분이 음악과 수학에 능통하듯이 이분은 그리스어, 라틴어, 그 밖의 외국어에 능통하십니다. 이름은 캠비오라고 하는데, 부디 이분을 써 주십시오.

밥티스타 뭐라고 감사해야 좋을지 모르겠군요, 그레미오 씨. 잘 오셨습니다, 캠비오 씨. (트라니오에게) 그런데 당신은 처음 뵙는 듯한데, 실례지만 무슨 일로 오셨습니까?

트라니오 인사가 늦어서 미안합니다. 이 도시에는 처음입니다만, 댁의 아름답고 얌전한 따님 비앙카에게 구혼을 하러 온 사람입니다. 큰따님의 인연을 먼저 찾겠다는 굳은 결심을 모르는 바는 아닙니다. 제가 청하고 싶은 것은, 제가 태어난 집안에 대하여 제대로 파악하신 다음 구혼자들 가운데 한 사람으로 대우하여 자연스럽게 접근하고 호의를 베풀 수 있도록 허락해 주십사 하는 것입니다. 그래서 따님의 교육을 위해 이렇게 하찮은 악기를 가지고 왔습니다. 또 그리스어와 라틴어 책도 몇 권 가지고 왔습니다. 받아주신다면 그 물건의 가치가 빛날 것입니다. (비온델로가 앞으로 나와서 류트와 책을 내민다)

밥티스타 루센티오가 당신의 이름이오? 고향은 어디시오?

트라니오 피사입니다. 빈센티오의 아들입니다.

밥티스타 피사의 굉장한 집안이군요. 소문으로 잘 알고 있습니다. 참 잘 오셨소. (호르텐시오를 보고) 그럼 당신은 류트를 들고, (루센티오를 보고) 당신은 책을 들고, 자 딸애들한테 가보시오. 여봐라, 안에 누구 없느냐?

하인 등장.

밥티스타 이 두 분을 아가씨들 있는 곳으로 안내해 드려라. 가정교사들이니 실례가 없도록 하라고 전해라. (류트를 든 호르텐시오와 책을 짊어진 루센티오가 하인의 안내를 받으면서 퇴장) 정원이나 좀 거닐고 나서 식사를 합시다. 다들 잘 오셨습니다. 그리고 제발 너무 서두르지는 마십시오.

페트루키오 밥티스타 씨, 저는 바쁜 몸이라 날마다 청혼하러 올 수는 없습니다. 제 아버지를 잘 아신다니, 저의 사람 됨됨이도 짐작이 가실 것입니다. 토지와 재산을 모두 상속받았는데, 제 대에 와서 오히려 형편이 나아졌습니다. 그런데 댁의 말씀을 좀 들어봐야겠는데…… 제가 따님의 사랑을 얻게 되면 지참금은 얼마쯤 주실 생각이십니까?

밥티스타 내가 죽으면 토지는 반을, 그리고 재산은 2만 크라운을 나눠 줄 생각이오.

페트루키오 그만한 지참금이라면 따님이 홀몸이 되면, 그러니까 제가 먼저 죽으면 제 토지와 임대권을 모두 따님에게 주겠다는 뜻을 확실하게 말씀드립니다. 자, 그럼 구체적인 조항들을 작성해 서로 약속을 지킬 수 있게 특수 계약을 맺읍시다.

밥티스타 좋소. 다만 그 특수라는 것은 당사자의 사랑을 얻는 일이고, 그것이 본질이오.

페트루키오 그까짓 것 문제없습니다. 따님이 아무리 고집이 세더라도 제 성미는 못 당해 냅니다. 격렬한 두 불길이 만나면 순식간에 다 타올라 재만 남는 법입니다. 그리고 작은 불은 작은 바람에 점점 더 번지지만, 엄청나고 거센 바람에는 꺼져버립니다. 제가 그 거센 바람이라면 따님은 작은 불입니다. 저한테는 어림도 없죠. 전 매우 거칠어서 어린아이 같은 구애는 하지 않습니다.

밥티스타 잘 설득해서 부디 성공하시오! 그러나 각오는 단단히 해두시오. 혹시 악담을 해댈지도 모르니까요.

페트루키오 아, 산에서 불어오는 바람처럼 끊임없이 불어오더라도 흔들리지 않을 각오는 되어 있습니다.

머리에 상처를 입은 호르텐시오가 되돌아온다.

밥티스타 아니 웬일이오, 그렇게 창백한 얼굴로?

호르텐시오 제가 장담하지만 제 얼굴이 창백하다면, 그건 공포 때문입니다.

밥티스타 그건 그렇고, 딸애는 음악 쪽으로 소질이 있는 것 같습니까?

호르텐시오 차라리 군인 쪽으로 소질이 있을 것 같은데요. 쇠붙이라면 따님 손에 알맞을지 몰라도, 류트는 절대 아닙니다.

밥티스타 그럼 그 애 마음을 류트로 휘어잡지 못하겠다는 말씀이오?

호르텐시오 휘어잡기는커녕 오히려 따님이 제 머리를 류트로 휘갈겼는 걸요. 글쎄 손가락을 잘못 짚기에 손목을 붙들고 가르쳐 주려 했는데, 그 순간 악마같이 화를 내며 "손가락을 누르는 법이라고? 그건 내가 가르쳐 주지" 하고는 대뜸 악기로 제 머리를 딱 때렸는데, 그 때문에 잠시 동안 멍하니 서 있었습니다. 류트를 목에 찬 꼴은 칼을 쓴 죄수 꼴이었지요. 그동안 따님은 미리 연구라도 해둔 것처럼 날 엉터리 악사니 놈팡이니 하며 갖은 욕설을 냅다 퍼부었답니다.

페트루키오 정말 씩씩한 아가씨로군요. 갈수록 더 좋아집니다. 아, 어서 좀 만나봤으면!

밥티스타 (호르텐시오를 보고) 자, 나와 같이 들어가 봅시다. 그렇게 비관하지 마시오. 이제 작은딸을 좀 부탁합니다. 그 앤 공부할 뜻도 있을뿐더러 수고에 대해서는 보답할 줄도 압니다. 페트루키오 씨, 당신도 함께 들어가 보실까요? 아니면 큰딸을 이리 보내드릴까요?

페트루키오 이리 보내주십시오. 여기서 기다리겠습니다. (페트루키오만 남고 모두 퇴장) 들어오면 맹렬하게 설득해야지. 욕을 해오면 꾀꼬리처럼 곱게 노래한다고 태연하게 말해 줄 테야. 낯을 찌푸리면 이슬에 젖은 아침 장미 같은 맑은 얼굴이라고 말해 줘야지. 입을 다물고 한마디도 없거든, 그 웅변 참 심금을 울린다고 말해 줄 테다. 냉큼 돌아가라고 하면, 오히려 더 머무르라고 한 것처럼 고맙다고 해줘야지. 결혼을 거절하면 교회에 결혼 예고는 언제

호르텐시오의 머리를 류트로 내리치는 카타리나   루이 리드 펜화. 1918.

하겠는지, 결혼식은 언제 올리겠는지 물어봐야지. 이리로 오는구나. 페트루
키오, 당장 말을 걸어봐.

카타리나 등장.

페트루키오 안녕, 케이트 양. 그런 이름이라고 들었소.

카타리나 잘도 들으셨네요. 하지만 당신은 좀 귀머거린가 보죠? 온전한 사람
이라면 다들 카타리나라고 불러요.

페트루키오 사실 그건 새빨간 거짓말이오. 사람들은 모두 솔직한 케이트라
고 부르더군요. 어떨 땐 예쁘장한 케이트, 어떨 땐 저주받은 케이트라고 부
르더군요. 그렇지만 케이트 양, 그리스도교 세상에서 가장 예쁜 케이트 양,

엘리자베스 여왕님이 방문하신 케이트 홀의 케이트 양, 아주 얌전한 케이트 양, 내 말 좀 들어봐요. 내 마음의 위안이 되는 케이트 양…… 당신은 상냥하다고 곳곳마다 칭찬이 자자하고, 얌전하며 예쁘다는 소문이 세상에 퍼져 있소. 그러나 그 소문도 실물에 비하면 아무것도 아닐 정도라나요. 그 말을 듣고 나는 당신을 아내로 맞으려고 이렇게 발걸음을 옮겨 찾아왔지요.

카타리나 옮겨서라고요! 흥! 그렇다면 그렇게 옮겨온 발을 도로 옮겨서 돌아가 주실까요. 난 첫눈에 알았어요. 당신이 옮기기 쉬운 가구 같은 사람이라는 것을요.

페트루키오 아니, 옮기기 쉬운 가구가 뭔가요?

카타리나 접었다 폈다 할 수 있는 의자 말이에요.

페트루키오 그 말 참 잘했소. 그럼 이리 와서 걸터앉으시오.

카타리나 당나귀에나 걸터앉는 법이에요. 당신이 바로 당나귀군요.

페트루키오 여자에게나 걸터앉는 법이지요. 당신이 바로 여자군요.

카타리나 그렇더라도 난 당신같이 금방 지치지는 않아요.

페트루키오 아, 착한 케이트 양! 나도 당신을 그렇게 지독하게는 걸터타지 않을 거요. 당신은 어리고 가벼우니까…….

카타리나 하긴 당신 같은 시골뜨기가 걸터타기엔 너무나 가볍고말고요. 하지만 이래 봬도 뼈대 있는 가문이라 한 사람뻘 무게는 나간다고요.

페트루키오 벌이라! 벌이라면 윙윙 물어야지!

카타리나 그럼 잡아봐요, 윙윙거리는 벌레 같으니.

페트루키오 아이고, 멧비둘기여, 독수리한테나 잡아먹히지 마시오.

카타리나 맞아요, 멧비둘기가 벌레를 잡아먹는 것처럼요.

페트루키오 아이고, 말벌같이 지독하게 화가 났군요.

카타리나 말벌이라면 침이 있으니 좀 조심해요.

페트루키오 그 침을 뽑는 방법으로 치료하면 되지요.

카타리나 흥, 그 침이 어디 있는 줄도 모르는 멍청이가.

페트루키오 그걸 모르는 사람이 어디 있소? 꽁무니에 있지.

카타리나 혀에 있어요.

페트루키오 누구 혀에?

카타리나 당신 혀에 있지 어디에 있어요. 아까부터 남의 말꼬리만 물고 늘어

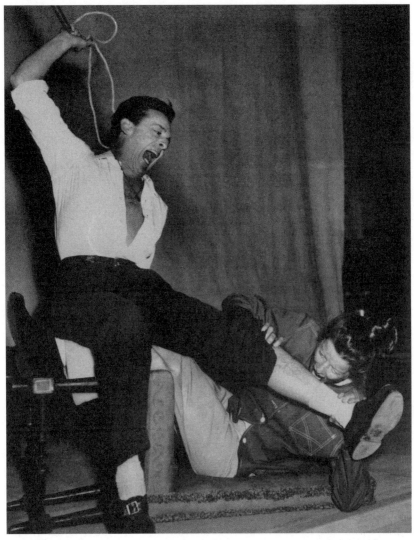

연극 〈말괄량이 길들이기〉 캐서린 헵번과 로버트 헬프만이 연기한, 문자 그대로 남녀 사이의 싸움.   연극 공연 홍보물 사진(1955).

지면서. 안녕히 가세요.

페트루키오 아니! 내 혀를 당신 꽁무니에? 안될 말. 이리 와요. 걱정 말고 케이트, 난 신사니까.

카타리나 맛을 보여주지. (페트루키오의 뺨을 친다)

페트루키오　한 대 더 때려주시오, 다음엔 내가 때려줄 테니.

카타리나　그래 팔이 들먹들먹하는가 보죠. 나만 때려봐요, 당신은 신사가 아닐 테니. 신사가 아니라면 명예도 있을 턱이 없죠.

페트루키오　문장(紋章)을 두고 하는 말인가요, 케이트? 아, 그럼 내 문장도 당신 장부에 기입해 주시오.

카타리나　볏이 달린 광대모자?

페트루키오　당신은 볏 없는 닭, 내 암탉이 될 것이오.

카타리나　당신은 나의 수탉이 될 수 없어요. 겁쟁이 수탉같이 빽빽 소리만 지르면서.

페트루키오　케이트, 정말 그렇게 시큼한 얼굴을 하지 말아요.

카타리나　시큼한 과일을 보면 난 언제나 이래요.

페트루키오　아니, 시큼한 과일이 어디 있소? 그러니 그런 시큼한 얼굴은 하지 말아요.

카타리나　있어요, 있어.

페트루키오　그럼 어디 좀 봅시다.

카타리나　거울만 있으면 보여드리죠.

페트루키오　아니, 그럼 내 얼굴이 그렇단 말이오?

카타리나　잘 맞히는군요, 젊으시니까.

페트루키오　그야 정말이지, 나는 당신에 비하면 지나치게 젊지. (카타리나에게 달려든다)

카타리나　금방 시들고 말 것이. (손으로 페트루키오의 이마를 민다)

페트루키오　(카타리나의 손에 키스하면서) 이제 됐소.

카타리나　(겨우 빠져나와서) 뭐가 됐단 말이에요?

페트루키오　이봐, 케이트…… 정말 그렇게 달아나지 말아요. (카타리나를 다시 붙든다)

카타리나　이러시면 가만 안 있을 거예요! 썩 놔요. (빠져나오려고 페트루키오 손을 물고 할퀸다)

페트루키오　아니, 못 놓겠소. 이제 보니 당신은 참 상냥하군요. 소문엔 억척스럽고 쌀쌀맞고 무뚝뚝하다던데, 그건 새빨간 거짓말이었소. 알고 보니 쾌활하고 명랑하며 예의도 바르고, 게다가 말은 느리지만 봄철의 꽃과 같이

카타리나와 페트루키오　제임스 드룸골 린튼 경. 1890.

예쁘잖아요. 불쾌한 얼굴을 할 줄 모르고, 곁눈으로 남을 멸시하지 않고, 화난 계집애처럼 입술을 깨물지도 않고, 남의 이야길 가로막고 쾌감을 느끼는 그런 여자도 아니란 말이오. 당신은 도리어 상냥한 태도와 보드랍고 얌전한 말씨로 구혼자들을 대접하잖아요. (카타리나를 놓아주면서) 세상 사람들은 케이트를 왜 절름발이라고 말할까? 남의 욕이나 하기 좋아하는 세상 좀 보게! 케이트는 개암나무 가지같이 쭉 곧고, 날씬하잖은가. 그리고 살결은 개암나무 열매처럼 윤이 잘잘 흐르고, 맛도 그 알맹이같이 싱싱하잖은가…… 어디 좀 걸어보시오. 걷다가 멈추어서는 안 되오.

카타리나　바보같이 그러지 말고, 명령을 하고 싶으면 당신 집에 가서 해요.

페트루키오　아, 당신의 여왕 같은 걸음걸이로 방 안이 환합니다. 달의 신 디아나도 숲을 이렇게까지 빛나게 하지는 못했을 것이오. 오, 당신이 디아나가 되고, 디아나에겐 케이트가 되라죠. 그리고 케이트는 순결한 여자가 되고, 디아나더러 놀아나라죠.

카타리나 그런 능청을 어디서 그렇게 배워 왔어요?

페트루키오 즉흥이오. 어머니에게서 물려받은 재주지요.

카타리나 재치 있는 어머니가 재치 없는 아들을 낳으셨네요.

페트루키오 내가 현명하지 못하다고 생각하오?

카타리나 그래요, 그러니 몸이나 따뜻하게 잘 간수해요.

페트루키오 그러니까 내가 당신 침대에서 몸을 녹이겠다는 거요. 허튼소리는 집어치우고 솔직히 이야기하겠소. 당신 아버지도 승낙했지만 당신은 내 아내가 되어야 하오. 지참금 액수도 합의를 봤소. 당신이 싫건 좋건 난 당신과 결혼하겠소. 자, 케이트, 난 이제 당신 남편이오. 햇살 아래 드러난 당신의 아름다움, 그 아름다움이 날 녹이고 있소만, 아무튼 그 햇살에 맹세코 당신은 나 말고 다른 남자와 결혼해서는 안 되오. 다시 말해서 난 당신을 길들이기 위해서 태어난 사람이오. 들고양이 케이트를 집고양이처럼 온순한 케이트로 길들이는 게 내 임무요.

밥티스타, 그레미오, 트라니오가 되돌아온다.

페트루키오 마침 아버지께서 오시는구려. 싫다고는 마시오. 난 카타리나를 기어이 아내로 맞아야만 하겠으니까.

밥티스타 페트루키오 씨, 그래 딸애와는 어느 정도 이야기가 되었소?

페트루키오 어느 정도요? 그거야 뻔한 일 아니겠습니까? 제가 실패할 리가 없으니까요.

밥티스타 아니, 왜 그러느냐? 카타리나, 네가 왜 이렇게 풀이 죽어 있느냐?

카타리나 절 딸이라고 생각하세요? 그럼 말하지만, 참 아버지다운 애틋한 관심을 보이셨군요. 이런 반미치광이와 부부의 연을 맺어주려고 하시다니요. 무지한 깡패, 욕이면 단 줄 아는 그런 사내인 줄도 모르시고.

페트루키오 장인어른, 실은 이렇습니다. 장인어른이나 온 세상은 카타리나에 대해 전혀 엉뚱한 소문을 퍼뜨려 놓으셨더군요. 만일 따님이 고집쟁이라 치더라도 그건 하나의 계략일 뿐입니다. 고집쟁이기는커녕 비둘기처럼 온순하고, 성미가 급하기는커녕 아침같이 차분합니다. 게다가 참을성 많기론 데카메론에 나오는 저 유명한 어진 아내 그리셀다에 못지않으며, 정조 관념은 로마의 열녀 루크레티아보다 못하지 않을 것입니다. 결국 우리 두 사람은 일요일에 결혼식을 올리기로 합의를 봤습니다.

카타리나 그 일요일에 먼저 당신이 교수대에서 처형당하는 꼴을 보고 말겠어요.

그레미오 들었소, 페트루키오? 먼저 당신 목이 매달리는 꼴을 보고 말겠다잖소.

트라니오 이게 당신의 성공이란 말이오? 이래서야 우리가 할당금을 어찌 내겠소!

페트루키오 여러분, 서둘지 마시오. 나는 나 스스로를 위해서 그녀를 선택했소. 그녀와 내가 만족한다면 여러분은 이러니저러니 떠들 것 없잖소? 지금 우리 둘 사이에 이런 약속을 했소. 남들 앞에서는 여전히 말괄량이인 체하기로요. 사실 케이트가 날 무척 사랑하고 있다 말하면 거짓말 같을 것입니다. 오, 상냥한 케이트! 그녀는 내 목에 매달려서 키스에 키스를 퍼부으며 점점 굳은 맹세를 연발하고, 마침내 날 녹여놓고 말았답니다. 아, 당신들은 아직 풋내기라 세상을 모르오. 남녀가 둘만 있을 때엔 아무리 머저리 같은 사내도 지독한 고집쟁이 아내를 손쉽게 녹이는 법이오. (느닷없이 카타리나의 손목을 잡으면서) 자 케이트, 우리 악수해요. 그럼 난 베네치아로 가서 결혼식에서 입을 옷을 사오겠소…… 장인어른은 피로연 준비를 해주십시오. 그리고 손님들도 초대해 주십시오. 장담하지만 케이트는 멋진 신부가 될 것입니다.

밥티스타 글쎄 뭐라고 말해야 좋을지 모르겠지만 아무튼 손을 이리 주오. 신의 축복이 내리기를! 이건 약혼 축하 인사요.

그레미오, 트라니오 아멘, 우리도 신의 축복을 빕니다. 그리고 우리가 증인이 됩시다.

페트루키오 장인어른, 내 아내, 그리고 여러분들, 안녕히 계십시오. 베네치아에 가봐야겠소. 일요일이 눈앞에 닥쳐오고 있잖습니까. 가서 반지와 예복, 필요한 물건들을 마련해야겠습니다. 이봐 케이트, 입맞춤해 주겠소? 우리,

일요일에 결혼합시다. (카타리나를 안고 입을 맞춘다. 떼밀어 내고 달아나는 그녀 뒤를 따라서 퇴장)

그레미오 이렇게 갑작스런 약혼도 있을까요?

밥티스타 여러분, 솔직히 말해서 난 지금 무역상이 된 거요. 이제 성공이냐 실패냐 운명에 걸어보겠습니다.

트라니오 하긴 계속 간수해 보았자 썩고 말 물건이라면, 팔아서 덕을 보거나 아니면 바닷속에 빠지기밖에 더하겠습니까?

밥티스타 나로서는 아무런 일도 일어나지 않았으면 하는 것이 소원이오.

그레미오 그자가 아주 꽉 낚아챈 것만은 틀림없습니다. 그런데 밥티스타 씨, 작은따님 말입니다만, 이제 우리가 기다리던 날이 온 셈입니다. 저로 말하면 이웃인 데다가 첫 청혼자입니다.

트라니오 저로 말하면 말로는 표현할 수 없을 정도로, 아니 도저히 상상도 못할 만큼 비앙카를 사랑하고 있습니다.

그레미오 당신 같은 젊은이의 사랑은 도저히 나와는 비할 바가 못되오.

트라니오 당신 같은 노인의 애정은 얼음이지 뭐요.

그레미오 당신 같은 애정은 잔챙이의 애정이오. 깡충대지 말고 물러가 있으시게. 그 나이로 어떻게 여자를 먹여 살릴 수 있단 말이오?

트라니오 하지만 당신 같은 나이여서야, 여자들이 먹을 생각도 않을 겁니다.

밥티스타 여러분, 조용히들 하시오. 이 자리는 내가 맡겠소. 어쨌든 승부를 지어야 할 것 아니오. 그러니 두 분 가운데 내 딸에게 더 많은 유산을 남겨 주겠다고 약속하는 사람이 비앙카의 사랑을 얻게 될 거요. 그럼 그레미오 씨, 당신은 내 딸에게 무엇을 줄 수 있습니까?

그레미오 첫째, 당신도 아시다시피 시내에 있는 저의 집에는 접시와 금으로 된 패물, 따님이 그 예쁘장한 손을 씻을 대야와 물병 등이 가득 쌓여 있지요. 벽걸이는 모두 티레에서 만든 태피스트리 직물이고, 상아로 만든 궤짝에는 금화가 가득 들어 있습니다. 그리고 삼나무 옷장에는 아름다운 그림 무늬를 서로 엇갈려서 짠 아라스 직물로 누빈 이불과 값진 옷, 장막, 휘장, 고급 리넨, 진주를 박은 터키 방석, 금실로 수놓은 베네치아산의 장식용 천이 가득 차 있고, 양은그릇과 놋그릇 등 살림붙이들이 모두 갖추어져 있습니다. 그리고 농장에는 젖소 백 마리가 여기저기에서 놀고 있고, 우리 안에는 살진 황소가 백이십 마리나 있습니다. 이 밖에도 무엇이든 충분히 갖추어져 있습니다. 사실 저는 늙었습니다. 그러니 내일이라도 제가 죽으면 저의 재산은 모두 따님 것이 됩니다. 물론 제가 살아 있는 동안에 따님이 오직 저만의 것이 된다면 말입니다.

트라니오 그 '오직'이란 말 좋습니다. 자, 그럼 제 말도 들어보십시오. 저는 외아들이고 상속자입니다. 만일 따님을 제게 아내로 주신다면 저 화려한 도시 피사의 성안에 있는 좋은 집 네댓 채를 따님에게 주겠습니다. 물론 그 한 채 한 채가 다 파도바의 그레미오 씨 집보다는 훌륭합니다. 게다가 기름진 농토에서 해마다 나오는 2천 더컷도 따님에게 주겠습니다. 어떻소, 그레미오 씨, 내 상대가 되겠소?

그레미오 (혼잣말로) 토지에서 나오는 수입이 한 해에 2천 더컷이라? 내 토지는 모두 합쳐도 그 액수엔 어림없지만…… (소리를 높이며) 아무튼 모두 따님에게 주겠습니다. 게다가 지금 큰 상선 한 척이 마르세유 항구로 가고 있습니다. (트라니오에게) 어때요, 내가 가진 상선에 대해서는 당신도 할 말이 없죠?

트라니오 그레미오 씨, 다들 아는 일이지만 내 아버지의 큰 상선은 세 척이 넘소. 그 밖에도 갈레아스선 두 척과 멋들어진 갤리선 열두 척이 있소. 이것들도 물론 그녀의 것이 되오. 다음에 당신이 무엇을 내놓을지 모르나, 나는 그 두 배를 약속하겠소.

그레미오 이제 모두 털어놨으니까 더 할 말은 없습니다. 저의 능력 이상을 줄 수는 없으니까요. 그러나 좋으시다면 저의 재산과 더불어 제 자신까지 따님에게 주겠습니다.

트라니오 그렇다면 따님은 이제 틀림없이 제 사람입니다. 그렇게 약속하셨으니까요! 그레미오 씨는 경쟁에 진 셈입니다.

밥티스타 당신의 조건이 가장 낫다는 점을 인정합니다. 그런데 내 딸아이를 아들의 아내로 받아들인다는 당신 아버지의 확실한 약속을 받아야 하오. 그렇지 않다면, 이런 말을 하기는 좀 그렇지만, 만약 당신이 아버지보다 먼저 죽는다면 내 딸아이의 유산은 어떻게 되는 건가요?

트라니오 그건 잘 모르시는 말씀입니다. 아버지는 이미 늙고 저는 이렇게 젊습니다.

그레미오 아니, 젊다고 반드시 늦게 죽는다는 법이 어디 있소?

밥티스타 자 그럼 두 분, 이렇게 합시다. 오는 일요일에는 큰딸 카타리나가 결혼을 하니, 그다음 일요일에 비앙카를 당신에게 드리겠소. 그러나 아까 그 승인을 얻는다는 조건으로 말이오. 그것이 안 된다면, 그레미오 씨에게 드리겠습니다. 그럼 이만 실례하오. 두 분 모두 감사합니다. (퇴장)

그레미오 안녕히 가시오. 알고 보니 좋은 사람이군요. 한데 젊은 사기꾼, 그래 당신 아버지가 바보같이 아들에게 전 재산을 주고 늙어서 뒷방살이나 할 사람인 줄 아오? 쳇, 장난도 아니고! 이탈리아의 늙은 여우가 그렇게 만만할 리가 있겠소? (퇴장)

트라니오 흥, 그 교활한 늙은 낯짝의 가죽을 벗겨줘야지. 내가 값을 올리는 바람에 무안해지고 말았지! 이것도 오직 도련님을 위해서지. 하지만 이제 가짜 루센티오가 아무래도 아버지를, 가짜 아버지 빈센티오를 구해야 되겠는걸. 참 기묘한 이야기로군. 보통 같으면 아버지가 자식을 구하는 법인데, 이 경우엔 여자를 넘어뜨리기 위해서 자식이 아버지를 구하게 되는구나. 물론 내 계획이 실패하지 않는다면 말씀이야. (퇴장)

〔제3막 제1장〕

파도바. 밥티스타의 집.
리치오로 변장하고 류트를 든 호르텐시오가 비앙카와 마주앉아 있고, 좀 떨어진 곳에 캠비오로 변장한 루센티오가 자기 차례를 기다리고 있다. 호르텐시오는 류트를 가르치는 것을 핑계삼아 비앙카의 손목을 잡는다.

루센티오 (안절부절못하면서) 악사 양반, 좀 삼가시오. 너무 앞서 나가잖소! 이분의 언니 카타리나한테 그만큼 혼이 났다면서 벌써 잊었단 말이오?

호르텐시오 하지만 말 많은 현학자, 이분은 절묘한 음악의 애호자요. 그러니 내게 우선권을 주시오. 한 시간 동안 음악 공부를 할 테니, 그 뒤에 당신도 그만큼 강의를 하시오.

루센티오 그런 터무니없는 소리 마시오. 음악이 생긴 이유도 모를 만큼 공부

3막 1장, 루센티오와 비앙카 H.C. 셀루스

도 안 한 자가! 음악은 사람이 공부를 하거나 일을 한 뒤에 다시 생기를 얻기 위해서 있는 것 아니겠소? 그러니 내게 양보하오, 철학 강의를 할 테니까. 내가 쉬거든, 그때 당신의 그 음악을 하구려.

호르텐시오 (일어서면서) 여봐, 그렇게 버릇 없이 굴면 가만히 안 있겠소.

비앙카 (두 사람 사이에 가로막고 서서) 아, 두 분 선생님, 이러시면 절 이중으로 모욕하시는 셈이에요. 뭘 택하든 저의 자유예요. 학교 아이들같이 교사의 매는 필요하지 않아요. 시간표에 얽매어서 꼬박꼬박 시간을 지키는 건 싫어요. 제 마음대로 배울 거예요. 그러니 싸움을 멈추시고 이리들 와서 앉으세요. 선생님은 그동안 악기를 가져가서 연주하고 계시면 조율이 다 될 무렵엔 이분 강의도 끝날 거예요.

호르텐시오 그럼, 조율이 다 되면 강의는 그쳐주겠소?

루센티오   조율이 그리 쉽소? 아무튼 조율해 놓으시오.

비앙카   지난번에 어디까지 했죠?

루센티오   네, 여기까지 했습니다.

Hic ibat Simois, hic est Sigeia tellus
Hic steterat Priami regia celsa senis.
(이곳에는 시모에이스강이 흐르고 있다. 이곳은 시게이아의 땅, 고대 프라이모스왕의 왕국이 여기에 있었느니라)

비앙카   번역해 주세요.

루센티오   Hic ibat, 전에 말한 바와 같이 Simois, 내 이름은 루센티오요. hic est, 피사에 사는 빈센티오의 아들이죠. Sigeia tellus, 당신의 사랑을 얻기 위해 이렇게 변장하고 Hic steterat, 나중에 정식으로 청혼하러 올 루센티오는 Priami, 내 하인 트라니오인데 regia, 내 행세를 하고 있소. celsa senis, 실은 저 영감의 눈을 속이기 위해서요.

호르텐시오   자, 이제 조율이 다 됐습니다.

비앙카   그럼 들려주세요. (호르텐시오, 연주를 해본다) 어머나, 아 시끄러워!

루센티오   잘 맞춰서, 다시 조율해 보시오. (호르텐시오 물러선다)

비앙카   이번엔 제가 번역해 보겠으니 맞는가 보세요. Hic ibat Simois, 전 당신을 몰라요. hic est Sigeia tellus, 전 당신을 믿을 수가 없어요. Hic steterat Priami, 저분께 들키지 않도록 조심하세요. regia, 우쭐대면 안 돼요. celsa senis, 실망하진 마세요.

호르텐시오   (돌아보면서) 이제 조율이 다 됐습니다.

루센티오   아직 저음부가 좀 안 맞소.

호르텐시오   저음부는 괜찮소. 시끄럽게 떠드는 자는 저능아죠. (혼잣말로) 저 현학자 녀석이 구애를 하고 있는가 보지. 야, 이 샌님아, 내가 감시를 안 할 줄 아냐? (두 사람 뒤로 살금살금 다가온다)

비앙카   나중엔 믿게 될는지 모르지만 아직은 못 믿겠어요.

루센티오   의심하지 말아요. (호르텐시오가 있는 것을 눈치채고 큰 소리로) 그 까닭인즉 확실히 아이아키데스는 할아버지의 이름을 따서 아약스라고 불렸습니다.

비앙카 (일어서면서) 그럼 선생님의 말씀을 믿을 수밖에요. 안 믿는다면 아마 언제까지나 의심하고 기묘한 논쟁이나 하고 있어야 할 판이니까요…… 그건 그렇고 리치오 선생님 (호르텐시오를 한쪽으로 데리고 가서) 선생님, 기분 나빠 하진 마세요. 이렇게 제가 두 선생님께 유쾌하게 대한다고 해서 말이에요.

호르텐시오 (뒤돌아보면서) 당신은 잠깐만 나가주었으면 좋겠소. 내 수업은 삼 부 합주로는 장단이 맞지 않으니까요.

루센티오 그렇게 까다롭단 말이오? 좋소, 기다리겠소. (혼잣말로) 그러나 잘 감시해야지. 내가 속아 넘어갈까 보냐. 저 멋쟁이 악사 녀석이 어쩌려고 저 렇게 여자를 밝히는지. (좀 뒤로 물러선다. 호르텐시오와 비앙카가 앉는다)

호르텐시오 자, 그럼 악기를 만지기 전에 손가락 쓰는 법을 가르쳐 드리겠습 니다. 첫걸음부터 시작해야 되는데, 다른 어떤 음악 선생보다도 간단한 방 법, 바로 즐겁고 간결하며 효과적인 방법으로 음계를 가르쳐 드리겠습니다. 자, 여기 이렇게 아름답게 쓰여 있습니다.

비앙카 어머나, 음계는 벌써 다 떼었는걸요.

호르텐시오 하지만 나의 음계는 좀 색다르니 읽어보세요.

비앙카 (읽는다)

음계는 모든 화음의 기초,
레, 호르텐시오의 열정에 답하는 것이다.
미, 비앙카여, 그를 남편으로 받아들이시오.
파, 마음을 다해 그대를 사랑합니다.
솔, 음자리표는 하나일지라도 음은 두 개.
라, 가엾게 여기지 않으면 나는 죽습니다.

이게 음계예요? 기가 막혀서! 이런 건 싫어요. 전 옛날 것이 더 좋아요. 저 는 기묘한 창작물 때문에 참된 규칙을 바꿀 만큼 성미가 까다롭지는 않 아요.

하인 등장.

하인 아가씨, 아버님 분부십니다. 오늘은 공부를 그만하고, 큰아가씨 방을 함께 꾸미라고 하십니다. 결혼식이 내일이잖습니까.

비앙카 그럼 두 분 선생님, 안녕히 계세요. 전 이만 가봐야겠어요. (하인과 함께 퇴장)

루센티오 알았습니다, 아가씨. 더 있을 까닭이 없으니 이만 총총. (퇴장)

호르텐시오 하지만 난 더 머물러 있다가 저 현학자 녀석의 동정을 살펴봐야겠는걸. 아무래도 그 녀석 눈치가 수상한 것 같아. 반한 모양이야. 비앙카, 당신이 엉터리 사기꾼한테 일일이 눈이 팔릴 만큼 마음이 싸구려라면 좋소, 생각대로 하구려! 그렇게 들뜬 여자란 것을 알게 되면, 이 호르텐시오는 당신과는 손을 끊고 다른 여자를 찾겠으니. (퇴장)

〔제3막 제2장〕

파도바. 밥티스타의 집 앞.
밥티스타, 그레미오, 트라니오, 루센티오, 혼례복을 입은 카타리나, 비앙카, 하인들, 그 밖의 사람들 등장.

밥티스타 (트라니오에게) 루센티오 씨, 오늘은 카타리나와 페트루키오의 혼삿날인데, 사위 될 사람이 아직 아무 소식이 없군요. 뭐라고 해야 하죠? 신부님이 오셔서 식을 올릴 참인데 신랑이 나타나지 않는다면 무슨 웃음거리겠소? 루센티오 씨, 이거 우리 집안의 무슨 수치겠소?

카타리나 창피를 당하는 건 저뿐이에요. 마음에도 없는 억지 결혼을 강요당했단 말이에요. 그런 반미치광이 녀석, 앙갚음을 하고 싶어서 기분대로 청혼해 놓고 결혼식을 올리려고 하니까 꽁무니를 빼는 녀석한테요. 그러기에 제가 말씀드렸잖아요. 그 녀석은 겉으로는 쾌활한 체 꾸미고 있지만, 그 천연덕스러운 태도 속엔 독설을 감추고 있는 또라이 같은 녀석이라고요. 가는 곳마다 구혼해서 결혼식 날을 받아놓고, 약혼 피로연을 열고, 손님들을 초대하고, 성당에 결혼 예고도 해놓고 하지만, 정말 결혼할 생각은 눈곱만큼도 없는 녀석이란 말이에요. 두고 보세요. 이제 세상은 이 카타리나를 손가락질하면서 이렇게 말할 거예요. "저봐, 미친 페트루키오의 마누라다. 그

연극 〈말괄량이 길들이기〉 케빈 블랙(페트루키오 역)·에밀리 조단(카타리나 역) 출연. 카르멜 셰익스피어 축제, 포레스트 극장 공연. 2003.

녀석이 기꺼이 돌아와서 결혼해 준다면."

트라니오 진정하시오, 카타리나 양. 그리고 밥티스타 씨, 페트루키오 씨가 어떤 일로 약속을 못 지키고 있는지는 모르지만, 나쁜 뜻이 없는 것만은 제가 보증하겠습니다. 무뚝뚝해 보이나 사실은 참 총명한 사람입니다. 쾌활하면서도 아주 착실한 사람입니다.

카타리나 카타리나가 그 작자를 만나지 않았더라면 좋았을 것을. (울면서 안으로 들어간다. 비앙카와 신부의 들러리들도 쫓아 들어간다)

밥티스타 할 말이 없구나. 네가 그렇게 우는 것도 마땅하다. 이런 모욕을 받고서야 성인인들 어디 가만히 있겠느냐? 버릇없이 자란 아이라서 더욱 참지 못할 게야.

비온델로가 달려 들어온다.

비온델로 주인님, 주인님, 소식이 있습니다. 아주 낡은 새 소식입니다!

밥티스타 소식은 소식인데 낡은 새 소식이라니? 어떻게 그런 일이 다?

비온델로 지금 페트루키오 님이 오고 있습니다. 굉장한 소식이 아닙니까?

밥티스타 그럼 다 왔단 말이냐?

비온델로 아니, 아직 멀었습니다.

밥티스타 그럼?

비온델로 지금 오는 중입니다.

밥티스타 그럼 언제 여기에 도착하지?

비온델로 그건 제가 이렇게 서서 나리님을 보고 있는 바로 이곳에 그분이 나타나는 시각이 되겠지요.

트라니오 한데 낡은 새 소식이란 건 뭐냐?

비온델로 지금 오고 있는 페트루키오 님의 차림새입니다—새 모자에 낡은 가죽조끼를 입고, 바지는 세 번이나 뒤집어 지은 것이고, 촛대를 담아두었던 낡은 장화는 한쪽은 쩸쇠가 달려 있고 다른 한쪽은 끈으로 묶여 있습니다. 그리고 읍내 무기고에서 뒤져 내온 듯한 낡고 녹슨 칼을 차고 있는데 칼자루는 부러지고, 칼집 끝의 쇠덮개는 없으며 칼끝은 두 갈래로 갈라져 있고, 엉덩이가 주저앉은 말에 걸터앉은 건 좋으나, 낡은 안장은 좀이 먹고, 등자(鐙子)는 생김새도 종류도 알아볼 길이 없고, 그 말로 말하자면 전염병에 걸려 등뼈까지 곪은 데다 위턱은 헐고, 온몸은 퉁퉁 부어 있으며 발뒤꿈치에는 종기가 나고, 관절병으로 절룩거리며, 황달병으로 귀밑까지 부어 있습니다. 게다가 현기증으로 벌렁 넘어지는가 하면 기생충이 우글우글하고, 등은 휘청휘청하며, 어깻죽지는 금이 가고, 뒷다리는 딱 붙어 있으며, 재갈은 다 끊어져 가고, 양가죽 고삐는 휘청거릴 때마다 잡아당기는 성화에 몇 번이나 끊어져 다시 이은 것이며, 배띠는 여섯 군데나 기운 것이고, 낡은 벨벳으로 만든 껑거리끈에는 본디 주인인 여자 이름의 머리글자가 두 자 장식용 단추같이 뚜렷합니다. 그것도 새끼로 몇 군데 이어 댄 것입니다.

밥티스타 누구와 같이 오던가?

비온델로 아 예, 마부와 함께 오고 있습니다만, 그 마부란 자도 그 말과 같은 꼬락서니입니다. 글쎄 한쪽 다리엔 아마포로 짠 양말을 신고, 다른 쪽 다리에는 거친 모직 바지를 입고, 빨강과 파랑 대님을 매고 있습니다. 낡은 모자에는 깃털 대신에 묘한 장식이 마흔 가지나 달려 있습니다. 괴물, 글쎄 옷 입은 괴물이랄까요. 도저히 그리스도교 나라의 하인이나 신사의 마부 꼴은 아닙니다.

트라니오 어떤 기묘한 기분에 그런 차림을 한 것이겠죠. 하기야 그분은 가끔 그런 초라한 차림을 하고 나타나기도 합니다만.

밥티스타 차림새는 어떻든 간에 와주니 고맙군요.

비온델로 아닙니다, 아직 오지 않았습니다.

밥티스타 네가 왔다고 말하지 않았느냐?

비온델로 누구 말씀입니까? 페트루키오 님 말씀입니까?

밥티스타 그야 당연하지.

비온델로 아닙니다. 전 그분의 말이 주인을 등에 태우고 온다고 말했을 뿐입니다.

밥티스타 결국 마찬가지 아니냐?

비온델로 그건 그렇지가 않습니다. 1페니 걸고 내기를 해도 좋습니다만, 말과 사람은 하나가 아니지만 많지는 않습죠.

페트루키오와 그루미오가 꼴사나운 차림을 하고 떠들면서 등장.

페트루키오 여, 멋진 분들은 어디 계십니까? 집에 아무도 없습니까?

밥티스타 (차갑게) 아, 잘 왔소.

페트루키오 잘 왔을라고요.

밥티스타 아무튼 어서 오시게.

트라니오 하지만 내 생각 같아선 좀더 좋은 차림으로 와주었으면 싶었는데.

페트루키오 아니 이렇게 차린 것이 더 좋지 않습니까? 그런데 케이트는? 내 귀여운 신부는 어디 있소? 장인어른, 어쩐 일이십니까? 훌륭한 분들이 왜 이렇게 노려보고 계실까요? 마치 굉장한 기념비나 무슨 혜성이나 비범한 사건이 눈앞에 나타난 것처럼요.

밥티스타 아니 여보게, 오늘은 혼삿날이 아니오? 처음에는 자네가 안 나타나지나 않을까 걱정을 했지만, 지금은 그렇게 준비도 없이 와서 더 걱정일세. 여보게 자, 그 옷은 얼른 벗어버리시게. 자네 신분에 창피하고, 이 엄숙한 결혼식에 꼴사나우니까.

트라니오 좀 말해 보시오. 무슨 까닭에 신부를 이렇게까지 기다리게 해놓고, 끝내는 당신답지 않은 차림을 하고 오셨소?

페트루키오 지루한 이야기는 그만둡시다. 들어도 소용없을 테니까요. 아무튼 약속대로 왔으니 불평은 없겠지요? 잠깐 어디를 좀 들렀다 오느라고 이렇게 됐습니다만, 나중에 틈이 나면 충분히 이해할 수 있도록 이야기해 드리죠. 그건 그렇고 케이트는 어디 있소? 너무 늦지 않았습니까? 아침나절도 다 지나가고 있습니다. 지금쯤은 성당에 가 있어야 할 시간입니다.

트라니오 그렇게 꼴사나운 차림으로 신부를 만나실 거요? 자, 내 방으로 가서 옷을 갈아입으시오. 내 옷을 빌려드리겠습니다.

페트루키오 천만에요, 이대로 만나겠소.

밥티스타 하지만 그런 꼴로 식을 올리자는 것은 아니겠죠?

페트루키오 천만에요, 이대로 하겠습니다. 그러니 더 이상 말은 그만둡시다. 신부는 저와 결혼하는 것이지, 제 옷과 결혼하는 게 아니니까요. 이 옷을 갈아입는 일은 어렵지 않지만, 그보다는 신부 마음의 옷을 갈아입혀 주고 싶습니다. 그렇게 한다면 케이트를 위해서도 좋고, 저를 위해서도 더욱 좋을 것입니다. 오늘은 바보같이 당신들과 쓸데없는 이야기를 하고 있을 때가 아닙니다. 어서 신부한테 가서 아침 인사를 하고, 그다음 사랑의 키스로 남편의 권리를 확보해 놓아야 하겠습니다. (뒤에 서 있는 그루미오를 데리고 서둘러 퇴장)

트라니오 저 미치광이 같은 옷차림에는 무슨 사정이 있는지 모르지만, 아무튼 성당에 가기 전에 바꾸어 입으라고 권해 봅시다.

밥티스타 일단은 뒤쫓아가서 좀 살펴봅시다. (트라니오와 루센티오만 남고 모두 퇴장)

트라니오 그런데 도련님, 당사자의 승낙 말고도 아버님의 승낙이 필요합니다. 그 승낙을 얻기 위해서는 요전에 말씀드린 대로 사람을 하나 구해야겠습니다. 누구라도 상관없으니 그리 어려운 일도 아닙니다. 다만 우리 목적에 맞게만 하면 되니까요. 그 사람을 피사의 빈센티오 님으로 꾸며서 여기에 나타나게 해서, 제가 약속한 액수보다 더 많은 재산을 물려준다는 의사 표시만 하면 됩니다. 그렇게만 해두면 도련님은 손쉽게 바람을 이루시고, 아름다운 비앙카와 결혼할 수 있게 되십니다.

루센티오 그런데 내 동료 가정교사 놈이 비앙카의 행동 하나하나를 감시하고 있어서 탈이거든. 그렇지만 않다면 차라리 둘이서 남몰래 결혼해 버리면 좋겠어. 일단 신(神) 앞에서 맹세만 해놓는다면 온 세계가 아니라고 외치더라도 난 절대로 내 것을 놓지는 않을 테니까.

트라니오 그 점도 연구해서 우리 계획이 잘되도록 해야지요. 어쨌든 저는 그 반백 머리 그레미오와 빈틈없는 아버지 미놀라, 그리고 교활하고 여자를 밝히는 음악 교사 리치오, 이 세 사람을 감쪽같이 속여야 하겠습니다. 이것도 모두 도련님을 위해서 하는 일입니다.

그레미오가 되돌아온다.

트라니오 아니, 그레미오 씨, 성당에서 돌아오십니까?

그레미오 예, 학교에서 돌아오는 아이같이 즐겁게.

트라니오 신랑 신부도 돌아옵니까?

그레미오 신랑이라고요? 신랑은커녕 마부죠. 그 녀석이 어찌나 큰 소리로 으르렁대던지, 그 아가씨도 이제는 꼼짝달싹하지 못할 거요.

트라니오 그럼 그 여자보다 한술 더 뜬단 말이오? 그럴 리가요.

그레미오 아니, 그 녀석은 악마요, 악마. 정말 마귀요.

트라니오 아니, 그 여자야말로 악마요, 악마. 악마의 어미요.

그레미오 쳇! 그 남자 앞에서는 새끼 양, 비둘기, 바보요. 글쎄 루센티오 씨, 식장에서 신부님이 카타리나를 아내로 맞이하겠느냐고 묻자마자 그 작자가 기차화통을 삶어먹은 듯한 소리로 "그야 물론입니다" 하고 대답하는 바람에 신부님이 깜짝 놀라서 성경을 떨어뜨렸어요. 한데 신부님이 성경을 주워 들려고 허리를 구부리니, 그 미치광이 같은 신랑이 느닷없이 신부님을 때려 갈겼어요. 그러자 신부님과 성경이 나가떨어졌지요. 그러고는 그 작자가 "야, 어느 놈이든지 덤빌 놈은 덤벼봐" 이렇게 소리를 지르더란 말이오.

트라니오 그럼, 신부님이 다시 일어섰을 때 그 말괄량이는 뭐라고 하던가요?

그레미오 그저 발발 떨고 있었소. 신부님이 실수를 한 것처럼 페트루키오 씨가 발을 구르고 악을 쓰는 바람에 말이오. 그러나 식이 끝나자 그 작자는 술을 내오라고 하더니 "위하여!"라고 소리를 질렀는데, 마치 태풍을 겪은 뒤에 동료들과 무사함을 배 위에서 축하라도 하는 것 같다고나 할까요. 글쎄 술을 꿀꺽꿀꺽 마시고는 찌꺼기를 성당지기 얼굴에 내던졌는데, 무슨 이유가 있어서가 아니라 성당지기 수염이 성글고 굶주린 것 같은 데다가 이쪽이 마시는 술찌꺼기만이라도 먹고 싶어하는 눈치였기 때문이란 것이오. 그런 뒤에 그는 신부의 목을 붙들고 요란스럽게 키스를 했는데, 입술이 떨어질 때 성당 안이 울릴 지경이었소. 난 여기까지 보고 하도 창피해서 그냥 나와버렸습니다. 좀 있으면 일행이 돌아올 거요. 그런 미치광이 같은 결혼은 처음 봤소. 악대 소리가 들리는군요.

악대를 선두로 결혼식 행렬이 들어온다. 페트루키오와 카타리나, 그다음에 비앙카, 밥티스타, 호르텐시오, 그루미오 등장.

페트루키오 여러분, 수고하셨습니다. 여러분은 아마 오늘 저와 피로연을 하실 생각으로 여러 음식을 마련해 놓으신 모양입니다만, 저는 좀 급한 볼일이 있어서 미안하지만 지금 곧 떠나야겠습니다.

밥티스타 아니, 오늘 밤에 떠나겠다고?

페트루키오 지금 떠나야겠습니다. 밤까지 기다릴 수는 없습니다. 이상하게 생각하실 건 없습니다. 장인어른도 일의 내용만 아신다면, 오히려 어서 가보라고 권하실 거예요. 정직한 여러분, 여러분에게 감사드립니다. 여러분 덕택에, 세상에 둘도 없이 참을성 있고 상냥하고 정숙한 여자를 아내로 맞게 되었으니까요. 그럼 피로연은 장인어른과 함께하시고, 저의 건강을 축복해 주십시오. 이제 그만 가봐야겠습니다. 그럼 다들 안녕히 계십시오.

트라니오 아니, 제발 잔치나 끝나거든 가시오.

페트루키오 그럴 수가 없어요.

그레미오 제발 부탁하오.

페트루키오 안 됩니다.

카타리나 제발 부탁이에요.

페트루키오 아, 고맙소.

카타리나 그럼 머무르시겠어요?

페트루키오의 결혼 카를 게르츠. 1885.

페트루키오 당신의 청은 고맙소. 하지만 당신이 아무리 부탁을 해도 그냥 머물러 있을 수는 없소.

카타리나 나를 사랑하신다면 가지 마세요.

페트루키오 그루미오, 말을 준비해라.

그루미오 예, 주인님, 말은 다 준비해 두었습니다. 귀리가 말을 먹을 판이니까요.

카타리나 홍, 그럼 당신 마음대로 해요, 나는 오늘 함께 가지 않을 테니. 아니 내일도 안 갈 거예요, 내 마음이 내키기 전에는. 문은 열려 있으니, 자 가세요. 그 장화가 헐어빠질 때까지 아무 데나 터벅터벅 돌아다녀요. 처음부터 이래서야 앞으로 얼마나 뻔뻔스럽고 심술궂은 본성을 드러낼는지 누가 알겠어요.

페트루키오 이봐 케이트, 안심해요. 그리고 그렇게 화내지 말아요.

카타리나 이래도 화를 내지 말라고요…… 아버지, 아버진 좀 가만히 계세요. 제 기분이 풀릴 때까지 그가 기다릴 테니까요.

그레미오 아이고, 이제 드디어 시작하는구먼.

카타리나 여러분, 피로연 장소로 들어가세요. 이제 보니 여자란 마음이 여간 굳지 않아선 바보 취급을 당하고 말겠어요.

페트루키오 이봐 케이트, 그야 누구 명령이라고, 다들 연회장으로 안 들어갈 수 있나. 들러리분들도 명령에 복종하시오! 자, 연회장으로 들어들 가서 실컷 마시고 재미를 보시오. 그리고 신부의 처녀성이나 실컷 축복해 주시오. 즐겁게 떠들건 미치건 가서 목을 매건 맘대로 하시오. 그러나 귀여운 내 케이트만은 내가 데리고 가야겠소. (카타리나에게) 이봐, 그렇게 두 발을 동동 거리고 위협조로 나오지 마. 당신이 아무리 노려보고 안달을 해도, 내 소유물에 대해서는 내가 주인이니까. 이 여자는 내 소유물이요, 동산이요, 집이요, 살림도구요, 창고요, 말이요, 소요, 당나귀요, 아무튼 내 것이란 말이오. 지금 저렇게 서 있지만, 누구든지 감히 손만 대봐요! 파도바의 거만한 자라도 내 길목을 막으면 가만있을 내가 아니니까…… 야, 그루미오, 칼을 빼라. 우린 도둑들한테 포위당해 있구나. 너도 사내대장부라면 아씨를 구해 내야 할 거 아니냐…… 이봐, 케이트, 아무 걱정 마. 당신에겐 아무도 손을 대지 못하게 할 테야. 누가 나와도 당신만은 꼭 방어해 낼 테니까! (카타리나를 안고 퇴장. 그루미오는 호위하는 태세로 그 뒤를 따라 퇴장)

밥티스타 아 여러분, 내버려 둡시다. 저렇게 사이가 좋은 부부잖소.

그레미오 하마터면 너무 우스워 죽을 뻔했는데 얼른 떠나줘서 다행입니다.

트라니오 나 원 참! 별 미치광이 같은 결혼을 다 봤구려.

루센티오 아가씨, 그래 언니를 어떻게 생각하십니까?

비앙카 평소에 언니가 미치광이 같으니까, 저렇게 미치광이 같은 결혼을 한 거겠지요.

그레미오 페트루키오와 케이트는 틀림없이 천생연분입니다.

밥티스타 여러분, 신랑 신부의 자리는 비어 있어도, 음식만은 많이 차려져 있습니다. 자 루센티오, 당신은 신랑 자리에 앉아주시오. 그리고 비앙카는 언니 자리에 앉거라.

트라니오 비앙카에게 신부 연습을 시키시려는 것입니까? (비앙카의 손을 잡는다)

밥티스타 그렇다고 해둡시다, 루센티오. 그럼, 여러분 들어갑시다. (모두 퇴장)

영화 〈말괄량이 길들이기〉 프랑코 제피렐리 감독, 리처드 버튼(페트루키오 역)·엘리자베스 테일러(카타리나 역) 출연. 1967.

〔제4막 제1장〕

페트루키오의 시골 집.

2층 복도로 통하는 계단. 커다란 난로, 탁자, 긴 의자, 의자. 입구가 세 곳이며, 하나는 현관으로 이어진다. 그루미오가 바깥에서 들어온다. 어깨에는 눈이 묻어 있고, 다리에는 진흙이 튀어 있다.

그루미오 (긴 의자에 털썩 앉으면서) 제기, 이 무슨 팔자냐! 늙어빠진 말에 주인 부부는 미쳐 날뛰고, 길도 진창이고, 세상에 이렇게 지독한 꼴을 당한 사람도 있었을까? 이렇게 혼이 나고 이렇게 욕을 본 사람도 있었을까? 나보고는 먼저 가서 불을 피워 놓으라 하고 자기들은 나중에 와서 몸을 녹이겠다는 배짱이지. 난 작은 항아리 같아 금방 더워져서 다행이지만, 안 그렇다면 당장 내 입술은 이에, 혀는 입천장에, 심장은 가슴통 속에서 얼어붙고 말았을 것 아닌가. 불을 지펴서 몸을 녹일 겨를도 없이 말이야. 어쨌든 불이나 지펴서 몸 좀 녹여야겠다. 이런 날씨엔 나보다 키가 큰 사람 같으면 감기에 걸리기 십상일 거야. 여보게, 커티스!

커티스 등장.

커티스 누구요, 그렇게 쌀쌀맞은 목소리를 내는 사람이?

그루미오 얼음 조각일세. 내 말을 못 믿겠거든 내 어깨를 좀 짚어보게. 손이 금방 발꿈치까지 미끄러져 내려가고, 머리와 모가지 정도의 거리밖에 안 느껴질 테니…… 여보게 커티스, 불 좀 지펴줘.

커티스 주인과 마님은 오시는 중인가, 그루미오?

그루미오 응 그렇다네, 커티스. 그러니까 불을 피워, 불을. 어서 불을. 물은 끼 얹지 말고.

커티스 그래 아씨는 소문대로 지독한 말괄량이던가?

그루미오 틀림없는 사실이었어. 오늘 아침 서리가 내리기 전까지는. 하지만 자네도 알다시피 겨울이 오면, 남자고 여자고 짐승이고 죄다 풀이 죽어 오그라들고 말잖던가. 글쎄, 우리 주인님과 아씨도 그렇고, 나 자신도, 내 짝 인 자네도 그렇단 말이야.

커티스 자네 짝이라니, 요 세 치밖에 안 되는 땅딸보 같으니! 내가 자네 같은 짐승인 줄 아나?

그루미오 아니, 내가 세 치밖에 안 된다고? 그럼 자네의 그 질투 많은 뿔은 한 자는 된단 말인가? 그렇다면 내 뿔도 적어도 한 자는 될걸. 그건 그렇고, 불 좀 지피지 않겠나? 싫다면 아씨께 고자질 좀 해줄까? 고자질만 해놓으 면 아씨 손에, 아씨는 지금 눈앞에 다가오고 계시네만 한 대 철썩 얻어맞고, 불을 안 피워 놓은 죄로 자네 눈에서 불이 날 걸세.

커티스 (난로에 불을 지피려고 하면서) 여보게 그루미오, 세상 돌아가는 이야기 나 좀 해주겠나?

그루미오 여보게, 어딜 가보나 자네가 맡은 일 말고는 다 차디찬 세상이네그 려. 그러니 어서 불이나 지피게. 자기 할 일을 다하면 복이 들어온다고 하잖 던가. 바깥주인도 안주인도 지금 얼어죽게 됐어.

커티스 (일어서면서) 자, 불은 피웠어. 한데 여보게, 무슨 재미있는 소식은 없나?

신부를 질질 끌고 가는 페트루키오 루이 리드. 1918.
페트루키오는 결혼식장에서부터 패악질 부리는 아내를 길들이기 시작한다. 결혼 피로연 자리에 늦게 도착한 데다 형편없는 옷차림을 하고서는 아내를 자신의 집으로 끌고 감으로써 피로연을 엉망으로 만들어 버린다.

그루미오   없긴 왜 없어. 자네가 싫증날 정도로 얼마든지 있어.

커티스   하긴 못된 장난은 얼마든지 알고 있는 자네니까.

그루미오   (손을 불에 쬐면서) 그러니까 몸을 좀 녹여야지. 난 꽁꽁 얼어 있으니까 말이야. 그런데 요리사는 어디 갔나? 저녁은 준비됐나? 집 안은 치웠어? 돗자리도 깔아놓고, 거미줄도 털어놨나? 심부름하는 아이들은 새 옷으로 갈아입었겠지? 흰 양말로 갈아 신겼나? 하인들은 다들 예복으로 갈아입었나? 남자들은 밖을 깨끗이 하고 여자들은 안을 깨끗이 한다고들 하잖나. 식탁보는 깔아놨겠지? 모든 준비가 다 끝났어?

커티스   다 돼 있어. 그러니 제발 재미있는 소식이나 이야기해 달라니까.

그루미오   첫째 소식은 말은 지친 데다가 주인 부부는 말에서 떨어졌다네.

커티스   어떻게?

그루미오 글쎄, 안장에서 진창으로 굴러떨어졌다네. 거기에는 까닭이 있지.

커티스 그 이야기 좀 들려주게나.

그루미오 그럼 귀를 좀 가까이.

커티스 자.

그루미오 이거야. (커티스의 귀를 친다)

커티스 이건 얘기를 듣는 게 아니라 느끼는 건데.

그루미오 그래서 이런 걸 감각적인 이야기라고 하는 거야. 이렇게 귀를 갈겨 놓으면 귀가 정신을 차릴 게 아닌가. 자, 그럼 이야기를 시작하겠네. 맨 처음 에 우리 일행은 진창 산길을 내려오고 있었지. 주인님은 아씨 뒤에 걸터타 고서 말야······.

커티스 두 분이 같은 말에 탔단 말인가?

그루미오 그게 어쨌단 말인가?

커티스 그야 말은 한 필이니까.

그루미오 그럼 자네가 이야기해 보게나. 자네가 내 말을 가로막지만 않았더 라면 말이 어떻게 넘어졌는지, 아씨가 어떻게 말 밑에 깔리고 말았는지, 내 가 이야기해 줬을 게 아닌가. 그리고 그곳이 얼마나 지독한 진창인지, 아씨 가 얼마나 진창 속에 빠졌는지, 주인님은 아씨를 말에 깔린 채 내버려 두 고 말을 넘어뜨리게 했다고 얼마나 날 때렸는지, 아씨는 날 못 때리게 막으 려고 진창에서 어떻게 기어나오셨는지, 그걸 이야기해 줬을 것 아닌가. 주인 님은 욕을 하고, 아씨는 여태껏 해본 적 없는 기도를 드리고, 난 울고, 말은 달아나고, 말고삐는 끊어지고, 껑거리끈은 떨어져 나가고, 아니 이 밖의 소 중한 이야기들도 모두 망각 속에 파묻혀 버릴 테고, 그래서 결국 자네는 그 런 이야기를 듣지도 못한 채 무덤 속으로 들어가 버렸을 것을, 모두 자세하 게 들려줬을 게 아닌가.

커티스 지금 이야기로 봐선 주인님이 아씨보다 한술 더 뜨시는가 본데.

그루미오 그야 물론이지. 주인님이 돌아오시면, 자네나 이 집의 아무리 거만 한 하인이라도 당장 알게 될 거네. 그러나 지금은 이런 이야기를 하고 있을 때가 아냐. 자, 이리 모두 불러들이게. 나다니엘, 요셉, 니콜라스, 필립, 월터, 슈가솝, 그리고 이 밖에도 모두 불러들이게. 머리는 반질반질하게 빗질하고, 파란 외투를 솔질해서 입고, 대님은 아주 잘 매야 하고, 인사는 왼쪽 다리를 앞으로 내고 하고, 손에 키스하기 전에는 주인님이 탄 말의 꼬리털조차 손을 대서는 안 되네…… 그럼 준비는 다 됐나?

커티스 다 됐고말고.

그루미오 그럼 다 이리 불러오게.

커티스 (부른다) 여보게들 들리나? 어서 이리 와서 주인님을 맞이하고 새아씨의 얼굴을 세워 드리도록 하게나.

그루미오 뭐라고? 아씨는 본디 얼굴이 똑바로 서 있어.

커티스 누가 모르나?

그루미오 자네가 금방 하인들에게 아씨 얼굴을 세워 드리라고 하지 않았는가?

커티스 그거야 새아씨에 대한 하인들의 마음가짐이지.

그루미오 그러나 아씨가 여기 오셔서 하인들에게 아무것도 요구하지 않으실 것만은 확실하네.

하인들 네댓 명이 등장하여 그루미오를 둘러싼다.

나다니엘 잘 돌아왔네, 그루미오.

필립 그래 어떤가, 그루미오?

요셉 야, 그루미오.

니콜라스 오랜만일세, 그루미오.

나다니엘 그래 어떻던가, 여보게?

그루미오 아이고, 자네들도 잘 있었나…… 재미가 어떤가, 자네는?…… 인사는 이만하고…… 한데 여보게들. 준비는 다 돼 있나? 모든 준비가 다 되었는가 말일세.

나다니엘 준비가 다 돼 있고말고. 그런데 주인님은 곧 오시나?

그루미오 지금 곧 오시네. 방금 말에서 내리시는 중이네. 그러니까 알았나…… 제발 입들 다물라고. 저기 들어오시는 소리가 들리네.

이때 난폭하게 문이 열리더니 페트루키오와 카타리나가 들어온다. 둘 다 머리부터 발끝까지 진흙투성이다. 페트루키오가 방 한가운데로 걸어 들어온다. 카타리나는 거의 까무러칠 것 같으면서도 아무렇지도 않은 체하고 벽에 기대고 서 있다.

페트루키오　이 자식들이 다 어디 있지? 그래 문간에 마중 나와서 등자를 붙들고, 말을 잡아주는 놈이 하나도 없단 말이냐? 나다니엘은 어디 있냐? 그레고리와 필립은?

하인들　(달려와서) 여기들 있습니다! 주인님, 여기 있습니다! 나리, 여기 있습니다!

페트루키오　"여기 있습니다, 주인님! 여기요, 나리! 예, 주인님! 예, 나리!"에 잇…… 이 멍텅구리 바보들아! 아니 마중도 안 나오고, 경의도 표하지 않고, 할 일도 안 하고, 그래도 좋단 말이냐? 그래 내가 먼저 보낸 그 바보 녀석은 어디 있느냐?

그루미오　예, 여기 있습니다, 여전히 미련한 놈이긴 합니다만.

페트루키오　이 시골뜨기 같으니! 천박하고 아둔하며 정신 빠진 놈! 공원까지 마중을 나오라고 내가 이르지 않았느냐, 이 망할 자식들을 모두 데리고서!

그루미오　글쎄 주인님, 나다니엘의 외투는 미처 마감되지가 않았고, 가브리엘의 구두는 뒤축이 덜 돼 있고, 피터의 모자를 검게 그을리자니 장작이 없고, 월터의 단도는 녹이 슬어 칼집에서 빠지지 않고, 게다가 아담과 랄프와 그레고리 말고는 모두가 헌 누더기에 거지꼴이라서요. 그래도 어쨌든 이렇게 다들 주인님을 맞으러 나오긴 나왔습니다.

페트루키오　듣기 싫다, 망할 녀석들아. 어서 가서 저녁상을 가져오너라! (하인들 서둘러 퇴장. 노래조로) "어제까지의 생활은 어디로 갔나?" 이 자식들이 다 어디 갔나…… (문 앞에 서 있는 카타리나를 보고) 자 케이트, 앉아요. 잘 와줬어. (난롯불 곁으로 카타리나를 데리고 간다) 식사 가져와. 식사, 식사, 식사!

하인들이 저녁상을 가지고 들어온다.

페트루키오　아니, 뭘 여태까지 꾸물거리고 있었냐? 이봐 케이트, 기운을 내요…… (카타리나 곁에 앉으면서) 이 녀석들아, 내 신이나 벗겨라! 이놈들아, 뭘 꾸물거리고 있어? (하인 한 사람이 신을 벗기려고 무릎을 꿇는다. 다시 노래조로) "그 어떤 수도원의 신부가, 길을 걸어갈 때에……" 인마, 내 발을 뽑아낼 작정

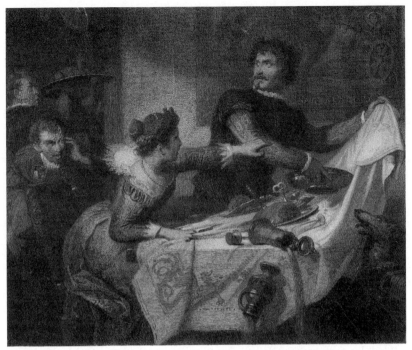

4막 1장, 결혼 피로연 만찬을 거부하는 페트루키오　프리드리히 슈뵈러 삽화, 게오르크 골트베르크
판화. 1850.

이냐? (그 하인의 머리를 때린다) 맛이 어떠냐. 알았거든 이쪽은 잘 벗기란 말
이야…… (양쪽 신을 다 벗긴다) 이봐 케이트, 기운을 내요…… 누가 물 좀 가져
오너라! 여기다!

하인이 물을 가지고 들어온다.

페트루키오　(못 본 체하고) 내 사냥개 트로일로스는 어디 있느냐? 넌 어서 가
서 내 사촌 페르디난트를 이리 모시고 오너라. (하인 한 사람이 나간다) 이봐
케이트, 그분한테 꼭 키스를 해드리고, 친하게 지내줘야겠어…… 내 슬리
퍼는 어디 있느냐? 물은 언제 가져오는 거냐? (하인이 물 대야를 내민다) 케이
트, 이리 와서 손을 씻어요. 참 잘 와주었어. (이렇게 말하면서 하인과 부딪쳐서
물을 쏟아지게 하면서) 이 망할 자식 좀 보게. 네가 물을 엎어버릴 작정이냐?

(하인을 때린다)

카타리나 제발 용서해 주세요. 일부러 그런 건 아니잖아요.

페트루키오 이 빌어먹을 얼간이, 딱정벌레 대가리에 늘어진 개 귀를 한 녀석 좀 보게. 자 케이트, 앉아요. 배가 고프겠소. (카타리나가 식탁에 앉는다) 감사의 기도를 올려주겠소, 케이트? 아니, 내가 올리리까?…… 뭐야 이건. 양고 긴가?

하인 1 예.

페트루키오 누가 가져왔나?

피터 예, 제가 가져왔습니다.

페트루키오 탔구나. 음식이 모두 그 꼴이구나. 이 개 같은 자식들 좀 보게. 요리사 녀석은 어디 있느냐? 그래 너희 놈들도 너희 놈들이지. 내가 싫어하는 줄 뻔히 알면서 이걸 일부러 가져와서 억지로 먹일 심보냐? 썩 가지고 나가, 접시고 컵이고 뭐고 죄다. (하인 머리에 음식을 내던진다) 이 조심성 없는 미련퉁이들 같으니, 버릇없는 쌍놈들 같으니! 그래, 불평이 있어? 썩 말해 봐라. (일어서서 하인들을 내쫓는다. 커티스만 남는다)

카타리나 제발, 그렇게 화내지 마세요, 네. 그 고긴 멀쩡하잖아요. 당신만 좋으시다면.

페트루키오 아냐 케이트, 그건 다 타서 바삭바삭하잖소. 그런 건 입에 넣지 말라고 의사가 나한테 말했소. 글쎄, 그런 걸 먹으면 답답증이 생기고 화증이 생긴다. 우리는 둘 다 굶는 편이 좋을 거요. 안 그래도 우리는 본디 화를 잘 내는 성미잖소. 그러니 그렇게 너무 탄 고기는 먹지 않는 게 좋을 거요. 참읍시다. 내일이면 어떻게 되겠지요. 오늘 밤은 둘이서 단식을 합시다. 그럼 침실로 갑시다. (카타리나, 커티스와 함께 퇴장)

하인들이 저마다 조심스럽게 나타난다.

나다니엘 피터, 이런 일을 전에도 봤나?

피터 독을 독으로 다스리는 셈이지.

커티스가 계단을 내려온다.

하인들이 차린 음식상을 거부하는 페트루키오　루이 리드. 1918.
페트루키오는 고기가 타버렸다고 난리를 치고는, 카타리나에게 먹지 말고 어서 침실로 가자고
말한다.

그루미오 주인님은?

커티스 아씨 방에 계시네. 절제에 대해서 설교하시는 중인데, 고래고래 악을 쓰고 욕을 하고 야단치는 바람에 가엾게도 아씨는 어디 서 있어야 좋을지, 어느 쪽을 봐야 좋을지, 무슨 말을 해야 좋을지 갈피를 못 잡고 마치 꿈에서 갓 깨어난 사람처럼 멍하니 앉아 계실 뿐이라네…… 얼른 숨어. 주인님이 내려오시네. (모두 나가 버린다)

페트루키오 계단 머리에 나타난다.

페트루키오 이렇게 교묘하게 지배권을 잡아놓으면 어쨌든 성공할 거야. 내 매는 지금 지독하게 굶주려 있지. 밥에 달려들 때까지는 배부르게 먹이지 말아야지. 배가 부르면 마음대로 길들일 수 없으니 말이야. 또 한 가지, 아무리 사나운 매라도 길들여서 주인의 부름대로 오게 하는 방법이 있는데, 바로 잠을 못 자게 하는 거지. 솔개 중에서 사납게 날개만 푸드덕거리고 말을 듣지 않는 놈도 그 수를 쓴다지 않는가. 아내는 오늘 아무것도 안 먹었지. 물론 앞으로도 못 먹게 할 테야. 그리고 어젯밤은 한잠도 자지 못했지. 물론 오늘 밤도 못 자게 해야지. 아까 그 고기와 마찬가지로, 잠자리에 대해서 생트집을 잡아 베개는 저리, 이불은 이리, 요는 저리, 모두 내던져 버려야지. 하지만 이런 소동을 하는 것도 끔찍하게 아내를 생각해서 그러는 것처럼 보이게 해야 돼. 요컨대 긴 밤을 눈도 못 붙이게 하고, 조는 기세만 보이면 마구 떠들고 악을 써서 도무지 잠을 자지 못하게 해야지. 이건 눈물을 가지고 사람을 잡는 법이랄까. 이렇게라도 해서 저 미치광이 같은 고집을 바로잡아야 하니 말이야. 말괄량이를 휘어잡는 더 좋은 방법이 있거든 누구 좀 나서서 가르쳐 주구려. 착한 일을 하는 것이 될 테니까요. (휙 돌아서서 침실로 돌아간다)

〔제4막 제2장〕

파도바. 밥티스타의 집 앞.
루센티오로 분장한 트라니오, 리치오로 분장한 호르텐시오 등장.

트라니오 리치오 씨, 비앙카 양이 루센티오 말고 다른 남자를 사랑한다는 게 있을 수 있는 일이요? 그녀는 내게 호의를 보이고 있는데 말이오.

호르텐시오 내 말을 정 믿지 못하시겠다면, 이 근처에 숨어서 그자가 가르치는 태도를 좀 살펴보시오. (트라니오와 한쪽으로 비켜선다)

캄비오로 분장한 루센티오와 비앙카 등장.

루센티오 그럼 아가씨, 지금 읽으신 것을 이제 아시겠습니까?

비앙카 선생님, 무엇을 읽어 주셨지요? 먼저 그것부터 대답해 주세요.

루센티오 그건 내 전문 과목인 '연애의 기술'입니다.

비앙카 그걸 증명해 주실 수 있다면!

루센티오 어렵지 않은 일입니다. 만일 진지하게 배우고자 하는 마음만 있으시다면, 이 불타는 방법을 말입니다. (비앙카와 키스한다)

호르텐시오 진도가 참으로 빠르군. 정말 가관이야! 자, 이래도 비앙카에게는 루센티오 말고 애인이 없다고 감히 말할 수 있겠소?

트라니오 오, 더럽소, 연애란! 믿지 못할 건 여자로구먼! 리치오 씨, 정말 어안이 벙벙하군요.

호르텐시오 이제 가면은 벗겠소. 난 리치오가 아니오. 음악가도 아니오. 그건 가면이었소. 그러니 나 같은 신사를 버리고, 저런 천한 녀석을 신처럼 생각하는 계집애를 위해서 더 이상 이런 가면을 쓰고 있을 수는 없소. 나는 사실 호르텐시오라는 사람이오.

트라니오 호르텐시오 씨, 당신이 비앙카를 무척 사랑한다는 이야기는 자주 들어서 알고 있소. 그런데 내 눈으로 저 여자의 경박함을 본 이상, 당신이 정 그러시다면 나도 당신과 같이 비앙카와 그녀의 사랑을 영원히 포기하겠습니다.

호르텐시오 저것 좀 봐요. 저렇게 키스를 하며 사랑을 주거니 받거니 하고들 있잖소. 루센티오 씨, 자, 우리 악수합시다. 굳게 맹세하지만, 앞으로 저 여자에게는 절대로 구애하지 않고 완전히 포기하겠소. 그만한 가치가 없는 여자인 줄도 모르고 오늘까지 괜히 애만 태웠군요.

트라니오 그렇다면 나도 거짓 없이 맹세하겠습니다. 저 여자와는 절대로 결혼하지 않겠습니다. 비록 저쪽에서 청혼을 하더라도 말이오. 쳇, 더러운 계집 같으니, 아양 떠는 저 꼬라지 좀 보시오!

호르텐시오 저 작자 말고는 온 세상 사람이 저 여자를 거들떠보지도 말았으면! 나는 맹세를 지키기 위해 사흘 안에 돈 많은 과부와 결혼을 하겠소. 그 과부는 오래전부터 나를 사랑해 왔죠. 내가 저 거만하고 사람을 업신여기는 계집을 사랑해 왔듯이 말이오. 그럼 안녕히 계시오, 루센티오 씨. 여자는 아름다운 얼굴보다 마음씨가 중요합니다. 이만 가보겠습니다. (퇴장)

트라니오 (두 사람 곁으로 가면서) 비앙카 양, 축복합니다. 행복한 여인이란 당신을 두고 한 말인가 봅니다. 두 분의 정다운 모습을 보고, 저와 호르텐시오는 이제 단념했습니다.

비앙카 트라니오, 농담은 그만둬요. 하지만 정말 두 사람이 다 나를 포기했나요?

트라니오 예, 그렇습니다.

루센티오 그럼 리치오를 치운 셈이군.

트라니오 예, 그분은 어떤 정력이 왕성한 과부를 찾아가서, 당장에 구혼을 하고 그날로 결혼식을 올린다고 했습니다.

비앙카 제발 잘되기만 빌어요.

트라니오 하긴 그분은 여자를 잘 길들일 것입니다.

비앙카 글쎄, 그렇다나 보죠.

트라니오 그렇습니다, 순육(馴育) 학교에 들렀다 간다고 해요.

비앙카 순육 학교? 그런 곳이 다 있나요?

트라니오 있고말고요. 페트루키오 씨가 그곳 선생님이랍니다. 그분은 비결을 얼마든지 가르쳐 주지요. 말괄량이를 길들여서 독설로 꼼짝달싹 못하게 해버리는 비결 말입니다.

비온델로 등장.

비온델로 아이고 주인님, 주인님, 전 어찌나 오래 지키고 서 있었던지 고단해 죽을 지경입니다만, 마침내 찾아냈습니다. 글쎄, 천사 같은 한 늙은이가 산길을 내려오고 있는 중입니다. 이제 됐습니다.

트라니오 뭐 하는 사람으로 보이던가, 비온델로?

비온델로 주인님, 상인인지 교사인지 정확하게는 모르겠습니다만 옷차림은 단정하고, 걸음걸이와 인상이 꼭 아버님과 닮았습니다.

루센티오 그런데 트라니오, 그분을 어쩔 셈인가?

트라니오 그분이 쉽사리 제 말을 곧이 들어준다면, 그분을 빈센티오 님으로 꾸며서, 밥티스타 미놀라 님에게 보증을 하는 아버지 역할을 하게 하겠습니다. 자, 아가씨를 모시고 먼저 들어가십시오. (루센티오와 비앙카는 밥티스타의 집으로 들어간다)

교사 등장.

교사 잘 지내셨는지요?

트라니오 아, 잘 지냈습니다. 잘 오셨습니다. 어디까지 가시는 길입니까? 아니면 여기가 목적지입니까?

교사 일단 이곳에 머물렀다가, 한두 주일 뒤에는 다시 길을 떠날 생각이오. 멀리 로마까지요. 그리고 죽지만 않는다면, 트리폴리도 가볼 생각이죠.

트라니오 고향은 어디십니까?

교사 만토바요.

트라니오 뭐 만토바에서 일부러 파도바에요? 안 될 말씀! 목숨이 아깝지 않습니까?

교사 목숨? 왜요? 고된 게 목숨이죠.

트라니오 만토바 사람이 파도바로 오는 것은 죽음터로 뛰어드는 거나 마찬가집니다. 그 까닭을 모르십니까? 만토바의 배들은 지금 베네치아에 묶여 있습니다. 당신네 공작과 이곳 공작 사이에 무슨 다툼이 있어 그런 모양인데, 아무튼 공공연하게 그런 포고를 내렸답니다. 하기야 이제 막 오셨으니 무리는 아닙니다만, 그 포고를 전혀 듣지 못하셨다는 건 참 이상하군요.

교사 아이고, 이거 큰일이군요. 저는 더욱 곤란합니다. 피렌체에서 환어음을 가지고 왔는데, 이곳에서 누구에게 전해 줘야 하거든요.

트라니오 그렇군요. 좀 어렵겠다는 생각이 듭니다만 제가 기꺼이 도와드리겠다는 것과 아울러 몇 마디 제 생각도 말씀드리겠습니다. 먼저, 당신은 피사에 가보신 적이 있습니까?

교사 예, 피사엔 때때로 가봤지요. 피사는 사람들이 모두 다 성실하다는 소문이더군요.

트라니오 그중에 빈센티오라는 분을 아십니까?

교사 모릅니다만, 소문은 들었지요. 굉장한 상인이라고요.

트라니오 실은 그분이 제 아버지입니다. 솔직히 말해서 아버지 얼굴이 어딘가 좀 당신 얼굴과 비슷합니다.

비온델로 (혼잣말로) 사과와 굴이 비슷하다면 비슷하달까. 아무튼 상관없는 일이지.

트라니오 이 위험한 상황에서 당신을 위해 이렇게 해드리죠. 당신이 제 아버지와 닮은 것은 참 다행한 일입니다. 그러니 제 아버지의 이름과 신용을 이용해 제 집에서 거리낌 없이 묵으시고, 꼭 제 아버지처럼 행동하십시오. 아시겠습니까? 이곳에서 일을 다 보실 때까지 그렇게 머무르셔도 좋습니다. 호의로 생각하신다면 부디 그대로 받아들여 주십시오.

교사 예, 받아들이고말고요. 그리고 평생 생명의 은인으로 알고 이 은혜는 잊지 않겠소이다.

트라니오 그럼 함께 가셔서, 일을 처리합시다. 이건 미리 알아두셔야 하는데, 다들 아버지가 오시길 기다리는 중이랍니다. 저는 밥티스타라는 분의 따님과 결혼하기로 돼 있습니다. 그리고 아버지가 그 결혼에 재산 보증을 하러 오시기로 되어 있습니다. 그간의 사정은 차츰 말씀드리겠습니다. 아무튼 같이 가셔서, 옷부터 제 아버지답게 갈아입으십시오. (모두 퇴장)

〔제4막 제3장〕

페트루키오 집의 어느 방.
카타리나와 그루미오 등장.

그루미오 안 됩니다. 제가 감히 어떻게 그런 일을 하겠습니까?

카타리나 내가 궁지에 빠질수록 그인 더 심해지는 것 같아요. 아니, 그인 나를 굶겨 죽이기 위해 나와 결혼했을까요? 친정집에선 문간에 나타난 거지

들도 애걸하면 뭘 얻어 가요. 못 얻어 가더라도 다른 곳에 가면 자비를 얻죠. 그런데 한 번도 애걸이라곤 해보지 않은 내가, 아니 애걸할 필요조차 느껴보지 못한 내가 배가 고파 죽을 지경이에요. 게다가 한잠도 자지 못해 머리는 빙빙 도는데, 그인 줄곧 소리만 질러서 눈도 붙이지 못하게 해요. 무엇보다 가장 싫은 것은 그이 태도예요. 그게 모두 애정 때문이라나, 글쎄 내가 먹거나 자는 날엔 죽을병에 걸리든가 당장에 목숨을 잃을 것처럼 말하죠. 제발 먹을 것 좀 갖다줘요. 뭐든 상관없으니까, 독만 들어 있지 않다면.

그루미오 소 족발은 어떻겠습니까?

카타리나 좋아요, 그걸 갖고 와요.

그루미오 너무 자극적인 음식이 아닐까요. 소 내장 구이는 어떻습니까?

카타리나 그것도 좋아요. 그루미오, 그걸 가져와요.

그루미오 글쎄요, 그것도 좀 자극적이지 싶은데요. 불고기에 겨자를 바른 것은 어떻습니까?

카타리나 그건 내가 좋아하는 요리예요.

그루미오 하지만 겨자는 좀 맵습니다.

카타리나 그럼 불고기만 가져오고, 겨자는 빼면 되잖아요.

그루미오 안될 말입니다. 이 그루미오가 겨자만 가져올지언정 소고기만 가져올 수는 없습니다.

카타리나 그럼 둘 다 가져오든가, 하나만 가져오든가 아무래도 좋으니 가져올 수 있는 대로 가져와요.

그루미오 그럼 소고긴 빼고 겨자만 가져오겠습니다.

카타리나 가버려, 이 사기꾼 종놈아. (그루미오를 때린다) 음식 이름이나 먹일 셈이냐? 가만 안 둘 테다. 모두 덤벼들어서 날 못살게 굴 작정이군. 썩 꺼지라니까.

페트루키오와 호르텐시오가 고기 접시를 들고 등장.

페트루키오 케이트, 왜 그리 기운이 없소?

호르텐시오 부인, 안녕하십니까?

카타리나 아, 이렇게 욕을 보다니.

페트루키오 기운을 내고 즐거운 얼굴을 해요. 봐요, 이렇게 내가 애를 써서 손수 요리를 만들어 가지고 왔잖소. (접시를 내려놓는다. 카타리나가 고기를 집는다) 여보, 이만하면 칭찬은 받아도 좋을 것 같은데. (카타리나가 요리를 입에 넣는다) 아니, 한마디도 없나? 그럼 맛이 없는가 보구먼. 괜히 헛수고만 했네. (요리 접시를 뺏으며) 여봐라, 이 요리 도로 가져가라.

카타리나 제발 거기 놔두세요.

페트루키오 아무리 맛없는 것일지라도 고맙다는 말쯤은 하는 법이오. 내 요리만 하더라도 손을 대기 전에 고맙단 말쯤은 있어야 할 것 아니오.

카타리나 고마워요. (페트루키오, 접시를 다시 내려놓는다)

호르텐시오 여보게 페트루키오, 자네가 너무하잖나. 부인, 제가 상대해 드리겠습니다.

페트루키오 (호르텐시오에게만 들리게) 여보게 호르텐시오, 날 생각해 준다면 제발 다 먹어주게. 자네의 그 친절한 마음씨가 효력을 내주기만 바라네…… (큰 소리로) 케이트, 어서 먹어요. 그러고 나서 당신 친정에 가봅시다. 가장 좋은 옷을 멋지게 차려입고 한번 흥청거려 봅시다. 비단 외투에 비단 모자와 금반지, 주름 잡힌 깃에 소매장식, 치마 등등, 그리고 목도리와 부채, 갈아입을 옷 두 벌에 호박(琥珀) 팔찌, 장식용 구슬 등등, 진짜 가짜 뒤섞어 가지고…… (카타리나가 얼굴을 든 틈에 페트루키오가 눈짓을 하자, 그루미오가 얼른 요리 접시를 치운다) 벌써 다 먹었소? 재봉사가 기다리고 있소. 당신 몸매를 멋있게 꾸미기 위해서 말이오.

재봉사 등장.

페트루키오 어디 좀 구경합시다. 그 옷을 좀 보여주게.

재봉사가 탁자 위에 그것을 펴 보일 때 양품점 주인이 상자를 들고 등장.

양품점 주인 (상자를 열며) 나리께서 주문하신 모자를 가져왔습니다.

페트루키오 (모자를 잡아채면서) 아니, 이건 죽사발을 본뜬 건가! 벨벳 접시야! 쯧쯧, 이따위 상스럽고 더러운 물건이 어디 있어! 새조개나 호두 껍데기 같잖아. 아니 이건 납작빵, 노리개, 장난감이다. 아기 모자다. (그것을 방구석에 내던진다) 집어치워! 좀더 큰 걸 가지고 와.

카타리나 더 큰 건 싫어요. 그것이 지금 유행이에요. 얌전한 부인들은 다 그런 모자를 써요.

페트루키오 당신도 얌전해지면 씌워 주리다. 그때까진 안 돼.

호르텐시오 (혼잣말로) 서둘 건 없겠구먼.

카타리나 뭐라고요? 이제 나도 가만히 못 있겠어요. 할 말은 해야겠어요. 나도 어린애, 갓난애는 아니에요. 당신보다 더 훌륭한 분들도 내가 하고 싶은 말을 가로막지는 않았어요. 듣기 싫으면 귀를 막으면 되잖아요. 이 혀는 가슴속 울화를 터뜨려야 해요. 억지로 참고 있으면 가슴이 터질 거예요. 그보다는 속시원하게 말할 거예요. 속시원하게 실컷 말이나 해버릴 테에요.

페트루키오 그렇소, 당신 말마따나 이건 보잘것없는 모자요. 커스터드푸딩 같다고나 할까, 장난감 같다 할까, 부드러운 파이 같다 할까. 당신이 이걸 싫어하니, 난 더욱 당신이 사랑스럽구려.

카타리나 사랑스럽고 뭐고, 나는 이 모자가 좋아요. 그러니 이 모자로 하겠어요. 다른 건 싫어요.

페트루키오 그럼 옷은? 재봉사, 좀 구경합시다. (탁자 쪽으로 간다. 그루미오가 양품점 주인을 돌려보낸다) 이걸 가장무도회에 입고 나가란 말이냐? 이게 뭐냐? 소맨가? 대포의 총구 같잖아. 허허! 위나 아래나 똑같은 꼴이 꼭 사과파이 같잖아. 여기를 싹둑, 저기를 썩둑, 온통 여기저기를 이렇게 잘라서, 이건 마치 이발소의 주전자 꼬락서니가 아닌가. 여보게 재봉사, 도대체 이건 뭐라는 물건이지?

호르텐시오 (혼잣말로) 이래서는 모자고 옷이고 부인 손에 들어가질 못하겠는걸.

재봉사 주문하실 때 유행에 맞춰서 잘 만들라고 하셨는데요.

페트루키오 물론 그렇게 말했지. 하나 생각 좀 해보게. 나는 유행에 맞춰서 물건을 못 쓰게 만들라고 하지는 않았어. 썩 물러가서 빈민굴이나 찾아다니라고. 이제 내 집엔 드나들지 마. 그따위 물건은 필요없으니까. 어서 싸서 돌아가.

카타리나 나는 이렇게 좋은 물건은 처음이에요. 모양도 좋고, 유행에도 맞고,

어디로 보나 마음에 들어요. 당신은 나를 꼭두각시 대접할 참이세요?

페트루키오 글쎄 말이오, 재봉사가 당신을 꼭두각시 대접을 하고 있구려.

재봉사 아닙니다. 나리께서 부인을 꼭두각시 대접하신다고, 부인이 말씀하셨습니다.

페트루키오 이런 건방진 자식, 거짓말 마라! 이 실오라기 같은 자식, 골무 같은 자식, 석 자, 두 자, 한 자 정도, 두 치 아니, 고작 서 푼밖에 안 되는 누더기 헝겊 조각 같은 자식, 겨울철 귀뚜라미 같은 자식아, 그래 내 집에 와서 실타래를 휘두를 참이냐? 썩 나가, 넝마 같은 자식, 눈곱만한 실오라기 같은 자식아, 어물어물하고 있으면 네 자로 갈겨줄 테다! 죽는 날까지 그렇게 서서 조잘댈 참이냐? 아씨의 옷을 이렇게 못 쓰게 만들어 놓는 법이 어디 있어.

재봉사 나리께서 무슨 착각을 하시고 계시나 봅니다. 이 옷은 나리께서 주문하신 그대로 만들었습니다. 그루미오가 그렇게 만들라는 주문을 전달해 왔습죠.

그루미오 나리, 저는 아무 주문도 전달하지 않았으며, 다만 옷감을 갖다줬을 뿐입니다.

재봉사 하지만 어떻게 만들라고 말하지 않았소?

그루미오 그야 말했죠, 바늘과 실을 가지고 하라고요.

재봉사 재단하라고 요구하지 않았단 말이오?

그루미오 참 무던히 많이도 붙여댔군요.

재봉사 그렇소.

그루미오 나에게 붙이진 말아요. 당신은 이제까지 여러 사람들을 얕봐왔지만 날 얕보진 마시오. 난 만만하게 문책을 당하거나 얕잡히거나 할 사람은 아냐. 잘 들으시오, 나는 당신네 주인에게 옷을 조각내 달라고는 부탁하지 않았소. 그러니까 당신은 거짓말쟁이란 말이오.

재봉사 그럼 여기 증거가 있소. 어떤 양식으로 만들라는 쪽지 말이오.

페트루키오 어디 읽어봐라.

그루미오 제가 그런 말을 했다고 적혀 있다면 그의 쪽지는 새빨간 거짓말입니다.

재봉사 (읽는다)

4막 3장, 페트루키오가 재봉사를 나무라는 장면 찰스 로버트 레슬리 삽화, 윌리엄 루손 토머스 판화. 1886.

첫째, 품이 넉넉한 부인복을 만들 것.

그루미오 주인님, 제가 품이 넉넉한 부인복을 주문했다면, 절 그 치마 속에 꿰매 놓고, 갈색 실이 감긴 실패로 저를 때리셔도 좋습니다. 전 그냥 부인복이라고만 했습니다.

페트루키오 다음을 읽어봐.

재봉사 (읽는다)

반원형의 작은 망토를 달 것.

그루미오 망토라고는 확실히 말했습니다.

재봉사 (읽는다)

소매는 넓게 지을 것.

그루미오　소매를 두 개 만들라고는 확실히 말했습니다.

재봉사　(읽는다)

소매는 멋지게 재단할 것.

페트루키오　거기다. 거기가 돼먹지 않았단 말이야.

그루미오　이 쪽진 엉터립니다. 주인님, 이 쪽진 엉터립니다. 재봉사, 내가 이렇게 일렀잖소. 소매는 재단해서 다시 꿰매라고. 당신은 그 작은 손가락을 골무로 무장하고 있지만, 일은 일대로 좀 따져봐야겠군요.

재봉사　내가 한 말은 사실이오. 적절한 장소에 나가만 보면 당신도 알게 될 거요.

그루미오　그럼 자, 나가보자고. 칼 대신 그 쪽지를 갖고. 자는 이리 줘. 자, 덤벼.

호르텐시오　아이고 그루미오! 그래서야 재봉사가 불리하잖나.

페트루키오　어쨌든 좋아. 간단히 말해서 그 옷은 내 취향에 맞지 않아.

그루미오　옳은 말씀입니다. 그건 아씨 것이니까요.

페트루키오　다시 가지고 가서 자네 주인 마음대로 처분하라고 해.

그루미오　제길, 그건 절대로 안 돼. 우리 아씨 옷을 당신네 주인 맘대로 될 줄 알아!

페트루키오　아니, 그건 또 무슨 뜻이냐?

그루미오　아, 거기엔 좀 까닭이 있습니다. 글쎄 아씨 옷을 저 작자 주인이 함부로 써서야 되겠습니까! 다, 당치도 않은 일이지.

페트루키오　(작은 소리로) 여보게 호르텐시오, 옷값 이야기는 재봉사와 좀 해주게. (큰 소리로 재봉사에게) 자, 가지고 가게, 어서. 이제 말도 하기 싫으니까.

호르텐시오　(작은 소리로) 재봉사, 옷값은 내일 치러주겠소. 저분의 성미 급한 말을 오해는 마시오. 이제 가보시오. 그리고 당신 주인한테 잘 말하시오. (재봉사 퇴장)

페트루키오　그럼 케이트, 장인 댁에 가봅시다. 이 옷을 그냥 입고 갑시다. 이만하면 됐소. 지갑은 두둑하고 옷만 빈약할 뿐이오. 육체를 풍요롭게 하는 것은 마음이오. 태양이 먹구름을 헤치고 얼굴을 내밀듯이 미덕은 초라한 옷을 뚫고 나와 눈부시게 빛을 낸다오. 어치가 종달새보다 소중한가? 깃털이 곱다는 이유만으로? 또는 독사가 뱀장어보다 나은가? 빛깔이 눈에 고우니까? 이봐요 케이트, 그것과 마찬가지로 장신구가 보잘것없고 옷차림이 허름하다고 해서 당신을 얕볼 사람은 없소. 그런 것이 다 창피하다면, 모두 내 책임으로 돌리구려. 자, 그럼 기운을 내고, 곧장 친정으로 돌아가서 흥청대며 잔치를 열어봅시다. 누구 가서 하인들을 불러오너라. 우리 어서 떠납시다. 말은 롱 레인 길모퉁이에 매둬라. 거기서부터 타고 가겠다. 자, 그곳까진 걸어서 갑시다. 그런데 지금 7시쯤 된 것 같은데, 아마 저녁 식사 때까진 도착할 거요.

카타리나 아니, 2시예요. 하지만 저녁 식사 전에는 도착하지 못할 거예요.

페트루키오 말 있는 곳까지 가면 7시가 될 거요. 당신은 내 말과 생각을 일일이 트집 잡는구려. 여봐라, 그만두자. 오늘은 가지 않겠다. 내가 말한 대로의 시간이 아니면 나는 떠나는 건 그만두겠다.

호르텐시오 (혼잣말로) 아니, 이 호걸은 태양에게조차 명령을 하겠다는 거로군. (모두 퇴장)

〔제4막 제4장〕

파도바. 밥티스타의 집 앞.
트라니오, 빈센티오로 가장한 교사 등장. 교사는 이 지방에 갓 도착한 것처럼 장화를 신고 있다. 두 사람이 밥티스타의 집으로 다가간다.

트라니오 이 집이 그 댁입니다…… 좀 들렀다 가도 괜찮겠습니까?

교사 그러기 위해서 이렇게 온 것이 아닌가? 아마도 밥티스타 씨는 나를 기억하고 있을 거야. 한 20년 전 제노바에서의 일이지만 페가수스라는 여관에 같이 든 일이 있었지.

트라니오 됐습니다. 어떤 경우라도 그런 식으로 해주시고, 아버지같이 위엄을 보여주십시오.

교사 걱정 마라.

비온델로 등장.

교사 아, 저기 네 하인이 오는구나. 저자한테도 이야기해 두는 게 좋을 것 같은데.

트라니오 염려 마십시오…… 여봐, 비온델로 부탁하네. 알았나, 이분을 진짜 빈센티오 나리같이 생각하란 말이야.

비온델로 예, 염려하지 마십시오.

트라니오 한데 밥티스타 댁에 내 말은 전했나?

비온델로 예, 전했습니다. 아버님께서 베네치아에 와 계신데 오늘 파도바로 오시게 될 거라고요.

트라니오 아, 그래야지. 자, 이것을 가지고 가서 술이나 마셔. (돈을 준다)

문이 열리고 밥티스타가 나타난다. 그 뒤에 루센티오가 뒤따르고 있다.

트라니오 밥티스타 씨가 오는군요. 자, 아버지인 체하십시오. 밥티스타 님, 마침 잘 만났습니다. (교사에게) 아버지, 제가 말씀드린 분입니다. 자, 아버지로서 인사말과 제가 물려받을 유산을 말씀해 주시고, 비앙카 양과 결혼하게 해주십시오.

교사 넌 좀 가만있거라. 첫 만남에 미안한 말씀입니다만, 이번에 빌려준 돈을 좀 받을 것이 있어 파도바까지 오게 됐는데, 루센티오의 말을 듣자니 아들 녀석과 댁의 따님 사이에 사랑이라는 중대사가 벌어졌다나 보죠. 댁의 성함은 평소부터 듣고 있고, 아들 녀석은 댁의 따님을 사랑하고 있고, 그리고 따님도 제 아들을 사랑한다고 하니, 자식을 너무 애태우는 것도 뭣하니, 애비로서 결혼시켜 주는 것이 좋을 듯싶습니다. 댁에서도 별달리 반대하시는 뜻이 없으시다면, 확실한 약속 아래 따님에게 줄 유산에 대한 내용은 기꺼이 동의하겠습니다. 명성이 자자하신 밥티스타 씨이니, 제가 댁에 대해서 알아볼 필요는 없을 것 같습니다.

밥티스타 실례지만 저도 한마디 하겠습니다. 댁의 솔직하고 간명한 인사 말씀 참 기쁩니다. 사실 댁의 아드님 루센티오는 제 딸아이를 사랑하고 있고, 제 딸도 댁의 아드님을 사랑하는 것 같습니다. 그리고 둘 다 겉으로만 사랑하는 건 아닌 것 같습니다. 그러니 이 말씀만 해주시면 되겠습니다. 아버지로서 아드님과 합의하셔서 제 딸에게 충분한 유산을 주시겠다는 말씀만 해주시면, 이 혼사는 이루어진 거나 마찬가지이고 모든 일이 이루어진 것입니다. 딸애를 아드님에게 기꺼이 드리겠습니다.

트라니오 감사합니다. 그럼 약혼식은 어디서 하는 게 좋겠습니까? 그리고 서로가 맺은 합의에 대해서도 확실한 약속을 받아야 하는데, 어디서 하면 좋겠습니까?

밥티스타 저희 집은 좀 난처합니다. 아시다시피 물 주전자에도 귀가 있다는 말마따나 집에는 하인들이 많고, 게다가 그레미오 영감이 늘 엿듣고 있어서, 방해받을 우려가 없지도 않으니까요.

트라니오 그러시다면 제 숙소가 어떻겠습니까? 아버지도 함께 묵고 계십니다. 그럼 오늘 밤 그곳에서 남몰래 일을 치러버립시다. 여기 있는 하인을 보내 따님을 오라고 하시고요. (루센티오에게 눈짓을 한다) 대서인은 제 하인을 시켜서 곧 불러오게 하겠습니다. 다만, 일이 무척 갑작스러워 그다지 대접도 해드리지 못할 것 같아 죄송합니다.

밥티스타 염려 마시오. (비온델로에게) 이봐요, 비온델로, 얼른 집에 가서 비앙카에게 곧 나올 준비를 하라고 전해 주오. 그리고 그동안의 사정도 좀 알려주오. 루센티오의 아버님이 파도바에 도착하셨고 그 애는 루센티오의 아내가 될 것 같다는 사정 말이오.

비온델로 아이고 하느님, 제발 그렇게만 되게 해주십시오!

트라니오 하느님과 놀고만 있지 말고, 어서 좀 갔다 오라니까…… (비온델로 퇴장)

밥티스타 저를 따라 오시지요. (루센티오만 남고 모두 퇴장)

비온델로 다시 등장.

비온델로 캠비오!

루센티오 왜 그래, 비온델로?

비온델로 제 주인이 나리께 눈짓을 하며 웃는 것 보셨죠?

루센티오 그래, 그게 어쨌단 말이냐?

비온델로 아무것도 아닙니다. 하지만 제 주인은 그 눈짓과 신호의 교훈과 뜻을 저에게 여기 있다가 나리께 설명해 드리라고 하던데요.

루센티오 그럼 그걸 좀 풀어다오.

비온델로 그건 이렇습니다. 밥티스타는 가짜 아들에 대해서 가짜 아버지와 회담 중입니다.

루센티오 그래서 그분이 어쨌단 말이지?

비온델로 그분의 따님을 나리께서 식사 자리에 데리고 오라고 하십니다.

루센티오 그래서?

비온델로 성 루가 성당의 늙은 신부님이 기다리고 있는 중입니다. 언제든지 일을 봐드리려고요.

루센티오 그래서 어떻게 되는 거지?

비온델로 모르겠습니다, 저는 이것밖에 모릅니다. 글쎄 지금 다들 모여서 가짜 계약서 작성에 바쁘십니다. 나리도 어서 아가씨와 계약하십쇼. 그래서 '판권 독점'을 해버리십쇼. 어서 성당으로 신부님과 서기, 그리고 몇몇 정직한 증인을 데리고 가십시오. 이게 나리께서 바랐던 일이 아니시라면 이제 저는 아무 말도 드리지 않겠으니, 비앙카 아가씨에게 가서 영원히 작별 인사나 하세요. (나가려고 한다)

루센티오 이봐, 비온델로?

비온델로 저는 어물거릴 순 없습니다. 이런 이야기가 있습니다. 토끼에게 먹이려고 양미나리를 마당으로 뜯으러 간 새색시가, 그날 저녁때는 벌써 시집을 갔다나요. 나리도 그렇게 하시면 좋잖아요. 그럼 안녕히 계십쇼, 전 주인 명령으로 성 루가 성당으로 가봐야겠습니다. 가서 신부님께 나리가 하인들을 거느리고 오시기 전에, 나오실 준비를 해놓으라고 전해야겠습니다. (퇴장)

루센티오 나도 그렇게 돼주길 바라고말고, 그녀만 그렇게 해줄 생각이라면. 그녀는 좋아할 거야. 그렇다면 내가 걱정할 필요는 없지. 이런 일이 어떻게 되든 간에 나는 가서 그녀에게 솔직히 이야기를 해야겠어. 이제 이 캠비오는 그녀 없이는 도저히 살아갈 수 없으니까. (퇴장)

파도바로 통하는 넓은 산길.
페트루키오, 카타리나, 호르텐시오, 하인들 등장.

페트루키오   자, 갑시다. 이제 당신 친정집도 그리 멀지 않소. 그런데, 거참 밝고 맑은 달이구먼!

카타리나   달이라고요? 해에요. 지금 달빛 이야기가 왜 나와요!

페트루키오   나는 달이 그만큼 밝게 빛난다는 말이야.

카타리나   나는 해가 그만큼 밝게 빛난다는 말이에요.

페트루키오   아, 내 어머니의 아들, 바로 나 자신에게 걸고 단언하지만 저건 달이오, 별이오. 아니, 내가 바라는 전부요. 적어도 당신 친정집에 도착할 때까지는. (하인에게) 여봐라, 말〔馬〕 머리를 돌려라…… 일일이 내게 반대하는구먼, 반대할 줄밖에 몰라!

호르텐시오   (작은 목소리로 카타리나에게) 그렇다고 해두세요. 안 그러면 어느 세월에 도착할지 모르니까요.

카타리나   그럼, 제발 갑시다. 어차피 여기까지 왔으니까요. 달이건 해건, 뭐건 좋아요. 뭣하면 촛불이라고 하셔도 좋아요.

페트루키오   글쎄, 달이라니까.

카타리나   네, 달이에요.

페트루키오   아니야, 당신은 거짓말쟁이야. 분명히 저건 해란 말이에요.

카타리나   아, 그러시다면 확실히 저건 해예요. 하지만 당신이 해가 아니라고 말씀하시면, 물론 해가 아니고말고요. 달은 변하니까요, 당신 마음같이. 당신이 이것이라고 이름 지으시면, 그것이 돼요. 그리고 나도 그렇게 부를 거예요.

호르텐시오   (낮은 목소리로) 페트루키오, 이제 가세, 자네가 이겼네.

페트루키오   그럼, 가보자꾸나, 앞으로! 그야 물은 높은 데서 낮은 데로 흘러내려가는 법. (카타리나의 팔을 잡는다) 순순히 자연을 따라야지…… 한데 가만있자, 이게 누구야?

빈센티오가 반대쪽 산길에서 등장.

페트루키오 안녕하세요, 아가씨, 어딜 가세요? 여보 케이트, 참말이지 이렇게 싱싱한 귀부인을 본 적이 있소? 저 볼 좀 봐요. 흰빛과 붉은빛이 다투고 있는 것 같잖소! 천사 같은 얼굴에 저렇게도 어울리는 두 눈, 그 어떤 별도 저토록 아름답게 밤하늘을 비추진 못할 것 아니오? 아름다운 아가씨, 다시 한 번 인사드립니다. 여보 케이트, 저렇게도 아름다운 분을 좀 포옹해 드리구려.

호르텐시오 (혼잣말로) 노인을 여자 대접을 하다니, 저 사람을 미치게 할 작정인가?

카타리나 봄날의 꽃망울같이 젊은 아가씨, 예쁘고 싱싱하고, 아름다운 아가씨, 어딜 가세요? 집은 어디세요? 이렇게 예쁜 따님을 두신 부모님은 행복하실 거야. 그리고 이 세상에 태어나서 아가씨를 침실 동무로 삼을 수 있는 남자는 얼마나 행복할까!

페트루키오 아니 여보 케이트, 당신 미쳤소? 이분은 남자요, 노인이란 말이오. 늙어서 쭈글쭈글한 노인 말이오. 아가씨라고? 당치도 않은 소리요.

카타리나 할아버지, 용서해 주세요. 어찌나 햇빛이 눈부신지 모두 초록으로만 보이는 바람에 그만 제가 잘못 봤어요. 이제 자세히 보니 연세 많으신 할아버지시군요. 용서해 주세요. 제가 그만 큰 실수를 했습니다.

페트루키오 영감님, 용서해 드리세요. 그런데 어디까지 가시는 길인지 가르쳐 주십시오. 같은 방향이라면 기꺼이 길동무가 되어 드리겠습니다.

빈센티오 아, 두 분은 참 재미있구려. 하도 인사가 묘한 바람에 난 깜짝 놀랐소이다. 난 (머리를 숙인다) 빈센티오라고 하는데, 피사에 살고 있습니다. 지금 파도바로 가는 중이죠. 한참 동안 만나지 못한 자식놈을 찾아가는 길이오.

페트루키오 아드님 이름은?

빈센티오 루센티오입니다.

페트루키오 잘 만났습니다. 더구나 아드님을 위해서. 그런데 법적으로 봐서나 영감님의 연세로 봐서나, 저는 영감님을 정다운 아버님이라고 불러야겠습니다. 즉 여기 제 아내의 여동생과 영감님의 아드님은 지금쯤은 결혼을 했을 겁니다. 놀라진 마십시오. 슬퍼하지도 마십시오. 참 훌륭한 여성이랍니다. 지참금도 많고 집안도 좋습니다. 더욱이 어떤 신사의 아내로서도 모자라지 않을 만한 자격을 갖추고 있는 여성이랍니다. 자, 빈센티오 영감님, 우리 포옹을 합시다. (빈센티오와 포옹을 한다) 그럼 아드님을 만나러 갑시다. 아버지가 가시면 아드님은 무척 기뻐할 것입니다.

빈센티오 그게 정말이오? 장난은 아니오? 유쾌한 여행가들이 아무나 만나면 장난을 거는 그런 수작은 아닌가요?

호르텐시오 어르신, 제가 보증하겠습니다. 장난은 아닙니다.

페트루키오 아무튼 가보십시다. 가보시면 다 밝혀질 테니까요. 만나자마자 장난을 해놔서 믿지 못하시는 모양입니다. (호르텐시오만 남고 모두 퇴장)

호르텐시오 페트루키오, 이제 나도 용기를 얻었어! 그 방법을 과부한테 써봐야지. 상대가 고집 센 여자라면 이쪽은 자네한테 배운 대로 억세게 나가야지. (퇴장)

〔제5막 제1장〕

파도바. 루센티오의 집 앞.
그레미오가 나무 그늘에 앉아서 졸고 있다. 비온델로, 가장을 벗은 루센티오와 몸을 감싼 비앙카 등장.

비온델로 (낮은 소리로) 가만히 얼른 오십쇼. 신부님도 기다리고 계십니다.

루센티오 내 발은 지금 허공을 날고 있어, 비온델로. 넌 집으로 돌아가라. 누가 널 찾는지도 모르니까. (비앙카와 둘이서 황급히 퇴장)

비온델로 아니지, 성당으로 안전하게 들어가시는 거나 보고 나서 얼른 돌아와야지. (뒤쫓아 퇴장)

그레미오 (일어서면서) 웬일일까? 캠비오가 아직까지 돌아오지 않으니.

이때 페트루키오, 카타리나, 빈센티오, 그루미오, 하인들 등장.

페트루키오 여기가 현관입니다. 루센티오의 숙소입니다. 저희 장인어른 댁은 시장 쪽으로 좀더 가야 합니다. 저는 그리로 가봐야겠습니다. 그럼 저는 이만 가보겠습니다.

빈센티오 아니, 한 잔 드시고 가시오. 좀 대접해 드리게 하겠소이다. 아마 그만한 것은 준비되어 있을 것이오. (문을 두드린다)

그레미오 (다가와서) 안에서 바쁜 모양입니다. 좀더 세게 두드리셔야 될 것 같습니다. (페트루키오가 세게 두드린다)

교사 (창으로 내려다보면서) 누구요, 문을 두드리는 분이? 문을 부술 작정이오?

빈센티오 루센티오는 안에 있소?

교사 있긴 있소만, 아무도 만나지 못합니다.

빈센티오 즐겁게 살도록 1백 파운드나 2백 파운드의 돈을 가지고 왔는데도?

교사 그럼 돈일랑 잘 간수해 두시구려. 내가 살아 있는 동안은 그 애는 그런 것이 필요 없으니까.

페트루키오 자 보세요. 아드님은 파도바에서 인기가 대단하잖습니까…… (교사를 보고) 여보…… 그런 경솔한 수작은 그만두고, 루센티오에게 좀 전해 주오. 피사에서 아버지가 오셔서 지금 문 앞에서 기다리신다고 말이오.

교사 쓸데없는 소리 말아요. 그 애 아버지는 벌써 파도바에 도착해서, 이렇게 지금 창밖을 내다보고 있소.

빈센티오 그럼 당신이 그 애 아버지란 말이오?

교사 그렇소, 그 애 어머니가 그렇다더군요. 거짓말인지 참말인진 몰라도요.

페트루키오 (빈센티오에게) 대체 어찌 된 일이오? 이건 너무 악질이오. 남의 이름을 사칭하다니.

교사 그 악당을 좀 잡아주시오. 그놈이 아마 내 이름을 사칭해서 이 도시에서 누굴 사기 치려는 배짱인 것 같소.

비온델로 등장.

비온델로 (혼잣말로) 두 분은 무사히 성당으로 들어가셨어. 제발 하느님의 복을 받으십쇼. 아니 저분은? 큰 주인 빈센티오 나리가 아니신가! 아이고 이제 글렀다, 글렀어.

빈센티오 (비온델로를 보고) 이놈, 이리 와, 이 죽일 놈 같으니!

비온델로 (그 옆을 지나가면서) 가고 안 가고는 제 마음입니다.

빈센티오 (비온델로를 붙잡는다) 악당 같으니, 이리 못 와? 그래, 네가 날 잊었단 말이냐?

비온델로 잊었느냐고요? 천만에요, 잊을 리가 있겠습니까? 생전 보지도 못한 분을.

빈센티오 아니, 이런 악질 좀 보게. 네 주인 아버지인 나를 생전 보지도 못한 분이라고?

비온델로 제 주인 아버님 말씀입니까? 예, 그야 잘 알고 있습죠. 저기 창문으로 내다보고 계시는 바로 저분입니다.

빈센티오 정말 이럴 테야? (비온델로를 때린다)

비온델로 사람 살려요, 사람 살려! 미치광이가 사람 죽인다네. (달아나 버린다)

교사 얘야, 좀 도와줘라. 밥티스타 씨, 좀 도와주시오. (창문을 닫아버린다)

페트루키오 여보 케이트, 우린 비켜서서 어떻게 되어가는가 좀 보기로 합시다. (나무 밑에 앉는다)

교사가 하인들을 데리고 나온다. 그 뒤에 밥티스타와 트라니오가 몽둥이를 들고 나온다.

트라니오 도대체 누군데 내 하인을 때리려고 하는 거야?

빈센티오 누구냐고! 아니, 넌 누구냐? 허, 기가 막혀, 요 망할 녀석 좀 보게! 비단 저고리에 벨벳 바지, 새빨간 외투에 높은 모자까지! 아이고 내 신세 좀 보게, 내 신세 좀 봐! 집에서 아비가 열심히 아끼는 동안에 자식놈과 하인놈은 유학한답시고 돈을 펑펑 쓰고 있다니.

트라니오 대체 뭐가 문제요?

밥티스타 아니, 미친 사람인가요?

트라니오 여보시오, 옷차림으로 봐서는 점잖은 노인 같은데 하는 말로 봐서는 미치광이로밖에 안 보이는군요. 한데 내가 진주와 금을 달고 있건 말건 무슨 상관이오? 이것도 내 아버지 덕택인데, 이러고저러고 할 건 없잖소.

빈센티오 아버지 덕택이라고! 이 녀석아, 네 아비는 베르가모에서 돛을 만들고 있잖아.

밥티스타 사람을 잘못 봤군요. 사람을 잘못 보았소! 대체 이 사람이 누군 줄 아시오?

빈센티오 누군 줄 아냐고요? 내가 저 녀석을 모를 줄 아오? 난 저 녀석을 세 살 때부터 길러왔소. 저 녀석 이름은 트라니오요.

교사 가시오, 가. 미친 작자! 이 사람 이름은 루센티오이고, 이 빈센티오의 외아들이며 상속자요.

빈센티오 루센티오? 그럼 이 녀석이 주인을 죽여버린 게로군! 자, 공작님의 이름으로 널 체포하겠다. 아이고 내 아들, 내 아들아! 이 녀석아 말해 봐라. 내 아들 루센티오는 어디 있느냐?

트라니오 경찰 좀 불러와요.

경찰 등장.

트라니오 이 미치광이를 감옥에 좀 넣어주시오…… 장인어른, 이 작자를 감옥으로 보내도록 해주십시오.

빈센티오 날 감옥으로 보낸다고?

그레미오 경관, 잠깐만. 감옥으로 데리고 갈 것까진 없을 것 같소.

밥티스타 그레미오 씨는 잠자코 있으시오. 내 이 작자를 기어이 감옥으로 보내야겠으니까.

그레미오 밥티스타 님, 괜히 속지 마시고 조심하시오. 제가 보기엔 이분이 진짜 빈센티오 같으니까.

교사 그렇게 생각한다면 어디 맹세를 해보구려.

그레미오 아니오, 맹세까진 할 수 없소.

트라니오 그렇다면 내가 루센티오가 아니라는 말씀인가요?

그레미오 아니오, 당신은 틀림없이 루센티오요.

밥티스타 이 주책없는 영감도 저 늙은이와 함께 감옥으로 보내야 하는데!

빈센티오 낯선 고장에 가면 흔히 이렇게 욕을 보는 법이지…… 에이, 지독한 악당 같으니!

비온델로가 루센티오와 비앙카를 데리고 등장.

비온델로　아이고 이제 뒤죽박죽입니다. 저기 보십쇼, 아버님이! 모르는 체하
시고 남이라 잡아떼십쇼. 안 그러면 죄다 깨지고 맙니다.

루센티오　(무릎을 꿇고) 용서해 주십시오, 아버지.

빈센티오　내 아들아, 살아 있었니?

비앙카　(무릎을 꿇고) 용서해 주세요, 아버님. (비온델로, 트라니오, 교사 등이 허겁
지겁 루센티오의 집 안으로 퇴장)

밥티스타　아니, 네가 무슨 잘못을 했단 말이야? 루센티오는 어디 있는가?

루센티오　예, 여기 있습니다. 지금 따님과 결혼식을 마치고 왔습니다. 가짜들
이 장인어른의 눈을 속이고 있는 틈에요.

그레미오　이런 음모가 어디 있어. 우린 모두 감쪽같이 속아 넘어갔구나!

빈센티오　어디 갔냐, 그 망할 자식 트라니오, 뻔뻔스럽게 나한테 대들던 그
트라니오 녀석은?

밥티스타　대체 어떻게 된 일이지? 이 사람은 캠비오가 아닌가?

비앙카　캠비오가 루센티오로 변신했어요.

루센티오　사랑이 이런 기적들을 가져온 것입니다. 비앙카에 대한 사랑이 제
신분을 트라니오와 바꾸게 하고, 그동안 트라니오는 이곳에서 저인 것처럼
처신했던 것입니다. 덕분에 저는 마침내 행복의 항구에 도착했습니다. 트라
니오가 한 말이나 행동은 모두 제가 시킨 것입니다. 그러니 아버지, 절 용서
해 주십시오.

빈센티오　그 자식의 코를 찢어놓을 테다. 감히 날 감옥에 보내겠다고.

밥티스타　그런데 가만있자, 그렇다면 자네는 내 승낙도 없이 내 딸과 결혼을
했단 말인가?

빈센티오　염려 마십시오, 밥티스타 씨. 만족하실 수 있게 해드리리다. 그럼
안에 들어가서 그 악당 녀석을 혼 좀 내줘야지. (퇴장)

밥티스타　나도 가만있을 순 없지. 이 음모의 밑바닥을 캐봐야지. (퇴장)

루센티오　이봐 비앙카, 그렇게 새파랗게 질릴 것 없소. 당신 아버지는 화를
내시진 않으실 거야. (비앙카와 함께 퇴장)

그레미오　내 과자만 덜 구워졌구나. 하지만 나도 같이 들어가 보자. 희망은
없어졌어도 음식이라도 좀 얻어먹자꾸나. (뒤따라 퇴장)

카타리나　(페트루키오와 함께 일어선다) 여보, 우리도 들어가 봐요. 이 소동이

어떻게 되는가를 좀 구경하게요.

페트루키오 키스부터 하고 나서 가봅시다.

카타리나 아니, 길 한가운데에서요?

페트루키오 상대가 나서서 창피하다는 거요?

카타리나 아녜요, 천만에요. 키스하기가 부끄러워서요.

페트루키오 좋소, 그럼 다시 집으로 돌아갑시다. (그루미오에게) 여봐라, 돌아
가자.

카타리나 아녜요, 그럼 키스해 드릴게요. 제발 돌아가진 말아주세요. (페트루
키오와 키스)

페트루키오 이거 좋잖아? 자, 가요, 케이트. 무엇이든 부딪쳐 보는 거지. 망설
이면 못쓴단 말씀이야. (팔에 매달린 카타리나와 함께 퇴장)

〔제5막 제2장〕

파도바. 루센티오 집.

하인이 방문을 연다. 밥티스타, 빈센티오, 그레미오, 교사, 루센티오, 비앙카, 페트루
키오, 카타리나, 호르텐시오, 과부 차례로 등장. 끝으로 트라니오, 비온델로, 그루미
오, 술상을 든 하인들 등장.

루센티오 꽤 오래 끌어왔지만, 마침내 불협화음도 장단이 들어맞고 힘들었
던 싸움도 끝났으니, 웃으면서 구사일생한 위험한 이야기를 돌이켜 볼 때가
되었습니다. 아름다운 비앙카, 아버지를 잘 환영해 주시오. 나도 당신 아버
지를 잘 대접하리다. 동서 페트루키오와 처형 카타리나, 그리고 호르텐시오
와 함께 오신 다정한 과부댁도 마음껏 드십시오. 모두 잘 오셨습니다. 이 술
상은 아까 그 큰 법석 뒤의 밥통을 좀 채우기 위해서입니다. 자 여러분, 앉
으십시오. 이제 앉아서 먹으면서 이야기나 합시다. (모두 자리에 앉는다. 하인들
이 술을 따르고, 과일 등을 차려놓는다)

페트루키오 이거 앉아서 먹자판이군요.

밥티스타 여보게 사위 페트루키오, 이 좋은 마음 씀씀이는 파도바가 베푸는
것일세.

페트루키오 하긴 파도바가 베풀 수 있는 것은 좋은 마음 씀씀이밖에 없으니까요.

호르텐시오 저희 부부를 위해서도 그 말씀이 진실이기만 바랍니다.

페트루키오 아니, 호르텐시오, 자네가 과부댁한테 겁을 먹은 모양이군.

과부 천만에요, 제가 겁을 내다뇨!

페트루키오 댁은 생각이 깊으신 분인 줄 알았는데 제 말을 잘못 들으셨군요. 제 말은 호르텐시오가 댁을 무서워한다는 뜻입니다.

과부 현기증이 나는 사람은 세상이 돌고 있는 줄 알죠.

페트루키오 솔직한 대답이군요.

카타리나 잠깐만, 그 말씀 무슨 뜻이에요?

과부 글쎄, 페트루키오 씨를 보니 품게 되서요.

페트루키오 날 보니 품게 되서라고요! 그런 말씀, 호르텐시오 앞에서 하셔도 괜찮습니까?

호르텐시오 아냐, 이 사람 말은 자네를 보니 그런 말이 생각났다는 뜻이야.

페트루키오 됐소. 그럼 과부댁이 키스해 드리시오.

카타리나 "현기증이 나는 사람은 세상이 돌고 있는 줄 알죠"…… 이 말의 뜻을 좀 이야기해 보세요, 네?

과부 글쎄, 댁의 남편은 말괄량이한테 욕을 보고 계시잖아요. 그래서 자기의 비참한 심정으로 남의 남편 사정도 그러려니 하고 생각한다는 뜻이에요. 이제 아시겠어요?

카타리나 참 시시하군요.

과부 그야 당신이 그렇잖은가요?

카타리나 그야 저는 그렇고 그렇죠, 당신의 시시함에 비하면.

페트루키오 케이트, 이겨라!

호르텐시오 우리편 이겨라!

페트루키오 1백 마르크 걸겠어. 케이트는 과부댁을 쓰러뜨리고 말걸.

호르텐시오 쓰러뜨리는 건 내가 할 일이야.

페트루키오 자네가 할 일이라고. 참 말 잘했어! (호르텐시오에게 같이 마실 것을 제안한다)

밥티스타 어떻게 생각하오, 그레미오 씨, 재담을 속사포같이 쏘아대는 저 사람들을?

그레미오 정말이지, 멋진 박치기 같군요.

비앙카 박치기라고요? 하지만 재치가 날쌘 분 같으면 박치기한다고 하지 않고 뿔로 들이받는다고 할 거예요.

빈센티오 허허 아가, 너까지 재담에 눈을 떴니?

비앙카 네, 하지만 놀라서 눈을 뜬 건 아녜요. 그러니까 금방 또 잠잠해질 거예요.

페트루키오 그렇게는 안 될걸요. 처제가 먼저 시작하지 않았소? 그러니 한두 개 좀더 짭짤한 재담을 쏘아야지?

비앙카 그럼, 제가 형부의 새(鳥)가 되는가요? 그렇다면 덤불로 옮겨가겠어요. 자, 활을 들고 쫓아오세요. 여러분, 다 잘 오셨어요. (일어나서 모두에게 인사를 하고 방을 나간다. 카타리나와 과부가 그 뒤를 따라 퇴장)

페트루키오 미리 방패막이를 하는군. 트라니오, 저건 자네가 노린 새였지. 하기야 자네는 맞히지 못했지만…… 자, 그러니 맞힌 사람이나 못 맞힌 사람 모두를 위해서 다들 같이 한잔합시다.

트라니오 아, 그거야 루센티오 주인님이 절 풀어놨기 때문에 이쪽은 앞에 뛰어가서 주인님을 위해 사냥을 해왔을 뿐이었지요.

페트루키오 멋진 비유 솜씨군. 하지만 좀 치사해.

트라니오 하긴 페트루키오 님은 손수 사냥을 하셨지만 사냥해 오신 그 사슴한테 물리고 계신 모양이던데요.

밥티스타 페트루키오, 트라니오한테 한 대 얻어맞았네그려.

루센티오 고맙다, 트라니오. 멋있게 복수를 해줘서.

호르텐시오 이제 손 들게, 손 들어. 정통으로 얻어맞았잖나.

페트루키오 조금 스쳤다고나 해둘까. 그런데 내게 겨냥된 그 화살이 빗나가서 자네들 두 사람을 푹 찔렀을 텐데, 그걸 자네들은 모르고 있군그래.

밥티스타 이봐 페트루키오, 섭섭한 이야기지만 자네는 세상에 둘도 없이 지독한 말괄량이를 얻어갔네.

페트루키오 절대로 안 그렇습니다. 그 증거로 저마다 자기 아내를 불러보기로 합시다. 불러서 맨 먼저 오는 아내가 가장 말을 잘 듣는 아내이니 그 남편이 우리가 거는 돈을 다 갖기로 합시다.

5막 2장, 남편의 말에 고분고분 복종하는 유일한 아내 카타리나   아서 래컴. 1890.

호르텐시오 좋아. 얼마씩 걸까?

루센티오 20크라운씩.

페트루키오 20크라운? 매나 사냥개한테도 그만한 돈은 다 건다네. 아내라면 그 스무 배는 걸어야지.

루센티오 그럼 1백 크라운으로 합시다.

호르텐시오 좋아!

페트루키오 좋아. 그렇게 하지.

호르텐시오 누가 먼저 하겠나?

루센티오 내가 먼저 하겠소. 비온델로, 가서 아씨보고 내가 좀 나오시란다고 전해라.

비온델로 예. (퇴장)

밥티스타 여보게 사위, 건 돈의 절반은 내가 책임져 줌세. 비앙카는 금방 나올 테니까.

루센티오 반몫은 싫습니다. 제가 모두 책임지겠습니다.

비온델로가 돌아온다.

루센티오 오 돌아왔구나, 뭐라고 하시든?

비온델로 예, 아씨 말씀이 지금 바빠서 나갈 수 없으시답니다.

페트루키오 아! 바쁘다고, 그래서 나올 수 없다고! 그게 대답인가?

그레미오 여간 친절한 대답이 아니구먼. 제발 당신 부인한테서는 그보다 더 나쁜 대답이나 받지 않도록 하느님께 기도나 드리구려.

페트루키오 내 차례가 기다려지는데요.

호르텐시오 비온델로, 가서 내 아내한테 곧 좀 와달란다고 전해 다오. (비온델로 퇴장)

페트루키오 아이고, 와달란다고! 그렇게 청해야 나오실까?

호르텐시오 좀 뭣한 말이지만, 자네 아내는 청을 해도 나오지 않겠지.

비온델로가 돌아온다.

호르텐시오 여봐, 내 아내는 어떻게 됐지?

비온델로 무슨 장난을 꾸미고 계신 것 같으니 안 나오시겠다는데요. 도리어 나리더러 들어오시랍니다.

페트루키오 갈수록 태산이로군. 그러니까 안 나오시겠단 말이지! 이거 어디 참을 수 있겠나! 여봐 그루미오, 너 가서 아씨보고 내 명령이니 좀 나오라고 그래라. (그루미오 퇴장)

호르텐시오 대답은 뻔하지.

페트루키오 뭐?

호르텐시오 절대로 안 나오네.

페트루키오 그렇게 되는 날엔 볼장 다 본 거지.

이때 카타리나가 문에 나타난다.

밥티스타 아니, 이거 카타리나가 나오잖나?

카타리나 무슨 일로 부르셨어요?

페트루키오 비앙카는 지금 어디 있소? 그리고 호르텐시오의 부인은?

카타리나 난로 곁에서 수다를 떨고 있는 중이에요.

페트루키오 가서 좀 불러와 주오. 거절하거든 때려서라도 남편들 앞으로 끌고 와요. 자, 얼른 가서 데리고 와요. (카타리나 퇴장)

루센티오 기적이 있다면 이거야말로 기적인데.

호르텐시오 정말 그렇군. 이게 무슨 징조일까?

페트루키오 그거야 평화의 징조, 사랑의 징조, 평온한 생활의 징조지. 위엄 있는 지배, 올바른 지배권의 징조지. 요컨대 바로 사랑과 행복이지 뭐겠나.

밥티스타 아, 여보게 페트루키오, 행복을 고이 안게나! 내기는 자네가 이겼네. 나도 2천 크라운을 더 보태줌세. 새로 태어난 딸에게 주는 새 지참금일세. 그 애가 전혀 딴사람이 되었으니.

페트루키오 아니, 저는 승리에 덧붙여서 제 아내의 순종과 새로 지니게 된 정숙함을 보여드리겠습니다.

카타리나가 비앙카와 과부를 데리고 등장.

페트루키오 저것 보게. 고집쟁이 아내들을 여자답게 설득해서 포로로 만들어 데리고 오지 않는가…… 카타리나, 당신 모자는 어울리지 않는군. 그 장

난감 같은 걸 벗어서 발로 짓밟아 버리구려. (카타리나가 그렇게 한다)

과부 어머나, 이런 엉터리 수작을 보여주려고 일부러 불러냈어요? 여태껏 이런 바보짓은 처음 봤어요.

비앙카 흥! 바보처럼 이렇게 불러내서 어쩌자는 셈이에요?

루센티오 당신이 좀 바보 같았으면 좋았을 것. 당신이 섣불리 약게 생각한 덕분에 난 1백 크라운이나 손해를 봤어. 저녁 식사 뒤에.

비앙카 당신도 참 바보 같군요. 날 미끼로 내기를 거시다니.

페트루키오 이봐, 카타리나, 이 완고한 부인들에게 이야기 좀 해드리시오. 아내 된 자는 남편에게 어떻게 해야 하는지를.

과부 아니, 사람을 조롱하시는 건가요? 그런 이야긴 듣고 싶지 않아요.

페트루키오 자, 이야기해 드리라니까. 먼저 이 부인부터.

과부 누가 들어준대요?

페트루키오 글쎄 이야기해 드리라니까…… 이 부인부터 먼저.

카타리나 저런, 저런! 그 험상궂은 이맛살은 좀 펴고 그렇게 멸시의 눈초리를 하지 마세요. 그건 자기 남편에게 상처 주는 짓이에요. 왕이며 지배자인 자기 남편을. 그뿐 아니라 자기 자신의 아름다움을 망치는 짓이에요, 서리가 목장을 망치듯. 그리고 자기 이름을 더럽히는 짓이에요, 회오리바람이 아름다운 봉오리를 뒤흔들어 놓듯. 어느 모로 보나 좋지 않고 애교 있는 짓이 아니잖아요. 성난 여자는 흐린 샘물 같다고 할까, 진흙탕이고, 보기 흉하고, 탁하고, 아름다움도 사라지고. 그러니 아무리 목이 마른 남자라도 감히 마실 생각이나 손댈 생각은 안 날 것 아네요. 남편은 그대의 주인이며 생명이고, 수호자이며, 머리, 군주예요. 아내를 걱정하고, 아내를 편히 해주려는 생각으로 바다에서나 육지에서나 뼈아프게 일을 하시잖아요. 태풍 부는 밤이나 추위에도 안 주무시잖아요. 그 덕에 여러분들이 안심하고 아늑하게 누워 있을 수 있는 거예요. 그러나 남편은 아내한테서 다른 대가는 바라지 않아요. 다만 사랑과 고운 얼굴과 진실한 순종밖에는…… 그렇게도 큰 빚에 비하면 참으로 하찮은 지출이죠. 신하가 군주에게 진 의무, 그것이 곧 아내 된 자의 남편에 대한 의무랄까요. 그렇다면 아내가 고집을 부리고, 짜증을 내고, 시무룩해하고, 불쾌한 얼굴을 하고, 그리고 남편의 착한 생각에 반항하는 것은 바로 인자한 군주에게 반역을 꾀하는 무리가 아니고 뭘까요? 평화를 위해 무릎을 꿇어야 할 때에 감히 선전 포고를 하거나, 사랑과 순종하는 마음으로 봉사해야 할 때에 지배나 권력을 요구하는 것은 여자로서 어리석고 창피한 노릇이에요. 왜 여자의 살결이 부드럽고, 약하고, 매끄럽고, 세상의 고된 일에는 알맞지 않을까요? 우리의 기분과 마음이 부드러워서 그렇게 육체적 조건과 일치한 것 아닐까요? 자, 자, 이 무력한 고집쟁이들! 저도 처음에는 당신들처럼 교만하고, 고집 세고, 말(語)에는 말로, 고집에는 고집으로 대하곤 했지요. 하지만 마침내 깨닫고 보니 여자의 창(槍)이란 지푸라기와 마찬가지로 약해요. 비교도 되지 않을 만큼 약해요. 아무리 강한 척해도 사실은 약해요. 그러니 어서 모자를 벗어요. 그런 용기는 쓸데 없으니까요. 그리고 남편 발목 밑에 손을 갖다놔요. 남편이 바란다면 저는 순종의 증거로 언제든지 남편 앞에 엎드릴 생각이에요.

페트루키오 암 그래야지! 자, 키스해 주오, 케이트.

루센티오 실컷 재미보시오. 승리는 형님 것이니.

빈센티오 자라는 아이들한테 들려주고 싶은 참 좋은 이야기야.

루센티오 하지만 귀에 거슬릴 겁니다. 고집 센 여자한테는.

페트루키오 자 케이트, 우린 자러 갑시다. 우리 세 사람이 결혼했지만, 자네 두 사람은 낙제네. (루센티오를 보고) 자네도 쏘아 맞히긴 했지만, 우승자는 나네. 자, 그럼 안녕히들 주무시오!

호르텐시오 그럼 가시게. 어쨌든 지독한 말괄량이를 길들인 자네 솜씨가 훌륭하군그래.

루센티오 꼭 기적 같군. 실례의 말이지만 저렇게 순한 여자로 길들이다니.

(모두 퇴장)

As You Like It

뜻대로 하세요

[등장인물]

옛 공작 동생에게 영토를 빼앗기고 아든 숲에 가서 사는 사람

프레더릭 형의 영토를 빼앗은 새 공작

에미엔즈
제이퀴즈 } 추방당한 공작을 따르는 귀족

르보 프레더릭의 신하

찰스 프레더릭의 씨름꾼

올리버 롤런드 드 보이스 경의 맏아들

제이퀴즈 드 보이스 롤런드 드 보이스 경의 둘째 아들

올란도 롤런드 드 보이스 경의 막내아들

아담
데니스 } 올리버의 하인

터치스톤 어릿광대

올리버 마텍스트 경 보좌 신부

코린
실비어스 } 양치기

윌리엄 오드리를 사랑하는 시골 청년

히멘 결혼의 신으로 분장한 사람

로잘린드 옛 공작의 딸

실리아 새 공작의 딸

피비 양치기 처녀

오드리 시골 처녀

그 밖에 귀족들, 시종들, 시동들 등

[장소]

올리버의 집. 프레더릭 공작의 궁궐. 아든의 숲.

뜻대로 하세요

〔제1막 제1장〕

올리버 집의 과수원.
올란도와 아담 등장.

올란도 이봐, 아담, 난 이렇게 기억해. 아버지는 유산으로 많지 않은 돈이나
마 1천 크라운을 내 몫으로 남기시고, 또 자네 말마따나 형님에게 축복을
내리시면서 나를 잘 키워달라고 당부해 놓으신 걸로. 그런데 그게 바로 내
불행의 시작이었어. 작은형 제이퀴즈는 큰형이 학교에도 보내주고, 또 들리
는 바에 따르면 그의 덕을 톡톡히 보고 있다는데, 나는 시골뜨기처럼 집에
만 두고 있거든. 아니, 좀더 정확히 말하면 돌볼 생각은 않고 그저 집에 처
박아 두고만 있어. 이게 귀족 태생 신사에 알맞은 양육이라고 할 수 있겠
어? 이건 소를 우리에만 가둬 두는 거와 마찬가지 아닌가? 형의 말들이 오
히려 더 좋은 대우를 받고 있어. 잘 먹어서 번질번질하고, 게다가 훈련하고
길들이기 위해 비싼 돈을 주고 기수(騎手)까지 고용했다고. 하지만 동생인
나는, 형 밑에서 크기만 하고 아무 혜택도 못 받고 있잖아. 그까짓 은혜쯤
은 쓰레기통을 뒤져 먹는 형의 가축들도 나만큼은 받고 있지. 넉넉하게 주
는 것은 아무것도 없을 뿐만 아니라, 자연이 내게 내려주신 것조차 빼앗을
것만 같은 눈치란 말야. 하인들 하고 함께 밥 먹게 하고, 동생 대우를 해주
기는커녕 아무쪼록 날 못쓰게 길러서, 착한 천성을 파괴하려 들거든. 아담,
이 사실이 나를 슬프게 해. 내 아버지 영혼이 내 안에 깃들어 있는 것 같은
데, 그 영혼이 오늘 이 같은 노예 상태에 반항하기 시작했어. 이젠 더 참지
못할 것 같아. 하지만 지금 형편으로서는 이를 피할 수 있는 좋은 방법을
모르겠네.

올리버 등장.

아담 저기 제 주인이자 도련님 형님이 오십니다.

올란도 자 아담, 저리 비켜서서 형이 얼마나 날 모욕하는가 좀 두고 보게나.
 (아담이 저만큼 물러난다)

올리버 얘, 넌 이런 데서 뭘 하고 있어?

올란도 아무것도 안 해요. 무엇 하나 배우지 못했으니까요.

올리버 그럼 뭘 망가뜨리고 있지?

올란도 예, 난 빈둥거리면서 형님을 도와, 하느님이 만드신 형님의 보잘것없
 는 동생을 망가뜨리는 중이지요.

올리버 원, 일이나 제대로 하고 함부로 나타나지 마.

올란도 그럼 난 형님네 돼지나 먹이고, 찌꺼기나 먹고 있으란 말입니까? 내
 가 무슨 낭비를 했기에 그런 궁색한 꼴을 당해야 합니까?

올리버 아니, 여기가 어딘 줄 아느냐?

올란도 예, 잘 알고 있어요. 형님네 과수원이죠.

올리버 대체 누구 앞에 있는 줄이나 아니?

올란도 예, 내 앞에 있는 분이 날 아는 것보다는 더 잘 알고 있죠. 형님이 내
 큰형임을 인정합니다. 그러니 형님도 귀족 태생답게, 날 인정해 줘야 합니다.
 어떤 나라에서나 세상 관습대로라면, 형님은 내 위입니다. 가장 먼저 태어
 났으니까요. 그러나 그 같은 전통이 내 혈통을 지워 버리진 못합니다. 형님
 과 나 사이에 형제가 스무 명 있다 해도 말입니다. 내 안에도 형님과 마찬
 가지로 아버지가 살아 계십니다. 그야 물론 먼저 태어난 형님이 계승 순위
 가 더 가깝다는 것쯤은 나도 인정합니다.

올리버 뭐, 이런 녀석이 다 있어! (동생을 때린다)

올란도 허, 허, 큰형님 힘으로는 나한테 안 될걸요. (형의 목을 잡는다)

올리버 인마, 네가 감히 내게 손을 대? 악당 같으니!

올란도 난 악당이 아니라 롤런드 드 보이스 경의 막내아들입니다. 그분이 내
 아버지인데, 그분보고 악당을 낳았다고 하는 자가 몇 배나 더 악당이 아닌
 가요? 정말이지 친형만 아니라면, 이쪽 손으로 목을 붙든 채 다른 손으로
 는 그런 말을 뇌까리는 혓바닥을 뽑아버리고 말 텐데. 형님은 바로 자신에

연극 〈뜻대로 하세요〉 캐서린 햅번(가니메데로 분장한 로잘린드 역) 윌리엄 프린스(올란도 역) 출연. 브로드웨이 공연. 1950.
변장에 속은 올란도가 가니메데를 로잘린드라 생각하고 구애하는 장면이다

게 욕을 한 거예요. (아담이 앞으로 나선다)

아담 주인 나리들, 참으세요. 제발 아버님을 생각하셔서 의좋게 지내셔야죠.

올리버 (몸부림을 하면서) 놔, 놓으라니까.

올란도 내 분이 풀릴 때까진 못 놓아요. 좀 들어봐요. 아버지는 형님한테 내게 훌륭한 교육을 시켜주라고 유언을 남기셨지요? 그런데 형님은 날 농사꾼처럼 다루기만 하고, 귀족으로서 갖추어야 할 교양을 배울 기회조차 막

아버렸지요. 아버지의 기질이 내 안에 강해져서, 이젠 더 참을 수가 없어요. 그러니까 귀족 신사에 알맞은 교양을 익히게 해줘요. 싫다면, 아버지가 유산으로 남겨주신 얼마 안 되는 내 몫이라도 줘요. 그걸 가지고 난 운명을 개척하러 나가볼 테니까요. (형을 놔준다)

올리버   그래, 그 돈으로 뭘 할 참이냐? 그 돈이 다 떨어지면 구걸하려고? 좋다. 아무튼 안으로 들어가자. 이젠 너하고 귀찮게 따지기 싫다. 네 몫은 좀 나누어 주겠다. 제발 날 괴롭히지 마라.

올란도   내 몫만 찾으면 더 이상 괴롭힐 생각도 없어요. (가려다 돌아선다)

올리버   자네도 함께 가라. 이 늙은 개 같으니.

아담   '늙은 개'가 제 몫인가요? 딴은 그렇죠. 전 나리네 시중드느라 이도 빠져버렸으니까요. 하느님, 돌아가신 큰나리님을 보호해 주십시오! 큰나리님은 제게 그런 말을 하신 적이 없습니다. (올란도와 함께 퇴장)

올리버   사태가 이렇게까지 됐나? 나한테 이렇게 뻔뻔스러워졌단 말인가? 오냐 두고 보자, 맛 좀 보여줄 테니. 그리고 1천 크라운도 주지 않겠다······ 여봐라, 데니스!

데니스 등장.

데니스   부르셨습니까?

올리버   공작님의 씨름꾼 찰스가 날 만나러 오지 않았더냐?

데니스   예, 그가 지금 문간에 와서 주인님을 꼭 뵙고 싶어합니다.

올리버   들어오라고 해라. (데니스 퇴장) 그거 좋은 생각이군. 내일 씨름이 열릴 테니.

찰스 등장.

찰스   안녕하십니까?

올리버   반갑소, 찰스 씨. (서로 인사한다) 새 궁전에는 무슨 새로운 소식이라도 있나요?

찰스   궁전에는 새 소식은 없고 묵은 소식뿐입니다. 공작님이 동생한테 쫓겨나시고, 옛 공작을 따르는 귀족 서넛이 그분과 함께 스스로 망명길에 올랐다고 합니다. 그분들의 토지와 수입은 마땅히 새 공작님 손안에 들어오므로, 새 공작님은 그분들이 떠나는 것을 오히려 반기고 계십니다.

올리버 혹시 옛 공작님의 딸 로잘린드도 아버지와 함께 추방됐는지요?

찰스 아, 아닙니다. 그녀의 사촌 동생인 새 공작님의 딸이 요람 시절부터 함께 자라서 어찌나 사촌 언니를 좋아하는지, 자기도 언니를 따라가든가 혼자 남게 된다면 차라리 죽어버리겠다고 말했답니다. 그래서 그 아가씨는 궁전 안에 머무르며, 삼촌한테 친딸과 마찬가지로 귀여움을 받고 있답니다. 아무튼 이 둘처럼 서로 사랑하는 여인들은 이 세상에 없을 겁니다.

올리버 옛 공작은 대체 어디에 살고 계실까요?

찰스 소문엔 벌써 아든 숲에 가서 성격 호탕한 여러 부하들과 함께 지내신다나요. 저 옛날 영국의 의적(義賊) 로빈 후드처럼 그곳에서 사신다고 합니다. 또한 많은 젊은 신사들이 날마다 모여들어, 황금시대처럼 한가롭게 시간을 보내고들 있답니다.

올리버 그런데 당신은 내일 새 공작님 앞에서 씨름을 한다죠?

찰스 아, 그렇습니다. 실은 그 일에 대해 좀 여쭐 말씀이 있어서 찾아왔습니다. 가만히 듣자니, 댁의 동생 올란도가 이름을 바꾸고 나와 승부를 겨루려나 봅니다. 그런데 내일 난 명예를 걸고 싸울 참이라, 팔다리를 부러뜨리지 않고서 나한테서 빠져나간다는 건 여간한 명수가 아니고서는 불가능할 겁니다. 댁의 동생은 아직 어리고 연약한 데다가 댁에 대한 호의로 봐서도 넘어뜨릴 생각은 없지만, 그가 도전해 온다면 내 명예가 걸린 일이라 어쩔 수 없습니다. 그래서 댁에 대한 호의에서 이렇게 사정을 알려드리러 온 것입니다. 그러니 그 계획을 막아주십시오. 막지 못하시면 동생분이 받을 치욕을 견뎌주시기 바랍니다. 그건 동생분이 스스로 선택한 일이지 내 뜻은 아니니까요.

올리버 아, 그 호의는 참 고맙소. 조만간 깊이 보답하겠습니다. 내 동생의 계획을 벌써 알고, 설득해서 못하게 하려고 애도 써봤지만 그 애 결심이 어찌나 굳던지요. 찰스 씨, 말해 두지만 그 앤 프랑스에서 으뜸가는 고집쟁이라오. 야심에 불타고, 남의 장점만 보면 시기해서 겨누려 하고, 피를 나눈 이 형한테는 은밀히 나쁜 음모까지 꾸미고 있소. 그러니까 당신의 처분대로 하시구려. 손가락은커녕 목이라도 부러뜨려 줬으면 시원하겠소. 그러나 조심해야 합니다. 만약 당신이 그 애한테 섣불리 창피를 주거나 그 애가 당신을 넘어뜨려 충분히 명예를 얻지 못할 경우에는, 그 앤 당신을 독살할 음모를 꾸미거나 무슨 음험한 계략 속에 몰아넣거나 해서, 어떤 수단으로든지 당신 목숨을 빼앗아 버릴 때까지는 절대로 당신을 가만두지 않을 테니까요. 눈물 나오는 이야깁니다만…… 정말이지 요즘 젊은이들 가운데 그렇게까지 나쁜 놈은 처음 봤습니다. 그래도 형제간이라고 두둔해서 말했지만, 그 애의 정체를 사실대로 말하는 날이면 난 얼굴을 붉히며 울음을 터뜨리게 되고, 당신은 놀라서 파랗게 질려버리고 말겠지요.

찰스 찾아뵙기를 정말 잘했군요. 내일 씨름을 하러 나오면 톡톡히 맛을 좀 보여줘야겠습니다. 그가 제 발로 일어서게 되면, 난 상금이 걸린 씨름은 다시는 하지 않겠습니다. 그럼 안녕히 계십시오.

올리버 그럼 잘 가오, 찰스 씨. (찰스 퇴장) 이제 그 애송이 씨름꾼을 부추겨야지. 제발 이것으로 그 자식이 뒈져버렸으면 좋겠어. 웬일인지 그 자식만큼 진심으로 미운 놈은 없거든…… 하지만 그 자식은 점잖은 데다, 학교도 안 다녔는데 유식하고 분별력도 있고, 누구한테나 칭찬받아서 사실 세상 사람들의 인기를 한 몸에 받고 있다고 할 수 있지. 더구나 그 자식을 잘 아는 내 하인들이 따르고들 있으니 덕분에 난 완전히 무시당하고 있잖아. 그렇지만 그것도 이제 오래가지 않으렷다. 아까 그 씨름꾼이 모든 일을 깨끗이 해결해 줄 테니까. 이제 내가 할 일은 그 애송이를 꼬드겨서 시합에 꼭 나가게 하는 일뿐이다. 그럼 시작해 볼까. (퇴장)

〔제1막 제2장〕

공작의 궁궐 앞 잔디밭.
로잘린드와 실리아 등장.

실리아 로잘린드 언니, 즐겁게 마음먹어요.

로잘린드 애, 실리아, 난 내가 할 수 있는 것 이상으로 기쁘게 웃어 보이려 애쓰고 있어. 이래도 더 즐거워지란 말이니? 추방당한 아버지를 잊도록 가

로잘린드와 실리아   W. 토머스 삽화, 미스 에드워즈 판화. 1862.

르쳐 주지 않는 한 아무리 큰 기쁨을 기억해 내려고 애써봤자 안될 말이야.

실리아 그렇다면 알겠어요. 언니는 내가 언니를 사랑하는 만큼 날 사랑하지 않는군요. 만약 내 큰아버지, 쫓겨난 언니 아버지가, 언니의 작은아버지, 공작이신 내 아버지를 쫓아냈더라도 언니만 나랑 함께 있어준다면 난 내 사랑에게 언니 아버지를 친아버지처럼 여기라고 가르치겠어요. 그러니까 언니도 나처럼 생각할 수 있을 것 아녜요? 나에 대한 사랑이 언니를 향한 내 사랑처럼 진실로 순수하다면 말예요.

로잘린드 그럼 난 내 신세를 잊고, 네 처지를 기뻐할게.

실리아 언니도 알다시피 내 아버지는 나밖에 자식이 없고, 앞으로 더 낳을 것 같지도 않아요. 그러니까 아버지가 돌아가시면 틀림없이 언니가 상속자가 될 거예요. 아버지가 언니 아버지한테서 강제로 빼앗은 것을 난 사랑으로 언니에게 돌려줄 테니까요. 내 명예를 걸고서 꼭 그렇게 할 거고, 내가 이 맹세를 깨뜨리는 날에는 난 괴물이 돼도 좋아요. 그러니까 로즈 언니, 나의 로즈 언니, 즐거운 생각을 해요.

로잘린드 응, 이제부터 내 처지를 잊고 그렇게 할게. 그런데 무슨 심심풀이라도 좀 생각해 보자꾸나. 저…… 연애를 하는 건 어떻게 생각하니?

실리아 해봐요, 언니. 그걸 심심풀이로 생각한다면. 하지만 진심으로 남자를 사랑하지는 말아요. 그리고 얼굴이나 좀 붉힐 뿐 순결은 안전하게 지키고 되돌아올 수 있는 정도를 넘어선 안 돼요.

로잘린드 그럼 우린 무슨 심심풀이를 하면 좋을까?

실리아 이렇게 앉아서 저 착한 주부(主婦), 운명의 여신을 조롱해서 그녀의 수레바퀴를 잡아매 놓고, 앞으로는 그녀의 혜택을 누구나 골고루 입게 되는지 보자고요.

로잘린드 그렇게라도 해봤으면 좋겠어. 운명의 여신이 베푸는 혜택은 조금도 공평치가 못하고, 너그럽고 눈먼 그 여신이 여자들에게 주는 혜택은 정말 엉터리라고.

실리아 정말 그래요. 글쎄 그 여신이 예쁘게 만들어 놓은 여자들은 거의 다 얌전치가 못하고 얌전하게 만들어 놓은 여자들은 무척 못난 걸 보라고요.

로잘린드 아냐, 그건 운명의 역할이 아니라 자연의 역할이야. 운명의 여신은 이 세상의 혜택이나 지배하지, 자연의 모습과는 관계가 없어.

로잘린드·실리아와 어릿광대 터치스톤 헨리 코트니 셀루스

터치스톤 등장.

실리아 그럴까요? 자연이 미인을 만든다고 할지라도, 그 미인이 운명 때문에
불 속에 떨어지는 수도 있지 않을까요? 자연은 우리에게 운명조차 조롱하
는 지혜를 내려주고 있지마는, 운명 또한 (터치스톤을 보고) 저 바보를 이리
보내서 이 토론을 방해하지나 않을까요?

로잘린드 글쎄, 운명이 자연의 바보를 시켜 자연의 지혜를 방해한다면, 운명
이 자연보다는 훨씬 더 힘이 세지 않을까?

실리아 하지만 어쩌면 이건 운명이 하는 일이 아니라 자연이 하는 일일지도
몰라요. 우리의 타고난 지혜가 너무도 둔해서 운명의 여신들에 대해서는 도
저히 어떻게 하지 못할 것을 자연은 알아채고서, 저 바보를 우리의 숫돌 대

신 보내신 게 아닐까요? 바보의 둔함은 늘 지혜의 숫돌이 되어주니 말예요. 이봐, 영리한 양반, 어딜 헤매는 거야?

터치스톤 아가씨, 아버님께 가보셔야 합니다.

실리아 그럼 전령이 된 건가?

터치스톤 천만에요. 제 명예를 걸고 맹세하지만 그렇진 않습니다. 하지만 아가씨를 불러오라는 명령을 받았습니다.

로잘린드 그런 맹세는 어디서 배웠지, 바보 양반?

터치스톤 어떤 기사(騎士)한테 배웠습니다. 그가 이렇게 맹세를 하더군요. "내 명예를 걸고 이건 좋은 팬케이크다", "내 명예를 걸고 이 겨자는 엉터리다"라고 말이에요. 그런데 전 이렇게 주장하겠습니다. "그 팬케이크는 엉터리고 겨자가 좋았습니다." 그렇다고 그 기사가 거짓 맹세를 한 건 아니죠.

실리아 그걸 너의 그 엄청난 지식 더미 속에서 어떻게 다 증명해?

로잘린드 아, 너의 그 지혜를 자유롭게 펼쳐 봐.

터치스톤 그럼 두 분 모두 앞으로 나오셔서, 턱을 만지며 턱수염에 걸고 맹세하십시오. 제가 악당이라고 말입니다.

실리아 우리가 턱수염만 가졌다면, 그 턱수염을 걸고 너는 악당이야.

터치스톤 그렇다고 치면, 그 악당의 소행에 두고 저는 악당이라고 맹세하죠. 그러나 두 분이 있지도 않은 것에 두고 맹세한다 해도 그건 거짓 맹세는 아닙니다. 그리고 물론 자기 명예에 두고 맹세했던 그 기사도 거짓 맹세는 아니었죠. 그는 명예를 갖고 있지 않았으니까요. 그가 명예를 가졌다손 치더라도, 그 팬케이크나 겨자를 보기 이전에 벌써 맹세를 박살내 버렸으니까요.

실리아 그건 누굴 말하는 거지?

터치스톤 아가씨네 아버지 프레더릭 님이 사랑하시는 분이지 누구겠습니까?

실리아 내 아버지가 사랑하시는 분이라면, 그것만으로도 충분히 그분의 명예가 아닌가? 이제 그만둬. 더 이상 그분에 대해서 말하면 남을 욕한 죄로 언젠가는 매를 맞게 될 테니까.

터치스톤 지혜로운 분들이 바보짓을 하고 있는 이때에, 바보에게 현명한 말을 하지 말라는 건 너무나 무정하십니다.

실리아 정말이지 그 말이 맞군. 바보들이 갖고 있는 하찮은 지혜가 침묵을 강요당한 뒤로 똑똑한 사람들의 사소한 바보짓이 엄청나게 눈에 띄게 됐으니까. 저기 르보 씨가 오시네.

르보, 바쁘게 등장.

로잘린드 입안에 소식을 가득 담고 오는구나.

실리아 그걸 비둘기가 새끼들에게 먹이듯이, 우리에게 집어넣을 테죠.

로잘린드 그럼 우린 소식으로 가득 차게 되겠네.

실리아 그것도 좋지요. 덕분에 우린 더 잘 팔리게 될 테니까. 안녕하세요, 르보 씨! 무슨 소식이라도 있어요?

르보 아름다운 공주님들, 참 좋은 심심풀이를 놓치셨습니다.

실리아 심심풀이? 무슨 빛깔의?

르보 무슨 빛깔이라뇨? 뭐라고 말씀드려야 좋을는지요?

로잘린드 지혜와 운이 명하는 대로 말하시죠.

터치스톤 (조롱조로) 아니면 숙명이 명하는 대로 하시든지요.

실리아 말 잘했어. 좀 심하긴 하지만.

터치스톤 아니죠, 만약 제가 제 신분을 못 지키는 날엔…….

로잘린드 너의 그 오랜 냄새가 없어지겠지.

르보 놀랐습니다. 원, 공주님들도. 그건 그렇고 좋은 씨름이었는데, 그 구경을 놓치셨다는 말씀을 드리고 싶었어요.

로잘린드 그럼 어떻게 씨름을 했는지 이야기 좀 해봐요.

르보 이야기를 시작할 테니, 마음에 드시거든 그 결말을 구경하시지요. 가장 좋은 승부는 이제부턴데, 바로 이곳에서 하기로 돼 있으니까요.

실리아 그럼 시작은 죽어서 묻혔나요?

르보 글쎄 어떤 노인과 세 아들이…….

실리아 시작부터 옛날이야기를 듣고나와도 좋을 것 같네요.

르보 골격이 단단하고 풍채가 늠름한 젊은이 셋이…….

로잘린드 목에다 '이 포고를 모든 사람에게 당당하게 알리고자 함' 이렇게 걸고 있던가요?

르보 그중 첫째 아들이 공작님의 장사 찰스와 겨루었는데, 찰스는 눈 깜빡

할 사이에 상대방을 내던져 갈비뼈를 세 대나 부러뜨려서, 살 가망은 거의 없게 해놨습니다. 그리고 둘째도, 셋째도 같은 꼴로 만들어 놨습니다. 저쪽에 세 사람이 쓰러져 있었는데, 늙은 아버지가 어찌나 자식들을 가엾게 여기며 슬퍼하던지 주위 사람들도 모두 함께 눈물을 쏟아내고 있습니다.

로잘린드 어머나!

터치스톤 하지만 아가씨들이 놓치셨다는 심심풀이란 대체 어떤 것이오?

르보 원, 그건 지금 내가 말했잖은가.

터치스톤 이렇게 해서 사람은 날마다 더 현명해지는 모양입니다. 갈비뼈를 부러뜨리는 것이 아가씨들의 심심풀이란 말은 처음 듣는군요.

실리아 나도 확실히 처음이에요.

로잘린드 하지만 그 밖에 또 누가 자기 옆구리를 부러뜨려서 엉터리 음악을 연주하고 싶어하는가요? 누가 갈빗대를 부러뜨리고 싶어하지요? 실리아, 우리 그 씨름을 구경해 볼까?

르보 여기 그냥 계시면 구경하시게 됩니다. 이곳이 씨름판으로 정해진 장소니까요. 이제 곧 와서 시작할 겁니다.

실리아 아, 정말, 저기 오네요. 그럼 그냥 여기 있다가 구경하기로 하죠.

나팔 소리. 프레더릭 공작, 귀족들, 올란도, 찰스, 시종들 등장.

프레더릭 공작 그럼 시작하라. 아무리 타일러도 그 젊은이는 듣질 않으니, 스스로 위험을 부르는구나.

로잘린드 저기 저 사람인가요?

르보 그렇습니다, 미치광이입니다.

실리아 어머나, 무척 젊네요. 하지만 이길 것처럼 보여요.

프레더릭 공작 아, 딸애와 조카딸이구나! 씨름을 구경하려고 살며시 이곳에 왔느냐?

로잘린드 네, 부디 허락해 주세요.

프레더릭 공작 그리 재미는 없을 게다. 한쪽이 워낙 장사다 보니 도전하는 젊은이가 가여워서 말리고 싶어도 막무가내구나. 너희들이 좀 권해 보렴. 혹시 들을는지도 모르니 말이다.

실리아　르보 씨, 저 사람을 이리 좀 불러줘요.

프레더릭 공작　그게 좋겠다. 난 좀 비켜 있을 테니. (자리를 떠난다)

르보　여보 도전자, 공주님이 당신을 부르오.

올란도　(앞으로 나오면서) 예, 경의와 의무를 다해 경청하겠습니다.

로잘린드　여보세요, 젊은 분. 그래, 감히 찰스 장사한테 도전했나요?

올란도　(절을 하면서) 아닙니다. 아름다운 공주님, 그쪽에서 누구한테나 도전해 온 것입니다. 저는 남들처럼 그자와 싸워서 제 젊음의 힘을 시험해 보려는 것뿐입니다.

실리아　젊은 신사, 당신의 기질은 나이에 비해 지나치게 대담하군요. 상대의 힘에 대해서는 그대도 잔인한 실례를 보았겠지요. 만약 당신이 자신의 눈으로 자기를 보거나 이성적인 판단으로 스스로를 돌아본다면, 이 모험이 무서워져서 좀더 알맞은 일에 마음이 가게 되지 않을까요? 제발 당신 자신을 위해, 몸의 안전을 생각해서 아예 그런 모험은 하지 말아요.

로잘린드　그렇게 해요, 네? 그렇게 해도 당신의 명예는 손상되지 않잖아요. 우리가 공작님께 여쭈어서 씨름을 그만두게 하겠어요.

올란도　제발 나쁘게 생각하셔서 저를 벌하지 말아주십시오. 아름답고 훌륭하신 아가씨들의 뜻을 조금이라도 어기는 것은 매우 큰 죄가 된다는 것을 저도 잘 알고 있습니다. 예쁜 눈과 상냥한 마음으로 이 승부에 나가는 저를 지켜봐 주시기를 바랍니다. 이 승부에 지더라도 보잘것없는 사내 하나가 창피를 당할 뿐이고, 죽더라도 오히려 그것을 원하고 있는 사내 하나가 죽는 것뿐입니다. 친구한테 폐를 끼칠 일도 없는 사람입니다. 저에 대해 슬퍼해 줄 사람은 아무도 없으니까요. 세상에 해가 될 리도 없습니다. 재산이라곤 없는 사람이니까요. 이 세상에서 그저 자리 하나를 채우고 있는 존재에 지나지 않으니, 그 자리를 비우게 되면 더 좋은 사람으로 채워질 겁니다.

로잘린드　하찮은 내 힘이지만, 당신에게 그 힘이라도 보태주고 싶어요.

실리아　내 힘도 보탰으면 해요.

로잘린드　그럼 안녕히. 제발 내가 당신을 잘못 봤다면 좋겠어요.

실리아　당신의 뜻대로 되기를!

찰스　(큰 소리로) 이봐, 자기 어머니인 대지와 함께 눕고 싶어하는 그 젊은 용사는 어디 있지?

올란도 여기 있소. 하지만 생각만은 좀더 신사답게 하겠소.

프레더릭 공작 한 판으로 승부를 결정하겠다.

찰스 예, 걱정 마십시오. 첫 승부조차 그렇게도 간곡히 막으신 공작님께서, 두 번째 판까지 말리실 필요는 없을 테니까요.

올란도 나중에 웃음거리로 만들 생각이라면, 시합 전엔 비웃지 말아야 할 것 아니오. 아무튼 자, 시작합시다.

로잘린드 헤라클레스가 저 젊은이를 도와주셨으면!

실리아 난 사람들 눈에 보이지 않는 투명인간이 되어서 저 장사의 다리를 붙들었으면! (씨름을 시작한다. 올란도에게 유리하게 상황이 펼쳐진다)

로잘린드 어쩌면! 훌륭한 젊은이네!

실리아 내 눈에 벼락만 가졌더라면 이쯤에서 누가 쓰러질지 알 텐데. (두 씨름꾼이 이리저리 옥신각신하더니 갑자기 찰스가 땅바닥에 털썩 나가떨어진다. 박수가 쏟아진다)

프레더릭 공작 (일어서면서) 이제 그만, 이제 그만.

올란도 네, 공작님. 하지만 아직 저는 힘이 채 솟기도 전입니다.

프레더릭 공작 자네는 어떤가, 찰스?

르보 충격을 받았는지 말을 못합니다, 공작님.

프레더릭 공작 저리 데리고 나가라. (여러 사람이 찰스를 들어내 간다) 그런데 젊은이 이름은 뭔가?

올란도 올란도라고 합니다. 롤런드 드 보이스 경의 막내아들입니다.

프레더릭 공작 다른 사람의 아들이었으면 좋았을 텐데. 세상은 자네 아버지를 훌륭한 분이라고 칭찬하네만, 그 사람은 언제나 내 적이었어. 다른 집안 태생이었더라면 이번 일은 좀더 내 마음에 들었을 거야. 그럼 잘 있게. 젊은이가 참 용감하군. 그러나 다른 분을 아버지라고 말해 줬으면 싶었다네. (르보, 귀족들과 함께 퇴장)

실리아 언니, 내가 아버지라면 저렇게 할 수 있을까요?

올란도 난 롤런드 경의 아들, 그 막내아들임을 한결 더 자랑으로 삼겠어. 프레더릭의 상속자가 된다 하더라도 이름을 바꾸고 싶지는 않아.

로잘린드 내 아버지는 롤런드 경을 자기 영혼처럼 사랑하시고, 세상 사람들도 거의 아버지와 같은 마음이었어. 이 젊은이가 그분의 아들인 줄 미리 알

씨름에 이긴 올란도에게 자신의 목걸이를 풀어 선물하는 로잘린드.

았다면 그런 모험을 하기 전에 눈물을 흘리며 말렸을 텐데.

실리아　언니, 우리 가서 그에게 감사와 격려의 마음을 전하기로 해요. 아버지의 심술궂은 화풀이가 내 마음을 찌르네요…… (로잘린드와 같이 올란도에게 간다) 여보세요, 참 훌륭했어요. 사랑에서도 이처럼 약속을 지키신다면, 아니, 이와 같은 약속보다 훨씬 더 훌륭하시다면 당신의 애인은 참 행복할 거예요.

로잘린드　(그녀의 목에서 목걸이를 풀어주며) 여보세요, 나를 위해 이것을 받아주세요…… 운명에게 버림받은 내가, 가진 것만 부족하지 않다면 좀더 선물을 드리고 싶네요…… 실리아, 이제 갈까? (돌아서서 가기 시작한다)

실리아　(올란도를 보고) 그럼 안녕히 계세요. (언니를 따라간다)

올란도　나는 고맙단 말조차 못 하는가? 내 모든 장점은 모조리 쓰러져 버리고, 여기 서 있는 것은 한 과녁에 불과하단 말인가? 생명도 없는 나무토막에 지나지 않는단 말인가?

로잘린드　저분이 우릴 부르는구나. 행운과 함께 자존심마저 사라졌나 봐. 무슨 일인지 물어볼까…… (돌아서서) 부르셨어요? 참 훌륭하셨어요. 쓰러진 건 당신의 적만이 아니었어요. (올란도와 서로 마주 본다)

실리아 (언니의 손을 잡아당기면서) 그만 가요.

로잘린드 응, 갈게. (올란도를 보고) 안녕히 계세요. (당황하며 허둥지둥 퇴장. 실리 아도 그 뒤를 따라 퇴장)

올란도 어떤 열정이길래 내 혀를 이렇게 무겁게 짓누르는 걸까? 한마디도 하 지 못하다니, 그녀는 말을 재촉했는데.

르보, 다시 등장.

올란도 아, 가엾은 올란도, 너야말로 완전히 쓰러졌구나! 찰스가, 아니 그보 다 약한 무언가가 너를 정복해 버렸어.

르보 여보시오, 호의로 충고하는데 어서 이곳을 떠나시오. 당신은 물론 찬사 와 박수와 사랑을 받을 만하지만, 오늘 공작님의 기분으로선 당신의 공적 이 다 오해되고 있소. 공작님은 정말 변덕이 심한 분이라오. 무슨 뜻인지는 사실 내가 말하는 것보다는 당신 스스로 생각해 보는 게 더 나을 거요.

올란도 감사합니다. 그런데 저, 물어볼 말이 있습니다. 아까 씨름을 구경한 두 분 가운데 누가 공작님의 따님입니까?

르보 그 몸가짐으로 봐선 어느 쪽도 공작님의 따님이 아니지만, 키가 작은 쪽이 따님입니다. 다른 분은 쫓겨난 공작님의 따님인데, 뺏은 자인 삼촌 곁 에 붙들려서, 그분 따님과 함께 있게 되었지마는 두 사람의 우애는 친자매 인연보다 더합니다. 하지만 사실 요즘 들어 공작은 그 얌전한 조카딸이 마 음에 들지 않나 봅니다. 이유가 있어 그런 게 아니라, 다만 사람들이 그녀의 정숙함을 칭찬하고, 그 선량한 아버지를 생각하며 그녀를 동정하기 때문입 니다. 맹세코 그 아가씨에 대한 공작님의 심술이 언제 느닷없이 폭발할지 모르는 일입니다. 그럼, 가보시오. 나중에 이보다 살기 좋은 세상이 되면, 당 신과 좀더 우정을 나누고 싶습니다.

올란도 정말 감사합니다. 안녕히 계십시오. (르보 퇴장) 그럼 이제 난 연기로부 터 빠져나와 불 속으로 뛰어들어야 한단 말인가. 포악한 공작으로부터 포악 한 형에게로 돌아가란 말인가. 그건 그렇고, 천사 같은 로잘린드! (생각에 잠

기며 퇴장)

궁궐의 어느 방.

로잘린드는 의자에 앉아 얼굴을 벽에 기대고 있다. 실리아는 몸을 구부려 로잘린드를 내려다보고 있다.

실리아 아, 언니! 로잘린드 언니! 큐피드의 자비가 내리소서! 한마디도 안 할 거예요?

로잘린드 개한테나 던져줄 말은 하기 싫어.

실리아 음, 언니 말은 개한테 던져주기엔 너무나 아까워요. 하지만 나한테 던져줄 순 있잖아요. 자, 이치를 따져서 날 꼼짝 못하게 해봐요.

로잘린드 그럼 사촌 자매 둘 다 머저리가 되겠다. 한쪽은 이치를 듣고 어안이 벙벙해지고, 다른 한쪽은 이치를 찾지 못해 골머리를 앓을 테니 말야.

실리아 그렇지만 이건 다 언니 아버지 때문이죠?

로잘린드 아냐, 어느 정도는 내 아이의 아버지 때문이야. (일어선다) 아, 이 고된 세상은 왜 이토록 가시덤불로 가득하단 말이니!

실리아 이쯤이라면 명절날 장난삼아 바보들이 내던지는 밤송이 정도밖에 안 되잖아요. 사람들이 다니는 길로 가지 않으면, 우리 속치마에까지 들러붙을지 몰라요.

로잘린드 옷에 붙은 것이라면 털어낼 수도 있지만 이 밤송이들은 내 심장 속에 있단다.

실리아 에헴! 하고 헛기침을 해서 뱉어버려요.

로잘린드 에헴! 해서 그일 만날 수 있는 일이라면, 그렇게라도 해보겠지만.

실리아 그럼 자, 언니의 애정과 함께 씨름해 봐요.

로잘린드 하지만 그 상대는 나보다 훨씬 장사란 말이야.

실리아 어머, 잘해 봐요! 쓰러지더라도 언니는 이내 다시 덤벼들 거예요. 자, 이런 농담은 그만두고 좀더 진심으로 말해 봐요. 이렇게 갑자기 언니가 저 롤런드 경의 막내아들을 그토록 열렬히 좋아하게 되다니, 그럴 수도 있나요?

로잘린드 내 아버지는 그 사람 아버지를 무척 소중한 친구로 여기셨어.

실리아 그래서 언니가 아버지를 따라 그분의 아들을 무척 사랑해야 한다는 건가요? 그런 논리라면, 내 아버지가 그 사람 아버지를 미워하셨으니까 난 그를 미워해야겠네요. 하지만 난 올란도를 미워하진 않아요.

로잘린드 제발 날 위해서 미워하진 말아줘.

실리아 내가 어떻게 미워해요? 충분히 자격이 있는 사람이잖아요.

로잘린드 그러니까 내가 그일 사랑하게 내버려 둬. 그리고 내가 사랑하니까 너도 그 사람을 아껴줘.

문이 활짝 열리고 프레더릭 공작이 시종들과 귀족들을 거느리고 등장.

로잘린드 어머나, 공작님이 들어오시네.

실리아 두 눈에 노여움이 가득하시군요.

프레더릭 공작 (문 앞에 망설이고 서서) 이봐 아가씨, 너의 안전을 생각한다면 어서 짐을 챙겨서 이 집을 떠나는 게 좋을 거다.

로잘린드 저 말인가요, 숙부님?

프레더릭 공작 그래, 조카 너 말이다. 앞으로 열흘이 지나서도 네가 우리 공관 20마일 안에서 눈에 띄면, 목숨이 없을 줄 알아라.

로잘린드 이렇게 빌게요. 부디 제가 무엇을 잘못했는지 알려주세요. 제가 스스로를 알고 제 마음을 아는 한, 그리고 제가 꿈을 꾸거나 미치지 않은 한 절대로 그럴 리는 없어요. 숙부님, 저는 이 마음속에서조차 숙부님께 거역해 본 적이 없습니다.

프레더릭 공작 반역자들은 모두 그렇게 말한다. 그 죄가 말로 씻기는 것이라면, 반역자들도 깨끗해져서 미덕 그 자체가 되겠지. 내가 널 믿지 않는다고 말해 주는 것으로 충분하겠구나.

로잘린드 하지만 숙부님의 불신만으로는 제가 반역자가 될 수 없어요. 어떤 점이 의심스러운지 말씀 좀 해주세요.

프레더릭 공작 넌 네 아버지의 딸이다. 그것으로 충분하다.

로잘린드 숙부님께서 아버지 영토를 빼앗고 쫓아내셨을 때도 저는 아버지

1막 3장, 실리아와 로잘린드가 궁정을 떠날 생각을 하는 모습　휘톰슨. 1915.

딸이었어요. 반역은 상속되지 않아요. 가까운 사람들에게서 물든다 해도 저와는 관계없는 일이 아닌가요? 아버지는 반역자가 아니었어요. 그러니 숙부님, 제가 가난하다 해서 반역을 하리라고 오해하지는 말아주세요.

실리아　아버지, 제 말도 좀 들어주세요.

프레더릭 공작　실리아, 너 때문에 저 애를 여기 머물게 했던 거야. 너만 아니라면, 진작 제 아버지와 함께 떠돌아다니고 있었을 거다.

실리아　그때는 언니를 머물게 해달라고 청하진 않았어요. 그건 아버지 마음에서 우러나 하신 일이었지요. 그때만 해도 저는 너무 어려서 언니가 제게 얼마나 소중한지 몰랐어요. 하지만 이제는 알아요. 만약 언니가 반역자라면 저도 반역자예요. 우린 늘 함께 자고 같은 시간에 일어나요. 공부하고 놀고 먹는 것도 함께하며 어딜 가나 유노 여신의 백조처럼 떨어지지 않고 둘이서 다녔어요.

프레더릭 공작　저 애는 워낙 교활해서 네가 모르는 거란다. 그 부드러움과 그 침묵, 그리고 인내하는 모습이 사람들에게 호소하고, 사람들은 저 애를 동정하지. 넌 바보야. 저 애가 네 명성을 뺏고 있단 말이다. 네가 더 빛을 내고 덕을 드러내기 위해서는 저 애가 사라져야 한다. 그러니 넌 입을 열지 마라. 내 선고는 확고부동하다. 그 선고가 이미 내려졌다. 저 애는 추방이다.

실리아　그러시다면 제게도 그 선고를 내려주세요. 저는 언니하고 떨어져서는 살 수 없어요.

프레더릭 공작　바보 같은 소리 마라…… 조카, 어서 떠날 준비를 해라. 시간을 끌면, 내 명예를 걸고 내 말의 위력을 보여주마. 너를 살려두지 않겠다.
(돌아서서 귀족들을 데리고 퇴장)

실리아　아, 가엾은 언니, 어디로 갈 거예요? 아버지를 바꿀 생각은 없나요? 내 아버지를 줄게요. 제발 나보다 더 많이 슬퍼하면 안 돼요.

로잘린드　슬퍼할 까닭이 내게는 더 많아.

실리아　아녜요, 언니. 제발 기운 내요. 공작님은 친딸인 나를 추방하신 거 몰라요?

로잘린드　그러시지 않았어.

실리아　아버지가 그러시지 않았다고요? 그렇다면 로잘린드 언니는 사랑이 부족한 거로군요. 언니와 내가 하나임을 확인하고 이어주는 사랑이. 그래 우리가 헤어져도 좋단 말인가요? 안 돼요. 아버지에게는 다른 상속자나 찾아보라고 하죠. 그러니까 우린 함께 달아날 방법이나 궁리해요. 어디로 뭘 지니고 갈 것인지 말예요. 그 불행을 언니 홀로 짊어지고 슬픔도 혼자서만 참으며, 날 혼자 내버려 두지는 마요. 지금 우리의 슬픔 때문에 창백해진 저 하늘에 두고 맹세하지만, 언니가 뭐라고 말하든 난 언닐 따라가겠어요.

로잘린드   그렇지만 어디로 가야 하지?

실리아   큰아버질 찾아 아든 숲으로 가요.

로잘린드   아, 얼마나 위험할까. 여자의 몸으로 그렇게 먼 데까지 가다니! 미인은 황금보다 더 쉽게 도둑을 자극한다지.

실리아   난 초라한 옷을 입고 천하게 변장한 다음, 얼굴에는 밤색 칠을 하겠어요. 언니도 그렇게 해요. 그러면 습격받을 걱정 없이 무사히 갈 수 있을 거예요.

로잘린드   난 키가 큰 편이니까, 차라리 말쑥하게 남자처럼 변장하는 게 낫지 않을까? 용감하게 단도를 허벅지에 차고, 손에는 멧돼지 사냥할 때 쓰는 넓적한 창을 들고, 비록 가슴속에는 연약한 여인이 느끼는 공포가 숨겨져 있을망정, 겉모습만은 의기양양하게 뽐내는 용사처럼 보이자꾸나. 글쎄 세상의 수많은 겁쟁이들처럼 그럴듯한 차림새로 공포를 무안하게 해주잔 말이야.

실리아   언니가 남자로 변장하면, 이름은 뭐라고 불러야 하죠?

로잘린드   유피테르의 시동보다 못한 이름은 싫어. 그러니 날 가니메데라고 불러줘. 그럼 네 이름은 뭐라고 부를까?

실리아   내 신세를 말해 주는 이름이 좋을 거예요. 이제부턴 실리아가 아니라, 에일리나예요.

로잘린드   그런데 얘, 네 아버지 궁에서 저 어릿광대 바보를 꾀어내 보기로 할까? 그가 우리 여행에 좋은 위안이 되지 않겠니?

실리아   그는 나와 함께라면 넓은 세계라도 가줄 거예요. 그를 설득하는 일은 나한테 맡겨요. 그럼, 가서 보석과 귀중품도 챙기고, 가장 좋은 때와 쫓기더라도 잡히지 않을 가장 안전한 길을 알아보기로 해요. 이제 우리는 쫓겨 달아나는 게 아니라, 자유를 찾아 즐겁게 떠나는 거예요. (모두 퇴장)

아든 숲. 동굴 입구.

그 앞에는 곳곳으로 가지를 뻗은 나무가 한 그루 서 있다. 추방당한 옛 공작, 에미엔즈, 그리고 사냥꾼 같은 차림새를 한 두세 명의 귀족들, 동굴에서 나온다.

옛 공작 그런데 함께 쫓겨난 내 동료, 형제들이여, 익숙해지고 보니 이런 생활이 저 겉치레뿐인 화려함보다 더 즐겁지 아니한가? 이 숲이 저 사악한 궁궐보다는 덜 위험하지 않은가? 이곳은 저 아담이 겪은 사계절의 변화라는 형벌도 안 느껴지잖는가? 겨울철 찬바람이 얼음 같은 송곳니로 살을 에일 듯 우리 몸을 후려쳐서 추위로 몸이 오그라드는 그런 때조차, 나는 웃으면서 이렇게 말하지. "이건 아첨이 아니다. 그야말로 나에 대한 진심어린 조언자, 내 위치를 뼈저리게 가르쳐 주는 거야." 고난의 이점은 아름답네. 이는 두꺼비와 같다 할까. 보기 흉하고 독이 있어도, 그 머리에는 귀한 보석을 지니고 있지. 그리고 속세와 떨어진 우리의 삶은 나무들이 하는 말에 귀 기울이고, 흐르는 시냇물을 책 삼으며, 돌에서 설교를 듣고, 어디에서나 좋은 것을 찾을 수 있지. 난 이 생활을 바꾸고 싶지는 않아.

에미엔즈 공작님은 행복하게도, 운명의 가혹함을 그렇게도 고요하고 그렇게도 아름다운 문장으로 바꾸어 놓을 수 있으시군요.

옛 공작 그럼 사슴이나 잡으러 나가 볼까? 그런데 가엾게도 그 얼룩무늬 바보들이, 이 쓸쓸한 도시 토착민이면서도 바로 자기네 영역에서 두 갈래 진 화살에 통통한 넓적다리를 뚫린다는 건, 나로선 참 괴로운 일이거든.

귀족1 사실 공작님, 저 우울한 제이퀴즈도 그것을 슬퍼하고 있습니다. 그 점에서 본다면, 공작님을 추방한 아우보다 공작님이 한 술 더 뜬 찬탈자라나요. 오늘도 에미엔즈 경과 저는, 그 사람이 참나무 아래 누워 있을 때에 그 뒤로 살금살금 갔지요. 그 참나무의 해묵은 뿌리 쪽에서는 이 숲을 둘러싸고 넘나드는 시냇가가 내려다보였습니다. 그때 마침 가엾게도 무리와 떨어졌던 사슴 한 마리가 사냥꾼의 화살에 상처를 입고 그곳에 와서 매우 고통스러워하고 있었지요. 아, 공작님, 불쌍한 그 짐승은 어찌나 신음 소리를 내던지, 탄식은 그놈의 가죽 외투를 부풀려 터뜨릴 것만 같았습니다. 그리고

2막 1장, 제이퀴즈와 상처 입은 사슴   윌리엄 홋지, 조지 롬니, 소우레이 길판. 1790.

크고 둥근 눈물방울들이 그 죄 없는 코 위로 쉬지 않고 쏟아져 내렸지요. 이렇게 털 많은 바보는 우울한 제이퀴즈 눈에 띈 채 가쁘게 흘러가는 시냇가에 서서 눈물로 시냇물을 채워 가고 있었습니다.

옛 공작   그래 제이퀴즈가 뭐라고 말하던가? 그 광경을 보고 설교하지 않던가?

귀족 1   아, 예, 수많은 비유를 들었지요. 사슴이 울어서 불필요하게 개울물이 늘어나는 데 대해서는 먼저 이렇게 말하더군요. "불쌍한 사슴 같으니, 너도 세상 사람들처럼 유언을 남기고 있으렷다. 안 그래도 너무 많은데 네 몫까지 덧붙이는구나." 그리고 벨벳 가죽을 한 친구들과 홀로 떨어져 거기 있는 데에는 "옳지, 이래서 불행은 친구들을 잃게 하는 법이지" 말했습니다. 이때 들판을 가득 메운 사슴 한 무리가 아무 관심 없는 듯이 아까 그놈 곁을 뛰어가며 아랑곳하지 않는 것을 보고는 이렇게 말하더군요. "아, 어서들 가라, 이 살찌고 기름진 것들아! 세상일이 다 그렇지, 저 불쌍하고 비참한 패배자를 뭣 때문에 돌아다보겠느냐?" 이렇게 그 사람은 매우 심한 독설로 국가, 도시, 궁정을 비판했습니다, 아니, 우리의 이 생활도 욕을 했습니다. 우리는 순전히 찬탈자요 폭군이고, 이보다 더 나쁜 점은 그것들이 태어나 살고 있는 곳, 그들에게 주어진 영역까지 차지해서 짐승들을 놀라게 하고 죽이고 있다고요.

옛 공작 그래 자네는 그 작자를 그처럼 생각하도록 그냥 두고 왔단 말인가?

귀족 2 예, 고통스러워하며 우는 그 사슴을 보고 눈물을 흘리면서 비평하는 것을 그냥 두고 왔습니다.

옛 공작 그곳으로 나를 안내해 주게. 그 사람은 많은 문제들을 안고 있으니 그와 같이 우울한 상태일 때 그와 이야기해 보고 싶네.

귀족 1 예, 곧 모셔다드리겠습니다. (모두 퇴장)

〔제2막 제2장〕

궁궐의 어느 방.
프레더릭 공작, 귀족들 등장.

프레더릭 공작 그래, 어떻게 아무도 그것들을 보지 못할 수가 있느냐? 도저히 있을 수 없지. 이건 이 궁 안에 어떤 나쁜 놈들이 공모하여 도망가게 한 것이로구나.

귀족 1 공주님을 봤다는 사람은 하나도 없습니다. 공주님 방에 시중드는 부인들은 공주님이 잠자리에 드시는 걸 봤다는데, 이른 아침에 가보니 공주님이 침대 안에 계시지 않았다고 합니다.

귀족 2 공작님, 공작님께서 평소에 비웃곤 하시던 그 야비한 어릿광대도 보이지 않습니다. 공주님의 시녀 히스페리아가 몰래 엿들은 이야기를 털어놓았는데, 공주님과 조카따님은 지난번에 저 힘 좋은 찰스를 쓰러뜨린 용사의 힘과 덕을 무척 칭찬하더랍니다. 그러므로 두 분이 어디를 가든 그 젊은이가 틀림없이 함께 있을 거라고 히스페리아는 믿고 있습니다.

프레더릭 공작 그놈의 형에게 사람을 보내어, 그 용감한 녀석을 곧 데려오너라. 그 녀석이 없거든 그 형이라도 데리고 오너라. 반드시 그놈을 찾아내겠다. 어서 서둘러. 수색과 탐색을 소홀히 하지 말고 철저히 하란 말이야. 어

서 빨리 이 어리석은 도주자들을 다시 데려오너라. (모두 퇴장)

〔제2막 제3장〕

올리버의 집 앞.
올란도와 아담 등장.

올란도 거기 누구요?

아담 아! 도련님이십니까? 아, 친절한 도련님, 상냥한 도련님, 아, 돌아가신 롤 런드 경을 추억하게 해주시는 분! 그래, 어떻게 이곳에 오셨습니까? 도련님 은 어찌 그리 덕이 높으신지요? 왜 사람들은 도련님을 그토록 좋아할까요? 어찌 그리 점잖고, 힘이 세고, 용감하신지요? 어떻게 해서 변덕 심한 공작님 의 장사를 쓰러뜨렸을까요? 칭찬은 도련님보다 앞서 벌써 와 있습니다. 도 련님은 모르십니까? 사람에 따라서는 그 미덕이 도리어 원수가 된다는 것 을요? 도련님이 그렇습니다. 도련님의 미덕은 보기에는 거룩한 것 같아도 도 련님께는 해가 되는 것이지요. 아, 세상이 어찌 이렇게 돌아간단 말인가, 좋 은 것이 도리어 그것을 지닌 사람에게 독이 되다니!

올란도 아니, 대체 무슨 일이지?

아담 오, 가엾은 도련님, 이 집 문 안에 발을 들이지 마십시오. 이 집 지붕 아래에는 도련님 덕을 시기하는 적이 살고 있지요. 글쎄, 형님이…… 아니, 형님도 아니지…… 글쎄 그 아드님이, 아드님도 아냐, 아드님이라고도 부르 지 않겠어요. 하마터면 그 어른의 아드님이라고 입 밖에 낼 뻔한 그분이 도 련님을 칭찬하는 소리를 듣고서, 도련님이 주무시는 곳에다 오늘 밤 주무시 는 틈에 불을 지를 계획이랍니다. 만약 실패하면 다른 수단을 써서라도 도 련님을 죽일 계획이랍니다. 제가 그 말과 흉계를 엿들었어요. 이곳은 계실 곳이 못됩니다. 이 집은 도살장입니다. 이곳은 더러운 곳이고 무서운 곳이 니 제발 발을 들여놓지 마세요.

올란도 이봐 아담, 그럼 난 대체 어디로 가야 하지?

아담 이곳만 아니라면 어디라도 좋습니다.

올란도 뭐, 그럼 나보고 떠돌아다니면서 밥을 구걸하란 말인가? 아니면 난

폭한 칼을 가지고 큰길에 나가 비열하게 이리저리 강도질을 하고 다니란 말인가? 그럴 수밖에 없을 테지, 달리 어찌할 방법이 없다면 말야. 하지만 어떻게 살아가든지 간에, 그런 짓은 하지 않겠어. 차라리 패륜을 저지르는 저 잔인한 형의 계략에 이 몸을 맡기는 편이 낫지.

아담 하지만 안 됩니다. 저한테 5백 크라운이 있어요. 아버님 밑에서 일하며 받은 돈인데, 제가 늙어 팔다리가 말을 듣지 않고 아무도 거들떠보지 않은 채 구석에 치워지게 되면 제 간병인을 두려고 저축해 놓은 겁니다. 자, 이걸 가지세요. 까마귀들도 먹여주시고 참새들도 돌봐주시는 하느님, 제가 늙어도 보살펴 주소서. (올란도에게 돈주머니를 건네며) 자, 여기 있습니다. 이걸 모두 드리겠습니다. 그리고 저를 하인으로 데려가 주십시오. 비록 늙어 보이지만, 아직은 힘도 세고 튼튼해요. 글쎄 젊은 시절에 핏속에서 뜨겁게 반란을 일으키는 술은 전혀 입에 대지 않았고, 기력을 쇠약하게 하는 쾌락을 뻔뻔하게 구하지도 않았으니까요. 그래서 이런 나이에도 원기 왕성한 겨울이랄까, 서리는 맞았어도 순조롭지요. 제발 데려가 주세요. 젊은이처럼 도련님 주위를 모두 돌봐드리겠습니다.

올란도 오 착한 영감, 옛 세상의 종살이는 의무를 다하기 위해서 땀을 흘린 것이지 보수를 위해서가 아니었다는데, 그와 같은 성실함을 바로 영감한테서 볼 수 있군. 영감은 요즘 세태와는 다른 사람이야. 지금은 누구나 다 출세만을 노려서 땀을 흘리고, 일단 목적만 이루면 봉사하는 마음을 바로 저버리니까. 그러나 영감은 그렇지 않군. 하지만 불쌍한 영감, 영감이 가꾸는 나무는 썩은 나무이기에 고생해서 아껴 봐도 꽃 한 송이 피지 못하지. 아무튼 자, 함께 나가서 영감이 젊었을 때 모은 돈이 없어지기 전에, 천하더라도 살아갈 만한 일자리를 구해 보자고.

아담 도련님, 어서 가요. 마지막 숨이 다할 때까지 충성스런 마음으로 따라가겠습니다. 열일곱부터 팔십이 다 된 이 나이까지 이곳에서 살아왔습니다만, 더 이상 여기서는 살지 않겠어요. 열일곱 나이는 누구나 자기 팔자를 펴보려고 하지만, 팔십이 되면 때가 너무 늦은 겁니다. 그래도 행운의 여신이 다가와, 제가 잘 죽어서 주인에게 빚을 지지 않게 해주는 것보다 더 큰 보답은 없어요. (모두 퇴장)

로잘린드, 실리아와 터치스톤

아든 숲.

가니메데로 이름을 바꾼 로잘린드는 산속에 사는 소년처럼 변장하고, 에일리나라고 이름을 바꾼 실리아는 양치는 소녀처럼 변장을 하고는, 터치스톤과 함께 천천히 들어와, 나무 아래 땅바닥에 털썩 주저앉는다.

로잘린드 오, 유피테르 신이여! 지친 내 영혼이여!

터치스톤 저는 두 다리만 지치지 않는다면, 영혼은 어떻게 돼도 괜찮습니다.

로잘린드 난 이 사내 복장을 부끄럽게 해도 상관없으니, 여자같이 울고만 싶어. 하지만 조끼와 바지를 입은 이상 페티코트와 치마 앞에서는 용감하게 보여야겠지. 약자인 여자나 위로해 줘야겠어. 그러니까 기운 내, 착한 에일리나!

실리아 제발 나 좀 잡아줘. 이제 더는 한 발짝도 움직이지 못하겠어.

터치스톤 제가 아가씨를 업어드리기보다는 잡아드리는 편이 낫겠지요. 업어

드려도 좋지만, 저 스스로 십자가를 지고 갈 수는 없죠. 아가씨 돈지갑은 비어 있을 테니까요.

로잘린드 아, 여기가 아든 숲이로구나.

터치스톤 예, 아든 숲에 왔습니다. 참 저도 바보죠. 집에 있었다면 좀더 편했을 텐데. 하지만 여행하는 사람은 참아야죠.

로잘린드 음 그래야 해, 착한 터치스톤.

코린과 실비어스 등장.

로잘린드 저기 누가 오고 있어. 젊은이와 노인이 심각한 이야기를 하는 것 같아.

코린 그렇게 하면 그 여자한테 계속 멸시만 당하게 된다네.

실비어스 아, 코린 할아버지, 내가 얼마나 그 여자를 사랑하는지 좀 알아주세요.

코린 짐작은 가지. 나도 여자를 사랑한 적이 있으니까.

실비어스 아니에요, 코린 할아버지. 당신은 늙어버려서 이젠 짐작도 못하실 걸요. 당신도 젊어서는 누구보다도 여자에게 넋을 잃고, 한밤에 베개를 안고 한숨지으셨을 테죠. 하지만 당신도 나같이 사랑에 넋을 잃어보셨다면, 아니 세상에 나만큼 넋을 잃어본 사람은 없겠지만, 사랑이 주는 환상에 이끌려 얼마나 터무니없는 바보짓을 해보셨다는 건가요?

코린 이제는 다 잊어버렸지만 천 번은 될 거야.

실비어스 아, 그러시다면 마음을 다해 진정한 사랑을 하신 게 아니지요. 사랑 때문에 저지른 바보짓을 하나하나 기억하지 못하신다면, 그것은 사랑이 아니지요. 또는 오늘의 나처럼 이렇게 앉아서 애인 칭찬으로 듣는 사람을 싫증나게 할 정도가 아니라면, 그건 사랑이 아니죠. 아니면 오늘의 나처럼 열정 때문에 갑자기 친구들 무리에서 빠져나오지 않으셨다면, 그건 사랑이 아니죠. 아 피비, 피비, 피비! (얼굴을 두 손으로 가리고 숲속으로 달려간다)

로잘린드 아, 가엾은 양치기! 네 상처를 살피고 있는 사이에 나 자신의 뼈아픈 상처를 되찾고야 말았어.

터치스톤 저도 그렇습니다. 지금도 잊히지 않습니다. 사랑에 빠져 있던 시절

실리아·로잘린드·터치스톤이 숲속에 있는 목가적 풍경 제임스 토마스 와츠, 빅토리아 시대

저는 칼로 돌을 치면서, 밤에 제인 스마일한테 가는 놈에게는 그 돌을 먹이 겠다고 했었죠. 그리고 아직도 기억합니다. 그 애의 빨랫방망이는 물론, 그 애의 곱게 뻗은 손가락으로 짠 젖소의 젖통에도 다 키스를 했었죠. 그리고 마찬가지로 지금도 기억하고 있습니다만, 완두 꼬투리를 그 애로 상상하여 구애를 하고, 그 깍지에서 완두콩 두 알을 꺼냈다가 도로 넣어놓고는, 눈물 을 흘리면서 "날 위해 이걸 간직해요"라고 말했었죠. 진정으로 연애를 하는 사람들은 온갖 엉뚱한 짓을 다 합니다만, 자연 속에 존재하는 모든 것이 언 젠가는 사라지듯이, 사랑에 빠진 자연 속 모든 존재는 언젠가는 그 어리석 은 짓을 그만두고 말지요.

로잘린드 너는 자신이 느끼는 것보다 더 재치 있게 말하는구나.

터치스톤 아뇨, 저는 정강이가 재치에 부딪쳐 부러질 때까지는 절대로 저 자 신의 재치를 의식하지 못합니다.

로잘린드 유피테르, 유피테르여! 저 목동의 열정은 마치 내 열정처럼 뜨겁군요.

터치스톤 아, 제 열정과도 같습니다. 하긴 제 열정은 좀 낡아빠진 것 같지만요.

실리아 제발 둘 중에 누가 저기 저 남자에게 좀 물어봐 줘요. 음식을 좀 팔겠는지 말이에요. 난 기절해서 죽을 것만 같아요.

터치스톤 이봐, 어릿광대!

로잘린드 쉬, 바보! 저 사람은 네 친척이 아니야.

코린 누가 날 불렀소?

터치스톤 당신보다는 훌륭한 사람이오.

코린 나보다도 못하다면 너무 비참하죠.

로잘린드 (터치스톤에게) 가만있어. (코린에게) 안녕하십니까.

코린 아 안녕하시오, 젊은 분, 그리고 여러분.

로잘린드 여보세요, 양치기 어른, 이 쓸쓸한 곳에서 돈이나 호의로 무언가 대접받을 수 있다면, 우리가 좀 쉬고 음식을 먹을 수 있는 곳으로 제발 안내해 주세요. 여기 이 젊은 아가씨는 여행에 어찌나 지쳤는지, 쓰러져서 도움을 청하고 있어요.

코린 아, 참 안됐구려. 내 욕심 때문이 아니라 이 아가씨를 위해 내가 도울 수 있는 운명을 타고났더라면 좋겠지만, 난 남의 양을 기르는 처지라 내가 먹이는 양털도 내 차지는 되지 않소. 그리고 주인이란 작자는 인색하여 자선을 베풀어 천국에 가볼 생각은 거의 없는 분이고, 또 양우리와 양들과 목장을 팔려고 내놓은 데다가, 지금은 주인도 계시지 않아 먹을 만한 것이 아무것도 없지마는, 아무튼 뭐가 있는지 가봅시다. 그리고 나는 성의를 다해 당신들을 환영하겠소.

로잘린드 그분의 양과 목장을 사겠다는 사람은 누구죠?

코린 아까 그 젊은 친구인데, 실은 살 의욕도 그다지 없는 것 같소.

로잘린드 믿을 만한 거래라면 당신이 그 양우리이며 목장이며 양떼를 좀 사주시겠습니까? 값은 우리가 치러줄게요.

실리아 그리고 임금도 올려드리겠어요. 난 이곳이 마음에 들어요. 이곳에서라면 즐겁게 시간을 보낼 수 있을 것만 같아요.

코린 틀림없이 팔려고 내놓은 물건이랍니다. 그럼 나와 함께 가보시죠. 이야기를 들어보고 땅이며 수입이며 이런 생활이 맘에 드신다면, 난 당신들의 충실한 양치기가 되기로 하고, 당장 당신네 돈으로 그걸 사기로 하겠소. (모두 퇴장)

〔제2막 제5장〕

숲속의 동굴 앞.
에미엔즈, 제이퀴즈 등이 나무 아래 앉아 있다.

에미엔즈 (노래한다)

푸른 나무 아래
나와 함께 누워,
새들의 달콤한 지저귐에 맞추어
즐거이 노래 부르고 싶은 사람은
이리 오라, 이리 오라, 이리 오라.
이곳에는 적도 없고,
있다 한들
한겨울 거친 날씨뿐.

제이퀴즈 한 곡 더, 한 곡 더, 어서 한 곡 더 해요.

에미엔즈 제이퀴즈 씨, 한 곡 더 하면 당신이 우울해져요.

제이퀴즈 그게 고맙단 말이오. 한 곡만, 한 곡만 더요. 난 노래에서 우울한 기운을 빨아들일 수 있소. 족제비가 달걀 속을 빨아먹듯이 말이오. 한 곡, 제발 한 곡만 더요.

에미엔즈 내 목소리가 쉬어서, 당신 맘에 들지는 않을 텐데요.

제이퀴즈 내 맘에 들어주길 바라는 것이 아니라, 난 노래를 불러주길 바랄 뿐이오. 자, 한 곡 더, 다른 소절로요. 요즘 말로 '스탠자'라 하는 그것 말이오.

에미엔즈 제이퀴즈 씨, 명칭은 당신이 좋아하는 걸로 하세요.

제이퀴즈 아니오, 명칭은 나도 상관 없소. 나에게 아무 빚도 없으니까요. 그래, 노래는 해주겠소?

에미엔즈 별로 생각은 없지만, 그럼 요청하시니 한 곡 부르겠어요.

제이퀴즈 하긴 나도 남에게 감사하고 싶지는 않지만 당신에게 고맙다고 하죠. 하지만 이른바 '찬사'라고 하는 것은 개코원숭이 두 마리가 길에서 만나는 것 같다고나 할까요. 누가 진심으로 나에게 고맙다고 하면, '나한테서 1펜스 받더니 거지같이 감사를 되돌려 주는구나' 이렇게 나는 생각하거든요. 자, 노래를 불러주오. 노래를 부르고 싶지 않은 분은 잠자코 계시오.

에미엔즈 그럼 노래는 끝내겠소…… 여러분, 술상을 준비하시오…… 공작님이 이 나무 아래서 한잔 드시기로 돼 있으니까요…… 공작님은 오늘 온종일 당신을 찾고 계셨습니다. (몇 사람, 나무 아래에 술상을 준비한다)

제이퀴즈 하지만 난 줄곧 공작님을 피해 다녔지요. 그 어른은 입심이 무척 세서 어디 상대할 수가 있어야죠. 나도 그분만큼은 이치를 따지는 사람이지만, 하느님께 감사하고, 그까짓 것을 자랑하고 다니진 않소. 자 노래를, 자.
(모두 함께 노래한다)

야심일랑 버리고
햇살 속에 살고 싶은 사람,
스스로 먹을 것을 찾아
자기가 얻은 것에 만족하는 사람은
이리 오라, 이리 오라, 이리 오라.
이곳에는 적도 없고,
있다 한들
한겨울 거친 날씨뿐.

제이퀴즈 이 곡조에 맞는 노래를 한 곡 들려드리죠. 어제는 흥도 나지 않아 억지로 만든 곡이오.

에미엔즈 그건 내가 노래 부르죠.

제이퀴즈 글귀가 이렇소.

만약에 누가
바보가 되어서
돈도 안락함도 버리고
고집을 만족시키려거든,
덕대미, 덕대미, 덕대미,
여기서 자기와 같은
바보들만 보게 되리라
만일 그가 나에게로 온다면.

에미엔즈　'덕대미'가 뭐요?

제이퀴즈　그건 그리스의 주문인데, 바보들을 둥그렇게 불러 모을 때 쓰는 거
　　요. 나는 가서 잠이나 청해 보겠소. 잠이 오지 않으면, 우리를 추방한 훌륭
　　한 분들을 죄다 욕이나 해주겠소.

에미엔즈　나는 공작님을 찾으러 가겠소. 술상이 다 준비됐으니 말이오. (저마
　　다 다른 방향으로 퇴장)

〔제2막 제6장〕

숲속.
올란도와 아담 등장.

아담　도련님, 이제 전 한 발짝도 더 가지 못하겠습니다. 아, 배가 고파 죽겠
　　어요. (쓰러진다) 저는 여기 누워, 제 무덤의 길이나 재겠습니다. 그럼 안녕히,
　　친절한 주인님.

올란도　아니, 왜 이래, 아담 영감! 좀더 기운을 내지 않고? 조금만 더 살아,
　　좀더 맘 편히 갖고. 조금만 더 기운을 내. 만약 이 적막한 숲에 산짐승 같은
　　것이라도 있다면, 내가 그놈의 밥이 되든가, 그놈을 잡아다가 영감한테 먹
　　게 해주든가 할 테니까. 영감은 기운이 빠진 게 아니라 기분상 죽어가고 있
　　는 거라고. (아담을 일으켜 세워 나무에 기대게 한다) 나를 봐서라도 기운을 내
　　고 죽음일랑 좀 떼밀어 버려. 곧 다녀올게. 먹을 것을 아무것도 가져오지 못

하면 그때는 죽어도 좋아. 하지만 내가 돌아오기 전에 죽으면, 영감은 내 수고를 조롱한 것밖에 안 돼. (아담, 살짝 웃어 보인다) 자, 어디 몸을 숨길 만한 곳으로 데려다줄게. 이 황량한 곳에 무슨 생물이 있는 한은, 먹을 것이 없어서 영감을 죽게 내버려 두지는 않아. 기운을 내, 착한 아담. (아담을 데리고 퇴장)

〔제2막 제7장〕

숲속의 동굴 앞.
나무 아래 식탁에는 과일과 술이 놓여 있고, 공작과 귀족들이 식탁 앞에 앉아 있다.

옛 공작 그 친구는 무슨 짐승으로나 둔갑해 버렸나 보지. 어디서도 사람 모습을 한 그를 찾아볼 수 없으니 말이야.

귀족 1 공작님, 그는 방금 이곳에서 달아났습니다. 이곳에서 즐겁게 노래를 듣고 있었지요.

옛 공작 불평만 늘어놓던 사람이 음악을 좋아하게 되다니, 그럼 이젠 우주의 조화가 깨어지겠군. 가서 찾아보게. 내가 할 이야기가 있다고 전해.

제이퀴즈가 나무 사이로 걸어오는 것이 보인다. 얼굴에는 미소를 짓고 있다. 그 뒤에는 에미엔즈가 따라오고 있다. 에미엔즈는 다가와서 공작 옆 식탁 앞에 조용히 앉는다.

귀족 1 저렇게 자기 발로 오니 제 수고는 덜어졌습니다.

옛 공작 아니, 이봐! 대체 어찌 된 세상인가? 불쌍하게도 사람들이 자네와 함께 있고 싶어들 하니. 원, 자네는 퍽 즐거운가 보군!

제이퀴즈 (웃음을 터뜨리면서) 바보가, 바보가! 숲속에 바보가 있잖겠어요. 얼룩무늬 옷을 입은 바보가요. 아이고, 이 비참한 세상! 이 눈으로, 바보를 하나 봤다고요. 누워서 햇볕을 쬐며 멋들어진 말투로 운명의 여신을 욕하고 있었는데, 그게 여간 명문구가 아니였죠. 하지만 얼룩무늬 옷을 입은 바보

연극 〈뜻대로 하세요〉 데이비드 론 연출, 헬렌 맥크로리(로잘린드 역)·시에나 밀러(실리아 역) 출연. 런던 윈드햄 극장. 2005.

가 틀림없었어요. "안녕하십니까, 바보 양반" 하고 제가 말을 거니까, 그 친구가 "아니오, 하느님이 복을 내려주실 때까진 날 바보라고 부르지 마시오" 이렇게 대답하는 겁니다. 그리고 곧 주머니에서 시계를 꺼내 흐리멍덩한 눈으로 들여다보면서, 아주 재치있게 뇌까렸지요. "지금 10시로구나. 이걸 봐도 알겠지만, 세계는 움직이고 있다. 한 시간 전만 해도 겨우 9시였는데, 앞으로 한 시간 뒤에는 11시가 되겠구나. 이렇게 우리는 한 시간 한 시간 익어가며, 또한 한 시간 한 시간 썩어가는 거지. 거기에서 이야기가 생기는 거야"라고 말입니다. 얼룩무늬 옷을 입은 바보가 시간에 대해 그렇게 늘어놓는 것을 듣고 바보도 그렇게까지 명상적인가 하고, 제 허파는 수탉처럼 웃음을 터뜨렸지요. 그 작자의 시계로 한 시간을 죽. 오, 고상한 바보 같으니! 오, 훌륭한 바보 같으니! 얼룩무늬 옷만이 제격인 듯합니다.

옛 공작 대체 어떠한 바보던가?

제이퀴즈 훌륭한 바보입니다…… 궁에도 있었다는데, 젊고 아름다운 부인들만 있다면 곧 그걸 알아볼 수 있다나요. 근데 그 작자 머릿속은 배를 타고 돌아다닌 뒤에 남은 비스킷처럼 바싹 말라 있지만, 관찰해 온 기묘한 이야기들을 잔뜩 처넣어 가지고는, 뒤죽박죽 토해 놓고 있습니다. 오, 저도 바보가 돼봤으면! 아이고 그 얼룩무늬 바보 옷 좀 입어보고 싶습니다.

옛 공작 한 벌 입혀주지.

제이퀴즈 그것이 제게 어울리는 단 하나의 옷입니다. 그러나 무성하게 자라나고 있는 공작님의 생각들 속에, 저를 현명한 사람으로 보시는 견해만은 뽑아버리십시오. 저는 자유를 가져야겠습니다. 바람처럼 크나큰 특권을 가지고서, 바보들이 그러듯이 제 말을 듣고 기뻐하는 사람들에게 저의 입김을 불어넣어 줘야죠. 그런데 제 바보짓에 몹시 화를 내는 사람들이 가장 많이 웃어야 합니다. 왜냐고요? 그 이유는 마을 교회 길보다도 더 분명하지요. 아주 제대로 바보에게 얻어맞은 사람이 아파도 그저 아프지 않은 척하지 않으면, 완전히 바보가 돼버리고 마니까요. 그렇게 하지 않으면 현자의 어리석음이 바보의 마구 쏘아보는 눈길에 의해 낱낱이 드러나고 말 테니까요. 제게도 바보의 얼룩무늬 옷을 입혀주시고, 마음껏 속말을 털어놓게 해주십시오. 그러면 저는 이 오염된 세계의 냄새 나는 몸뚱아리를 속속들이 씻어내겠습니다. 제 처방을 참을성 있게 받아주기만 한다면요.

옛 공작 홍! 자네가 무얼 하고 싶어하는지는 나도 알겠네.

제이퀴즈 그럼 한 푼 걸어보시든가요. 제가 좋은 일 말고 또 무슨 일을 하겠습니까?

옛 공작 죄를 비난하면서 죄짓는 것이 가장 흉악하다네. 자네 자신이야말로 건달인지라, 짐승의 그것처럼 관능적이고, 부어오른 상처들이 앞장서서 저지른 악행 모두 자네의 자유로운 발이 얻어놓은 특권이면서, 이제는 그것들을 일반 세상에 쏟아놓겠다는 소리군.

제이퀴즈 이런, 인간의 오만함을 비난한다고 해서 그 어떤 특정인을 염두에 두고 하는 것은 아니랍니다. 오만함은 바닷물같이 거세게 흐르다가, 마침내는 자기가 가진 모든 것을 썰물처럼 순식간에 사라지게 하지 않던가요? 이를테면 제가 도시에 사는 여자에 대해, 주제넘게 어깨에다 왕후 같은 사치를 걸치고 있다 말한다고 해서 어떤 특정한 여자를 말하는 것은 아니지 않나요? 누가 나서서 이건 자기를 두고 한 말이라고 할 수 있겠습니까? 그 이웃에도 같은 여자가 또 있으니까요. 또는 직업이 보잘것없는 어떤 사내에 대해 말하더라도, 그자가 자기를 두고 말한다고 생각하여 저더러 이 호화스런 옷은 당신 돈으로 산 것이 아니잖느냐 따지면서, 저기 있는 저 말처럼 자기의 미련함을 스스로 나타내고 말 사람은 없잖습니까? 자 그럼 어떻게 될까요? 무슨 일이 일어날까요? 자 어떤 점에서 제 독설이 남에게 해를 줬는지요? 제 독설이 옳다면 그건 상대가 나쁘다는 증거이며, 비난받을 이유가 없다면 제 독설은 아무한테도 시비를 받지 않고 야생 기러기처럼 그냥 날아가 버리겠지요. 그런데 저기 누가 오나요?

올란도가 칼을 빼들고 나타난다.

올란도 가만있어, 더 이상 먹지 마.

제이퀴즈 아니, 나는 아직 먹지도 않았는데.

올란도 앞으로도 내가 먹어도 좋다고 할 때까지 기다려.

제이퀴즈 도대체 이 수탉은 어디서 나온 거야?

옛 공작 이보게, 그대가 이렇게까지 당돌하게 나온 것은 곤궁하기 때문인가? 아니면 이토록 무례하게 구는 것이 예의범절을 귀히 여기지 않는 천한 마음씨 때문인가?

올란도 처음 말이 맞았어. 가시같이 찌르는 헐벗음과 배고픔으로 체면도 잊어버렸지만, 이래 봬도 귀족 태생으로 교육도 조금은 받았지. 하지만 가만 있으란 말이야, 내가 허락하기 전에 이 과일에 손대는 놈은 죽을 줄 알아.

제이퀴즈 (포도송이를 하나 집어들면서) 이치로 따져봐도 소용없는 사람이라면, 난 죽어도 할 수 없지.

옛 공작 그래 뭘 원하는가? 힘을 내세워 친절을 강요하는 것보다는, 점잖게 행동하는 것이 우리의 마음을 더 움직이게 한다네.

올란도 나는 배가 고파 죽을 지경이오. 먹을 것 좀 주시오.

옛 공작 앉아서 먹게나. 함께 식사하게 되어서 반갑네.

올란도 그렇게 친절하게 말씀하시다니…… 제발 용서해 주십시오. 실은 여기가 야만적인 곳인 줄로만 알고 그만 엄한 명령조로 말했습니다. 하지만 어떤 분들인지는 몰라도 인적이 드문 이 적막한 곳, 음산한 나뭇가지 그늘 아래에서 흐르는 시간도 잊고 한가하게 지내는 당신들도 한때는 좋은 나날을 보내며, 종소리가 교회로 이끄는 곳에 살면서 착한 이들의 잔치에도 가보고, 또는 그 눈꺼풀에서 눈물을 닦으며 동정과 연민의 정을 나눈 경험이 있으시다면, 저는 점잖은 말로써 제 욕망을 이루기로 하고, 이를 바라며 얼굴을 붉히면서 칼을 도로 집어넣겠습니다.

옛 공작 사실 한때는 좋은 나날을 보내며 거룩한 종소리에 교회로 나가고, 훌륭한 가문의 잔치에도 가보고, 신성한 연민의 정에서 나오는 눈물을 닦아내기도 했었지. 그러니 자, 그대도 점잖게 앉아서 우리의 대접을 그냥 받아들이고, 배고픔을 달래게나.

올란도 그럼 잠깐만 식사를 기다려 주십시오. 저는 암사슴처럼 새끼 사슴을 찾아가 음식을 먹여주고 오겠습니다. 사실 불쌍한 노인이 하나 있는데 순수한 마음에서 저를 따라 고단한 발을 끌고 온 사람입니다. 그가, 늙음과 배고픔이라는 두 가지 불행에 지친 그가 먼저 배부르기 전에는 저는 한 입도 먹지 않겠습니다.

옛 공작 그럼 찾아오게. 돌아올 때까진 우리도 손을 대지 않을 테니.

올란도 감사합니다. 그와 같은 친절에 복이 내리길! (퇴장)

옛 공작 알고 보니 불행한 것은 우리만이 아니로구나. 이 넓은 세계의 무대는 우리가 연기하는 장면보다 한결 더 비참한 광경을 보여주고 있구나.

제이퀴즈 우리가 사는 세계는 모두 하나의 무대입니다. 그리고 남자와 여자들은 그저 배우에 지나지 않지요. 한 남자는 살아 있는 동안 여러 역을 맡아가며 등장과 퇴장을 거듭하는데, 일생은 7막으로 되어 있습니다. 처음에는 아기로서 유모 팔에 안겨 앙앙 울고 침을 질질 흘리곤 합니다. 다음은 투덜거리는 소년인데, 아침에는 햇살을 가득 받은 얼굴로 달팽이 기어가듯 마지못해 가방을 메고 학교에 갑니다. 그다음은 연인. 용광로같이 한숨을 쉬며 애인의 이마에 두고 슬픈 노래를 짓습니다. 다음은 군인인데 기묘한 맹세들을 늘어놓으며 표범같이 수염을 기르고 명예를 얻고자 열망하여 번개처럼 재빠르게 싸우며, 물거품 같은 공명을 위해서는 대포 아가리에라도 뛰어듭니다. 그리고 다음은 법관으로, 살찐 닭을 뇌물로 받은 덕분에 배는 제법 나오고, 눈초리는 무서우며, 격식대로 수염을 기르고, 지혜로운 격언과 진부한 문구도 많이 익혀, 이렇게 자기 역을 충실하게 맡아합니다. 그런데 제6막에 들어서면 슬리퍼를 신은 말라빠진 어릿광대로 변하는데 코

위에는 안경을, 허리에는 돈주머니를 차고, 젊은 시절 간직해 둔 긴 양말은 말라빠진 다리에 너무 크고, 사내다운 굵직한 목소리는 아이 같은 높은 목소리로 되돌아가 피리같이 삑삑 소리를 냅니다. 그리고 파란 많은 이 일대기의 마지막 장면은 두 번째 어린아이랄까, 오직 망각이 있을 뿐, 이도 없고 눈도 없고 입맛도 없고 모조리 무(無)로 되돌아갑니다.

올란도가 아담을 팔에 안고 돌아온다.

옛 공작 어서 오게. 그 귀하신 짐을 내려놓고 음식을 드리게.
올란도 이 노인을 대신해 깊이 감사드립니다.
아담 물론 그러셔야죠. 저는 고맙다고 말할 기운조차 없습니다.
옛 공작 자, 어서 먹게. 힘들 테니 지금은 그대들의 신세를 묻지 않겠네. 음악을 좀 듣자. 그리고 여보게, 노래를 한 곡 불러보게나.
에미엔즈 (노래한다)

불어라, 불어, 그대 겨울 바람아,
네 아무리 매정하기로서니
배은망덕한 인간보다 더할까.
네 호흡은 사나워도
너는 보이지 않으니,
네 이는 그리 날카롭지 않구나.
헤이 호, 헤이 호, 노래 부르자,
푸른 호랑가시나무에게.
우정은 허위요, 사랑은 바보짓이라.
그러니 헤이 호, 호랑가시나무여,
이 삶이 가장 즐겁구나.

얼어라, 얼어, 그대 매서운 하늘아,
네 아무리 독하게 물기로서니
배은망덕한 인간보다 더할까.

네가 물을 얼릴망정,
배반한 친구만큼이야
네 침이 아플까 보냐.
헤이 호, 헤이 호, 노래 부르자,
푸른 호랑가시나무에게.
우정은 허위요, 사랑은 바보짓이라.
그러니 헤이 호, 호랑가시나무여,
이 삶이 가장 즐겁구나.

옛 공작 자네가 지금 내게 충실히 속삭이고, 자네 얼굴 안에 그의 모습이 아주 생생하게 비쳐 보이는 것처럼, 과연 자네가 저 선량한 롤런드 경의 아들이라면 진심으로 환영하네. 나는 자네 아버지를 존경했던 공작일세. 나머지 신세 이야기는 내 동굴로 가서 말해 주게…… 그리고 착한 노인, 주인과 똑같이 자네도 환영하네. 자, 이 사람 팔을 좀 부축해 주게. (올란도에게) 자, 이리 오게. 자네 이야기를 하나도 빠짐없이 듣겠네. (모두 퇴장)

〔제3막 제1장〕

궁궐의 어느 방.
프레더릭 공작, 귀족들, 올리버, 시종들 등장.

프레더릭 공작 그 뒤로 보지 못했다고? 아니, 아니, 그럴 리가 없어. 내 천성이 관대하지만 않았던들, 행방불명이 된 자 대신 너에게 복수를 해야 마땅할 것이다. 하지만 정신을 차리고 네 동생을 찾아봐…… 어디 가 있는지 말이다. 밤에도 촛불을 들고 다니며 찾아보아라. 죽었건 살았건, 열두 달 안으로 찾아와. 그렇지 못하면 이 땅 안에서 살 생각으로 돌아오지는 마. 네 땅과 그 밖의 모든 것은 빼앗을 만한 가치가 있는 한 다 빼앗겠다. 너에 대한 혐의가 네 동생의 입으로 풀리기 전에는 말이다.
올리버 아, 공작님께서 제 마음을 좀 알아주셨으면! 전 동생을 아끼고 사랑한 적이 절대로 없습니다.

프레더릭 공작 네가 더 악질이로구나…… 이놈을 문밖으로 쫓아내라. 그리고
담당 관리를 시켜 이놈의 집과 땅을 몰수하라. 즉시 시행하고, 이놈을 추방
해라. (모두 퇴장)

〔제3막 제2장〕

숲속.
양우리 근처에 올란도가 종이 한 장을 들고 나타나 그것을 나무줄기에 붙인다.

올란도 내 노래여, 거기 걸려서 내 사랑의 증거가 되어다오. 그리고 세 가지
관(冠)을 쓰는 밤의 여왕이신 달님이여, 하늘의 파리한 궤도에서 순결한 눈
으로 살펴주소서. 내 삶을 온통 지배하는 그대, 여자 사냥꾼 로잘린드 이름
을. 오, 로잘린드! 이 나무들 껍질에다 수첩 삼아 내 생각을 새겨놓겠소. 이
숲속에 있는 모든 눈이 여기저기에 증명되어 있는 당신의 미덕을 알아보도
록. 달려라, 올란도야, 어느 나무에나 아름답고 정숙하며, 말로는 표현 못할
그녀의 이름을 새겨놓자꾸나. (퇴장)

코린과 터치스톤 등장.

코린 터치스톤 씨, 목동 생활은 맘에 드시오?
터치스톤 음, 이 생활 자체로선 썩 좋지만, 양치기 생활이란 점에선 형편없소.
고독하다는 점에서는 꽤 맘에 들지만, 쓸쓸하다는 점에서는 영 아니오. 그
리고 전원생활이란 점에서는 즐거워도, 궁정 생활이 아닌 점은 지루하오. 검
소한 생활이라서 내 기분에 썩 맞지만, 풍족하진 못해서 내 배는 쪼르륵 소
리가 나니 말이오. 그런데 양치기, 당신은 무슨 철학이라도 갖고 있소?
코린 나야 뭐, 더 아는 것은 없지만, 이쯤은 알고 있지요. 사람은 병이 심할
수록 고통도 심해지고, 돈과 수단과 만족이 없는 사람은 세 가지 좋은 친구
를 얻지 못하고 살아가는 것이랍니다. 비의 본질은 적시는 것이요, 불의 본
질은 태우는 것이듯 좋은 목장에서는 양들이 살찌지요. 밤이 오는 가장 큰

원인은 해가 없는 탓이고, 천성적으로나 교육으로 지혜를 갖추지 못한 사람은 가정 교육을 제대로 받지 못한 탓이거나 아주 멍청한 종자이기 때문이지요.

터치스톤 자연 철학자로군요. 여보 양치기, 궁에 있어봤소?

코린 맹세코 없습니다.

터치스톤 그렇다면 당신은 지옥행이구려.

코린 설마, 그럴 리가요.

터치스톤 정말 지옥행이오. 한쪽만 구워진 나쁜 달걀처럼 말이오.

코린 궁에 있어보지 못했다 해서 말인가요? 그 이유나 좀 들어봅시다.

터치스톤 궁에 있어보지 않았다면 예의범절은 보고 배우지 못했다는 거요. 예의범절을 보고 배우지 못했다면, 당신의 예의범절은 나쁘다는 뜻이오. 그런데 나쁘다는 것은 죄악이라오. 그리고 죄악은 곧 지옥행을 뜻하지요. 여보 양치기, 당신은 지금 위태로운 상태에 놓여 있소.

코린 천만에요, 터치스톤 씨. 궁의 예의범절은 시골에 오면 우습게만 보이지요. 시골에서 하는 행동이 궁에 가면 조롱거리가 되다시피 말이오. 당신 말처럼 궁에서는 인사를 할 때 손에 키스를 한다지만, 만약 궁인이 양치기라면 그런 인사는 더러운 것 아니겠소?

터치스톤 간단하게 예를 들어봐요. 자, 어서.

코린 그야, 우린 늘 양을 만지고 있잖습니까? 그런데 알다시피 양털은 기름기가 많거든요.

터치스톤 하지만 궁인의 손에서도 땀이 나지 않소? 양기름이나 사람의 땀이나 마찬가지 아니오? 너무 얄팍한 생각이군요. 더 좋은 예를 말해 보오. 자, 어서요.

코린 게다가 우리 손은 단단하거든요.

터치스톤 그렇다면 입술은 더 빨리 느끼겠죠. 역시 얄팍해요. 좀더 그럴듯한 예를 들어보시오. 자, 어서.

코린 그리고 양을 수술하기 때문에 손은 타르투성이인데, 고약한 냄새가 나는 타르에 키스하란 말입니까? 궁인의 손은 사향(麝香) 향내가 난다는데 말이죠.

터치스톤 참, 얄팍한 사람이군요! 좋은 고깃덩이에 비하면 사실 당신은 구더기 밥에 지나지 않소! 똑똑한 사람한테 배워서 좀더 깊이 생각해 보오. 사향은 타르보다 천한 물건이잖소. 그건 고양이의 더러운 배설물이오. 이봐요, 양치기, 다른 예를 들어봐요.

코린   당신은 너무 궁인다운 기지를 가지고 있어서 난 이제 그만하겠습니다.

터치스톤   그럼 지옥행도 상관없단 말이오? 하느님, 이 천한 자를 도우소서! 하느님, 이자를 고쳐주소서! 너무나도 예의범절을 모르는 자이니까요.

코린   난 진정한 노동자요. 난 스스로 일해서 먹고, 일해서 입고, 누굴 미워하지도 않고, 남의 행복을 부러워하지도 않고, 남의 좋은 일을 기뻐하며, 내 고통일랑 참소. 그리고 나의 가장 큰 자랑은 암양들이 풀을 뜯고 새끼 양들이 젖을 빠는 것을 보는 거죠.

터치스톤   그게 당신이 저지르는 또 하나의 어리석은 죄란 말이오. 암양과 숫양을 한데 몰아놓고 자신은 짐승들의 교미로 벌어먹는다니…… 방울 단 거세 양의 뚜쟁이 노릇을 하고, 새끼 밴 열두 달짜리 어린 암양을 당치도 않게 속여서는, 머리빡은 꾸부러지고 암양한테 버림받은 늙은 숫양을 데려다놓으니. 그래, 이래도 지옥행이 아니라고 한다면 악마조차도 양치기는 딱 질색일 거요. 그렇게라도 발뺌하지 않고서는 당신은 피할 길이 없지 않겠소.

코린   아, 젊은 가니메데 나리가 오십니다. 우리 새 주인 마님의 오빠가 되는.

로잘린드가 등장하여 이들이 있는 것을 알아차리지 못하고, 나무에 걸린 종이를 보고 떼어서 읽기 시작한다.

로잘린드   (읽는다)

동인도에서 서인도까지 모두 찾아보아도
그 같은 보석은 없도다, 로잘린드.
그녀의 가치는 바람을 타고,
온 세상에 전해지도다, 로잘린드.
아무리 잘 그려진 그림도
그녀에 비하면 추하도다, 로잘린드.
어떤 얼굴도 마음에 두지 말고,

그녀의 아름다움만 생각하자꾸나, 로잘린드.

터치스톤 (지팡이로 로잘린드의 팔을 가만히 치면서) 그런 노래라면 저도 8년 동안 계속 지어낼 수 있어요. 점심 저녁 식사 때와 잠자는 시간만 빼놓고요. 그건 마치 버터 장수 아낙네들이 시장에 갈 때 부르는 정도의 노래죠.

로잘린드 저리 가, 바보 같으니.

터치스톤 예를 하나 들어보지요…… (노래하듯)

수사슴이 암사슴 그리울 때면
와서 찾아라, 로잘린드.
고양이와 고양이가 연애할 때면
못지않게 연애를 하지, 로잘린드.
겨울옷에 안감을 넣듯
홀쭉한 그녀도 안감을 넣어야지, 로잘린드.
베어서 단으로 묶어
마차에 싣자꾸나, 로잘린드.
다디단 알맹이는 쓰디쓴 껍질 속
그런 알맹이로다, 로잘린드.
향긋한 장미꽃 만난 남자는
사랑의 가시 만나리라, 로잘린드.

이건 아주 엉터리 노래지요. 어째서 그토록 나쁜 물이 드셨습니까?

로잘린드 쉿, 미련한 바보 같으니. 그건 내가 나무 위에서 발견한 거야.

터치스톤 참으로 나쁜 열매가 여는 나무로군요.

로잘린드 그 나무를 너에게 접붙여서 다시 모과나무에 접붙여야겠어. 그렇게 하면 이 땅에서 가장 일찍 열매를 맺을 테지. 그러면 너는 절반도 익기 전에 썩어버리겠지. 그것이 곧 모과 열매의 본성이니까.

터치스톤 드디어 말해 버리셨군요. 하지만 지혜로운 말인지 아닌지는 이 숲에게 판단하라고 합시다.

실리아도 종이쪽지를 읽으며 등장.

로잘린드 쉿! 동생이 뭘 읽으면서 오는군요. 우린 좀 비켜서요.
실리아 (읽는다)

이곳은 왜 이리도 쓸쓸하지?
사람이 살지 않기 때문일까? 아니야.
나무마다 혀를 걸어
멋진 말들을 노래하게 하자.
어떤 짧은 인생
방랑의 순례 끝나도,
한 뼘밖에 안 되는
수명을 노래하게 하고,
친구로 맺은 영혼들의
깨어진 맹세를 다시 노래하게 하자.
그러나 예쁜 나뭇가지마다,
문장의 끝마다,
로잘린드 이름을 적어놓고
읽는 사람 누구나 알게 하자꾸나,
하늘이 그 작은 몸에 부어주시는
온갖 정령의 정수를.
그러하니 하늘의 분신인 자연은
세상의 온갖 아름다움을 모두 모아다가,
한 몸에게만 가득 채우게 했구나.
이에 자연은 곧 그 정수를 빼내었구나.
헬레네의 마음이 아닌 그 볼에서
클레오파트라의 존엄에서
아탈란타[1]의 좋은 점에서

---

[1] 그리스 신화에 나오는 발이 빠른 여자 사냥꾼.

슬픈 루크레티아의 정조에서.
이렇게 훌륭한 로잘린드는
신(神)들의 조화로운 손길로 말미암아
낯이며 눈이며 마음까지,
더없이 귀하게 창조되었구나.
하느님은 그녀에게 이런 선물을 주었으니,
나는 그녀의 노예로서 살다 죽으리라.

로잘린드　오, 친절한 유피테르여, 사랑의 설교를 가지고 그렇게 지루하게 교구민들을 괴롭히고서도 "좀 참아주시오, 여러분!"이라고 말조차 안 하시는군요.

실리아　(깜짝 놀라 돌아보다, 종이쪽지를 떨어뜨린다) 어머나, 이렇게 뒤에서들! 양치기, 당신은 좀 저리 가 있어요…… 그리고 바보도 좀 저리 가 있어.

터치스톤　이봐, 양치기, 우린 정정당당하게 물러납시다. 행장 아니라 배낭을 들고서. (종이쪽지를 주워 들고 코린과 함께 퇴장)

실리아　그 노래 들었어요?

로잘린드　응, 모두 들었어. 너무 많이 들었지. 글쎄 그 가운데 어떤 노래는 각운이 너무 지나칠 정도야.

실리아　그건 상관없잖아요. 각운이 뜻을 살리니까요.

로잘린드　하지만 각운이 절름발이라서 뜻을 전하지 못하고, 그 노래 안에서 절름거리고 있잖아.

실리아　하지만 언니 이름이 근처 나무들에 걸려 있고 새겨 있고 한 것을 보고서도 놀라지 않았나요?

로잘린드　네가 오기 전부터 놀라고 있었단다. 글쎄 좀 봐라. 여기 이 종려나무 위에도 걸려 있잖니. 피타고라스 시대부터 오늘까지 내가 이렇게 노래 불려진 건 처음이야. 그 무렵 난 아일랜드의 쥐*²였는지도 모르지만, 지금은 거의 기억이 없어.

실리아　누가 이런 짓을 하는지 짐작이 가요?

─────────────
＊2 아일랜드 사람들은 마술 운율을 읊어 쥐를 없앤다는 말이 있었다. 자기 이름이 시에 나오므로 빗대어 한 우스갯소리.

로잘린드 남자일까?

실리아 그리고 전에 언니가 했던 목걸이를 그 사람이 하고 있어요! 아니, 언니 얼굴빛이 달라지네요!

로잘린드 애, 제발, 그 사람이 누군데?

실리아 오 하느님, 하느님! 친구와 친구가 만나기는 어려운 일이에요. 하지만 산과 산은 지진으로 움직여서 만날 수도 있어요.

로잘린드 애, 도대체 누구냐고?

실리아 설마 언니가 모른다고요?

로잘린드 응, 정말 몰라. 제발 부탁이니 누구인지 좀 말해 줘.

실리아 어머 이상해라, 정말 이상하네! 너무 이상해서 도무지 말이 안 나오는 걸요!

로잘린드 어머 내 얼굴빛 좀 봐! 내가 남자 차림새라고 해서, 마음까지 조끼와 바지로 변한 줄 아니? 한 치만 더 지체하면 남쪽 바다 항해라도 불사할 테야. 제발 어서 좀 말해 봐. 누구 말이니, 어서. 더듬더듬 네 입에서 그 비밀스런 남자 이름이 쏟아져 나와 줬으면 좋겠구나. 좁다란 병 아가리에서 술이 한꺼번에 쏟아져 나오든가 꽉 막혀버리든가 하듯이 말이야. 자, 네 입의 마개를 좀 열어보렴. 그래야 그 소식이 내게 흘러들어와 마실 수 있을 것 아니냐.

실리아 그 남자를 언니 배 속에다 넣어버리겠단 말이죠.

로잘린드 하느님이 만드신 그대로? 대체 어떤 사람이야? 머리에 쓴 모자가 잘 어울리니? 아니면 턱에 멋진 수염을 기르고 있니?

실리아 아니요, 그저 턱에 수염을 조금 기르고 있을 뿐예요.

로잘린드 하지만 그가 감사하는 마음만 갖는다면, 수염은 하느님이 더 많이 주실 거야. 난 그의 수염이 자랄 때까지 기다리겠어. 네가 그 사람 턱 이야기만이라도 지체하지 않는다면 말이야.

실리아 젊은 올란도예요. 그때 그 커다란 몸집을 한 장사 뒤꿈치와 언니의 심장을 한꺼번에 쓰러뜨린 사람 있잖아요.

로잘린드 거짓말 마. 놀리면 악마가 와서 잡아갈 거야. 얌전한 얼굴로 정직한 처녀답게 말해 보렴.

실리아 맹세코, 그 사람이에요, 언니.

로잘린드 올란도?

실리아 올란도가 맞아요.

로잘린드 어머나, 내 조끼와 바지를 어떻게 하면 좋지? 네가 보았을 때 그는 뭘 하고 있든? 뭐라고 말했지? 표정은 어땠어? 무슨 옷을 입고 있었니? 이곳엔 무슨 일로 온 걸까? 나에 대해 물었어? 어디 머물고 있다든? 너와는 어떻게 작별 인사를 했지? 한마디로 말해 봐.

실리아 그러자면 먼저 거인 가르강튀아의 큰 입을 빌려야 해요. 지금 이 입의 크기를 가지고는 도저히 이야기할 수 없으니까요. 질문 하나하나에 긍정하거나 부정하기는, 교리 문답보다도 어려워요.

로잘린드 내가 이 숲속에서 남자 옷차림을 하고 있는 걸 그는 알고 있을까? 그는 씨름하던 그때처럼 활발했니?

실리아 연애하는 사람의 질문에 대답하기보다는 차라리 숫자를 세는 것이 더 쉬워요. 하지만 내가 그 사람을 발견한 것을 고맙게 생각하고 잘 들어요. 내가 나무 아래서 그를 보았을 때, 그 사람은 떨어진 도토리 같았어요.

로잘린드 그런 열매가 떨어지는 나무라면, 그 나무는 유피테르 신의 나무일는지도 몰라.

실리아 내 말 좀 들어요, 언니.

로잘린드 어서 말해 봐.

실리아 그곳에서 그는 쭉 뻗고 드러누워 있었어요. 상처 입은 기사처럼요.

로잘린드 보기엔 안됐지만, 그곳엔 잘 어울릴 거야.

실리아 언니 혀를 좀 나무라 줘요. 눈치 없이 너무 날뛰잖아요. 그는 사냥꾼처럼 차려입고 있었어요.

로잘린드 아, 불길해라! 그인 내 심장을 죽이러 왔나봐.

실리아 그렇게 장단 맞추지 마요. 내 장단이 깨져서 불협화음이 되잖아요.

로잘린드 난 여자잖니? 그러니 생각나는 대로 바로 말할 수밖에 없어. 애, 어서 계속해 봐.

올란도와 제이퀴즈 등장.

실리아 언니도 참. 쉿, 그 사람이 오나 봐요.

로잘린드 그 사람이구나. 좀 비켜서서 지켜보자. (실리아와 함께 나무 뒤에 숨어 엿듣는다)

제이퀴즈 이렇게 나와 함께 있어주어서 고맙소. 하지만 사실 나는 혼자 있는 게 낫겠소.

올란도 나 또한 그렇습니다. 하지만 예의상 당신과의 만남을 감사하려 하오.

제이퀴즈 그럼 안녕히 계시오. 다음에는 되도록 만나지 맙시다.

올란도 서로 모르는 사람처럼 지냅시다.

제이퀴즈 그러나 제발 나무껍질에 사랑의 노래를 새겨서 나무를 상하게는 하지 마오.

올란도 당신도 제발 엉터리로 읽어서 내 노래를 상하게 하지는 마시오.

제이퀴즈 로잘린드가 당신 애인 이름이오?

올란도 예, 바로 그렇습니다.

제이퀴즈 그 이름이 맘에 들지 않는군요.

올란도 그 이름을 지을 때 당신 맘에 들게 할 생각은 없었으니까요.

제이퀴즈 키는 얼마나 되오?

올란도 꼭 내 심장에 닿는 키요.

제이퀴즈 대답이 참 멋지군요. 그건 금은세공인의 아낙네들과 사귀면서 반지 이름에서 따온 문구 아니오?

올란도 천만에요. 그저 벽걸이에 있는 그림대로 대답하고 있을 뿐이오. 당신의 질문도 저기서 나온 것 아닙니까?

제이퀴즈 머리가 어지간히 빠르오. 발 빠른 아탈란타의 뒤축으로 만들어졌나 보군요. 자, 우리 둘이 함께 앉아서 우리네 주인 마님이라고나 할 이 세상과 우리네 불행에 대해 실컷 욕이나 해줍시다그려.

올란도 나는 이 세상에서 나 말고는 아무도 비난하고 싶지 않습니다. 나 자신이야말로 가장 많이 비난받을 사람입니다.

제이퀴즈 당신의 가장 큰 실수는 사랑에 빠져 있다는 점이오.

올란도 그런 실수라면 당신의 가장 훌륭한 미덕과도 바꾸지 않을 테요. 당신은 지루한 사람이군요.

제이퀴즈 실은 당신을 만났을 때 난 어떤 바보를 찾고 있었다오.

올란도 그 바보는 개울에 빠져 있습니다. 들여다보시오, 보일 테니.

제이퀴즈 그야, 나 자신의 모습이 들여다보일 테죠.

올란도 그것이 바보이거나 하찮은 인간이란 말이오.

제이퀴즈 당신과는 더는 함께 있지 않겠소. 안녕히 계시오, 사랑에 빠진 나리. (인사를 한다)

올란도 떠나주신다니 고맙습니다. (인사를 한다) 그럼 또 봅시다, 우울한 나리. (제이퀴즈 퇴장)

로잘린드 (실리아에게) 난 건방진 시동처럼 저이한테 말을 걸어서, 그런 가면 아래 장난 좀 쳐볼 테야. (큰 소리로) 여보세요, 산지기!

올란도 아, 무슨 일이오?

로잘린드 저, 지금 몇 시인가요?

올란도 차라리 오늘이 무슨 요일이냐고 물어야 하오. 숲속에 시계는 없으니까요.

로잘린드 그럼 숲속에는 진짜 연인은 없는가 보죠. 있다면 분마다 이어지는 한숨과 시간마다 토해 내는 신음 소리가 시간의 느린 걸음을 시계처럼 정확하게 맞춰 낼 텐데요.

올란도 시간의 빠른 걸음이라고 하면 안 되나요? 그런 표현이 더 알맞지 않을까요?

로잘린드 절대로 그렇지 않아요. 시간의 걸음걸이는 사람마다 달라요. 시간이 어떤 사람과 천천히 걷고 어떤 사람과 빠르게 걷는지, 또 어떤 사람과는 전속력으로 달리고 어떤 사람과는 가만히 멈추어 있는지 이야기해 줄까요?

올란도 대체 어떤 사람의 경우에 빨리 가지요?

로잘린드 음, 젊은 아가씨의 약혼과 결혼 날짜 사이에서는 아주 빨리 가지요. 그 사이가 일곱 밤밖에 안 되는 경우도 시간의 보폭은 어찌나 참기 어려운지 칠 년처럼 길게 이어지는 법이에요.

올란도 그럼 어떤 사람의 경우에 시간은 천천히 가나요?

로잘린드 라틴어를 모르는 목사나, 통풍을 앓지 않는 부자가 그래요. 그런 목사는 공부할 수 없으니 잠을 잘 자고, 그런 부자는 아프지 않으니까 즐겁게 살잖아요. 앞사람은 살을 깎아가며 쓸데없는 공부를 할 필요가 없고, 뒷사람은 비참하고 지루한 가난의 고생을 모르거든요…… 그런 경우에 시간은 천천히 가는 법이에요.

올란도 그럼 어떤 사람에게 시간은 가장 빨리 달려가지요?

로잘린드 교수대로 끌려가는 강도가 그래요. 아무리 가만히 발을 옮겨 디뎌도, 너무 빨리 도착하는 것만 같거든요.

올란도 그럼 어떤 사람에게 시간은 가만히 멈추어 있나요?

로잘린드 휴가 중에 있는 변호사가 그래요. 개정(開廷)과 개정 사이에는 잠을 자고 있으니까, 시간이 어떻게 움직이는지 모르거든요.

올란도 귀여운 젊은이, 어디 살고 있소?

로잘린드 누이동생인 저 양치기 처녀와 함께 이곳 숲 언저리, 속치마 가장자리 같은 곳에 살고 있지요.

올란도 이곳 태생인가요?

로잘린드 글쎄, 토끼는 태어난 곳에 살고 있잖아요. 그와 같아요.

올란도 이렇게 외딴곳에서 배운 말씨치고는 꽤나 고상한데요.

로잘린드 흔히들 나보고 그런 말을 해요. 실은 내 아저씨인 신앙심 깊은 어른한테 배웠어요. 그분은 젊은 시절 성안에서 지내셨는데, 그곳에서 연애도 해봐서 그런 격식도 잘 알고 계세요. 나는 그분이 연애에 반대하시는 것을 여러 번 들었어요. 그리고 그분은 여성 모두를 비난하며 소름 끼치는 죄악을 뒤집어씌웠는데, 난 여자가 아닌 것을 하느님께 감사하고 있어요.

올란도 그럼, 그분이 여자에게 책임을 물어 비난한 죄악들 가운데 중요한 것을 좀 기억하고 있나요?

로잘린드 중요한 것이라고는 하나도 없었어요. 모두 반 푼짜리 동전처럼 똑같고, 결점 하나하나가 망측하게 보이나, 다음 결점이 또한 못지않게 망측하거든요.

올란도 그중 몇 개만 이야기해 줄 수 없나요?

로잘린드 싫어요, 괜히 환자 아닌 사람한테까지 내 치료법을 알려주긴 싫어요. 글쎄 어떤 남자가 이 숲을 돌아다니면서 나무껍질에다 '로잘린드'라는 이름을 새겨 가지고 어린나무들을 망치고, 또는 모과나무에다 시를 걸어놓고 가시덤불에다 비가(悲歌)를 걸어놓고 하는데, 정말 모두 로잘린드라는 여자를 찬미하는 노래들이에요. 그 연애쟁이를 만나면 좋은 처방을 좀 해 줄 생각입니다. 그는 사랑이라는 열병에 걸린 듯이 보이니까요.

올란도 내가 바로 사랑의 열병에 걸린 그 사람이오. 치료법 좀 제발 알려주시오.

로잘린드 아저씨가 말씀하신 증세를 당신한테선 전혀 볼 수 없는 걸요. 사랑에 빠진 남자를 알아보는 방법을 아저씨가 가르쳐 주셨어요. 한데 당신은 확실히 사랑의 포로가 된 사람 같지 않아요.

올란도 그 증세란 어떤 건가요?

로잘린드 볼이 여위는데, 당신은 그렇지 않군요. 이야기도 싫어하는데, 당신은 그렇지 않아요. 수염을 깎지 않는다는데, 당신은 그렇지 않군요. 하지만 이 점은 용서해 주겠어요. 당신 수염의 분량은 오직 막내 몫밖에 되지 않으니까요. 그리고 당신의 긴 양말은 대님으로 매어져 있지 않고, 모자 끈은 풀어지고, 소매 단추는 끌러져 있고, 구두끈도 풀어져 있고, 그래야 할 것 아녜요. 그런데 당신은 그런 남자가 아니잖아요. 오히려 말쑥한 옷차림에다가, 남을 사랑하는 사람이라기보다는 당신 자신을 사랑하는 사람 같은 걸요.

올란도 이봐요, 내가 누군가를 사랑하고 있다는 것을 그대가 믿어줬으면 좋겠소.

로잘린드 나더러 그걸 다 믿으라고요? 차라리 당신이 사랑하는 그 여자에게 믿으라고 하는 것이 더 빠르겠군요. 내가 보증하지만, 그 여자는 입으로는 말하지 않아도 실상은 쉽게 믿어줄 거예요. 이런 점에서 여자들은 줄곧 자기 양심을 속이고 있는 거죠. 하지만 정말로 당신이 나무들에다 그렇게도 로잘린드를 찬미하는 노래를 걸어놓은 바로 그 사람인가요?

올란도 이봐요, 로잘린드의 하얀 손에 두고 맹세하지만, 내가 바로 그 사람, 불행한 그 남자라오.

로잘린드 당신은 노래 내용처럼 그토록 로잘린드를 사랑하나요?

올란도 노래나 이론만 가지고는 그 사랑을 이루 다 표현할 수 없다오.

로잘린드 사랑은 미친 짓일 뿐이에요. 그러니 미치광이에게 하듯 어두운 곳에 가두어서 매로 때려주어야 해요. 근데 연인을 왜 그렇게 벌을 줘서 치료하지 않느냐 하면, 이 미친병이 너무 흔해서 매를 드는 사람 또한 사랑에 빠지고 마니까 그래요. 그렇지만 난 충고를 해가며 치료할 수 있어요.

올란도 그렇게 치료해 본 적이 있소?

로잘린드 한 사람 있어요. 이렇게 해서요. 그 남자더러 날 자기 애인이나 연인으로 생각하라 하고, 날마다 내게 구애를 하게 했어요. 그런데 난 변덕쟁이라서 그때그때 경우에 따라서 슬퍼도 해보고 나약해져도 보고, 변덕스럽게도 굴어보고, 그리워하며 좋아해도 보고, 교만해져도 보고, 별나게 굴거나 장난을 치고, 가볍게 행동하거나 불성실하게 대하고, 눈물을 쏟다가 방실방실 웃는 등 온갖 감정을 조금씩, 그러나 어떤 진실한 감정도 담기지 않은 그런 짓을 했지요. 소년이나 여자들은 주로 성질이 이런 동물이기 때문에, 이제 곧 누굴 좋아하는가 하면 금방 싫어하고, 반가워하다가도 금세 모르는 체하며, 그 사람 때문에 울다가도 어느새 침을 뱉고는 하잖아요. 이렇게 해서 난 그 구애자를 사랑의 미치광이 같은 기분으로부터 진짜 미치광이로 몰아넣었지요. 그래서 그 사람은 바쁜 세상사를 버리고서 완전히 사원 같은 구석에 살게 됐으니 말이에요. 결국 그렇게 치료해 주었지요. 똑같은 처방으로 당신의 간(肝)도 건강한 양(羊)의 심장같이 말끔히 씻어서, 사랑의 티는 한 점도 없게 해줄게요.

올란도　이봐요, 내 병은 낫지 않을 거요.

로잘린드　나를 로잘린드라 부르고, 날마다 내 양우리로 와서 구애를 해요. 그러면 치료해 줄게요.

올란도　그럼 내 진실한 사랑에 맹세하고 그렇게 하겠소. 그래, 어디 살고 있소?

로잘린드　안내할 테니 따라와요. 가는 길에 당신은 숲속 어디에 살고 있는지 알려줘요. 그럼 갈까요?

올란도　기꺼이 가겠소, 친절한 젊은이.

로잘린드　아녜요, 날 로잘린드라고 불러야 해요…… (실리아에게) 얘, 가보자.

　　(모두 퇴장)

〔제3막 제3장〕

숲속.
터치스톤과 오드리 등장. 뒤이어 제이퀴즈 등장.

터치스톤　이봐 오드리, 얼른 와. 염소는 내가 끌어다 줄게, 오드리, 이봐, 오드리. 역시 내가 남자답지? 조촐한 내 용모가 맘에 들지?

오드리 당신의 용모라니요! 어머나! 어떤 용모 말예요?

터치스톤 내가 여기 너와 네 염소랑 함께 있는 건, 저 가장 염소 같은 변덕쟁이 시인, 정직한 오비디우스처럼 염소 같은 야만족 고트인들 무리 속에 끼어 있는 격이랄까.

제이퀴즈 (혼잣말로) 당치도 않은 소리! 유피테르가 초가집에 온 것보다 더 말이 안 되는군!

터치스톤 남자의 노래가 이해되지 못하거나, 남자의 멋진 재치가 영리한 아이 같은 이해로 뒷받침되지 않는다면, 그건 작은 여관방에서 큰 호텔 값을 치르는 것과 마찬가지로 지독한 일이야. 정말이지, 신들이 널 좀 시적(詩的)으로 만들어 주셨더라면 좋았을 것을.

오드리 '시적'이란 건 뭔가요, 행동이나 말이 정직하다는 건가요? 겉보기만이 아닌 진실한 것을 말하나요?

터치스톤 아니야, 그렇지 않아. 가장 진실한 시는 가장 잘 꾸며낸 거니까. 연인은 시에 빠지고 시에 두고 맹세를 하지만, 그건 결국에는 연인들이 거짓 맹세를 하는 게 되고 말아.

오드리 그래서 당신은 하느님이 날 시적으로 만들어 주셨더라면 하는군요.

터치스톤 응, 그래. 넌 품행이 단정하다고 내게 맹세하지만 네가 시인이라면 네 말이 거짓말이라는 희망도 가져볼 수 있을 것 아니냐 말이야.

오드리 정직하면 안 되나요?

터치스톤 안 되고말고, 네 얼굴이 못생기지 않은 한은. 예쁜 얼굴에다 품행까지 단정하면 설탕에다 꿀을 넣는 거나 마찬가지니까.

제이퀴즈 (혼잣말로) 제법 쓸 만한 바보로군!

오드리 하지만 난 예쁜 얼굴이 아니잖아요. 그러니까 나는 신들이 나를 정숙하게 지켜주시길 바라요.

터치스톤 사실이지, 못생긴 잡년한테 정직을 주는 건 더러운 접시에다 좋은 고기를 담는 격이랄까.

오드리 나는 잡년은 아니에요. 신들 덕분에 못생기긴 했지만요.

터치스톤 그럼, 네가 못생긴 데 대해서 신들을 찬미하자꾸나! 차츰 잡년도 될 수 있을 테지. 그건 그렇고, 너와 결혼을 하겠다. 그러기 위해서 이웃 마

3막 3장, 터치스톤과 오드리, 구애 장면　존 페티. 1870.

을의 올리버 마텍스트 신부님한테 부탁해 두었는데, 숲속 이곳으로 나를 찾아와서 우리를 결혼시켜 주기로 했어.

제이퀴즈　(혼잣말로) 그 모임을 좀 구경하고 싶군.

오드리　아 신들이시여, 기쁨을 내려주소서!

터치스톤　아멘. 겁 많은 사내라면 대부분 망설이고 이런 일은 하지 않을 거야. 여긴 사원도 없고 나무만 있고 뿔이 난 짐승들밖에는 모임도 없으니 말야. 하지만 그게 어때서? 용기를 내자고! 뿔이란 흉하긴 하지만, 필요한 물건이거든. 다들 헤아릴 수 없을 만큼 부자가 되고 싶어한다는 속담도 있잖아. 사실 좋은 뿔을 헤아릴 수 없을 만큼 가지고 있는 사내들도 많고말고. 그런데 그건 여편네의 지참금이지, 자기 자신의 물건은 아니거든. 간통한 아내를 둔 남자의 돈친 뿔이라? 그야 그렇지. 그럼 가난뱅이들의 독점물인가? 아냐, 아냐, 아무리 고상한 사슴도 초라한 사슴과 마찬가지로 큰 뿔을 가졌거든. 그럼 홀아비가 가장 행복하단 말인가? 아니지, 성벽 있는 도시가 마을보다는 가치가 있다시피, 결혼한 사내의 뿔난 이마가 총각의 맨송맨송한 이마보단 더 훌륭하지. 그리고 맨손보다는 방어물이 있는 편이 낫다시피, 뿔도 없는 것보다는 있는 것이 훨씬 더 좋고말고.

올리버 마텍스트 보좌 신부 등장.

터치스톤   아, 올리버 신부님이 오시는구나…… 올리버 마텍스트 신부님, 잘
오셨습니다. 그럼 이 나무 아래서 일을 마쳐주시겠습니까, 아니면 교회까지
같이 갈까요?

올리버 신부   이 여인의 결혼을 허락해 주는 사람은 아무도 없소?

터치스톤   난 누구한테 허락을 얻기는 싫습니다.

올리버 신부   사실, 누구 허락해 줄 사람이 있어야 하오. 없다면 이 결혼은 합
법이 아닙니다.

제이퀴즈   (앞으로 나와서 모자를 벗고) 어서 하시지요, 어서. 내가 대신 해드
리죠.

터치스톤   누구신지는 모르지만, 안녕하시오? 참 잘 만났습니다. 하느님 덕택
에 요전에도 뵈었지만 이렇게 또 만나서 몹시 기쁩니다. 뭐, 하찮은 장난인
데요. 자, 모자는 쓰시죠.

제이퀴즈   결혼할 참인가요, 광대 양반?

터치스톤   소는 멍에를, 말은 재갈을, 그리고 매는 방울을 갖고 있듯이 사람
은 욕정을 갖고 있거든요. 비둘기도 입을 맞추잖습니까. 부부끼리도 그렇
지요.

제이퀴즈   당신 같은 교양 있는 사람이 거지처럼 덤불 밑에서 결혼을 할 참
이오? 교회로 가서 좋은 신부님께 부탁해 결혼이 뭔지 좀 들어보도록 하시
오. 이 보좌 신부님은 널빤지를 붙이듯이 당신들을 붙여놓을 뿐이니. 그렇
게 되면 둘 중 어느 쪽의 정체는 널빤지같이 오그라들고, 생나무같이 영 휘
어버리고 말 거요.

터치스톤   (혼잣말로) 그래도 난 다른 사람보다는 이 신부한테 결혼시켜 달라
는 게 좋을 것 같아. 이 사람이 정식 결혼은 안 시켜줄 테니 말야. 정식 결
혼이 아니면, 나중에 여편네를 버리더라도 좋은 핑계가 될 것 아닌가.

제이퀴즈   자, 함께 가봅시다, 충고할 이야기가 있으니.

터치스톤   애, 예쁜 오드리, 우린 결혼해야 한다. 결혼하지 못하면 야합 생활

터치스톤과 오드리, 춤추는 장면   찰스 마틴 하디. 1870.

을 할 수밖에 없으니. 그럼 또 뵙시다, 올리버 신부님. 아니…… (노래하며 춤을 춘다)

오, 달콤한 올리버여,
오, 용감한 올리버여,
날 버리지 말아다오.
하지만
가버려라,
없어져라,
당신에게 결혼 부탁 않을 테니. (춤을 추면서 퇴장. 제이퀴즈와 오드리도 따라 퇴장)

올리버 신부 흠, 상관없어. 저런 미친 것들이 모두 대들어서 모욕한다고 내 성직이 모욕당할까 보냐. (퇴장)

〔제3막 제4장〕

숲속.
로잘린드와 실리아 등장.

로잘린드 이제 아무 이야기도 하지 마. 난 울고만 싶으니까.
실리아 울어요, 제발. 하지만 눈물은 남자에게 어울리지 않는다는 것쯤은 생각해 봐요.
로잘린드 나한테 울 만한 이유가 없단 말이니?
실리아 울 만한 이유야 얼마든지 있고말고요.
로잘린드 그이 머리칼 빛깔부터가 거짓이라고 말해 주고 있어.
실리아 그의 머리칼은 예수님을 팔아먹은 가롯 유다의 빨간 머리칼보다 더 진해요. 그리고 그의 키스는 가롯 유다의 자손들과 똑같이 허위로 가득했어요.
로잘린드 참으로, 그이 머리칼은 좋은 빛깔을 띠고 있어.

실리아 좋은 빛깔이고말고요. 글쎄 밤색보다 더 좋은 빛깔은 없으니까요.

로잘린드 그리고 그이 키스는 성찬의 빵에 닿는 것같이 신성함으로 가득한걸.

실리아 디아나 여신이 내버린 입술을 그가 샀나 보죠. 차디찬 수녀원의 수녀도 그렇게까지 정숙하게 키스하진 않아요. 그 사람 키스에는 얼음장 같은 차가움이 들어 있어요.

로잘린드 하지만 왜 그인 오늘 아침에 오겠다고 맹세해 놓고서, 오지 않을까?

실리아 그것 봐요. 성실하지 않은 사람이지 뭐예요.

로잘린드 넌 그렇게 생각하니?

실리아 음, 설마 소매치기나 말(馬) 도둑 따위야 아니겠지만, 그는 사랑의 진실성에서는 뚜껑 덮인 술잔이나 벌레 먹은 호두같이 속은 비어 있나 봐요.

로잘린드 그 사랑이 진실하지 않단 말이야?

실리아 사랑을 하고 있을 때는 진실해요. 그렇지만 지금 그는 사랑을 하고 있는 것 같지 않아요.

로잘린드 그이가 사랑하고 있다고 맹세하는 걸 너도 들었잖아.

실리아 듣긴 들었지만 지금 들은 건 아니잖아요. 더구나 애인의 맹세란 술집 사환의 말과 같아서, 어차피 틀린 계산서를 가지고 억지 쓰는 격이지요. 그는 이 숲속에서 언니 아버지의 시중을 들고 있대요.

로잘린드 나도 어제 공작님을 만나서 여러 가지 여쭈어 봤어. 공작님은 내 가문을 물으셨지. 나도 공작님께 지지 않는 가문이라고 대답했더니 웃으시며 날보고 잘 가라고 하셨어. 하지만 집안 이야길 해서 뭘 한담? 올란도 같은 남자가 있는 이런 때에.

실리아 아, 멋진 남자죠. 멋지게 노래도 짓고, 입심도 멋지고, 멋진 맹세를 해 놓고는 멋지게 깨뜨리고. 애인의 가슴을 스쳐놓고는 서툰 기사(騎士)같이 한쪽 배에만 박차를 넣다가, 점잖은 거위처럼 창을 부러뜨리고 말이에요. 그렇지만 젊음이 올라타고 어리석음이 이끄는 건 죄다 근사한 법이죠. 어머, 누가 오나?

코린 등장.

코린 아가씨, 그리고 도련님, 두 분이 늘 물으시던 목동, 사랑에 고민하는 그 목동 말입니다만, 언젠가도 잔디밭에 저하고 앉아서 사람을 업신여기는 저 교만한 양치기 처녀를 애인으로 찬양하고 있는 것을 보셨지요.

실리아 아니, 그 사람이 어쨌단 말인가요?

코린 진정한 사랑의 창백한 낯빛과 건방지게 우쭐대는 붉은 낯빛 사이에 진짜로 벌어지는 야외극을 보고 싶거든, 좀 가보세요. 안내하겠습니다. 가보시겠습니까?

로잘린드 얘, 가보자. 연인들을 구경하는 건 연애하는 사람의 눈요기가 되거든. 그곳으로 안내해 다오. 정말이지, 나도 그 야외극에 한몫 끼어 보이겠으니. (모두 퇴장)

〔제3막 제5장〕

숲의 다른 곳.
실비어스가 피비 뒤를 따라오면서 애원하고 있다.

실비어스 (무릎을 꿇고) 예쁜 피비, 날 비웃지 말아요. 그러지 말아요, 피비. 날 사랑하지 않는다고 말해도 좋으니, 말만은 매정하게 하지 말아줘요. 천한 사형 집행인은 죽는 걸 하도 많이 봐서 마음은 돌같이 차가우면서도, 수그린 목에 도끼를 갖다댈 때는 먼저 용서를 청한다고 하지요. 어떻게 당신은 핏방울로 밥을 빌어먹는 사형 집행인보다 더 가혹할 수가 있나요?

로잘린드, 실리아, 코린, 뒤쪽에서 등장.

피비 나는 당신의 사형 집행인은 되고 싶지 않아요. 나는 당신을 피하고 있어요. 당신한테 상처를 주고 싶지 않아서 그러는 거예요. 내 눈에 살기가 있다고 하셨죠. 둘도 없이 연약하고 보드라운 이 눈이, 티끌조차 겁이 나서 문을 닫는 이 눈이 폭군이니 백정이니 살인자니 하는 소리를 듣다니 재미있고 그럴듯하고 정말 있음직한 말이로군요! 그럼 있는 힘을 다해 당신을 노려봐 주겠어요. 이 눈이 상처를 입힐 힘이 있다면 당신을 죽이고 싶군요.

자, 기절한 척하며 한번 쓰러져 보세요. 그럴 수 없거든, 제발 좀 부끄러움을 느끼고 내 눈에 대해 살인자니 뭐니 하는 거짓말은 말아요! 내 눈이 입혔다는 상처 좀 어디 내보여 봐요. 바늘에 긁히기만 해도 그 자국은 남는 법이에요. 골풀 위에 기대 눕기만 해도, 상처나 눌린 자국이 잠시 동안 손바닥에 남는 법이에요. 그러나 내 눈은 당신을 쏘아봐도, 상처는 내지 않아요. 그뿐 아니라 정말이지 상처 낼 힘이 이 두 눈에는 없다고요.

실비어스   아, 사랑스런 피비, 만약에…… 아마도 머지않아…… 당신도 어떤 싱싱한 뺨에 사로잡히게 되면, 그땐 눈에는 보이지 않는 사랑의 예리한 화살촉이 내놓은 상처를 알게 될 거요.

피비   하지만 그때까진 내 곁에 오지 말아요. 그리고 그때가 오면 놀리고 비웃고 동정하지 않아도 좋아요. 그때까진 나도 당신을 동정하지 않겠어요.

로잘린드   (앞으로 나오면서) 아니 대체 당신 어머니가 누구이기에, 저 불쌍한 남자를 그렇게 단숨에 모욕하고는 의기양양해한단 말이오? 예쁜 얼굴도 아니면서…… 사실 내 눈에는 촛불 없이 어두컴컴한 침실로 가야 할 용모밖에 안 되는데…… 어째서 그렇게 거만하고 잔인하게 굴어야만 하지요? 이건 또 뭐요? 왜 날 그렇게 쏘아보나요? 당신은 자연의 보통 상품밖에 안 되면서! 아니, 이 여잔 내 눈까지 사로잡으려 하는군. 천만에, 건방진 여자 같으니, 그따위 생각은 아예 하지 마오. 당신의 그 먹 같은 눈썹, 검은 비단실 같은 머리칼, 까만 유리알 같은 눈, 크림빛 뺨을 가지고 내 맘을 사로잡겠다고? 어림없는 소리요…… 여봐, 어리석은 목동, 왜 안개 자욱한 남풍처럼 한숨과 눈물을 쏟아 가면서 저런 여자 꽁무니를 따라다니는 거요? 저 여자가 여자다운 것보다는 당신이 천 배나 더 남자답잖소. 당신 같은 바보들 때문에 이 세상에 못생긴 아이들이 득실거리게 된단 말이오. 저 여자가 잘난 체하는 건 거울 탓이 아니라 당신 때문이오. 자기 자신도 알 만한 그 얼굴을 실제보다 더 잘났다고 여기는 것 또한 당신 때문이오…… 하지만 이봐 아가씨, 분수를 알아야죠. 무릎을 꿇고 단식이라도 하면서, 좋은 남자의 사랑을 얻게 된 것을 하느님께 감사나 해요. 당신 귀에 대고 친절하게 이야기해 줘야겠는데, 팔 수 있을 때 팔아요. 당신은 어느 시장에서나 손쉽게 팔릴 물건은 아니니까. 이 사람에게 용서를 구하고 그를 사랑하며 순순히 말을 들으란 말이오. 못생긴 주제에 남을 비웃는 것이 가장 꼴사나운 짓이오…… 그러니 목동, 이 여자를 당신 것으로 만들어요. 그럼 안녕히.

피비   아, 고마우신 분. 제발 일 년 동안이라도 그렇게 꾸짖어 주세요. 난 당신의 꾸지람을 듣는 것이 저 사람 구애를 듣는 것보다 좋아요.

로잘린드   (피비에게) 저 사람은 당신의 못생긴 점에 반해 있고, (실비어스에게) 저 여잔 내 분노에 반한 모양인데, 그렇다면 저 여자가 눈살을 찌푸리고 당신에게 대하는 것과 마찬가지로, 나도 독설로 저 여자를 욕보여 줄 테요. (피비에게) 왜 날 그런 눈초리로 보는 거요?

피비   당신을 나쁘게 생각하지 않기 때문이에요.

로잘린드   제발 나한테 반하진 말아요. 난 술자리에서 하는 맹세보다도 믿지 못할 사람이니까요. 더구나 난 당신이 싫소. 내 집을 알고 싶거든, 바로 이 근처 올리브나무 숲을 찾아와요…… (실리아에게) 가자, 애. 이봐요 목동, 열렬히 사랑을 고백해 봐요…… 가자, 애…… 이봐 양치기 처녀, 저 사람을 좀더 좋게 보고, 그렇게 도도하게 굴지 말아요. 온 세상 사람들이 눈을 가지고 있지마는 저 사람 눈만큼 속고 있는 눈은 없단 말이오…… 자, 우리 양떼한테 가보자고. (퇴장. 뒤따라서 실리아와 코린 퇴장)

피비   (나가는 사람들의 뒤를 뚫어지게 바라보면서) 돌아가신 전원시인,[3] 이제서야 당신이 말하신 명문구의 위력을 알겠어요. '사랑하는 자, 그 누가 첫눈에 사랑에 빠지지 않았던가?'

실비어스   이봐, 피비……

피비   하! 뭐라고요, 실비어스?

실비어스   이봐 피비, 날 좀 불쌍히 여겨달라니까요.

피비   참 안됐군요, 실비어스.

실비어스   슬픔이 있는 곳엔 위로가 있는 법이오. 내 사랑의 비통함을 슬퍼한다면, 날 사랑해 줌으로써 당신의 미안한 마음도 내 맘의 비통함도 가시게 될 게 아니오.

피비   사랑해 드리죠. 이웃 간의 정으로 말예요.

실비어스   난 당신을 갖고 싶어요.

피비   그게 바로 탐욕이죠. 이봐요, 당신이 미웠던 시절도 있었어요. 그리고

─────────────

*3 1593년에 죽은 극작가 크리스토퍼 말로(Christopher Marlowe)를 가리킨다.

지금도 당신을 사랑하지는 않아요. 하지만 당신이 사랑에 대해서 그토록 좋은 이야기를 해주니까, 이제까지는 당신과 함께 있는 게 귀찮았지만 앞으론 참겠어요. 그리고 심부름도 시키겠어요. 내 심부름을 하는 정도로 만족하고 더는 욕심 내지 말아요.

실비어스 내 사랑은 너무나 신성하고 완전한 데다가 난 너무나 친절에 굶주려 있어서, 추수할 주인이 거둬들인 뒤에 이삭을 줍는 것만으로도 크나큰 수확으로 알겠어요. 그러니 이따금 이삭 같은 웃음이나 던져주면, 난 그거나 믿고 살아가죠.

피비 아까 내게 말을 한 그 젊은이를 아나요?

실비어스 잘은 모르지만, 가끔 만났죠. 그 영감쟁이 소유의 오두막집과 목장을 그가 샀다고 해요.

피비 내가 물어본다고 해서, 그를 사랑한다곤 생각하지 말아요. 거만한 녀석…… 그래도 말은 잘하더군요…… 하지만 말 잘하는 게 뭐 그리 대단한가요? 그래도 말을 무시할 순 없겠지요. 말하는 사람이 듣는 사람을 즐겁게 해주니까요. 예쁘장한 젊은이던데…… 그리 예쁠 것도 없지만…… 확실히 자존심이 센 것 같긴 해요…… 그래도 그 자존심이 꼭 어울리더군요. 멋진 성인이 될 것 같아요. 그의 가장 큰 강점은 얼굴이에요. 독설에는 부아가 나도 눈을 보면 화가 바로 가라앉으니 말예요. 그리 큰 키는 아니지만…… 나이치곤 큰 편이에요. 다리는 그저 그렇지만…… 그래도 훌륭하잖아요. 입술은 꽤 붉고, 섞여 있는 붉은빛보다는 좀더 진하고 싱싱한 붉은빛이잖아요. 진홍빛과 장밋빛의 차이랄까요. 이봐요 실비어스, 어떤 여자가 나처럼 그를 자세히 바라다봤다면, 그에게 거의 반하고 말았을 거예요. 하지만 나는 그를 사랑하지도 미워하지도 않아요. 그래도 사랑하기보다는 미워할 이유가 더 많아요. 그가 뭣 때문에 날 그렇게 비난하느냐고요? 그는 내 눈이 까맣고 머리칼이 까맣다고 했어요. 이제 생각해 보니 날 비웃은 거예요. 왜 내가 대꾸를 해주지 않았을까요? 그렇지만 상관없어요. 잊고 있었다고 해서 용서해 준 것은 아니니까요. 그에게 몹시 비아냥대는 편지를 쓰겠어요. 좀 전해 주겠어요, 실비어스?

실비어스 전하고말고요.

피비 곧 쓰겠어요. 머리와 가슴 안에 있는 사연을 모두, 혹독하게 그리고 아

주 간단하게 쓸 거예요. 나랑 함께 가요, 실비어스. (모두 퇴장)

〔제4막 제1장〕

숲속.
로잘린드, 실리아, 제이퀴즈 등장.

제이퀴즈 이봐, 아름다운 젊은이, 나와 좀 가깝게 지내보자고.

로잘린드 당신은 우울한 분이라고들 하던데요.

제이퀴즈 사실이야. 난 웃는 것보다 우울한 게 더 좋거든.

로잘린드 어느 쪽도 지나치면 끔찍하고, 주정꾼보다 더한 악평을 받는 법이에요.

제이퀴즈 하지만 슬퍼하고 침묵을 지키는 것이 좋은데.

로잘린드 그렇다면 기둥이 되는 것도 좋겠네요.

제이퀴즈 내 우울증은 경쟁 관계에서 오는 학자의 우울증은 아냐. 음악가처럼 미치광이 같은 것도 아니고, 궁정인처럼 거만한 것도 아니며, 군인의 우울증처럼 야심 찬 것도 아니고, 변호사의 우울증처럼 술책을 쓰는 것도 아니며, 귀부인처럼 뾰로통한 것도 아니고, 이 모든 것을 뒤범벅한 애인의 우울증도 아니지. 그것은 갖가지 대상에서 비롯한 여러 요소로 되어 있는 나만의 독특한 우울증인데, 사실 내가 걸어온 인생길에 대한 온갖 명상이랄까, 그 안에서 돌이켜 생각하면 난 곧잘 변덕스러운 우울증에 휩싸이고 만단 말이야.

로잘린드 여행자라! 정말 당신은 슬퍼할 이유가 많이 있군요. 당신은 땅을 보려고 자기 땅을 팔았네요. 그런데 바라다만 보고 자기 것을 갖지 않으면, 눈만 풍요로워지고 정작 손은 가난해지지요.

제이퀴즈 그 말이 맞아. 덕분에 경험만 풍부해졌지.

올란도 등장.

로잘린드·실리아와 올란도

로잘린드 그 경험이 당신을 슬프게 해놓은 거예요. 나 같으면 경험 때문에
   슬퍼지느니 차라리 바보라도 곁에 놔두고 쾌활해져 보겠어요…… 더구나 여
   행까지 해서 슬픔을 사다니!
올란도 안녕하시오, 잘 있었소, 로잘린드! (로잘린드는 아는 체하지 않는다)
제이퀴즈 아니, 당신이 노랫조로 말을 한다면 난 그만 가겠소. (돌아선다)
로잘린드 안녕히 가세요, 여행자 씨. 외국인처럼 말하고 옷은 기묘한 것을
   입으세요. 그리고 제 나라의 좋은 점을 실컷 욕하고, 제 나라에 태어난 것
   을 한탄하고, 자기 생김새에 대해서 하느님에게까지 욕을 하세요. 그렇게
   하지 않으면 곤돌라를 타보았다고 인정하지 않을 테니까요. (제이퀴즈 퇴장)
   어머, 올란도! 그동안 어디에 가 있었어요? 그래도 애인이라니요! 한 번만
   더 이렇게 날 곯리려거든, 다신 눈앞에 나타나지 말아요.

올란도 이봐요 아름다운 로잘린드, 약속보다 한 시간도 늦지 않았소.

로잘린드 사랑의 약속을 한 시간이나 어기다뇨? 일 분(分)을 천으로 나누어서, 그 천 분의 일 분이라도 사랑의 일에서 어기는 남자라면 큐피드한테 어깨를 맞았어야 해요. 정말이지 심장은 멀쩡한가 봐요.

올란도 용서해 주오, 로잘린드.

로잘린드 싫어요. 그렇게 늦게 오려거든, 이젠 눈앞에 나타나지 말아요. 차라리 달팽이한테 사랑받는 편이 나으니까요.

올란도 달팽이한테?

로잘린드 그래요, 달팽이한테요. 달팽이는 오는 건 느리지만 머리에 집을 이고 오잖아요…… 그건, 당신이 여자에게 해주는 재산보다 나을 것 같아요. 게다가 달팽이는 자기 운명까지 가지고 오거든요.

올란도 그게 뭐죠?

로잘린드 글쎄 뿔 말예요. 당신 같은 사람이 정숙하지 못한 부인 덕택에 돈 쳐 가지고 좋아할 물건 말이에요. 그러나 달팽이는 자기 재산을 미리 지니고 오니까, 아내 때문에 욕을 볼 것도 없지요.

올란도 정숙한 여자는 남편에게 오쟁이 뿔을 돋치게 하지는 않소. (생각에 잠겨서) 그리고 내 로잘린드는 정숙하오.

로잘린드 음, 내가 당신의 로잘린드예요. (올란도의 목을 감는다)

실리아 저분은 그렇게 부르는 게 좋은가 봐요. 하지만 저분의 로잘린드는 좀 더 잘생겼어요.

로잘린드 자, 그럼 고백해 봐요, 어서요. 난 지금 휴가를 얻은 것처럼 기분이 참 좋고, 금방 응할 것만 같아요. 만약 내가 당신의 진짜 로잘린드라면, 무슨 말부터 하겠어요?

올란도 말보다 먼저 키스를 하겠소.

로잘린드 아녜요. 먼저 말을 하는 게 좋아요. 그리고 할 이야기가 없어 난처해지면 그 기회에 키스를 할 수 있잖아요. 훌륭한 웅변가는 말문이 막히면 침을 뱉는다지요. 연인들이…… 하느님, 살펴주소서!…… 말문이 막히면 키스를 하는 것이 가장 좋은 방법이에요.

올란도 만약 키스를 거절당하면?

로잘린드 그러면 당신은 애원하게 될 테고, 따라서 새로 할 말이 생기지요.

올란도 애인 앞에서 말문이 막히는 남자가 있을라고요.

로잘린드 내가 당신 애인이라 생각하고, 당신이 그렇게 해주었으면 좋겠어요. 안 그러면 내 지혜가 내 얌전함에게 지는 셈이 될 테니까요.

올란도 그런데 내 사랑의 고백에 대해서는?

로잘린드 옷차림은 멋져도, 사랑의 고백에 대해서는 좀 난처해요. 그래, 난 당신의 로잘린드가 아닌가요?

올란도 그렇다고 해두는 것도 조금은 기쁘오. 그녀 이야기를 하는 것이 되니까요.

로잘린드 그럼 그녀를 대신해서, 난 거절하겠어요.

올란도 그럼 난 그 당사자로서, 죽고 맙니다.

로잘린드 죽으려거든 대리인으로 죽도록 해요. 이 가엾은 세상은 거의 6천 년이나 됐지만, 그동안 당사자가 사랑 때문에 죽은 일은 한 번도 없었어요. 글쎄 사랑 때문에 죽은 일 말예요. 트로일로스는 크레시다에 대한 실연 때문에 죽은 것이 아니라 그리스인의 몽둥이에 맞아 죽었어요. 그래도 그는 죽어도 좋을 만큼 할 짓은 했으니까, 연애의 한 본보기가 된 거예요. 레이안드로스를 보더라도 그 무더운 여름밤만 아니었다면, 헤로가 수녀가 되건 말건 더 오래 살았을 거예요. 글쎄, 그 젊은이는 헬레스폰트에 수영을 하러 갔다가 쥐가 나서 죽은 건데, 그 시대의 어리석은 역사가들은 '세스토스의 헤로' 때문에 죽었다고 해놓았거든요. 하지만 다 거짓말이에요. 예부터 남자들이 죽어서 구더기 밥이 되어 왔지마는, 사랑 때문에 죽은 남자는 한 사람도 없어요.

올란도 나의 진짜 로잘린드는 그런 마음이 아니길 바라오. 정말이지 그녀가 얼굴만 찌푸려도 난 죽을 것이니 말이오.

로잘린드 이 손에 두고 맹세하지만, 얼굴을 찌푸려도 파리 한 마리 죽지 않아요. (바짝 다가오면서) 그럼, 지금부터 좀더 은근한 기분의 로잘린드가 되죠. 자, 뭐든 부탁해 봐요. 다 들어줄게요.

올란도 그럼, 날 사랑해 주오, 로잘린드.

로잘린드 예, 사랑해 드리죠. 금요일에나 토요일에나 어느 날이든지.

올란도 그리고 날 남편으로 맞아주겠소?

로잘린드 예, 당신 같은 분이면 스무 명이라도요.

올란도   그게 무슨 말이오?

로잘린드   당신은 좋은 분 아닌가요?

올란도   그렇게 생각하고 있소만.

로잘린드   좋은 분이라면, 얼마든지 탐내도 괜찮을 것 아녜요? (실리아에게) 애, 네가 신부님 대신 주례를 좀 서주렴…… 손을 이리 주세요, 올란도…… 왜 그러니, 동생아?

올란도   제발 주례 좀 서주시오.

실리아   영 말이 안 나오는 걸요.

로잘린드   "올란도, 그대는……"하고 시작하는 거야.

실리아   자, 그럼…… 올란도, 그대는 이 로잘린드를 아내로 맞겠는가?

올란도   예.

로잘린드   하지만 언제요?

올란도   주례만 서준다면, 물론 지금이죠.

로잘린드   그럼, 이렇게 말해야 해요. "로잘린드, 나는 그대를 아내로 맞이하 겠소."

올란도   로잘린드, 나는 그대를 아내로 맞이하겠소.

로잘린드   난 당신의 그 권리를 물어야 할 테지만, 아무튼 올란도, 난 당신을 남편으로 맞이하겠어요. 이건 색시가 신부님보다 앞질러가는군요. 하지만 확실히 여자의 생각은 행동보다 앞질러 달리거든요.

올란도   생각이란 다 그런 거요. 날개가 돋쳐 있으니까요.

로잘린드   그럼 이제 말해 줘요. 아내로 삼은 뒤 언제까지 함께 지낼 건가요?

올란도   영원 하고도 하루요.

로잘린드   '영원'은 빼고, '하루'만이라고 말해요. 아뇨, 아뇨 올란도, 남자란 구 애할 때는 4월 같지만, 결혼하고 나면 12월이에요. 처녀도 처녀 때는 5월 같 지만 아내가 되고 나면 하늘빛이 변하지요. 난 바버리 지방의 암비둘기가 수비둘기를 시기하는 것보다 더 심하게 당신을 시기할래요. 비가 올 것을 예고하는 앵무새보다 더 시끄럽게 떠들래요. 꼬리 없는 원숭이보다 더한층 욕정에 넋을 잃겠어요. 그리고 분수대에 있는 디아나처럼 아무것도 아닌 일 에 울어대겠어요. 더구나 당신이 즐거워지려고 할 때 울어대겠어요. 그리고 당신이 잠들려고 할 때 하이에나처럼 웃어댈 거예요.

올란도 하지만 로잘린드가 설마 그럴까요?

로잘린드 이 목숨을 걸고 단언하건대 그렇게 할 거예요, 나처럼.

올란도 아, 그렇지만 그녀는 총명한 여자란 말이오.

로잘린드 총명하지 않다면, 그만한 짓을 할 재치조차 없을 테죠. 여자는 총명할수록 변덕이 심해요. 여자의 재치에 문을 닫으면 창으로 튀어나올 걸요. 창을 닫으면 열쇠 구멍으로 빠져나오겠지요. 그걸 막아봐요. 연기와 함께 굴뚝으로 날아오를 테니까요.

올란도 그렇게 재치 있는 아내를 얻은 남자는 "재치야, 너 어디로 가느냐?" 물어야겠군요.

로잘린드 아녜요, 그런 다짐은 할 필요가 없어요. 당신 아내의 재치가 이웃 남자의 이부자리로 가는 것을 보기 전에는 말이에요.

올란도 그럼 그 재치는 무슨 재치를 발휘해서 변명할 수 있을까요?

로잘린드 그야, 그리로 당신을 찾으러 와본 거라고 변명하겠죠. 혀가 없는 여자가 아닌 이상, 대꾸 없이 현장에서 잡히진 않을 테니까요. 오, 자기 죄를 남편에게 뒤집어씌울 줄 모르는 여자에게는 자식을 기르지 못하게 해야 해요. 그런 여자는 자식을 바보같이 키울 테니까요.

올란도 이봐요 로잘린드, 나는 두 시간쯤 어디 다녀오겠소.

로잘린드 어머나 당신, 두 시간이나 헤어져 있을 순 없어요!

올란도 난 공작님 식사에 가봐야 하오. 두 시간 뒤에는 다시 돌아오겠소.

로잘린드 예, 가요, 가라고요. 당신이 어떤 사람인지 이제 알았어요. 그럴 거라고 친구들한테 이야기도 들었어요. 나 또한 그렇다고 생각했어요. 당신의 달콤한 말에 속았어요. 이제 여자 하나가 버림받은 것뿐이에요. 아, 죽고 싶어라. 두 시간이라고요?

올란도 그렇소, 로잘린드.

로잘린드 정말, 진심으로, 그리고 위험성 없는 온갖 그럴듯한 맹세에 두고, 만약 당신이 눈곱만큼이라도 약속을 어기거나 일 분만이라도 늦게 오면 이렇게 생각하겠어요. 당신은 정직하지 않은 사람들 무리 중에서도 가장 대담한 거짓말쟁이, 가장 불성실한 연인, 자신이 로잘린드라고 부르는 그 여자에게는 가장 알맞지 않은 사람이라고 말이에요. 그러니 나의 비난을 명심하고, 약속을 꼭 지켜요.

올란도 나의 진짜 로잘린드인 경우처럼 약속은 꼭 지키겠소.

로잘린드 그럼, 시간은 그런 범인을 시험하는 노련한 재판관이니까 시간에게 맡기겠어요. 안녕히! (올란도 퇴장)

실리아 언니는 그런 사랑 이야기로 우리 여성을 완전히 모욕했어요. 우린 언니의 조끼와 바지를 머리 위까지 벗겨 올려서, 이 새는 제 집에다 그런 잘못을 했노라고 세상에 보여줘야겠어요.

로잘린드 오, 애야, 귀여운 내 사촌 동생, 너도 알고 있잖니, 내가 얼마나 깊이 사랑하고 있는지를! 하지만 그걸 헤아릴 길이 없구나. 내 애정은 포르투갈만(灣)같이 바닥을 알 수 없단 말야.

실리아 오히려 바닥이 없는 것 아닐까요. 언니가 애정을 부어넣기만 하면, 한쪽에선 급하게 흘러가 버리잖아요.

로잘린드 아냐, 베누스의 저 얄궂은 사생아, 생각을 아버지로 홧김에 잉태해서 광증으로 태어나, 제 눈은 안 보여서 남의 눈만 욕보이는 저 눈이 먼 불량 소년한테 내가 얼마나 깊이 사랑하고 있는가를 판단하게 해봐. 애, 에일리나, 난 올란도를 보지 않고선 못 견디겠단 말야. 난 그늘이라도 찾아가서, 그이가 올 때까지 한숨이나 짓고 있을래.

실리아 그럼 난 잠이나 잘래요. (모두 퇴장)

〔제4막 제2장〕

숲속의 동굴 앞.
사냥꾼들이 가까이 옴에 따라 소란스러워진다. 이내 사냥꾼 차림을 한 에미엔즈와 다른 귀족들이 제이퀴즈와 함께 아침나절의 사냥 이야기를 하면서 등장.

제이퀴즈 그 사슴을 잡은 분이 누구요?

귀족 1 나요.

제이퀴즈 이분을 로마의 용사같이 공작님께 안내합시다. 그리고 승리의 나뭇가지 대신 사슴뿔을 이분 머리에 다는 것이 좋을 거요…… 여보시오 사냥꾼, 이런 때에 알맞는 노래는 없는 건가요?

에미엔즈 아, 있소.

4막 2장, 사냥꾼들

제이퀴즈   그럼 불러봐요. 떠들썩하기만 하면, 장단이야 어떻든 좋소.

사슴을 잡은 귀족이 뿔과 가죽으로 차려입고 나타나자, 모두 그를 높이 들어올리며 노래를 한다. 에미엔즈가 먼저 부르고 나서, 다 함께 합창한다.

사슴 잡은 자에게는 무엇을 줄까?
털가죽 입히고 뿔을 돋쳐주어,
노래하며 집으로 보내자.

뿔이 돋쳤다고 조롱하지 마라,
그건 낳기 전부터 가진 관(冠)이다.
아버지의 아버지도
그리고 아버지도 갖고 있었지.
뿔, 뿔, 욕망으로 타오르는 뿔,
조롱하여 웃을 물건은 아니로다. (모두 나무를 세 바퀴 돌며, 후렴을 몇 차례 반복한다. 이윽고 모두 퇴장)

숲속.
로잘린드와 실리아 등장.

로잘린드 이래도 할 말이 있어? 벌써 두 시간이 지나지 않았니? 어디 봐, 올란도가 참으로 많이도 와 있군!
실리아 정말이지, 그분은 순수한 사랑과 괴로운 머리 때문에, 활과 화살을 들고 자러 갔나 보죠. 저기 누가 오고 있어요.

실비어스 등장.

실비어스 심부름으로 왔습니다, 젊은 양반. 피비라는 처녀가 이걸 전해 주라던데요. (로잘린드에게 편지를 준다) 사연은 알 수 없지만, 이 편지를 쓸 때 이마를 찌푸리고 안달하는 걸로 보아, 아마 화가 나서 쓴 내용인 듯합니다. 그러니 용서해 주시오. 난 심부름을 왔을 뿐 죄는 없습니다.
로잘린드 인내 그 자체도 이 편지에는 깜짝 놀라고 펄펄 뛰지 않겠소? 이걸 참을 정도라면 뭐는 못 참겠는가 말이오. 나에게 못생겼느니, 버릇이 없느니, 잘난 척한다느니 하면서 남자가 봉황새같이 드문 세상이더라도 날 사랑할 수는 없다 하오. 세상에! 나는 그런 계집의 사랑을 쫓는 토끼가 아니오. 왜 이따위 편지를 내게 보내온 거요? 이봐 목동, 이건 당신이 꾸며낸 편지죠?
실비어스 천만에요, 정말 난 내용을 모릅니다. 그건 피비가 썼어요.
로잘린드 허허, 당신은 바보고 극단적인 사랑에 빠져 있는 사람이오. 난 그녀의 손을 봤는데 가죽 같고 더러운 석회석 빛이더군요. 낡은 장갑을 끼고 있는 줄로 감쪽같이 속았더니, 역시 그녀의 손이더군요. 가정부 같은 손이었소…… 그러나 그런 건 문제도 아니오. 아무튼 그녀가 이런 편지를 꾸며낼 리는 없소. 이건 남자의 머리에서 나온 창작물로, 남자의 손으로 쓰여진 거요.
실비어스 정말, 이건 그 처녀가 쓴 것입니다.

4막 3장, 가니메데와 에일리나로 위장한 아든 숲의 로잘린드와 실리아   웰터 하웰 더버럴

로잘린드   아냐, 이건 난폭하고 잔인한 문투, 도전적인 문투요. 터키인이 그리
스도교인에게 하는 것처럼 사랑을 무시하고 있소. 여자의 상냥한 머리에서
는 이토록 지독하게 난폭한 생각이 나올 수 없는 법이오. 에티오피아인이
남겨놓은 것 같은 문구요. 속은 겉보다 더한층 시커멓잖소. 내용 좀 들어보
겠소?
실비어스   예, 부디 좀. 난 아직 내용을 못 봤으니까요. 하기야 피비의 지독함
에 대해서는 너무 많이 들어서 넌덜머리가 났습니다.
로잘린드   정말 피비답소. 이 폭군의 문투 좀 들어봐요. (읽는다)

당신은 목동으로 나타난 신의 화신인가요, 이렇게도 처녀의 가슴을 애태우
시다니요?

여자가 감히 이런 악담을 할 수 있소?

실비어스 이걸 악담이라고 합니까?

로잘린드 (읽는다)

어째서 신성(神性)을 버리시고, 여자 마음을 괴롭히시나요?

이런 악담을 들어본 적 있소? (계속해서 읽는다)

남자 눈이 내게 고백했지만, 상처 하나 입지 않은 이 몸이지요.

나를 날짐승으로 아나 보군요. (계속해서 읽는다)

당신의 맑은 눈이 보내시는 비웃음만으로도 내게 이토록 큰 사랑을 일으켜 놓으시니, 아, 부드러운 눈길로 보아주신다면 내 안에는 또 얼마나 신비로운 일들이 일어나게 될까요? 야단맞아 가며 그리워하는 이 몸, 고백이라도 해오시면 어찌 될까요? 이 사랑을 당신께 전하는 사람은, 나의 사랑을 잘 몰라요. 마음을 꼭 감추어 봉한 다음 전해 주세요. 젊고 친절한 당신 마음이, 나의 진심과 이 몸이 바칠 수 있는 모든 것을 받아주실까요? 내 사랑을 거절하신다면 그때 이 몸은 죽는 방법이나 생각하겠지요.

실비어스 이걸 다 욕설이라고 보시오?

실리아 아, 불쌍한 목동!

로잘린드 저 사람을 동정하니? 동정할 만한 위인도 못 되잖니…… (실비어스에게) 그런 여자를 사랑하겠다고요? 아니, 당신을 도구삼아 거짓말만 늘어놓고 있잖소! 이걸 다 참다니! 자, 그 여자한테로 가봐요. 보아하니, 당신은 사랑 때문에 얼이 빠진 뱀 같소. 아무튼 가서 이렇게 전해요. 나를 사랑하려거든 당신이나 사랑하라더라고. 그리고 싫다고 하면, 당신이 그녀 대신 애원한다면 몰라도 난 그녀를 상대하지 않겠노라고. 당신이 진짜 연인이라면 아무 말 말고 썩 물러가 주오. 다른 분들이 오는 것 같소. (실비어스, 퇴장)

올리버가 다른 길로 황급히 등장.

영화 〈뜻대로 하세요〉 케네스 브레너 감독, 터치스톤(알프레드 몰리나)이 궁정에서 실리아(로몰라 가레이)를 놀리는 장면. 2006.

올리버 안녕하시오, 아름다운 분들! 부디 좀 가르쳐 주시오. 이 숲 언저리에 올리브나무 울타리가 쳐진 양우리가 있다는데요?

실리아 이곳 서쪽, 저 아래 계곡이에요. 졸졸 흐르는 시냇가에 줄지어 서 있는 버드나무가 오른편으로 보이는 바로 그곳이에요. 하지만 지금은 집만 있고, 안에는 아무도 없어요.

올리버 들은 이야기를 눈이 알아봐도 좋다면 그 이야기대로 당신들을 알 수 있소⋯⋯ 이와 같은 옷차림, 이와 같은 나이요. "소년 쪽은 여자 같은 얼굴에 하얗고 언니처럼 행동하며, 여자 쪽은 키가 작고 오빠보다는 좀 검은 얼굴이다." 당신들이 내가 찾고 있는 그 집 주인이 아닌가요?

실리아 자랑스럽지는 않지만, 듣고 보니 그런가 봐요.

올리버 올란도가 두 분에게 안부 전하고, 자기의 로잘린드라고 하는 젊은이에게는 이 피 묻은 손수건을 전해 달라는 사연입니다. 당신이오?

로잘린드 그렇습니다. 하지만 대체 어떻게 된 일인가요?

올리버 나로선 좀 창피스런 이야기라오. 만약 내가 어떤 사람인지, 그리고 어떻게, 왜, 어디서, 이 손수건이 피에 젖게 됐는가를 당신이 알게 되면 말이오.

실리아 어서 말씀해 보세요.

올리버 그 젊은 올란도는 조금 전에 두 분과 헤어지면서, 한 시간 안에 돌아오겠다는 약속을 남겨놓고 숲속을 돌아다니면서, 달고 쓴 환상을 음식같이 씹고 있었지요. 근데 그때 아, 저런! 눈을 들고 보니 뭐가 비쳤을까요! 늙은 가지에는 해묵은 이끼가 끼고 높은 꼭대기는 해묵어서 마르고 벗겨진 참나무 아래, 머리칼은 자랄 대로 자라고 누더기를 걸쳐 감은 비참한 차림의 한 사나이가 반듯이 누워 잠을 자고 있는데, 초록빛과 금빛 나는 뱀이 그자 목을 감고서, 날쌘 머리를 무섭게 쳐들고는 입구멍으로 다가오고 있었지요. 그렇지만 문득 올란도를 보자 똬리를 풀고 덤불 속으로 스르르 달아나 버렸어요. 근데 그 덤불 그늘 밑에는 젖이 바싹 말라붙은 암사자 한 마리가, 머리를 땅에 대고 쥐를 노리는 고양이같이 웅크리고서, 잠든 그 사람이 움직이기를 기다리고 있었지요. 이 짐승은 제왕 같은 성질로, 죽은 것은 먹지 않으니 말이오. 이를 보고 올란도가 다가가 보니 그 사람은 자기의 형, 맏형이 아니겠소.

실리아 아, 그분이 형님 이야기를 하는 것을 나도 들었어요. 그런데 사람의 탈을 쓴 자치고 자기 형님 같은 비인간은 없다더군요.

올리버 사실 그럴 겁니다. 그자가 그런 인간임을 나도 잘 알고 있으니까요.

로잘린드 하지만 올란도 그분은, 젖을 빨리고 있는 그 굶주린 사자의 밥이 되도록 자기 형을 내버려 뒀나요?

올리버 그는 두 번이나 돌아서서 그렇게 할 생각이었지요. 그러나 정의는 복수보다 훨씬 더 고상하여, 인간의 본성은 이런 좋은 기회를 붙잡아 이용하기는커녕, 그는 암사자한테 달려들어 어느새 그놈을 때려눕혔습니다. 이 소동 틈에 나는 무서운 잠에서 깨어났지요.

실리아 당신이 그분의 형님인가요?

로잘린드 그이가 구해 낸 분이 당신이었어요?

실리아 늘 그분을 죽이려고 했던 사람이 당신인가요?

올리버 지난날 나는 그랬지만 지금의 나는 아니오. 과거의 나를 말하는 것이 부끄럽지 않습니다. 글쎄 지금의 나로 말하면 뉘우쳐서 깨끗해져 있으니까요.

로잘린드 하지만 그 피 묻은 손수건은?

올리버 차츰 이야기하죠. 처음부터 끝까지 두 사람의 이야기는 다정한 눈물 속에 계속되고…… 내가 이 적막한 곳에 오게 된 데까지 이르자…… 결국 아우는 나를 친절한 공작님께 안내했지요. 공작님은 내게 새 옷을 주시고 후하게 대접하셨습니다. 그리고 내 아우의 사랑을 달게 받으라고 분부하셨지요. 내 아우는 곧 나를 자기 동굴로 데려갔고, 그곳에서 옷을 벗었는데, 그의 팔을 보니 암사자가 살을 물어뜯은 자국이 있더군요. 줄곧 피를 흘리고 있었던 거예요. 이때 아우는 기절했습니다. 기절한 상태에서도 로잘린드를 불렀어요. 결론부터 말하자면 나는 아우를 정신 차리게 하고, 상처를 동여매 주었지요. 그러자 아우는 낯선 사람인 나를 이곳으로 보내서 이런 이야기를 전하고, 약속을 어긴 데 대해 용서를 구하며 이 피 묻은 손수건을, 장난삼아 자기의 로잘린드라고 부르는 젊은 목동에게 전하도록 한 것입니다. (로잘린드가 기절한다)

실리아 어머, 왜 이래요? 가니메데, 응, 가니메데!

올리버 피를 보면 기절하는 사람들도 많습니다.

실리아 더 깊은 까닭이 있어요…… 오빠, 가니메데 오빠!

올리버 아, 깨어나는군요.

로잘린드 난 집에 가고 싶어.

실리아 우리가 데려다줄게요…… 이보세요, 팔을 좀 붙들어 주시겠어요?

올리버 이봐 젊은이, 기운을 내요. 남자가 아니오! 남자다운 용기가 부족하군요.

로잘린드 고백하지만, 사실 용기가 없어요. 아 여봐요, 누가 말해 봐도 이건 멋진 연극이라고 생각할 겁니다. 제발 동생한테 내가 연극을 참 잘하더라고 전해 주세요. 하하!

올리버 이건 연극이 아니라, 진실한 감정이라는 증거가 너무나도 분명하게 얼굴에 나타났소.

로잘린드 연극이라니까요, 정말.

올리버 좋소, 이번엔 용기를 내서, 남자답게 연극을 해봐요.

로잘린드 그렇게 하고 있잖아요. 하지만 난 여자인 것 같아요.

실리아 어머, 점점 더 창백해지네요. 어서 집으로 가요…… 이보세요, 당신도
우리와 함께 가주세요.

올리버 그렇게 하죠. 로잘린드가 내 아우를 어떻게 용서해 줄 것인지, 그 대
답을 가지고 돌아가야 하니까요.

로잘린드 대답은 생각해 두지요. 그렇지만 내가 한 연극을 그이에게 꼭 좀
전해 주세요. 갈까요? (모두 퇴장)

〔제5막 제1장〕

숲속.
터치스톤과 오드리 등장.

터치스톤 이봐 오드리, 기회는 있을 거야. 그러니 참아, 얌전한 오드리.

오드리 하지만 그 신부님으로 충분했을 것을. 아까 그 영감쟁이가 그런 말을
했지만 말예요.

터치스톤 빌어먹을 올리버 신부 때문이야. 지독한 엉터리 신부 같으니. 그
런데 이봐, 오드리, 이 숲속에는 당신을 노리는 젊은 녀석이 한 사람 있다
는데.

오드리 음, 누군지 나도 알고 있어요. 그는 나하고 아무 관계도 없어요. 어머
나, 당신이 말하는 그 사람이 오네요.

윌리엄 등장.

터치스톤 바보를 만나는 건 좋은 술잔치 같다고나 할까. 정말이지, 우리같이
재치 있는 사람들은 장난을 아니할 수 없는 법인데. 참을 수가 없구먼.

윌리엄 안녕하세요, 오드리.

오드리 네 안녕하세요, 윌리엄.

윌리엄 당신도 안녕하십니까.

터치스톤 (조롱조로 위엄을 부리며) 안녕하오. 점잖은 친구, 모자는 쓰시오, 써.
제발 쓰라니까요. 근데 대체 몇 살 먹었소, 친구?

윌리엄 스물다섯입니다.

터치스톤 성숙한 나이로구먼. 이름은 윌리엄이라죠?

윌리엄 예, 윌리엄입니다.

터치스톤 좋은 이름이오. 이곳 숲에서 태어났소?

윌리엄 예, 하느님 은혜로요.

터치스톤 하느님 은혜? 거 좋은 대답이오. 그래 돈은 많소?

윌리엄 솔직히, 그저 그렇습니다.

터치스톤 그저 그렇다니 좋군요. 참 좋소 아주 좋소. 하지만 별로 좋지 않다
오. 겨우 그저 그렇단 말이군요. 그대는 똑똑하오?

윌리엄 예, 꽤 총명하죠.

터치스톤 거참 말 잘했소. 이럴 때 하는 옛말이 마침 떠오르는군요. "바보는
자기를 똑똑하다고 생각하지만 똑똑한 사람은 자기가 바보란 걸 안다." (이
말에 윌리엄은 어이가 없어 입이 딱 벌어진다) 한 이교도 철학자는 포도가 먹고
싶자, 입을 벌려 포도를 집어넣었다고 하오. 포도는 먹기 위한 것, 입은 벌리
라고 있는 것이라나요. 그래, 당신은 이 처녀를 사랑하오?

윌리엄 예, 사랑합니다.

터치스톤 나와 악수합시다. 글은 배웠소?

윌리엄 아닙니다.

터치스톤 그렇다면 내가 좀 가르쳐 주죠. 가진다는 것은 가진다는 것. 글쎄
수사학의 비유를 따르자면, 술을 컵에서 잔으로 옮겨 따르면 한쪽이 가득
차기 때문에 다른 한쪽은 비게 되오. 그 까닭인즉, 모든 저술가가 동의하듯
이 자기 자신이 바로 그 사람이니 말이오. 그런데 그대가 그 사람이 아니라,
내가 곧 그 사람이죠.

윌리엄 그 사람이라뇨?

터치스톤 이 여자와 결혼해야 할 사람 말이오. 그러니 이봐, 바보 양반, 포기
하시오…… 상말로 하면 관두란 말이오…… 글쎄 이 여성과의…… 속된 말
로 하면 이 여자와의…… 교제…… 시골 말로 하면 사귐을 말이오. 이걸 합

쳐서 말하면 "이 여성과의 교제를 포기하라" 이거요. 포기하지 않으면, 이봐 바보 양반, 그대는 파멸이라오. 알아들을 수 있게 말할 것 같으면 죽는단 말이오. 내가 그대를 죽인다는 뜻이오. 글쎄 내가 그대를 죽이겠다고, 처치해 버린단 말이오. 그대 삶을 죽음으로, 그대의 자유를 구속으로 바꾸어 놓 겠다고. 독약을 써서, 또는 나무 막대기나 쇠뭉치로 때려 죽이거나, 치고받 고 싸워서 처치해 주겠소. 아니면 계략을 꾸며 어느 날 갑자기 덮쳐서 죽일 수도 있는데, 내가 당신을 죽이는 방법은 백오십 가지나 있단 말이오. 그러 니 어서 슬금슬금 도망가시게나.

오드리 달아나세요, 착한 윌리엄.

윌리엄 그럼 안녕히 계세요. (퇴장)

코린 등장.

코린 도련님과 아가씨가 찾으십니다. 어서 가보세요.

터치스톤 어서 오드리, 어서 서둘러, 오드리…… 나도 가야지, 나도 갈 거야. (모두 퇴장)

〔제5막 제2장〕

숲속.
올리버와, 그 옆에는 팔을 수건으로 동여맨 올란도가 함께 둑에 앉아 있다.

올란도 그렇게 잠깐 보고 그녀를 좋아하게 되다니 대체 그럴 수가 있나요? 보자마자 사랑하게 되다니요? 그리고 고백을 했다고요? 고백을 듣고 여자 쪽에서도 승낙했다고요? 그래 형님은 기어이 그녀를 맞이할 생각입니까?

올리버 이 문제에 대해서는 경솔하다느니, 그녀가 가난하다느니, 교제가 얕 다느니, 내 고백이 난데없다느니, 그녀의 동의도 너무 갑작스럽다느니 하고 비난할 것이 아니라, 내가 에일리나를 사랑한다고 나와 함께 말해 줘. 또 그 녀가 날 사랑한다고 그녀랑 같이 말해 줘. 그리고 두 사람은 서로서로 사랑 할 수 있을 거라고 우리와 함께 동의해 줘. 그것이 네게도 좋은 일이다. 아

연극 〈뜻대로 하세요〉 디 샤록 감독, 잭 라스키(올란도 역) 나오미 프레데릭(로잘린드 역) 마이클 벤츠(실리아 역) 출연. 셰익스피어 글로브 극장. 2010.

버지의 집이며, 수입이며, 돌아가신 롤런드 경의 소유는 모두 네게 넘기고, 난 이곳에서 양치기로서 살다 죽을 생각이니 말이다.

로잘린드, 저만치서 오고 있다.

올란도 동의할 테니 결혼식은 내일 올리기로 해요. 공작님과 공작님의 부하들을 모두 초대하겠습니다. 저기 마침 나의 로잘린드가 오는군요.

로잘린드 안녕하세요, 형님.

올리버 아, 아름다운 동생. (퇴장)

로잘린드 아 그리운 올란도, 당신 가슴에 붕대가 매여 있는 걸 보니 나는 너무나 슬퍼요.

올란도 이건 내 팔이오.

로잘린드 당신 가슴이 사자 발톱에 상처를 입은 줄만 알았어요.

올란도 상처를 입긴 입었지만, 그건 어떤 처녀의 눈에서 입었지요.

로잘린드 당신 손수건을 보고, 내가 연극 삼아 기절했다는 이야기를 형님한테 들었어요?

올란도 그렇소. 그리고 그보다 더 놀라운 이야기도.

로잘린드 오, 무슨 이야기인지 나도 알아요. 그건 정말이에요. 그렇게 느닷없는 일이 어디 있겠어요. 두 숫양의 싸움이나 카이사르의 "왔노라, 보았노라, 이겼노라" 하는 호언장담 빼고선 말예요. 글쎄 당신 형님과 내 동생은 만나자마자 마주 보고, 마주 보자마자 사랑하고, 사랑하자마자 한숨을 내쉬고, 한숨을 내쉬자마자 서로 그 까닭을 묻더니, 그 까닭을 알자마자 해결책을 찾잖겠어요, 글쎄. 그리고 그와 같은 단계를 밟아, 서둘러 결혼에까지 이를 작정이랍니다. 그렇게 하지 못하면 결혼 전에 일을 저지르고 말 거예요. 두 사람은 사랑에 미쳐 있어요. 그러니 함께 있게 될 거예요. 곤봉으로도 떼어 놓을 순 없습니다.

올란도 내일 결혼식을 올릴 거고, 난 공작님을 초대할 생각이오. 하지만 다른 사람의 눈으로 행복을 본다는 건 얼마나 뼈아픈 일이겠소! 내일 나는 형님이 소원을 이루고서 행복해하는 모습을 바라보며 내 사랑을 얻지 못한 마음의 슬픔이 더욱더 커져만 가겠지요.

로잘린드 내일이라고 해서 내가 왜 당신의 로잘린드 노릇을 하지 못하겠어요?

올란도 난 이제 상상만으론 살 수가 없소.

로잘린드 그럼, 쓸데없는 이야기로 당신을 더는 괴롭히진 않겠어요…… 이제부턴, 이건 무슨 목적이 있어 하는 말이지만…… 내가 당신을 총명한 신사로 본다는 점을 먼저 인정해 줘요. 내가 당신을 안다고 해서 내 지식을 인정해 달라는 말은 아니에요. 내 명예가 되는 건 아니지만, 당신한테 좋은 일을 좀 해주기 위해서, 당신이 믿어주길 바라는 마음 말고는 더 높이 평가받기를 바라지도 않아요. 그러니 부디 내가 이상한 힘을 가지고 있다는 걸 믿어줘요. 나는 세 살 때부터 그 분야에서 가장 심오하지만 나쁜 술수를 부리지는 않는 어떤 마법사의 지도를 받아왔는데, 만약 당신의 행동이 소리 없이 외치듯이 진정으로 로잘린드를 사랑하는 거라면 당신 형님이 에일리나와 결혼할 때 당신도 로잘린드와 결혼하게 해줄게요. 그녀가 어떤 어려움에 처해 있는지 내가 알고는 있지만 당신만 괜찮다면, 평소 모습 그대로 아무 위험도 없이 그녀를 내일 당신 눈앞에 데려다 놓을 수도 있어요.

올란도 진심으로 하는 말이오?

로잘린드 이 목숨을 걸고 하는 말이에요. 마법사라고 고백은 했지만 이 목숨도 소중하지요. 그러니 가장 좋은 옷으로 갈아입고, 친구들도 초대하도록 해요. 내일 결혼할 생각이라면 로잘린드와 결혼하게 해줄게요. 물론 원한다면요.

실비어스와 피비 등장.

로잘린드 저것 보세요, 나한테 반한 여자와 그 여자한테 반한 남자가 오는군요.

피비 이봐요, 당신은 내게 너무했어요. 당신한테 보낸 편지를 남에게 보여주다뇨.

로잘린드 그게 나랑 무슨 상관이오. 난 당신을 싫어해서 일부러 불친절하게 대하고 있는 거라오. 당신은 충실한 목동한테 사랑을 고백받고 있잖소. 그 사람을 지켜보고 사랑해야 하오. 그는 당신을 숭배하고 있으니.

피비 이봐요 목동, 이 젊은이에게 사랑이 뭔지 좀 이야기해 줘요.

실비어스 사랑은 온통 한숨과 눈물로 이루어져 있지요. 내가 피비에게 바로 그렇습니다.

피비 난 가니메데에게 그래요.

올란도 나는 로잘린드에게 그렇소.

로잘린드 그리고 난 여자 아닌 사람한테 그래요.

실비어스 사랑은 온통 진심과 봉사로 이루어져 있지요. 내가 피비에게 바로 그렇습니다.

피비 난 가니메데에게 그래요.

올란도 나는 로잘린드에게 그렇소.

로잘린드 그리고 난 여자 아닌 사람한테 그래요.

실비어스 사랑은 온통 환상일 뿐이며 열정과 욕망, 숭배와 의무와 준수, 겸손과 인내와 조바심, 순결과 시련, 그리고 복종 등으로 이루어져 있지요. 내가 피비에게 바로 그렇습니다.

피비 난 가니메데에게 그래요.

올란도 나는 로잘린드에게 그렇소.

로잘린드 그리고 난 여자 아닌 사람한테 그래요.

피비 (로잘린드에게) 그렇다면 왜 내가 당신을 사랑한다고 비난해요?

실비어스 (피비에게) 그렇다면 왜 내가 당신을 사랑한다고 비난해요?

올란도 그렇다면 왜 내가 당신을 사랑한다고 비난해요?

로잘린드 "왜 내가 당신을 사랑한다고 비난해요?"는 누구에게 하는 말인 가요?

올란도 이곳에는 없고, 그 말이 들리지도 않는 여자에게요.

로잘린드 제발 그런 말은 하지 마요. 달에 대고 짖어대는 아일랜드의 늑대 같으니까요. (실비어스에게) 될 수만 있다면, 도와주죠. (피비에게) 될 수만 있 다면 사랑해 주고 싶지만…… 우리 모두 내일 다시 만납시다. (피비에게) 내 가 여자와 결혼할 것 같으면, 당신과 결혼하겠소. 나도 내일은 결혼해요. (올 란도에게) 내가 남자를 만족시킬 수 있다면, 당신을 만족시켜 주겠어요. 내 일 당신도 결혼할 거예요. (실비어스에게) 당신이 지금 원하는 걸 가져서 만족 한다면, 당신을 만족시켜 줄 게요. 그리고 내일 당신도 결혼할 겁니다. (올란 도에게) 로잘린드를 사랑하는 당신도 와요. (실비어스에게) 피비를 사랑하는 당신도 와요…… 여자를 아무도 사랑하지 않는 나도 갈게요. 그럼, 안녕히들 가세요. 내 부탁 잊지 말고요.

실비어스 살아 있는 한, 난 잊지 않겠습니다.

피비 나도요.

올란도 나도요. (모두 퇴장)

〔제5막 제3장〕

숲속.
터치스톤과 오드리 등장.

터치스톤 내일은 기쁜 날이야, 오드리. 내일 우린 결혼하거든.

오드리 나도 진심으로 그걸 바라고 있어요. 내 생각엔 남의 아내가 되고 싶 어하는 건 좋지 못한 욕심은 아닌 것 같아요. 마침 추방당한 공작님의 시동 이 두 명 오네요.

시동 두 명 등장.

옛 공작·터치스톤·제이퀴즈·올란도·실리아와 로잘린드 H.C. 셸루스

시동 1 잘 만났어요, 정직한 신사.

터치스톤 정말 잘 만났네. 자 앉게, 그리고 노래나 한 곡 불러보게.

시동 2 말씀대로 하겠어요. 가운데에 앉으세요.

시동 1 그럼 바로 시작해 볼까요? 헛기침을 하거나 침을 뱉거나 목이 쉬었다
고 변명을 하는 좋지 못한 서사(序詞) 같은 건 빼고 말예요.

시동 2 그래그래, 합창을 하자. 말을 함께 탄 두 집시처럼 말이야.

시동들 (노래한다)

　연인과 그의 아가씨가
　헤이, 호, 헤이 노니노

푸른 보리밭을 지나가네
봄철, 시집가는 계절에
새들도 노래하네, 헤이 딩, 딩, 딩
연인들은 봄을 좋아하네.

호밀밭 사이로
헤이, 호, 헤이 노니노
예쁜 시골 사람들 누워
봄철, 시집가는 계절에
새들도 노래하네, 헤이 딩, 딩, 딩
연인들은 봄을 좋아하네.

그때 그들 노래 부르네
헤이, 호, 헤이 노니노
인생은 꽃만 같구나
봄철, 시집가는 계절에
새들도 노래하네, 헤이 딩, 딩, 딩
연인들은 봄을 좋아하네.

그러니 이때를 놓치지 마라
헤이, 호, 헤이 노니노
사랑은 지금이 한창이로다.
봄철, 시집가는 계절에
새들도 노래하네, 헤이 딩, 딩, 딩
연인들은 봄을 좋아하네.

터치스톤 근데 젊은 두 친구, 별 의미도 없는 노래면서 장단이 영 맞지 않는군.

시동 1 잘못 들으신 거예요. 우린 장단을 맞췄어요. 절대 놓치지 않았다고요.

터치스톤 그렇지 않다니까그래. 그따위 바보 같은 노래를 듣는 건 시간 낭비

야. 그럼 가봐. 하느님께 목소리나 고쳐달라고 해…… 이리 와, 오드리. (모두 퇴장)

〔제5막 제4장〕

숲속.
추방당한 옛 공작, 에미엔즈, 제이퀴즈, 올란도, 올리버, 실리아 등장.

옛 공작 이봐 올란도, 자넨 믿는가? 글쎄, 그 소년이 약속대로 해낼 수 있을까?

올란도 어떤 때는 믿고, 어떤 때는 믿지 않습니다. 희망하면서도 두렵습니다. 그 두려움을 스스로 알고 있는 사람같이 말입니다.

로잘린드, 실비어스, 피비 등장.

로잘린드 한 번만 더 말씀해 주십시오. 약속을 다시 다짐받아야겠으니까요. 제가 로잘린드 공주님을 데려오면 공작님께선 공주님을 이 올란도에게 주신다고 하셨지요?

옛 공작 물론이지, 공주와 더불어 줄 여러 왕국을 내가 가졌다고 하더라도.

로잘린드 그리고 당신은, 내가 그녀를 데리고 오면 아내로 맞이하겠습니까?

올란도 물론이오, 내가 모든 왕국의 왕이라 하더라도 말이오.

로잘린드 그리고 당신은 나만 허락하면 결혼하겠다고 했지요?

피비 그렇게 할래요, 한 시간 뒤에 내가 죽는 한이 있더라도요.

로잘린드 하지만 만약 나와 결혼하기를 거절한 경우에는 이 성실한 목동한테 시집가겠다고 했지요?

피비 그런 약속이었어요.

로잘린드 그리고 당신은 피비만 승낙하면 피비를 맞겠다고 했지요?

실비어스 예, 피비를 맞는 것과 죽음이 같은 것일지라도요.

로잘린드 나는 이 일을 모두 원만히 해결짓겠다고 약속했습니다. 오, 공작님은 따님을 주겠다는 약속을 지키십시오…… 올란도는 공주님을 맞는다는 약속을 지키세요…… 피비는 나와의 결혼 계획이나 나를 거절할 경우에 이 목동과 결혼한다는 약속을 지키시오. 그리고 피비가 날 거절할 경우에 실 비어스는 피비와 결혼한다는 약속을 지켜야 하오. 그런데 나는 이 수수께 끼들을 모두 풀기 위해서 어디 좀 다녀와야겠습니다. (실리아를 불러내어 함께 퇴장)

옛 공작 돌이켜 생각해 보니, 이 목동 아이는 어쩐지 내 딸애와 꼭 닮은 것 만 같구먼.

올란도 공작님, 저도 처음 봤을 땐 공주님의 오빠인 줄만 알았습니다. 그러 나 공작님, 이 소년은 숲에서 태어나 그의 숙부 밑에서 여러 가지 마법의 기초를 공부했다 하며, 자기 숙부는 이 숲속에 숨어 사는 굉장한 마법사라 고 했습니다.

터치스톤과 오드리 등장.

제이퀴즈 확실히 제2의 홍수가 있으려나. 저 한 쌍도 노아의 방주에 오를 모 양이지. 참 기묘한 짐승이 한 쌍 오잖는가. 저건 어떤 나라 말로나 '바보'라 는 것들이란 말야.

터치스톤 여러분께 삼가 인사드리겠습니다.

제이퀴즈 공작님, 이자를 환영해 주세요. 제가 숲에서 가끔 만나는 사람인 데, 마음까지 바보의 얼룩무늬 옷을 입고 있죠. 자기 말로는 궁정에서도 지 냈답니다.

터치스톤 그걸 의심하는 분은 저를 시험해 보십시오. 궁중에서 춤도 춰본 이 사람입니다. 귀부인에게 사랑 고백도 해본 사람이지요. 친구에겐 술책도 써 보고, 적하고도 원만히 지내본 이 사람입니다. 재단사를 세 명이나 파산시 킨 것도 이 사람입니다. 네 번씩이나 싸움을 일으키고, 한 번은 결투까지 할 뻔한 것도 이 사람입니다.

제이퀴즈 그런데 결투는 어떻게 해서 화해가 됐소?

터치스톤 글쎄 우린 마주 서고 나서, 그 결투가 제7조의 원인에 근거하고 있 다는 것을 발견했지요.

제이퀴즈 제7조의 원인? 공작님, 재미있는 친구이잖습니까?

옛 공작 참 재미있는 친구로구먼.

터치스톤 감사합니다. 저도 그와 같이 생각해 두겠습니다. 제가 부랴부랴 온 것은, 시골 혼례에 한몫 끼어 결혼하고 싶을 때에 맹세를 하고, 나중에 변덕이 나면 맹세를 깨뜨리기 위해서죠. (오드리를 손짓해서 부르며) 불쌍하고 못생긴 처녀입니다만 제 여자입니다. 아무도 차지하려 하지 않는 계집에게 제가 손을 댔지만, 이 또한 저의 하찮은 기분이지요. 정숙한 여자는 구두쇠처럼 가난한 집에 살고 있거든요. 글쎄 진주가 더러운 굴 속에 들어 있다시피 말입니다.

옛 공작 사실이지, 이 친구는 여간 날쌔고 재치 있는 말솜씨가 아니구먼.

터치스톤 글쎄, 바보의 화살은 날쌔다는 둥 신선한 엉터리 문구도 있지 않겠습니까?

제이퀴즈 그 제7조의 원인 말인데, 제7조에 근거한 결투라 함은 어떻게 알았소?

터치스톤 그건 바로 일곱 단계의 거짓말에 근거하고 있으니까요…… 이봐 오드리, 몸가짐 좀 단정하게 해…… 그건 이렇습니다. 제가 어떤 궁정인의 수염 가꾼 모양이 맘에 안 든다고 했더니, 자기 수염 모양이 당신 맘엔 안 들지 모르지만 자기는 상관없다고 말하는 것이었습니다. 이건 '정중한 대꾸'이지요. 만약에 제가 그건 보기 흉하다고 말했더라면, 그잔 자기 맘에 들도록 깎은 것이라고 대답했을 겁니다. 이건 '점잖은 경구(警句)'랄까요. 제가 한 번 더 보기 흉하다고 했다면, 그잔 제 판단을 의심해 올 것입니다. 이건 '상스러운 대답'이죠. 다시 또 제가 보기 흉하다고 해줄 것 같으면, 그잔 당신 말이 옳지 않다고 대답할 것입니다. 이건 '맹렬한 비난'이죠. 거듭 제가 보기 흉하다고 말해 준다면, 그잔 저더러 거짓말쟁이라고 할 것입니다. 이건 '도전적인 반발'입니다. 이렇게 해서 다음은 '상황에 따른 간접적 거짓말'과 '직접적 거짓말'의 차례이죠.

제이퀴즈 그래, 당신은 그의 수염 모양이 흉하다고 몇 번이나 말했소?

터치스톤 저는 감히 간접적 거짓말의 선을 넘어서지 못했고, 상대편에서도 감히 직접적 거짓말의 선을 넘어오진 못했습니다. 그래서 우린 칼을 맞춰 보았을 뿐 헤어졌지요.

제이퀴즈 여보게, 한 번 더 그 거짓말의 등급을 순서대로 말해 줄 수는 없소?

터치스톤 그야 우린 일일이 교본(教本)에 따라 결투하거든요. 이건 당신들이 예의범절 책을 갖고 있는 것과 마찬가집니다. 등급을 말해 드리죠. 첫째는 정중한 대꾸, 둘째는 점잖은 경구, 셋째는 상스러운 대답, 넷째는 맹렬한 비난, 다섯째는 도전적인 반발, 여섯째는 간접적 거짓말, 일곱째는 직접적 거짓말입니다. 이 가운데 직접적 거짓말 말고는 피할 길이 있습니다. 물론 일곱째 경우도 '만약에'란 말만 붙어 있다면 피할 수 있죠. 제가 알고 있지만, 일곱 명의 법관도 화의시키지 못한 결투를 당사자끼리 만나서, 어느 한쪽이 다만 '만약에' 하고 생각하고 "만약에 당신이 그렇게 말한다면 난 이렇게 말하겠소" 하자, 두 사람은 악수를 하고 결의형제의 맹세를 했죠. 그 '만약에'란 말은 유일한 중재자이며, 그 '만약에' 속에는 굉장한 힘이 있습니다.

제이퀴즈 이자는 참 보기 드문 친구가 아닙니까, 공작님? 모든 일에 그럴듯한 자이긴 합니다만, 역시 바보는 바보입니다.

옛 공작 사냥꾼이 말 모양 뒤에 숨어서 짐승에게 다가가듯이 이런 허튼소리 아래서 풍자를 마구 쏘아대는구먼.

혼례의 신 히멘의 가면을 쓴 남자와 그 일행이 본대로 차림을 한 로잘린드 그리고 실리아와 함께 등장. 조용한 음악이 흐른다.

히멘 (노래한다)

땅 위의 온갖 일들
화해가 됐을 때
하늘에도 기쁨이 넘쳐흐르는구나.
인자한 공작이여, 그대 딸을 받으라,
히멘이 하늘에서 그녀를 데려왔으니.
아, 여기 그녀를 데려왔으니
이 손을 그의 손과 맺어주어라.
그의 마음, 그녀 가슴속에 들어 있으니.

로잘린드 (공작에게) 저를 바치겠어요, 저는 아버지 것이니까요. (올란도에게) 나를 바치겠어요, 나는 당신 것이니까요.

옛 공작 이 눈이 틀림없다면 너는 내 딸이로구나.

올란도 이 눈이 틀림없다면 당신은 나의 로잘린드입니다.

피비 이 눈에 보이는 것이 진실이라면 아, 내 사랑이여, 안녕히!

로잘린드 (공작에게) 당신이 제 아버지가 아니시라면 저에게는 아버지가 없어요. (올란도에게) 당신이 그이가 아니시라면 나에게는 남편이 없어요. (피비에게) 당신이 그 상대가 아니라면 난 어떤 여자하고도 결혼하지 않겠어요.

히멘 쉬, 쉬! 조용히. 내가 나서서 이 이상한 사건의 결말을 지어야겠습니다. 여기 이 여덟 사람은 히멘의 인연으로 진실함에 거짓이 없다면 손들을 맞잡게 됩니다. (로잘린드와 올란도에게) 그대와 그대는 어떤 불행도 서로를 떼어놓지 못하오. (실리아와 올리버에게) 그대와 그대는 마음도 하나요. (피비에게) 그대는 그의 사랑을 따라야 하오. 안 그러면 여자를 남편으로 맞아야 하니까. (오드리와 터치스톤에게) 그대와 그대는 굳게 맺어지도록 하오. 겨울철과 나쁜 날씨처럼. 결혼 노래를 부르고 있을 테니 서로 물러들 서서, 이렇게 만나 이렇게 맺어진 까닭을 의심치 마시오. (노래한다)

결혼은 위대한 유노 여신의 영광이로다.
함께 먹고 함께 자는 행복한 인연이여.
마을마을마다 식구 늘리는 자는 히멘이로다.
성스러운 결혼을 찬미합시다.
모든 마을의 신, 히멘을
높이높이 찬미합시다.

옛 공작 (실리아에게) 아, 내 사랑스런 조카딸이 왔구나. 친딸 못지않게 널 환영한다.

피비 (실비어스에게) 이제 당신은 내 남편이 되었으니 나는 약속을 어기지 않겠어요. 당신의 진심이 내 사랑을 당신에게 맺어놓았어요.

제이퀴즈 드 보이스 등장.

제이퀴즈 드 보이스 한두 마디 알려드릴 말씀이 있습니다. 저는 돌아가신 롤런드 경의 둘째 아들인데, 이 아름다운 모임에 새로운 소식들을 가지고 왔습니다. 프레더릭 공작은 날마다 유능한 인사들이 이 숲에 모여든다는 소문을 듣고 대군을 동원해 몸소 이끌고, 자기 형을 체포해서 목을 벨 목적으로 이 황량한 숲 언저리까지 찾아왔습니다만, 그곳에서 늙은 수도자 한 분을 만나 몇 가지 문답을 한 끝에 뉘우치고는 이 같은 계획과 속세를 모두 버리겠다 결심하셨지요. 자기 왕관을 추방한 형님께 돌려드리고, 형님을 따라 귀양 간 분들에게서 빼앗은 땅을 모두 돌려드린다는 것입니다. 이 모두가 진실임을 목숨 걸고 맹세합니다.

옛 공작 잘 왔네, 젊은이. 그대는 형제들 결혼식에 좋은 선물을 가져왔구려. 한 사람에게는 빼앗긴 땅을, 그리고 한 사람에게는 땅 전부를, 즉 당당한 공국을 선물로 가져왔네. 먼저 이 숲속에서 우리는 잘 시작하여 좋은 열매를 맺고 일의 결말을 지읍시다. 그다음 나와 더불어 쓰라린 밤낮을 참아온 이 행복한 한 사람 한 사람은, 각자가 소유한 땅의 넓이에 따라 돌아온 행복의 기쁨을 함께 나눕시다. 그러나 잠시 동안, 뜻밖에 굴러든 권세를 잊고 우리의 소박한 잔치를 즐깁시다…… 자, 음악을! 그리고 신부와 신랑들, 기쁨에 넘친 춤들을 넘실넘실 춰보구려.

제이퀴즈 공작님, 잠깐만요. (음악이 멈추는 것을 기다렸다가 제이퀴즈 드 보이스에게) 내 귀가 틀림없다면, 프레더릭 공작은 수도 생활로 들어가고 호화스런 궁궐을 포기하셨다는 겁니까?

제이퀴즈 드 보이스 사실입니다.

제이퀴즈 나는 그분을 따라가겠습니다. 그와 같이 개심을 한 분께는 듣고 배울 것이 많으니까요. (옛 공작에게) 이전의 영광에 공작님을 맡겨두고 가겠습니다. 공작님의 인내와 덕행은 그만한 가치가 있습니다. (올란도에게) 당신은 진정성을 가지고 맞이한 애인에게 맡기겠소. (올리버에게) 당신은 영지와 사랑과 훌륭한 동료들에게 맡기겠소. (실비어스에게) 당신은 오래 즐겨 마땅한 침대에 맡기겠소. (터치스톤에게) 그리고 당신은 입씨름에 맡기겠소. 글쎄 당신을 위한 사랑의 항해는 겨우 두 달분밖에 식량이 지탱하지 못할 테니까요…… 그럼 여러분, 즐거운 시간 보내십시오. 이 사람은 춤하고는 맞지가 않아서요.

옛 공작 가만있게, 제이퀴즈, 가만있으라고.

제이퀴즈 축제를 구경하고 싶진 않습니다. 이 사람은 앞으로 공작님의 소식 일랑 여러분이 버리고 가시는 동굴에 남아서 전해 듣기로 하겠습니다. (모든 이로부터 돌아선다)

옛 공작 자, 자, 의식들을 시작합시다. 틀림없이 이 끝은 진정한 즐거움으로 가득할 걸세. (모두 음악에 맞추어 춤을 춘다)

〔막을 내리는말〕

로잘린드 여자가 막을 내리는말을 보여드리는 것은 보통 격식에 맞지는 않습니다만, 남자의 서사(序詞)보다 그리 흉할 것은 없을 듯합니다. 좋은 술에는 나무 간판이 필요 없다는 말이 사실이라면, 좋은 연극에도 끝말은 필요 없겠지요. 그래도 좋은 술에는 좋은 나뭇가지를 간판으로 사용하는 것처럼, 좋은 연극도 좋은 끝말의 도움을 받으면 더욱 빛나는 법이죠. 그런데 저는 어떻게 하면 좋을까요? 좋은 끝말을 올리지도 못하고, 좋은 연극으로 보이기 위해 여러분의 호감을 살 수도 없으니 말입니다! 저는 거지 차림은 하고 있지 않아 애원하는 것도 어울리지 않습니다. 저로서는 여러분께 간청할까 하는데, 부인들부터 시작하겠습니다. 오, 부인 여러분, 남자에 대한 여러분의 사랑에 중점을 두고 이 연극을 마음껏 감상해 주시기 바랍니다. 다음은 남자 여러분, 당신들의 여자에 대한 사랑에 중점을 두어주십시오…… 당신들의 선웃음으로 보아 여자를 미워하는 분은 하나도 없을 것 같으니까 말입니다만…… 당신과 부인의 관계에 초점을 맞추어 주시기를 간청합니다. 제가 정말 여자라면, 제 마음에 드는 수염을 가지신 분께는, 그리고 제가 좋아하는 얼굴을 하신 분과 제게 싫지 않은 입김을 가지신 분께는 빠짐없이 키스를 해드리고 싶습니다. 그러니 좋은 수염을 가지신 분이나, 좋은 얼굴을 하신 분이나, 향긋한 입김을 가지신 분들은 빠짐없이 저의 점잖은 제의에 대해 제가 앞으로 나아가 인사를 드릴 때에, 반드시 큰 박수갈채를 보내주시리라 믿습니다. 감사합니다. (퇴장)

Twelfth Night
십이야

[등장인물]

비올라 배가 난파해 일리리아에 오게 된 아가씨. 세자리오라는 남성으로 변장

선장 비올라를 구조하고 도움

세바스찬 비올라의 쌍둥이 오빠

안토니오 세바스찬을 구조하고 돕는 또 다른 선장

오르시노 일리리아 공작

큐리오
발렌타인 } 공작의 시종

올리비아 백작 가문 딸

마리아 올리비아의 하녀

토비 벨치 경 올리비아의 숙부

앤드류 에이규치크 경 토비 경의 친구

말볼리오 올리비아의 집사

페스테 올리비아의 어릿광대

파비안 올리비아의 하인

그 밖에 악사, 귀족들, 시종들, 신부, 뱃사람, 하인들, 경찰들 등

[장소]

일리리아

십이야

오르시노 공작의 저택.
오르시노 공작, 큐리오, 귀족들 나와서 음악을 듣는다.

공작 사랑이 음악을 먹고 자라는 거라면, 그 음악을 멈추지 마라. 넘치도록 다오. 지나쳐서 탈이나 식욕이 싹 사라질 수 있도록. 방금 그 부분을 다시! 죽음으로 끌어들일 듯 느리고 슬픈 가락이구나. 아, 제비꽃 언덕 위로 그 향기를 훔치며 불어오는 달콤한 바람처럼 내 귀를 스치다니. 오, 사랑의 정신아, 너는 어찌 이리도 재빠르고 싱싱하냐. 저 바다처럼 모든 걸 품을 수 있을 정도로 마음이 넉넉하면서도 아무것도 안으려 하지 않고, 아무리 귀하고 가치 있는 것들도 그 품에서는 순식간에 값이 떨어져 싸구려가 되고 만다. 사랑은 그 자체만으로 너무나 환상적이라 그럴 테지.

큐리오 사냥을 가시겠습니까, 공작님?

공작 무슨 사냥을, 큐리오?

큐리오 수사슴*1 사냥 말입니다.

공작 이미 가장 값진 녀석을 쫓고 있지 않느냐. 아, 올리비아를 처음 봤을 때, 세상의 나쁜 기운들이 모두 깨끗해지는 것만 같았어. 바로 그 순간부터 나는 수사슴이 되어 내 욕망은 사나운 사냥개처럼 줄곧 나를 쫓고 있지.

발렌타인 등장.

---

*1 '수사슴'을 영어로 hart라 하는데 발음이 '심장(마음)'을 뜻하는 단어 Heart와 같은 점을 이용한 말장난이다.

공작 그래, 그녀가 뭐라 하던가?

발렌타인 죄송하지만 공작님, 그들은 저를 들여보내 주지 않았습니다. 하녀에게서 이러한 대답을 들었을 뿐입니다. 앞으로 7년 동안, 아가씨는 저 하늘에게조차 얼굴을 보이지 않을 거랍니다. 수녀들처럼 면사포를 쓰고 거닐며, 하루에 한 번 자신의 방 곳곳을 짜디짠 눈물로 적시겠답니다. 이 모든 게 아가씨의 죽은 오빠에 대한 사랑을 슬픈 추억 속에 오래도록 간직하기 위함이랍니다.

공작 아, 오빠에 대한 사랑의 빚을 갚는 데조차 그토록 아름다운 마음을 쓰는 여인이구나. 뒷날 사랑이 황금빛 화살로 그녀 마음속 다른 모든 애정을 물리치고, 그녀의 정열과 이성과 감정의 모든 옥좌를 차지하고 그 완벽한 달콤함에 오직 하나의 왕이 군림하게 된다면 그녀는 어떤 사랑을 할까! 나를 향기로운 꽃밭으로 이끌어 다오. 사랑은 나무 그늘에 앉아 떠올려 볼 때 그 깊이가 더해지는 법. (모두 퇴장)

〔제1막 제2장〕

바닷가.
비올라, 선장, 뱃사람들 등장.

비올라 이곳은 어느 나라입니까?

선장 일리리아입니다, 아가씨.

비올라 일리리아에서 무엇을 하면 좋죠? 오빠는 이미 죽은 이들이 사는 엘리시움에 이르렀겠지. 아직 살아 있을 수도 있을까요? 어떻게 생각하세요?

선장 아가씨만이라도 살아남은 게 천만다행입니다.

비올라 아, 불쌍한 오빠! 부디 운 좋게 살아 있기를.

선장 그럴 수도 있겠지요, 아가씨. 혹시 모르니 너무 슬퍼 마십시오. 배가 부서져 아가씨와 몇몇 살아남은 사람들이 물살에 떠밀려 가는 보트에 매달려 있을 때, 아가씨 오빠는 위태로운 가운데서도 아주 침착하게 바다 위를 떠다니던 커다란 돛대에 자신을 묶고 있었습니다. 용기와 희망이 그분에게 살아남는 길을 일러주는 듯 보였지요. 돌고래 등에 올라탄 아리온처럼 파도

난파선 쌍둥이 남매 세바스찬과 비올라가 탄 배가 폭풍에 휩쓸려 서로 헤어지게 된 뒤 따로따로 일리리아에 상륙한다.

를 벗삼아 떠내려가 내 시야에서 사라졌습니다.

비올라 그렇게 말해 주시니 정말 고마워요. 자, 이 돈을 받으세요. 내가 살아
   난 것만 봐도 희망이 있는데, 선장님 말씀까지 들으니 정말 살아 있을지도
   모르겠네요. 그런데 이 나라를 잘 아시나요?

선장 네, 잘 알고 있습니다. 여기서 세 시간이면 갈 수 있는 곳에서 태어나
   자랐으니까요.

비올라 이곳 영주는 어떤 분인가요?

선장 성품이며 가문이 모두 고귀하신 공작님입니다.

비올라 이름은?

선장 오르시노.

비올라 오르시노? 아버지께서 말씀하시는 걸 들은 적이 있어요. 그때는 아직 결혼하지 않으셨다던데.

선장 지금도 그렇습니다. 한 달 전 내가 이곳을 떠나올 때까지는 그랬지요. 그런데 아랫사람들은 높으신 분들 사이에 일어나는 일들을 두고 재잘대기 마련인지라, 그때 소문에 따르면 공작님은 아름다운 올리비아를 보고 사랑에 빠지셨다 했었지요.

비올라 그녀는 어떤 분인가요?

선장 아주 정숙한 아가씨입니다. 열두 달 전쯤 세상을 떠난 어느 백작님의 딸로, 백작님이 돌아가시면서 그 아들 손에 아가씨를 맡기셨지요. 그런데 그 오빠마저 곧이어 세상을 떠났습니다. 그래서 아가씨는 오빠의 사랑을 잊지 못해 남성들과는 그 어떤 만남도 갖지 않고, 얼굴조차 마주하지 않기로 굳게 맹세를 했답니다.

비올라 아, 그 아가씨 밑에서 일할 수 있다면 좋겠어요. 그러면 내 신분을 드러내도 되는 그날이 올 때까지 세상을 피해 지낼 수 있을 텐데!

선장 그건 어려운 일 같습니다. 그 아가씨는 아무도 만나주지 않으니까요. 공작님조차도요.

비올라 선장님은 참 좋은 분이네요. 세상에는 더럽혀진 마음을 아름다운 겉모습으로 꾸미고 다니는 사람도 많지만, 선장님은 훌륭한 겉모습이나 다름없이 마음도 친절하신 분으로 생각합니다. 제발 부탁이에요. 그 은혜에는 충분히 보답해 드릴테니, 내가 변장을 하고 신분을 숨길 수 있도록 도와주세요. 나는 공작님을 모시고 싶어요. 선장님이 나를 환관이라 소개해 주세요. 수고하신 보람이 있도록 해드리겠어요. 나는 노래도 잘 부르고, 음악에 대해서라면 아는 것도 많으니, 공작님도 나를 하인으로 두시면 즐거워하실 거예요. 그 뒤에 어떤 일이 벌어질지는 시간에 맡겨야겠지요. 선장님은 그저 입을 다물어 주시기만 하면 돼요.

선장 아가씨는 공작님의 환관이 되고, 나는 아가씨의 벙어리가 되지요. 내가 혀를 놀려 허튼소리라도 하면, 이 눈을 멀게 해도 좋습니다.

비올라 고마워요, 공작님께 데려가 주세요. (모두 퇴장)

일리리아 고대 발칸 반도 서쪽 지역

〔제1막 제3장〕

올리비아의 집.
토비 벨치 경이 앉아서 술을 마시고 있고, 그 앞에 마리아가 있다.

토비 내 조카 녀석은 도대체 왜 저러지? 오빠의 죽음을 그렇게 슬피 여기다
니. 너무 슬퍼하면 건강에 좋지 않을 텐데.

마리아 제발 토비 경, 밤에는 좀 일찍 들어오세요. 늦게 돌아오시면 경의 조
카인 아가씨가 매우 못마땅하게 생각하십니다.

토비 못마땅하게 생각하거나 말 거나.

마리아 하지만 적당히 하셔야지요.

토비 적당히? 난 지금이 딱 적당해. 옷차림도 이만하면 술 마시기에 편하고,
이 장화도 마찬가지야. 아니라는 녀석이 있으면 제 신발끈에 목매달아 죽으
라고 해.

마리아 그렇게 벌컥벌컥 술만 마셔대시면 몸이 망가져요. 어제도 아가씨가

걱정하시는 소리를 들었어요. 그리고 어느 날 밤 구혼자랍시고 데려왔던 바보 같은 기사 이야기도 하시더군요.

토비　누구? 앤드류 에이규치크 경 말인가?

마리아　네.

토비　그는 일리리아 땅에서 누구에도 뒤떨어지지 않는 사람이야.

마리아　그게 무슨 소용이 있어요?

토비　그 사람은 해마다 3천 더컷씩 번다고.

마리아　하지만 흥청망청 일 년 안에 다 써버릴 텐데요. 아주 멍청한 데다 헤 프기까지 하다고요.

토비　쳇, 무슨 소릴 하는 거야! 그 사람은 비올 연주도 잘하고, 서너 나라 말 도 또박또박 할 수 있단 말이야. 그 밖에도 타고난 재능이 아주 많아.

마리아　정말이지 타고난 재능을 참 많이도 가지셨지 뭐예요. 바보에다 툭하 면 다투려 드는 싸움꾼이기도 하니까요. 싸움을 보면 도망치려 하는 비겁 함도 타고났으니 다행이지, 안 그랬으면 벌써 무덤 속에 누워 있을 거라고, 생각이 똑바로 박힌 사람들은 모두 말하던 걸요.

토비　그 사람을 그렇게 말하는 놈들은 악당이야. 거짓말쟁이들이라고. 어떤 놈들이 그래?

마리아　그뿐 아니라 숙부님과 밤마다 술만 퍼마신다고 하던데요.

토비　그건 조카의 건강을 빌기 위해 마시는 거야. 내 목에 술이 넘어갈 목구 멍이 있고, 이 일리리아 땅에 술이 남아 있는 동안에는 그 애를 위해 술을 마실 거야. 내 조카를 위해서 동네 팽이처럼 머리가 빙빙 돌 때까지 술을 퍼마시지 않는 놈은 비겁한 악당이란 말이야. (마리아의 허리를 잡고 춤을 춘 다) 말 조심해! 저기 마침 앤드류 에이규치크 경이 오시는군.

앤드류 에이규치크 경 등장.

앤드류　토비 벨치 경! 어떻게 지내시오, 토비 벨치 경?

토비　친애하는 앤드류 경!

앤드류　안녕하시오, 예쁜이.

마리아　안녕하세요.

토비　말 걸어봐요, 앤드류 경. 말 걸어봐요!

앤드류　뭐라고요?

토비　내 조카의 하녀예요.

앤드류　'말 걸어봐' 양, 앞으로 잘 부탁해요.

마리아　제 이름은 마리아예요.

앤드류　그럼 마리아 '말 걸어봐' 양.

토비　그게 아니오. 말 걸어보라고 한 건 여자 앞에 다가가서, 꼬시고 호감을 얻어 이 여자를 손에 넣어보라고 한 말이오.

앤드류　맙소사, 이 자리에서 어떻게 이 여자를 손에 넣어요? 말을 건다는 게 본디 그런 뜻인가요?

마리아　안녕히 계세요. (돌아서서 나가려 한다)

토비　앤드류 경, 그렇게 놓쳐버리면 칼을 잡는 기사의 체면이 안 서지 않소.

앤드류　마리아 양, 그렇게 가버리면 칼을 잡는 기사가 창피해지잖소. 상대를 바보로 알고 있는 거요?

마리아　저는 당신을 상대하지 않았는데요.

앤드류　마리아 양, 그럼 상대하게 해드리지. 자, 악수합시다. (손을 내민다)

마리아　(악수하며) 제 생각에는 이제 이 손으로 술을 가져다 마시는 게 좋겠어요.

앤드류　왜요, 귀염둥이? 무슨 뜻으로 하는 말이지요?

마리아　손이 메말랐으니까요.

앤드류　그야 물론이죠. 축축한 손으로 돌아다닐 만큼 바보는 아니니까요. 그런데 무슨 농담이 그렇소?

마리아　메마른 농담입니다.

앤드류　그런 농담을 많이 알고 있나요?

마리아　그럼요. 그런 농담쯤은 훤하게 알고 있지요. 어머, 경의 손을 놓았더니 우스운 농담을 그만 놓쳐버리고 말았네요. (인사하고 퇴장)

토비　(앉아서) 아, 술 한 잔 들어요. 당신이 이렇게 한 방 먹은 건 처음 보오.

앤드류　정말 이렇게 당해 보긴 처음입니다. 술한테야 많이 당해 봤지만요. (토비 옆에 앉으며) 난 가끔 내 머리가 평범한 사람들보다 더 똑똑하지는 않을 수도 있겠다는 생각이 들어요. 고기를 많이 먹어서 머리가 둔해지는 모양이오.

토비 틀림없군요.

앤드류 그게 진짜라면 고기를 끊어야겠소. 나는 내일 고향에 돌아간다오, 토비 경.

토비 친구, 푸르쿠아?*²

앤드류 푸르쿠아라니요? 가란 말이오, 가지 말란 말이오? 검술이며 춤이며 곰 굴리기*³에 보낸 시간을 외국어 공부에 바쳤으면 좋았을 것을! 아, 공부 좀 해두었더라면 좋았을 텐데.

토비 그랬다면 당신 머리 위 머리칼도 더 보기 좋았을 텐데요.

앤드류 그게 내 머리카락이랑 무슨 상관이란 말입니까?

토비 그거야, 당신 머리카락은 저절로 곱슬거리게 타고나지는 않았잖소.

앤드류 그래도 봐줄 만은 하지요?

토비 훌륭하죠! 실패에 감아 놓은 아마실 같소. 어떤 아낙네가 그걸 다리 사이에 끼워서 빙빙 돌려대는*⁴ 꼴 좀 봤으면!

앤드류 정말 난 내일 고향에 돌아갈 생각이오, 토비 경. 당신 조카는 만날 수도 없고, 만나봤자 거절당할 게 뻔한 데다, 바로 옆에 사는 공작인지 뭔지도 구애하고 있다니까요.

토비 공작은 아마 안 될 거요. 그 애는 신분이나 나이나 학식이 자기보다 높은 사람과는 결혼하지 않을 테니까요. 그렇게 맹세하는 걸 내 귀로 들었소. 그러니까 아직 당신에게 희망이 있다는 말이오.

앤드류 그럼 한 달만 더 있겠소. 나는 세상에서 가장 이상한 마음을 가진 사람이라, 가끔씩은 가장무도회에서 춤이나 추고 술이나 마시며 놀기를 좋아하거든요.

토비 그런 데에 재주가 있단 말이오?

앤드류 일리리아에서는 나보다 못한 사람들 가운데서 그 누구한테도 뒤지지 않죠. 그래도 오랜 시간 춤을 추어온 사람들과는 비교할 수 없지만.

---

*2 pourquoi는 프랑스어로 '왜'라는 뜻이다.

*3 쇠사슬로 묶인 곰에게 개를 덤비게 하는 옛 놀이.

*4 '돌려대는(spin off)'은 실을 뽑아낸다는 의미로, 머리카락이 빠진다는 뜻으로도 해석이 가능하다. 이는 성병의 대표적 증상으로, 토비 경은 성적인 농담을 하고 있다.

토비 경쾌한 갤리어드 춤 가운데 무엇을 잘 추시오?

앤드류 깡충 뛰는 춤을 잘 추지요.

토비 나는 거기에 맞게 양고기를 잘 자르죠.*5

앤드류 뒷발질하는 춤도 이 일리리아에서는 아마 내가 가장 잘 출 겁니다.

토비 아니, 그런 재주를 왜 감춰 두고 있소? 왜 그런 재주 앞에 커튼을 쳐 놓고 있느냐고요? 여자 소매치기 '몰' 아가씨 초상화처럼 먼지 속에 묻어두고 싶은 거요? 교회에 갈 때도 쿵덕쿵덕 갤리어드 춤을 추면서 가고, 돌아올 때도 쿠랑트 춤을 추면서 돌아올 수 있잖소? 나라면 걸어 다닐 때도 늘 지그 춤을 출 거요. 오줌을 눌 때도 생크파 춤을 추지 않고는 견디지 못할 것 같소. 당신은 도대체 무슨 생각이오? 요즘 세상에 그런 재능을 숨겨두다니? 나는 당신의 그 빼어난 다리를 볼 때마다 갤리어드 별자리 아래에서 태어난 게 틀림없다 생각은 했지요.

앤드류 그렇소. 내 다리는 아주 튼튼하지요. 이렇게 진한 빛깔 스타킹도 썩 잘 어울린답니다. 그럼 한바탕해 볼까요?

토비 물론이요, 달리 뭐 할 게 있나요? 우리는 황소자리 아래에서 태어나지 않았소?

앤드류 황소자리! 그건 옆구리와 심장을 다스리는 별이죠.

토비 아니요, 다리와 허벅지를 다스리는 별이오. 자, 어디 한번 그 춤 좀 봅시다. (앤드류가 펄쩍펄쩍 뛰며 춤을 춘다) 우아! 더 높이. 우아! 정말 잘하오! (모두 퇴장)

〔제1막 제4장〕

공작 저택의 어느 방.
발렌타인과, 세자리오라는 이름의 남성으로 변장한 비올라 등장.

발렌타인 공작님께서 이렇게 쭉 자네를 아끼신다면 세자리오, 아마 자네는 출세할 것 같군. 자네를 알게 되신 지 사흘밖에 안 됐는데 벌써 자네를 아

---

*5 caper라는 단어는 ① (신이 나서) 깡충거리다는 뜻과 ② 양고기에 곁들여 먹는, 식초에 절인 채소라는 뜻을 지니고 있다.

주 친근하게 대하시잖아.

비올라 공작님의 마음이 쭉 이어질까 의심하시는 걸 보니 공작님의 변덕
이나, 저의 태만을 걱정하시는 듯하군요. 공작님은 그렇게 변덕스런 분인
가요?

발렌티노 절대 그렇지 않네.

비올라 말씀해 주셔서 고맙습니다. 저기 공작님이 오시는군요.

공작, 큐리오, 시종들 등장.

공작 세자리오를 본 사람이 있느냐?

비올라 여기 있습니다, 공작님.

공작 다른 사람들은 잠시 물러서 있어라. (큐리오와 시종들 물러선다) 세자리오,
너는 모든 것을 알고 있다. 내 영혼의 비밀까지도 모두 네게 펼쳐 보였으니.
그러니 젊은이여, 아가씨한테 가서 만남을 청하고, 거절당하거든 문 앞에
버티고 서서, 발에 뿌리가 돋아도 아가씨를 뵙기 전엔 물러가지 않겠다고
말해라.

비올라 하지만 공작님, 들리는 소문대로 그 아가씨가 슬픔에 푹 잠겨 있다
면 절대로 저를 만나주지 않을 것 같은데요.

공작 아무것도 얻지 못하고 돌아오느니 차라리 예의범절에 얽매이지 말고
소란이라도 피우거라.

비올라 뵙게 되면 어떻게 할까요?

공작 아, 그녀 앞에 내 사랑의 열정을 펼쳐 보이고, 내 애정의 진심을 이야기
해 그녀를 감동시키도록 해라. 내 비탄을 전해 주는 데에는 네가 딱 알맞다.
나이 들고 근엄한 대리인보다는 젊은 너의 말을 더 귀 기울여 들을 테니까.

비올라 저는 그렇게 생각하지 않아요, 공작님.

공작 애야, 내 말이 맞아. 너를 어른이라 하는 자들은 너의 싱그러운 젊음을
미처 살피지 못한 게지. 여신 디아나의 입술도 네 입술처럼 부드럽고 붉지
는 못해. 네 가냘픈 목소리는 소녀 목소리처럼 높고 맑아. 뭐든 다 여자의
모습을 닮았어. 그러니 너는 이 임무에 알맞단다. (시종들에게) 네다섯 명쯤
따라가라. 원한다면 모두 따라가도 좋다. 나는 곁에 아무도 없는 게 더 좋으

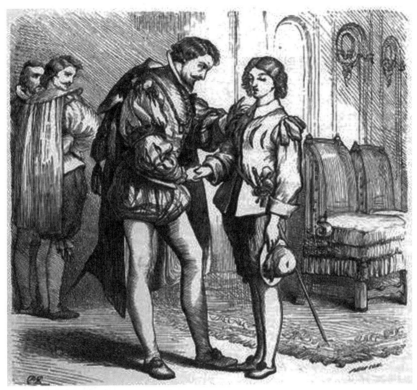

1막 4장, 공작과 비올라　헨리 코트니 셀루스 1830.

니까. (비올라에게) 이 일을 잘해 내면, 네가 네 주인의 재산을 네 것처럼 쓰며 자유로이 살게 해주마.

비올라　최선을 다해서 아가씨 마음을 얻어보겠습니다. (혼잣말로) 하지만 너무나 어려운 임무로구나. 누구에게라도 구애는 해보겠지만 저분 아내는 내가 됐으면. (모두 퇴장)

〔제1막 제5장〕

올리비아의 집.
뒤쪽에는 아름다운 의자가 놓여 있다. 마리아와 광대 페스테 등장.

마리아 아니, 어디 갔었는지 말해 봐. 말하지 않으면 나도 아가씨께 네 변명을 해주기 위해서는 털 한 오라기도 들어갈 만큼도 입을 열지 않을 거야. 그렇게 집을 비웠으니 아가씨께서 네 녀석 목을 매달 거야.

페스테 매달라지요. 목이 잘 매달린 사람은 세상에 무서울 게 없으니까요.

마리아 그걸 어떻게 알아?

페스테 뭐 보이는 게 있어야 무서워할 수도 있지요.

마리아 참 형편없는 대답이군. 무서울 게 없다는 말이 어디서 나온 줄이나 알아?

페스테 어디서 나온 말인데요?

마리아 전쟁에서 나온 말이야. 그러니 그 말을 농담 삼아 지껄이려면 용감해야 하는 거야.

페스테 글쎄요. 하느님께서 지혜를 가진 자에게 지혜를 더해 주시고 광대들은 그 재능을 쓰도록 허락해 주시기를.

마리아 어쨌든 너는 집을 너무 오래 비운 죄로 목이 매달릴 거야. 아니면 쫓겨나거나. 목이 매달리는 거나 쫓겨나는 거나 너에겐 마찬가지 아니야?

페스테 목이 매달려 죽으면 덕분에 불행한 결혼 생활을 피할 수 있고, 쫓겨나는 건 여름이라 참을 만할 거예요.

마리아 그럼 각오는 됐어?

페스테 그렇지도 않지만, 저한테는 끈이 두 개잖아요.

마리아 한쪽이 끊어지면 다른 한쪽이 버티고, 두 쪽이 모두 끊어지면 바지가 벗겨진다는 말이지.

페스테 맞았어요. 바로 그거죠. (마리아, 가려고 돌아선다) 그럼 가보세요. 토비경이 술을 끊으면, 당신이 일리리아에서 가장 재치 있는 여자가 될 거예요.

마리아 입 다물어, 이 말썽쟁이야. 그 이야기는 이제 그만해. 저기 아가씨가 오시는군. 가진 지혜를 몽땅 짜내서 핑계거리나 생각해 보는 게 좋을 거야. (퇴장)

검은 옷차림의 올리비아 등장. 말볼리오와 하인들이 그 뒤를 따른다. 올리비아는 의자에 앉는다.

페스테　(모두를 못 본 척하고) 지혜여, 부디 내가 훌륭한 바보짓을 하도록 도우
　　소서! 자신이 지혜롭다고 생각하는 사람은 거의 바보라는 걸 알 수 있어.
　　우리는 자신이 지혜가 없다는 사실을 알고 있으니 지혜롭다고 할 수 있지.
　　퀴나팔루스 선생도 이렇게 말했거든. "바보 같은 지식인보다 지혜로운 바보
　　가 되어라." (돌아서서) 인사드립니다, 아가씨.

올리비아　이 바보를 끌어내.

페스테　못 들었어, 자네들? 아가씨를 끌어내라 하시잖아.

올리비아　가버려. 네 농담은 이제 시들해졌어. 더는 필요 없으니 나가. 게다
　　가 넌 요즘 불성실해.

페스테　아가씨, 그 두 가지는 술과 따끔한 충고만으로 바로잡을 수 있답니
　　다. 시든 바보는 술을 먹이면 다시 생생해지고, 불성실한 사람에게는 버릇
　　을 고치라고 명령해 보십시오. 버릇을 고치면 다시 성실해질 테고, 안 고쳐
　　지면 재단사에게 부탁해 보시죠. 뭐든지 고쳐 놓을 테니까요. 고친다는 건
　　다만 여기저기 덧대고 기웠다는 말일 뿐이니까요. 죄를 저지른 양심이란 곧
　　죄를 갖다 꿰매 놓은 양심이고, 죗값을 치른 죄란 곧 양심을 갖다 꿰매 놓
　　은 죄일 뿐이니 말입니다. 이 간단한 논리가 맞는다면 좋은 거고, 안 맞으
　　면 뭐 어쩌겠습니까? 불행이라는 남편은 반드시 배신당하기 마련이고, 아
　　름다움은 꽃과 같으니까요. 아가씨가 바보를 끌어내라고 하셨잖아요. 자, 어
　　서 아가씨를 끌어내라니까.

올리비아　내가 끌어내라고 한 건 너야.

페스테　그건 큰 실수이십니다. 두건을 썼다고 모두 수도승이 되는 건 아니라
　　고 하잖아요. 제가 알록달록한 광대 옷을 입었다고 머릿속까지 바보는 아닙
　　니다. 마음씨 착한 아가씨, 아가씨가 바보라는 사실을 증명해 보이도록 해
　　주세요.

올리비아　정말 할 수 있어?

페스테　물론이지요, 아가씨.

올리비아　그럼 해봐.

페스테　제가 묻고 아가씨가 대답하시는 겁니다. 자, 얌전하신 아가씨, 대답해
　　보세요.

올리비아　다른 할 일도 없으니 네 증명이나 참고 들어보자.

페스테 착한 아가씨, 무엇을 그렇게 슬퍼하고 계십니까?

올리비아 착한 바보야, 오빠가 죽었으니까 그렇지.

페스테 그분의 영혼이 지옥에 떨어졌나 보군요, 아가씨.

올리비아 오빠의 영혼은 천국에 있다, 바보야.

페스테 그러면 더 바보지요. 오라버님의 영혼이 천국에 갔다고 슬퍼하시다니. 여러분, 이 바보를 끌어내요.

올리비아 이 바보를 어떻게 생각하지, 말볼리오? 나아진 것 같지 않아?

말볼리오 네, 더 바보가 됐군요. 죽음의 고통으로 몸부림칠 때까지 점점 더 바보가 되겠지요. 늙어 망령이 나면 지혜로운 자들은 무너지고 말지만, 바보는 더 우스운 바보가 될 테니까요.

페스테 하느님께서 당신은 특별히 더 일찍 망령이 나도록 허락해 주실 겁니다. 더 우스운 바보가 될 수 있게 말이에요. 토비 경도 저를 똑똑한 사람이라고는 말씀 안 하실 테지만, 당신이 바보가 아니라는 맹세만큼은 두 푼을 드려도 안 하실 걸요.

올리비아 이 말에는 뭐라 대답할 거지, 말볼리오?

말볼리오 아가씨께서 저런 시시한 건달 녀석을 재미있어 하시다니 그저 놀라울 따름입니다. 며칠 전에도 저 녀석이 돌대가리조차 못 되는 바보에게 당하고만 있는 걸 봤습니다. 저 보십시오, 지금도 뭐라 대꾸조차 못하지 않습니까. 아가씨께서 웃어주고 틈을 내주지 않으시면 입도 뻥긋 못하지요. 제가 장담하는데, 저런 광대들을 보고 소리 내어 웃는 현명한 사람들은 광대 들러리보다도 못합니다.

올리비아 말볼리오, 그대는 자기 자신을 사랑하는 병에 걸려서 병든 입맛으로 세상을 맛보고 있어. 너그럽고 결백하고 마음이 넓은 사람이 되려면 그대가 대포알로 여기는 것들을 그저 새 잡는 무딘 화살촉쯤으로만 여겨야 하는 거야. 그 어떤 말을 해도 허락되는 광대는 비꼬고 욕을 쏟아낼지라도 험담이 되지는 않고, 분별 있기로 이름난 사람은 아무리 꾸짖는다 해도 비난이 되지는 않아.

페스테 광대들을 칭찬해 주시다니, 속임수의 신 메르쿠리우스께서 아가씨에게 거짓말하는 재주를 내려주시기를!

마리아 다시 등장.

마리아　아가씨, 문밖에 젊은 신사가 찾아와서 아가씨를 꼭 만나 뵙겠답니다.

올리비아　오르시노 공작께서 보낸 사람인가?

마리아　잘 모르겠어요, 아가씨. 잘생긴 젊은이인데, 부하들을 잔뜩 거느리고 왔어요.

올리비아　지금 누가 응대하고 있지?

마리아　아가씨 숙부 되시는 토비 경이에요.

올리비아　제발, 그분은 물러서 있게 해! 미친 사람 같은 말만 하시잖아. 그분은 안 돼. (마리아, 서둘러 퇴장) 말볼리오, 가봐. 공작님이 보낸 사람이 맞다면 내가 아프다고 하든지, 집에 없다 하든지, 그대 마음대로 둘러대서 돌려보내. (말볼리오 퇴장) 그리고 너, 네 광대짓은 이미 낡고 지겨워졌어. 그래서 사람들이 싫어하는 거야.

페스테　아가씨는 저희 광대들 편을 들어주셨어요. 마치 첫째 아들이 광대가 되기를 바라기라도 하시는 듯이요. 부디 유피테르 신이시여, 그 아드님 머리만은 틀림없이 뇌를 꽉꽉 채워 주소서! 왜냐하면…… 아, 저기 마침 오시는군요…… 아가씨 집안 남자는 뇌가 아주 자그마하시거든요.

토비 벨치 경이 비틀비틀 들어온다.

올리비아　어머나, 여전히 취해 계시는군. 문밖에 찾아온 사람이 누구지요, 숙부님?

토비　(취한 목소리로) 신사더군.

올리비아　신사? 어떤 신사인데요?

토비　그 신사는 말이야…… (트림을 한다) 염병할 청어절임 같으니라고…… (페스테가 웃는다) 이봐, 주정뱅이 바보!

페스테　안녕하세요, 토비 경!

올리비아　숙부님, 숙부님, 어쩌다 이렇게 일찍부터 술에 진탕 취해 계세요?

토비　음탕! 난 음탕한 건 딱 질색이야. 문밖에 누가 와 있다.

올리비아　그러니까 그게 누군데요?

토비 악마라면 악마일 테지. 난 상관없어. 내게 믿음*6을 달라 이 말이야. (문 쪽으로 비틀거리며 걸어간다) 아무튼 다 마찬가지지 뭐. (퇴장)

올리비아 취한 사람은 무엇과 같지, 광대야?

페스테 물에 빠져 죽은 사람이나 바보 그리고 미치광이 같지요. 기분 좋게 알딸딸한 상태에서 한 잔 더 마시면 바보가 되고, 두 잔 더 마시면 미쳐버리고, 세 잔 더 마시면 빠져 죽고 마니까요.

올리비아 어서 빨리 검시관을 불러서 숙부님을 보게 해. 그 세 번째 단계까지 마셨으니 이미 빠져 죽고 말았을 거야. 어서 좀 돌봐드려.

페스테 아직 미쳤을 뿐입니다, 아가씨. 그럼, 이 바보가 미치광이를 돌봐드리지요. (퇴장)

말볼리오 다시 등장.

말볼리오 아가씨, 어떤 젊은이가 꼭 뵙고 전할 말씀이 있답니다. 아가씨께서 편찮으시다 말했지만 그건 다 알고 있다면서, 그러니까 뵙고 드릴 말씀이 있다고 합니다. 지금 주무신다고 했더니, 그것도 다 알고 있었다는 듯이 그러기에 더욱 뵙겠다는 겁니다. 그 사람에게 뭐라 말을 해야 좋을까요, 아가씨? 아무리 거절해도 끄떡하지 않습니다.

올리비아 나와는 이야기할 수 없다고 말해.

말볼리오 그렇게 말해 봤습니다만, 시청 앞 기둥처럼 떡 버티고 서서 의자 다리가 되는 한이 있더라도 기어코 뵙겠답니다.

올리비아 어떤 사람이지?

말볼리오 그야 그냥 사람이지요.

올리비아 태도는 어떤데?

말볼리오 매우 좋지 못합니다. 아가씨께서 원하든 원치 않든 꼭 만나야겠다 버티고만 있습니다.

올리비아 겉모습은 어떠하며, 몇 살로 보이더냐?

말볼리오 어른은 채 못 되고, 그렇다고 소년도 아닙니다. 콩알이 익기 전의

---

*6 악마를 물리치는 신앙의 믿음.

연극 〈십이야〉 희극 배우 스티븐 프라이(말볼리오 역) 마크 라일런스(올리비아 역) 출연. 런던 글로브 극장 공연. 2012.
이 공연에서는 남자 배우만 캐스팅했다.

풋콩, 다 여물지 못한 풋사과, 어른과 아이 사이에 잔잔한 고인 물 같습니다. 생김새도 반듯하고 말솜씨도 좋습니다. 아직 어머니 젖내가 덜 빠졌다고나 할까요.

올리비아　들어오게 해. 마리아도 불러주고.

말볼리오　(문으로 가면서) 마리아, 아가씨께서 부르시네. (퇴장)

마리아 다시 등장.

올리비아　내 베일을 이리 줘. 내 얼굴에 씌워 봐. 한 번 더 오르시노의 사자를 만나볼 테니. (마리아가 베일을 씌워 준다)

세자리오로 변장한 비올라 등장.

비올라 이 댁 안주인이 어느 분이시지요?

올리비아 나에게 말해요. 대신 답해 드릴 테니까. 무슨 일이죠?

비올라 가장 빛나고 특별하며 비할 데 없이 아름다운 아가씨! 당신이 이 댁 아가씨가 맞는지 부디 말씀해 주십시오. 저는 뵌 적이 없어서요. 준비해 온 연설을 헛되이 써버리고 싶지는 않습니다. 매우 훌륭하게 썼을 뿐 아니라, 그걸 외우는 데도 몹시 고생을 했으니까요. 아름다운 아가씨, 부디 저를 비웃지는 마십시오. 아주 살짝만 놀리셔도 저는 마음이 매우 예민하답니다.

올리비아 어디서 왔지요?

비올라 저는 외워 온 것밖에는 말씀드릴 수 없는데, 그 질문은 제 대본에는 없답니다. 제발 당신이 이 댁 아가씨인지 대답해 주십시오. 준비해 온 연설을 보여드리겠습니다.

올리비아 당신은 희극 배우인가요?

비올라 그렇지는 않습니다. 하지만 악의 송곳니에 대고 맹세하건대, 저는 제가 연기하고 있는 인물은 아닙니다. 당신은 이 댁 아가씨이신지요?

올리비아 내가 내 역할을 빼앗은 게 아니라면 맞아요.

비올라 이 댁 아가씨가 틀림없으시다면, 스스로의 역할을 빼앗은 게 맞습니다. 자기 것이라 해도 내어줄 것을 간직하고 있는 일은 옳지 않습니다. 그러나 지금 드린 말은 분부를 받은 게 아니며, 먼저 아가씨를 칭송하는 연설을 하고 분부받은 중대한 말씀을 아뢰겠습니다.

올리비아 그 중대한 말만 하시죠. 칭송은 그냥 넘어가도 좋아요.

비올라 이런, 그걸 외우느라 무척 고생했는데요. 게다가 아주 시적이랍니다.

올리비아 그럼 더욱더 거짓이겠네요. 제발 그건 그냥 넣어둬요. 사실은 당신이 문밖에서 예의 없이 군다기에 도대체 어떤 사람인가 궁금해서 들어오게 했을 뿐이에요. 당신이 하고자 하는 말을 들어보려던 게 아니라고요. 미친 사람이라면 어서 돌아가요. 분별력을 가진 사람이라면 짧게 말하고요. 나는 이렇게 엉뚱한 이야기나 나누고 있을 만큼 미친 사람이 아니라서요.

마리아 (비올라가 든 모자를 가리키며) 자, 돛을 올리시지요! 뱃길이 이쪽으로 나 있답니다. (문을 열고 비올라를 밀어낸다)

비올라 (나가지 않으려 하며) 아니요, 갑판 관리인님, 저는 여기 좀더 머물러야 해요. 마음씨 착한 아가씨, 이 무시무시한 여인을 좀 달래주십시오.

올리비아 원하는 걸 말해 봐요.

비올라 저는 말을 전하러 왔습니다.

올리비아 전하러 온 사람 태도부터가 이리 끔찍한 걸 보니, 전달할 내용은 더 무시무시할 테지요. 말해 봐요.

비올라 오직 아가씨 귀에만 관련된 내용입니다. 그렇다고 전쟁을 선포하거나 공물을 요구하러 온 건 아닙니다. 제 손에는 평화를 뜻하는 올리브 가지를 들었고, 제 말에는 그 내용만큼이나 평화가 가득하답니다.

올리비아 하지만 그 시작은 아주 무례했지요. 당신은 누구죠? 무슨 일로 왔나요?

비올라 제가 무례하게 보였다면, 그건 다 저를 맞아주신 분들을 보고 배운 거지요. 제가 누구인지, 그리고 바라는 게 무언지는 처녀의 정조만큼이나 조심스러워서 아가씨 귀에는 신성한 것이지만, 다른 분들에게는 신성 모독이 된답니다.

올리비아 다들 자리를 비켜줘. 그 신성한 말을 들어봐야겠어. (마리아와 하인들 퇴장)

비올라 가장 아름다운 아가씨…….

올리비아 참으로 위안이 되는 교리이니 할 말이 많겠군요. 그 말씀은 어디에 있지요?

비올라 오르시노 공작님 마음속에요.

올리비아 그분 마음속 제 몇 장에?

비올라 목차에 따르면 그분 마음 제1장에요.

올리비아 아! 그거라면 읽어보았어요. 이단이랍니다. 할 이야기가 더 있나요?

비올라 아가씨, 얼굴을 보여주십시오.

올리비아 내 얼굴과 협상하라는 분부라도 받았나요? 말씀에서 벗어나는군요. 그래도 커튼을 열어 하느님께서 그린 그림을 보여주겠어요. (베일을 벗으며) 지금 나는 이렇게 생겼답니다. 잘 그린 것 같나요?

비올라 참으로 훌륭하군요. 하느님께서 모두 그리신 게 맞다면요.*7

올리비아 덧칠해진 부분은 없어요. 비바람에도 씻겨 나가지 않지요.

---

*7 화장을 해서 더욱 아름다운 게 아니냐는 지적이다.

비올라 자연이 그 달콤하고 솜씨 좋은 손으로 직접 희고 붉은 빛깔을 섞어 그려낸 진정한 아름다움이군요. 그런 우아함을 지니고도 세상에 복제품을 남기지 않고 무덤으로 가지고 가신다면 아가씨는 살아 있는 가장 잔인한 여인입니다.

올리비아 오, 나는 그렇게 마음이 모질지는 않답니다. 이 아름다움을 빠짐없이 기록해 두겠어요. 모든 부분과 요소 하나하나 남김없이 일람표를 만들어서 유언장에 적어 놓겠어요. 품목 1 적당히 붉은 입술 두 개, 품목 2 눈꺼풀이 딸린 잿빛 눈 두 개, 품목 3 목 하나, 턱 하나 이렇게요. 그런데 나를 칭찬하라고 보내신 건가요?

비올라 이제 아가씨를 잘 알겠습니다. 아가씨는 자만심이 굉장한 분이시군요. 그러나 아가씨가 악마라 할지라도 여전히 아름다우십니다. 저의 주인 공작께서는 아가씨를 사랑하십니다. 아, 당신이 그 무엇에도 비할 수 없는 아름다움이라는 왕관을 썼다고는 해도 그 사랑에는 다 보답할 수 없으시답니다!

올리비아 나를 어떻게 사랑하시는지요?

비올라 경배와 흘러넘치는 눈물, 그리고 천둥같이 울려대는 사랑의 탄식과 불같은 한숨으로요.

올리비아 당신 주인은 내 마음을 잘 알고 계세요. 나는 그분을 사랑할 수 없어요. 그분이 덕망 있고, 고결하고, 넓은 영지를 가지셨으며, 젊고 티 없는 분이라는 사실은 나도 알아요. 세상의 평판도 좋고, 활발하고, 학식 있고, 용맹하며, 몸집과 생김새도 훌륭하신 분이란 걸 잘 알아요. 하지만 사랑할 수는 없어요. 벌써 오래전에 이런 대답을 받으셨을 텐데요.

비올라 제가 주인님같이 뜨거운 열정을 가졌다면, 그토록 괴로워하며 그처럼 목숨을 다 바쳐 아가씨를 사랑한다면 그런 거절이 귀에 들어올 리가 있을까요? 들어도 이해하지 못할 것 같습니다.

올리비아 그럼 어떻게 하겠어요?

비올라 아가씨 집 문 앞에 버들가지로 오두막을 짓고, 오두막 안에 제 영혼을 불러내어서, 짓밟힌 사랑의 변치 않음을 노래로 지어 깊은 밤에도 소리 높여 부를 겁니다. 메아리치는 언덕에 당신 이름을 크게 외치고, 공기가 재잘대며 "올리비아!" 울부짖도록 만들겠습니다. 아, 저를 가엾게 여겨주실 때

연극 〈십이야〉　제랄딘 매큐언(왼쪽, 올리비아 역)·도로시 튜틴(비올라 역) 출연. 로열셰익스피어
극단 공연. 1960.

까지 이 하늘과 땅 그 어디에도 당신이 편히 쉴 곳은 없게 할 겁니다.

올리비아 당신은 큰일을 해낼 사람 같군요. 어떤 가문에서 태어났지요?

비올라 지금 제 지위보다 높은 가문에서요. 하지만 지금도 괜찮습니다. 저는 신사랍니다.

올리비아 주인께 돌아가서 말씀드려요. 나는 그분을 사랑할 수 없으니 이제 더는 사람을 보내지 마시라고요. 당신은 또 와도 괜찮아요. 주인께서 내 말을 어떻게 여기시는지 알려주러 오는 거라면요. 그럼 안녕히! 수고가 많았어요. 나를 위해 써줘요. (돈을 주려 한다)

비올라 저는 돈으로 고용된 사자가 아니니까 지갑은 넣어두시지요. 보답을 받을 분은 제가 아니라 제 주인님입니다. 큐피드 신이 앞으로 당신이 사랑하게 될 남자의 심장을 돌처럼 만들어서 아가씨의 열정이 내 주인님 마음처럼 무참히 짓밟히기를 바랍니다. 아름답고 잔인한 아가씨, 안녕히. (퇴장)

올리비아 "어떤 가문에서 태어났지요?" 물었더니, "지금 제 지위보다 높은 가문에서요. 하지만 지금도 괜찮습니다. 저는 신사랍니다" 이렇게 대답했지. 물론 그럴 거야. 말솜씨며, 얼굴이며, 몸집이며, 몸가짐과 마음씨, 이 다섯 가지 모두가 훌륭한 신사임이 틀림없다고 말해 주잖아. 안 돼, 멈춰야만 해! 마음을 가라앉혀야 한다고. 침착하자! 그 사람이 바로 주인이 아닌 한 안 될 노릇…… (생각에 잠긴다) 이럴 수가! 어쩌면 이렇게 금방 열병에 걸릴 수가 있는 걸까? 그 젊은이의 완벽함이 나도 모르는 새 살며시 이 눈 속에 숨어들었나 봐. 이런, 어쩔 수 없지. 이봐, 말볼리오!

말볼리오 다시 등장.

말볼리오 아가씨, 이렇게 아가씨의 분부를 기다리고 있습니다.

올리비아 아까 그 심술궂은 사자를 뒤쫓아 가. 공작의 시종 말이야. 내게 묻지도 않고 반지를 두고 갔지 뭐야. 이런 건 받지 않겠다고 말해 줘. 주인께 듣기 좋은 소리를 한다거나 희망을 갖게 해서는 안 된다고 전해. 나는 그분과 맞지 않아. 그 젊은이가 내일 다시 온다면 그 이유를 말해 주겠다고 해. 서둘러, 말볼리오.

말볼리오 알겠습니다, 아가씨. (퇴장)

2막 2장, 비올라와 말볼리오 H.C. 셀루스 1830.

올리비아 어찌 된 일인지 나도 모르겠어. 눈이 마음을 온통 홀려 놓은 게 틀림없어. 운명이여, 그대 뜻대로 하소서. 어차피 운명은 사람 마음대로 되는 게 아닌걸. 벌어진 일은 피할 수 없도다. 이 일도 마찬가지겠지. (퇴장)

〔제2막 제1장〕

바닷가.
안토니오와 세바스찬 등장.

안토니오 더 머물지 않으시겠습니까? 내가 따라나서도 안 된단 말이죠?

세바스찬 미안하지만 그렇습니다. 내 별자리는 어두침침한 빛을 내뿜으며 나를 따라다닙니다. 좋지 못한 내 운명이 당신의 운명을 병들게 할지도 모릅니다. 그래서 그 악운을 나 혼자 짊어지기 위해 헤어짐을 부탁드리는 겁니다. 그런 악운이 조금이라도 당신한테 영향을 끼치게 된다면 사랑을 원수로 갚는 일이 될 테니까요.

안토니오 어디로 가는지만이라도 가르쳐 주십시오.

세바스찬 안 됩니다. 내가 가는 길은 그저 정처 없는 방랑길이랍니다. 그러나 당신은 내가 감추려는 것을 물으려고도 않는 매우 조심스러운 분이니 내가 먼저 밝히는 것이 도리겠지요. 안토니오 씨, 당신에게 내 이름을 로데리고라 했지만 사실 내 이름은 세바스찬입니다. 내 아버지는 당신도 아마 들어본 적이 있을 바로 그 메살린의 세바스찬입니다. 아버지가 돌아가시고 나와 내 누이동생이 남았지요. 우리는 한날한시에 태어났답니다. 하늘만 허락했더라면 죽을 때도 함께였어야 했는데! 그걸 당신이 바꾸어 놓았습니다. 바다의 손아귀에서 나를 구해 주시기 몇 시간 앞서 내 동생은 바다에 빠져 죽고 말았으니까요.

안토니오 아, 저런!

세바스찬 내 누이동생은 나를 꼭 닮기는 했지만, 그 아이를 두고 아름답다 칭찬하는 사람들이 많았습니다. 남들의 놀라운 칭찬이야 다 믿을 수 없습니다만, 그래도 이 말만큼은 자신 있게 할 수 있습니다. 내 누이동생은 그 아이를 시기하는 사람들조차 칭찬하지 않을 수 없는 마음씨를 지녔습니다. 동생은 저 소금물 아래 가라앉아 버렸는데, 내가 누이동생에 대한 기억마저 이 눈물의 소금물에 또다시 빠뜨리는 것 같습니다.

안토니오 죄송합니다. 제대로 보살펴 드리지도 못하고.

세바스찬 아, 친절한 안토니오 씨, 폐를 끼쳐 미안합니다.

안토니오 당신을 향한 사랑으로 내가 절망에 빠져 죽게 하지 않으시려거든 나를 하인삼아 데려가 주십시오.

세바스찬 당신이 베푼 친절을 헛되게 하지 않으시려거든, 그러니까 애써 구한 사람을 다시 죽게 만들지 않으시려거든 그것만은 바라지 마십시오. 여기서 헤어지도록 합시다. 내 마음은 아련한 감정으로 가득해서 자칫하면 내 어머니처럼 자그마한 일에도 눈에 눈물이 가득 차오를지도 모릅니다. (악수

를 하고) 나는 오르시노 공작의 궁정으로 갈 겁니다. 그럼 안녕히! (퇴장)

안토니오 하느님의 돌봄이 늘 함께하시기를! 오르시노 공작 궁정에는 내 적들이 많지. 그렇지만 않다면 당장 따라나설 텐데. 하지만 무슨 일이 닥쳐도 상관없어. 나는 당신을 너무나도 사랑해서 위험조차 장난에 지나지 않아. 그러니 따라가야겠어.

〔제2막 제2장〕

어느 거리.
비올라가 나타나고, 그 뒤를 말볼리오가 쫓아오고 있다.

말볼리오 (다가와서) 조금 전까지 올리비아 아가씨 댁에 있었지요?

비올라 그렇습니다. 그 뒤 여느 때와 같은 속도로 걸어 여기까지 왔습니다.

말볼리오 아가씨께서 이 반지를 돌려드리랍니다. 이 반지를 직접 가지고 갔더라면 내가 이렇게 수고하지 않아도 됐을 텐데요. 뿐만 아니라 아가씨께서 앞으로도 공작님을 받아들일 일은 절대로 없을 거라 딱 잘라 말하라 하십니다. 그리고 한 가지 더, 다시는 그분 일로 찾아오지 말라 하십니다. 그러나 당신 주인께서 이 일을 어떻게 생각하시는지 알리기 위해 당신이 오는 건 괜찮다고 하셨습니다. (반지를 건넨다) 자, 이걸 받으시오.

비올라 내게서 직접 받아 가신 겁니다. 나는 받을 수 없습니다.

말볼리오 이봐요, 당신이 버릇없게 그냥 내던졌다면서요. 그러니 같은 방법으로 돌려주는 겁니다. (비올라의 발에 반지를 던지다) 허리를 굽혀 주울 만한 물건이라면 주워 가시오. 싫다면 다른 누가 주워 가겠죠. (퇴장)

비올라 반지를 두고 온 적이 없는데, 아가씨의 뜻은 뭐지? 내 겉모습에 반했다면 안 될 말인데! 나를 뚫어져라 바라보고 있었어. 나를 보는 데 너무나 정신이 팔려 말을 잇지 못하기도 했으니까. 정신이 어디에 팔린 듯 이상한 소리를 하기도 했으니까. 나를 사랑하는구나, 틀림없어! 그래서 뜨거운 마음을 억누르지 못해 꾀를 써서 그 버릇없는 하인을 보내 나를 다시 불러들이려는 거야. 주인님의 반지는 받지 않겠다고? 그야 보낸 일이 없는걸. 내가 바로 그 아가씨가 원하는 남성이구나. 사실이라면, 아니 사실인 게 틀림없지만, 아가씨는 차라리 꿈에서 사랑에 빠지는 게 나을 텐데. 변장이여, 악마와 손을 잡고 일을 돕다니, 그대는 참으로 사악하구나. 그럴듯한 가짜 모습으로 밀랍 같은 여자 마음을 마음대로 주무르기란 얼마나 쉬운 일인가! 그러나 그건 우리 여자들이 너무나 약한 탓이지, 우리 잘못은 아니야. 그렇게 타고났을 뿐이야. 앞으로 무슨 일이 일어나게 될까? 내 주인은 아가씨를 무척 사랑하고, 불쌍한 괴물 같은 나는 주인을 사랑하고, 아가씨는 내가 남자인 줄만 알고 내게 푹 빠진 듯한데. 이제 어떻게 되는 거지? 나는 남자니까 주인을 사랑하는 내 마음은 가망이 없어. 하지만 나는 여자니까, 아, 불쌍하구나! 아가씨는 얼마나 헛된 한숨을 내뱉게 될까! 아, 시간이여! 나 대신 이 마구 꼬여버린 매듭을 풀어다오. 너무나 얽히고설켜 버려서 나는 손 댈 수조차 없으니!

〔제2막 제3장〕

올리비아의 집.
음식과 음료수가 차려진 탁자와 의자가 있다. 토비 벨치 경과 앤드류 에이규치크 경 등장.

토비 (탁자에 걸터앉으며) 앤드류 경, 이리 와봐요. (앤드류, 휘청휘청 걸어온다) 밤 12시가 훌쩍 지나도록 깨어 있다는 건 일찍 일어난 거나 마찬가지예요. 그런데 일찍 일어나는 건 건강에 좋다고 하잖아요.

앤드류 (곁에 앉으며) 아니, 그런 말은 정말이지 난 모르겠소. 늦게까지 깨어 있는 건 그냥 늦게까지 깨어 있는 거죠. (술을 마신다)

토비 (술병을 든다. 빈 병이다) 잘못 생각하는 거요. 난 그런 건 빈 술잔만큼이나 싫어하죠. 밤 12시가 지나도록 깨어 있다가 그때서야 잠자리에 든다는 건 이른 시간에 잔다는 거요. 그러니까 잘 시간에 제대로 잠자리에 드는 거라고요. 우리 생명은 4대 원소*8로 이루어져 있다고 하잖아요?

앤드류 (입에 음식을 가득 물고) 그렇다고 하더군요. 그러나 내 생각엔 그저 먹

---

*8 흙, 물, 바람, 불.

영화 〈십이야〉 트레버 넌 감독, 영국 배우 벤 킹슬리(페스테 역) 출연. 1996.

고 마시는 걸로 이루어진 것 같은데요.

토비 당신이야말로 진정한 학자로군요. 그렇다면 먹고 마시도록 합시다. (집 안쪽을 보며 소리친다) 마리아! 술을 더 가져와!

광대 페스테 등장.

앤드류 저기 바보 광대가 오는군요.

페스테 (두 사람 사이에 앉으며) 안녕하세요? 〈우리 셋〉이란 그림을 본 적 있으세요?

토비 어서와, 멍청이. 함께 돌림 노래나 부르자고.

앤드류 정말이지, 이 광대가 노래 부르는 목소리 하나는 끝내줍니다. 나도 이 바보처럼 멋진 다리와 감미로운 목소리를 가질 수 있다면 40실링쯤은 낼 마음이 있소. 지난밤에 자네가 부린 익살은 정말이지 멋졌어. 큐부스 경계선을 지나는 바피아 사람들의 피그로그로미투스 이야기 말이야. 정말 멋진 이야기였지. 애인에게 주라고 6펜스를 보냈는데, 받았나?

페스테 주신 돈은 잘 챙겨 넣었지요. 말볼리오의 코는 채찍 손잡이가 아니고, 제 여인은 손이 새하얀데, 미르미돈은 싸구려 술집이 아니거든요.

앤드류 훌륭해! 정말이지 최고의 익살꾼이군. 이제 노래를 부르지.

토비 그래 어서. 6펜스를 줄 테니 노래를 불러보라고.

앤드류 나도 6펜스 주지. 기사 한 명이 돈을 주면······.

페스테 사랑 노래를 들으시겠어요, 아니면 멋진 인생 노래를 들으시겠어요?

토비 사랑 노래, 사랑 노래로 해.

앤드류 그래그래. 멋진 인생 따위 관심 없어.

페스테 (노래 부른다)

오, 내 여인이여, 어디를 그렇게 떠도시나요?
아, 멈추어 들어보아요. 높고 낮은 노래하며
그대의 사랑이 오잖아요.
더는 방황치 마요, 달콤한 그대.
연인들이 만나면 여정은 끝이죠.
지혜로운 이들은 모두 알고 있어요.

앤드류 정말이지 훌륭해.

토비 좋아, 좋아.

페스테 (노래 부른다)

사랑이 무언가요? 앞날을 약속 마요.
지금의 기쁨이 지금의 웃음이 되고,
앞으로 닥칠 일은 알 수 없는 법.
미루기만 해서는 아무것도 얻을 수 없죠.
그러니 이리 와 내게 입맞춤해 줘요. 달콤히, 끝없이,
청춘은 기다려 주지 않아요.

앤드류 내가 진정한 기사임에 틀림없듯이, 자네 목소리는 정말이지 달콤해.

토비 전염성 있는 소리야.

앤드류 전염성 있고 달콤해.

토비 코로 듣는다면 전염성도 달콤할 거야. 그런데 우리 저 하늘도 덩실덩실 춤을 추게 만들어 볼까? 베 짜는 손 하나에서 세 영혼이 뽑아져 나오도록 돌림 노래로 올빼미를 깨워 볼까? 어때, 해볼 테요?

앤드류 합시다, 해. 돌림 노래라면 내가 좀 하죠.

페스테 물론이죠, 잘하실 테죠.

앤드류 그래, 〈이 나쁜 놈아〉를 불러보자고.

페스테 〈입 닥쳐라, 이 나쁜 놈아〉 말씀하시는 거 맞죠? 그럼 제가 기사님을 어쩔 수 없이 나쁜 놈이라고 부를 수밖에 없겠군요.

앤드류 나를 나쁜 놈이라 부른 사람이 자네가 처음은 아닐세. 시작하지, 광대. 첫 시작은 "입 닥쳐라."

페스테 입을 닥치면 노래를 시작할 수가 없는걸요.

앤드류 그렇군. 자, 시작. (모두 노래 부른다)

마리아, 술을 가지고 등장.

마리아 이게 도대체 무슨 소란이에요! 아가씨가 틀림없이 말볼리오를 시켜서 여러분을 몽땅 내쫓고 말 테니 두고 보세요.

토비 네 아가씨는 중국인, 우리는 계략꾼들, 말볼리오는 비열한 녀석이야. (노래한다)

유쾌한 세 사람은 바로 우리라네.

나는 가족이잖아? 한 핏줄이 아니냐고? 바보 같은 아가씨! (노래한다)

저 바빌론에 어느 사내가 살았는데, 아가씨, 아가씨!

페스테 어이쿠야, 기사님이 익살을 다 떠시네요.

앤드류 그럼, 저 사람도 마음만 먹으면 얼마든지 웃길 줄 안다고. 나도 그렇고. 저 사람은 좀더 우아하게 웃길 줄 알지. 나는 그보다는 조금 천연덕스럽고 말이야.

토비 (노래한다)

오, 12월 열두째 날에…….

마리아 하느님 맙소사, 조용히 좀 하세요!

말볼리오 등장.

말볼리오 여러분, 정신이 나가셨어요? 아니면 뭡니까? 분별도, 예절도, 체면도 모르고 이 깊은 밤에 땜장이들처럼 꽥꽥 떠들어대시다니요? 아가씨 댁을 술집으로 만들려고 목소리를 낮추지도 않고 구두장이들처럼 고래고래 소리를 쳐대십니까? 여러분은 장소나 사람이나 때를 가릴 줄도 모르시는 건가요?

토비 우리도 돌림 노래 할 때 저마다 척척 맞췄는데, 뭘. 저리 꺼져!

말볼리오 토비 경, 제가 솔직하게 한 말씀 드려야겠습니다. 아가씨도 경께 말씀드리라 하셨는데, 아가씨께서는 경을 친척으로서 기꺼이 받아들이고는 있지만 경의 이러한 무분별함을 조금도 달가워하지 않으십니다. 당신이 이런 안 좋은 행실을 멈추실 수만 있다면 얼마든지 이 집에 머무셔도 좋습니다. 하지만 아가씨 곁에서 떠나고 싶으시다면 아가씨께서도 얼마든지 보내드릴 마음이십니다.

토비 (노래한다)

안녕히, 내 사랑, 이 몸은 떠나야만 한다네.

마리아 아니, 토비 경.

페스테 (노래한다)

눈빛을 보면 살날이 얼마 남지 않았음을 알 수 있지.

말볼리오　이건 또 뭐람?

토비 경　(노래한다)

　그러나 나는 결코 죽지 않으리. (쓰러져 눕는다)

페스테　토비 경, 그렇게 누워*⁹ 계시면서요.

말볼리오　대단하십니다.

토비　(노래한다)

　저 녀석을 쫓아낼까?

페스테　(노래한다)

　쫓아내면 어쩌시게?

토비　(노래한다)

　저 녀석을 쫓아낼까? 봐주지 말까?

페스테　(노래한다)

　아, 아니, 아니, 아니, 아니, 그리는 못할걸.

토비　(페스테에게) 노래가 안 맞잖아! 네 말은 틀렸어. (말볼리오에게) 네 녀석은 고작해야 집사가 아니더냐? 네놈이 행실이 바르다고 해서 남들까지 흥겹게 놀면 안 되는 거냐고?

페스테　안나 성녀님께 맹세코 그 말이 맞아요. 그리고 생강은 입에 넣으면 따끈하죠.

---

*9 '눕다'와 '거짓말하다' 두 가지 뜻을 가진 단어 lie.

토비 네 말이 맞아. (말볼리오에게) 가서 빵 부스러기로 네 집사 목걸이나 닦으라고. 포도주 좀 가져와, 마리아!

말볼리오 마리아, 당신이 아가씨의 너그러움을 조금이라도 감사히 여긴다면, 이런 무례한 일에는 끼어들지 않는 게 좋을 겁니다. 내 꼭 아가씨 귀에 들어가도록 만들고 말 테니까요. (퇴장)

마리아 가서 귀나 흔드시지.

앤드류 저 녀석에게 결투를 신청하고는 나타나지 않아서 우스운 꼴을 당하게 하면, 배고플 때 마시는 술만큼이나 시원할 텐데.

토비 그렇게 해보시오. 내가 결투장을 써주겠소. 아니면 내가 직접 가서 말로 전해 줄 수도 있소.

마리아 토비 경, 오늘 밤은 참으세요. 오늘 공작님이 보낸 젊은이가 다녀간 뒤로 아가씨께서 마음이 싱숭생숭하신 것 같아요. 말볼리오 씨는 제게 맡겨주세요. 제가 그 사람을 한바탕 골탕 먹여서 여러분들께 웃음거리를 만들어 드릴 테니까요. 그러지 못한다면 저는 혼자 힘으론 침대에 똑바로 누울 정신도 없는 멍청이라고 생각하셔도 좋아요. 저는 할 수 있어요.

토비 이야기 해봐, 어서. 그 녀석에 대해 좀 알려달라고.

마리아 글쎄요, 그 사람은 때때로 좀 청교도 같아요.

앤드류 아, 그런 줄 알았더라면 개처럼 두들겨 패줬을 텐데!

토비 뭐요, 청교도라서? 뭐 특별난 이유라도 있소, 기사님?

앤드류 특별한 이유는 없지만, 그럭저럭 괜찮은 이유는 있소.

마리아 그 사람은 청교도도 뭣도 아니에요. 그저 아첨하는 기회주의자에 높은 사람들 말을 외워서 그때그때 내뱉을 줄만 알죠. 자기 자신이 아주 잘났다는 착각에 사로잡혀 모두들 자신을 사랑한다 굳게 믿고 있어요. 바로 그런 점을 잘 이용하면 시원하게 복수해 줄 수 있을 거예요.

토비 어떻게 할 건데?

마리아 그 사람이 지나가다 발견할 수 있는 곳에 정체를 알 수 없는 연애편지 하나를 떨어뜨려 놓겠어요. 그 사람 수염 색깔, 다리 생김새, 걸음걸이, 눈매며 이마와 얼굴빛을 아주 생생하게 묘사해서 자기한테 쓴 게 틀림없다고 여기게 하는 거지요. 저는 경의 조카 되시는 아가씨와 아주 비슷하게 글씨를 쓸 수 있어요. 시간이 지나 내용이 기억나지 않을 때는 우리도 누가 쓴 건지 구분할 수 없을 지경이랍니다.

토비 좋았어! 이제 짐작이 가는군.

앤드류 나도 알 것 같소.

토비 그 녀석은 그 편지를 보면 내 조카한테서 온 줄 알고, 그 아이가 자기를 사랑하는 줄 알겠지.

마리아 제 계획이 바로 그거예요.

앤드류 그 계획이 그 녀석을 바보로 만들게 생겼군.

마리아 맞아요, 바보가 될 거예요.

앤드류 아, 정말이지 재미있겠는걸!

마리아 물론이죠, 아주 재미있을 거예요. 제 수법이 틀림없이 먹혀들 거라니까요. 두 분과 광대를 그 사람이 편지를 발견할 장소에 숨겨드릴게요. 편지를 읽고 어떻게 반응하나 잘 지켜보세요. 오늘 밤은 이만 주무시고 어떻게 될지 꿈에서 더 생각해 보세요. 그럼 안녕히. (퇴장)

토비 잘 자요, 아마존 여왕님.

앤드류 내가 볼 때는 정말이지 좋은 여자입니다.

토비 순종 비글만큼이나 사냥도 잘하고 즐겁게 해주는 사람이죠. 게다가 나를 연모하거든요. 그렇지 않소? (한숨짓는다)

앤드류 나도 사랑받았던 때가 있었죠. (한숨짓는다)

토비 이제 그만 잠자리에 듭시다, 기사님. 당신은 돈이 더 필요하겠어요.

앤드류 당신 조카를 손에 넣지 못하면 나는 끝장입니다.

토비 돈을 보내달라고 해요, 기사님. 당신이 그 애 마음을 얻지 못한다면 나를 꼬리 잘린 말이라고 비웃어도 좋소.

앤드류 나도 그렇게 생각해요. 뭐가 어찌 되든지.

토비 자, 자, 난 가서 포도주나 좀 데우겠어요. 이제는 잠자리에 들기에도 너무 늦은 시간이니까. 갑시다, 기사님. (모두 퇴장)

〔제2막 제4장〕

오르시노 공작의 저택.
공작, 비올라, 큐리오, 그 밖에 다른 사람들 등장.

공작 (비올라에게) 음악을 들려줘.

악사들 등장.

공작 좋은 아침일세, 여러분. 자, 세자리오, 그 노래를 들려줘. 어젯밤 함께 들었던 옛 노래 말이다. 그 노래가 내게 큰 위안이 되었단다. 너무 가볍고 경박한 요즘 노래들이나 틀에 박힌 상투적인 말보다 훨씬 좋았어. 자, 한 곡조만 들려주게.

큐리오 지금은 그 노래를 부를 사람이 없습니다.

공작 그게 누구였지?

큐리오 광대 페스테였습니다, 공작님. 올리비아 아가씨의 돌아가신 아버지가 무척 아끼던 광대지요. 집 안 어딘가에 있을 겁니다.

공작 그럼 그를 찾아오도록 해라. 그동안은 다른 곡을 연주하게. (큐리오 퇴장. 연주 시작) (비올라에게) 애, 이리 오너라. 언젠가 네가 사랑에 빠지게 되면 그 감미로운 아픔 속에서 나를 떠올려 다오. 사랑에 빠진 사람들은 모두 나와 같은 법이니. 사랑하는 이의 모습을 끊임없이 떠올리며 늘 어쩔 줄 몰라 하며 흔들리지. 이 노래가 어떠냐?

비올라 사랑이 자리잡은 바로 그 자리를 울리는 것만 같습니다.

공작 사랑에 대해 잘 아는 사람처럼 말하는구나. 너는 아직 어리기는 하지만, 그 눈빛은 틀림없이 사랑하는 이 얼굴에 머물렀던 적이 있어. 그렇지?

비올라 조금요, 공작님 덕분에요.

공작 어떤 여자였지?

비올라 공작님 같은 얼굴을 가졌지요.

공작 그럼 네게는 모자란 여인이었겠군. 나이는 몇 살이었지?

비올라 공작님 나이쯤 됐습니다.

공작 나이가 너무 많군. 여자는 자신보다 나이가 많은 남자를 만나야 해. 그래야 남편에게 맞춰 줄 수 있고, 언제나 그 마음속에 자리잡을 수 있지. 왜냐하면 애야, 우리가 아무리 잘났다 떠들어 봤자 우리 마음은 늘 변덕스럽고 군세지가 못해서 여자들보다 더 갈구하고, 흔들리다가 어느새 닳아 없어지고 말 거든.

비올라 정말 그렇습니다, 공작님.

공작 그러니 너보다 어린 여자를 만나라. 그렇지 않으면 애정이 오래 버티지 못해. 여자는 장미와 같아서, 그 아름다움이 활짝 피어났다가도 금방 지고 마니까.

비올라 정말 그래요. 아, 여자들이란. 활짝 피어난 바로 그 순간 죽어버립니다.

큐리오, 광대 페스테를 데리고 다시 등장.

공작 오, 왔구나. 이리 오너라. 어젯밤 들었던 그 노래 말이다. 잘 들어봐라, 세자리오. 예스럽고 소박한 노래란다. 햇살을 받으며 뜨개질하고 물레질하는 아낙네들이나, 근심 걱정 없는 아가씨들이 얼레에 실을 감으며 부르던 노래지. 옛 시절처럼 소박한 진심과 순수한 사랑을 담은 노래야.

페스테 그럼 불러볼까요?

공작 그래, 어서 불러보아라.

페스테 (노래 부른다)

어서 오라, 죽음이여, 내게로 오라.
슬픈 편백나무 관에 나를 눕혀다오.
날아가라, 숨결이여, 사그라져라.
아름답고 무자비한 아가씨가 나를 죽였다네.
주목가지 잔뜩 덮인 새하얀 내 수의,
아, 그걸 이리 다오!
나의 이 죽음 함께 나눌, 나보다 더 진실한 이는
그 어디에도 없도다.
꽃이라면, 향긋한 꽃이라면 오직 한 송이도
컴컴한 내 관에 뿌리지 말아주오.
친구라면, 배웅해 줄 친구라면 오직 한 명도
가여운 내 시신을, 내 뼈가 묻힐
그곳을 찾지 말아주오.

천 번, 천 번의 탄식을 피하려면
오, 그곳에 묻어주오.
슬픔에 잠긴 진실한 연인 찾아와 울지 못할
바로 그곳에 묻어주오!

공작 (돈을 준다) 수고한 값이다.

페스테 수고라니요, 공작님. 저는 노래하는 게 즐겁습니다.

공작 그럼 즐거워한 값이다.

페스테 맞습니다, 공작님. 즐거움에는 반드시 그 대가가 따르는 법이니까요.

공작 이제 그만 가봐도 좋아.

페스테 그럼 우울의 신께서 공작님을 보살펴 주시기를. 그리고 재단사는 무지갯빛 반짝이는 비단 조끼를 공작님께 지어주기를. 공작님의 마음은 오팔 같으니까요. 그처럼 변함없이 한결같은 사람들은 바닷길에 올라야 한다고 생각합니다. 마음 내키는 대로, 발길 닿는 대로 뭐든 할 수 있거든요. 그게 바로 헛된 바닷길의 좋은 점 아니겠습니까. 그럼 안녕히 계십시오. (퇴장)

공작 다른 사람들도 모두 물러가도 좋아. (큐리오, 시종들 퇴장) 세자리오, 다시 한 번 저 잔인한 여왕님을 찾아가 전해 다오. 세상 그 무엇보다 고결한 내 사랑은 세속적인 땅의 넓이를 따지지 않는다고. 운명이 그녀에게 안겨준 재산 따위는 행운처럼 변덕스러운 것으로 여긴다고. 내 영혼을 끌어당기는 건 다만 자연이 그녀에게 선물한 그 눈부신 보석과도 같은 경이로운 아름다움 뿐이라 말해 줘.

비올라 그래도 아가씨가 공작님을 사랑할 수 없다 하시면요?

공작 그런 답은 받아들일 수 없다.

비올라 하지만 받아들이실 수밖에요. 예를 들어 어느 여인이 있는데, 공작님이 올리비아 아가씨 때문에 마음 아파하듯이 그렇게 똑같이 공작님을 사랑하고 있다고 생각해 보세요. 그런데 공작님은 그 여인을 사랑할 수 없다고 말씀하신다면, 그 여인은 그 답을 받아들일 수밖에 없지 않겠습니까?

공작 내 심장을 마구 뒤흔드는 이런 강렬한 열정을 품어낼 수 있는 여자는 없단다. 여자의 심장은 이렇게 큰 사랑을 담을 수 없어. 그만한 포용력이 없으니까. 아, 여자들의 사랑은 식욕과 같지. 애간장 태우는 깊은 감정이 아니

2막 4장, 사랑의 잔인함을 노래 부르는 페스테   월터 하웰 데버럴

라 오로지 혓바닥 위만 맴돌고 마는 감정이라 과식해서 배가 차면 곧 싫증 내 버리거든. 그러나 내 사랑은 저 바다와 같이 굶주려서 무엇이든 집어삼 킬 수 있지. 감히 여인 따위가 내게 품을 수 있는 사랑과 내가 올리비아에 게 품은 사랑을 비교하지 마라.

비올라   네, 그렇지만 제가 알기로는…….

공작   무얼 알고 있느냐?

비올라   여자들이 남자에게 품을 수 있는 사랑이 어떤지 아주 잘 알지요. 그 사랑도 때로는 남자들의 사랑처럼 진실할 수 있답니다. 제 아버지께는 딸이 하나 있었는데, 그 애는 어떤 사내를 사랑했지요. 아마 제가 여자이고 상대 가 공작님이라면 꼭 그렇게 사랑했을 거예요.

공작   그녀는 어찌 되었지?

비올라   아무 일도 없었어요. 그녀는 결코 그 사랑을 고백하지 않고 그저 숨 기기만 했지요. 꽃봉오리 속에 꽁꽁 숨은 애벌레가 장밋빛 뺨을 갉아먹게 내버려 뒀던 거예요. 생각에 젖어 애달파하고, 창백하고 파리한 우울함에 잠겨 비탄 속에 미소 짓는 무덤가 조각상처럼 앉아만 있었답니다. 이게 진정 사랑이 아니었던 걸까요? 우리 남자들은 말이나 맹세는 많이 하지만 진심보다는 겉치레가 더 많은걸요. 맹세는 거창하게 하지만 실천은 적으니까요.

공작 그래서 동생은 사랑 때문에 죽었단 말인가?

비올라 제 아버지 집안에 딸이나 아들은 이제 저뿐이긴 합니다만, 글쎄요. 공작님, 아가씨께 가볼까요?

공작 (깜짝 놀라 정신을 차리며) 그렇지, 그 이야기를 하고 있었지. 어서 가보아라. 이 보석을 전해 주고 내 사랑은 양보도 거절도 받아들일 수 없다고 말해. (모두 퇴장)

〔제2막 제5장〕

올리비아 집의 정원.

문이 두 개 있는데 하나는 정원으로, 다른 하나는 집으로 통한다. 집으로부터 넓은 길이 나 있고, 길 양쪽으로 회양목들이 쭉 늘어서 있다. 뜰 담벼락 옆에는 돌의자가 놓여 있다. 집으로 통하는 문이 열리고 토비 벨치 경과 앤드류 에이규치크 경 등장.

토비 (돌아서며 큰 소리로) 어서 이리 오게, 파비안.

파비안 (문으로 나오며) 가고 있습니다. 이 재밌는 장난을 조금이라도 놓친다면 우울증이 끓어올라 죽고 말 겁니다.

토비 죄 없는 사람들을 물어뜯기나 하는 저 쩨쩨한 악당 녀석에게 그럴싸한 골탕을 먹이면 신이 나지 않겠어?

파비안 너무 신이 나서 미쳐버릴 지경입니다. 그 녀석이 제가 여기서 곰 꿇리기에 끼어 놀았다고 아가씨께 일러바치는 바람에 아가씨께서 저를 미워하시게 됐잖아요.

토비 그 녀석 약 오르게 곰을 다시 불러오자고. 잔뜩 두들겨 맞은 사람 꼴로 만들어 줄 테다. 안 그런가요, 앤드류 경?

앤드류 그렇게 못한다면 죽을 때까지 두고두고 수치스러울 일이지요.

마리아가 바쁜 걸음으로 길을 내려온다.

토비 저기 귀여운 악마가 오는군. 어서 와, 우리 금쪽같은 아가씨!

마리아 세 분 모두 어서 회양목 뒤에 들어가 숨으세요. 말볼리오가 이쪽으로 오고 있어요. 30분 동안이나 저 햇볕 아래서 자기 그림자에 대고 점잔빼는 연습을 하더라고요. 실컷 웃을 준비가 되셨다면 그자가 하는 꼴을 지켜보세요. 이 편지를 보면 착각에 빠져 바보가 되고 말 거예요. 숨어요, 재미있어질 테니까! (떨어뜨린 편지에 대고) 너는 여기 가만히 있어라. 간지럼 태워 잡을 송어가 저기 오는구나. (퇴장)

말볼리오, 깃이 달린 모자를 쓰고 생각에 잠긴 채 천천히 길을 내려온다.

말볼리오 운명이다. 모든 건 운명이야. 아가씨는 나를 좋아한다고 마리아가 말했었지. 게다가 아가씨가 언젠가 누구를 좋아하게 된다면 나 같은 남자를 좋아할 거라고 말하는 걸 내가 직접 들은 적도 있어. 그뿐인가, 아가씨는 다른 누구보다도 나를 무척 아끼거든. 이걸 어떻게 받아들여야 할까?

토비 저 뻔뻔스런 자식 좀 보게!

파비안 아, 조용히 하세요! 생각에 잠긴 모습이 꼭 보기 흉한 칠면조 같군요. 깃털을 세우고 잔뜩 뻐기는 꼴이라니.

앤드류 젠장, 두들겨 패주고 싶군.

토비 제발 조용.

말볼리오 말볼리오 백작이 될 수 있다니!

토비 저런 나쁜 놈을 보게!

앤드류 쏴버려요, 쏴버려!

토비 조용, 조용!

말볼리오 전혀 찾아볼 수 없는 일도 아니잖은가. 스트레이치 가문 아가씨도 옷시중을 들던 평민과 결혼했으니까.

앤드류 저런 이세벨*[10] 같은 녀석!

---

*10 이스라엘 왕 아합의 거만하고 잔인한 부

파비안　아이참, 조용히 하세요! 완전히 빠져들었어요. 망상에 잔뜩 부풀어 올랐다고요.

말볼리오　아가씨와 결혼만 하면 세 달도 안 돼서 높은 자리에 올라앉게 될 테지……

토비　아이고, 돌이라도 던져 저 녀석 눈깔을 맞혔으면!

말볼리오　수놓인 비단옷을 차려입고, 잠든 올리비아가 누워 있는 침대에서 일어나 하인들에게 명령을 내리겠지……

토비　저런 불벼락을 맞을 놈!

파비안　아, 조용, 조용히 하세요!

말볼리오　높으신 분답게 위엄을 갖춰 방을 한번 둘러보고, 고귀한 내 신분을 내가 잘 알듯이 너희들도 모두 저마다의 위치에서 제 할 일을 다 해야 한다고 말해 주고는 내 친척 되는 토비를 좀 불러오라고 명령을 하는 거야……

토비　족쇄를 채워 묶어버릴까!

파비안　아이참, 조용, 조용히 하세요! 자, 자.

말볼리오　하인 일곱 사람이 펄쩍 뛰면서 그를 부르러 가겠지. 나는 그사이에 얼굴을 찌푸린 채 시계태엽을 감거나, 값비싼 보석을 만지작거리고 있을 거야. 토비가 달려와서 내게 공손히 무릎을 굽혀 인사를 할 테지.

토비　저 녀석을 살려둬?

파비안　참기 힘드실 테지만 그래도 조용히 하셔야 해요.

말볼리오　이렇게 그에게 손을 내밀어 주고, 근엄한 눈길로 친근한 미소를 억누르면서……

토비　그러면 이 토비가 네 놈 입술에 주먹을 날리지 않을 것 같으냐?

말볼리오　이렇게 말해야지. "내 친척 토비여, 운 좋게도 내가 당신 조카와 결혼을 하게 됐으니 이런 말씀쯤은 드려도 될 듯하군요."

토비　무슨 말, 무슨 말?

말볼리오　"그 술버릇 좀 고치셔야겠습니다."

토비　꺼져버려, 이 비열한 자식아! (말볼리오가 소리를 듣고 돌아본다)

파비안　참으세요. 아니면 우리 계획을 다 망치고 말 거예요.

말볼리오　"그리고 그 바보 같은 기사 녀석과 어울리는 데 귀한 시간을 낭비하시더군요."

2막 5장, 말볼리오와 토비 경 H.C. 셀루스 1830.

앤드류 내 이야기로군, 틀림없어.

말볼리오 "앤드류인가 뭔가 하는 사람 말입니다."

앤드류 그럴 줄 알았지. 다들 나를 바보라고 하니까.

말볼리오 (편지를 주워 들며) 이건 또 뭐람?

파비안 드디어 닭대가리가 덫에 걸려듭니다.

토비 쉿! 웃음의 요정이여, 저 녀석이 편지를 소리 내어 읽게 해다오!

말볼리오 이건 틀림없이 아가씨 글씨다. C나 U나 T를 이렇게 쓰거든. 그리고
　대문자 P*11도 꼭 이렇게 쓰지. 더 말할 것도 없이 이건 아가씨 글씨야.

앤드류 그녀의 C, U, T라고. 왜 하필 그거야?

＊11 C, U, T가 합쳐진 단어 'cut'은 그 무렵 여성의 성기를 일컫는 비속어였다. P는 소변을 뜻하
　는 단어 'pee'와 발음이 같다. 이 모두가 음란한 말장난이다.

말볼리오 (편지 봉투를 읽는다)

사랑받는 줄도 모르는 그대에게 이 편지와 나의 마음을 보냅니다……

딱 아가씨 말투네! (편지 봉투를 열며) 잠깐 실례하겠다, 밀랍이여! 루크레티아 문장을 찍었군. 아가씨가 늘 쓰는 거지. 누구에게 보낸 걸까?

파비안 통째로 걸려들었군요.

말볼리오 (읽는다)

유피테르 신은 내 사랑 알고 계시지.
그건 누구?
입술아, 움직이지 마라
아무도 알아선 안 돼.

아무도 알아서는 안 된다고? 그다음은 뭐지? 알 수가 없군! 아무도 알아선 안 된다. 그게 나, 바로 이 말볼리오일 수도 있을까?

토비 저런, 오소리 같은 자식, 확 뒈져버려라!

말볼리오 (읽는다)

사랑하는 그에게 명령할 수도 있겠지만
침묵은 마치 루크레티아의 칼처럼,
피 흘리지 않고 내 심장을 찌르네.
내 삶을 쥐어흔드는 M, O, A, I.

파비안 잔뜩 부풀려진 수수께끼로군요!

토비 훌륭한 계집애라니까.

말볼리오 "내 삶을 쥐어흔드는 M, O, A, I." 아냐, 먼저 좀 보자. 어디 보자, 어디.

파비안 아주 먹음직스런 독약을 준비했군요!

토비 황조롱이가 아주 신이 나서 달려드는군!

말볼리오 "사랑하는 그에게 명령할 수도 있겠지만," 그렇지, 아가씨는 내게 명령할 수 있지. 난 하인이고, 아가씨는 내 주인이니까. 이건 머리만 똑바로 달린 사람이라면 누구나 알 수 있겠어. 너무나 뻔해. 그런데 마지막에 이 알파벳은 무슨 뜻이지? 나와 연관된 무언가를 찾아낼 수만 있다면! 가만 있자! M, O, A, I⋯⋯.

토비 오, 그래. 어디 한번 맞춰 봐라. 어리둥절해진 것 같군.

파비안 멍청한 똥개 녀석, 나지도 않는 냄새를 맡고 여우를 찾았다고 신나하겠죠.

말볼리오 M은 말볼리오. 내 이름 첫글자가 아닌가.

파비안 저럴 거라고 제가 말했잖습니까? 저 똥개가 엉뚱한 냄새는 끝내주게 잘 맡아요.

말볼리오 M, 하지만 뒤따르는 글씨들에 연관성이 없잖아. A가 왔었어야 하는데 O가 왔어.

파비안 그리고 O로 끝나버리면 좋겠군.

토비 맞아, 아니면 내가 저놈을 몽둥이로 두들겨 패서라도 "오!" 소리 지르게 만들어 주겠어.

말볼리오 그 뒤는 I가 달렸단 말이지.

파비안 아이, 눈(eye)이 뒤에 달렸더라면 앞에 있는 거짓 행운보다는 뒤에서 오는 바보 취급을 더 잘 볼 수 있었을 텐데.

말볼리오 M, O, A, I. 이건 앞엣것과는 다르네. 그래도 조금만 끼워 맞추면 내 이야기가 될 수 있겠어. 어쨌든 모두 다 내 이름에 있는 글자들이니까. 어디 보자, 이 뒤부터는 산문이구나. (읽는다)

만약 이 편지가 그대 손에 들어간다면 깊이 생각해 주세요. 나는 당신보다 높은 신분으로 태어났지만, 그 고귀함을 두려워할 필요는 없어요. 어떤 이들은 고귀하게 태어나고, 어떤 이들은 고귀함을 이룩하며, 또 어떤 이들은 고귀함이 그들에게 찾아가기 마련이에요. 그대의 운명이 두 팔을 활짝 펼쳤으니, 심혈을 기울여 그것을 힘껏 끌어안으세요. 그리고 앞으로 그대가 오를 자리에 걸맞게 초라한 껍데기를 벗어던지고 새로이 태어나세요. 내 친척들에게는 당당히 맞서고, 하인들에게 까다롭게 대하세요. 입으로는 거침없이 정치적 견해를 펼치고, 특이하고 튀는 행동을 몸에 익히세요. 노란 양말을 신으라 권하고, 무릎 아래 바지끈을 십자로 매라 했던 여인을 기억하세요. 기억하세요. 깨어나세요. 높은 자리에 오르고 싶다면 그대는 고귀한 사람이 될 거예요. 그렇지 않다면 나는 그대를 언제까지나 하인으로만 여기겠습니다. 그저 집사로, 운명의 손을 잡을 가치가 없는 사람으로 보겠습니다. 그럼 안녕. 그대의 신분을 바꾸고픈, 행운을 쥐고도 불행한 이가.

한낮의 들판도 이보다 더 분명하지는 않으리라. 이건 정말이지 너무나 뻔하군. 이제부터 거만해지고, 정치 서적을 읽으며, 토비 경을 무시해야지. 천한 녀석들과는 교제를 끊고, 편지에 적힌 바로 그런 사람이 되련다. 이제부터는 바보처럼 상상에 속아 넘어가지 않을 테다. 모든 증거가 다 아가씨가 날 사랑한다고 말해 주지 않는가. 지난번에 아가씨가 내게 노란 양말을 신어보라 했고, 십자 모양으로 바지끈을 묶은 내 다리를 칭찬했단 말이야. 그렇게 은근하게 내게 사랑을 내보인 거야. 그래서 나더러 자기 마음에 드는 차림을 하라고 말한 거야. 이런 행운을 가져다준 내 별자리에 감사해야지. 이제부터 더 냉정하고 거만하게 굴고, 잽싸게 노란 양말에 바지끈을 십자 모양으로 묶어야겠어. 유피테르 신이여, 내 별자리여, 감사합니다! 아 여기 추신이 있군. (읽는다)

그대는 내가 누구인지 알겠지요. 내 사랑을 받아준다면 미소를 보여주세요. 그대에겐 밝은 미소가 어울린답니다. 그러니 내 앞에서 웃어주세요. 사랑하는 이여, 부탁합니다.

유피테르 신이시여, 감사합니다. 미소 지어야지, 짓고말고. 하라는 대로 뭐든 하고말고요. (퇴장)

파비안 페르시아 황제가 돈을 몇천 준다 해도 이 재미는 양보하지 않을 겁니다.

토비 이런 일을 꾸밀 줄 아는 계집과는 결혼해도 좋겠어.

앤드류 나도 그렇소.

토비 지참금 따원 가져오지 않아도 좋소. 이런 장난만 더 쳐준다면요.

앤드류 나도 그래요.

마리아, 안에서 나온다.

파비안 여기 고귀하신 바보 사냥꾼이 오시네요.

토비 (마리아에게) 내 목이라도 밟아주겠나?

앤드류 내 목은 어떠신가?

토비 내 자유를 걸고 도박을 해서 그대의 노예가 되어줄까?

앤드류 정말, 나도 그렇게 할까요?

토비 정말이지 너무나 큰 꿈을 꾸게 해서, 그 환상이 깨지고 나면 미쳐버리고 말 거야.

마리아 아니, 그래도 사실대로 말해 주세요. 효과가 있었나요?

토비 그럼, 산파에게 독한 술을 먹인 꼴이지.

마리아 이 장난의 결실을 보시려거든, 다음에 그자가 아가씨 앞에 나설 때를 꼭 보세요. 틀림없이 노란 양말을 신고 나타날 테니까요. 그런데 아가씨는 노란색이라면 질색을 하시거든요. 그리고 바지끈을 십자 모양으로 묶고 올 테죠. 아가씨는 그것도 싫어하세요. 그러고는 아가씨 앞에서 싱글벙글 웃어 보일 테지만, 아가씨는 요즘 우울증에 빠지셔서 그 앞에서 그렇게 히죽거렸다간 크게 미움만 사고 말 거예요. 그 우스운 꼴을 보시려면 절 따라 오시든가요.

토비 지옥문까지라도 따라가겠어, 이 재주 넘치는 악마 같은 여자야!

앤드류 나도 따라가겠소. (모두 퇴장)

〔제3막 제1장〕

올리비아 집의 정원.
광대 페스테가 피리와 작은 북을 가지고 등장. 비올라가 바깥문을 열고 등장.

비올라 안녕? 그대 악기도 안녕하시겠지? 그대는 북재비로 먹고 사는가?

페스테 아니요, 저는 교회 일꾼으로 먹고 살지요.

비올라 그럼 성직자인가?

페스테 그런 건 아니랍니다. 저는 교회 옆에 살거든요. 저는 제 집에서 사는데, 그 집은 교회 옆에 있으니까요.

비올라 그럼 그대는 국왕 전하도 거지 옆에 산다고 하겠네. 만약 거지가 국왕 전하 옆에 산다면 말이야. 아니면 교회가 그대 북 덕분에 산다든지. 만약 그대 북이 교회 옆에 놓여 있다면 말이야.

페스테 그럼요, 요즘 시대를 좀 보세요! 똑똑한 사람들에게 훌륭한 문장이란 새끼 염소 가죽으로 만든 장갑 같답니다. 마음대로 안팎을 뒤집을 수 있지요!

비올라 정말 그래. 말이란 그걸 교묘하게 주물러대는 사람들 때문에 제멋대로 되어버리니까.

페스테 그래서 제 누이에게는 이름이 없었으면 해요.

비올라 그건 왜지?

페스테 왜냐면 그 애 이름도 말이라서, 그걸 맘대로 주무르다 보면 제 누이도 제멋대로 되어버릴 테니까요. 말이란 법적인 서류로 얽매인 뒤로는 아주 몹쓸 것이 되었죠.

비올라 그건 또 왜지?

페스테 정말이지, 그 이유를 대려면 말로 설명해야 하잖아요. 그런데 말이란 게 요즘 너무 진실을 잃고 타락해 버려서, 말로 이유를 설명하기도 싫습니다.

비올라 그대는 정말 유쾌하고 거리낌 없는 친구로군.

페스테 그렇지 않답니다. 저도 거리끼는 게 있어요. 하지만 제 솔직한 마음을 이야기하자면, 당신은 좀 꺼려지는군요. 그러니 제가 아무것도 거리끼지 않으려면, 당신이 눈에 안 보이면 좋겠네요.

비올라 그대는 올리비아 아가씨의 광대가 아닌가?

페스테 아니요, 그렇지 않습니다. 올리비아 아가씨에겐 광대가 없답니다. 광대 같은 건 곁에 두시지 않아요. 결혼하기 전까지는 말이죠. 청어가 정어리와 비슷하듯이, 남편들은 광대와 비슷하거든요. 남편들이 조금 더 크긴 하지만요. 저는 아가씨의 광대가 아니라, 옆에서 말장난이나 좀 하는 사람일 뿐이죠.

비올라 얼마 전에 오르시노 공작님 댁에서 그대를 봤어.

페스테 광대란 저 태양처럼 지구 위를 돌아다니는 법이지요. 어디서든 빛난답니다. 제 아가씨가 당신 주인님을 만나주지 않으시니, 광대라도 자주 찾아뵈어야죠. 거기에서 지혜로운 당신을 본 것 같기도 하네요.

비올라 나를 놀리려 한다면 더는 상대 않겠어. 자, 이걸 받아. (동전을 건넨다)

페스테 (돈을 받아 들고 내려다보며) 유피테르 신이시여, 다음에 이분에게 털을 내려주실 때는 턱수염도 주시기를!

비올라 정말이지, 나도 턱수염 좀 있었으면 좋겠어. (혼잣말로) 하긴 내 턱에 돋아나면 곤란하지만. (페스테에게) 아가씨는 안에 계신가?

페스테 (여전히 동전을 들여다보며) 이 동전이 한 쌍이 된다면 새끼를 낳지 않을까요?

비올라 그렇지, 둘을 합쳐서 이자를 늘린다면.

페스테 프리기아의 판다로스 경이 되어 이 트로일로스에게 크레시다를 데려올까 봐요.

비올라 알아들었어, 돈을 더 달라는 말이지. (동전 한 닢을 더 건넨다)

페스테 제가 요구하는 건 대단치도 않아요. 그저 거지를 내달라고 구걸하는 것뿐이잖아요. 크레시다는 거지였으니까요.*¹² 아가씨는 안에 계세요. 제가 가서 당신이 왔다고 말씀드리겠습니다만, 당신이 누구고 무엇을 하러 왔는지는 제 하늘 밖의 일이군요. 지식이라 말할 수도 있겠지만, 그 말은 너무 흔해빠졌잖아요. (퇴장)

비올라 바보 흉내를 내고 있지만 영리한 사람이네. 광대 노릇을 하려면 사실 무척 똑똑해야 하거든. 농담을 건넬 사람의 기분이나, 성격이나, 때를 아주 잘 살피다가 매처럼 잽싸게 눈앞에 지나치는 새를 낚아채는 거지. 현자의 기술만큼이나 노력이 필요한 일이야. 그가 하는 바보 같은 소리는 적절하게 들어맞지만, 현자가 바보짓을 했다가는 그 꼴이 참 우스워지거든.

토비 벨치 경, 앤드류 에이규치크 경 등장.

---

*12 15세기 후반 스코틀랜드 시인 로버트 헨리슨이 쓴 작품 속에서 크레시다는 트로일로스에게 정절을 지키지 않은 벌로 거지가 된다.

토비 안녕하시오, 신사.

비올라 안녕하세요.

앤드류 (꾸벅 인사를 하며 프랑스어로) 디외 부 가르드, 므시외(신의 가호가 있으시기를).

비올라 에 부 조시. 보트르 세르비퇴르(당신도요. 당신의 하인으로부터).

앤드류 당신도 그러길 바라고 나도 그리되길 바랍니다.

토비 들어오겠습니까? 내 조카가 부디 들어오시라 하더군요. 그 애에게 볼 일이 있다면 말입니다.

비올라 아가씨에게 가는 길이었습니다. 아가씨가 제 항해의 목적지라 할 수 있지요.

토비 그럼 다리 맛을 봐요. 움직여 봐요.

비올라 다리 맛을 보라는 당신 말씀이 무슨 뜻인지는 알아듣기 어려우나, 제 다리는 제 할 일을 잘 알아듣는답니다.

토비 걸어서 들어오라는 말이었답니다.

비올라 그럼 걸어서 들어가도록 하겠습니다. 그런데 그럴 필요가 없겠군요.

올리비아가 마리아를 데리고 안에서 나온다.

비올라 세상에서 가장 빼어나신 아가씨, 하늘이 당신께 향기를 내려주시기를!

앤드류 저 젊은이 말솜씨 한번 근사한데. "향기를 내려주시기를" 좋아.

비올라 (올리비아에게) 제 볼일은 당신의 너그럽고 베풀 줄 아는 귀에만 목소리를 낼 수 있답니다.

앤드류 '향기', '너그럽고' '베풀 줄 안다'라. 나중에 나도 써먹어야지.

올리비아 정원 문을 닫고 모두 물러가 줘요. (토비, 앤드류, 마리아 퇴장) 자, 손을 이리 줘요.

비올라 (꾸벅 절을 하며) 아가씨께 제 마음과 경의를 바칩니다.

올리비아 이름이 뭐죠?

비올라 당신의 하인 이름은 세자리오라 합니다, 아름다운 아가씨.

올리비아 내 하인이라니요! 꾸며낸 겸손이 예의라고 여겨진 뒤부터 이 세상은 엉망이 됐어요. 당신은 오르시노 공작님의 하인이잖아요.

비올라 공작님은 아가씨의 하인입니다. 그러니 그분 소유는 모두 아가씨 소유지요. 따라서 아가씨의 하인의 하인인 저는 곧 아가씨의 하인입니다.

올리비아 공작님이라면 관심 없어요. 그분 마음속에 내가 들어 있다면, 차라리 텅 비어버리는 게 좋을 거예요!

비올라 아가씨, 저는 그분을 대신해서 아가씨의 상냥한 마음을 이끌어 내려 왔습니다.

올리비아 아, 미안하지만 그분 이야기는 더 꺼내지 말아요. 하지만 다른 할 말이 있다면 저 하늘의 음악소리를 들을 때보다 더 기쁜 마음으로 귀 기울 이겠어요.

비올라 아가씨…….

올리비아 부탁이니 내가 이야기하게 해줘요. 지난번에 내 마음을 온통 흔 들어 놓고 떠난 뒤에, 당신을 쫓아 반지를 하나 보냈어요. 그렇게 나 자신 과, 내 하인과 당신까지도 모욕한 셈이지요. 부끄러운 꾀를 부려 당신 것이 아닌 물건을 떠넘기려 했으니 당신한테 비난받아 마땅해요. 어떻게 생각해 요? 내 명예를 말뚝에 묶어놓고, 입마개를 벗긴 사나운 마음의 개를 풀어 물어뜯게 하지는 않았나요? 당신처럼 영리한 사람이라면 벌써 눈치챘을 거 예요. 내 심장은 검은 망사 한 겹으로 가려져 있을 뿐이니까요. 당신 마음 을 들려줘요.

비올라 당신을 가엾게 여깁니다.

올리비아 그건 사랑의 첫 단계죠.

비올라 전혀 그렇지 않습니다. 우리는 원수를 가엾게 여기기도 하니까요.

올리비아 그렇다면 다시 내가 미소 지어야 할 때로군요. 아, 세상이여, 불쌍 한 이가 오만해지기란 그 얼마나 쉬운 일인가! 먹잇감이 될 수밖에 없다면, 늑대보다는 사자에게 먹히는 게 낫지! (시계 소리) 시계가 내게 시간을 낭비 한다고 나무라는구나. 당신을 가지려 하지 않겠어요. 그러나 언젠가 당신의 지혜와 젊음이 결실을 맺는 때가 되면, 당신 아내는 멋진 남편을 거두어들 이게 되겠지요. 그럼 똑바른 서쪽으로 가도록 해요.

비올라 그럼 서쪽으로! 은혜와 평안이 아가씨와 함께하기를! 제 주인께 전할 말씀은 없습니까?

올리비아   잠깐만, 정말 나를 어떻게 생각하는지 말해 줘요.

비올라   당신은 자신의 본디 모습을 잃어버렸습니다.

올리비아   그렇다면 나도 당신에 대해 똑같이 생각해요.

비올라   맞습니다. 지금의 저는 제가 아니니까요.

올리비아   당신이 내가 생각하는 그런 사람이라면 좋겠어요!

비올라   그게 실제의 저보다 더 나은 사람인가요? 그렇다면 좋겠군요. 지금 저는 그저 아가씨의 어릿광대에 지나지 않으니까요.

올리비아   (혼잣말로) 아, 경멸과 분노가 담긴 비웃음조차 저 입술 위에서는 얼마나 아름다운가! 사랑은 아무리 감추려 해도 살인죄보다 더 빨리 드러나는 거야. 사랑의 밤은 한낮이나 다름없어. (비올라에게) 세자리오, 봄장미와 처녀의 정조, 명예와 진실, 그리고 그 밖에 모든 것을 걸고 말하겠어요. 나는 당신을 사랑해요. 당신의 그 오만함조차도 내 마음을 꺾을 수 없어요. 지혜나 이성으로도 이 열정은 덮을 수 없어요. 내가 당신을 유혹하고 있다는 이유로 당신이 나를 유혹할 이유가 없다는 핑계는 대지 말아요. 그 대신 구해서 얻은 사랑도 좋지만, 구하지 않고서 얻은 사랑은 더 좋다고 생각해 줘요.

비올라   제 결백과 젊음을 걸고 맹세합니다. 저는 하나의 심장, 하나의 가슴, 그리고 하나의 진심만을 가지고 있는데, 그 어떤 여인도 그걸 가져본 적이 없고, 앞으로도 저 말고는 그 누구도 그걸 가질 수 없습니다. 그럼 안녕히, 아름다운 아가씨. 다시는 당신께 주인님의 눈물을 하소연하러 오지 않겠습니다.

올리비아   하지만 또 와줘요. 지금은 싫지만 당신이 내 마음을 돌려서 그 분의 사랑을 기쁘게 여기게 될지도 모르니까요. (모두 퇴장)

〔제3막 제2장〕

올리비아의 집.
토비 벨치 경, 앤드류 에이규치크 경, 파비안 등장.

앤드류   정말이지, 이제 더는 여기 있고 싶지 않아요.

토비 왜 그래요, 이 귀여운 독종. 이유를 말해 봐요.

파비안 당신이 먼저 이유를 털어놔 보세요.

앤드류 글쎄, 당신 조카는 내게는 한 번도 보여준 적이 없는 호의를 공작의 하인 녀석에게 보이잖아요. 정원에서 다 봤어요.

토비 그 애가 당신을 봤나요? 그걸 말해 봐요.

앤드류 내가 지금 당신을 보는 것만큼이나 똑똑히 봤어요.

파비안 그렇다면 그게 바로 아가씨가 당신을 사랑하신다는 증거입니다.

앤드류 젠장, 날 놀리려는 거지?

파비안 제가 증명해 보이죠. 판단력과 이성을 걸고 말이에요.

토비 그 두 가지는 노아가 배에 오르기 전부터 훌륭한 배심원들이었지.

파비안 아가씨가 당신이 보는 앞에서 그 젊은이에게 친절하게 구신 까닭은 당신을 자극해서 잠들어 있는 용기를 깨우고, 유황불을 부어서 애간장을 끓이려는 거예요. 그럴 때 아가씨 앞에 나서서 갓 찍어낸 동전처럼 멋들어진 농담으로 그 젊은 녀석 넋이 나가버리게 하셨어야지요. 아가씨가 바란 건 바로 그런 거였는데, 기회를 놓치신 겁니다. 이런 황금같이 좋은 기회를 놓쳐버리시다니. 아가씨는 이제 당신에 대한 마음을 저 멀리 북녘으로 흘려보내고, 당신은 네덜란드 사람 턱수염에 매달린 고드름 같은 꼴이 되고 말았군요. 이제라도 용기나 꾀를 부려서 아가씨 마음을 되찾아 오셔야 합니다.

앤드류 그렇다면 용기를 내야지, 잔꾀 따위를 부릴 순 없어. 꾀부리는 사람이 되느니 차라리 청교도가 되고 말지.

토비 그럼 어디 용기를 발판 삼아 행운을 쌓아봐요. 공작의 젊은이에게 결투를 신청해서 열 군데쯤 상처를 내주시오. 내 조카가 감탄할 거요. 여자의 마음을 얻는 데는 용기만 한 게 없단 말이오.

파비안 그 방법밖에는 없습니다, 앤드류 경.

앤드류 그럼 두 사람 가운데 누가 내 결투 신청서를 전해 주겠소?

토비 가서 전사다운 글씨로 짧고 위협적으로 쓰시오. 재치를 부릴 필요까지는 없지만, 유창하고 신선한 말투를 써요. 잉크로 마음껏 그 녀석을 조롱해대시오. '너'라고 서너 번쯤 되풀이해서 써도 괜찮을 거요.*13 거짓말을 종이

---

*13 너(thou)라는 호칭을 친한 친구나 아랫사람이 아닌 이에게 쓰는 건 대단한 실례였다.

가득 적어요. 그 종이가 저 웨어 지방 침대만큼 커다랗다 해도 말이오. 자, 어서. 잉크에 쓰디쓴 맛을 잔뜩 담아서 거위 깃펜으로 써요. 어서요.

앤드류 당신은 어디 있을 겁니까?

토비 당신 방으로 찾아가겠소. (앤드류 퇴장)

파비안 저분은 당신께 아주 소중한 꼭두각시로군요.

토비 그럼, 아주 소중한 사람이지. 한 2천쯤 뜯어냈으니까.

파비안 아주 재미난 결투 신청서를 써올 기세인데, 정말 전하실 겁니까?

토비 전할 건데. 무슨 수를 써서라도 그 젊은 녀석에게 대답을 얻어내고 말거야. 황소에 줄을 매서 끌어내도 이 두 녀석이 싸움 붙도록 만들진 못해. 앤드류 녀석, 배를 갈라보면 간에서 벼룩 발 하나 잠길 만큼의 피도 안 나올 테니까.*14 그게 아니면 내가 나머지 시체를 몽땅 먹어치우지.

파비안 게다가 그 상대 젊은이는 얼굴에 어떤 잔인함도 보이지 않았습니다.

마리아, 배를 움켜쥐고 깔깔대며 등장.

토비 저길 봐, 아홉 마리 새끼 굴뚝새 가운데 막내가 오는군.

마리아 옆구리가 당기고 배가 찢어지도록 웃고 싶으시면 저를 따라오세요. 저 멍청한 말볼리오가 이교도가 된 것 같아요. 올바른 믿음으로 구원받고자 하는 그리스도교인이라면 그렇게 말도 안 되는 황당한 편지를 믿진 않았을 테니까요. 진짜로 노란 양말을 신고 나왔지 뭐예요.

토비 바지끈도 십자 모양으로 묶었던가?

마리아 네, 눈뜨고 봐줄 수가 없던데요. 교회에서 가르치는 선생처럼 샌님 같은 꼴이었어요. 제가 떨어뜨려 놓은 편지에서 시킨 그대로예요. 꼭 인도 땅을 그려넣은 새 지도처럼 온통 주름투성이 얼굴을 하고 싱글벙글 웃어대는데, 그런 우스운 꼴은 아마 처음 보실걸요. 물건을 닥치는 대로 집어던지고 싶은 걸 참느라 얼마나 힘들었다고요. 아가씨께서 보시면 그 녀석을 때리실 거예요. 그 녀석은 그래도 아가씨가 자기를 좋아해서 때리는 줄 알고 웃어 보일 테지만요.

---

*14 겁쟁이는 핏기가 없는 새하얀 간을 가졌다는 말이 있었다.

토비 어서, 안내해. 놈이 있는 곳으로 데려다줘. (모두 퇴장)

〔제3막 제3장〕

어느 거리.
안토니오와 세바스찬 등장.

세바스찬 나는 당신한테 이런 수고를 끼치고 싶지 않지만, 고생을 기쁨으로 여긴다니 더 나무랄 수가 없습니다.

안토니오 당신만 보낼 수가 없었습니다. 갈아 놓은 칼보다도 더 날카로운 욕망이 나를 떠밀더군요. 먼 길을 떠나라 재촉할 만큼 당신을 보고 싶은 마음도 컸지만, 그보다는 당신이 여행길에 무슨 일을 당하지나 않을까 너무 걱정이 됐습니다. 안내자도 동반자도 없는 이방인은 거칠고 무례한 대접을 당할 수도 있으니까, 당신을 뒤쫓게 되었지요.

세바스찬 친절한 안토니오, 정말이지 고맙다는 말밖에는 달리 할 말이 없습니다. 고맙습니다, 정말 고맙습니다. 때때로 이런 선한 마음은 너무도 보잘것없는 보상밖에는 받지 못하곤 하지요. 내 재산이 나의 진심만큼이나 풍요로웠다면 더 멋진 답례를 할 수 있었을 텐데. 뭘 할까요? 이 도시의 유적을 돌아볼까요?

안토니오 내일 보시죠, 오늘은 먼저 묵을 곳을 찾아봅시다.

세바스찬 피곤하지 않아요. 아직 밤까지 시간도 있고. 그러니 이 도시를 이름 떨치게 한 유적들을 보며 눈을 즐겁게 해줍시다.

안토니오 용서해 주십시오. 나는 이곳 거리를 마음 놓고 나다닐 수 없는 처지입니다. 예전에 여기 공작과 바다에서 전투를 벌였을 때 내가 큰 공을 세웠기 때문에 여기서 잡히면 변명조차 할 수 없답니다.

세바스찬 공작의 부하들을 많이 죽였나 보죠?

안토니오 내가 저지른 짓은 그런 피비린내 나는 일은 아닙니다. 그때의 상황을 봐서는 얼마든지 그런 참혹한 일이 벌어졌을 수도 있지만요. 그 뒤로 우리가 빼앗아 온 걸 되돌려 줬다면 화해하고 다시 교역을 이어나갔을 수도 있었을 겁니다. 그런데 내가 거부했지요. 그러니 여기서 눈에 띄었다가는 큰

일을 치르게 될 겁니다.

세바스찬 그럼 나다니지 않는 게 좋겠습니다.

안토니오 네, 별로 좋은 일이 아닐 테죠. 자, 여기 내 지갑이 있습니다. 남쪽 변두리에 가면 '코끼리'라는 여관이 있습니다. 당신이 돌아다니며 도시를 둘러보고 배움을 얻으며 즐거운 시간을 보내는 동안 내가 식사를 미리 시켜 두겠어요.

세바스찬 지갑은 왜 주는 거죠?

안토니오 돌아다니다 보면 사고 싶은 물건이 눈에 들어올지도 모르는데, 당신 돈으론 꼭 필요한 물건이 아니면 살 여유가 없을 것 같아서요.

세바스찬 그럼 이 지갑을 가지고 한 시간쯤 돌아다니다 오겠습니다.

안토니오 코끼리 여관으로 오십시오.

세바스찬 기억해 두겠습니다. (두 사람, 서로 다른 방향으로 퇴장)

〔제3막 제4장〕

올리비아 집의 정원.
올리비아가 생각에 잠긴 모습으로 등장. 마리아가 뒤따라 들어온다. 올리비아는 의자에 앉는다.

올리비아 (혼잣말로) 와달라고 사람을 보냈더니, 오겠다고 했어. 어떻게 대접하면 좋을까? 무엇을 주지? 젊음은 구걸하거나 빌리는 것보다 값을 치르고 사는 게 더 낫다고 하잖아. 목소리가 너무 컸나? (마리아에게) 말볼리오는 어디 있지? 그 사람은 진지하고 점잖으니까 내 하인으로는 아주 알맞아. 어디 있지?

마리아 오고 있어요, 아가씨. 그런데 좀 이상해요. 귀신이라도 썬 것 같아요, 아가씨.

올리비아 왜, 무슨 일인데? 헛소리를 하더냐?

마리아 아니요, 아가씨. 아무 말도 안 하고 그저 싱글벙글 미소만 지어요. 아무래도 호위병을 좀 데려다 두시는 게 좋을 거예요. 그 사람은 정말 정신이 어떻게 된 것 같더라니까요.

3막 4장, 말볼리오·올리비아와 마리아 다니엘 매클라이즈. 1840.

올리비아 가서 이리로 데려와. (마리아 퇴장) 머리가 이상한 건 나도 마찬가지
야. 진지한 상황이든 즐거운 상황이든 이상한 건 변함없어.

말볼리오, 노란 양말을 신고 이상한 걸음걸이로 마리아와 함께 등장.

올리비아 말볼리오, 어서와!

말볼리오 아름다운 아가씨, 호호.

올리비아 웃고 있는 거야? 슬픈 일이 있어서 불렀는데.

말볼리오 슬픈 일이라고요, 아가씨! 저도 슬픈 표정을 지을 수 있답니다. 이
렇게 바지끈을 십자 모양으로 졸라맸더니 피가 잘 안 통하기는 하지만, 그
게 뭐 어때서요? 이로써 누군가의 눈이 즐거울 수만 있다면, 저에게도 "한
사람을 기쁘게 하면 모두가 즐겁도다" 하는 그 진실된 소네트와 같답니다.

올리비아 어떻게 된 거야? 무슨 일이지?

말볼리오 다리는 누렇게 떴지만, 마음은 검지 않습니다. 편지는 마땅히 받아
야 할 사람 손에 들어갔고, 내리신 명령은 실행될 겁니다. 저 아름다운 로
마풍 글씨체는 누구나 알아볼 수 있으니까요.

올리비아 침대로 가는 게 어때, 말볼리오?

말볼리오 침대로요! 아이, 내 사랑, 당신께 가지요.

올리비아 세상에, 하느님! 도대체 왜 그렇게 웃어대며 손에 입맞춤을 해대지?

마리아 말볼리오, 좀 어때요?

말볼리오 너 따위가 질문을 해! 그래, 꾀꼬리도 까마귀에게 대답은 하는 법이지.

마리아 어째서 아가씨 앞에서 이렇게 무례하게 구는 거예요?

말볼리오 "그 고귀함을 두려워할 필요는 없어요." 참 잘 쓰셨더군요.

올리비아 그게 무슨 소리지, 말볼리오?

말볼리오 "어떤 이들은 고귀하게 태어나고……."

올리비아 뭐?

말볼리오 "어떤 이들은 고귀함을 이룩하며……."

올리비아 뭐라고?

말볼리오 "또 어떤 이들은 고귀함이 그들에게 찾아가기 마련이에요."

올리비아 하느님, 이 사람을 낫게 해주세요!

말볼리오 "노란 양말을 신으라 권하고……."

올리비아 노란 양말이라고!

말볼리오 "무릎 아래 바지끈을 십자로 매라 했던 여인을 기억하세요."

올리비아 십자로!

말볼리오 "높은 자리에 오르고 싶다면 그대는 고귀한 사람이 될 거예요."

올리비아 나더러 높은 자리에 오르고 싶냐고?

말볼리오 "그렇지 않다면 나는 그대를 언제까지나 하인으로만 여기겠습니다."

올리비아 이거 완전히 한여름의 광기*15잖아.

하인 등장.

하인 아가씨, 오르시노 공작님 댁 젊은이가 돌아왔습니다. 돌아와 달라 설득

---

*15 한여름에 뜨는 달이 사람들을 미치게 한다고 여겨졌다.

하느라 무척 애를 먹었답니다. 지금 아가씨를 기다리고 있습니다.

올리비아   곧 만나러 가겠다. (하인 퇴장) 착한 마리아, 이 사람을 좀 돌봐 주도록 해. 토비 숙부는 어디 계시지? 식구들에게 이 사람을 특별히 보살펴 주라고 해. 내 돈 절반을 쓰더라도 이 사람이 잘못되는 건 보고 싶지 않구나.

(마리아를 데리고 퇴장)

말볼리오   아하! 이제 내 마음을 알 테지? 토비 경에게 직접 나를 돌봐 주라 시키다니! 꼭 편지 내용 그대로잖아. 일부러 토비 경을 데려오라는 이유가 뭐겠어. 나보고 그 사람에게 무례하게 막 대하라는 뜻이잖아. 편지에도 그렇게 썼지. "초라한 껍데기를 벗어던지고 새로이 태어나세요. 내 친척들에게 맞서고, 하인들에게 까다롭게 대하세요. 입으로는 거침없이 정치적 견해를 펼치고, 특이하고 튀는 행동을 몸에 익히세요." 그러고는 어떻게 해야 하는지 자세히 일러주었지. 근엄한 표정을 하고, 위엄 있게 걸으며, 느릿느릿 말을 하고, 이름난 신사 같은 옷차림을 하라는 등 말이야. 내가 아가씨를 완전히 사로잡은 거야. 이건 다 유피테르 신 덕분이니, 나는 그분께 감사드릴 따름이다! 그리고 방금 가면서도, "이 사람을 좀 돌봐 주도록 해" 말했지. "이 사람"이라고! 말볼리오나 집사라 하지 않고, "이 사람"이라고 했어. 모든 게 딱딱 들어맞는구나. 미심쩍은 부분이라고는 한 방울도 없고, 거칠 것도, 황당하거나 불확실한 상황도 없어. 무슨 말을 할까? 나와 내 희망찬 미래 사이를 가로막는 건 아무것도 없다. 이건 모두 유피테르 신 덕분이야. 내가 잘한 게 아니라고. 그러니 유피테르 신께 감사해야지.

마리아, 토비 벨치 경과 파비안을 데리고 다시 등장.

토비   하느님 맙소사, 그는 어디 있지? 그 녀석이 지옥의 모든 악마들에게, 아니 악마의 우두머리에게 홀려 있다 해도 녀석과 꼭 이야기를 나누어 보겠어.

파비안   여기 있네요, 여기. 좀 어때요? 괜찮아요?

말볼리오   저리 꺼져. 명령이다. 혼자 즐기도록 내버려 둬. 나가.

마리아   들어보세요, 이 사람 속에 든 악마가 내는 소리를! 제가 말했죠? 토비 경, 아가씨께서 이 사람을 돌봐 주라 하셨어요.

말볼리오 아하! 아가씨가 그러셨나?

토비 그래그래. 진정해, 진정하라고. 이 사람은 부드럽게 대해야 해. 내게 맡겨. 말볼리오, 좀 어떤가? 괜찮나? 이 사람아, 악마에게 져서는 안 돼! 생각해 봐, 그놈은 인간의 적이야.

말볼리오 무슨 말을 하는지는 알고 떠드시는 거예요?

마리아 들으셨죠? 악마를 나쁘게 말하니까 화를 내잖아요! 하느님, 이 사람을 구해 주소서!

파비안 이 사람 오줌을 마녀 할멈에게 가져다줍시다.

마리아 그래요, 내일 아침에 당장 그렇게 해요. 아가씨께서는 무슨 일이 있어도 이 사람을 잃고 싶지 않으실 거예요.

말볼리오 뭐라고, 이 여자야?

마리아 오, 주여!

토비 (마리아에게) 조용히 좀 해봐. 이런 식으로는 안 돼. 이 사람을 더 자극하기만 했잖아. 내게 맡겨두라고.

파비안 부드럽게 다가가야 해요. 부드럽게, 부드럽게. 이 친구는 아주 위험합니다. 그러니 거칠게 다뤄서는 안 돼요.

토비 저, 좀 어떤가, 우리 멋진 친구! 괜찮은가, 병아리?

말볼리오 토비 경!

토비 그래, 삐악아, 이리 오너라. 이게 무슨 짓이니! 악마와 술래잡기를 하면 못써. 시커먼 마귀는 목을 매 잡아 죽여야지!

마리아 기도문을 외우게 하세요, 토비 경. 기도를 시켜봐요.

말볼리오 기도라고, 이 여편네가!

마리아 (토비에게) 아니, 틀림없어요. 하느님 말씀이라면 듣기도 싫은 거예요.

말볼리오 다들 가서 콱 죽어버려! 이 멍청하고 비천한 것들아. 난 너희와는 달라. 앞으로 다 알게 될 거야. (퇴장)

토비 이럴 수가 있나?

파비안 이게 무대 위 연극이었대도 말도 안 된다고 비난했을 거예요.

토비 영혼까지 몽땅 걸려든 것 같구먼.

마리아 장난이 들통나서 김이 새기 전에 어서 뒤쫓아 가요.

파비안 그랬다간 정말 미쳐버릴지도 모르겠는데.

마리아 그럼 집 안이 좀 조용해지겠군요.

토비 가지. 어두컴컴한 방에 가두고 묶어놔야겠어. 내 조카는 어차피 저자가 미쳐버린 줄로 알고 있으니까. 우리는 즐거움을 얻고, 저자는 뉘우침을 얻을 때까지 한번 밀어붙여 보는 거야. 웃고 또 웃다 지쳐 숨이 차오르고 불쌍한 마음이 들 때까지 말이야. 그때 가서 이 장난을 털어놓고 미친놈을 알아본 건 그대라고 상을 안겨주지. 그러니 두고 봐, 두고 보라고.

앤드류 에이규치크 경, 결투 신청서를 손에 들고 들어온다.

파비안 저기 재미가 또 하나 오네요.

앤드류 여기 결투 신청서를 써왔소. 읽어봐요. 아주 무시무시하다고 장담하죠.

파비안 그렇게 무시무시해요?

앤드류 그럼, 물론이지. 읽어나 보라니까.

토비 이리 주시오. (읽는다)

젊은이, 네놈이 누군지는 몰라도 넌 아주 비열한 녀석이다.

파비안 좋아요, 아주 용감한 말투군요.

토비 (읽는다)

내가 어째서 네놈을 불러내는지 궁금해하지도 놀라지도 마라. 안 가르쳐 줄 거니까.

파비안 좋은 말씀이에요. 괜한 법의 심판을 피할 수 있는 말투죠.

토비 (읽는다)

네놈이 올리비아 아가씨를 찾아왔을 때, 아가씨께서 내가 보는 앞에서 네 녀석에게 친절히 대하셨다. 네놈은 거짓말쟁이지만, 그래서 내가 결투를 신청하는 건 아니다.

파비안 아주 간결하면서도 뜻이 잘 통하지…… (마리아에게 속삭이며) 않는군.

토비 (읽는다)

나는 네놈이 집에 돌아가는 길목을 지키고 서 있겠다. 네가 거기서 날 죽이게 된다면.

파비안 좋아요.

토비 (읽는다)

너는 나를 비열한 악당처럼 죽일 거다.

파비안 여전히 법에 걸리지 않도록 조심하고 있군요. 좋아요.

토비 (읽는다)

그럼 안녕. 하느님께서 우리 둘 가운데 한 명의 영혼에겐 자비를 베풀어 주시겠지! 그게 내 영혼이 될 수도 있겠지만, 난 희망이 더 크니까 넌 조심해야 할 거다.*¹⁶ 너의 처신에 따라 친구도, 적도 될 수 있다. 앤드류 에이규치크로부터.

이 결투 신청서를 보고도 가만히 있는다면, 그 녀석은 다리가 괜히 달린 셈이지. 내가 직접 전해 주겠소.

마리아 마침 좋은 기회네요. 그 사람이 지금 아가씨와 무슨 이야기를 나누고 있으니까 곧 돌아갈 거예요.

토비 가요, 앤드류 경. 뜰 모퉁이에서 빚쟁이처럼 그놈을 기다리고 서 있어요. 눈에 보이면 곧바로 무시무시하게 소리를 질러대며 칼을 뽑아드는 거예요. 왜냐면 허세를 떨어가며 끔찍한 욕설을 날카롭게 내뱉는 것만큼 남자답고 용맹하게 보이는 건 없거든요. 자, 가봐요!

앤드류 욕이라면 자신 있소. (바깥문 쪽으로 퇴장)

---

*16 죽은 이의 영혼이 천국에 가도록 하느님께서 자비를 베풀어 주신다는 뜻이다. 그러므로 여기서는 하느님의 자비를 받는 쪽이 목숨을 잃는다는 말이 된다.

토비 결투장을 진짜로 전하지는 않을 거야. 그 젊은이는 몸가짐이 단정한 게, 똑똑하고 교양 있어 보였으니까. 공작이 내 조카에게 그 녀석을 보내는 걸 봐도 알 수 있지. 그 젊은이라면 이런 터무니없이 우스꽝스런 결투 신청서에는 겁먹지 않을 거라고. 바보 얼간이에게서 온 것임을 곧장 알아차릴 테니까. 그러니 내가 직접 말로 전해 줘야지. 에이큐치크가 무척이나 고귀하고 용맹한 사람인 것처럼 꾸며내서 그 젊은이를 몰아세우면, 젊고 순진해서 곧 이곧대로 알아듣고는 상대가 몹시 화가 난 데다, 싸움도 잘하고, 성미가 불 같은 사람인 줄 착각할 거 아냐. 그렇게 둘 다 잔뜩 겁을 집어먹고 있으면, 코카트리케*[17]처럼 서로 눈만 마주쳐도 죽이고 말 거야.

올리비아와 비올라, 안에서 나온다.

파비안 저기 조카분과 그 젊은이가 나오네요. 작별 인사를 할 때까지 기다렸다가 곧바로 따라가 잡아 세워요.
토비 그동안 결투를 신청할 무시무시한 말을 좀 생각해 둬야겠어. (파비안, 마리아와 함께 퇴장)
올리비아 돌처럼 단단한 마음에 너무 많은 말을 늘어놓고, 내 자존심까지 아낌없이 내던지고 말았군요. 마음속 무언가가 내 잘못을 꾸짖어요. 그러나 내 잘못이 너무나 크고 강력해서 꾸짖음조차 비웃을 뿐이에요.
비올라 아가씨의 열정이 움직이는 바로 그대로 제 주인님의 슬픔도 깊어간답니다.
올리비아 자, 여기 이 보석을 지니고 있어요. 내 초상화예요. 거절은 말아요. 당신을 성가시게 할 혀가 달린 것도 아니니까. 그리고 내일 또 와줘요. 당신이 달라고 하면 내가 내어주지 못할 게 있을까요? 내 명예까지도 그걸 해치지만 않겠다고 하면 기꺼이 내어주겠어요.
비올라 뭐든 들어주실 테지요. 제 주인님을 사랑해 달라는 부탁만 빼고요.
올리비아 이미 당신한테 줬는데, 내 명예를 해치지 않고서 어떻게 다시 그분께 드릴 수 있겠어요?

---

*17 신화 속에 나오는 짐승으로, 바실리스크와 동일시된다. 수탉의 머리에 뱀의 모습을 하고 있으며 강력한 독을 지니고 있다.

비올라 그럼 아무것도 달라고 하지 않겠습니다.

올리비아 어쨌든 내일 또 와요. 그럼 안녕히. 당신 같은 악마라면 지옥이라도 따라가겠어요. (안으로 들어가고, 비올라는 바깥문에서 걸어 나온다)

토비 벨치 경과 파비안 다시 등장.

토비 신사, 하느님께서 당신을 지켜주시기를.

비올라 당신도요.

토비 칼싸움을 할 줄 안다면 써먹는 게 좋을 거요. 당신이 무슨 잘못을 저질 렀는지는 몰라도, 저기 잔뜩 화가 난 사람이 숨어서 당신을 기다리고 있으 니까 말이오. 피에 굶주린 사냥개처럼 분노에 차올라서 저 뜰 모퉁이에 서 있소. 칼을 빼들고 잽싸게 준비하는 게 좋을 거요. 상대는 날쌔며 칼솜씨도 빼어난 무시무시한 사람이라오.

비올라 뭘 잘못 아신 것 같습니다. 저는 그 누구에게도 싸움을 걸 만한 행동 을 한 적이 없으니까요. 제 기억으로는 남에게 해를 끼친 적이 없습니다.

토비 그렇지 않다는 걸 알게 될 거요. 정말이요. 그러니까 목숨이 소중하다 면 방어 자세를 갖추시오. 상대는 젊고, 힘도 센 데다, 칼솜씨도 좋고, 화가 머리끝까지 나 있으니까.

비올라 말씀해 주세요. 어떤 사람인데요?

토비 그는 기사요. 새 칼을 차고, 싸움터에서 세운 공이 아니라, 융단 위에서 작위를 받은 사람*18이지만, 개인적인 싸움에서는 무시무시한 악마지요. 이 제껏 세 사람이나 영혼과 육체를 분리시킨 적이 있고, 지금 화가 어찌나 잔 뜩 나 있는지 당신을 고통스럽게 죽여서 무덤으로 보내기 전에는 분노가 풀리지 않을 거라 하더군요. '죽거나 살거나'가 그자의 좌우명이라오. 그러 니 가서 죽이거나 죽으시오.

비올라 집 안으로 돌아가서 아가씨의 도움을 받아야겠습니다. 저는 싸움 같 은 건 하지 않습니다. 세상에는 자신의 용기를 시험해 보려고 괜한 싸움을 걸어대는 사람들이 있다고 들었습니다만, 아마 이분도 그런 특이한 사람인

---

*18 전쟁터에서 공을 세워 기사 작위를 받은 게 아니라, 민간 부문에서의 공이나 연줄로 기사 작위를 받았다는 뜻.

3막 4장, 결투 장면 윌리엄 파월 프리스. 1842.

가 보군요.

토비 아니요. 그 사람이 이렇게 분노로 날뛰는 데에는 다 그럴 만한 이유가 있소. 그러니까 어서 나서서 그가 바라는 대로 맞서 싸워요. 집 안으로 되돌아가지는 못할 거요. 나와 싸우는 것보단 그자와 싸우는 게 차라리 안전하오. 그러니 어서, 냉큼 칼집에서 칼을 뽑아 뛰어들어요. 아니면 앞으로 다시는 칼에 손도 대지 않겠다 맹세하시오.

비올라 이건 정말이지 기괴하고도 무례한 일입니다. 제발 부탁이니 그 기사에게 제가 무슨 잘못을 했는지라도 물어봐 주십시오. 아마 저도 모르는 사이에 실례를 저질렀는지도 모르지요. 일부러 그런 일은 없으니까요.

토비 그러죠. 파비안, 내가 돌아올 때까지 이분을 잘 지키고 있어. (퇴장)

비올라 당신은 이 일에 대해 아나요?

파비안 그 기사님이 당신에게 화가 잔뜩 끓어올라, 당신을 죽이지 않고서는 분이 풀리지 않을 거라는 사실만 알지요.

비올라 부탁이오. 그분은 어떤 사람이죠?

파비안 겉으로 보기에는 그리 용맹해 보이지 않을 수도 있지만, 실은 일리리아 그 누구보다도 칼솜씨가 빼어나고, 잔인하며, 지독한 사람입니다. 그쪽으로 걸어가 보시겠어요? 평화롭게 해결할 수 있다면 제가 도와드리죠.

비올라 그렇게만 해준다면 무척 고맙겠소. 나는 기사님보다는 신부님과 어울리는 게 좋은 사람이오. 누가 나더러 용기가 없다고 비웃어도 상관없어요. (파비안과 함께 퇴장)

토비 벨치 경과 앤드류 에이규치크 경 다시 등장.

토비 이보시게, 정말이지, 그놈은 아주 악마 같은 놈이오. 생긴 건 여자같이 곱상한 게 그렇게 대찬 녀석일 줄은 꿈에도 몰랐지 뭐요. 칼집을 낀 채 시험 삼아 한 판 붙어봤는데 어찌나 날쌔게 달려들던지, 도저히 피할 수가 없었소. 게다가 당신이 싸움을 걸어온다면, 당신 발이 땅을 딛고 선 것과 마찬가지로 확실하게 되갚아 주겠다지 뭐요. 소문으로는 그놈이 페르시아 황제의 검투사였다는군요.

앤드류 젠장, 그럼 싸움은 그만두겠소.

토비 에이, 이제는 녀석이 물러서지 않을 거요. 지금 저기서 파비안이 겨우겨우 붙잡고 있단 말이오.

앤드류 이런 젠장. 그 녀석이 그렇게 싸움을 잘할 줄 알았더라면 결투를 신청하지는 않았을 거요. 그냥 저주받아 죽는 꼴을 지켜보기나 할 걸 그랬소. 그자를 좀 말려줘요. 무사히 넘어가 주기만 한다면 내 귀여운 회색 말을 놈에게 바치겠어요.

토비 어디 물어는 보겠소. 아무렇지 않은 척하고 여기 가만히 있어요. 누구 하나 죽는 일은 없도록 해결해 볼 테니. (혼잣말로) 이렇게 네 녀석 머리 꼭대기뿐만 아니라 네 녀석 말에도 올라타 줄 테다.

파비안과 비올라 다시 등장.

토비 (파비안에게만 들리게) 싸움을 말리면 말을 주겠대. 내가 저 젊은 녀석이 완전히 악마라고 잔뜩 허풍을 떨어놨거든.

파비안 (토비에게만 들리게) 이 젊은 놈 또한 잔뜩 겁을 집어먹었어요. 꼭 곰에게 쫓기는 사람처럼 얼굴이 하얗게 질려서 가쁜 숨을 몰아쉬고 있죠.

토비 (비올라에게) 어찌할 방법이 없군요. 맹세를 했으니 기어코 싸우겠답니다. 참, 싸움의 이유는 다시 생각해 보니 더 이야기할 가치도 없는 문제라 했소. 그러니 그자가 내뱉은 말을 지킬 수 있도록 어서 칼을 뽑으시오. 그래도 당신에게 상처를 입히지는 않겠다고 하니까요.

비올라 (혼잣말로) 하느님, 저를 지켜주소서! 자칫하면 내가 남자가 아니란 사실을 들키고 말겠어.

파비안 (앤드류에게만 들리게) 놈이 달려들거든 뒤로 멀찍이 물러나세요.

토비 (앤드류에게만 들리게) 자, 앤드루 경, 방법이 없어요. 이 신사가 글쎄, 자기 명예를 지키기 위해서라도 당신과 싸우지 않을 수 없다지 뭐요. 한번 신청한 결투는 되돌릴 수 없다는 결투 규칙이 있으니 피할 수가 없어요. 그래도 자기는 신사이고 전사이니까 당신에게 상처 입히지는 않겠다고 약속했다오. 자, 어서 싸워요.

앤드류 (혼잣말로) 하느님, 놈이 약속만은 지키게 해주소서!

비올라 (앤드류에게) 이렇게 싸우고자 하는 건 정말 제 뜻이 아닙니다.

두 사람이 칼을 뽑아 들자 안토니오 등장.

안토니오 (칼을 뽑아 들고 앤드류에게) 그 칼을 거두시오. 이 젊은 신사가 무슨 잘못이라도 한 게 있다면, 제가 그 책임을 물겠습니다. (비올라에게) 당신한테 잘못이 있는 거라면 내가 대신 싸워 주겠소.

토비 당신이! 왜, 당신은 누구시오?

안토니오 이 사람이 당신께 뭐라 말했는지는 몰라도, 저는 이 사람을 위해서라면 그보다 더한 일도 할 수 있습니다.

토비 아니, 끼어들겠다면 내가 대신 상대해 주겠소.

두 사람, 칼을 뽑아 들 때 경찰들이 나타난다.

파비안 오, 토비 경, 멈추세요! 여기 경찰들이 옵니다.

토비 (안토니오에게) 싸움은 미룹시다.

비올라 (앤드류에게) 제발 그 칼을 거두세요.

경찰 1 (안토니오를 가리키며) 이 사람이오. 체포하시오.

경찰 2 안토니오, 오르시노 공작님 명령으로 당신을 체포한다.

안토니오 뭔가 잘못 아신 듯합니다.

경찰 1 천만에. 지금은 뱃사람 모자를 안 쓰고 있지만, 나는 당신 얼굴을 잘 알고 있어. 데려가라. 내가 자기를 안다는 걸 이자도 잘 알고 있어.

안토니오 그럼 어쩔 수 없군요. (비올라에게) 당신을 찾아다니다가 이렇게 되고 말았습니다. 하지만 어쩔 수 없죠. 잡혀가는 수밖에. 아까 드린 지갑을 다시 돌려주겠습니까? 내 처지가 이렇게 되어버린 것보다 당신을 도와드릴 수 없게 된 게 더욱더 안타깝습니다. 많이 놀란 듯한데 마음 놓으십시오.

경찰 2 어서 따라와.

안토니오 (비올라에게) 지갑에서 돈을 조금이라도 꺼내주셔야겠습니다.

비올라 돈이라니요? 당신이 제게 베풀어 주신 친절과 지금 당하신 어려움을 생각하면 잠자코 있을 수만은 없으니 얼마 안 되는 돈이지만 나눠 드리겠습니다. 제가 가진 게 얼마 없습니다만 자, 받으십시오. 제 재산의 절반입니다.

안토니오 (돈을 거절하며) 이제 나를 모른 척하실 건가요? 내가 그동안 드린 도움은 아무 소용도 없었단 말입니까? 내 비참한 운명을 시험하려 들지 마십시오. 내가 당신에게 베푼 상냥함을 핑계로 당신을 헐뜯는 그런 나약한 인간이 되게 하지 마십시오.

비올라 무슨 말씀이신지 전혀 모르겠는데요. 저는 당신의 목소리도 얼굴도 알지 못합니다만 거짓말이나, 허영심이나, 수다쟁이나, 주정꾼이나, 아니 인간의 연약한 피를 더럽히는 그 어떤 강렬한 악행보다도 은혜를 저버리는 사람을 가장 싫어합니다.

안토니오 아, 하늘이시여!

경찰 2 어서, 가자.

안토니오 몇 마디만 더 하게 해주시오. 이 젊은이가 죽음의 문턱까지 다다른 것을 내가 애써 살려 놓았소. 그리고 사랑을 다해 돌봐 주었지요. 겉모습만 보고 그럴 만한 가치가 있는 사람이라 여겼기에 마음을 바쳤던 거지요.

경찰 1 그게 우리랑 무슨 상관인가? 시간 없으니 어서 가자!

안토니오 그런데 알고 보니 더러운 우상이었구나! 세바스찬, 그 고상한 외모가 부끄럽지도 않소. 세상에서 가장 더러운 건 사람의 마음이라더니, 몰인정한 마음이야말로 가장 추악한 거요. 선한 마음은 아름답지만, 마음이 악한 아름다운 자는 악마가 정성을 다해 장식한 텅 빈 궤짝이구나.

경찰 1 이 사람이 미쳤나 보군. 끌고 가라! 가자, 어서.

안토니오 데려가시오. (경찰들에게 이끌려 퇴장)

비올라 저렇게 흥분하며 말하는 걸 보니 거짓말을 하는 것 같진 않은데. 하지만 나는 정말 저 사람을 모르는걸. 아, 현실이 되어줘, 상상이여, 현실이 되어라. 혹시 사랑하는 오빠와 나를 착각한 건 아닐까!

토비 이리 오시오, 기사님. 이리 와, 파비안. 격언이나 한두 마디쯤 속삭여 보자고.

비올라 세바스찬이라고 했어. 나도 거울을 볼 때마다 오빠가 살아 있는 것 같아. 오빠는 얼굴이 나와 꼭 닮았고, 옷차림도 늘 이런 색깔에 비슷한 장신구를 걸치고 다녔으니까. 아, 이게 정말이라면 태풍은 상냥하고, 짜디짠 바닷물도 사랑이 넘치는 맑은 물이 되는 거야. (퇴장)

토비 아주 비겁한 어린애로군. 토끼보다도 더 겁쟁이야. 얼마나 비겁하면 도움이 필요한 친구를 보고도 모른 척하겠어. 비겁함에 대해서라면 파비안에게 물어보면 되지.

파비안 겁쟁이입니다. 비겁함이라는 관점에서 보면 누구보다도 헌신적이고, 신앙적이라고까지 할 만하군요.

앤드류 젠장, 내가 따라가서 두들겨 패주겠어.

토비 그래요. 가서 있는 힘껏 두들겨 패줘요. 칼은 뽑지 말고.

앤드류 두고 봐라. (칼을 빼 들고 비올라를 뒤쫓아 간다)

파비안 가서 구경이나 하시죠.

토비 아무 일도 일어나지 않는다는 데 돈을 걸지. (모두 퇴장)

올리비아의 집 앞.
세바스찬과 광대 페스테 등장.

페스테 그러니까 제가 당신을 모시러 온 게 아니라고 믿으라는 겁니까?

세바스찬 저리 가, 저리 가라고. 정말 바보 같은 친구로군. 나를 가만 내버려
두란 말이야.

페스테 정말 잘도 잡아떼시네요. 그래요, 저는 당신을 모르고, 아가씨께서
당신을 모셔오라 저를 보내신 적도 없어요. 당신 이름은 세자리오가 아니
고, 이 코도 제 코가 아니랍니다. 뭐든지 다 그게 아닌 거죠.

세바스찬 부탁이야, 농담은 다른 데 가서 발산해. 나는 정말 너를 몰라.

페스테 농담은 다른 데 가서 발산하라고요! 어디 높으신 분한테서 주워들은
말인가 본데, 그걸 이제는 광대에게 써먹는군요. 농담을 발산해! 이 크고 멍
청한 세상이 계집애처럼 뽐내는 곳이 되려나 봅니다. 부탁인데, 그렇게 시치
미 떼지 말고 제가 아가씨께 돌아가서 뭐라고 발산해야 할지나 말해 봐요.
당신이 오고 계신다고 발산할까요?

세바스찬 부탁이다, 광대야. 제발 저리 가. 자 여기 돈을 줄 테니 제발 가. (돈
을 건넨다) 그래도 안 가겠다면 더한 걸 줄 테다.

페스테 정말이지, 너무나 관대하십니다. 광대에게 돈을 주는 똑똑한 분들은
평판이 좋아지지요. 열네 번쯤 더 준다면 말이지요.

앤드류 경이 칼을 뽑아 들고 등장. 뒤따라 토비 경과 파비안 등장.

앤드류 또 만났군그래. 한 대 받아라. (주먹으로 때린다)

세바스찬 (되받아치며) 당신도 한 방 받으시오. 여기, 그리고 한 번 더. 아니,
사람들이 다 같이 미쳤나? (칼을 뽑아 든다)

토비 (세바스찬을 뒤에서 잡으며) 잠깐, 멈춰요. 멈추지 않으면 그 칼을 저 지붕
너머로 던져버리겠소.

페스테 가서 아가씨께 말씀드려야겠다. 이런 일에는 두 푼을 준대도 끼어들

지 않을 거야. (퇴장)

토비 자, 멈추시오. 멈춰요!

앤드류 아냐, 그냥 내버려 둬요. 다른 방법을 써보지. 일리리아에 법이란 게 뻔히 있는데, 이놈을 폭행죄로 고소해 버릴 테야. 물론 내가 먼저 때리긴 했지만 그건 문제가 안 돼.

세바스찬 (토비에게) 이 손을 놔주시오.

토비 이러지 말아요. 놔주지 않을 겁니다. 자, 젊은이, 그 칼을 내려놔요. 그만하면 됐으니까. 어서.

세바스찬 놓지 않겠다면 내가 뿌리치지. (토비를 뿌리친다) 자, 이제 어쩔 테요? 더 해보고 싶다면 칼을 뽑으시오.

토비 뭐, 뭐라고? 그럼 나도 이 무례한 놈의 피를 볼 수밖에 없지. (칼을 뽑아든다)

올리비아 등장.

올리비아 멈춰요, 토비 숙부님. 절대로 싸우시면 안 돼요. 멈춰요!

토비 그러지. (비켜선다)

올리비아 또 꼴사나운 야만인처럼 이러실 거예요? 문명이 닿지 않는 산속이나 동굴에 어울릴 행동을 하시면 어떡해요. 곧바로 눈앞에서 사라지세요! 세자리오, 화내지 말아요. 이 야만들, 저리 가라니까요! (토비, 앤드류, 파비안 퇴장) 부탁이에요, 예의 바른 세자리오, 감정이 아닌 이성으로 이 무례하고 난폭한 실례를 용서해 줘요. 함께 집으로 들어가요. 저 악당이 그동안 얼마나 이런 쓸데없는 장난을 하고 돌아다녔는지 이야기해 줄게요. 듣고 나면 당신도 아마 웃음이 나올 거예요. 거절하지 말고 어서 와요. 정말이지, 골칫덩어리예요. 덕분에 당신을 사랑하는 내가 얼마나 놀랐는지 몰라요.

세바스찬 (혼잣말로) 이건 또 무슨 말이지? 도대체 뭐가 어떻게 되는 거야? 내가 미쳤나? 아니면 모두 꿈인가? 망상이여, 레테 강물로 내 머릿속을 흠뻑 적셔라. 이게 꿈이라면 깨어나지 않게 해다오!

올리비아 어서 와요. 내 말 들어요!

세바스찬 네, 아가씨. 그렇게 하겠습니다.

올리비아 오, 부디 그렇게만 해줘요!

〔제4막 제2장〕

올리비아의 집.
뒤쪽으로 다른 방들이 더 있는데, 커튼으로 가려져 있다. 광대 페스테와 마리아 등
장. 마리아는 검은 옷과 가짜 수염을 들고 있다.

마리아 자, 어서. 이 옷으로 갈아입고 이 수염을 달아. 그 사람이 너를 토파
스 보좌 신부님이라고 착각하도록 해야 해. 빨리. 나는 가서 토비 경을 불러
올 테니까. (퇴장)

페스테 그럼 입어볼까. 이런 옷을 입고 변장을 한 게 내가 처음이라면 좋을
텐데. 난 신부님인 척하기에는 키가 좀 작고, 신학도인 척하기에는 좀 뚱뚱
한데 말이야. 그래도 선량하고 훌륭한 살림꾼이란 말을 듣는 것도, 신중한
사람이나 위대한 학자라는 말을 듣는 것만큼 좋은 일이야. 저기 공모자들
이 오는군.

마리아가 토비 경을 데리고 등장.

토비 유피테르 신께서 신부님께 축복을 내려주시길.

페스테 (라틴어로) 보노스 디에스(안녕하세요), 토비 경. 펜과 잉크를 한 번도
본 적이 없는 프라하의 늙은 은둔자가 고보덕 왕의 조카에게 이렇게 말
했지요. "있는 건 있는 것이다." 그러니까 나도 주임 사제라면 주임 사제지
요. 있는 '것'이라면 있는 '것'이고, '있는' 것은 '있는' 것이 아니면 무엇이겠습
니까?

토비 그에게 가보시지요, 토파스 신부님.

페스테 (커튼으로 다가가며) 여봐라! 이 감옥에 평화가 깃들기를!

토비 그 녀석 흉내 한번 잘 내는군. 멋진 녀석이야.

말볼리오 (안에서) 거기 누구냐?

페스테 보좌 신부 토파스 경이요. 미치광이 말볼리오를 보러 왔소.

말볼리오 토파스 경, 토파스 경, 자비로우신 토파스 경. 아가씨께 가서 말 좀 해주세요.

페스테 썩 꺼져라, 이 난폭한 마귀야! 어째서 이 사람을 이렇게 미쳐버리게 했는가? 아가씨 이야기 말고는 아무 말도 못하도록!

토비 옳은 말씀이십니다, 신부님.

말볼리오 토파스 경, 저처럼 억울한 사람은 또 없을 겁니다. 마음씨 좋은 토파스 경, 저는 미치지 않았습니다. 저 사람들이 절 이렇게 끔찍한 어둠 속에 가둬 두었어요.

페스테 닥쳐라, 이 거짓말쟁이야! 나는 악마에게조차 예의를 갖출 줄 아는 정중한 사람이니까 욕은 하지 않겠다. 이 방이 어둡다 했느냐?

말볼리오 꼭 지옥 같습니다, 토파스 경.

페스테 아니, 장벽처럼 투명한 창이 쭉 나 있고, 남북쪽에는 저렇게 흑단처럼 훤한 높은 창문도 달렸는데, 도대체 뭐가 어둡다는 거지?

말볼리오 저는 미치지 않았어요, 토파스 경. 정말이에요. 이 방은 어둡단 말입니다.

페스테 미친 자여, 자네가 틀렸다네. 무지함보다 어두운 건 없어. 자네는 그 안에서 안개 속에 갇힌 이집트인들보다 더 크나큰 혼란에 빠져 있구려.

말볼리오 무지함도 지옥처럼 어둡기는 하지만, 이 방도 무지함만큼이나 캄캄합니다. 정말이지, 저처럼 억울한 사람은 없습니다. 저는 신부님만큼이나 미치지 않았습니다. 제게 질문을 해서 시험해 보십시오.

페스테 날짐승에 대해 피타고라스가 뭐라 말했지?

말볼리오 우리 할머니의 영혼이 우연히 그 안에 깃들어 있을 수도 있다고 했습니다.

페스테 자네는 그에 대해 어떻게 생각하지?

말볼리오 영혼은 고귀한 것이기에, 그 의견에는 찬성할 수 없습니다.

페스테 그럼 잘 있게. 언제까지나 어둠 속에 머물러라. 내가 자네를 제정신이라고 할 수 있으려면, 피타고라스 의견에 찬성했어야지. 할머니를 죽이는 게 될까 두려워서 멍청한 도요새 한 마리도 잡아 죽이지 못해야 하는 법. 잘 있게.

말볼리오 토파스 경, 토파스 경!

토비　참으로 훌륭하십니다, 토파스 경!

페스테　이런 일쯤이야, 식은 죽 먹기죠.

마리아　옷이나 수염이 없어도 될 뻔했어. 어차피 저자는 널 볼 수 없으니까.

토비　이번에는 네 본디 목소리로 해보고 어땠는지 알려줘. (마리아에게) 이 장난질이 잘 마무리됐으면 좋겠어. 적당히 풀어주는 게 나을 것 같아. 조카가 내게 잔뜩 화가 나 있어서, 더 했다가는 그냥 넘어가지 않을 듯해. 이따가 내 방으로 와줘. (마리아와 함께 퇴장)

페스테　(노래한다)

안녕, 로빈, 유쾌한 로빈,
아가씨는 잘 지내시는지.

말볼리오　광대!

페스테　(노래한다)

나의 아가씨는 참으로 심술궂은 분이지.

말볼리오　광대!

페스테　(노래한다)

저런, 아가씨는 왜 그러실까?

말볼리오　광대야!

페스테　(노래한다)

아가씨는 다른 이를 사랑하시거든.

그런데 누가 나를 부르나?

말볼리오　착한 광대야, 부탁이니 촛불과 펜과 잉크와 종이를 좀 가져다다오. 신사로서 말하는데, 내 그 은혜는 결코 잊지 않으마.

페스테 말볼리오 님?

말볼리오 그래, 착한 광대야.

페스테 저런, 어쩌다 정신이 나가셨어요?

말볼리오 광대야, 세상에 나만큼 억울한 사람은 없어. 나는 정신이 멀쩡하단
다. 너만큼이나 멀쩡하다고.

페스테 저만큼이나요? 그럼 정신이 나간 게 맞을 텐데요. 광대보다도 정신이
온전치 못하면 그게 미친 거지 뭐예요.

말볼리오 저들이 나를 짐짝처럼 여기 가둬 놨어. 이렇게 어두컴컴한 곳에.
신부님을 보내서 나를 검사하게 하고. 나쁜 자식들, 내가 정말 정신이 나가
버리도록 온갖 짓을 다 해댔다고.

페스테 말조심하세요. 신부님이 아직 계신다고요. (토파스 경 목소리로) 말볼리
오, 말볼리오, 하느님의 은혜로 자네 정신이 돌아오기를 바라네! 잠이라도
자도록 해. 쓸데없이 지껄여대지 말고.

말볼리오 토파스 경!

페스테 저 사람과 말을 섞지 말게. (본디 목소리로) 저 말씀이세요? 알겠습니
다. 그럼 안녕히 계세요, 토파스 경. (토파스 경 목소리로) 아멘! (본디 목소리로)
네, 신부님.

말볼리오 광대, 광대야, 광대야, 제발!

페스테 저런, 말볼리오 님, 참으세요. 제가 뭘 어쩌겠어요? 당신과 이야기를
나누면 안 된다고 혼난 걸요.

말볼리오 착한 광대야, 제발 촛불과 종이를 갖다줘. 나는 일리리아 그 누구
보다도 멀쩡한 사람이야.

페스테 그게 정말이라면 얼마나 좋겠어요!

말볼리오 내 손을 걸고 맹세하네. 나는 제정신이란 말이다. 광대야, 종이와
잉크와 촛불을 가져와. 그리고 아가씨께 내 편지를 좀 전해 줘. 그 어떤 편
지를 전달할 때보다도 더 큰 수고비를 받을 거야.

페스테 도와드릴게요. 그런데 사실대로 말씀해 주세요. 정말 미친 게 아니에
요? 아니면 그런 척하는 건가요?

말볼리오 제발 믿어줘, 난 미치지 않았어. 정말이야.

페스테 흥, 미친 사람 머릿속을 들여다보지 않고서는 믿을 수가 있어야죠.

촛불과 잉크와 종이를 가져다줄게요.

말볼리오 광대야, 내가 꼭 이 보답은 하겠다. 어서 가서 가져와.

페스테 (노래한다)

지금 갑니다.
곧 가요.
그리고 순식간에
다시 돌아올게요.
옛이야기 속 악당처럼,
필요할 때 도와드리지요.

나무 단검 휘두르며,
분노하고 화를 내며,
아핫! 악마에게 외친다네.
정신 나간 어린애처럼,
아빠, 손톱 좀 깎아요,
잘 있어요, 착한 악마여. (퇴장)

〔제4막 제3장〕

올리비아 집의 정원.
세바스찬 등장.

세바스찬 이건 공기, 저건 찬란한 태양. 그녀가 내게 준 이 진주를 만질 수도 있고 볼 수도 있어. 너무나 놀랍고 넋이 나간 듯하지만 정신이 나간 건 아니야. 그런데 안토니오는 어디 있지? 코끼리 여관에 가봤지만 찾을 수가 없었다. 하지만 그가 거기에 갔던 건 틀림없어. 그러고는 나를 찾으러 거리에 나왔던 거야. 이럴 때 안토니오에게 물어볼 수 있다면 큰 도움이 됐을 텐데. 내 이성이나 감성이 한목소리로 외치는데, 이건 틀림없이 어떤 실수인 건 맞지만 미친 건 아니야. 그렇지만 이런 뜻밖의 넘치는 행운은 이제껏 본 적

4막 3장, 올리비아·세바스찬과 신부   윌리엄 해밀턴

도 들은 적도 없어. 그러니 보고도 내 눈을 믿을 수가 없고, 이성이 뭐라 하던 상관없이 내가 미쳤거나, 아니면 저 아가씨가 미친 거라고 생각할 수밖에 없는 거야. 그러나 아가씨가 미쳤다면 어떻게 저토록 집안을 다스리고, 하인들을 부리며, 침착하고 차분하게 일을 해낼 수 있겠어. 이건 뭔가 잘못된 거야. 아, 저기 아가씨가 오는군.

올리비아, 신부와 함께 들어온다.

올리비아 내 성급함을 용서하세요. 아까 한 말씀이 정말이라면, 나와 함께 이 신부님을 따라 성당으로 가요. 그 신성한 지붕 아래, 신부님 앞에 서서, 나에게 당신의 진심을 맹세해 주세요. 이토록 불안하고 믿지 못하는 내 영혼이 편히 숨 쉴 수 있도록요. 신부님께서 당신이 우리 언약을 사람들에게 알려도 좋다고 할 때까지는 비밀로 해주겠노라 약속하셨어요. 그때가 되면 내 신분에 걸맞는 결혼식을 올릴 수 있겠지요. 어떻게 생각하세요?

세바스찬 당신과 함께 신부님을 따라가겠습니다. 진심을 맹세한 뒤 그 맹세를 언제까지나 지키겠습니다.

올리비아 그럼 신부님, 길을 안내해 주세요. 하늘이시여, 제가 하는 이 일을 아름답게 비추어 주소서! (모두 퇴장)

〔제5막 제1장〕

올리비아의 집 앞.
광대 페스테와 파비안 등장.

파비안 자, 자네는 나를 좋아하잖나. 그 편지 좀 보여주게.

페스테 그럼 파비안 씨, 제 부탁도 하나 들어주세요.

파비안 뭐든 말만 해.

페스테 이 편지를 보려 하지 마세요.

파비안 그건 마치, 이 개를 드릴 테니 그 답례로 이 개를 주십시오 하는 거잖아.

오르시노 공작, 비올라, 큐리오, 다른 귀족들 등장.

공작 자네들은 올리비아 아가씨 댁 사람들이지?

페스테 네, 저희들은 아가씨의 떨거지들이지요.

공작 자네라면 나도 잘 알지. 어떻게 지냈나, 내 친구?

페스테 네, 공작님, 적들 덕분에 잘 지내고, 친구들 덕분에 못 지내고 있습니다.

공작 그 반대가 아닌가, 친구들 덕에 잘 지내는 거겠지.

페스테 아니요, 공작님. 더 못 지냅니다.

공작 왜 그렇지?

페스테 그건요 공작님, 친구들은 저를 바보라 부르면서 칭찬하거든요. 그런데 적들은 칭찬도 없이 그저 바보라고만 하지요. 그래서 적들로부터는 저 스스로에 대한 지식을 얻을 수 있는데, 친구들로부터는 헛된 칭찬만 듣고 있지요. 그 결론이 입맞춤과 같다면, 네 번 부정하면 두 번 긍정하는 게 되고, 그러니까 친구들 덕분에 잘 못 지내고, 적들 덕분에 잘 지내는 게 되죠.

공작 정말이지 감탄스럽군.

페스테 그렇지 않습니다. 공작님께서는 제 친구가 되고 싶으신가 보군요.

공작 그래도 나 때문에 더 나빠지지는 않을 걸세. 이걸 받아. (돈을 건넨다)

페스테 반칙만 아니라면 한 번 더 주시면 좋겠군요.

공작 네가 내게 몹쓸 것을 가르치는구나.

페스테 체면은 이번 한 번만 주머니에 넣어두시고, 피와 살이 시키는 대로 해보십시오.

공작 반칙을 저지르다니, 큰 죄인이 되겠군. 자, 여깄다. (돈을 건넨다)

페스테 (라틴어로) 프리모, 세쿤도, 테르티오(하나, 둘 셋), 즐거운 놀이지요. 옛 말에도 삼세판이라 하지 않던가요. 춤출 때도 삼박자가 가장 신나고, 성 베넷 성당 종소리도 땡, 땡, 땡 세 번 울리죠!

공작 이번에는 돈을 더 뜯어내지 못할 거야. 가서 아가씨께 내가 왔다 이르고, 모시고 나온다면 너그러운 마음이 활짝 열릴지도 모르지.

페스테 네, 공작님. 그럼 제가 돌아올 때까지 너그러운 마음에 자장가라도 불러주십시오. 그렇지만 공작님, 제가 돈에 눈이 먼 탐욕스런 자라는 오해는 말아주십시오. 그래도 공작님의 너그러운 마음씨는 제가 돌아와 깨울 때까지 주무시라 해주세요. (퇴장)

안토니오와 경찰들 등장.

비올라 저를 구해 준 사람이 저기 오네요, 공작님.

공작 저자는 내가 똑똑히 기억하고 있지. 전쟁의 연기로 불카누스처럼 시꺼먼 그을음이 여기저기 묻어 있었지. 작고 보잘것없는 장난감만도 못한 배를 이끌고 훌륭했던 우리 함대와 맞서 싸워 어마어마한 피해를 입혔어. 적개심에 가득했던 패자들조차도 저 사람의 명성과 영예를 찬양했어. 그런데 어찌 된 일이지?

경찰 1 오르시노 공작님, 이자는 피닉스호와 크레타섬에서 온 화물을 약탈하고, 타이거호에 쳐들어가 공작님 조카 티투스의 한쪽 다리를 잃게 한 바로 그 안토니오입니다. 이 거리에서 염치도 없이 사사로운 말싸움을 벌이고 있는 걸 발견하고 체포했습니다.

비올라 이분이 제게 친절을 베풀고, 저를 위해 싸워 주셨어요. 그런데 마지막에는 제게 이상한 소리를 하더군요. 정신이 온전치 못한 것 같았어요.

공작 악명 높은 해적이여! 바다의 도둑! 그토록 피 튀겨 가며 지독하게 적으로 돌렸던 사람들의 손에 잡히다니, 이 얼마나 어리석은 무모함인가?

안토니오 오르시노 공작님, 당신께서 제게 씌운 그 잘못된 오명만큼은 벗을 수 있도록 허락해 주십시오. 이 안토니오는 도둑도 해적도 아닙니다. 그러나 따지고 보자면 제가 공작님의 적이라는 건 틀림없는 사실임을 인정합니다. 제가 이곳에 온 까닭은 마술에 홀렸기 때문입니다. 공작님 옆에 그 배은망덕한 젊은이는 요동치며 거품 뿜는 거친 바다의 입가에서 제가 구해 준 사람입니다. 살아날 가망이라곤 없었던 자입니다. 목숨을 구해 주고 사랑까지 주었습니다. 무엇 하나 아끼지 않고 온 마음을 바쳤습니다. 오직 그를 위한 우정만으로 적들만 가득한 이곳까지 따라와 위험을 무릅쓴 채 모습을 드러냈고, 사람들에게 둘러싸여 공격받게 된 그를 도우려고 칼을 빼든 겁니다.

그런데 약삭빠른 저자는 제가 붙잡히자 위험에 말려들고 싶지 않아 저를 모른다 우겨대며, 눈 깜짝할 사이에 다른 사람이 되고 말았습니다. 30분 전에 쓰라고 내준 지갑조차 모른다고 하더군요.

비올라 이게 어떻게 된 일이죠?

공작 그가 이곳에 언제 왔는가?

안토니오 오늘 왔습니다, 공작님. 그리고 그 전 석 달 동안 한 시도, 일 분도 떨어지지 않고 밤낮으로 함께 있었습니다.

올리비아와 하인들 등장.

공작 여기 아가씨가 나오신다. 꼭 하늘에서 내려온 천사 같구나. 그런데 자네, 자네가 하는 말은 앞뒤가 맞지 않아. 지난 석 달 동안 이 젊은이는 쭉 내 곁에 있었는걸. 아무튼 이 이야기는 나중에 하기로 하지. 저리 데려가라.

올리비아 공작께 제가 드릴 수 없는 것만 빼고는 뭐든 다 드리겠습니다. 무슨 일로 오셨는지요? 세자리오, 당신은 나와 한 약속을 지키지 않으셨어요.

비올라 아가씨!

공작 아름다운 올리비아…….

올리비아 뭐라고요, 세자리오? 공작님은…….

비올라 공작님께서 말씀하실 겁니다. 지금은 입을 다무는 게 제 임무입니다.

올리비아 늘 하시던 말씀을 또 하실 생각이라면 공작님, 제 귀에는 아름다운 음악 뒤에 들려오는 고함 소리처럼 거슬려 싫을 뿐이에요.

공작 여전히 잔인하군요.

올리비아 여전히 굳건하지요, 공작님.

공작 심술궂은 마음이 굳건하다는 말이오? 냉정한 아가씨, 그처럼 무자비하고 보답할 줄 모르는 그대라는 제단에 지금껏 가장 진실된 제물을 바쳐왔습니다! 이제 어쩌면 좋은가요?

올리비아 공작님 마음이 내키는 대로 하시지요.

공작 죽음을 눈앞에 둔 이집트 도적처럼 사랑하는 이를 죽이고자 마음먹는다면 내가 할 수 없을 것 같소? 흉악한 질투심도 때로는 고귀한 향을 풍기기도 한답니다. 그러나 내 말 좀 들어봐요. 그대는 내 진심을 받아주지 않는 데다, 그대 마음속 내가 깃들어야 할 그 자리를 비집고 들어가 나를 밀어내는 그 원인을 나도 조금은 알고 있어요. 그러니 언제까지나 마음이 대리석같이 차고 단단한 폭군으로 살아가도록 해요. 하지만 그대가 사랑하는 이 젊은이는 하늘에 맹세코 내가 무척이나 아낀답니다. 그를 당신의 그 잔혹한 눈에서, 상처받은 주인을 대신해서 자리잡은 그 눈에서 떼어내 놓고 말 거요. (비올라에게) 자, 가자. 내 마음은 원한으로 가득하다. 시커먼 까마귀 심장을 가진 새하얀 비둘기에게 고통을 줄 수 있다면, 내 사랑하는 어린 양을 제물로 바치리라. (돌아선다)

비올라 (따라가며) 주인님 마음을 만족시킬 수만 있다면 천 번이라도 기쁘게 죽겠습니다.

올리비아 세자리오, 어디 가세요?

비올라 제가 사랑하는 분을 따라갑니다. 제 눈보다, 제 목숨보다, 그 무엇보다 더 사랑해야 할 아내보다도 더 사랑하는 이분을 따라갑니다. 저 위에서 내려다보고 계신 하늘이시여, 제 마음에 거짓이 있다면 사랑을 모욕한 죄로 제 목숨을 앗아가소서!

올리비아 아, 내가 버림받다니! 속았구나!

비올라 누가 당신을 속였습니까? 누가 당신을 모욕했단 말인가요?

올리비아 잊으셨나요? 그렇게도 오래된 일이던가요? (하인들에게) 가서 신부님을 모셔 오너라.

공작 (비올라에게) 자, 가자!

올리비아 어딜 가요? 세자리오, 내 남편, 가지 말아요.

공작 남편!

올리비아 그래요, 남편. 아니라고는 못 하시겠지요?

공작 네가 남편이냐?

비올라 아닙니다, 공작님.

올리비아 이럴 수가, 비겁한 두려움에 자신의 위치를 부인하다니. 두려워 말아요, 세자리오. 운명이 내려준 행운을 붙잡으세요. 스스로가 바라는 모습이 되시라고요. 그러면 당신이 두려워하는 그분과 똑같이 위대해질 수 있어요.

세자리오(비올라)와 올리비아 프레드릭 리처드 피커스길. 1859.

신부 등장.

올리비아 어서 오세요, 신부님! 신부님의 권위로 말씀해 주세요. 한동안 어
둠 속에 묻어둘 생각이었지만, 이 자리에서 밝혀주세요. 이 젊은 분과 저

사이에서 일어난 일을요.

신부 영원히 변치 않는 사랑의 서약을 했지요. 두 사람이 서로 손을 맞잡아 약속하고, 신성한 입맞춤으로 증명되었으며, 반지를 교환하여 굳어졌습니다. 이 모든 의식은 나의 권한과 증언으로 이루어졌습니다. 내 시계에 따르면, 그 뒤로 나는 내 무덤 쪽으로 두 시간쯤 걸어갔을 뿐입니다.*19

공작 아, 이런 간사한 애송이! 세월이 네 머리 위에 흰머리를 심어줄 때쯤이면 얼마나 더 지독한 사람이 되려느냐? 벌써부터 그리 교활하니 네 덫에 네가 걸려 넘어지려느냐? 가봐라. 저 여자를 가져라. 앞으로는 절대로 나와 만날 만한 장소로는 발걸음하지 마라.

비올라 공작님, 맹세코 그런 일은…….

올리비아 아, 맹세하지 마세요! 아무리 두려워도 믿음을 저버리지 마세요.

앤드류 등장.

앤드류 큰일 났어요, 어서 의사를 불러요! 당장 토비 경에게 의사를 보내줘요!

올리비아 무슨 일이에요?

앤드류 그놈 때문에 내 머리가 깨지고, 토비 경 머리도 피투성이가 됐어요. 어서요, 도와주세요! 40파운드쯤 잃더라도 그냥 집에 있었으면 좋았을 것을!

올리비아 누가 그랬다는 말씀이세요, 앤드류 경?

앤드류 공작님의 하인이요. 세자리오라는 녀석 말입니다. 겁쟁이인 줄만 알았더니, 악마가 따로 없었어요.

공작 내 하인 세자리오?

앤드류 맙소사, 여기 있었네! (비올라에게) 왜 아무 잘못도 없는 내 머리통을 부순 겁니까? 나는 그저 토비 경이 시키는 대로 했을 뿐이오.

비올라 왜 저한테 이러십니까? 저는 당신을 해친 적이 없는데요. 당신이야말로 아무 이유 없이 제게 칼을 빼들고 덤볐어요. 그래도 저는 이성을 잃지

---

*19 결혼식을 올린 뒤로 두 시간쯤 지났다는 은유적 표현이다.

5막 1장, 세바스찬(왼쪽)·비올라(남장, 가운데)·올리비아 윌리엄 해밀턴. 1797.

않고 말로써 해결해 보려 했고, 당신을 해친 적은 없습니다.

앤드류 머리가 깨져 피가 나도록 하는 게 해치는 게 맞다면, 당신은 날 해쳤
소. 당신에게는 머리가 깨져 피가 줄줄 흐르는 게 아무것도 아닌가 보군요.

토비와 광대 페스테 등장.

앤드류 저기 토비 경이 비틀대며 오는군요. 저분이 더 상세히 이야기해 줄 겁
니다. 그러나 저분이 그렇게 취해 있지만 않았어도, 당신쯤은 별것도 아니었
을 거요.

공작 (토비에게) 어떻게 된 겁니까? 괜찮아요?

토비 어떻게 되고 말고도 없습니다. 날 다치게 했어요. 그걸로 끝이오. (페스
테에게) 이 멍청아, 의사 선생 딕을 본 적이 있나?

페스테 오, 그분은 벌써 한 시간 전부터 잔뜩 취했어요. 두 눈이 아침 8시에

맞춰져 있고요.*20

토비 몹쓸 녀석이로군. 느려 터진 멍청이 같으니라고. 난 그렇게 술에 절어 사는 악당이라면 딱 질색이다.

올리비아 아저씨를 데려가! 이렇게 큰 상처를 입힌 사람이 누구지?

앤드류 내가 부축해 줄게요, 토비 경. 함께 치료를 받아야 할 테니까요.

토비 당신이 돕겠다고? 돌대가리, 멍청이, 사기꾼, 낯짝도 두꺼운 사기꾼이?

올리비아 가서 눕혀드리고 상처를 좀 봐주세요. (페스테, 파비안, 토비 경, 앤드류 경 퇴장)

세바스찬 등장.

세바스찬 (올리비아에게) 부인, 미안해요. 내가 부인의 친척들을 해쳤어요. 하지만 내 피를 나눈 형제였다 해도 똑같이 했을 겁니다. 나를 이상한 눈길로 보는군요. 화가 났나 봐요. 우리가 바로 얼마 전에 나눈 서약을 봐서라도 용서해 줘요, 내 사랑.

공작 얼굴도 하나, 목소리도 하나, 옷차림도 하나인데 사람은 둘이라니. 자연이 만든 환상이 아니면 무엇인가!

세바스찬 안토니오, 아, 사랑하는 안토니오! 당신이 없어져서 내가 얼마나 애태우고 괴로웠는지 몰라요!

안토니오 당신이 세바스찬이요?

세바스찬 그런 걸 의심하십니까?

안토니오 어떻게 두 사람이 된 겁니까? 사과를 반으로 쪼개 놓아도 이 두 사람만큼 똑같을 수는 없을 거요. 누가 세바스찬이죠?

올리비아 정말 놀랍군요!

세바스찬 (비올라를 보며) 저기 서 있는 사람이 나인가? 나에게는 형제가 없는데. 게다가 한 번에 여러 곳에 나타나는 재주 같은 건 더더욱이나 없다. 나에겐 여동생이 있었지만, 그 애는 저 매정한 파도에게 잡아먹히고 말았어. 말해 주세요. 당신은 내 친척입니까? 어디에서 왔지요? 이름은 뭔가요? 부

---

*20 취한 상태를 비뚤어진 눈의 각도에 빗대어 표현한 것이다.

모님은 누구시죠?

비올라 메살린에서 왔습니다. 아버지는 세바스찬이고, 이름이 같은 오빠가 있었습니다. 지금은 저 물 아래로 가라앉아 버렸지만요. 영혼이 사람 몸을 하고 옷을 입고 나타날 수 있다면, 우리를 겁주려고 온 거군요.

세바스찬 맞아요, 나는 영혼입니다. 하지만 어머니 배 속에서부터 타고난 몸을 가졌습니다. 당신이 여자라면, 그 밖에는 하나도 의심할 점이 없기에 당신 뺨에 눈물을 떨구며 "바다에 빠져 죽은 줄만 알았던 비올라가 살아 있었구나!" 외칠 겁니다.

비올라 내 아버지는 이마에 점이 있었어요.

세바스찬 내 아버지도 그랬지요.

비올라 그리고 비올라가 태어난 지 13년이 되던 해에 돌아가셨어요.

세바스찬 아, 그 기억은 아직도 내 머릿속에 생생합니다! 내 누이가 열세 살 되던 날에 삶을 끝내셨죠.

비올라 이제 우리 두 사람의 행복을 가로막는 것은 내가 입고 있는 남자 옷 밖에는 없어요. 시간과 장소와 운명이 모두 맞아떨어져 내가 비올라가 맞다는 사실을 알게 되면 그때 나를 안아주세요. 내 옷을 가지고 있는 선장님에게 함께 가요. 그분이 나를 구해 주시고, 공작님을 모실 수 있게 도와주셨어요. 그 뒤로 지금까지 공작님과 이 아가씨 사이에서 심부름을 오가며 지내고 있었지요.

세바스찬 (올리비아에게) 그렇게 돼서 나를 착각한 거로군요. 하지만 자연의 이치는 올바르게 작용한 거예요. 하마터면 여자와 결혼할 뻔했지만, 그렇다고 해서 결코 속은 건 아닙니다. 그 여인과 똑같은 남자와 결혼을 했으니까요.

공작 (올리비아에게) 그렇게 놀라지 말아요. 이 사람은 혈통이 고귀한 집안 출신이랍니다. 아무도도 자연의 거울은 진실을 비추어 내고 있는 듯하니, 그렇다면 나도 난파된 배가 불러온 이 행복한 결말에 끼어들어야겠군요. (비올라에게) 너는 그 어떤 여자도 나만큼 사랑하지 않겠노라고 천 번이나 이야기했었지.

비올라 얼마든지 또 말씀드릴 수 있습니다. 그리고 그 말은 밤과 낮을 갈라놓는 태양의 불길이 타오르듯이, 제 영혼 속에 영원토록 진실로 남을 것입니다.

공작 손을 이리 다오. 그리고 여자 옷을 입은 모습을 보여다오.

비올라 저를 이 바닷가로 데려다준 선장님이 제 옷을 갖고 있어요. 그런데 그분은 지금 아가씨의 하인 말볼리오가 고발해서 감옥에 갇혀 있습니다.

올리비아 그럼 풀어드려야지. 가서 말볼리오를 데려와. 아, 이런. 잊고 있었네. 그 불쌍한 사람은 정신이 나갔다고 하던데.

편지를 든 광대 페스테가 파비안과 함께 등장.

올리비아 나도 정신이 온통 다른 데 팔려서 그만 잊고 있었어. 말볼리오는 좀 어때?

페스테 미친 사람이 다 그렇듯 자기를 홀린 악마를 떼어내려 애는 쓰고 있죠. 그 사람이 아가씨께 편지를 썼어요. 오늘 아침에 전해 드렸어야 했지만, 미친 사람이 하는 말에 무슨 복음이 있겠어요? 그러니 언제 전해 드린대도 상관이 없지요.

올리비아 뜯어서 읽어봐.

페스테 그럼 바보가 미친놈의 말을 전할 테니 잘 들어보세요. (미친 사람 흉내를 내며 읽는다)

아가씨, 하늘에 맹세코⋯⋯.

올리비아 왜 그렇게 읽는 거야! 너도 미쳤어?

페스테 아니요, 아가씨. 저는 미친 소리를 읽는 거예요. 미친 사람은 이런 목소리로 말하거든요.

올리비아 제발, 제대로 읽어봐.

페스테 제대로 읽고 있습니다, 아가씨. 미친 사람을 제대로 읽으려면 이럴 수밖에요. 그러니까 귀 기울여 들어보세요, 아가씨.

올리비아 (파비안에게) 네가 읽어봐.

파비안 (읽는다)

5막 1장, 말볼리오(윌리엄 플리터 데이비즈 분) 시어터 로열, 베스

아가씨, 하늘에 맹세코 아가씨께서는 저를 모욕하고 계십니다. 언젠간 세상
이 다 알게 되겠지요. 저를 어둠 속에 가두고, 주정뱅이 친척에게 저를 감시
하게 하셨지만, 제 정신은 아가씨만큼이나 멀쩡합니다. 그런 옷차림을 하라
고 아가씨께서 직접 지시하신 편지를 아직 갖고 있습니다. 그 편지로 저의
온전함이 증명되고, 아가씨께서는 창피를 당하게 되시겠지요. 아가씨 좋으

실 대로 생각하십시오. 하인으로서의 의무를 떠나, 상처받은 마음으로 말 씀드립니다.　　　　　　　　　　이용당하고 미쳐버린 말볼리오로부터.

올리비아　이걸 진짜 말볼리오가 쓴 거야?

페스테　그럼요, 아가씨.

공작　별로 미친 사람 같지는 않은데.

올리비아　그를 풀어줘, 파비안. 여기로 데려와. (파비안 퇴장) 공작님, 이번 일을 잘 살피셔서 저를 아내가 아닌 누이동생처럼 여기시고, 저희 집에서 같은 날 결혼식을 올리도록 해주세요.

공작　아가씨, 기쁜 마음으로 그 제안을 받아드리겠습니다. (비올라에게) 이제 주인으로서 너를 놓아주겠다. 지금껏 높은 집안에서 태어나 귀하게 자란 여자의 몸으로 어울리지 않는 일을 하며 나를 주인님이라 불러왔구나. 이제 내 손을 잡아라. 지금부터 너는 네 주인님의 여주인이다.

올리비아　내 시누이가 되었어요!

파비안, 말볼리오를 데리고 다시 등장.

공작　이게 그 미친 사람인가?

올리비아　네, 공작님. 이 사람이 바로 그 사람이에요. 말볼리오, 좀 어때?

말볼리오　아가씨, 너무하셨습니다. 정말 너무하셨어요.

올리비아　내가, 말볼리오? 아니야.

말볼리오　아닙니다, 아가씨. 너무하셨습니다. 이 편지를 보세요. (마리아가 썼던 편지를 건넨다) 이게 아가씨 글씨가 아니라고는 못 하실 테죠. 아니라면 어디 한번 글씨를 써보십시오. 이 문장과 봉인도 아가씨가 쓰시는 게 맞지요. 아니라고는 못 하실 겁니다. 그러니 그만 인정하세요. 아가씨의 명예를 걸고 대답해 주십시오. 왜 제게 그런 사랑의 고백을 보여주시고, 미소를 지어라, 바지끈을 십자 모양으로 묶어라, 노란 양말을 신어라, 토비 경이나 하인들에게 얼굴을 찌푸려라 하셨습니까? 게다가 시키신 대로 했더니 저를 어두운 방에 가두고, 신부님을 보내서 상상조차 못할 만큼 형편없는 바보 얼간이로 만드셨어요. 왜 그러셨습니까?

올리비아　저런, 말볼리오, 이건 내가 쓴 게 아니야. 솔직히 글씨가 꼭 닮기는 했지만 이건 마리아의 글씨체야. 그리고 이제 와 생각해 보니, 말볼리오가 미쳤다고 가장 먼저 말했던 것도 마리아였어. 그때 마침 그대가 싱글벙글 웃으면서 편지에 쓰인 옷차림을 하고 나타났지. 부탁이니 마음 풀어. 정말 이지 너무 지독한 장난에 걸려들었네. 하지만 누가 왜 그랬는지 알게 되면 마음껏 처벌을 내려도 좋아.

파비안　제가 말씀드리겠습니다, 아가씨. 그러나 이 놀랍도록 즐거운 날을 싸움이나 시비로 망치지는 않게 해주십시오. 제가 숨김없이 다 털어놓겠습니다. 이 장난을 꾸민 건 바로 저와 토비 경입니다. 말볼리오가 저희에게 지나치게 무례하고 뻣뻣하게 굴어서 조금 놀려주려고 한 거지요. 편지는 토비 경이 마리아에게 부탁해서 쓴 것이고, 그 보답으로 토비 경은 마리아와 결혼을 했답니다. 그 뒤 얼마나 우스꽝스런 장난이 벌어졌는지 알게 되면 화는커녕 웃음이 터지실 겁니다. 누가 더 잘못하고, 누가 더 피해를 입었는지를 공평하게 따져보면 서로 마찬가지니까요.

올리비아　저런, 가엾은 바보 같으니라고. 완전히 놀림감이 되었구나!

페스테　글쎄, "어떤 이들은 고귀하게 태어나고, 어떤 이들은 고귀함을 이룩하며, 또 어떤 이들은 고귀함이 그들에게 찾아가기 마련이에요." 저도 이 장난에서 한몫했어요. 토파스 경 역할을 했지요. 그다지 중요한 역할은 아니었어요. "하늘에 맹세코, 광대야, 난 미치지 않았어." 하지만 기억하세요? "아가씨, 왜 저런 시시한 녀석을 보고 웃으십니까? 아가씨께서 웃어주지 않으면 입도 뻥끗 못하는 녀석입니다." 그리하여 시간의 팽이가 돌고 돌아 복수를 불러온 거지요.

말볼리오　너희들 다 내가 꼭 복수하고 말 거야. (퇴장)

올리비아　정말이지 크게 당했나 봐.

공작　따라가서 달래주는 게 좋겠어. 아직 선장 이야기를 물어보지 못했으니까. 그 일이 밝혀지고 기쁜 시간이 다가오면, 우리의 영혼이 엄숙한 선서로 묶이게 될 거야. 그때까지 이 집에 머물도록 하겠어요, 사랑스런 처남댁. 세자리오, 가자. 아직 남자 옷을 입고 있으니까 그렇게 부르겠어. 여자 옷으로 갈아입고 나면 그대는 오르시노의 아내이자, 아름다운 여왕이 되리. (페스테만 남고 모두 퇴장)

페스테 (노래한다)

내가 어린 소년이었을 때,
헤이 호, 비바람 불어왔지.
짓궂은 장난쯤 해도 괜찮았어.
날마다 비님이 내리시니까.

그러나 내가 어른이 되자,
헤이 호, 비바람 불어왔지.
사기꾼과 도둑을 피해 문을 잠갔어.
날마다 비님이 내리시니까.

그러나 아이고 내가 아내를 맞게 되자,
헤이 호, 비바람 불어왔지.
허풍으론 먹고살 수 없지.
날마다 비님이 내리시니까.

그러나 내가 자리에 눕자,
헤이 호, 비바람 불어왔지.
주정뱅이 곁엔 언제나 술꾼이 있지.
날마다 비님이 내리시니까.

머나먼 옛날에 세상이 시작됐고,
헤이 호, 비바람 불어왔지.
어쨌거나 연극은 끝났네.
날마다 우리는 여러분을 즐겁게 해드릴 테니까. (퇴장)

A Midsummer Night's Dream

한여름 밤의 꿈

[등장인물]

테세우스 아테네의 공작

히폴리타 아마존족의 여왕, 테세우스의 약혼녀

아이게우스 헤르미아의 아버지

리산드로스 헤르미아를 사랑하는 청년

데메트리우스 헤르미아의 구혼자

필로스트레이트 테세우스의 의전관

헤르미아 아이게우스의 딸, 리산드로스를 사랑함

헬레나 데메트리우스를 사랑함

피터 퀸스 목수

닉 보텀 직조공

프랜시스 플루트 풀무 수선공

톰 스나우트 땜장이

로빈 스타블링 재단사

스너그 가구장이

오베론 요정들의 왕

티타니아 요정들의 여왕

퍽 '로빈 굿펠로'라고도 부르는 장난꾸러기 요정

콩꽃

거미집

나방   } 요정들

겨자씨

그 밖의 요정들

테세우스와 히폴리타의 시종들

[장소]

아테네, 그리고 가까운 곳의 숲

한여름 밤의 꿈

아테네. 테세우스 저택의 홀.
테세우스, 히폴리타, 필로스트레이트, 몇몇 시종 등장.

테세우스 아름다운 히폴리타, 우리 결혼식 날이 다가오고 있구려. 나흘만 기쁘게 기다리면 새 달이 뜨오. 하지만 이 그믐달은 왜 이렇게 더디게 기울까! 아, 지루하구먼. 대를 이을 젊은 아들에게 재산을 상속하기 아까워서 질질 끌며 미루는 의붓어머니나 돈 많은 과부처럼, 내 소원을 좀처럼 이루어 주려 하지 않는구려.

히폴리타 나흘쯤은 곧 지나가요. 네 번 해가 어둠 속에 지고, 네 번 밤이 와서 꿈을 꾸면 되는걸요. 그러면 하늘엔 은으로 만든 활 같은 초승달이 떠올라 우리 결혼식 밤을 축하해 줄 거예요.

테세우스 자, 필로스트레이트, 가서 아테네 젊은이들 마음을 들뜨게 해 유쾌한 기분으로 만들어라. 우울한 기분은 초상 때나 어울리니까. 파리한 얼굴들은 우리 혼인식에는 필요 없어. (필로스트레이트 퇴장) 그런데 히폴리타, 난 칼로 당신에게 구애해서 당신에게 상처를 주며 사랑을 얻었소. 그래서 결혼식엔 방법을 바꾸어서, 성대하고 화려한 잔치를 벌여 한껏 흥청거리게 할 생각이오.

아이게우스, 헤르미아, 리산드로스, 데메트리우스 등장.

아이게우스 문안드립니다, 그 이름도 높으신 공작님.
테세우스 오, 아이게우스, 웬일인가?

아이게우스 이렇게 원통한 일이 어디 있겠습니까? 딸아이 헤르미아 때문에 말입니다. 이보게, 데메트리우스, 이리 나오게. 각하, 딸과 약혼한 청년입니다. 자, 리산드로스도 이리 나오게. 그런데 공작님, 이자가 딸아이의 넋을 빼놓았습니다. 리산드로스, 자넨 저 아이에게 사랑 노래를 보내고 사랑의 선물을 주고받았지. 달밤엔 그 아이 창문 밖에서 그럴싸한 소리로 거짓 사랑을 노래했겠다. 그리고 자네 머리카락으로 만든 팔찌나 반지, 장식물, 또는 예쁜 장난감, 꽃다발, 달콤한 과자 따위 등, 아무튼 어린 마음을 녹일 온갖 물건들로 어느새 저 아이 맘속에 자네에 대한 환상을 집어넣고 말았어. 그 간사한 수단으로 그 아이의 마음을 빼앗고, 이 아비에게 순종해야 할 아이를 거친 고집쟁이로 만들어 버렸어. 그러니 너그러우신 공작님, 딸아이가 각하 앞에서 데메트리우스와의 결혼을 순순히 받아들이지 않는다면, 제발 예부터 내려온 아테네의 법률에 따라 조치를 내려주십시오. 딸아이는 부모인 저의 소유이니 제 뜻대로 처분할 수 있도록 맡겨주십시오. 여기 데메트리우스와 결혼을 하든가, 죽음을 택하든가 법을 당장 적용하도록 해주십시오.

테세우스 그래, 넌 어떠냐, 헤르미아? 잘 생각해 보도록 해라. 네 아버진 네게 하느님과 같으시다. 아름다운 너를 만드신 분이 아니냐. 네가 밀랍 인형이라면 아버지는 그걸 만드신 분이니 부수는 것도 간직해 두는 것도 아버지의 마음대로다. 데메트리우스는 훌륭한 신사이다.

헤르미아 리산드로스도 훌륭한 사람이에요.

테세우스 물론 그렇다. 그러나 이 경우엔 네 아버지의 승낙이 없으니, 남편으로서는 데메트리우스가 더 훌륭한 셈이다.

헤르미아 아버지께서도 저와 같은 눈으로 봐주셨으면 좋겠어요.

테세우스 아니, 오히려 네 눈이 네 아버지 같은 분별을 가져야지.

헤르미아 공작님, 저를 용서해 주세요. 무슨 힘이 저를 이토록 대담하게 만드는지 모르겠어요. 그리고 이렇게 공작님 앞에서 제 생각을 이야기하는 것이 너무나 염치없다는 사실도 알고 있어요. 그렇지만 공작님, 오늘 제가 데메트리우스를 거절할 경우에 내려질 최악의 벌이 무엇인지 알고 싶어요.

테세우스 사형을 받든가, 영원히 인간 사회와 등을 지든가 해야 한다. 그러니 헤르미아, 가슴에 손을 얹고 젊음에 물어봐라. 열정에 따져봐라. 아버지

연극 〈한여름 밤의 꿈〉 데메트리우스(패트릭 게르텐베르크)와 결혼을 강요받고 있는 헤르미아(마비 회르비거). 독일 잘츠부르크 공연. 2007.
이 공연에서 두 젊은이에게 교복을 입게 했다.

의 뜻을 거역하면, 영원히 컴컴한 수녀원에 갇혀서 차디찬 달님을 향해 가
냘픈 찬송가를 울리며 독신녀로 일생을 보내야 할 텐데. 어디 그걸 감당하
겠느냐? 그렇게 열정을 누르고 신앙의 길을 걸을 수 있는 것도 참으로 행복
한 일이라 하겠지만, 홀로 고독한 축복을 즐기다가 죽어버리는 가시나무보
다는 장미꽃으로 피어서 그 향기를 인간 세상에 전하는 쪽이 훨씬 더 행복
한 일이다.

헤르미아 저는 저의 처녀성을 마음에도 없는 남자에게 내던지고 일생을 얽
매이느니보다는 그 가시나무와 같이 살다가 죽겠어요.

테세우스 잘 생각해 봐라. 새 달이 다시 떠오르는 날까지, 그러니까 나와 내
애인이 백년가약을 맺는 날이다만⋯⋯ 여유를 주겠다. 아무튼 그날이 오면
넌 아버지의 뜻을 어긴 불효죄로 사형을 당하든지, 아니면 아버지 뜻을 받
들어 데메트리우스와 결혼을 하든지, 또는 달의 신 디아나의 제단에서 영
원히 독신으로 지낼 맹세를 하든지 결정을 지어야 한다.

데메트리우스 마음을 돌려주오, 헤르미아. 그리고 리산드로스, 자네도 그 부

당한 요구를 철회하고 나의 정당한 권리를 인정해 주게.

리산드로스 여보게 데메트리우스, 자넨 헤르미아 아버지의 총애를 얻었어. 헤르미아의 마음은 내게 맡겨두고, 자넨 그의 아버지하고나 결혼하면 어떨까?

아이게우스 이 고얀 리산드로스! 그렇다, 데메트리우스는 내가 좋아한다. 그리고 내 것은 내가 좋아하는 사람에게 주겠다. 딸은 내 것이다. 그러니 딸에 대한 내 모든 권리는 데메트리우스에게 넘겨줄 테다.

리산드로스 공작님, 가문이나 재산으로 보더라도 저는 조금도 데메트리우스에게 뒤처지지 않습니다. 헤르미아에 대한 사랑은 제가 더합니다. 장래성을 말하자면 어느 모로 보나 제가 더 유리하다곤 못할지라도 데메트리우스와 비슷합니다. 그리고 무엇보다 제가 자랑할 수 있는 것은, 전 아름다운 헤르미아의 사랑을 받고 있다는 사실입니다. 그렇다면 제가 제 권리를 주장하지 못할 까닭은 없지 않습니까? 당사자 앞에서 털어놓고 말하겠습니다만, 데메트리우스는 네다의 딸 헬레나에게 구애를 해서 그녀의 사랑을 얻고 있답니다. 아름다운 헬레나는 이 지독한 바람둥이한테 홀딱 반해서 이런 자를 신처럼 숭배하고 있습니다.

테세우스 나도 그 소문을 벌써 듣고, 데메트리우스와 이야기하려던 참이었으나 일이 너무 바빠서 잊고 있었구나. (일어서면서) 데메트리우스, 그리고 아이게우스, 나와 같이 가주겠나. 자네들에게만 할 이야기가 있으니. 그리고 헤르미아도 아버지 뜻을 받들도록 다시 잘 생각해 봐라. 그렇지 않으면 아테네 법률에 따라서 넌 죽음이 아니면 독신의 맹세를 택해야 하는데, 이건 내 힘으로도 어떻게 할 수 없는 문제다. 함께 갑시다, 히폴리타. 내 사랑, 기운을 내오. 데메트리우스와 아이게우스는 함께 가세. 내 결혼식엔 자네들의 수고를 빌려야 하겠고, 또한 지금 문제에 대해서 의논할 일도 있으니까.

아이게우스 기꺼이 따라가겠습니다. (리산드로스와 헤르미아만 남고 모두 퇴장)

리산드로스 아니, 웬일이오? 당신 낯빛이 파리하군. 장미꽃 같은 당신 얼굴빛이 이렇게 빨리 사그라지다니?

헤르미아 비가 오지 않아서 그렇겠지요. 큰비가 눈언저리까지 와 있지만 꾹 참고 있는 거예요.

리산드로스 아, 이야기책이나 역사책을 읽어봐도 참된 사랑이 순순히 진행

헤르미아와 리산드로스　존 시몬스. 1870.

　된 일은 없더군. 집안의 차이라든가…….

헤르미아　아, 지독해라! 가문이 너무 높다고 지체 낮은 사람을 사랑하지 못
　한다니.

리산드로스　아니면 나이 차이가 크다든가…….

헤르미아　아, 처량해라! 나이가 너무 많다고 젊은이와 맞지 않다니.

리산드로스　아니면 집안사람들 선택에 좌우된다든가…….

헤르미아 아, 끔찍해라. 남의 눈으로 애인을 택하다니.

리산드로스 또는 짝을 만나더라도 전쟁이니 죽음이니 질병이니 하는 훼방꾼이 끼어들어서 사랑은 어느새 사라져 버리더군. 사랑은 소리처럼 순간적이고, 그림자처럼 재빠르거든. 그리고 꿈같이 짧고, 어두운 밤의 번개처럼 순간에 하늘과 땅을 드러내곤, "저봐!" 하고 말할 틈도 주지 않고 다시 암흑의 아가리 속에 묻혀버리거든. 빠르고 빛나는 것이란 그렇게 순식간에 사라지는 법이야.

헤르미아 만약 진실한 연인들이 늘 방해만 받고 마는 것이라면, 우리의 고통스런 마음에 참을성을 가르쳐 주기로 해요. 걱정과 꿈과 한숨, 희망과 눈물이 사랑에 으레 따라다니는 가엾은 그림자들이라면 어쩔 수 없잖아요.

리산드로스 좋은 생각이오. 헤르미아, 그렇다면 내 의견을 들어봐. 나에겐 혼자 사시는 고모가 한 분 계시는데, 유산은 많고 아이는 없어. 또 나를 외아들같이 위해 주셔. 아테네에서 20마일쯤 떨어진 곳에서 살고 계시는데, 헤르미아, 그곳에서라면 결혼할 수 있을 거야. 아테네의 엄한 법률도 그곳에까지는 미치지 못해. 그러니 정말 나를 사랑한다면, 내일 밤 집을 몰래 빠져나와. 5월절 아침 축제를 보러 갔을 때 헬레나를 만났던 곳에서 기다리고 있을게.

헤르미아 네, 좋아요, 리산드로스. 맹세하겠어요. 큐피드의 가장 강한 활에 걸고, 그의 가장 훌륭한 황금 화살에 걸고, 베누스의 순결한 비둘기에 걸고, 영혼과 영혼을 묶어서 사랑을 기리는 신에게 걸고, 그리고 저 불성실한 트로이 사람 아이게우스가 돛을 달고 떠나는 것을 보고 카르타고의 여왕 디도가 몸을 내던졌다는 불에 걸고, 여자들이 맹세한 것보다 몇 배나 더 많은, 뭇 남자들이 깨뜨린 온갖 맹세에 걸고 맹세하겠어요. 오늘 약속한 장소에서 내일 꼭 만나겠어요.

리산드로스 약속 잊지 마오, 헤르미아. 아, 저기 헬레나가 오는군.

헬레나 등장.

헤르미아 오, 헬레나, 넌 여전히 예쁘구나. 어딜 가니?

헬레나 나보고 예쁘다고? 그 예쁘단 말은 취소해. 데메트리우스는 네 아름

헤르미아와 헬레나 워싱턴 알스톤. 1818.

다움에 넋을 잃었더구나. 아, 행복한 미인! 네 눈은 북극성, 네 혀는 산들
바람, 보리가 푸르고 찔레꽃 피는 계절, 목동의 귀를 간질이는 종달새보다
더 상쾌하구나. 병은 옮는다는데 맵시도 옮는 것이라면, 예쁜 헤르미아, 지
금 당장 너의 맵시가 나에게로 옮아온다면. 내 귀를 통해 네 목소리를, 나
의 눈은 너의 눈을, 그리고 나의 혀는 네 혀의 달콤한 곡조를 옮아보았으면.
만약 온 세계가 내 것이라면 데메트리우스만은 빼놓고 나머지는 다 너에게

주어도 좋겠다만. 아, 좀 가르쳐 줘, 넌 도대체 어떤 눈길로 그이를 바라보니? 무슨 방법으로 그의 마음을 움직이고 있니?

헤르미아 얼굴을 찡그려도 그는 날 사랑한다는구나.

헬레나 아, 너의 찌푸린 얼굴이 내 웃는 얼굴에 재주를 가르쳐 주어 그의 마음을 움직일 수 있으면 좋겠어.

헤르미아 내가 막 욕을 해도 그는 나를 사랑한다는구나.

헬레나 아, 나의 기도가 그만한 힘을 가지고 있다면!

헤르미아 내가 미워할수록 그는 더 쫓아다니는구나.

헬레나 그인 내가 사랑할수록 나를 싫어한단다.

헤르미아 하지만 헬레나, 그의 바보짓은 나의 잘못 때문은 아니잖아.

헬레나 그게 바로 너의 아름다움 때문이야. 아, 나도 너처럼 되어봤으면!

헤르미아 안심해. 그는 다신 나를 만날 수 없을 테니. 리산드로스와 난 이곳에서 달아나기로 했어. 리산드로스를 알기 전엔 낙원처럼 보이던 아테네였지만. 아, 무슨 마력을 가졌을까? 리산드로스는 천국을 지옥으로 바꾸어 놓았어!

리산드로스 헬레나, 당신한테 우리 계획을 털어놓겠소. 내일 밤 달의 여신이 은빛 얼굴을 거울 같은 물결 위에 비추고 풀잎에 진주 이슬을 내릴 때—도망치는 연인들의 발소리도 들리지 않는 바로 그때—우리는 아테네 성문을 탈출하기로 했소.

헤르미아 그리고 헬레나, 가끔 너와 함께 가냘픈 앵초 꽃밭에 누워 서로 즐거운 마음속 비밀을 이야기하던 바로 그 숲에서 나는 리산드로스와 만날 거야. 그리고 나서 아테네를 등지고 새로운 친구를 찾아 낯선 곳으로 떠나기로 했어. 잘 있어, 정든 내 친구. 우리를 위해서 기도해 주겠지? 네게도 행운이 찾아와서 데메트리우스와 짝이 되기를! 그럼 리산드로스, 약속 꼭 지켜요. 만나고 싶은 마음은 내일 자정까지 참아요.

리산드로스 참아야지, 헤르미아. (헤르미아 퇴장) 그럼 헬레나도 잘 가오. 당신처럼 데메트리우스도 당신을 사랑하기를 빌겠소! (퇴장)

헬레나 사람에 따라 행복이 이렇게도 차이가 있을까! 아테네 시내에서 나도 그 애만큼은 예쁘다는 소리를 듣는데. 하지만 그게 무슨 소용이란 말이니? 데메트리우스는 그렇게 생각해 주질 않는걸. 누구나 아는 사실을 그이만 몰라주니. 그이가 헤르미아 눈에 끌려서 넋을 잃고 있듯이, 난 그이의 장점에만 감탄하고 있어. 야비하고 비천한 것도 사랑에 빠진 사람이 보면 훌륭한 모양을 갖게 되거든. 사랑은 눈으로 보지 않고 마음으로 보는 거야. 그러기에 날개를 가진 큐피드는 장님으로 그려지는 거겠지. 그뿐인가, 사랑의 마음은 조금도 분별심이 없어. 날개와 장님, 이거야말로 물불도 모르는 성미를 나타낸 거지. 그래서 사랑의 신을 어린애라고들 하잖아. 그러기에 늘 엉뚱한 짓만 하는 거지. 흔히 장난꾸러기들이 일부러 맹세를 안 지키듯이, 사랑의 신 큐피드도 곳곳에서 거짓말만 하거든. 데메트리우스도 헤르미아의 눈을 보기 전까지는 자기 애인은 오직 나뿐이라고 맹세를 우박처럼 퍼부었으나, 헤르미아에게 열정을 느끼더니 우박 같은 맹세도 그만 녹아버렸지. 이제 가서 그이에게 헤르미아가 도망간다는 이야기를 해줘야겠군. 그러면 그이는 내일 밤 숲까지 그 애를 쫓아갈 거야. 그걸 알려주고 고맙다는 인사를 받아도 나에게는 고통스러운 일이야. 하지만 오가며 그이를 볼 수 있는 것만으로도 나에겐 위안이 되니까. (퇴장)

〔제1막 제2장〕

아테네. 퀸스의 집.
퀸스, 보텀, 스너그, 플루트, 스나우트, 스타블링 등장.

퀸스 다들 모였나?

보텀 명단대로 한 사람 한 사람씩 이름을 불러보는 게 가장 좋을 거야.

퀸스 이 명단은 공작 부부의 결혼식 날 밤 성안에서 할 우리의 연극에 한몫 낄 수 있을 만한 자들의 이름을, 아테네 시내를 샅샅이 뒤져서 적은 거야.

보텀 그런데 피터 퀸스, 먼저 그 연극 내용을 말해 주게나. 그다음에 배역을 발표하고 그러고 나서 본론에 들어가야지.

퀸스 참 그렇군, 우리 연극은 슬프디 슬픈 희극 피라모스와 티스베의 참혹한 죽음을 다룬 것이네.

보텀 그거 아주 좋은 연극이군. 그리고 즐겁고. 그런데 피터 퀸스, 그 명단의 배우들 이름을 부르게. 자, 너르게 앉아라.

퀸스　그럼 부를 테니 대답을 하게. 직조공 닉 보텀.

보텀　오, 다음 이름을 부르기 전에 내 역할을 말해 주게.

퀸스　닉 보텀, 자넨 피라모스 역할이네.

보텀　피라모스라니? 연인인가, 폭군인가?

퀸스　연인인데, 사랑 때문에 용감하게 자살을 하네.

보텀　잘만 하면 사람들 눈물깨나 짜내겠군. 내가 연기할 때 관객더러 눈 조심하라고 해. 억수 같은 눈물을 쏟게 해서 비탄에 젖게 할 테니까. 계속해…… 하지만 난 폭군 역할이 가장 맞아. 글쎄 내가 헤라클레스 역할을 하면 기가 막힐 텐데. 큰 소리로 호통을 치는 역할도 잘하지. 관중이 물 끓듯이 열광할 거야.

바위가 노하여
그 진동이 울려퍼지고
감옥의 문은 드디어
그 빗장이 부서졌다.
태양의 신이 탄 수레
저 멀리서 빛나면,
어리석은 운명의 여신들은
여지없이 스러지는도다.

아주 그럴싸하지 않은가. 다음 배역들을 부르게. 지금 건 역시 헤라클레스 장사의 기질, 폭군의 기질이란 말이야. 연인 역할이라면 좀더 차분한 태도를 취해야겠지.

퀸스　풀무 수선공, 프랜시스 플루트.

플루트　여기 있네. 피터 퀸스.

퀸스　플루트, 자넨 티스베 역할이네.

플루트　티스베? 떠돌이 기사 말인가?

퀸스　그건 아가씬데, 피라모스의 연인일세.

플루트　제기, 난 여자 역할은 안 되겠어. 수염이 나고 있거든.

퀸스　괜찮아, 탈을 쓰고 하니까. 될 수 있는 대로 작은 목소리로만 하게나.

오베론과 티타니아의 결혼식 존 앤스터 피츠제럴드
여기에서는 요정 왕국을 몽환적이지만 조금 불길한 인상을 주는 영역으로 묘사한다.

보텀 탈을 쓰고 한다면 티스베 역할도 내가 맡겠네. 들어봐, 이렇게 아주 작
은 소리로 말할 테니. "아 피라모스, 나의 그리운 사람! 나는 당신의 티스베,
당신의 소중하고 소중한 티스베예요."

퀸스 그만, 그만! 자넨 피라미스 역할이야. 플루트, 자네가 티스베 역할이고.

보텀 할 수 없지. 계속해.

퀸스 재단사, 로빈 스타블링.

스타블링 오, 여기 있네.

퀸스 로빈 스타블링, 자넨 티스베의 어머니 역할이야. 땜장이, 톰 스나우트.

스나우트 오, 피터 퀸스.

퀸스 자넨 피라모스의 아버지 역할이네. 난 티스베의 아버지 역할이고. 가구장이 스너그, 자넨 사자(lion) 역할이네. 자, 이제 역할 배정이 끝났네.

스너그 사자 역할의 대사는 써놓았나? 써놓았다면 이리 주게. 난 머리가 둔해서.

퀸스 즉석에서 할 수 있어. 으르렁대기만 하면 되니까.

보텀 사자 역할도 내가 하겠어. 내가 으르렁대 주지. 그걸 들으면 다들 속이 후련해질 거야. 내가 으르렁대면 공작님은 "한 번 더 으르렁대라, 한 번 더" 하고 말씀하실 거야.

퀸스 너무 사납게 으르렁대면 공작부인과 귀부인들이 놀라서 소릴 지를 거야. 그렇게 되는 날엔 우리 모두 교수형감이네.

모두 그렇고말고, 우린 모두 교수형감이지.

보텀 물론이지. 귀부인들이 너무 놀라서 정신을 잃는 날엔, 그저 우린 교수형에 처해지는 수밖에는 도리가 없지. 하지만 난 속삭이는 듯한 큰 소리로 새끼 비둘기같이 조용히 으르렁거릴 테야. 소쩍새처럼 으르렁대 줄 테야.

퀸스 자넨, 피라모스 역할밖에 할 수 없네. 피라모스는 반할 만큼 멋있는 사내란 말이야. 흔히 볼 수 있는 사람이 아니라 대단한 멋쟁이 신사라고. 그러니 피라모스 역할은 반드시 자네가 맡아줘야겠어.

보텀 그럼 맡기로 하지. 그런데 수염은 무슨 빛깔로 하는 게 좋을까?

퀸스 그건 자네 맘대로 하게나.

보텀 밀짚 색, 아니 황갈색, 아니면 자주색으로 할까? 아니, 아주 노란 프랑스 금화 빛깔로 할까?

퀸스 프랑스 사람 머리는 매독 때문에 대머리라네. 그러니 자네도 수염 없이 하게나. 그런데 여보게들, 이건 각자 하게 될 대사네. 자네들에게 청하고 바라고 부탁하네만 내일 밤까지 다들 외어주게나. 그리고 시내에서 1마일쯤 떨어진 숲속에 공작님의 저택이 있네. 달빛이 비치니 그곳에서 만나 연습을 하기로 하세. 시내에서 만나면 사람들이 모여들고 우리 계획이 탄로 나니까. 그때까지 난 연극에 필요한 도구 목록을 만들어 놓겠어. 그럼 잘들 부

2막 1장, 요정의 왕 오베론과 여왕 티타니아의 말다툼 프랜시스 댄비. 1832.

탁하네.

보텀 알았네. 그곳에서라면 맘대로 실컷 연습할 수 있지. 수고들 하게. 확실하게 해보자고. 잘들 가게.

퀸스 공작님 저택 참나무 아래에서 만나자고.

보텀 알았어. 비가 오건 화살이 쏟아지건 꼭 가겠네. (모두 퇴장)

〔제2막 제1장〕

아테네 근처에 있는 숲.

양옆으로부터 퍽과 요정 등장.

퍽 아니, 요정이네! 너, 어딜 돌아다니냐?

요정 언덕 넘고 골짜기 넘어, 덤불 뚫고 찔레 뚫고, 마당 넘어 울타리 넘어,

물을 헤치고 불을 지나서, 달님보다 더 빨리 어디에나 돌아다니지. 요정 여왕님의 분부를 받아, 풀밭 둘레에 이슬을 뿌리지. 키가 큰 노란 앵초는 여왕님의 시동이며, 그 황금 외투에는 여왕님의 선물인 향기 그윽한 루비가 번쩍번쩍하지. 이제 난 이슬을 찾으러 가야겠어. 앵초 꽃잎 끝에 모두 진주같이 달아 주게. 얼간아, 잘 있어. 난 가볼게. 우리 여왕님과 요정들이 곧 이리로 오실 거야.

퍽 오베론 임금님이 오늘 밤 이곳에서 잔치를 하신단다. 네 여왕님은 얼씬대시지 않는 게 좋을 거다. 오베론 임금님은 지독할 만큼 성미가 급한 분이거든. 글쎄 여왕님의 시동들 가운데 인도 왕한테서 훔쳐온 소년이 있잖니. 그렇게 귀여운 아이는 여왕님도 처음 보셨대. 그런데 오베론 임금님은 샘이 나서 그 아이를 **빼앗아** 숲속을 다니실 때에 시동 우두머리로 삼으려고 하셨지. 하지만 여왕님은 그 귀여운 아이를 놔주질 않고 화환을 만들어서 씌워주는 등, 이만저만 예뻐하시는 게 아니거든. 그래서 임금님과 여왕님은 숲에서나 들에서나 맑은 샘가에서나 반짝이는 별들 아래서나, 만났다 하면 싸우시거든. 그래서 시중드는 요정들 모두가 겁을 먹고 도토리 껍데기 속으로 기어들어가서 숨어버린다는 거야.

요정 내가 잘못 보지 않았다면, 너는 장난꾸러기 요정 로빈 굿펠로로구나. 마을 처녀들을 놀라게 하는 건 너지? 그리고 아낙네들이 숨을 죽이며 버터를 만들고 있는 것을 망쳐 놓거나 우유에 뜬 크림을 슬쩍 건져내어 놀라게 하고, 또는 맥주에 거품이 일지 않게 하거나, 밤길 가는 손님을 헤매게 하여 골탕 먹이며 깔깔 웃는 놈이 바로 너지? 그러면서도 너를 말썽쟁이 요정이니 귀여운 퍽이니 하고 불러주는 사람들에게는 힘이 되어, 제법 행복을 갖다주고 있는 놈이 바로 너 맞지?

퍽 그렇다, 난 밤의 즐거운 방랑자다. 오베론 임금님에게도 어릿광대 노릇을 한다. 또 암말로 둔갑하여 힝힝 울어서 콩을 먹고 살진 수말을 속여주면, 그걸 보고 임금님은 빙그레 웃으신단다. 어떤 때는 구운 사과로 둔갑하여 할망구들의 맥주잔에 숨어 있다가, 마시는 걸 기다려서 입술을 툭 차주고 그 쭈글쭈글한 목에 술을 쏟아붓는단 말이야. 아니면 영리한 아주머니가 슬픈 이야기를 하려고 가끔 나를 세 발 의자로 잘못 알고 걸터앉으려는 순간, 슬쩍 피하면 아주머니는 쿵 하고 나가떨어지면서 "아이코" 소릴 치고 쿨

룩쿨룩 기침을 하지. 이걸 보고 할망구들은 모두 볼기짝을 치며 깔깔대고, 하도 우스워서 눈물을 흘리며 이렇게 신나본 적은 처음이라고들 떠들어. 그런데 자릴 비켜라. 저기 오베론 임금님이 오신다.

요정 여왕님도 오시는군. 오베론 임금님은 가주셨으면 좋겠다!

한쪽에서 오베론이 하인들을 데리고, 다른 한쪽에서 티타니아가 하인들을 데리고 등장.

오베론 달밤에 재수 없이 만났군. 거만한 티타니아 같으니.

티타니아 아니, 질투쟁이 오베론이군요! 요정들아, 서둘러 가자. 난 이이의 잠자리에는 물론이고 곁에도 안 가기로 맹세했으니.

오베론 거기 서 있어, 이 뻔뻔한 뺄때추니. 나는 당신 남편이 아닌가?

티타니아 당신이 내 남편이라면 난 당신의 아내여야 하게요. 하지만 나도 다 알고 있어요. 당신은 요정 나라에서 몰래 빠져나와서 목동 코린의 모습으로 종일 풀피리를 불고 연가를 노래하며, 시골 처녀 필리다를 유혹하려고 했겠지요. 저 머나먼 인도의 산중에서 이곳으로 돌아온 이유를 나도 다 알고 있어요. 당신이 좋아하는 저 거만한 여장부 아마존 계집과 테세우스 공작의 결혼식에서 주례를 서고, 두 사람의 신방에 기쁨과 행복을 가져다주기 위해서 아닌가요?

오베론 당신은 부끄럽지도 않나? 나와 히폴리타의 관계를 그렇게 제멋대로 짐작하다니. 당신과 테세우스의 관계를 나도 빤히 알고 있어. 당신도 그걸 모르지는 않을 텐데. 그자가 폭력까지 써서 아내로 삼은 페리지니아를 버린 것도, 별이 반짝이는 밤 당신이 그자를 꼬여냈기 때문이잖아. 그뿐인가, 공작으로 하여금 어여쁜 아이글레에게 한 맹세를 깨뜨리게 한 것도, 아리아드네와 안티오파의 맹세를 깨뜨리게 한 것도 당신이 아닌가?

티타니아 그건 모두 질투에서 나온 터무니없는 말씀. 초여름에 접어들면서부터 언덕에서, 계곡에서, 숲에서, 목장에서, 바닥에 돌이 깔린 샘 곁에서, 왕골이 자란 시냇가에서, 또는 바닷가 모래밭에서, 산들 부는 바람에 맞추어 손을 맞잡고 춤을 추려고 하면, 당신이 꼭 나타나서 시비를 걸고 흥을 깨뜨리곤 했어요. 그러니 불어도 보람 없음을 안 바람은 그 원한 때문에 바다에서 독기 찬 안개를 뿜어다가 뭍에 쏟아놓았는지, 하찮은 강까지 흘러넘치고 땅은 온통 물바다가 됐지요. 그래서 소가 쟁기를 끈 것도 헛일이 되고, 파릇파릇한 곡식은 새 이삭도 나기 전에 썩어버렸지요. 물이 든 들판에는 가축 우리가 텅 비어 있고, 죽은 가축떼에 까마귀들만 배가 불러요. 사람들이 놀거나 경기를 하던 곳도 진흙에 덮이고, 무성한 풀밭에 만들어 놓은 교묘한 미로놀이 길도 걷는 사람이 없어 이제는 알아볼 수가 없어요. 겨울을 맞는 사람들은 기쁨이 없고, 찬미나 노래가 울리는 밤도 없어요. 그래서 밀물 썰물을 지배하는 달님은 노기에 얼굴이 파리해지고 대기를 적시니, 덕분에 류머티즘 환자만 늘어요. 그리고 계절이 뒤죽박죽이 되었어요. 백발같은 서리가 갓 피어난 진홍색 장미꽃 위에 내리는가 하면, 동장군의 차디찬 대머리 위에 비웃는 듯이 향기로운 여름날의 몽우리가 화환같이 장식되는군요. 봄, 여름, 열매 맺는 가을, 성난 겨울이 저마다 옷을 바꿔 입으니 세상은 어리둥절하고, 그때그때의 자연 현상만 봐서는 어느 계절인지를 모를 수밖에요. 그런데 이런 나쁜 결과는 바로 우리의 다툼과 불화 때문이지요. 우리가 그것들의 어버이이며 근원이에요.

오베론 그럼 당신이 고치구려. 당신에게는 그것을 바로잡을 수 있는 힘이 있어. 그런데 티타니아는 왜 남편인 오베론과 말다툼을 하는 거지? 나는 다만 그 소년을 내 시동으로 달라는 것뿐인데.

티타니아 그것은 단념해요. 그 아이는 요정 나라 전부와도 바꿀 수 없으니까요. 그 애 어머니는 나를 맹목적으로 믿었어요. 저 인도의 향기로운 밤에 내 곁에 앉아 때때로 세상 이야길 했지요. 낮에는 바닷가 노란 모래밭에 같이 앉아서 항해하는 상선들을 헤아리고, 돛이 부질없는 바람을 받아 아이 밴 배같이 팽팽해 있는 모습에 함께 깔깔대며 웃었지요. 그때 그 애 어머니는 그 아이를 잉태하고 있었지만, 돛단 상선을 흉내내어 그 뒤를 쫓아 헤엄치듯이 예쁜 걸음걸이로 바닷가를 쏘다니며, 가지가지 물건을 주워다 주었어요. 항해에서 돌아온 상선이 상품을 잔뜩 싣고 오듯이 말예요. 하지만 보통 사람이다 보니 아이를 낳다가 죽었지요. 그 애 어머니를 봐서라도 난 헤어질 수 없어요.

오베론 이 숲에 언제까지 있을 생각이지?

티타니아 글쎄요, 테세우스 공작의 결혼식이 끝날 때까지 있겠어요. 혹시 꾹

참고 우리와 춤을 추고 달밤의 향연을 보려거든, 함께 가요. 그럴 마음이
없거든, 아무 데로나 가버려요. 나도 방해하지는 않을 테니까요.

오베론 그 아이를 내놔. 내놓으면 따라갈게.

티타니아 당신의 요정 왕국을 모두 준대도 싫어요. 요정들아, 가자! 더 있다
간 싸움이 나겠다. (요정들을 데리고 퇴장)

오베론 좋다, 가라. 하지만 이 숲에선 나가지 못한다. 내가 가만히 둘까 보냐.
다정한 퍽, 이리 와. 너 기억하지? 언젠가 내가 곶(串)에 앉아 있을 때 인어
가 돌고래 등에서 노래하는 걸 들었던 일을. 어찌나 산뜻하고 고운 노래였
던지 거센 바다도 잔잔해지고, 하늘의 별들도 그 가락을 들으려고 미친듯이
내리비쳤지.

퍽 예, 기억합니다.

오베론 그때 얼핏 보니, 넌 몰라봤지만 큐피드는 차디찬 달과 이 지구 사이
를 날며 활을 겨누었지. 그 목표는 서쪽 옥좌에 앉아 있는 베스타*¹의 여사
제, 저 아름다운 처녀였다. 그때 그 화살은 수천 수만의 마음을 뚫을 것 같
았지만 큐피드의 불타는 화살도 물같이 차고 맑은 달빛에는 그만 식어버리
고, 처녀는 경건한 생각에 잠긴 채 사랑의 번민도 없이 그냥 지나가더군. 그
때 난 이 큐피드의 화살이 떨어진 곳을 눈여겨봐 두었다. 서쪽에 작은 화초
가 있는데, 여지껏 젖처럼 하얗던 것이 사랑의 화살에 상처를 받고 바로 보
랏빛으로 변해 버렸어. 처녀들은 그 화초를 삼색제비꽃이라 하더군. 그 꽃
을 꺾어 오너라. 이 화초를 언젠가 네게 보여준 일이 있었을 것이다. 그 즙
을 짜서 자는 사람의 눈에 발라놓으면 남자든 여자든 사랑하는 마음으로
미칠 듯이 불타, 잠을 깨면 처음 보는 상대에게 완전히 반해 버린다. 그 화
초를 꺾어 얼른 돌아오너라. 고래가 3마일을 헤엄치는 시간보다 더 빨리 말
이다.

퍽 지구 한 바퀴쯤은 40분 안에 돌 수 있습니다. (퇴장)

오베론 그 즙만 손에 들어오면, 티타니아가 자는 틈을 지키고 있다가 그걸
눈에 발라놓을 테다. 그래서 그녀가 눈을 뜨면 사자든, 곰이든, 늑대든, 여
우든, 장난이 심한 원숭이든 처음 보는 것한테 사랑에 빠져서 미친 듯이 쫓

---

*1 로마 신화에 나오는 불의 여신. 그리스 신화의 헤스티아에 해당한다.

아다니게 되겠지. 그리고 다른 약초를 써서 그 힘을 눈에서 풀어주기 전에 그 시동 아이를 나한테 보내게 해야지. 그런데 누가 오나 보군. 사람들 눈에 난 보이지 않으니 좀 엿들어야겠다.

데메트리우스 등장. 그 뒤를 쫓아 헬레나 등장.

데메트리우스 당신을 사랑하지 않으니 쫓아오지 마. 리산드로스와 아름다운 헤르미아는 어디 있을까? 그 녀석을 죽이고 싶은데 그 여자는 나를 죽이는군. 두 사람이 여기로 도망왔다고 해서 이곳까지 쫓아왔지만, 이런 숲속에서 헤르미아는 보이지도 않고, 난 미칠 것만 같구나. 그만 쫓아오고, 돌아가라니까!

헬레나 당신이 날 끌어당겨요. 당신은 차디찬 심장을 가진 자석이에요! 그래도 그 자석은 감히 칼을 빼진 못하는군요. 내 심장은 강철같이 진실하니까요. 그 자석으로 날 끌어당기지 마요. 그럼 나도 당신을 그만 쫓을게요.

데메트리우스 내가 당신을 유혹하기라도 하나? 말이라도 곱게 했냐고? 아니, 도리어 사랑하지도 않고 사랑할 수도 없다고 분명히 말하잖아!

헬레나 그래서 나는 당신이 좋아지는걸요. 데메트리우스, 나는 당신의 충직한 개 스패니얼이에요. 스패니얼은 때리면 때릴수록 더욱 꼬리를 흔들며 달라붙거든요. 날 당신의 스패니얼처럼 생각하고 차든가, 때리든가, 모르는 척하든가, 잊든가 마음대로 해요. 보잘것없는 몸이지만 당신의 사랑을 더 이상 바라지 않을 테니, 당신의 개가 되어도 괜찮으니까 당신 곁에만 있게 해줘요.

데메트리우스 내 영혼마저 당신을 싫어하게 하는 말은 삼가줘. 정말이지 당신만 봐도 구역질이 난다니까.

헬레나 나는 당신 얼굴을 보지 못하면 구역질이 나는걸요.

데메트리우스 당신은 처녀다운 수줍음이 너무도 없어. 이렇게 시내를 떠나서 사랑하지도 않는 남자의 꽁무니를 쫓아다니다니. 더구나 한밤중에 오가는 사람도 없는 곳에서 누군가가 당신에게 나쁜 마음을 먹는다면 당신은 험한 꼴을 겪을 수밖에 없어.

헬레나 당신은 훌륭한 사람이니 그 점은 안심이에요. 당신의 얼굴만 보면 밤

오베론과 인어 조셉 노엘 페이튼

이 아니니까요. 그래서 나는 지금이 밤이라곤 생각지 않아요. 그리고 이 숲
은 한적한 곳이 아니에요. 나로선 당신이 온 세계니까요. 그러니까 내가 혼
자 있다고는 할 수 없어요. 온 세계가 나를 바라보고 있잖아요.

데메트리우스 그럼 나는 도망쳐서 덤불 속에 숨어버릴 테야. 그리고 당신이
들짐승들 밥이 되든 말든 그냥 내버려 두겠어.

헬레나 아무리 사나운 맹수라도 당신처럼 가혹하지는 않아요. 언제든지 달
아나요. 그러면 이야긴 거꾸로 되죠. 아폴론은 달아나고, 오히려 다프네[2]

---

[2] 큐피드의 화살을 맞고 그녀를 사랑하게 된 아폴론의 구애를 물리치고 도망쳐 월계수로 변
한 요정.

가 쫓게 되겠군요. 비둘기가 괴물 그리핀을 쫓고, 순한 암사슴이 호랑이를 잡으려고 마구 쫓아가게 되겠군요. 하지만 마구 쫓아가 봤자 헛수고지요. 약한 놈이 쫓고 강한 놈이 달아나니까요!

데메트리우스 당신 이야기를 듣자고 오래 머물진 않겠어. 나 혼자 갈 거야. 굳이 쫓아오겠다면 할 수 없지만 안심은 하지 마. 숲속에서 무슨 변을 당할지 모르니까.

헬레나 사실 당신은 성당에서나, 시내에서나, 들에서나 내게 모욕만 주고 있어요. 너무해요, 데메트리우스! 당신의 행동은 여성을 모욕하는 것이에요. 남자들은 그럴 수 있지만 여자들은 사랑 때문에 싸우지 않아요. 여자는 구애를 받아야 하지, 구애를 할 수는 없으니까요. (데메트리우스 퇴장) 그래도 당신을 따라가겠어요. 사랑하는 사람의 손에 죽을 수만 있다면, 이 지옥 같은 고통도 천국의 기쁨으로 바뀔 거예요. (퇴장)

오베론 잘 가, 아가씨. 행운을 빈다. 저 사내가 이 숲을 나가기 전에, 네가 달아나는 쪽이 되고 상대가 사랑을 애걸하는 쪽이 되게 해놓을 테다.

퍽 다시 등장.

오베론 그 꽃은 가져왔느냐? 반갑군, 방랑자.

퍽 예, 여기 있습니다.

오베론 그걸 이리 다오. 그런데 저기 둑에 백리향이 흐드러졌고, 앵초도 자라고, 제비꽃은 바람에 살랑거린다. 그 위에는 향기로운 인동덩굴과 사향장미, 들장미 등이 천장처럼 뒤덮고 있다. 티타니아는 밤이면 곧잘 그곳에 가서 꽃밭에 누워 즐거운 춤에 취하여 잠이 든다. 그리고 뱀은 에나멜 껍질을 벗어서 요정들한테 꼭 알맞은 옷을 남겨놓지. 그때 난 이 꽃의 즙을 그 여자 눈에 발라놓을 거야. 그러면 그 여자 마음속이 끔찍한 환상에 가득 차게 되겠지. 너도 이 즙을 좀 가지고 가서 숲속을 샅샅이 뒤져라. 아테네의 어떤 아름다운 처녀가 사랑에 빠져 있는데, 상대 청년은 거절하고 있다. 그 젊은이 눈에 이 즙을 발라라. 그러나 그가 눈을 뜨고 처음 보는 것이 그 처녀가 되도록 해야 한다. 그는 아테네 사람 옷을 입고 있으니, 바로 알아낼 수 있을 게다. 조심해서 여자보다 그가 상대를 더 사랑하게 만들어라. 그리고 첫닭이 울기 전에 돌아와야 한다.

퍽 걱정 마세요. 그렇게 하겠습니다. (모두 퇴장)

〔제2막 제2장〕

숲속의 다른 곳.
티타니아, 요정들을 거느리고 등장.

티타니아 자, 이번엔 동그랗게 원을 그리고 춤을 추면서 요정 노래를 해. 그리고 그 노래가 끝나면, 20초쯤이면 될 테니까 누가 가서 사향장미 봉오리에 있는 벌레를 죽여. 몇몇은 박쥐와 싸워서 그 날개를 가져와. 작은 요정들 외투를 만들어 줘야겠으니. 또 몇몇은 밤마다 울어대서 귀여운 요정을 놀라게 하는 올빼미를 쫓아내. 자, 이제 한숨 자겠으니 노래를 불러줘. 그러고 나서 저마다 맡은 일을 하러 가. 나는 좀 쉬어야겠으니.

요정 1 (노래한다)

혓바닥이 갈라진 얼룩 뱀아,
가시 돋친 고슴도치야, 나오지 마라.
도룡뇽과 도마뱀도 나오지 말고,
우리 여왕님 곁에 얼씬대지 마라.

요정들 (노래한다)

밤꾀꼬리야, 아름다운 소리로
달콤한 자장가를 불러다오.
자장자장 잘 자오,
자장자장 잘 자오.
어떤 해로움도
주술도 요술도
우리 여왕님 곁에는 오지 마라.

자장자장 잘 자오.

요정 1 (노래한다)

거미들아, 이곳에 줄을 치지 말아라.
저리 가라, 다리 긴 왕거미들아!
새까만 딱정벌레도 오지 마라,
벌레도 달팽이도 장난치지 말아라.

요정들 (노래한다)

밤꾀꼬리야, 아름다운 소리로
달콤한 자장가를 불러다오.
자장자장 잘 자오,
자장자장 잘 자오.
어떤 해로움도
주술도 요술도
우리 여왕님 곁에는 오지 마라.
자장자장 잘 자오. (티타니아, 잠이 든다)

요정 2 좋아, 가자! 모두 잘됐다. 누구 하나는 보초를 서라. (요정들 퇴장)

오베론 등장.

오베론 (티타니아 눈에 꽃즙을 떨어뜨리며) 잠을 깨서 뭘 보든, 그것이 당신의 진짜 애인이 되어 사랑의 고민을 맛보라고. 그것이 살쾡이든, 고양이든, 곰이든, 아니면 표범이나 뻣뻣한 털투성이 멧돼지든, 당신이 잠을 깨어 처음 눈에 보이는 것이 당신 애인이다. 제발 무슨 흉악한 것이 곁에 있을 때에 잠을 깨려무나. (퇴장)

〈잠자는 티타니아〉 프랭크 카도간 쿠퍼. 1928.

리산드로스와 헤르미아 등장.

리산드로스 이봐 헤르미아, 숲속을 헤매다가 지친 모양이군. 사실 나도 길을
모르겠어. 좀 쉬어 갑시다. 괜찮지? 날이 밝으면 나아질 테니 그때까지 기
다리자고.

헤르미아 네, 그렇게 해요. 어디 누울 곳을 찾아봐요. 나는 둑을 베개 삼아
눕겠어요.

리산드로스 잔디 위에 함께 눕자. 마음도 하나, 자리도 하나, 가슴은 두 개라
도 진실은 하나야.

헤르미아 안 돼요, 리산드로스. 제발 저만치 떨어져서 누워요. 이렇게 가까이
는 싫어요.

리산드로스 아, 내 순진한 마음을 오해하지 마. 연인끼리는 설명이 필요 없잖
아. 내 마음이 당신과 맺어져 있으니까 우리는 한마음 한뜻이란 말이야. 그

리고 이 두 가슴은 하나의 맹세로 맺어져 있으니까, 두 개의 가슴이라도 하나의 진실이란 말이지. 그러니 당신 곁에 누워도 괜찮잖아. 곁에 누워도 허튼짓은 하지 않을 테니까.

헤르미아 리산드로스의 말솜씨가 참 좋네요. 내 입에서 당신이 그런 허튼짓을 할 것이라는 말이 나온다면 나야말로 천한 나쁜 여자가 되지요! 하지만 제발 사랑과 예의를 지켜 점잖게 저만치 가서 누워요. 결혼 전의 순결한 남녀에게 적당한 거리로 가서 누워요. 이제 됐어요. 잘 자요. 당신의 삶이 끝날 때까지 그 사랑이 변하지 않길 바라요!

리산드로스 아멘, 그 희망에 나도 진심으로 화답하겠어. 내 마음이 변하는 날엔 난 벼락을 맞아도 좋아! 나는 여기에 누울게. 잘 자!

헤르미아 그 소원의 절반은 당신에게 깃들기를! (두 사람 다 잠이 든다)

퍽 등장.

퍽 숲속을 샅샅이 뒤져보았지만 아테네 사람은 찾을 수가 없군. 눈에 발라서 사랑이 솟아나는지, 이 꽃의 힘을 시험해 봐야 할 텐데. 고요한 밤중인데 누가 여기 누웠지? 입은 옷을 보니 아테네 사람이구나. 바로 이자다. 오베론 임금님이 말씀하신 젊은이인데, 어떤 아테네 처녀를 아주 싫어한다지. 그 처녀도 이 눅눅하고 더러운 땅 위에 곤히 잠들어 있군. 가여워라! 이 무정하고 무례한 놈 곁에 눕지도 못하고. (리산드로스 눈꺼풀에 꽃즙을 바른다) 요녀석, 네 눈에 신비한 효력을 가진 약을 잔뜩 발라놓았으니, 눈을 뜨거든 사랑에 미쳐서 영원히 잠들지 못하게 할 것이다. 나는 물러갈 테니 너는 잠을 깨라. 이제 나는 오베론 임금님께 가봐야지. (퇴장)

데메트리우스와 헬레나, 뛰어들어온다.

헬레나 기다려 줘요, 데메트리우스. 나를 죽이고 싶다면 죽여도 좋으니 제발 기다려 줘요.

데메트리우스 저리 가라니까그래. 이렇게 귀찮게 쫓아다니지 마.

헬레나 아, 날 어둠 속에 내버려 둘 생각인가요? 그러진 말아요.

데메트리우스 따라오기만 해봐. 혼을 내줄 테니까! 나는 혼자 갈 테야. (퇴장)

헬레나 오, 바보같이 쫓고 있다가 나는 숨도 못 쉬겠어. 기도를 하면 할수록 효험은 줄어드네. 지금 어디 있는지는 몰라도 헤르미아는 행복하겠지. 다 타고난 예쁜 눈 덕분이지. 그 애 눈은 어쩌면 그리도 빛날까? 짜릿한 눈물 때문은 아니겠지. 만일 눈물 때문이라면, 내 눈이 훨씬 더 자주 눈물에 씻겼는걸. 아냐, 아냐, 난 곰처럼 못생겼어. 짐승들도 나를 보면 질겁하고 달아나잖아. 그러니 데메트리우스도 나만 보면 괴물이라도 만난 것처럼 달아나지. 그건 조금도 이상한 게 아냐. 망할 놈의 거짓말쟁이 거울 같으니, 어쩌라고 헤르미아의 별 같은 눈과 내 눈을 비교할까? 그런데 저게 누굴까? 리산드로스군! 저렇게 땅바닥에? 죽었을까? 잠을 자고 있을까? 피나 상처는 보이지 않는군. 이봐요, 리산드로스, 살아 있다면 일어나요.

리산드로스 (잠을 깨면서) 오, 당신을 위해서라면 불에라도 뛰어들겠소. 햇빛 같이 아름다운 헬레나, 자연의 불가사의랄까, 그 가슴을 통해 당신의 마음이 환히 비쳐 보이오. 데메트리우스는 어디 갔소? 그 더러운 녀석, 내 칼에 죽어야 마땅해!

헬레나 그러지 말아요, 리산드로스. 그런 말을 하면 안 돼요. 그이가 당신의 헤르미아를 사랑하는 게 뭐 어때요? 나쁠 건 없잖아요? 헤르미아는 당신만을 사랑하고 있으니, 만족할 수 있잖아요.

리산드로스 헤르미아에 만족할 수 있다고요? 천만에. 그 여자와 함께 보낸 기나긴 시간이 후회돼요. 내가 사랑하는 여자는 헤르미아가 아니라 헬레나요. 누가 까마귀를 비둘기와 바꾸지 않겠소? 남자의 욕망은 분별심에 좌우되는 건데, 내 분별심은 당신이 더 훌륭하다고 말하고 있소. 과일과 채소는 때가 되어야만 익는 법이오. 내가 그랬소. 젊기 때문에 이제까지 분별력이 다 익지를 못했던 것이오. 그러나 이제는 지혜의 높이에도 키가 닿도록 분별력이 욕망을 지배하여 이렇게 당신 눈에 들게 된 것이오. 당신 눈이야말로 향기로운 사랑의 이야기들이 담긴 책이고, 나는 거기에서 가지가지 사랑이야기를 읽어내는 것이오.

헬레나 대체 무슨 악운을 타고났기에 내가 이렇게 조롱당해야 하는 거죠? 당신마저 이렇게 조롱하다니, 내가 무슨 짓을 했단 말이에요? 나는 이제까지 한 번도 데메트리우스의 고운 눈길을 받아보지 못했어요. 나는 그만한 가치도 없는 여자예요. 그것도 모자라서, 당신마저 이 못난이를 비웃나요? 정말 너무해요! 그렇게 야비하게 구애를 하다니! 이제 그만 가겠어요. 나는 당신이 점잖은 사람인 줄 알았어요. 아, 한 남자한테는 거절당하고, 이 때문에 다른 남자한테는 조롱당하는 한 여자의 신세여! (퇴장)

리산드로스 헬레나는 헤르미아를 미처 못 봤나 보군. 그럼 헤르미아, 거기서 자고 내 곁에는 영영 오지 마! 맛있는 음식일수록 너무 많이 먹으면 위장에 지독한 염증을 가져오고, 사이비 종교에서 깨어난 사람들은 속아온 것만큼 무럭무럭 증오심이 일어나는 법. 마찬가지로 이 여자가 나의 맛있는 음식이자 사이비 종교였었지. 헤르미아, 이제 모두에게 미움 좀 받아봐. 특히 나한테. 자, 앞으로는 애정과 온 힘을 다해 헬레나를 숭배하고 그녀의 기사(騎士)가 돼야겠다. (퇴장)

헤르미아 (잠을 깨면서) 사람 살려요, 리산드로스, 사람 살려요! 뱀이 가슴 위를, 얼른 떼어줘요! 아이, 무서워. 이게 무슨 꿈일까? 리산드로스, 나 좀 봐요. 이렇게 떨려요. 글쎄 뱀이 내 심장을 삼키려고 하는데 당신은 앉아서 웃고만 있고, 삼키라고 내버려 두는 줄만 알았어요. 리산드로스! 어디 갔을까? 리산드로스! 안 들리나? 아, 어디 있어요? 들리거든 대답해 봐요. 제발 대답해 봐요. 아무래도 이 근처엔 없는 것 같아. 그렇다면 그이를 찾아봐야지. 혹 그이를 찾으러 다니다가 죽음을 당한다 할지라도. (퇴장)

〔제3막 제1장〕

숲속.
티타니아가 잠들어 있다. 퀸스, 스너그, 보텀, 플루트, 스나우트, 스타블링 등장.

보텀 다들 모였나?

퀸스 됐어, 연습하기엔 완벽한 곳이야. 이 잔디밭을 무대로 하고, 이 산사나무 덤불은 탈의실로 하세. 그리고 공작님이 보신다 생각하고 연기해 보자.

보텀 피터 퀸스!

퀸스 왜 그래, 개구쟁이 보텀?

보텀 글쎄, 이 피라모스와 티스베의 희극엔 좀 언짢은 대목이 있네. 첫째, 피라모스가 칼을 뽑아 자살하는 대목 말인데, 귀부인들에겐 질색일 거야. 자넨 어찌 생각하나?

스나우트 그건 그럴 거네. 다들 놀라 자빠질 거야!

스타블링 그렇다면 자살 장면은 없애버리는 게 어떻겠어?

보텀 아냐, 그럴 건 없어. 좋은 생각이 있네. 서사(序詞)를 붙이면 어떻겠는가? 칼을 쓰긴 하지만 상처는 내지 않을 것이며, 피라모스도 정말로 죽는 건 아니라고, 서사에서 미리 말해 두잔 말일세. 더 확실히 안심시키자면, 이 사람은 피라모스 역할이지만 사실은 피라모스가 아니라 직조공 보텀이라고 대놓고 말하자는 걸세. 그렇게 해두면 아무도 무서워하지 않을 거야.

퀸스 그럼 서사를 붙여볼까? 운(韻)은 팔육조(八六調)로 하지.

보텀 아냐, 둘을 더 붙여서 팔팔조(八八調)로 하세.

스나우트 그런데 귀부인들이 사자를 무서워하지 않을까?

스타블링 그게 정말 걱정이군.

보텀 여보게들, 이건 좀 신중히 생각해 볼 문제네. 귀부인들 앞에 함부로 사자를 끌어내는 건 위험천만한 일이거든. 살아 있는 사자보다 더 무서운 짐승이 어디 있느냔 말이야. 이건 삼가야겠는걸.

스타블링 그럼 해설을 하나 더 붙여서, 이건 진짜 사자가 아니라고 털어놓지.

보텀 아냐, 그보다도 사자 역할을 맡은 배우가 제 이름을 공개하고, 사자 모가지에서 얼굴을 반쯤 내놓고 말하는 건 어때? 이렇게 말이야. "숙녀 여러분들", 또는 "아름다운 숙녀 여러분들, 부탁입니다만 부디", 아니면 "간청입니다만 제발 놀라지 마십시오. 떨지는 마십시오. 이것이야말로 제 일생의 소원입니다! 제가 한 마리의 사자로서 여기에 등장한 것같이 여러분들이 생각하신다면, 정말 제 일생의 유감입니다. 저는 절대로 그런 짐승은 아닙니다. 절대로 그런 짐승이 아니고, 다른 사람들과 똑같은 사람입니다." 그러고는 이름을 대버리게. 아니, 털어놓고 소목장이 스너그라고 말해 버리게.

퀸스 그러는 게 좋겠군. 그런데 두 가지 난처한 일이 있네. 그게 뭐냐 하면, 커다란 홀 안으로 달님을 어떻게 가져오느냐가 문제란 말이야. 알다시피 피라모스와 티스베는 달밤에 만나거든.

스나우트 우리가 연극하는 날 밤에 달은 있나?

보텀 글쎄, 달력을 보면 되겠지. 달력을 보게, 달님이 있나!

퀸스 (달력을 꺼내 뒤적이며) 음, 그날 밤 달이 있군.

보텀 그럼 문제없어. 창문을 열어놓고 연극을 하면 달빛이 창문으로 비쳐들 것 아닌가.

퀸스 그래도 좋지. 아니면 누가 가시나무 다발과 각등을 들고 들어와서 이렇게 말하면 되네. 자기가 달님 역할을 하는 거라고. 그런데 또 한 가지 문제가 있어. 홀 안에 돌담이 있어야 해. 이야기 줄거리를 볼 것 같으면, 피라모스와 티스베는 돌담 틈으로 말을 하거든.

스나우트 돌담을 가져올 수야 없지. 자네 의견은 어떤가, 보텀?

보텀 그거야 누가 돌담 역할을 맡아야 하지 않겠는가. 그리고 그자에게 회반죽이든지 진흙이든지 초벽이든지 들고 들어오게 하세. 그가 돌담이라는 사실을 다들 알게 말이야. 그러고는 손가락을 이렇게 벌리고, 그 사이로 피라모스와 티스베가 소곤대도록 하게 해야지.

퀸스 그렇게 약속해 두면 아무 문제 없네. (연극 대본을 꺼내 펴면서) 자, 다들 앉아서 저마다의 역할을 연습하게. 피라모스, 자네부터 시작하게. 자네의 대사를 다 말하고 나면, 저기 덤불 속으로 물러가게. 그리고 그 뒤부터는 각자 자기 대사를 놓치지 말 것.

퍽이 도토리나무 뒤에서 등장.

퍽 (혼잣말로) 아니, 이 망나니 같은 것들이 뭘 이렇게 떠들고 있나. 우리 요정 여왕님이 주무시는 곳 가까이서? 연극을 하나봐? 좀 구경해야지. 경우에 따라선 나도 한몫 끼어봐도 좋고.

퀸스 피라모스, 시작해. 티스베도 나오고.

보텀 "아, 티스베여, 감미롭고 불쾌한 향기 지닌 꽃이여……."

퀸스 (대본을 들여다보면서) 그윽한, 그윽한.

보텀 "감미롭고 그윽한 꽃이여, 그와 같이 향기로운 당신의 입김, 아, 그리운 티스베. 아, 사람 소리가! 여기서 잠깐 기다려 주오. 곧 돌아오리다." (덤불 속으로 퇴장)

퍽 (혼잣말로) 이런 괴상한 피라모스는 처음 봤는데. (퇴장)

플루트 이제 내 차롄가?

퀸스 응, 자네 차례야. 피라모스는 무슨 소리가 들려서 보러 갔을 뿐이고 곧 돌아올 테니까.

플루트 "가장 빛나는 피라모스 님, 백합 같은 살결에 활짝 핀 장미 같은 얼굴빛, 늠름하신 그 젊은 모습, 더구나 다시없이 사랑스러운 유대인, 지칠 줄 모르는 말(馬)과 같이 충실하신 분. 피라모스 님, 니니*³의 무덤에서 기다리겠어요."

퀸스 여보게, "니누스의 무덤"이네! 원, 그건 아직 말해선 안 돼. 그 대목은 피라모스에게 대답하는 대사니까. 자넨 다음 대사까지 모조리 단번에 말해버렸군. 피라모스 등장이네. 자, 다시 시작하게. "지칠 줄 모르는"부터.

플루트 그렇군! "지칠 줄 모르는 말과 같이 충실하신 분."

보텀 등장, 머리가 당나귀 머리로 변해 있다. 그 뒤에 퍽이 따라 들어온다.

보텀 "오, 티스베여, 내가 그만한 미남이라면, 나는 오직 당신의 것."

퀸스 아이고, 괴물 봐라! 아이고 큰일났다! 귀신이 나왔구나. 아이고, 달아나자, 달아나세! 어서 빨리! (다들 덤불 속으로 달아나고 보텀만 남아 있다)

퍽 자, 따라가 보자. 저자들을 끌고 늪으로, 덤불 속으로, 숲속으로, 가시밭으로 다녀보자. 나는 때와 장소에 따라 맘대로 될 수 있다. 말도 돼보고, 개도 돼보고, 머리 없는 곰도 돼보고, 불도 돼보자. 그리고 말같이 울어도 보고, 개같이 짖어도 보고, 돼지같이 꿀꿀거려도 보고, 곰같이 으르렁대도 보고, 불같이 타오르기도 해보자. (퇴장)

보텀 왜 모두들 달아나 버릴까. 아마 나를 곯려줄 생각을 한 모양이지. 그럴 셈으로 장난을 꾸민 모양이구나.

스나우트 다시 등장.

스나우트 아이고 보텀, 변했네그래! 그게 웬 꼴인가?

---

*3 아시리아의 전설적인 왕 니누스의 무덤이, 이야기 배경이 되는 비빌론 근처에 있다. 니누스를 잘못 읽은 니니(ninny)는 '바보' '멍청이'란 뜻이다.

보텀 웬 꼴이냐고? 자네처럼 당나귀 대가리 꼴이라도 됐단 말인가? (스나우트 퇴장)

퀸스 다시 등장.

퀸스 아이고 여보게, 보텀! 여보게! 자네, 변했네그려. (퇴장)

보텀 저것들의 장난을 누가 모를까봐. 날 당나귀 취급하고, 가능하면 날 겁나게 해줄 심보겠지. 하지만 무슨 수작이고 해봐라. 난 이곳에서 끄떡하지 않을 테다. 자, 이 근처를 왔다 갔다 하면서 노래나 부르며 내가 조금도 무서워하지 않는다는 걸 저 작자들에게 알려주겠어. (콧노래를 부르며 이따금 당나귀 소리를 낸다)

> 검은색 털빛의 검은 노래지빠귀
> 부리는 주황빛을 띤 황갈색이라네.
> 개똥지빠귀는 맑고 깨끗한 목소리로,
> 굴뚝새는 가는 목소리로 짹짹거리네.

티타니아 (잠을 깨며) 저건 천사의 소릴까, 꽃밭에서 나의 잠을 깨우는 것이?

보텀 (노래한다)

> 되새, 참새, 종달새,
> 잿빛 뻐꾸기의 노래는 단순하고 소박하네.
> 그 노래를 많은 사람들이 들으면서
> 감히 "아니다"라고 답을 하지 못하네.

원, 그따위 바보 같은 뻐꾸기하고 시비를 할 사람이 있나? 그놈의 뻐꾸기가 "미친 듯이" 울어봤자 곧이들을 남편이 어디 있겠느냐 말이다.

티타니아 부디 상냥한 이여, 한 번 더 노래해 주세요. 내 귀는 당신 목소리의 포로가 되어버렸어요. 내 눈은 당신 모습에 이미 빠져버렸어요. 당신의 아름다움에 이끌려 더는 참을 수 없어요. 첫눈에 당신을 사랑한다고 맹세할

연극 〈한여름 밤의 꿈〉 이안 갈라나 감독, 캐스린 엘리자베스 켈리(티타니아 역)·그레고리 버제스(보텀 역) 출연. 체서피크 셰익스피어 컴퍼니, 볼티모어 공연(2014).

수밖에요.

보텀 글쎄요, 그 말은 좀 이성을 잃은 표현이 아닐까요. 사실 요사이 이성과 사랑은 그리 친하지 않더군요. 유감스럽게도 그 둘을 친구로 맺어줄 만한 선량한 이웃 사람도 없고요. 하긴 나도 때에 따라선 농담쯤은 할 수 있답니다.

티타니아 당신은 아름다우면서도 지혜로우시네요.

보텀 그렇지도 못합니다. 하지만 이 숲에서 달아날 재간만 있다면, 나로선 충분하겠습니다.

티타니아 이 숲에서 달아나신다는 생각은 아예 하지 마세요. 당신이 원하든 원하지 않든 이곳을 떠나시면 안 됩니다. 나는 보통 요정이 아니에요. 어딜 가나 내 주위엔 여름이 따라다녀요. 그리고 내가 당신을 사랑하잖아요? 그러니 언제나 나와 함께 계세요. 요정들에게 시중들게 할게요. 그리고 그것들에게 깊은 바다에 가서 보배를 가져오라고 할게요. 또 꽃밭에서 주무실 때는 노래를 부르게 할게요. 그리고 결국엔 죽는 천한 인간의 본성을 말끔히 씻어내고 당신을 죽지 않는 요정처럼 어디로든 갈 수 있게 해줄게요. 얘, 콩꽃아, 거미집아, 나방아, 겨자씨야!

요정 넷 등장.

콩꽃 예!

거미집 예!

나방 예!

겨자씨 예!

모두 어디로 갈까요?

티타니아 너희들, 이 어른을 공손히 잘 모셔야 한다. 이 어른이 외출하실 땐 앞에 가서 뛰고 즐거운 춤을 추어 눈요기가 되시도록 해라. 살구, 검은 딸기, 자줏빛 포도, 푸른 무화과, 오디 같은 것을 드시게 해라. 그리고 땅벌 집에 가서 꿀집을 훔쳐 오너라. 침실 촛불은 밀랍이 잔뜩 붙은 땅벌 넓적다리가 좋을 게다. 그걸 번뜩이는 개똥벌레 눈에서 불을 켜서 이 어른 침실에 갖다 놓고, 그리고 주무실 때는 눈에 비쳐드는 달빛을 오색나비 날개로 몰아내 드려라. 자 요정들아, 머리를 숙이고 인사를 드려.

콩꽃 안녕하세요, 사람님!

거미집 안녕하세요!

나방 안녕하세요!

겨자씨 안녕하세요!

보텀 여러분들, 고맙네. 그런데 실례지만 이름은?

거미집 거미집입니다.

보텀 우리 좀더 가깝게 지내보세. 거미집 씨, 요다음 내가 손가락에 상처를 입으면 신세를 좀 져야겠어. 그런데 자네 이름은?

콩꽃 콩꽃입니다.

보텀 아, 그럼, 어머니 콩꼬투리 부인과 아버지 콩꼬투리 어른께 안부를 여쭙게. 이봐 콩꽃 씨, 앞으로 우리 친하게 지내보세. 그리고 자네 이름은?

겨자씨 겨자씨입니다.

보텀 아, 겨자씨 선생. 참을성이 무던한 그대를 잘 아네. 저 덩치가 큰 겁쟁이 같은 황소란 놈이 그대 집안 어른들을 모조리 삼켜버렸지. 하기야 그대 친척 때문에 나는 이제까지 많은 눈물을 흘렸지만 앞으로 우리 좀더 친히 지내보자고, 겨자씨.

티타니아 자, 어서들 이 어른의 일을 돌봐 드려. 그리고 내 정자에 안내해 드려. 어쩐지 달님이 눈물을 머금으신 것 같구나. 달님이 우시면 온갖 잔꽃들도 운단다. 아마 어디서 숫처녀의 몸이 더럽혀지고 있는 것을 슬퍼하시는가 보다. 자, 이 소중한 이를 조용히 모셔가. 아무 말도 시키지 말고. (모두 퇴장)

〔제3막 제2장〕

숲속의 다른 곳.
오베론 등장.

오베론 지금쯤 티타니아는 잠을 깼을까? 깼다면 처음 눈에 보인 것에 홀딱 반해 있을 테지.

퍽 등장.

오베론 내 전령이 오는구나. 야, 망나니 요정이냐? 대체 어찌 된 일이냐? 이 숲속에 인간이 나타나 밤새도록 북새를 떨고 있는 모양인데, 이게 대체 어떻게 된 일이냐?

퍽 여왕님이 괴물과 사랑에 빠지셨습니다. 여왕님이 성스러운 비밀 정자에서 노곤하게 졸고 계시는데, 마침 아테네 장바닥에서 날품팔이나 하는 어중이떠중이 직공들이 테세우스 공작의 결혼식을 축하할 셈으로 연극을 연습하려고 모여 있었습니다. 그런데 그 바보들 중에도 가장 둔한 녀석이 피라모스 역할을 맡았는데, 마침 연극 진행상 일단 덤불 속에 들어와 숨었습니다. 저는 이 기회를 놓칠세라 그자의 머리에 당나귀 머리빡을 씌웠습니다. 이윽고 연인 티스베와 대화를 주고받아야 할 때 이 어릿광대 녀석이 나타났습니다. 이때 동료들이 이자를 보자, 살금살금 접근해 온 포수를 본 들오리 떼나, 총소리에 놀라서 날아올라 까옥거리며 미친 듯이 하늘을 나는 까마귀 떼처럼 기겁을 하고 달아나는데, 이곳저곳 그루터기에 걸려 넘어지는 놈도 있고, "살인이야!" 외치며 도와달라고 아테네에 대고 소리 지르는 놈도 있었습니다. 본디 멍청한 녀석들인 데다가 공포에 넋이 나갔기 때문에, 무심한 초목까지 그자들한테 장난을 하기 시작했습니다. 찔레며 가시가 옷을 잡아채더니 어떤 것은 소매를, 어떤 것은 모자를, 이렇게들 멍청한 무리한테서 홀딱 껍데기를 벗기는 형편이었습니다. 저는 공포로 넋이 나간 녀석들을 적당히 몰아버리고, 몰골이 변한 피라모스 녀석만 혼자 남겨놓았습니다. 그런데 그때 마침 티타니아 여왕님이 눈을 뜨고 바로 당나귀 녀석한테 흠뻑 빠지셨지요.

오베론 계획보다 더 성공이구나. 그건 그렇고, 내가 말한 대로 아테네 청년 눈꺼풀에 사랑의 즙을 발라놓았겠지?

퍽 마침 그자가 잠을 자고 있기에 말씀대로 해놨습니다. 그리고 아테네 처녀도 그 옆에서 잠을 자고 있었으니까, 남자가 잠을 깨면 반드시 그 처녀를 보게 될 겁니다.

데메트리우스와 헤르미아 등장.

오베론 이리 바싹 다가서라. 내가 말한 아테네 청년이다.

퍽 여자는 그 여자지만 남자는 다른데요.

데메트리우스 오, 당신을 이처럼 사랑하는 사람을 왜 비난하오? 그렇게 독한 말은 밉살스런 원수에게나 해요.

헤르미아 오늘은 단지 입으로만 욕을 하지만, 이보다 더 하게 될지도 몰라요. 글쎄, 당신은 나한테 저주받을 만한 짓을 했잖아요. 잠자고 있는 리산드로스를 당신이 죽였지요. 어차피 시작한 일이니 내친김에 피 속에 철썩 뛰어들어가서 나까지 죽여버려요. 해님이 낮에게 아무리 충실해도 나에 대한 그이의 정만큼은 못해요. 그런 사람이 잠든 이 헤르미아를 두고 살그머니 달아날 리가 있겠어요? 그걸 믿을 바엔 차라리 단단한 대지에 구멍이 뚫려서 달님이 그 구멍을 통해 지구 저쪽으로 튀어나오고, 낮을 지배하는 그곳

연극 〈한여름 밤의 꿈〉 션 패트릭 드 저지(오베론 역)의 연기. 스트랫퍼드 로열셰익스피어 극단 공연. 2008.
그는 마법을 써서 소란을 일으킨다.

의 오라버니 해님을 노하게 한다는 이야기를 믿겠어요. 틀림없이 당신이 그이를 죽였을 거예요. 당신 얼굴을 보니 살인자의 얼굴빛이에요. 무섭게 험상스런 저 얼굴빛.

데메트리우스 죽음을 당한 사람의 얼굴빛이 그럴 거요. 내 얼굴빛도 그럴 거요. 당신의 냉혹한 처사에 마음을 난도질당한 나니까 말이오. 하지만 그렇게 사람을 죽인 당신의 얼굴빛은 저 하늘에 떠 있는 샛별처럼 맑게 빛나는구려.

헤르미아 그게 리산드로스와 무슨 관계가 있어요? 그이는 어디 있어요? 아, 데메트리우스, 그이를 내게 돌려줘요.

데메트리우스 그러느니 차라리 그 녀석 시체를 개에게 던져주겠소.

헤르미아 오, 개 같은, 짐승 같은 사람! 당신이 나로 하여금 처녀다운 예의까지 잃게 만든 거예요. 역시 당신이 그이를 죽였군요. 아, 나를 위해서 한 번만 더 진실을 말해 봐요, 네! 낮에는 그의 얼굴을 똑바로 볼 수 없으니까 잠든 사람을 죽였나요? 참으로 용감하시군요! 뱀이나 독사도 무색할 지경이군요. 그래요, 그이를 죽인 건 독사예요. 당신이라는 독사예요. 어떤 독사라도 거짓말하는 당신의 혀보다는 지독하지 않을 거예요.

데메트리우스 얼토당토않게 괜히 화를 내는군요. 난 리산드로스의 피를 흘리지 않았소. 아니, 내가 아는 한은 그는 죽지 않았소.

헤르미아 그렇다면 그가 무사하다고 말해 봐요.

데메트리우스 그렇게 말한다면, 그 대가로 뭘 주겠소?

헤르미아 다시는 날 보지 않을 특권을 줄게요. 그리고 밉살스런 당신 앞에서 떠나겠어요. 이제 내 앞에 나타나지 말아요. 그이가 죽었든 살았든. (퇴장)

데메트리우스 저렇게 화가 나서 서슬이 퍼런 여자를 따라가 봤자 소용없겠지. 그렇다면 여기에 이대로 잠깐 있자. 슬픔의 무거운 짐이 갈수록 더 가슴을 짓누르는구나. 잠은 부족한 데다가 슬픔의 짐을 옮겨주는 사람도 없으니 말이다. 이제 누워서 잠이나 청해 보면, 조금은 메워지겠지. (눕는다)

오베론 (퍽에게) 이게 웬일이냐? 이건 큰 실수다. 넌 진짜 애인 눈꺼풀에 사랑의 즙을 발랐었구나. 네 실수로 불성실한 애인을 진실하게 돌리기는커녕, 진실한 애인까지 들뜨게 돼버렸구나.

퍽 이제는 운명의 여신에게 맡겨야죠. 이렇게 되면 진실을 지키는 자는 오직 한 명뿐이고, 백만 명은 맹세를 깨뜨리는 거짓말쟁이입니다.

오베론 어서 바람보다 더 빨리 숲속을 뒤져서 헬레나라는 아테네 처녀를 찾아내라. 상사병에 걸리다시피 되어 얼굴은 파리하고, 사랑의 탄식에 소중한 젊은 피까지 말리고 있다. 무슨 환상이라도 보여서 그 여잘 이리 데려오너라. 그 여자가 올 때까지 난 이 청년의 눈에 마법을 걸어놓겠다.

퍽 갑니다, 가요. 알았습니다. 타타르인의 화살보다 더 빨리 다녀오겠습니다. (퇴장)

오베론 (자고 있는 데메트리우스를 들여다보며) 자, 큐피드 화살에 맞은 보랏빛 꽃의 즙이다. 자, 이 사람의 눈동자 속에 들어가라! 깨어나서 보면 눈에 비치는 여자의 얼굴은 하늘의 샛별같이 찬란하게 빛나리라! 눈을 뜰 때 여자가 옆에 있으면, 사랑의 갈증을 애걸하게 되리라.

퍽 다시 등장.

새벽부터 도망가는 퍽 데이비드 스콧. 1837.

퍽 우리 요정 나라의 대장님, 지금 헬레나가 오는 중입니다. 제가 실수를 한
청년도 함께 오면서 애인의 권리를 애걸하는 중입니다. 그들의 바보 같은 어
릿광대짓을 구경이나 하실까요? 아, 인간들은 참으로 멍청해요!

오베론 물러서 있어. 그것들의 부산한 소리에 데메트리우스가 잠을 깨었다.

퍽 그러면 두 사람이 동시에 한 여자에게 애걸하게 되겠네요. 그것만으로도
재미가 넘칠 거예요. 일이 뒤죽박죽되는 게 가장 보기 좋거든요.

리산드로스와 헬레나 등장.

리산드로스 어째서 조롱삼아 애걸한다고 생각하오? 경멸과 비웃음으로는
눈물을 못 흘리는 법입니다. 자, 봐요. 난 맹세를 하면서 눈물을 흘리잖소.
이렇게 나오는 맹세엔 진실만이 있는 법이오. 이것이 어떻게 당신 눈엔 조롱
으로 보이오? 한마디 한마디에 진실의 낙인이 찍혀 있는데.

헬레나 조롱하는 솜씨가 여간 아니시군요. 하나의 진실이 다른 진실을 죽인
다면, 그야말로 마귀같이 성스러운 싸움이군요! 그런 맹세는 헤르미아의 것
이에요. 그런데 그 사람을 버린단 말이에요? 평형저울 양쪽 접시에 다 같이

맹세를 올려놓고 달아본다면 가지런히 되겠지만, 그건 거짓말과 같이 가벼 울 뿐이에요.

리산드로스 그 여자에게 맹세를 했을 땐 난 분별력이 없었소.

헬레나 그 맹세를 깨려고 하는 걸 보니 지금도 분별력이 없군요.

리산드로스 그 여자는 데메트리우스가 사랑하고 있소. 그리고 그 사람은 당 신을 사랑하지 않소.

데메트리우스 (눈을 뜬다) 오 헬레나, 여신, 거룩하고 완전무결한 님프여! 아, 당신 눈을 무엇에 비교할까? 수정도 너무 흐려. 오, 무르익은 그 입술, 달콤 한 두 개의 앵두같이 점점 더 사람 마음을 홀리는군! 저 토로스 산꼭대기 에서 불어오는 샛바람에 얼어붙은 흰 눈도, 당신이 손을 들어 보이자마자 까마귀 빛깔이 되어버려. 오, 숭고할 만큼 하얀 당신 손에 행복의 표시로 키스를 하게 해줘!

헬레나 아! 아, 망측해라! 당신들 둘이 공모해서 날 놀림감으로 삼는군요! 체 면을 아는 사람들이라면, 이렇게까지 나를 바보 대하듯 하지는 않을 거예 요. 미워하다 모자라서 둘이 한통속이 되어서는 나를 조롱해야 속이 시원 해지겠어요? 나도 다 알아요. 당신들이 겉모습처럼 진짜 남자라면, 순진한 여자를 이렇게 대하진 않을 거예요. 당신들은 분명히 진심으로 날 미워하고 있으면서, 사랑의 맹세니 선서니 하면서 나를 한껏 치켜세우는군요. 당신들 은 서로 연애의 경쟁자며 헤르미아의 사랑을 얻고자 경쟁하고 있으면서도, 이제는 이 헬레나를 두고 조롱하는 경쟁을 하는군요. 참 장하고 대장부다 운 일입니다. 실컷 놀려서 이 가엾은 처녀의 눈에 눈물을 짜내놓다니! 점잖 은 사람들이라면, 도저히 이렇게 하지는 않을 거예요. 이렇게 처녀를 놀려먹 고, 끝내 약한 마음의 분통을 터뜨려 놓다니, 그것도 순전히 당신들 심심풀 이로 말예요.

리산드로스 데메트리우스, 모질게 굴지 말게. 자넨 헤르미아를 사랑하고 있 잖나. 그걸 내가 알고 있다는 것을 자네도 알잖나. 그러니 여기서 난 진심으 로 기꺼이 헤르미아에 대한 사랑을 자네에게 양보하겠네. 대신 자네는 헬레 나에 대한 사랑을 내게 양보하게. 난 헬레나를 사랑하고 있을 뿐만 아니라 죽는 날까지 사랑하겠네.

헬레나 멀쩡한 사람 바보 만드는 것도 정도껏 하라고요.

데메트리우스 여보게 리산드로스, 헤르미아는 자네가 맡게, 내겐 필요없으니까. 예전엔 사랑했지만 이젠 그 사랑도 다 사라졌어. 그 여자에 대한 내 마음은 잠시 들러가는 길손밖에 안 되고 이제는 헬레나라는 고향에 돌아왔으니 거기에 머물 생각이네.

리산드로스 헬레나, 저건 거짓말이오.

데메트리우스 알지도 못하면서 남의 진심을 함부로 모욕하지 마라. 그러다간 혼날 테니. 보게, 자네 애인이 저기 오네. 저 여자가 자네 애인일세.

헤르미아 등장.

헤르미아 캄캄한 밤이 눈에서 보는 능력을 빼앗아 가니 귀만 더욱더 예민해지는군. 사물을 보는 감각이 둔해져서, 소리를 듣는 감각이 곱절로 되는 모양이구나. 아, 리산드로스, 이 눈이 당신을 찾아낸 것이 아니라 고맙게도 당신 목소리를 들은 이 귀가 나를 이리로 오게 한 것이에요. 하지만 왜 나를 혼자 두고 가버렸어요?

리산드로스 (등을 돌리면서) 사랑이 떠나라고 채찍질하는데 가만히 있을 까닭이 없지.

헤르미아 누가 리산드로스에게 내 곁에서 떠나라고 압력을 넣을 수 있다는 거예요?

리산드로스 내 마음을 몰아세우는 연인이란 바로 아름다운 헬레나야! 저 하늘의 반짝이는 별들보다 더 아름답게 빛나는 이 여인 때문이지. 한데 당신은 당신이 싫어져서 달아난 나를 왜 찾아다니는 거요?

헤르미아 마음에도 없는 말을 하는군요. 절대로 그럴 리가 없어요.

헬레나 아! 이 애도 한통속이군! 이제 나도 알았지만, 세 사람이 서로 짜서 이런 못된 장난을 꾸며 날 곯려주자는 것이군요. 너무하는구나, 헤르미아. 인정머리 없는 애 같으니, 너도 한패지? 저 사람들과 공모해서 날 이렇게 놀림거리로 삼고 괴롭히자는 속셈이지? 너와 둘이서만 한 이야기와 언니 동생의 맹세, 함께 보낸 나날, 금방 시간이 흘러가서 우리가 헤어져야만 하는 것을 아깝게 생각했던 시간—아, 너는 그걸 모두 잊었니? 그리고 학교 시절의 우정도, 어린 시절의 천진난만함도 잊어버렸니? 헤르미아, 우린 같이 수

놓는 두 여신같이 두 개의 바늘로 하나의 꽃을 수놓았잖아. 하나의 방석에 같이 앉아, 둘이 같은 노래를 같은 곡조로 부르면서 말이야. 우리의 손발과 몸뚱이, 목소리와 마음이 하나로 섞여버린 것 같았잖니. 우린 그렇게 함께 자랐잖아. 보기엔 따로따로인 것 같아도 근본은 붙어 있는 두 개의 아름다운 열매가 하나의 대에 달려 있는 쌍둥이 앵두같이. 그러니 몸뚱이는 두 개라도 마음은 하나, 결혼하면 부부의 집안이 합쳐져서 하나가 되듯이 두 몸뚱이는 하나의 마음에 지배받았지 않았니? 그런데 넌 그토록 오래 묵은 우정을 깨뜨리고, 남자들과 어울려서 이 가엾은 친구를 조롱하자는 거니? 그건 친구답지도, 처녀답지도 않은 짓이야. 나만 아니라 모든 여성들이 너의 그런 수작을 비난할 거야. 하긴 해를 입은 사람은 나 혼자이지만.

헤르미아 기가 막혀, 그렇게 성내는 말이 어디 있어? 나는 너를 조롱하지 않아. 도리어 네가 나를 조롱하는 것 같구나.

헬레나 리산드로스를 시켜 내 뒤를 쫓게 하고 내 눈과 얼굴을 칭찬하게 한 사람이 너잖아? 그리고 또 하나의 애인 데메트리우스까지도, 조금 전만 해도 날 발길로 찼으면서 이제는 여신이니, 님프니, 심지어는 신성하고 귀하고 보배 같고 천사 같다는 등 칭찬하게 한 것도 다 너지? 그렇지 않다면 미워하는 여자에게 그이가 왜 그런 말을 하겠니? 리산드로스도 마찬가지야. 그렇게까지 진심으로 너를 사랑한다는 그가 네 사랑을 거절하고 어떻게 나를 사랑한다는 말을 할 수 있는 거야? 네가 시키고 네가 허락했으니 그러는 거지. 넌 남자들의 사랑을 받는 무척 행복한 여자이고 나는 너처럼 행복하질 못하고 비참하게도 남을 연모만 하는 쪽이지만 그렇다고 어쨌단 말이니? 넌 이걸 오히려 동정해야지 경멸해서는 안 되잖아.

헤르미아 네가 무슨 말을 하는지 난 모르겠어.

헬레나 잘들 하는군! 그렇게 시치미를 떼고는 내가 뒤돌아서면 입을 씰룩하고, 서로 눈짓을 하면서 재미나게 조롱을 계속해요. 이 장난은 잘되면 나중에 이야깃거리가 될 테죠. 만일 조금이라도 인정이나 호의나 분별이 있는 사람들이라면 나를 이렇게 장난거리로 삼진 않을 거예요. 그럼 잘들 있어요. 내게도 실수는 있으니, 죽든가 만나지 않든가 하면 그것도 저절로 잊힐 날이 오겠죠.

리산드로스 잠깐만, 헬레나, 내 이야길 좀 들어봐요. 내 사랑, 내 생명, 내 영혼인 아름다운 헬레나!

헬레나 말은 그럴듯하네.

헤르미아 리산드로스, 헬레나를 그렇게 조롱하지 말아요.

데메트리우스 헤르미아의 말을 못 듣겠다면 내가 폭력을 써서라도 듣게 하지.

리산드로스 자네 폭력쯤은 헤르미아의 말보다도 못하네. 자네의 위협도 헤르미아의 힘없는 기도나 마찬가지야. 이봐, 헬레나, 당신을 사랑하오. 내 목숨을 걸고 사랑하오! 당신을 위해서라면 당장이라도 버릴 수 있는 이 목숨에 걸고 맹세하지만, 내가 당신을 사랑하지 않는다고 말하는 녀석이 있다면 그 녀석의 낯가죽을 벗겨놓고 말겠소.

데메트리우스 단언하지만 저 사람보다는 내가 더 당신을 사랑해.

리산드로스 정 그렇다면 저리 가서 칼로 그걸 증명해 봐.

데메트리우스 그럼 가자!

헤르미아 리산드로스, 도대체 어떻게 된 일이에요?

리산드로스 비켜, 이 깜둥이 계집 같으니!

헤르미아 가면 안 돼요. 가면 죽어요!

데메트리우스 아냐, 아냐. 이자는 괜히 이러는 거야! 얼마든지 따라오는 시늉을 해보렴. 하지만 실제로는 따라오지 못할걸. 너 같은 쓸개 없는 녀석이, 어디!

리산드로스 (헤르미아에게) 봐, 이 고양이 같은 것아. 놓으라니까. 안 놓으면 뱀처럼 내동댕이치고 말 테다.

헤르미아 왜 이렇게 난폭해졌어요? 왜 이렇게 변했나요, 나의 리산드로스?

리산드로스 나의 리산드로스라고? 저리 비켜, 깜둥이 계집 같으니! 비켜, 보기 싫은 독약 같은 것! 속이 뒤집어질 것 같다. 저리 가버리라니까!

헤르미아 그거 농담이죠?

헬레나 아무렴, 농담이지 않고. 너도 농담이고.

리산드로스 데메트리우스, 대장부의 약속을 지키겠다. 자, 가자.

데메트리우스 너의 진짜 보증이 있어야지. 그러나 보아하니 여자의 손이 널 붙들고 있구나. 난 빈말만 가지곤 믿지 못하겠다.

리산드로스 아니, 그럼 헤르미아를 쳐 죽이란 말이냐? 밉긴 하지만 그렇게까진 못하겠다.

헤르미아　아니, 밉다고요? 그보다 더한 모욕이 어디 있어요? 내가 밉다고요? 왜요? 아! 그게 무슨 말이죠? 나는 헤르미아, 당신은 리산드로스가 아닌가요? 나는 지금도 예전과 다름없이 아름답잖아요? 어제저녁만 해도 당신은 나를 사랑하셨는데 밤중에 나를 버리셨군요. 아, 정말 나를 버리셨나요? 아, 분해라!

리산드로스　아무렴, 내 목숨에 걸고 단언하지! 이제 다신 만나고 싶지 않아졌어. 그러니 희망은 버리고, 의심이나 의혹을 품지 마. 이건 정말 진실한 이야기야. 농담이 아니야. 나는 당신이 싫어졌어. 오늘 나는 헬레나를 사랑하고 있어.

헤르미아　(헬레나에게) 아, 이 사기꾼 좀 봐, 꽃벌레 같은 것 좀 보게! 아니, 넌 밤에 와서 내가 사랑하는 애인의 마음을 몰래 도둑질해 갔구나?

헬레나　잘한다, 잘해! 넌 예의도 처녀의 부끄러움도 없고 낯을 붉힐 줄도 모르는 거니? 내 점잖은 입에서 끝내 험한 말이 나와야만 되겠니? 그러면 누가 말 못 할 줄 알고? 이 거짓말쟁이, 사기꾼, 꼭두각시 같은 것아!

헤르미아　꼭두각시라고? 어머, 기가 막혀! 음, 그걸 말하고 싶었구나. 이제 나도 알았어. 내 키와 비교해서 제 키를 자랑하고 싶었군. 후리후리한 풍채, 그리고 키를 미끼로 저이의 맘을 호렸군. 그리고 내가 땅딸막하다고 해서 저이의 칭찬에 더욱더 으쓱해졌군? 그래, 내 키가 얼마나 작단 말이냐? 알록달록 색칠한 장대 같은 계집애야? 말해 봐! 내 키가 얼마나 작은데? 내 키가 아무리 작기로서니 내 손톱이 네 눈을 못 후벼낼 정도는 아니다.

헬레나　(리산드로스와 데메트리우스에게) 나를 조롱해도 좋지만, 이 애가 내게 손을 대지 못하게 말려주세요. 난 성질이 사납지 않아요. 심한 짓은 도저히 못 해요. 나는 정말 겁 많은 처녀예요. 나를 때리지 못하게 해줘요. 이 애가 나보다 좀 키가 작으니, 내가 이 아이를 당해 낼 수 있을 것으로 생각하실지 모르지만.

헤르미아　키가 작다고! 저것 봐, 또 키 타령이군.

헬레나　헤르미아, 내게 그렇게 심하게 굴지 마. 나는 늘 너를 사랑하고, 언제나 네 비밀을 지켜왔어. 한 번도 네게 잘못한 일은 없어. 다만 나는 데메트리우스를 사랑하는 나머지, 그이에게 이 숲으로 네가 몰래 달아난다는 이

영화 〈한여름 밤의 꿈〉 막스 라인하르트 연출, 장난꾸러기 퍽으로 연기하는 14세의 미키 루니 출연. 1935.
영화 속에서 퍽이 자유자재로 날아다닌다.

야기를 귀띔했을 뿐이야. 그래서 그이가 널 쫓아온 거고, 나는 연정에 못 이겨 그이를 쫓아온 거야. 하지만 그인 나에게 욕을 하며 가라고 했어. 나를 치겠다느니, 차겠다느니, 아니 심지어는 죽이겠다고까지 위협했어. 그러니 내가 조용히 떠날 수 있도록 내버려 둬. 그러면 나는 내 어리석음을 되새기면서 아테네로 돌아가고, 더는 쫓아다니지 않을 테야. 가게 놔줘, 보다시피 난 이렇게 어리석은 바보니까.

헤르미아 가고 싶으면 가! 누가 널 막을 줄 아니?

헬레나 그래도 미련이 남는구나.

헤르미아 아직도 리산드로스에게 미련이 남는다는 거니?

헬레나 아냐, 데메트리우스에 대한 미련이야.

리산드로스 헬레나, 무서워할 건 없소. 헤르미아가 당신을 해치지는 못할 테니까 말이오.

데메트리우스 그야 물론이지, 네가 헤르미아 편을 들더라도 안될 말이지.

헬레나 아, 저 애는 화가 나면 지독하게 악착스러워져요. 학교 다닐 때 저 애는 심술쟁이였어요. 키는 작아도 사나워요.

헤르미아 또 키가 작다고? 키가 작다, 키가 낮다 소리 아니면 할 말이 없나 봐. (리산드로스에게) 저 애가 나를 이렇게 모욕하는데, 당신은 가만히 보고만 있을 거예요? 그럼 나도 가겠어요.

리산드로스 가버려, 난쟁이 같으니! 꼬마 같으니, 키가 작아지는 풀을 달여 먹었나! 묵주 구슬, 도토리 같은 것.

데메트리우스 너무 까불지 마. 그래 봤자 헬레나는 도리어 너를 경멸한다. 헬레나를 가만히 놔둬. 헬레나 이름도 입에 담지 마. 헬레나의 편을 들지 마라. (칼을 뺀다) 만일 헬레나에게 조금이라도 그따위 애정 표시를 할 것 같으면 가만두진 않을 테다.

리산드로스 (칼을 뺀다) 봐라, 이제는 아무도 막을 자가 없다. 자, 용기가 있거든 따라오너라. 너와 나 둘 중에 누가 헬레나를 차지할 권리를 갖는가, 이 승부로 정하자.

데메트리우스 따라오라고? 그따위 소리 마라. 너와 나란히 갈 테다. (리산드로스와 함께 퇴장)

헤르미아 애, 이 소동은 모두 너 때문이야. 달아나지 말고 거기 있어.

헬레나 나는 너를 믿지 않겠어. 이젠 네 욕을 그만 듣고 있겠어. 싸움이라면 네 손이 더 날쌔겠지만 다리는 내가 더 기니, 냉큼 달아나겠어. (퇴장)

헤르미아 어이가 없어 말도 나오지 않네. (퇴장)

오베론 (앞으로 나오며) 이것도 네 잘못 때문이로구나. 너는 여전히 실수 아니면 고의로 장난을 저지르는구나.

퍽 아닙니다. 오베론 임금님, 이건 실수입니다. 아테네 옷으로 그 사내를 알 수 있다고 말씀하시지 않았습니까? 여기까지는 제가 한 일이 실수가 아니죠. 확실히 전 아테네인의 눈에 약즙을 발랐으니까요. 그리고 이렇게 되고 보니 도리어 좋잖습니까? 글쎄 저자들의 다툼이 썩 좋은 심심풀이가 된 셈이거든요.

오베론 너도 보았다시피 저자들이 결투할 장소를 찾고 있구나. 그러니 얼른 가서 밤의 장막을 둘러치고, 별들이 반짝이는 하늘을 지옥의 아케론에 내리덮여 있는 시커먼 안개로 지금 당장 덮어라. 그리고 화가 난 저 두 적수가 길을 잃게 하고, 서로 만나지 않게 해야 한다. 어떤 때는 리산드로스의 목소리로 지독하게 욕을 해서 데메트리우스를 화나게 하고, 어떤 때는 데메트리우스인 것처럼 상대를 욕해 주란 말이다. 그렇게 두 사람을 떼어놓으면 마침내는 죽음 같은 잠이 납덩이 같은 다리와 박쥐 같은 날개를 가지고 그자들 눈꺼풀 위에 살그머니 깃들게 된다. (퍽에게 다른 꽃을 준다) 그때 이 꽃의 즙을 리산드로스 눈 속에 짜 넣으란 말이다. 이 약즙은 굉장한 효험을 가지고 있으니, 바로 눈의 착각은 씻기고 정상적인 눈으로 돌아갈 것이며, 눈을 뜨고 보면 이 어리석은 소동은 모두 허무맹랑한 꿈같이 여겨질 것이다. 그리고 두 쌍의 연인은 사이좋게 아테네로 돌아갈 것이며, 그들 사이의 우정은 죽을 때까지 변하지 않을 것이다. 이 일은 네게 맡기고, 난 티타니아 여왕을 찾아가서 인도 소년을 달라고 해야겠다. 이 일이 잘되면 마술에 걸려 있는 여왕의 눈을 괴물의 세계에서 해방시켜 주고, 결국 모든 일은 원만히 끝나게 될 거야.

퍽 요정의 임금님, 이건 얼른 해야겠습니다. 밤의 여신을 실은 수레가 구름을 뚫고 저렇게 빨리 가고 있으니까요. 그리고 저기 하늘에 새벽의 여신 오로라가 번쩍이잖습니까. 저것이 얼씬대면 여기저기를 헤매어 다니는 유령들은 무덤으로 돌아가고, 네거리나 물속에 파묻힌 온갖 잡신도 구더기 끓는 잠자리로 물러갑니다. 그것들은 자기들 창피를 대낮에 드러내 놓기가 두려워서 일부러 빛을 피해, 검은 낯짝을 한 밤과 언제나 같이 있어야만 하니까요.

오베론 그러나 우리는 종류가 다른 정령들이야. 나는 이따금 아침의 연인인 새벽의 여신들과 흥겹게 지내본 일도 있고, 산지기처럼 숲속을 걸어 다닌 일도 있지. 그때 보니 온통 빨갛게 불타는 듯한 동녘 문에서 아름다운 축복의 햇살이 쏟아져 나와 바다 위에 비쳐들자 초록빛 바닷물이 황금빛으로 변하더구나. 그건 그렇고 아무튼 지금은 서둘러야겠다. 꾸물대고 있을 때가 아니다. 날이 밝기 전에 빨리 일을 끝내야 하니까. (퇴장)

퍽 (안개가 끼기 시작한다) 요리조리 내 맘대로 그자들을 끌고 다녀야지. 들에서나 마을에서나 나라면 다들 무서워하지. 자, 그자들을 끌고 다녀야지. 한 놈이 오는구나.

리산드로스 다시 등장.

리산드로스 야, 건방진 데메트리우스, 어디 있느냐? 어서 말해.

퍽 여기 있다. 악당아! 칼을 빼들고 기다리고 있다. 너야말로 어디 있냐?

리산드로스 좋다, 곧 가마.

퍽 좋다, 따라오너라. 좀더 평지로 가자. (리산드로스, 퍽의 목소리를 따라가듯이 퇴장)

데메트리우스 다시 등장.

데메트리우스 리산드로스, 대답을 해봐! 이 비겁한 도망자야, 그래 도망쳤느냐? 말을 해봐라! 덤불 속으로 도망쳤나? 어디에 머리를 처박았느냐?

퍽 비겁한 놈 같으니, 그래 별을 보고 큰소리치고 덤불을 상대로 싸울 테냐, 내게는 감히 덤비지를 못하고? 비굴한 놈 같으니! 애송이 같으니! 너 같은 것은 회초리로 충분하고, 칼까지 쓸 것도 없다. 칼이 더러워지니 말이다.

데메트리우스 알았다, 그 자리에 꼼짝 말고 있어라.

퍽 내 말소리 나는 쪽으로 따라와. 여기선 실컷 싸울 수가 없으니까. (데메트

리우스와 함께 퇴장)

리산드로스 다시 등장.

리산드로스 그 녀석은 늘 나를 앞질러 가서 도전을 하지만 소리 나는 곳으로 가보면 벌써 없어졌어. 그 악당 녀석은 나보다 훨씬 빠르고 가벼운가 보다. 나도 꽤 빨리 쫓아가는데, 그 녀석은 더 빨리 달아나거든. 그래서 결국 캄캄하고 울퉁불퉁한 곳에 오고 말았군. 아무튼 여기서 좀 쉬자꾸나. (둑 위에 눕는다) 자, 친절한 아침아, 어서 밝아라. 날이 새어 희미한 새벽빛이 비쳐준다면 나는 데메트리우스를 찾아내서 원수를 갚아줄 테다. (잠이 든다)

퍽과 데메트리우스 다시 등장.

퍽 하하! 요 겁쟁이야, 왜 따라오지 않느냐?

데메트리우스 용기가 있다면 거기 서 있어. 그래 누가 모를까 보냐? 너는 내 앞을 요리조리 피해만 달아나고 당당히 맞서볼 생각은 없구나. 지금은 어디 있냐?

퍽 이리 와. 나는 여기 있다.

데메트리우스 뭐, 나를 조롱하는 거냐? 날만 밝으면 톡톡히 대가를 치르게 하고 말겠다. 그때까지 두고 보자. 아이고 힘들어, 이젠 할 수 없군. 이 차디찬 땅 위에 누워나 볼까. 날이 새면 붙잡아서 혼을 내줄 테니 그렇게 알아. (누워서 잠이 든다)

헬레나 다시 등장.

헬레나 오, 갑갑한 밤, 길고 지루한 밤아, 어서 지나가라! 햇살이 동쪽 하늘에서 위안을 보내면, 나는 환한 낮에 아테네로 돌아갈 수 있을 거야. 그리고 저 무정한 사람들을 피할 수 있을 테지. 슬플 때에 눈을 감겨주는 잠아, 살그머니 찾아와서 잠시 내 마음을 잊게 해주렴. (누워서 잠이 든다)

퍽 아직도 셋인가? 한 명만 더 오면, 남녀가 두 명씩 넷이 되는구나. 화가 나서 비참한 꼴로 저기 오는구나. 큐피드는 과연 장난꾸러기거든. 약한 여자 마음을 저렇게까지 미치게 만들어 놓다니.

헤르미아 다시 등장.

헤르미아 이렇게 답답하고 이렇게 슬퍼본 적은 처음이다. 이슬에 젖고, 가시에 찢기고, 이제 더 걸어갈 수도 없군. 다리가 말을 안 들으니 날이 샐 때까지 이곳에서 쉬었다 갈 수밖에. 기어코 결투라도 벌어지는 날이면 하느님, 리산드로스를 보호해 주소서! (누워서 잠이 든다)

퍽 땅 위에서 곤히들 자라. 연인아, 네 눈에 약즙을 발라놓겠다. (리산드로스 눈에 약즙을 짜 넣는다) 눈을 뜨면, 예전에 사랑했던 여자의 눈을 보고 다시 홀딱 반하게 된다. 속담에서 말하듯 한 남자에 한 여자씩, 잠이 깨면 알게 될 거야. 잭은 질을, 그리고 손톱만 한 흠도 없으리라. 총각은 자기 처녀를 다시 찾고, 모든 일은 원만한 끝을 보게 되리라. (퇴장. 안개가 걷힌다)

〔제4막 제1장〕

숲속.
리산드로스, 데메트리우스, 헬레나, 헤르미아가 잠들어 있다. 요정들의 여왕인 티타니아와 당나귀 대가리 가면을 쓴 보텀, 그리고 티타니아의 시중을 드는 콩꽃, 거미집, 나방, 겨자씨 등의 여러 요정들이 등장. 오베론 임금은 그들 뒤에서 눈에 띄지 않게 무대 위에 등장.

티타니아 자, 이 꽃밭에 앉으세요. 당신의 사랑스러운 뺨을 만져드리고, 반들반들한 머리에 사향장미를 꽂아드릴게요. 그리고 나의 친절한 당신, 그 커다란 예쁜 귀에 키스해 줄게요.

보텀 콩꽃은 어디 있니?

콩꽃 예, 여기 있습니다.

보텀 내 머리를 좀 긁어다오. 그런데 거미집은 어디 있니?

〈한여름 밤의 꿈〉 4막 1장   헨리 푸젤리. 1796.

거미집   예, 여기 있습니다.

보텀   이봐, 거미집, 자네 손에 무기를 들고 가서 엉겅퀴꽃 꼭대기에 앉아 있
는 꽁무니가 빨간 꿀벌을 죽이고, 꿀주머니를 가져다주게. 서두르지 말고
꿀주머니를 깨뜨리지 않게 조심해야 되네. 자네가 꿀주머니로 떠밀려 가는
날이면 큰일 나니까. 그런데 겨자씨는 어디 있나?

겨자씨   예, 여기 있습니다.

보텀   이봐 겨자씨, 자네 손을 이리 주게. 인사는 그만두게.

겨자씨   무엇을 원하십니까?

보텀   뭐 별것 아니다. 콩꽃을 도와 내 머리를 좀 긁어주게. 이발을 하러 가봐
야겠는걸. 내 얼굴 근처에 털이 굉장히 많이 나 있는 것 같군. 이래 봬도 나
는 여간 민감한 나귀가 아니라서, 털 하나만 간질여도 긁지 않고는 못 배긴
다니까.

티타니아   저, 음악을 좀 들으시겠어요, 네?

보텀   나는 음악을 썩 잘 이해하지. 자, 부젓가락과 뼈다귀를 연주해 주게.

티타니아 그리고 드시고 싶은 게 뭔지 말씀하세요, 네?

보텀 여물이나 많이 주시오. 썩 좋은 마른 여물을 우물우물 씹어보고 싶구려. 그리고 마른풀이 한 다발 있어야 할 것 같소. 품질 좋은 마른풀, 달짝지근한 마른풀보다 더 좋은 것은 세상에 없거든.

티타니아 제겐 아주 용감한 요정이 있는데, 그 녀석을 시켜 다람쥐 곡간을 뒤져서 햇호두를 가져오라고 할까요?

보텀 그것보다는 두어 주먹의 마른 콩이 먹고 싶군. 그건 그렇고 부탁이 있소. 아무도 얼씬대지 못하게 좀 해주오. 슬며시 잠이 오는군.

티타니아 내 팔에 안겨서 포근히 주무세요. 요정들아, 물러가서 저마다 일들 봐라. (요정들 퇴장) 담쟁이덩굴은 달콤한 인동덩굴을 부드럽게 꼬아 감듯이, 여자는 담쟁이덩굴이 되어 느릅나무의 건장한 가지를 이렇게 휘감겠지. 아, 사랑스러워라! 정말 미쳐버릴 것 같네! (둘 다 잠이 든다)

퍽 등장.

오베론 (앞으로 나와서) 오, 로빈이냐, 마침 잘 돌아왔다. 이 멋들어진 광경 좀 봐라. 어떠냐, 사랑에 넋이 빠진 티타니아가 이젠 가엾게까지 여겨지는구나. 방금도 숲 뒤에서 만났지만, 이 밉살스런 바보에게 줄 선물로 꽃을 찾고 있는 걸 보고 싫은 소리를 해서 사이가 틀어지고 말았다. 그땐 벌써 티타니아는 싱싱한 향기를 풍기는 화환을 저 바보 녀석의 관자놀이에 감아 놓고 있었으니 말이다. 그리고 저 이슬을 좀 봐라. 큼지막한 동양의 진주 모양으로 한때는 꽃망울 위에 오뚝 부풀어 있던 것이, 이제는 제 신세를 슬퍼하는 눈물처럼 가련한 작은 꽃들 눈 속에 서려 있잖니. 내가 실컷 욕을 해줬더니 여왕이 좋은 말로 참으라고 애걸하기에, 냉큼 인도 아이를 달라고 했지. 여왕은 그 자리에서 허락하고 요정을 시켜 요정 나라에 있는 내 정자로 그 아이를 보내왔더라. 그 아이를 얻었으니, 이제 이 보기 흉한 여왕의 망령은 풀어줘야겠어. 그리고 퍽아, 이 아테네 녀석 머리에서 귀신 같은 대가리를 벗겨줘라. 나중에 잠에서 깨면 모두 함께 아테네로 돌아갈 수 있을 테고, 오늘 밤 일이 무서운 꿈처럼 생각될 것이다. 그런데 먼저 티타니아부터 마력을 풀어줘야겠다. 이전과 같은 눈으로 봐라. (약즙을 티타니아의 눈에 발라준

연극 〈한여름 밤의 꿈〉 그네 타며 곡예 연기를 하는 아르차나 라마스와미(티타니아 역). 런던 라운드하우스. 2007.
1970년 피터 브룩이 연출한 공연의 영향을 받아 그 뒤 창의적이고 흥미로운 무대 연출을 많이 쓰게 되었다.

다) 순결한 디아나의 꽃망울은 큐피드의 화살보다 훨씬 더 많은 효험과 축복을 가졌느니라. 자, 티타니아, 요정의 여왕이여, 이제 눈을 떠.

티타니아 오베론 임금님, 묘한 꿈을 꾸었어요! 글쎄, 당나귀한테 반했었나 봐요.

오베론 저기 누워 있는 것이 당신 애인이오.

티타니아 어떻게 이런 일이 다? 아, 꼴만 봐도 구역질이 나는 저 낯짝!

오베론 쉿! 로빈아, 저 머리빡을 벗겨줘라. 이봐요, 티타니아, 음악을 연주하게 일러주오. 이 다섯 남녀가 죽은 듯이 곤히 잠들도록 말이야.

티타니아 자, 음악을 시작해라, 음악을! 곤히 잠이 오게 하는 음악을! (조용한 음악 소리)

퍽 잠이 깨거든, 그 타고난 바보 눈으로 똑똑히 들여다봐. (보텀에게서 당나귀 머리빡을 벗겨준다)

오베론 어서 음악을 연주해라! 자, 티타니아, 우리 손을 맞잡고, 이 사람들이 잠든 땅을 요람처럼 흔들어 줍시다. 이제 당신과 나는 다시 화해가 됐소. 내일 밤엔 테세우스 공작 집에 가서 흥겹게 춤을 추고 공작 부부 자손들의 번영을 축복해 줍시다. 그리고 저 두 쌍의 진실한 연인도 테세우스 공작과 함께 즐거운 결혼식을 올리게 합시다.

퍽 요정의 임금님, 저것 좀 들어보세요. 아침의 종달새 노래가 들립니다.

오베론 그럼 티타니아, 우리는 엄숙히 밤의 그림자를 좇아 단숨에 지구를 빙돌아 하늘의 달보다 더 빨리 날아갑시다.

티타니아 자, 오베론 님, 함께 가는 길에 이야기해 주세요. 간밤에 내가 이곳에서 잠이 들었을 때 인간들한테 들키고 말았는데, 어떻게 그런 일이 일어났는지를요. (오베론, 퍽과 함께 퇴장)

뿔피리 소리와 함께 테세우스, 히폴리타, 아이게우스, 그 밖의 사람들 등장.

테세우스 누가 가서 산지기를 불러오너라. 이제 오월절 제사는 끝났다. 아직 새벽녘이니 히폴리타에게 사냥개의 음악 소리를 들려줘야겠다. 서쪽 계곡에 풀어놔라. 어서 해. 자, 누가 가서 산지기를 불러오라니까. (시종이 절을 하고 나간다) 한데 히폴리타, 우리는 산봉우리에 올라가서 개들의 짖는 소리가 메아리와 뒤섞여서 울리는 멋진 음악을 들읍시다.

히폴리타 나도 헤라클레스와 카드모스*⁴를 데리고 크레타섬의 숲에 가서 스파르타 사냥개를 풀어 멧돼지 사냥을 한 일이 있어요. 그렇게 용감히 짖는 소리는 처음 들어봤어요. 숲뿐 아니라 하늘과 샘도, 근처의 온갖 자연과 하나가 되어 하나의 공통된 울부짖음을 주고받는 것만 같았어요. 서로 잘 어울리지 못하는 소리가 그렇게도 음악적이고, 시끄러운 소리가 그렇게도 상쾌하게 들린 적은 생전 처음이었죠.

테세우스 내 사냥개도 스파르타종(種)이오. 입술은 축 처지고 빛깔은 갈색, 머리에 늘어진 두 귀는 아침 이슬을 쓸고 다니듯 굽고, 목주름은 테살리아 종의 황소같이 풍부하오. 빠르진 않지만, 짖는 소리는 가지각색의 종소리처럼 장단이 맞소. 뿔피리에 그만큼 장단을 맞추어 효과를 낼 수 있는 개 짖는 소리는 크레타, 스파르타, 테살리아 등에서도 들을 수 없을 거요. 직접 듣고 판단해 보시오. 아니, 가만있자! 여기 웬 님프들이요?

아이게우스 공작님, 여기 잠든 사람이 제 딸아이입니다. 이쪽은 리산드로스, 여긴 데메트리우스입니다. 그리고 이쪽이 헬레나, 네다 노인의 딸입니다. 이들이 어떻게 같이 있게 되었는지는 모르겠습니다.

테세우스 아마 오월제를 보러 일찍 일어났는가 보군. 사냥이 있다는 소문을 듣고 인사를 하러 왔었나 보군. 그런데 아이게우스, 오늘은 헤르미아가 신랑을 결정하는 날이 아닌가?

아이게우스 예, 그렇습니다.

테세우스 자, 사냥꾼들에게 뿔피리를 불어서 이자들을 깨우도록 일러라. (뿔피리 소리, 아우성 소리. 네 사람이 눈을 뜨고 일어선다) 이제들 일어나나? 새들이 짝을 찾는 성(聖) 발렌타인 축제는 벌써 지났는데, 이 숲의 새들은 이제야 겨우 짝을 찾기 시작한단 말이냐?

리산드로스 공작님, 용서해 주십시오. (네 사람이 공작 앞에 무릎을 꿇는다)

테세우스 괜찮다, 다들 일어서라. 너희들 두 사람은 확실히 원수일 텐데. 대체 어떻게 화해를 했느냐? 서로 앙심을 품고서도 상대를 조금도 의심치 않고 나란히 잠을 자다니?

---

*⁴ 그리스 신화에 나오는 영웅. 페니키아의 왕자로, 제우스에게 납치된 누이동생 에우로페를 찾아 전국을 헤매었으나 실패했다. 알파벳을 그리스에 전했으며, 테베를 건설했다고 한다.

리산드로스 공작님, 지금이 꿈결인지 깨어 있는지 어리둥절해서 대답을 잘 못하겠습니다. 아무튼 어떻게 이곳에 와 있는지, 사실은 알 수가 없습니다. 그러나 제 생각에는, 진실을 말씀드리고 싶은데 지금 형편으론 이게 사실인 듯합니다마는, 저는 헤르미아와 함께 왔지요. 저희들 생각은 아테네에서 달아나 아테네 법률의 위협이 없는 곳으로 가자는 것이었습니다.

아이게우스 (테세우스에게) 이만하면 충분합니다, 공작님. 더 이상 들어볼 필요도 없습니다. 제발 이자 머리 위에 법을 내려주십시오. 저것들이 도망을 치려고 한 것입니다. 이보게 데메트리우스, 저것들이 달아나서 나와 자네를 속일 생각이었네. 자네는 아내를, 나는 아버지의 권리, 글쎄 딸을 자네 아내로 내줄 아버지의 권리를 빼앗길 뻔했네그려.

데메트리우스 공작님, 실은 헬레나가 두 사람이 숲속으로 도망칠 계획이라는 걸 귀띔해 주었습니다. 그래서 저는 홧김에 이곳으로 뒤쫓아 왔고, 저를 사랑하는 헬레나도 이곳까지 쫓아왔습니다. 그러나 공작님, 무슨 마력 때문인지 확실히 무슨 힘에 따라서, 헤르미아에 대한 저의 사랑은 눈 녹듯이 가셔버리고, 지금은 어린 시절에 탐을 내던 보잘것없는 장난감처럼 한낱 추억밖에 아닌 것 같습니다. 이제는 오직 헬레나만이 저의 진정한 사랑이자 마음의 힘이며 눈을 즐기는 대상입니다. 헤르미아를 만나기 전에는 헬레나와 약혼을 한 사이였으나, 병이라도 걸린 것처럼 이 음식이 싫어진 것입니다. 하지만 건강을 되찾아 입맛이 돌아왔는지 그녀가 탐이 나고, 좋고, 갖고 싶어졌습니다. 이제는 죽을 때까지 그녀에게 충실하겠습니다.

테세우스 정다운 연인들이 운 좋게 여기서 만났구나. 이야기는 나중에 또 듣기로 하자. 여보게 아이게우스, 자네 청은 들어줄 수 없네. 이 두 쌍의 남녀는 앞으로 나랑 함께 신전에서 백년가약을 맺게 하겠어. 벌써 아침도 꽤 지났나 보구나. 사냥을 멈추고, 다들 아테네로 돌아가자! 신랑 셋과 신부 셋, 엄숙한 식을 올리고 피로연을 열기로 하자. 자 갑시다, 히폴리타. (히폴리타, 아이게우스, 그 밖의 사람들과 함께 퇴장)

데메트리우스 모든 일이 흐릿해서 분명치가 않은 것만 같군. 먼 산들이 구름 속에 희미해 보이는 것처럼.

헤르미아 글쎄 말예요. 나도 어리둥절해서 뭐가 뭔지 잘 모르겠어요. 모든 것이 이중으로 보이는 것 같아요.

헬레나 나도 그래. 데메트리우스가 손에 들어오긴 했지만, 주운 보석처럼 내 것인지, 내 것이 아닌지 모르겠어.

데메트리우스 우리가 확실히 눈을 뜨고 있는 것일까? 내 생각엔 어쩐지 아직도 잠을 자면서 꿈꾸는 것 같아. 아까 공작님이 여기 와서 같이 따라오라고 하셨지?

헤르미아 그래요, 제 아버지도 오셨어요.

헬레나 그리고 히폴리타 님도.

리산드로스 공작님은 우리에게 신전으로 오라고 말씀하셨어.

데메트리우스 아, 그럼 다 깨어 있었군. 공작님을 따라가자. 그리고 가면서 꿈 이야길 자세히 하자고. (모두 퇴장)

보텀 (눈을 뜨면서) 내가 등장할 차례가 되거든 불러주게나. 그러면 내 대사를 할 테니까. 이번엔 "절세의 미남 피라모스 씨"를 받아서 시작이렷다. 여보게들…… (하품을 하면서 주위를 두리번거린다) 피터 퀸스! 풀무 수선공 플루트! 땜장이 스나우트! 스타블링! 제기랄, 다들 달아나고 나만 남아서 자고 있었나? 한데 난 굉장한 꿈을 꾸고 있었군. 그 꿈은, 글쎄 내가 꾼 꿈은 사람의 지혜로는 도저히 알 수 없는 꿈이거든. 사람이 그런 꿈을 알려고 해봤자 당나귀처럼 어림없는 일이지. (일어나면서) 글쎄 꿈에 내가…… 그건 아무도 알지 못할 테지만…… (손을 머리에 가지고 가서 귀를 만져본다) 글쎄 꿈에 내가…… 하지만 내가 나를 가지고 뭐 어쨌다고 말할 녀석이 있을지 모르지만, 사람이란 참 어릿광대에 지나지 않아. 대체 아무도 내 꿈을 눈으로 엿듣지 않고, 혀로 상상하지도 않고, 심장으로 전달하지도 않았으니. 그럼 퀸스를 찾아가서 내 꿈 이야기를 노래로 읊어달라고 할까? 제목은 '보텀의 꿈'이 좋겠군. 참 밑바닥도 없는 꿈도 다 있군그래. 공작님 앞에서 연극이 끝난 다음 그걸 노래로 불러야지. 아니, 연극이 좀더 맛이 나도록 티스베가 죽을 때 불러야겠다. (퇴장)

〔제4막 제2장〕

아테네. 퀸스의 집.
퀸스, 플루트, 스나우트, 스타블링 등장.

퀸스 보텀네 집에 사람을 보내봤나? 이젠 집에 돌아와 있겠지?

스타블링 그자의 소식은 깜깜한걸. 틀림없이 둔갑해 있었단 말이야.

플루트 그자가 아직 돌아오지 않았다면, 연극은 글렀군. 다른 도리가 없잖나?

퀸스 절대로 못 하지. 아테네 시내를 다 뒤져도 피라모스 역할을 소화할 수 있는 사람은 그자밖엔 없어.

플루트 아무렴, 그자는 정말 아테네 직공들 중에서 누구보다도 재치 있는 사람이니까.

퀸스 맞아, 생김새 또한 으뜸이고. 더구나 그 달콤한 목소리도 맛따라지거든.

플루트 그런 땐 멋들어지게 느껴진다고 하는 거야. 제기랄! 맛따라지다는 말은 좀 그렇다.

스너그 등장.

스너그 여보게들, 공작님이 신전에서 돌아오시는 길이라네. 그 밖에도 두서너 쌍의 귀족들이 결혼식을 올렸다네. 잘만 되면 우리도 모두 신세가 펼 것 같아.

플루트 그러나저러나 보텀은 어떻게 된 노릇일까! 이제 그자는 평생토록 하루 6펜스의 수당은 아주 놓쳐버린 셈이군. 하루 6펜스는 틀림없을 텐데. 피라모스 역할만 잘해 내면 공작님은 하루 6펜스의 수당을 내리시고말고. 안 그렇다면 내가 교수형을 당해도 좋지. 그간 그만큼은 받을 만하거든. 피라모스 역할이 일당 6펜스라, 그건 틀림없을 텐데 말이야.

보텀 등장.

보텀 이자들이 어디 있나? 다들 어디 있나?

퀸스 보텀이다! 아이고, 만나서 얼마나 기쁜지! 아, 정말 다행이야!

보텀 여보게들, 내가 지금 이야기를 하려면 아주 우스운 이야기를 해야 하네만, 지금은 그걸 묻지 말아주게. 내가 그걸 말하게 되면 나는 아주 거짓말 쟁이처럼 될 테니 말일세. 곧 모든 것을 털어놓을 생각이니 그렇게 알게.

퀸스 그런 소리 말고 지금 이야기해 주게나, 보텀.

보텀 난 한마디도 않겠어. 다만 내가 하고 싶은 말은 공작님이 식사를 마쳤다는 것뿐이야. 다들 옷을 입고, 수염을 튼튼한 끈으로 매달고, 신발에는 새 리본을 달아. 그리고 될 수 있는 한 빨리 성으로 모이게. 저마다 자기 역할을 복습해 주게. 아무튼 중요한 사실은 공작님이 우리 연극을 선택하셨다는 것일세. 어떤 일이 있어도 티스베 역할에겐 산뜻한 리넨 옷을 입혀야 하네. 그리고 사자 역할로 나오는 사람은 손톱을 깎아서는 안 돼. 글쎄, 사자의 발톱은 기니까 말이야. 출연자 모두에게 부탁이네만, 양파를 먹어선 안돼. 마늘도 먹지 마. 향긋한 입김을 내야 하니 말일세. 또 내가 장담하지만, 우리 연극은 달콤한 희극이라는 평을 꼭 듣게 될 거야. 이제 더 이상 말 않겠네. 자, 가세! 가세! (모두 퇴장)

〔제5막 제1장〕

아테네. 테세우스 공작의 저택.
테세우스, 히폴리타, 필로스트레이트, 그 밖의 귀족과 시종들 등장.

히폴리타 저 젊은 연인들의 이야기는 참 기묘하죠, 네?

테세우스 사실 같지 않을 만큼 참 기묘한 이야기요. 그런 기묘한 이야기나 동화 같은 이야기는 도저히 믿어지지 않는구려. 연인이나 광인은 뇌 속이 끓는 탓인지 터무니없는 환상을 그려내고 마침내는 냉정한 이성으로는 어림도 없는 일들을 생각해 내게 마련이오. 광인과 연인과 시인은 머릿속이 상상으로 가득 차 있소. 광대한 지옥도 좁을 만큼 많은 악마를 보는 자가 있는데, 이것이 곧 광인이오. 연인에게는 광인과 똑같이 깜둥이 계집의 얼굴이 절세미인처럼 보이게 마련이오. 시인의 눈 또한 황홀한 기운에 불타 하늘에서 땅을 내려다보고, 땅에서 하늘을 쳐다보오. 이렇게 해서 시인의 상상력이 모르던 사물에 일정한 형태를 주면, 그 펜대는 그걸 구체화하며 공허한 환상에 장소와 이름을 부여하는 것이오. 강한 상상력에는 그러한 마력이 있는 법이라, 무슨 기쁨을 느꼈다 하면 상상력은 그 기쁨을 가져다

줄 존재를 생각해 내며, 또는 깊은 밤에 무서운 것을 상상하면 덤불도 쉽게 곰으로 보이는 법이오.

히폴리타 하지만 지난밤의 이야기를 상세히 들어보니, 그리고 모두들 똑같이 마음이 변했던 사실로 미루어 보니 환상 탓만도 아닌 것 같고, 무슨 커다란 필연의 힘이 작용한 것 같기도 합니다만 아무튼 기적 같은 이야기예요.

테세우스 아, 그 연인들이 기뻐하며 오는구려.

리산드로스, 헤르미아, 데메트리우스, 헬레나 등장.

테세우스 자네들, 축복하네! 언제까지나 사랑으로 싱그럽고 기쁜 나날이 이어지기를 비네.

리산드로스 그보다도 더한 행복이 공작님의 걸음에, 식탁에, 침실에 깃들기를 축원합니다!

테세우스 그런데 무슨 가면극, 무슨 춤이 마련되어 있나? 밤참 뒤, 침실에 들 때까지 지루한 세 시간을 메우기 위해서 말이야. 연회 책임자는 어디 있나? 내용은 결정되었나? 연극은 없나? 참을 수 없이 괴로운 시간을 덜어줄 연극 말이야. 필로스트레이트는 어디 있느냐?

필로스트레이트 예, 여기 있습니다, 공작님.

테세우스 오늘 저녁을 위해서 무슨 여흥은 없느냐? 가면극은 어떻게 되었느냐? 음악은? 무슨 위안거리 없이는 지루한 시간을 메울 수 없을 것 아니냐?

필로스트레이트 모든 준비를 해둔 온갖 여흥 목록이 여기 있습니다. 무엇을 먼저 보실지 고르십시오. (목록을 내보인다)

테세우스 (읽는다)

괴물 켄타우로스족과의 전쟁. 출연 아테네의 내시. 반주 하프.

이건 집어치우게. 이건 사촌 헤라클레스의 무훈을 자랑할 때 히폴리타에게 벌써 이야기한 적이 있네. (읽는다)

술의 신 바쿠스를 제사 지낼 때 신도들의 노여움, 트라키아의 시인 오르페우스를 찢어 죽인 이야기.

착상이 낡았구먼. 이건 내가 지난번 테베에서 개선했을 때에 이미 구경했네. (읽는다)

최근 궁색하게 죽은 현인을 애도하는 9명의 뮤즈 여신.

이건 가혹한 풍자라서 결혼 축하연에는 알맞지 않구먼. (읽는다)

젊은 피라모스와 그의 연인 티스베의 지루하고도 간단한 장면, 매우 비극적인 희극.

비극적인 희극이라고? 지루하고 간단하다고? 이건 꼭 뜨거운 얼음, 불타는 눈(雪)이랄까, 이런 모순을 누가 어떻게 조화시킬 수 있다는 말인가?

필로스트레이트 공작님, 이 연극은 대사가 열 마디 정도밖에 안 됩니다. 제 견문이 좁긴 하지만 이렇게 짧은 연극은 처음 봤습니다. 그러나 그 열 마디 대사를 가지고도 너무나 길 정도입니다. 아주 지루하거든요. 처음부터 끝까지 한 마디의 적절한 대사도, 한 명의 적절한 배역도 없으니 말입니다. 비극적이라고 하는 까닭은 극 중에서 피라모스가 자살을 하기 때문입니다. 저는 연습하는 것을 구경했습니다만, 정말 이 눈이 흠뻑 눈물에 젖었습니다. 그러면서도 우스워 죽을 지경이어서 그렇게까지 즐거운 눈물을 쏟아본 것은 처음이었습니다.

테세우스 대체 어떤 자들이 출연을 하나?

필로스트레이트 이곳 아테네에서 막노동을 하는 날품팔이들입니다. 여태까지 머리라고는 써본 적이 없는 직공들인데, 난생처음 기억력을 동원해 공작님 결혼을 축복할 생각으로 이 연극 대사를 외느라 진땀을 뺀 모양입니다.

테세우스 그럼 그걸 구경해 볼까?

필로스트레이트 그만두십시오, 공작님. 구경할 만한 것이 못 됩니다. 저도 한번 봤습니다만, 이만저만 엉터리가 아닙니다. 고생고생 외운 대사를 억지로 짜내어 공작님 마음에 들도록 하는 그자들의 뜻이나 겨우 기특하다고 할까요.

테세우스 그 연극을 보겠어. 소박한 마음, 충실한 마음으로 해준다면 실수야 있겠는가…… 어서 불러들여라…… 부인들도 자리에 앉으시오. (필로스트레이트 퇴장)

히폴리타 난 그다지 내키지가 않는군요. 무리한 충성을 보이려다 결국 실수하면 가엾잖아요.

테세우스 그런 일은 없을 것이오.

히폴리타 하지만 연극 같은 것은 영 못할 사람들이라잖아요.

테세우스 엉터리라도 봐주는 것이 너그러운 마음씨 아니겠소? 남의 실수를 용서해 주는 것도 재미있는 일이오. 아랫사람이 정성껏 해서 안 되는 경우에, 윗사람은 그 뜻만을 받고 결과에 대해서는 묻지 않으면 되잖소. 언젠가 내가 어디를 갔을 때 훌륭한 학자들이 준비된 환영사를 하려고 했는데, 그들은 달달 떨며 창백해지고 문구 도중에서 막히다가 두려운 나머지 말이 끊어지고, 결국 벙어리같이 환영사를 못 하고 말았다오. 하지만 난 그 침묵 속에서 오히려 환영의 마음씨를 찾아냈소. 마구 조잘대는 건방지고 무엄한 웅변보다는 그렇게 겸손하고 황공해하는 정성스러움이 나로선 훨씬 더 좋게 느껴졌소. 그러니 경애심과 혀를 속박당한 소박한 마음씨는, 말이 없으면 없을수록 나에게는 더욱 웅변같이 들린단 말이오.

필로스트레이트 다시 등장.

필로스트레이트 오래 기다리셨습니다. 해설자가 준비됐습니다. (나팔 소리)
테세우스 시작하게 하라.

해설자 역할을 맡은 퀸스 등장.

퀸스 "만약 저희들이 여러분의 기분을 상하게 했다면 그것은 저희들의 좋은 뜻 때문입니다. 다시 말해서 저희들이 여러분의 기분을 상하게 하기 위해서 온 것이 아니며, 좋은 뜻으로 왔다고 생각하셔야 한다는 것입니다. 저희들의 단순한 기량을 보여드리는 것이 저희들이 목적하는 바의 참된 시작입니다. 그럼에도 저희들이 이곳으로 온 것을 헤아려 주시기 바랍니다. 저희들이 여러분과 논쟁하는 것을 언짢게 받아들였다면 저희들도 오지 않았을 것이며, 저희들의 참된 뜻이 그것입니다. 오롯이 여러분의 기쁨을 위하여 저희들이 여기에 온 것은 아닙니다. 다시 말해서 여러분은 여러분 자신에 대해 후회해야 한다는 것이며, 배우들은 준비를 마쳤으며, 그들의 무언극을 통해서 여러분은 여러분이 알고 싶어하시는 모든 것을 알게 되실 것입니다."*5

(채찍으로 커튼 뒤에 신호를 한다)

테세우스 저자는 구두점을 마구 틀려먹는군. 무슨 뚱딴지같은 소린지 도무지 모르겠는걸.

리산드로스 마치 사나운 망아지 꼴 같다 할까요. 띄어야 할 곳에서 띄지 않으니 저렇습니다. 공작님, 좋은 교훈을 하나 얻었습니다. 한다고 다 말은 아니고, 바르게 말하는 것이 중요하다는 걸 말입니다.

히폴리타 마치 어린애가 피리를 마구 불어대는 것처럼…… 소리는 나도 장단이 전혀 맞지 않는 것 같군요.

테세우스 엉클어진 쇠사슬처럼, 끊어져 있진 않아도 쓰지는 못하는 것 같구려. 이번엔 뭐가 등장하나?

피라모스, 티스베, 돌담, 달빛, 사자 등장.

퀸스 "여러분, 혹시나 이 무언극을 이상히 여기실지는 모르겠으나, 앞뒤가 명백해질 때까지 얼마쯤은 이상히 여기고 계셔도 좋습니다. 말씀드리겠습니

---

*5 퀸스는 '만약 저희들이 우연하게나마 여러분들의 기분을 상하게 하는 일이 있더라도 여러분은 저희들이 여러분의 기분을 상하게 하기 위해서라기보다는 저희들의 조그마한 기량을 여러분에게 보여드리고자 하는 좋은 뜻을 가지고 이곳으로 왔다는 사실을 알아주셨으면 합니다. 그리고 그것만이 저희들이 얻고자 하는 것입니다. 여러분은 저희들이 여러분에게 기쁨을 드리기 위해 이곳으로 왔다는 사실을 마음에 새겨 주시기를 바라옵니다. 다시 말해서 여러분들을 기쁘게 해드리고자 하는 것이며, 여러분이 후회하도록 하기 위해서 이곳으로 온 것이 아닙니다. 배우들이 준비되어 있으며, 그들의 공연을 통해서 여러분은 여러분이 알고 싶어하시는 모든 것을 알게 되실 것입니다'라는 뜻으로 말하고 싶었을 것이나 바로 다음 테세우스의 지적처럼 구두점을 잘못 찍었기 때문에 이상한 문장이 된 것이다.

다만 이 사람이 피라모스, 이쪽의 미인이 티스베입니다. 이쪽 석회와 흙투성이가 된 남자는 돌담 역인데, 이 두 연인을 가로막고 있는 자가 바로 이 더러운 돌담입니다. 가엾게도 두 연인은 겨우 담 틈으로 사랑을 속삭일 도리밖에 없습니다. 이걸 이상히 여기지는 말아주십시오. 이쪽에 개를 데리고 등불과 가시덤불을 들고 있는 자는 달빛입니다. 사연인즉 두 연인은 창피한 줄도 모르고 달빛 아래 니누스의 무덤에서 만나, 그곳에서 사랑을 속삭이도록 되어 있습니다. 이쪽의 무시무시한 짐승의 이름은 사자인데, 약속대로 밤의 어둠을 뚫고 먼저 나타난 티스베는 이 사자를 보고 놀라서 허겁지겁 달아납니다. 달아나면서 망토를 떨어뜨리자, 망할 놈의 사자는 그 망토를 피 묻은 입으로 더럽혀 놓습니다. 곧바로 나타난 늠름한 대장부 피라모스는 정다운 티스베의 망토가 피에 젖은 것을 발견하고 피에 굶주린 칼을 빼들어 피끓는 자기 가슴을 푹 찌릅니다. 한편 뽕나무 그늘 아래 숨어 있던 티스베는 달려와서 남자의 단도를 빼서 자살해 버립니다. 그 나머지는 사자, 달빛, 돌담 그리고 두 연인이 무대 위에 나왔을 때에 저마다 상세한 말씀을 올리기로 되어 있습니다." (피라모스, 티스베, 사자, 달빛과 함께 퇴장)

테세우스 사자가 어떻게 말을 한다는 것인지 궁금하구먼.

데메트리우스 이상한 이야기는 아닙니다, 공작님. 한마디쯤 말하는 사자가 있을 법합니다. 요즘 세상은 말하는 당나귀도 얼마든지 있거든요.

돌담 (세 걸음 앞으로 나오며) "이 무언극에서 저, 스나우트가 돌담 역할을 맡았습니다. 그런데 미리 아뢰고자 하는 것은 돌담은 돌담이지만 금이 간 구멍, 즉 틈이 나 있는 돌담입니다. 그 구멍으로 연인 피라모스와 티스베는 자주 몰래 만나서 속삭였습죠. 이 진흙, 이 벽토, 이 돌들이 바로 제가 돌담인 증거입니다. 사실입니다. 그리고 이렇게 오른쪽과 왼쪽에 틈이 나 있는데, (손가락을 펴 보인다) 이 틈바구니 사이로 두 연인이 가슴을 조이면서 사랑을 속삭이도록 되어 있습니다."

테세우스 석회와 머리털로 되어 있는 돌담치고는 말솜씨가 제법이군그래.

데메트리우스 이렇게 똑똑한 말을 하는 돌담을 전 처음 보았습니다.

피라모스 다시 등장.

테세우스 피라모스가 돌담 옆으로 다가오는군. 다들 조용히 해!

피라모스 "오, 보기에도 무서운 밤! 오, 시커먼 밤! 오, 해가 지면 반드시 찾아오는 밤! 밤아, 오, 밤아! 아, 아, 혹시나 티스베가 약속을 잊지나 않았을까…… 돌담아! 오, 정든, 오, 그리운 돌담아! 그녀 아버지의 집과 내 집 사이에 서 있는 돌담, 오 정든, 오 그리운 돌담아! 네 구멍은 어디 있니, 이 눈으로 좀 들여다보자꾸나! (돌담이 손가락을 펴준다) 친절한 돌담아, 고맙다. 네게 유피테르 신의 보살핌이 있기를 두 손 모아 빌마. 한데 가만있자. 뭐가 보이나? 티스베는 아무래도 보이지 않는군. 이 나쁜 돌담 같으니, 내 행복의 원천은 안 보이잖느냐. 망할 놈의 돌담 같으니, 날 속여먹다니!"

테세우스 저 돌담은 살아 있는 모양이니, 반드시 대꾸를 할걸.

피라모스 그렇지 않습니다, 공작님. 대꾸는 하지 않을 겁니다. "날 속여먹다니!"는 티스베에게 나오라는 신호이니까 이제 곧 티스베가 등장할 겁니다. 그러면 저는 돌담 틈으로 들여다볼 겁니다. 두고 보십쇼. 꼭 지금 말씀드린 것처럼 될 테니까요. 마침 들어옵니다.

티스베 등장.

티스베 "오, 돌담아! 나의 멋진 피라모스와 나의 사이를 가로막고 있는 너는 나의 한탄을 무던히도 여러 차례 들었었지. 내 앵두 같은 입술은 무던히도 여러 차례 너의 돌에 키스를 했다. 석회와 머리카락을 이겨서 쌓아올린 너의 돌에."

피라모스 "말소리가 들린다. 자, 틈바구니로 가서 티스베의 얼굴이 보이는지 보기로 하자. 티스베?"

티스베 "내 사랑, 내 사랑, 틀림없이 당신이지요?"

피라모스 "틀림없는지 어떤지 모르지만 난 당신의 연인이오. 리맨더처럼 내 진정에는 변함이 없소."

티스베 "저도 헬렌처럼, 운명의 여신한테 죽는 날까지 영원히 변함없어요."

피라모스 "프로크러스를 사모한 새펄러스도 이렇게까지 진정은 아니었을 것이오."

티스베 "프로크러스를 사모한 새펄러스와 같은 진정을 당신에게."

피라모스 "아, 키스해 주오. 이 망할 놈의 돌담 구멍으로!"

티스베 "이렇게 돌담 구멍에 키스를 합니다만, 당신 입술에는 닿지 않는 군요."

피라모스 "이 길로 곧 니니의 무덤에서 만나주시겠소?"

티스베 "목숨을 잃는다 해도 지금 곧 가겠어요." (피라모스와 함께 퇴장)

돌담 "이렇게 저는 돌담 역할을 다 했습니다. 할 일을 다 했으니 물러가겠습 니다." (퇴장)

테세우스 두 사람 사이를 가로막고 있던 돌담도 이렇게 해서 쫓겨나게 되 는군.

데메트리우스 쫓겨나도 할 수 없습니다. 천연스럽게 서서 남의 말을 엿듣는 돌담이니까요.

히폴리타 이런 엉터리 연극은 처음 보겠어요.

테세우스 아무리 잘해도 연극이란 그림자에 지나지 않소. 그러니 아무리 나 쁜 연극이라도 상상으로 보충만 한다면 그렇게 나쁘지는 않은 법이오.

히폴리타 그렇더라도 그건 당신의 상상력이고, 배우들의 상상력과는 관계가 없잖아요.

테세우스 아니오. 배우 자신들만큼만 이쪽에서 상상을 해주면 다들 썩 좋 은 배우로 통할 수 있을 것이오. 야, 훌륭한 짐승 둘이 등장하는군. 달과 사 자가.

사자와 달빛 등장.

사자 "숙녀 여러분, 여러분께서는 마룻바닥을 살살 기는 망측한 작은 생쥐조 차 무서워할 만큼 마음씨가 순하십니다. 그래서 만일 사자가 마구 으르렁 대면 대단히 놀라시고 무서워 떠시리라 생각됩니다. 따라서 말씀드립니다 만 저 스너그는 가구장이인데, 우연히 무서운 사자 역할로 등장했을 뿐이 고, 실은 절대로 암사자도 수사자도 아니오니 그 점을 헤아려 주시기 바랍 니다. 만일 제가 정말 사자가 되어 이곳에 와서 포악을 부린다고 한다면, 그 건 정말 비참한 일이 될 테니 말입니다."

테세우스 매우 온순한 짐승이구먼. 게다가 아주 양심적이고.

데메트리우스　이렇게 점잖은 짐승은 처음 봅니다, 공작님.

리산드로스　하지만 용기는 여우만큼 있군요.

테세우스　사실 그렇군. 그리고 분별력은 거위만큼이고.

데메트리우스　그렇지 않습니다, 공작님. 저자의 용기를 가지고서는 분별력을 잡을 수 없지만, 여우는 거위를 잡거든요.

테세우스　아냐, 저자의 분별력을 가지고는 용기를 잡을 수 없다고나 해야겠지. 거위는 여우를 잡지 못하니 말이다. 그러니 자, 아무튼 상관없어. 그건 저자의 분별력에 맡겨두고, 달의 말이나 들어보자.

달빛　"이 각등은 초승달 모양의 뾰족한 뿔입니다……."

데메트리우스　뿔이라면 머리에 있어야 할 텐데.

테세우스　저자 머리는 아무리 봐도 초승달은 아닌데. 뿔은 둥그런 얼굴 안에 가려져 있는 모양이지.

달빛　"이 각등은 초승달 모양의 뾰족한 뿔입니다. 저는 달님 속의 사람이라고나 할까요."

테세우스　이 연극에서 저게 가장 큰 실수다. 사람이 각등 속에 들어가 있어야 하다니, 안 그렇고서야 어떻게 달님 속의 사람이 된담?

데메트리우스　촛불이 있어서 그 속에 들어가 있을 순 없을 것입니다. 저것 보세요. 지금 한창 촛불이 타고 있습니다.

히폴리타　아, 보기 싫어. 저런 달은 빨리 퇴장해 주었으면!

테세우스　분별의 빛이 저렇게 희미한 것을 보니, 머지않아 기울 것만 같소. 하지만 예의로 보나 이치로 보나 참고 시간을 기다릴 수밖에 없구려.

리산드로스　여보게, 달빛, 어서 계속해 보게.

달빛　"제가 여러분께 아뢰고 싶은 것은, 이 각등은 달님이고, 저는 달님 속의 사람입니다. 그리고 이 가시덤불은 저의 가시나무이며, 이 개는 저의 개라는 점입니다."

데메트리우스　원, 그건 다 각등 속에 들어가 있어야 할 것 아닌가. 그것들은 모두 달님 속에 들어 있는 것들이니까. 하지만 내버려 두죠! 지금 티스베가 들어옵니다!

티스베 다시 등장.

티스베 "이것이 오래된 니니의 무덤이군. 내 사랑은 어디에?"

사자 "어흥!"(으르렁대는 소리에 티스베는 망토를 벗어 던지고 허겁지겁 달아난다)

데메트리우스 멋지게 으르렁대는군요, 사자란 놈이!

테세우스 멋지게 달아나는구나, 티스베가!

히폴리타 멋지게 비춰 대네요, 달님이! 참말로 저 달님은 제법 멋지게 비치네요. (사자가 티스베의 망토를 물어뜯는다)

테세우스 멋지게 물어뜯는구먼, 사자란 놈이!

리산드로스 결국 사자는 물러가게 되겠군요.

데메트리우스 여기에 피라모스가 등장할 모양이지요.

피라모스 등장. 사자 퇴장.

피라모스 "정다운 달아, 네 덕분에 낮과 같이 밝구나. 이렇게 밝게 비춰 주니 고맙다. 달아, 너의 친절한 황금색의 번쩍이는 빛 덕분에 나는 티스베를 만날 수 있을 것 같구나. 그런데 가만있자…… 아이고 이런, 좀 봐, 불쌍한 기사야, 오! 이게 무슨 무서운 슬픔이냐? 눈이 보이느냐? 어떻게 이런 일이? 오 사랑하는 사람, 내 사랑이여! 당신의 아름다운 망토가 이렇게 피에 더럽혀지다니? 오라, 잔인한 복수의 신들아, 자 운명의 신들아! 어서 와서 내 목숨의 줄을 잘라 가라. 두들겨 패고, 마구 부수고, 막 치고, 때려 죽여 다오!"

테세우스 야단법석이군. 애인이 죽고 보니 저렇게 비통한 표정이 되는 것도 마땅할 테지.

히폴리타 난 저이가 너무 가엾게 느껴져요.

피라모스 "오, 조물주여! 어쩌자고 사자를 만드셨소? 망측한 사자란 놈이 내 애인의 꽃 같은 목숨을 망쳐 놓았습니다. 절세의 미인, 이 세상에서 조금 전까지도 살아서 모두에게 사랑을 받고, 우러러보였던 것을. 아, 눈물아, 마구 쏟아져라. 칼아, 칼집을 나와서 이 피라모스의 가슴을 찔러라. 옳다, 왼쪽 가슴, 심장이 뛰고 있는 왼쪽 가슴을. (가슴을 찌른다) 이렇게 죽는다. 나는 이렇게, 이렇게 죽는다. 이제 나는 죽는다. 이젠 이 세상과는 작별이다. 내 영혼은 하늘로 날아간다. 해는 빛을 잃어버려라! 달은 달아나 다오! (달빛 퇴

장) 아, 죽음이 닥쳐오는구나, 죽음이 닥쳐온다!"(자기 낯을 가린다)

데메트리우스 죽네 사네 해봤자 1점밖에 줄 가치가 없어. 이따위 연극, 공짜라면 볼까, 누가 보겠는가.

리산드로스 1점의 가치도 없는걸. 이 세상을 떠났으니까 영(零)이 아닌가.

테세우스 아, 의사의 치료를 받아 당나귀로 다시 태어나 더욱더 바보짓을 할지도 모르지.

히폴리타 어째서 달빛은 들어가 버렸을까? 티스베가 돌아와서 애인의 시체를 알아봐야 할 텐데.

테세우스 그야 별빛으로 알아보겠지. 이제 여자의 등장이군. 여자의 비탄으로 막이 내리겠지.

티스베 다시 등장.

히폴리타 피라모스가 저래 가지곤, 그리 길게 비탄하지는 않을 거예요. 제발 얼른 끝내주었으면.

데메트리우스 저런 피라모스에 이런 티스베, 앉은뱅이 저울에 달면 먼지 하나 차이라고나 할까요. 저런 남자 역할이 다 어디 있나, 여자 역할도 그렇고, 피장파장이군요.

리산드로스 여자가 다정한 눈빛으로 남자를 발견했어요.

데메트리우스 그래서 여자의 비탄이 시작된다 이런 말씀이로군……

티스베 "잠들었나요, 내 사랑? 아니, 이게 웬일까, 죽어 있다니! 오, 피라모스, 일어나서 말을 하세요. 벙어리도 아닌데 왜 말을 안 하세요? (피라모스의 얼굴을 일으킨다) 죽었나요? 죽었어요? 무덤 속에 당신의 고운 눈을 묻어야 하겠군요. 이 백합빛 입술, 앵두빛의 코, 노란 미나리아재비 같은 볼, 모두 사라져 버렸네. 온 세상의 여인들이여, 함께 슬퍼해 다오. 이이의 눈은 부추같이 파랬는데. (운다) 오, 운명의 여신들아 어서 내게로 와서, 젖빛같이 하얀 너희들의 손을 핏덩어리 속에 적시어라. 그의 비단실 목숨줄을 너희들이 끊어 놓지 않았느냐. 혀야, 이젠 말하지 마라. 칼아, 내 가슴을 찔러라. (피라모스의 칼을 찾다가 없자, 칼집으로 찔러 자살을 한다) 잘 있어라. 이렇게 티스베는 죽는다. 안녕히, 안녕히, 안녕히."(피라모스 위에 털썩 쓰러진다)

사자, 달빛, 돌담들이 등장하고 니누스의 무덤은 커튼으로 가려진다.

테세우스 달빛과 사자가 남아서 시체를 처리하게 되겠군.

데메트리우스 네, 돌담도 같이요.

사자 아니지요, 그렇지 않습니다. 양쪽 집안을 막고 서 있던 돌담은 벌써 허물어지고 없습니다. (품 안에서 종이쪽지를 꺼낸다) 그럼 이제 끝말을 보여드릴까요? 또한 저희들 가운데 누구 두 사람에게 시골 춤이나 추게 하여 보여드릴까요?

테세우스 끝말은 제발 빼주게. 자네들의 연극은 변명의 여지가 없으니까. 끝말로 변명은 제발 하지 말게. 등장인물들은 모두 죽고, 비난받을 상대가 아무도 없으니 말일세. 하긴 이 연극의 작가가 피라모스 역할로 출연해서 티스베의 양말 대님으로 목을 매 죽었더라면, 썩 멋있는 비극이 되었을 텐데 그랬군. 그건 그렇고, 정말 훌륭히들 했네. 아무튼 시골 춤이나 보여주게. 끝말은 생략하기로 하지. (달빛과 돌담이 시골 춤을 추면서 퇴장하고, 사자도 퇴장) 심야의 종은 이제 막 12시를 쳤다. 자, 연인들은 신방으로 들어가도록. 이럭저럭 요정들이 나타날 시간이 됐는가 보군. 오늘 밤엔 이렇게 늦게까지 밤샘을 해서 내일 아침에는 늦잠을 잘 듯하네. 어색한 연극이기는 했으나 덕분에 지루한 밤이 가는 줄도 몰랐군. 자, 이제 자러 갑시다. 앞으로 두 주일 동안은 밤마다 이렇게 잔치를 열고 여흥도 가지각색으로 해봅시다. (히폴리타를 데리고 퇴장. 그 뒤를 따라 연인들도 서로 손을 잡고 퇴장. 이어서 모두 퇴장)

등불이 꺼지자 무대는 컴컴해지고 타다 남은 장작불만이 보인다. 이때 퍽이 빗자루를 들고 등장.

퍽 지금은 밤중, 굶주린 사자는 으르렁대고 늑대는 땅을 보고 울어댄다. 낮일에 온통 지친 농부는 곤히 코를 골고 있다. 타다 남은 장작불은 바짝바짝 타고 있고, 비참하게 누워 있는 환자는 올빼미의 불길한 울음소리에 수의를 생각한다. 이제는 밤의 세계, 무덤은 아가리를 딱 벌리고 망령들은 무덤가 오솔길을 미끄러져 나온다. 우리네 요정들은 햇빛을 피하여 꿈같이 어둠을 좇아 달님의 마차와 나란히 달려간다. 자, 우리의 세상이다. 신나게 즐

오베론, 티타니아, 퍽과 요정들의 춤 윌리엄 블레이크. 1786.

겨보자. 이 거룩한 집에 생쥐 한 마리도 얼씬대지 마라. 내 임무는 빗자루를 들고 앞에 나서서 문 뒤의 먼지를 터는 일이다.

갑자기 오베론과 티타니아와 요정들이 몰려 들어온다. 모두 초가 꽂힌 모자를 썼는데, 난로 옆으로 지나가면서 초에 불을 붙인다. 무대가 활짝 밝아진다.

오베론 다 타가는 장작불에 불을 댕겨서 이 집에 반짝이는 불빛을 주자. 요정들아, 모두 춤을 추어라. 덤불에서 날아온 새들같이 경쾌하게. 내가 노래할 테니 같이들 부르고 얼씨구절씨구 춤들을 추어라.

티타니아 (오베론에게) 먼저 당신이 한마디 한마디 장단을 맞춰서 부르시면, 모두들 손에 손을 맞잡고, 곡조도 아름답게 노래 부르며 이 집을 축복하기로 하죠.

오베론 (먼저 노래를 부르고, 그 뒤에 요정들이 합창을 한다. 노래를 부르면서 손을 맞잡고 춤을 추며 무대 뒤를 돈다)

자, 요정들아, 날이 샐 때까지
이 집을 돌아다니자꾸나.
우리 둘이는 새색시 신방에 가서,
축복을 해주자꾸나.
태어날 아이에게도,
행운을 빌어주자꾸나.
세 쌍의 신랑 신부,
늘 진실하게 사랑하라.
그들의 아이들은,
흠 없이 태어나라.
사마귀, 언청이, 흉터 같은,
불길한 흠을 지고
행여 세상에 태어나서
멸시를 받게 되지 말라.
요정들아, 저마다 가서,
들의 이슬을 따다가
이 집의 방방마다 뿌리고
흐뭇하게 축복하여,
이 궁궐 주인을 영원히 축복하게 하라.
자, 뛰어들 가라, 머뭇거리지 말고.
새벽까진 돌아오라. (퍽만 남고 요정들 퇴장)

퍽 혹시 저희 요정들이 한 짓이 마음에 안 드시거든, 이렇게만 생각해 주십시오. 잠시 졸고 계시는 틈에 꿈을 꾸신 거라고요. 그래야 화도 풀리실 테니까요. 이 보잘것없고 애처로운 꿈같은 연극을 꾸짖진 마십시오. 너그럽게 용서를 해주신다면, 앞으로 저희들이 힘써 고쳐 나가겠습니다. 다행스럽게도 비난의 꾸짖음을 피하게 된다면 머지않아 좀더 나은 솜씨를 보여드리겠습니다. 모두를 대표하여 이 정직한 퍽이 약속하오니, 그렇지 않으면 저를 거짓말쟁이라 부르셔도 좋습니다. 그럼 안녕히들 주무십시오. 마음에 드신다면, 박수를 쳐주십시오. 그럼, 무대 위에서 다시 뵙겠습니다. (퇴장)

The Merchant of Venice
베니스의 상인

[등장인물]

베니스의 공작

모로코 왕자
아라곤 왕자 } 포르티아의 구혼자

안토니오 베니스의 상인(商人)

바사니오 안토니오의 친구, 포르티아의 구혼자

그라티아노
솔라니오(또는 살라니오)
살레리오
살라리노 } 안토니오와 바사니오의 친구

로렌조 제시카의 연인

샤일록 유대인 고리대금업자

투발 유대인, 샤일록의 친구

란슬롯 고보 어릿광대, 샤일록의 하인

고보 노인 란슬롯의 아버지

레오나르도 바사니오의 하인

발타자르
스테파노 } 포르티아의 하인

포르티아 벨몬트의 부잣집 딸

네리사 포시아의 시녀

제시카 샤일록의 딸

그 밖에 베니스의 고관들, 재판소 직원들, 교도관, 하인들, 시종들 등

[장소]
베니스, 그리고 벨몬트

베니스의 상인

〔제1막 제1장〕

베니스. 어느 거리.
안토니오, 살라리노, 솔라니오 등장.

안토니오 정말로 내가 왜 이렇게 슬픈지 모르겠어. 나를 지치게 만들고, 너
도 지치게 만드는구나. 그런데 내가 어쩌다 그 병에 걸렸고, 그것을 알게 되
었는지, 어떻게 하다가 걸린 병인지 알다가도 모르겠어. 그 병의 특성이 무
엇이고, 어디에서 비롯되었는지를 꼭 알아야겠어. 나를 이렇게 우울하게 만
드는 것이 무엇인지를 제대로 알아낼 수 없다면 나는 나 자신을 몰라도 너
무 모르는 것이지.

살라리노 자네 마음은 드넓은 바다 위에서 흔들리는 걸세. 자네의 상선들이
당당한 돛을 달고 바다의 귀족이나 부자처럼—아니, 바다의 구경거리라고
나 할까—굽실대고 황공해하는 작은 배들을 본체만체, 날개 같은 돛을 달
고 쏜살같이 날아가고 있으니 말일세.

솔라니오 아무튼 나 같은 사람이 그런 모험을 한다면, 내 마음의 대부분은
바다 위에 떠 있을 거야. 풀잎을 뽑아서는 바람결을 알아보고, 항구와 부두,
정박지를 찾느라고 지도와 씨름을 하곤 할 거야. 그리고 내 배에 조금이라
도 걱정될 만한 일이 생겨도 우울해지고 말이야.

살라리노 나 같은 놈은 훅훅 불어서 국을 식히는 입김만 봐도, 이게 바다에
서 일어나는 큰 바람이라면 어찌 될까 하는 생각 때문에 학질에 걸리고 말
거야. 그리고 모래시계에서 모래가 흘러내리는 것만 봐도 여울이나 갯바닥
을 떠올리고, 상품을 가득 실은 나의 앤드루호(號)가 모래에 박혀 돛대 꼭
대기가 늑재(肋材)보다 더 낮게 쓰러져서 제 무덤에 입맞추는 장면을 상상

할 거야. 또 교회에 가서 그 성스러운 석조 건물만 봐도 당장 험한 암초가 눈앞에 선할 테고. 이 암초가 옆구리에 닿기만 하면 향료는 온통 바다에 흩어질 것이고, 파도는 비단옷으로 장식될 게 아닌가. 말하자면 이제까지 있던 엄청난 재산이 순식간에 날아가 버릴 판국이니, 그런 사고를 생각하면 우울해질 수밖에 없다는 것쯤은 나도 아네. 안토니오, 자네가 무역품을 걱정해서 우울하다는 것쯤은 나도 알고 있다네.

안토니오 실은 그게 아니네. 다행히도 배 한 척에만 투자해 놓은 것도 아니고 돈을 넣어둔 곳도 한두 군데가 아니네. 그리고 내 모든 재산이 올 한 해의 운수에만 달린 것도 아니라네. 그러니 나는 장사 때문에 우울한 건 아닐세.

솔라니오 그럼 사랑에 빠진 모양이로군.

안토니오 전혀, 천만에!

솔라니오 사랑도 아니라고? 옳지, 그럼 즐겁지 않으니 우울해하는 거라고 해둘까? 말하자면 웃고 뛰면서 슬프지 않으니 즐겁다고 할 수 있는 것과 마찬가지지. 그건 그렇고, 두 얼굴의 신 야누스를 두고 맹세하지 않더라도 조물주는 참으로 묘한 인간들을 만들어 놓았지. 글쎄, 밤낮 가느다란 눈을 하고서 우습지도 않은 백파이프 부는 사람만 봐도 앵무새같이 깔깔대는 자가 있는가 하면, 늘 이맛살을 찌푸리고서 저 네스토르[1]가 우습다고 보증하는 농담에도 절대로 이를 드러내며 웃지 않는 자도 있거든.

바사니오, 로렌조, 그라티아노 등장.

솔라니오 자네의 가장 친한 친구 바사니오가 오는군. 그라티아노와 로렌조도 같이. 마침 좋은 친구들이 왔으니까 우리는 이만 실례하겠네.

살라리노 나도 좀더 함께 있다가 자네 마음을 위로해 줄까 했지만, 마침 더 훌륭한 친구들이 왔으니 이만 가봐야겠네.

안토니오 자네들도 내게는 훌륭한 친구들이네. 볼일들이 있으니 마침 잘됐다 하고 달아날 모양이지.

---

*1 그리스 신화에서 주로 현명한 노인으로 등장하는 영웅. 필로스의 왕이자 트로이 원정에 참가한 그리스군의 최고령 장수로, 노련하고 현명한 조언자 역할을 했다.

살라리노 어서들 오게. 반갑네.

바사니오 (다가오면서) 여, 이 친구들 오랜만일세. 언제 또 한잔하지 않겠나? 언제가 좋을까? 몹시 서먹서먹들한데, 정말 그러기야?

살라리노 다음에 틈을 내서 또 만나세. (솔라니오와 함께 퇴장)

로렌조 바사니오, 이제 안토니오를 만났으니까, 우리 두 사람은 이만 가보겠네. 하지만 저녁때 보기로 한 약속은 부디 잊지 말게.

바사니오 걱정 말게. 반드시 가겠네.

그라티아노 안토니오, 얼굴빛이 좋지 않군그래. 세상일을 지나치게 생각하기 때문이지. 걱정을 너무하면 얻은 것도 잃게 되네. 사람이 이렇게 변해서야 원.

안토니오 여보게, 그라티아노, 나는 세상일을 그저 세상일로만 보네. 말하자면 이 세상은 하나의 무대이고 누구나 한 가지 역할을 맡고 있는데, 나는 우울한 남자 역할이야.

그라티아노 그렇다면 난 광대 역할이나 맡아서 즐겁게 웃고 주름살이나 잔뜩 생기게 해야겠군. 그리고 마음을 다쳐서 심장을 식히기보다는 차라리 술이라도 마셔서 간을 뜨겁게 하겠어. 따뜻한 피가 흐르는 인간이 자기 조상님 석고상처럼 가만히 앉아서 눈을 뜨고도 졸고 있고, 심술만 부려 황달병에 걸릴 필요는 없으니까 말이야. 그런데 안토니오…… 나는 자네를 좋아하네. 좋아하니까 이런 말도 하네만…… 세상에는 묘한 사람도 있다네. 물이 괸 연못같이 얼굴에 뿌옇게 막을 쓰고선 지혜롭다느니 신중하다느니 사려 깊다느니 하는 세상의 평을 받고 싶어서 일부러 침묵을 지키고, "나는 예언자다. 내가 입을 열 때는 개도 짖지 못하게 하라" 말하는 족속들 말일세. 오, 안토니오, 나는 그런 작자들을 알고 있네만, 말을 전혀 않는 걸 가지고 현명한 사람으로 대우받고 있지. 그러나 그것들이 일단 입을 열었다 하면 곁에 있는 사람은 그 바보 같은 소리에 귀를 틀어막을 수밖에 없다네. 아니, 이런 이야기는 나중에 더 상세히 하겠네. 하지만 이 우울증의 미끼를 가지고 세상의 평판이라는 멍청한 새끼 잉어를 낚지는 말게…… 여보게 로렌조, 우리는 이만 실례하세. 그리고 내 설교는 저녁 뒤에나 끝맺기로 하지.

로렌조 그럼 이따 다시 만나지. 나는 방금 말한 그 벙어리 군자나 될 수밖에. 그라티아노가 말할 기회를 안 주니 말일세.

그라티아노 앞으로 나와 2년만 더 사귀어 보게. 자네는 자신의 목소리조차 잊고 말 테니까.

안토니오 잘들 가게. 이젠 나도 좀 수다스러워져야겠는걸.

그라티아노 고맙네. 침묵이 칭찬받는 건 암소의 마른 혀나 안 팔린 노처녀밖에 없다네. (로렌조와 함께 퇴장)

안토니오 그런 걸 다 말이라고 지껄이다니!

바사니오 그라티아노는 무던히 허풍을 떠는군. 아마 그 점에선 베니스 전체에서 으뜸일 거야. 그자 이야기 가운데 도리에 맞는 말은 두 말(斗)의 겨 속에 섞여 있는 낟알 두 개 격으로, 온종일 수고해야 찾을 수 있을걸. 하긴 그렇게 찾아내 봤자 그만한 가치도 없는 것이지만.

안토니오 그건 그렇고, 자 이야기해 보게. 자네가 남몰래 찾아가 보겠다던 그 처녀 말이야. 오늘은 말하겠다고 나와 약속하지 않았나?

바사니오 여보게, 자네도 모르는 바 아니겠지만, 난 내 미약한 재력으로는 도저히 감당하지 못할 만큼 호화스런 생활을 해내서 재산을 거의 다 써버렸어. 지금 그런 호화스런 생활과 작별하고 싶지 않아서 그런 것이 아니라, 내 걱정은 어떻게 해서든지 그 큰 빚을 해결하자는 것일세. 좀 지나친 낭비 때문에 짊어진 빚 말이야. 여보게 안토니오, 돈으로 보나 우정으로 보나 나는 자네 신세를 많이 졌어. 그래서 오늘 나는 자네 우정을 믿고 내 계획과 목적을 모조리 털어놓겠네. 내가 진 빚을 벗어날 방법 말이야.

안토니오 여보게 바사니오, 부디 이야기해 보게. 체면에 대한 일만 아니라면, 자네가 그럴 리야 없으리라고 생각하네만, 아무튼 내 돈주머니고 내 몸뚱이고 내 힘으로 할 수 있는 것은 모두 자네 편의를 위해서 제공하겠네.

바사니오 학창 시절 이야기지만, 나는 화살을 하나 잃으면 그 화살을 찾기 위해 다른 화살을 같은 높이와 방향으로 쏘아서 그 화살이 날아가는 방향을 조심스럽게 지켜보곤 했네. 이렇게 둘을 다 모험한 끝에 찾은 적도 한두 번이 아니었어. 이렇게 아이 때 경험을 이야기하는 것은, 이제 내가 말하려는 것도 순전히 유치한 내용이네만…… 자네한테 진 빚도 많은데 괘씸한 말 같지만 그 빚은 떼인 셈 치게…… 그러나 하나만 더 처음에 쏜 화살과 같은 방향으로 화살을 쏘아준다면 과녁은 내가 잘 눈여겨 둘 테니, 틀림없이 둘

다 찾게 되든가 적어도 나중 것만은 찾아와서 다행히도 처음에 진 빚만 남게 될 테니.

안토니오　자네는 나를 잘 알잖나. 그러면서 내 우정을 먼발치로 떠보는 건 시간 낭비네. 무엇보다 내가 자네를 위해서 최선을 다해 줄 것인지를 의심하다니, 이건 자네가 내 재산을 모두 써버리는 것보다 더한 모욕이네. 그러니 내 힘으로 할 수 있는 일이라면 하라고 말만 해주게. 나는 기꺼이 하겠네. 자, 말해 보게.

바사니오　벨몬트에 엄청난 유산을 물려받은 여자가 있는데, 무척 아름답기도 하지만 그보다도 인품이 뛰어나고 고결하다네. 나는 그녀의 눈에서 말 없는 정다운 메시지를 전해 받곤 했지만…… 이름은 포르티아인데, 카토의 딸로 브루투스의 아내였던 저 유명한 로마의 포르키아(Porcia)에 비해 조금도 손색이 없을뿐더러 얌전하다는 소문이 하도 세상에 널리 퍼져서 동서남북 할 것 없이 모든 바닷가에서 유명한 구혼자들이 밀려들고 있다네. 그녀의 빛나는 금발은 황금의 양털같이 이마에 늘어져 있는데, 이 때문에 그녀가 살고 있는 벨몬트에는 옛날이야기에 이아손[*2]이 찾아갔다는 콜키스 해안과 마찬가지로 수많은 구혼자들이 그녀를 찾아들고 있다네. 그런데 여보게 안토니오, 그들과 경쟁할 만한 재력만 있다면, 내 예감이네만 나는 반드시 승리해 행운을 누릴 수 있을 것만 같네.

안토니오 그러나 알다시피 내 모든 재산은 바다 위에 있거든. 손안에 현금도 없고 상품도 없으니까, 돈을 빌리러 가보세. 베니스 시내에서 내 신용을 담보로 빌려보세…… 무리를 해서라도 최선을 다해 보세. 벨몬트의 아름다운 포르티아를 찾아갈 돈쯤은 어떻게 되겠지. 자, 어서 가서 돈을 얻을 만한 곳을 알아보게. 나도 알아보겠네. 내 신용으로나 친분으로나 돈푼쯤은 얻을 수 있을 거네. (모두 퇴장)

〔제1막 2장〕

벨몬트. 포르티아 집의 어느 방.
포르티아와 몸종 네리사 등장.

포르티아 네리사, 내 조그만 몸뚱이는 이 커다란 세상이 정말로 싫어졌다.

네리사 그러실 테지요, 아가씨. 아가씨의 행복만큼 불행도 그렇게 많으시다면 그럴지도 모르죠. 하지만 사람은 행복에 겨우면 가난에 쪼들릴 때와 마찬가지로 괴롭다고 해요. 그러니까 중간쯤의 처지로 사는 것이 행복이랍니다. 지나치게 풍요로우면 머리가 일찍 세지만, 적당히 누리면 오래 산다잖아요.

포르티아 옳은 이치다. 말도 잘하는군.

네리사 그 말을 잘 지키면 더욱 좋을 거예요.

포르티아 누가 아니래. 선행을 하기가 선행을 알기처럼 쉽다면야, 조그마한 예배실도 큰 교회와 같을 테고, 오두막집도 궁궐이나 다름없겠지. 자신의 가르침을 따르는 성직자는 훌륭한 분이야. 나만 하더라도 스무 명에게 선행

---

*2 그리스 신화에 나오는 영웅. 아버지 아이손이 빼앗긴 왕권을 되찾기 위해 이올코스의 왕 펠리아스의 요구에 따라 아르고호 원정대를 결성하여 잠들지 않는 용이 지키는 콜키스의 황금 양털을 가져왔다.

1막 2장, 포르티아와 네리사 프리드리히 브로크만. 1849.

을 하라고 가르치기는 쉽겠지만, 그런 가르침을 실천하기는 어려워. 머릿속
에서는 아무리 감정을 억제하는 법칙을 세워도 혈기는 그런 차디찬 명령쯤
은 뛰어넘어 버리거든. 청춘은 미친 토끼 같다고나 할까, 절름발이 같은 이
성의 그물쯤은 뛰어넘고 마는걸. 하지만 이런 이치를 따져봤자 남편을 고
를 수 있는 것도 아니고…… 아, 원수 같은 이 고른다는 말! 마음에 드는 사
람을 고르지도 못하고, 싫은 사람을 물리치지도 못하는 내 신세 좀 봐. 살
아 있는 딸의 뜻이 죽은 아버지의 유언에 이렇게까지 제한을 받아야 하

다니…… 얘, 네리사, 선택도 거절도 자유롭게 하지 못하다니 좀 가혹하지 않니?

네리사 아버님은 참 훌륭한 분이셨어요. 성인은 운명하실 땐 영특한 생각이 떠오른다잖아요. 그러니까 아버님께서 금과 은과 납의 세 상자에 제비를 넣어놓으라고, 그 어른의 뜻을 뽑는 사람이라야 아가씨를 뽑는 것으로 계획해 놓으셨지만, 진정으로 아가씨를 사랑하는 분이라야만 그 제비를 뽑을 수 있을 거예요. 그건 그렇고 이제까지 찾아온 왕족과 귀족 청혼자들 가운데 혹시 마음에 드는 분이라도 있으신지요?

포르티아 그럼 수고스럽지만 한 분 한 분 이름을 대봐라. 이름을 대면 내가 인품을 말할 테니, 그 말로 내 마음을 짐작해도 좋아.

네리사 첫째, 나폴리 왕자가 있습니다.

포르티아 아, 그는 망아지나 다름없어. 그래서 그런지 밤낮 자기 말[馬] 이야기만 하더구나. 그리고 손수 말에 편자를 싣길 수 있다는 것을 굉장히 자랑삼더구나. 그의 어머니가 대장장이와 뭐가 있었는지도 모르지.

네리사 다음에는 팔라틴 백작입니다.

포르티아 그 사람은 얼굴을 찌푸리는 것밖에 모르고, 마치 "내가 싫거든 맘대로 하라!"는 것 같아. 그리고 재미있는 이야기를 들어도 웃지를 않는데, 아마 그런 사람이 늙으면 삶을 비관하는 철학자가 되지 않을까? 글쎄, 젊은 이가 그토록 무례한 슬픔에 빠져 있다니 말이야. 그런 이들과 결혼하느니 차라리 뼈다귀를 물고 있는 해골하고 결혼하겠어. 하느님, 그 둘로부터 저를 지켜주소서!

네리사 그럼 프랑스 귀족 르 봉 씨는 어떠세요?

포르티아 그도 하느님이 만드셨으니까 사람 대접은 해줘야 하겠지? 남의 흉을 보는 게 죄라는 것쯤은 나도 알고 있지만, 그는 참기 어려운 정도야. 글쎄, 말에 대해선 나폴리 왕을 뺨치고, 찌푸리는 버릇은 백작보다 한술 더 뜨는걸…… 개성이 없는 소인배랄까…… 지빠귀가 울면 바로 껑충대고…… 제 그림자하고도 싸움을 할 거야. 그런 수다쟁이와 결혼하면 남편 스무 명을 얻는 것과 마찬가지가 되잖아…… 그가 나를 미워하더라도 나는 용서해 줄 수 있어. 미칠 듯이 사랑한대도 나는 조금도 마음이 없으니 말이다.

네리사 그럼 잉글랜드의 젊은 팰컨브리지 남작은 어떠세요?

포르티아 그 사람하고는 어디 말이 통해야지. 그쪽에선 내 말을 못 알아듣고 나는 그쪽 말을 못 알아들으니까. 그와는 라틴 말도 프랑스 말도 이탈리아 말도 통하지 않아. 나는 또 영어라고는, 네가 증인을 서도 좋지만 한마디도 모르잖니. 맵시 좋은 미남이긴 하더라만, 아! 벙어리 인형이랑 어떻게 말을 주고받겠어? 그의 옷차림은 참 볼만하더라! 아무래도 조끼는 이탈리아에서, 홀태바지는 프랑스에서, 모자는 독일에서, 그리고 예의범절은 세계 곳곳에서 따로 사들인 모양이야.

네리사 그분 이웃나라에서 오신 스코틀랜드의 귀족은 어떻게 생각하세요?

포르티아 그 사람은 이웃 간의 인심이 대단하더군. 글쎄, 그 잉글랜드인한테 따귀를 한 대 얻어맞자 형편이 피면 반드시 갚겠다는 거야. 그런데 이 일은 저 프랑스 사람이 그의 보증을 서고 도장을 찍었나 보더라.

네리사 그럼 작센 공작의 조카라는 젊은 독일인은요?

포르티아 그는 술이 취하지 않은 아침에도 고약하지만, 저녁때 술에 취하면 정말 개망나니더라. 가장 좋을 때도 인간 이하고, 가장 나쁠 때는 짐승이나 별 차이가 없어…… 그러니 난 최악의 경우가 오더라도 그 사람 신세는 지지 않도록 해야겠다.

네리사 만약에 그분이 상자를 고르겠다고 대들어서 바른 상자를 골라내는 경우, 아가씨가 거절하시면 그건 아버님의 유언을 거스르는 일이요.

포르티아 그러니 그런 일이 없도록 제발 엉뚱한 상자 위에 라인산(産) 포도주를 가득 따른 술잔을 갖다놔. 그렇게 해놓으면 그 상자 속에 악마가 들어 있더라도 곁에 술이라는 유혹이 있으니, 그 상자를 고르고 말겠지. 애, 네리사, 난 무슨 짓을 해서라도 그런 술꾼과는 결혼하지 않겠어.

네리사 걱정 마세요, 아가씨. 그분들 누구와도 결혼은 하지 않게 될 테니까요…… 그분들이 제게 말하기를, 다들 고국으로 돌아가기로 하고 다시 청혼 문제로 아가씨를 괴롭히지 않겠다고 했어요. 그야 상자를 고르라는 아버님의 유언 말고 다른 방법으로 결혼할 수 있다면 이야기가 다르지만요.

포르티아 나는 시빌레*³처럼 나이를 많이 먹는다 할지라도, 아버지 유언대

---

*3 그리스 신화에 나오는 무녀(巫女)로 '시빌', '시빌라'라고도 한다. 아폴론은 시빌레에게 구애하면서 무슨 소원이든 들어주겠다고 했는데, 시빌레는 손에 한 움큼의 모래를 쥐고 모래알의 수만큼 수명을 내려달라고 말했다. 그러나 젊음을 유지하게 해달라는 말은 하지 않은 데다

로 남편감을 얻지 못한다면, 달의 여신 디아나처럼 독신으로 살다 죽을 테다. 아무튼 구혼자들이 그렇게 사리 분별할 줄 안다니 고맙구나. 떠나지 않으려는 사람이 하나도 없으니 말이다. 제발 하느님 덕분에 편히들 가시기만 바랄 뿐이다.

네리사 아가씨, 혹시 아버님 살아 계실 때 몽페라 후작과 같이 오신 베니스 사람으로, 학자이자 군인이었던 분을 기억하세요?

포르티아 그래그래, 바사니오 씨 말이지? 아마 그런 이름이었지?

네리사 네, 맞아요. 멍청한 이 눈으로 뵌 분 중에는, 아름다운 아내를 맞을 만한 분으로 가장 알맞았어요.

포르티아 나도 잘 기억하고 있어. 그리고 네 칭찬처럼 훌륭한 분인 것 같더구나.

하인 등장.

포르티아 왜? 무슨 일이냐?

하인 손님 네 분이 아가씨를 뵙고 떠나시겠답니다. 그리고 다섯 번째 손님이신 모로코 왕자 쪽에서 먼저 보낸 사신이 도착했는데, 왕자께서 오늘 밤 이곳에 도착하신답니다.

포르티아 손님 네 분을 보내는 기쁜 마음으로 다섯 번째 분을 맞을 수 있다면 오죽이나 반갑겠니. 하지만 그분의 성품이 성자 같을지라도 얼굴이 마귀 같을 바에야, 나를 아내로 얻기보다 차라리 내 고해를 받을 신부가 되시는 게 나을걸. 그럼 네리사, 너는 먼저 들어가거라. 청혼자 한 분을 보내고 나니 또 다른 분이 찾아오는구나. (모두 퇴장)

〔제1막 제3장〕

베니스. 광장.
바사니오와 샤일록 등장.

가 결국 아폴론의 구애를 받아들이지 않았으므로, 성난 아폴론은 그녀에게 모래알만큼의 수명은 주었지만 그만큼 늙도록 내버려 두었다.

샤일록 3천 더컷이라…… 음.

바사니오 예, 그것을 석 달만 좀.

샤일록 석 달이라…… 음.

바사니오 아까도 말했지만, 보증은 안토니오가 서니까요.

샤일록 보증은 안토니오가…… 음.

바사니오 도와줄 수 있겠소? 부탁을 들어주겠소? 대답을 해주시오.

샤일록 3천 더컷을 석 달 동안, 그리고 보증은 안토니오가 선다…….

바사니오 그 대답을 해달라니까요.

샤일록 안토니오는 좋은 사람이오.

바사니오 반대되는 평판이라도 들었나요?

샤일록 오! 아니오, 아니오, 아니오, 천만에요…… 내가 그를 좋은 사람이라 한 것은, 틀림이 없는 사람이라는 뜻이오. 하지만 그의 재산은 확실치가 않소…… 그의 상선 한 척은 트리폴리스로, 다른 한 척은 인도로 가는 중이라는데. 이 밖에도 리알토의 상업 거래소에서 듣자니 세 번째 배는 멕시코로, 네 번째 배는 잉글랜드로 나가 있고, 그 사람의 다른 자본들도 세계 곳곳에 흩어져 있다더군요. 그런데 배라는 건 널빤지일 뿐이고, 선원이란 것도 보통 사람일 뿐이지요. 게다가 땅쥐에 물쥐, 땅도둑에 물도둑—해적 말입니다만…… 이런 것들이 있는가 하면 폭풍우와 암초의 위험까지 있잖습니까? 그건 그렇더라도 그 사람 같으면 틀림이 없지요. 3천 더컷이라…… 그의 보증을 받아도 되리라 생각하오.

바사니오 그럴 만하니 믿어요.

샤일록 그럴 만하니 믿어보기로 하죠. 그렇게 하자면 생각 좀 해봐야겠소. 안토니오와 만나서 이야기할 수 있나요?

바사니오 괜찮으시다면 같이 식사나 합시다.

샤일록 음, 돼지고기 냄새를 맡으란 말이죠. 저 나사렛의 예언자가 요술을 써서 마귀를 돼지 배 속에 몰아넣었다는 그 마귀의 집을 먹으란 말이죠! 당신들과 거래도 하고, 함께 산책도 하고, 같이 이야기도 하고, 이 밖에 다른 일도 하겠소만, 식사나 술은 못하겠소…… 리알토에서 무슨 소식이라도 있던가요? 저기 오는 사람은 누구요?

안토니오 등장.

바사니오 안토니오군. (안토니오를 한쪽으로 데리고 간다)

샤일록 (혼잣말로) 어쩌면 저렇게도 아첨하는 세리 같은 낯짝을 하고 있을까! 저놈이 그리스도교도이기 때문에 밉단 말이야. 그뿐인가, 바보 같은 자비심을 베풀어 무이자로 돈을 빌려주고는, 베니스의 우리 대금업자 사이에 이자를 떨어뜨리기 때문에 더욱 미워 죽겠어. 나한테 약점을 한 번만 잡혀봐라, 쌓이고 쌓인 원한을 톡톡히 갚고 말 테다…… 저 녀석은 우리네 신성한 유대 민족을 증오하고 상인들이 가득 모인 곳에서도 나를, 내 장사를 비난하거든. 그리고 정당하게 모은 내 재산을 비난하거든. 저런 놈을 내버려 두면 우리 민족이 저주를 받을 것이다!

바사니오 샤일록 씨!

샤일록 아, 지금 나는 현금을 따져보고 있는 중이지만, 아무리 기억을 더듬어 봐도 3천 더컷이란 큰돈을 당장 마련하진 못할 것 같소. 하지만 염려 마시오. 우리 동족에 투발이라는 부자가 있으니 부탁해 봅시다. 가만있자…… 몇 달 동안 쓴다고 했지요? (안토니오에게 인사를 하면서) 안녕하시오, 지금 막 당신 이야기를 하던 참이었소.

안토니오 샤일록 씨, 나는 이자 없이 돈거래를 해왔소만, 이 친구가 급히 필요하다니까 이번만은 깨뜨리겠소…… (바사니오에게) 얼마 필요한지 이야기했나?

샤일록 아, 예, 3천 더컷이라죠.

안토니오 그걸 석 달만.

샤일록 아차, 깜박 잊었었구려…… 석 달이죠. 그럼 당신의 보증을 받읍시다. 그런데 가만있자…… 지금 당신 말을 듣자니, 이자 있는 돈거래는 안 한다고요?

안토니오 그렇소.

샤일록 야곱이 자기 외삼촌 라반의 양을 치던 시절의 이야기인데, 그런데 이 야곱으로 말하자면 우리의 거룩한 조상 아브라함의 3대째 상속자가 됐습니다만…… 그의 현명한 어머니 덕분에 그렇게 된 것이지요…… 아무튼 3대째 상속자가 됐지요.

샤일록(허버트 비어봄 트리 분) 찰스 부헬. 1914.

안토니오 그래, 그분이 어쨌단 말이오? 이자라도 받았단 말이오?

샤일록 천만에요, 이자를 받다뇨…… 당신 말처럼 직접 이자를 받은 것이 아
니죠…… 그러나 그분이 어떻게 했나 좀 들어보시오. 글쎄 외삼촌과 조카
사이에 이런 약속을 했답니다. 만약 양이 새끼를 낳으면 그중에서 줄진 놈,

점 박힌 놈은 모조리 야곱이 품삯으로 차지하기로요. 그런데 그해 늦은 가을에 발정한 암양이 숫양을 찾아가서 양들 사이에 생식 활동이 행해지는 틈에, 이 영리한 목동은 나뭇가지 껍질을 벗겨서 교미가 절정에 달한 암양 눈앞에 꽉 박아 세워 놓았답니다. 그래서 암양이 새끼를 배고 해산 달이 되자 점박이만 잔뜩 낳았는데, 모두 야곱 차지가 됐지요. 이것이 부자가 되는 방법입니다. 야곱, 참 복이 많으셨지요. 부자가 되는 건 축복할 일이오. 도둑질만 하지 않는다면 말입니다.

안토니오 야곱이 한 일은, 그건 하나의 투기요…… 자기 힘으로 그렇게 된 게 아니라 순전히 하느님의 손에 의해 좌우된 것이오. 그래, 이자를 정당화하려고 성경 이야기까지 꺼낸 거요? 아니면 당신네 금은은 모두 암양 숫양들이란 말이오?

샤일록 글쎄요. 아무튼 나는 돈도 자주 새끼를 치게 합니다…… 하지만 내 말을 들어보시오.

안토니오 (바사니오에게만 들리게) 저 소리 들었나, 바사니오? 악마도 제 잇속을 위해서라면 성경을 인용한다네. 나쁜 놈이 성경을 들어서 증거를 대는 건 악당의 웃음이나 같은 걸세. 속이 썩은 사과 같은…… 아, 속은 겉보기와 다르단 말이야!

샤일록 3천 더컷이라…… 상당히 큰돈이군. 열두 달 가운데 석 달이라. 이자를 좀 쳐봐야지.

안토니오 그래, 신세 좀 져도 되겠소?

샤일록 안토니오 씨, 당신은 여러 번 리알토에서 나를 욕했지요. 내 대금과 이자에 대해서요. 그래도 나는 어깨를 움츠리고 다 참아왔소. 참을성은 우리 민족의 특성이니까요. 나를 이단자니, 살인자니, 개니 하면서 당신은 우리 유대인의 웃옷에 침을 뱉었소. 내가 내 것을 쓴다고 해서 말이오. 그런데 이제 보니 내 도움이 필요한 것 같구려. 그래서 내게 와서 하는 말이 "샤일록, 돈 좀 꾸어줄 수 없겠느냐"는 말이죠. 당신은 내 수염에 가래침을 뱉고, 도둑개를 차듯이 나를 문지방에서 차내더니, 이제 와선 돈을 청하시는구려. 글쎄 뭐라 말해야 좋을까요? "개가 어디 돈이 있나요? 들개가 과연 3천 더컷을 융통해 줄 능력이 있을까요?" 말해야 좋을까요? 아니면 내가 엎드려서 종놈 같은 말투로 숨을 죽여 가면서 중얼거려야 할까요? "나리께서는 지난 수요일에 내게 침을 뱉고…… 그 어느 날에는 나를 발길로 차고, 언젠가는 개라고 불렀지요. 그런 친절에 대한 보답으로 그런 큰돈을 빌려드리리다" 이렇게요?

안토니오 나는 앞으로도 그렇게 욕을 하고, 침을 뱉고, 발길로 차고 하겠소. 이 돈을 빌려주더라도 행여 친구에게 빌려준 거라고는 생각하지 마오…… 친구끼리 누가 돈을 꿔주고 이자를 받는단 말이오? 그러니 원수한테 돈을 꿔줬노라 생각하구려. 그렇게 하면 계약을 어길 경우에는 떳떳이 위약금을 청구할 수 있을 테니까요.

샤일록 아니, 왜 이렇게 야단이시오! 나는 당신하고 사귀어서 우정도 나누고 싶고, 여태껏 받은 모욕도 싹 잊고 이자는 한 푼 없이 지금 필요하다는 돈을 마련해 줄 생각이었는데, 내 말은 들으려 하지 않는구려. 이건 내 좋은 마음에서 우러난 건데요.

안토니오 사실이 그렇다면 고맙소만.

샤일록 그럼 내 친절을 보여드리리다. 자, 함께 공증인에게 가서 단독 명의로도 좋으니까 계약서에 도장을 찍어주오. 그리고 이건 장난삼아 이야깁니다만, 만약 그 계약서에 명시된 금액을 정해진 날짜, 정해진 장소에서 갚지 못할 때에는 위약금 조로 당신의 기름진 살을 꼭 1파운드만 내 마음대로 어디서나 베어내기로 하면 어떻겠소?

안토니오 아, 좋소. 그럼 계약서에 도장을 찍으리다. 그리고 유대 사람도 매우 친절하더라고 세상에 알리겠소.

바사니오 여보게, 나 때문에 그런 계약서에 도장을 찍으면 안 되네. 내가 궁색한 것쯤은 차라리 참겠네.

안토니오 이 사람아, 걱정할 건 없어. 나는 약속을 어기지 않을 테니까. 두 달 안에, 글쎄 계약서의 기한보다 한 달이나 앞서 계약서에 쓴 액수의 아홉 배나 되는 돈이 들어올 예정이니 말이야.

샤일록 오 아브라함 조상님, 이 기독교도를 좀 보십시오. 자기들 거래가 빡빡하니까 남의 속까지 의심하는 모양입니다! 자, 한마디 물어보겠소…… 날짜를 어기는 경우, 그것으로 내게 무슨 이득이 있겠소? 사람 몸에서 베어낸 살 1파운드는 양고기나 소고기나 염소고기보다도 쓸데없고 가치도 없소. 나는 호의를 사려고 이만한 우정을 베푸는 거요. 받아준다면 좋고, 싫다면 하는 수 없죠. 그러나 제발 내 마음을 오해하지는 마오.

안토니오 좋소, 그 계약서에 도장을 찍으리다.

샤일록 그러면 공증인 집에서 곧 만납시다. 이 재미있는 증서를 작성해 놓도록 지시해 주오. 나는 가서 곧 돈을 마련하리다. 그런데 되지못한 놈한테 집을 맡겨 놓고 왔기 때문에 걱정스러우니, 집에 좀 다녀와야겠소. 그리고 나서 곧 만나러 오리다.

안토니오 친절한 유대인, 얼른 다녀오구려. (샤일록 퇴장) 저 히브리인이 그리스도교인으로 돌아설 작정일까…… 점점 친절해지네.

바사니오 입은 번지르르하지만 뱃속은 시커먼 놈이 나는 싫단 말이야.

안토니오 자, 가세…… 걱정할 건 없어. 아무튼 내 상선들은 기한보다 한 달이나 빨리 돌아올 테니까. (모두 퇴장)

〔제2막 제1장〕

벨몬트. 포르티아 집의 어느 방.

코넷이 연주되면서 하얀 옷을 입은 황갈빛 피부의 무어족 모로코 왕자와 서너 명의 시종들, 포르티아와 네리사, 하인들 등장.

모로코 왕자 내 얼굴빛을 싫어하지 마시오. 이건 찬란한 태양이 입혀준 검은 옷이라 할 수 있죠. 나는 태양의 이웃에서 자랐으니까요. 태양의 불도 고드름을 녹이지 못한다는, 북쪽에서 태어난 얼굴이 희디흰 사람들을 불러와서, 당신의 사랑을 걸고 피를 뽑아 그자와 나 둘 가운데 누구의 피가 더 붉은가 시험해 보오. 아가씨, 내 얼굴에는 용맹한 자도 겁을 내고, 사실 우리나라의 가장 아름다운 처녀들도 녹았답니다…… 이 얼굴빛을 다른 것과 바꾸고 싶진 않습니다. 나의 여왕이시여, 당신의 마음을 몰래 훔치기 위해서라면 이야기가 다릅니다만.

포르티아 선택을 해야 할 때 저는 처녀의 눈으로 얼굴색만 가지고 따지지는 않습니다. 더구나 제비뽑기로 운명이 결정될 저에게는, 마음대로 선택할 권리가 없어요. 하지만 방법을 말씀드린 바와 같이, 제비를 맞힌 남자의 아내가 되라는 아버지의 생각 때문에 제가 궁색한 제한만 받고 있지 않다면, 이름 높은 왕자님도 제 애정의 후보자로서 여태껏 뵌 분들과 다름없이 자격을 갖추셨습니다.

모로코 왕자 말씀만 들어도 감사하오. 그러면 그 상자가 있는 곳으로 안내해 주시오. 나의 운명을 시험해 보겠습니다…… 이 언월도(偃月刀)…… 터키 왕 술레이만을 세 번이나 물리쳤다는 페르시아 왕도 죽인 이 언월도를 두고 맹세하지만, 당신을 얻기 위해서라면 아무리 무서운 눈과도 맞바라보고 겨루어서 기를 죽여 놓겠소. 세상에서 가장 대담한 자와도 싸워 이기겠소. 젖을 물고 있는 새끼라도 어미 곰한테서 떼어 놓겠소. 아니, 먹이를 찾아 으르렁대는 사자라도 놀려주겠소. 그러나 아! 헤라클레스와 그의 하인 리카스가 주사위를 던져서 결말을 내기로 한다면, 운명의 조화로 약한 쪽 손에 좋은 수가 나올지 모를 일이지요. 이래서 장사도 그 하인한테 지고 마오. 그러니 나 또한 눈먼 운명한테 이끌려서 소중한 것을 하찮은 자에게 빼앗기고 비탄 속에 죽을지도 모르지요.

포르티아 모든 것을 운명에 맡기실 수밖에요…… 그리고 처음부터 고르기를 그만두시든가, 아니면 잘못 고르는 경우에는 앞으로 영영 여자에게 구혼을 하지 않겠다고 고르시기 전에 맹세를 하셔야 합니다. 그러니 잘 생각해 주시기 바랍니다.

모로코 왕자 아무렴요. 자, 운명을 결정하게 안내해 주시오.

포르티아 먼저 교회로 가시지요. 그리고 운명의 결정은 식사 뒤에 하세요.

모로코 왕자 그렇다면 행운을 빌 따름입니다. 이 세상에서 가장 행복한 인간이 될 것이냐, 저주받는 인간이 될 것이냐. (모두 퇴장)

〔제2막 제2장〕

베니스. 어느 거리.
란슬롯 고보 등장.

란슬롯 틀림없이 이 유대인 주인 집에서 달아나는 걸 양심이 도와줄 테지. 글쎄 마귀란 놈이 팔꿈치 곁에서 나를 이렇게 유혹한단 말이야. "고보, 란슬롯 고보, 착한 란슬롯 고보, 다리를 써, 다리를. 뛰어라, 뛰어서 달아나라 니까." 그런데 내 양심은 이렇게 말하거든. "안 된다. 잘 생각해라, 넌 정직한 란슬롯이다. 조심해라, 고보." 아니면 아까도 말했지만 "정직한 란슬롯 고보, 달아나면 안 돼. 달아나는 건 비겁한 일이야" 타이르거든…… 그런데 가장 대담한 마귀는 나더러 짐을 싸라는 거야…… 그놈은 "뛰어라! 뛰어! 용기 좀 내서 달아나라니까"라고 속삭이거든. 그런데 양심이란 놈은 내 심장에 바싹 매달려서 아주 약게 이렇게 타이른단 말이야. "정직한 친구, 란슬롯, 너는 정직한 남자의 아들이 아니냐"…… 그런데 실은 정직한 여자의 아들이란 말이 더 맞지 않을까…… 사실 말이지, 내 아버지는 좀 입맛을 다시고, 조금 냄새를 피우고, 맛도 살짝 본 셈이니 말이야. 그건 그렇고 양심이란 놈이 "란슬롯, 꼼짝 마라" 하면, 악마란 놈은 "달아나라" 이러고, 그러면 양심이란 놈은 "꼼짝 말라니까" 이런단 말이야. 그래서 나는 이렇게 말해 주지. "양심아, 네 말도 근사하다." 그리고 이렇게도 말해 주지. "악마야, 네 충고도 그럴듯하다." 양심의 말을 듣자니 악마 같은 유대인 주인 집에 주저앉아야 하고, 이 유대인 집에서 달아나자니 악마의 말을 들어야 하고. 미안한 말이지만 이 악마란 놈은 마귀가 틀림없거든…… 그리고 사실 유대인 주인은 바로 악마의 화신이란 말이야…… 그런데 내 양심을 걸고 하는 말이지만, 그건 좀 무정한 말이지만…… 아무래도 악마의 말이 더 친절한 것 같아…… 자, 달아나겠다, 악마야. 내 발꿈치는 네 명령대로 달아나겠다.

고보 노인이 바구니를 들고 등장.

고보 노인 이보게 젊은이, 말 좀 물읍시다. 유대인 나리 집은 어디로 가면 되오?

란슬롯 (혼잣말로) 아이고, 내 진짜 아버지가 아니신가! 눈뜬장님, 반(半)소경처럼 돼서 나를 못 알아보시네. 아버지의 혼을 좀 빼놔야지.

고보 노인 여보, 젊은이, 유대인 나리 집은 어느 쪽이오?

란슬롯 요다음 모퉁이에서 오른쪽으로 도시오. 그다음 모퉁이에서 꼭 왼쪽으로 도시오. 그리고 그다음 모퉁이에서는 어느 쪽으로도 돌지 말고 꼬불꼬불 내려가면 유대인 집이오.

고보 노인　찾기가 너무 힘들겠는데. 그런데, 그 댁에 란슬롯이란 사람이 지금도 살고 있는지 아시오?

란슬롯　젊은 란슬롯 도련님 말입니까? (혼잣말로) 가만있자, 눈물 좀 쏟아지게 해줄까 보다…… 젊은 란슬롯 도련님 말입니까?

고보 노인　도련님이 아니라, 그저 가난한 사람의 자식이죠. 내가 이렇게 말하는 건 좀 뭣하지만, 그의 아버지는 찢어지게 가난해도 정직하며 하느님 덕분에 잘살고 있답니다.

란슬롯　글쎄 그의 아버지는 어떻게 됐든 간에, 젊은 란슬롯 도련님 이야기나 합시다.

고보 노인　당신 친구이자 그냥 란슬롯이죠.

란슬롯　그런데 저, 그러니까 말입니다. 젊은 란슬롯 도련님 말입니다.

고보 노인　죄송하지만, 그저 란슬롯 녀석 말입니다.

란슬롯　그러니까 란슬롯 도련님이란 말입니다…… 란슬롯 도련님 이야기는 그만둡시다. 아버지, 그 젊은 신사를 글쎄…… 운명인지 천명인지 모르지만 그 이상한 말마따나, 그리고 운명의 세 여신인지 하는 그 학문마따나…… 실은 작고했습니다. 아니, 우리네 말로 쉽게 하자면 하늘로 갔답니다.

고보 노인　아이고 맙소사! 늙은 내가 그 자식을 지팡이나 기둥같이 믿고 있었는데.

란슬롯　(혼잣말로) 내가 몽둥이나 작대기처럼 보인담? 지팡이나 기둥이라고? 그런데 아버지, 저를 몰라보시겠습니까?

고보 보인　아이고, 나는 몰라보겠소, 젊은 양반. 그런데 여보, 내 자식은…… 하느님 살펴주옵소서! 도대체 그놈은 살아 있습니까?

란슬롯　아버지, 저를 몰라보시겠습니까?

고보 노인　아, 눈뜬장님이 돼놔서 당신이 누군지 몰라보겠구려.

란슬롯　아니죠, 눈이 멀쩡하더라도 저를 몰라보실 겁니다. 글쎄, 자기 자식을 알아보는 아버지는 현명한 아버지라잖습니까. (무릎을 꿇고) 그런데 어르신, 아드님 소식을 알려 드리리다. 축복해 주십쇼. 진실은 밝혀질 것이고, 살인도 오래 숨기진 못합니다. 그리고 사람의 자식도 아무리 숨어봤자 결국은 밝혀지고 말죠.

고보 노인　여보, 제발 일어서시오. 확실히 당신은 내 아들 란슬롯은 아니니까요.

란슬롯 이제 농담은 제발 그만하시고 축복해 주십시오. 저는 진짜 란슬롯입니다. 예전에 아버지의 아들이었고, 지금은 아버지의 자식이며, 앞으로는 아버지의 아이가 될 란슬롯입니다.

고보 노인 당신이 내 아들이라고는 생각하지 못하겠구려.

란슬롯 그건 어떻게 생각해야 할지 저도 모르겠네요. 하지만 저는 유대인의 하인 란슬롯이고, 어르신의 아내 마저리는 제 어머니입니다.

고보 노인 내 마누라 이름은 틀림없이 마저리지. 그런데 네가 란슬롯이라면 너는 내 피와 살을 받아서 태어난 내 자식이 분명하구나. (란슬롯의 얼굴을 만져본다. 란슬롯은 절을 하며 목덜미를 내민다) 아이고, 어쩌면 수염이 이렇게 많이 났느냐! 턱이 우리집 망아지 도빈의 꼬리보다 북실북실하구나.

란슬롯 그렇다면 도빈이란 놈의 꼬리는 거꾸로 자라난 모양이지요. 요전에 봤을 때는 확실히 고놈의 꼬리가 제 얼굴보다 더 북실북실하던데요.

고보 노인 너 아주 많이 변했구나! 그래, 주인어른과는 사이가 어떠냐? 네 주인한테 선물을 하나 가지고 왔다. 지금 주인과는 어찌 지내냐?

란슬롯 글쎄요, 글쎄요…… 그런데 저로 말하자면 달아나기로 일단 결심했으니까, 조금이라도 달아나 보지 않고서야 어디 마음이 편해야죠. 주인은 지독한 유대인이에요. 그놈한테 선물을 주다뇨! 목매달아 돼지라고 밧줄이나 갖다주세요…… 그놈 집에서 고생살이하고 있자니 배에서 쪼르륵 소리가 납니다…… 보세요, 손가락으로 갈빗대를 이렇게 모조리 세어볼 수 있을 지경입니다…… 아버지, 오셔서 참 반가워요. 가지고 오신 선물일랑 바사니오 나리께 드리세요. 그분이 좋은 새 옷을 맞춰 주시겠다잖아요. 저는 땅끝 닿는 곳까지 달아나서라도 꼭 그분 집에서 삽니다…… 아이고, 잘됐습니다. 마침 그분이 오시는군요…… 아버지, 저분 말입니다. 누가 더 이상 유대 놈 집에서 산담.

바사니오가 레오나르도 및 그 밖의 사람들과 함께 등장.

바사니오 (하인에게) 그렇게 해도 좋아. 그러나 늦어도 5시까지는 식사 준비가 다 돼 있도록 서둘러라. 이 편지는 전달하고, 새 옷들도 맞추도록 해라. 그

영화 〈베니스의 상인〉 마이클 래드포드 감독, 알파치노·제레미 아이언스 출연. 2004.

리고 그라티아노에게 곧 내 집으로 오시도록 전해라. (하인 퇴장)

란슬롯　저분입니다, 아버지.

고보 노인　하느님의 은총이 나리께 내리시길!

바사니오　아, 고맙소. 내게 무슨 하실 말이라도?

고보 노인　이 애가 제 자식인뎁쇼, 가난한 아이입니다만.

란슬롯　가난한 아이라뇨, 부자 유대인 집 하인을 가지고. 상세한 이야기는 아버지가 하실 테지만……

고보 노인　이 아이가 글쎄 나리 댁에서 무척 살고 싶어하는뎁쇼.

란슬롯　요점을 말씀드리자면, 저는 유대인 집에서 살고 있는 하인입니다. 상세한 이야기는 아버지가 하시겠지만……

고보 노인　주인어른과 이놈이 영 사이가 좋지 않아서……

란슬롯　요컨대 사실 그대로 말씀드리면, 그 유대인이 저를 못살게 군답니다. 그러니까 제 아버지입니다만, 노인네가 확실한 말씀을 하시겠지만……

고보 노인　여기 비둘기 요리가 있는데, 나리께 드리고자 합니다. 그리고 부탁 드릴 것은……

란슬롯　간단히 말씀드리자면, 그 부탁이라는 것은 저와는 아무런 관계도 없는데, 이 정직한 노인네가 이야기할 것입니다. 늙기는 늙었지만 가난한 제 아버지인데요.

바사니오 한 사람이 이야기하게나. 그래, 부탁이 뭔가?

란슬롯 나리 곁에서 나리를 모시며 살고 싶습니다.

고보 노인 그게 바로 결론입니다.

바사니오 자네는 내가 잘 아네. 뜻대로 하게. 실은 자네 주인 샤일록을 오늘 만났는데 자네를 추천하더군. 돈 있는 유대인 집을 나와서 나처럼 구차한 사람 집에 살러 오는 것을 뭐 추천이라고야 할 수 있겠는가만.

란슬롯 제 주인 샤일록과 나리께서는 옛 속담을 공평하게 나눠 가지셨어요. 나리께서는 '하느님의 은총'을 가지시고, 그는 재물을 '듬뿍' 가졌으니까요.

바사니오 자네는 말재주가 있군그래. 자 노인, 아들과 함께 이전 주인 집에 가서 작별 인사를 하고 내 집을 찾아오도록 하오. (하인들에게) 여봐라, 이자에게는 다른 하인들보다 술이 훨씬 더 많이 달린 옷을 입혀라, 알겠느냐?

란슬롯 아버지, 들어가세요. 저는 다른 데 일자리를 구할 수도 없고, 거기다가 어디 말주변이나 있어야죠…… 그런데 저…… (손바닥을 들여다보면서) 성경에 두고 맹세해도 좋지만, 이탈리아 전체를 찾아봐도 제 손금처럼 좋은 손금은 없습니다. 이제 좋은 복이 굴러들어오고. 자, 여기 생명선이 쭉 뻗어 있고, 이쪽 대단찮은 선은 아내들데…… 원, 여편네가 겨우 열다섯 명밖에 안 된단 말인가. 과부 색시가 열하나에 처녀 색시가 아홉이라, 한 사람의 사내 몫으로 참 쓸쓸하구먼…… 그리고 세 번 물에 빠져 죽을 뻔하게 되고, 아무튼 겨우 목숨을 건지는구나…… 그래 운명의 신이 여신이라면, 참 친절한 여자이기도 하지. 아버지, 오세요. 눈 깜짝할 새에 유대인 주인과 작별하고 올게요. (고보 노인과 함께 퇴장)

바사니오 여보게 레오나르도, 부디 잊지 말게. 이런 물건들을 사들이거든 얼른 배에 실어 놓고서 서둘러 돌아와야 하네. 오늘 밤에 귀한 손님들을 대접하기로 돼 있으니까. 자, 얼른 가보게.

레오나르도 예, 최선을 다하겠습니다.

그라티아노 등장.

그라티아노 자네 주인은 어디 계신가?

레오나르도 저기 계십니다. (퇴장)

그라티아노 바사니오!

바사니오 오, 그라티아노!

그라티아노 부탁이 하나 있는데.

바사니오 뭐든 들어주겠네.

그라티아노 거절하면 안 되네. 다른 게 아니라 벨몬트에 나도 따라가겠네.

바사니오 아, 그야 따라가다뿐인가. 그러나 여보게, 내 말 좀 들어보게. 자네는 너무 버릇없고 거칠고 말이 지나치단 말이야…… 하기야 참 자네다운 성격이기도 하고, 또한 우리 같은 사람들 눈에는 나쁘게 보이진 않네만, 낯선 땅에 가면 좀 경박하게 보일지도 모르네. 그러니까 제발 노력을 해서 그 날뛰는 성미에 절제라는 차디찬 물을 좀 끼얹으란 말이야. 자네의 그 난폭한 행동 때문에 그곳에 가서 나까지 오해를 받고, 끝내는 내 희망까지 망치면 안 되니까.

그라티아노 바사니오, 내 말도 좀 들어보게…… 나는 어디까지나 진지한 태도로 말도 점잖게 하고, 욕도 그리 많이 하지 않고, 주머니 속에는 늘 기도책을 넣고 다니고, 얼굴 표정은 아주 엄숙하게 갖겠네. 그뿐 아니라 식사 시간에 기도할 때에는, 이렇게 모자로 눈을 가린 채 한숨을 내쉬면서 "아멘"도 하겠네. 그리고 예의란 예의는 모두 지키겠네. 할머니 마음에 들기 위해서 엄숙한 체 시치미 떼기에 능란한 사람처럼 말이야. 이 말이 거짓이라면 이제부터 나를 믿지 않아도 좋네.

바사니오 음, 그럼 앞으로 두고 보세.

그라티아노 하지만 오늘 밤은 예외일세. 오늘 밤 내 행동을 가지고 판단하면 안 되네.

바사니오 그야 물론이지. 오늘 밤만은 오히려 철저히 놀아주기를 청하고 싶네. 다들 놀기 좋아하는 친구들이 모이니 말이야. 자, 그러면 잘 가게. 나는 볼일이 좀 있어서.

그라티아노 나도 로렌조를 찾아봐야겠네. 저녁때 다시 만나세. (모두 퇴장)

베니스. 샤일록 집의 어느 방.
제시카와 란슬롯 등장.

제시카　이제 너가 내 아버지 곁에서 떠난다니 섭섭하구나…… 내 집은 지옥
　　같은데, 그래도 네가 참 재미난 녀석이라 지루한 줄도 몰랐단다. 그럼 잘 가.
　　너한테 1더컷 줄게. 그리고 이봐, 오늘 저녁때 로렌조 씨가 너의 새 주인 집
　　에 초대를 받고 가실 테니까, 이 편지를 전해 줘. (란슬롯에게 편지를 건네준다)
　　남몰래 전해야 한다. 그럼 잘 가. 이렇게 내가 너와 이야기하고 있는 것을
　　아버지께 보이고 싶지 않아.

란슬롯　안녕히 계십쇼! 눈물 때문에 혓바닥도 움직일 수가 없군요. 아름다
　　운 이교도 아가씨, 상냥한 유대인 아가씨! 머지않아 그리스도교도가 그럴
　　듯한 말로 꼬여서 아가씨를 채어갈 것이 틀림없어요. 그건 그렇고, 안녕히
　　계십쇼. 미련하게 눈물이 자꾸만 쏟아져 나오니, 대장부의 마음을 그 눈물
　　속에 빠져 죽게 하는군요. 안녕히 계십쇼. (퇴장)

제시카　잘 가라, 란슬롯…… 이 흉악한 내 죄 좀 보게. 아버지 딸인 것을 창
　　피스러워하다니! 그러나 피는 아버지의 딸이지만 태도는 아버지를 닮지 않
　　았어…… 오, 로렌조! 당신만 약속을 지켜주시면, 나는 이 고민을 끝내고 그
　　리스도교로 개종해 당신의 사랑스런 아내가 되겠어요. (퇴장)

베니스. 어느 거리.
그라티아노, 로렌조, 살라리노, 솔라니오 등장.

로렌조　아냐, 우리는 식사 때 살그머니 빠져나와 내 집에 가서 변장을 하고
　　다시 돌아가기로 하세. 한 시간이면 충분할 거야.

그라티아노　아직 제대로 준비 못했는데.

살라리노　횃불잡이 이야기도 아직 안 했잖아.

솔라니오 감쪽같이 하지 않으면 꼴이 아닐 듯하니 그만두는 게 좋을 것 같아.

로렌조 이제 겨우 4시야. 두 시간 남았으니까 준비는 충분히 할 수 있어.

란슬롯이 편지를 가지고 등장.

로렌조 란슬롯, 무슨 일이냐?

란슬롯 이 편지만 뜯어보십쇼. 상세한 이야기가 적혀 있을 겁니다.

로렌조 낯익은 글씨다. 참으로 아름다운 글씨다. 그러나 이 편지보다도 쓴 손이 더 아름답지.

그라티아노 아니, 연애편지로군.

란슬롯 저는 물러가겠습니다.

로렌조 어디로 가나?

란슬롯 예, 실은 옛 주인 유대인에게, 새 주인 그리스도교인 집에 와서 저녁을 드시라고 알리러 갑니다.

로렌조 가만있게, 이걸 받아. (돈을 준다) 그리고 제시카에게 이 말 좀 전해 줘. 틀림없이 찾아간다더라고…… 비밀스레 말해 줘. (란슬롯 퇴장) 자, 가세. 오늘 밤 가장무도회 준비는 자네들이 맡아주게. 횃불잡이는 내가 알아볼 테니까.

살라리노 그럼 됐네. 당장 시작해야지.

솔라니오 나도 시작해야지.

로렌조 그럼 한 시간쯤 있다가 그라티아노 집으로 와주게. 나도 거기 있을 테니까.

살라리노 좋아, 그렇게 하지. (솔라니오와 함께 퇴장)

그라티아노 아까 그 편지는 제시카한테서 온 게 아닌가?

로렌조 자네한테는 이야기를 하겠네만, 제시카가 이렇게 전해 왔네. 그녀의 아버지 집에서 자기를 이러이러하게 빼내라는 둥, 어떠한 금과 보석을 가지고 있다는 둥, 소년 복장도 마련해 두었다는 둥 말이야. 만일 그녀의 아버지 유대인이 천국에 간다면, 그건 저 얌전한 딸 덕분일 거야. 그녀의 앞길에는 불행 같은 건 절대로 없도록 해야지. 하느님을 믿지 않는 유대인의 딸이라는 이유 때문이라면 모르지만…… 자, 같이 가보세. 가면서 이걸 읽어보게 나. 아름다운 제시카를 횃불잡이로 하세. (모두 퇴장)

〔제2막 제5장〕

베니스. 샤일록의 집 앞.
샤일록과 란슬롯 등장.

샤일록 자, 이제는 네 눈으로 판단하고 알게 될 거다. 이 샤일록과 바사니오 의 차이를 말이다—제시카!—이젠 내 집에서처럼 퍼먹진 못한다—애, 제시 카!—그리고 코를 골고 자지도 못하고, 옷을 함부로 입지도 못한다니까— 애, 제시카, 어디 있느냐?

란슬롯 (큰 소리로) 이봐요, 제시카!

샤일록 누가 너더러 부르라고 그랬어? 너더러 부르라곤 하지 않았어.

란슬롯 하지만 나리는 늘 저한테, 시키지 않으면 아무 일도 못하는 놈이라 고 야단만 치셨잖아요.

제시카 등장.

제시카 부르셨어요? 왜 그러세요?

샤일록 제시카, 나는 식사에 초대를 받았다. 자, 이건 열쇠다…… 그런데 왜 가야 하느냐 말이다. 그들은 나를 좋게 생각해서 초대한 것이 아니라 다만 나에게 알랑방귀를 뀌기 위한 것일 뿐인데. 하지만 증오심을 가지고 가서, 저 사치스러운 그리스도교도 놈들의 밥을 배가 터지게 먹어주자꾸나. 제시 카, 집 좀 잘봐라. 정말 가기가 싫구나…… 어쩐지 무슨 나쁜 일이 생길 것 만 같아. 글쎄, 간밤에 꿈에서 돈주머니를 봤거든.

란슬롯 꼭 가셔야 합니다. 제 젊은 주인님이 나리를 기다리고 계시니까요.

샤일록 나를 욕보이려고 말이지?

란슬롯 천만에요. 다들 계획을 짜놓았답니다만…… 가장무도회를 반드시 보 시라는 건 아닙니다만…… 그러나 보신다면, 지난 검은 월요일 아침 6시에

2막 5장, 샤일록과 제시카, 란슬롯 앤드류 하우. 19세기

재수 나쁘게 제가 코피를 흘린 것도 까닭 없는 일은 아니었다는 걸 아시게
될 거예요. 글쎄 그해 재의 수요일부터 따져보면 오늘 오후가 꼭 4년째 되는
군요.*4

샤일록 뭐, 가장무도회가 있어? 제시카, 문단속 잘해. 북소리나 목을 비틀고
끽끽 부는 저 흉악한 피리 소리가 나더라도, 창틀에 기어올라가서 그리스
도교도 녀석들의 광대 낯짝을 보려고 머리를 큰길에 내밀어선 안 된다. 제
발 우리집 귀를, 그러니까 창문을 모조리 틀어막고, 점잖은 집 안에 건달패
들 소리가 못 들어오게 하란 말이야…… 우리네 조상 야곱의 지팡이를 두
고 하는 말이지만, 정말 오늘 밤 잔치에는 나가고 싶지가 않구나. 그래도 나
가봐야지…… 얘, 너는 먼저 가라…… 그리고 내가 간다고 전해라.

---

*4 '검은 월요일'은 1360년의 부활절 다음 날인 월요일에 짙은 안개가 덮이고 우박이 내려 붙여
진 이름이고, '재의 수요일'은 부활절 40일 전부터 시작되는 사순절의 첫날로 참회의 상징으
로 머리에 재를 뿌린다.

란슬롯 예, 먼저 가보겠습니다…… (작은 소리로) 아가씨, 어쨌든지 창밖을 꼭 좀 내다보십시오…… 유대인 아가씨의 눈에 들 만한 그리스도교도 한 사람이 지나갈 테니까요. (퇴장)

샤일록 저 팔푼이 바보 놈이 뭐라고 그러는 거냐, 응?

제시카 "아가씨 안녕히 계세요"라고 했지요.

샤일록 저 녀석은 마음씨는 좋으나 먹성이 지나치고 일이라면 달팽이같이 느리지. 한낮에도 살쾡이처럼 잠만 잔단 말이야. 수벌같이 퍼먹기만 하는 놈을 내 집에 둘 순 없지. 그러니까 저런 놈은 내보내는 거야. 그냥이 아니라 빚쟁이한테로 내보내서 빚낸 돈을 낭비시키잔 말이야…… 그런데 제시카, 그만 들어가 봐라. 금방 돌아오마. 너는 내가 이른 대로 문단속을 철저히 해라. 단단히 단속해 놓으면 돈이 모인다고 그러잖니. 이건 절약하는 정신에게는 결코 낡지 않는 속담이란다. (퇴장)

제시카 안녕히 가세요…… 이제 내 운명을 누가 막지만 않는다면, 나는 아버지를, 아버지는 딸을 영영 잃게 되겠구나. (퇴장)

〔제2막 제6장〕

같은 장소.
그라티아노와 살라리노, 가장무도회 의상을 입고 등장.

그라티아노 로렌조가 이 처마 아래서 기다리라고 그랬지.

살라리노 약속 시간이 지났는데.

그라티아노 그가 시간에 늦는다는 건 이상하군. 연인들은 반드시 시간보다 앞질러 오는 법인데.

살라리노 사랑의 여신 베누스의 수레를 끄는 비둘기는 새로 맺은 사랑의 약속을 굳은 것으로 만들기 위해서라면 보통보다 열 배나 빨리 날아간다고 하는데. 어차피 굳어진 사랑의 맹세를 지키게 하기 위해서는 평상시나 같다고 하지만.

그라티아노 그야 그렇지. 잔칫상 앞에 앉을 때와 같이 왕성한 식욕을 가지고 자리에서 일어나는 사람이 어디 있겠나? 말을 길들일 때, 처음 뛰어갈 때처

뮤지컬 〈베니스의 상인〉 조너선 먼비 연출, 조너선 프라이스(샤일록 역)·피비 프라이스(제시카 역)
출연. 셰익스피어 글로브 극장. 2015.

럼 돌아올 때도 그 지루한 걸음을 왕성한 의욕으로 밟는 말이 어디 있겠는
가? 세상일이란 좋는 재미지, 일단 손에 넣고 보면 별것 아니란 말이야. 만
국기를 달고 고향의 항구를 떠나는 배를 보더라도, 어쩌면 그렇게 젊은 한
량처럼 창녀 같은 바람에 안기고 부둥키고 하는지 원! 그러나 돌아올 때 보
면 뱃전은 비바람에 시달려 있고, 돛은 찢어지고, 어쩌면 그렇게도 난봉꾼
같은지. 창녀 같은 바람에 시달려서 거지같이 뼈대만 남아서 말이야!

로렌조 등장.

살라리노 마침 로렌조가 오는군…… 이 이야기는 다음에 또 하기로 하세.
로렌조 늦어서 미안하네. 실은 내가 아니라 내 일이 그만 자네들을 이렇게
기다리게 하고 말았네. 뒷날 자네들이 아내 도둑질을 하는 처지에 놓이면,
나 또한 오늘 자네들만큼은 기다려 주겠네…… 이리들 나오게. 이게 내 장
인 유대인 집이네…… 여! 안에 누구 있소?

소년 복장을 한 제시카가 2층 무대에 등장.

제시카 누구세요? 말씀해 보세요. 좀더 확인해 두고 싶어서 그래요. 목소리로 짐작은 갑니다만.

로렌조 로렌조, 당신의 연인이오.

제시카 로렌조 씨가 맞네요. 아, 내 사랑, 제가 이토록 사랑하는 분은 당신뿐이에요. 제가 당신의 것임을 아는 사람도 당신뿐이에요.

로렌조 그건 하느님과 당신의 애정이 증인이오.

제시카 자, 이 상자 좀 받으세요. 무겁지만 수고할 만한 가치는 있으니까요. (상자를 던진다) 밤이어서 다행이군요. 이렇게 변장한 것이 부끄러운데, 당신이 보지 못하니 말이에요. 사랑은 눈이 멀어서, 연인들은 자기들이 저지른 가장 어리석은 짓도 알아보지 못한다잖아요. 그걸 알아보는 날에는, 이렇게 소년처럼 차려입은 걸 보고 큐피드조차 낯을 붉힐 테니까요.

로렌조 당신을 횃불잡이로 써야겠으니 내려와요.

제시카 아니, 이 창피한 꼴이 더욱 잘 보이게 횃불을 들어요? 안 그래도 너무나 환히 드러나 보이는걸요. 횃불잡이는 뭐든지 환하게 비쳐내는 것이 임무가 아닌가요? 남의 눈을 피해 있어야 할 제가 횃불을 들다니요.

로렌조 이봐요, 그래서 그렇게 아름다운 소년으로 변장을 하고 있는 것 아니오. 자, 얼른 내려와요. 캄캄한 밤은 달음질치고, 바사니오네 잔치에서는 우리를 기다리고 있으니까.

제시카 문단속 좀 하겠어요. 그리고 돈도 좀 가지고 금방 내려갈게요. (문을 닫는다)

그라티아노 내 두건에 맹세코, 이젠 유대인이 아니라 이방인이야.

로렌조 정말이지 나는 저 여자를 진심으로 사랑하네. 내 판단으로는 지혜로운 여자야. 그리고 내 눈이 틀림없다면 예뻐. 또한 그녀 자신이 벌써 증명했듯이 진실해. 그러니 나는 지혜롭고 예쁘고 진실한 그녀의 천성 그대로를 변치 않는 내 영혼 속에 품어두겠어⋯⋯.

제시카 등장.

로렌조 벌써 왔소? 자, 가보세⋯⋯ 지금쯤은 가장을 한 친구들이 기다리고 있을 거네. (제시카, 살라리노와 함께 퇴장)

제시카 2층 창문에 나타난 눈부신 모습의 제시카. 사무엘 루크 필즈. 1888.

안토니오 등장.

안토니오 누구요?
그라티아노 안토니오?
안토니오 아, 그라티아노! 그래, 다른 친구들은 어디 있나? 9시네…… 다들 자네들을 기다리고 있어. 오늘 밤 가장무도회는 그만두었다네. 순풍이 불기 시작해서 바사니오는 곧 떠나기로 됐는데, 내가 자네를 찾느라고 사람을 스무 명이나 풀어놨다네. (모두 퇴장)

〔제2막 제7장〕

벨몬트. 포르티아 집의 어느 방.
포르티아, 모로코 왕자, 시종들 등장.

포르티아 자, 커튼을 열고 세 개의 상자를 왕자님께 보여드려라…… (하인이 커튼을 연다. 탁자 위에 상자가 세 개 놓여 있다) 그럼 골라보세요.
모로코 왕자 첫째는 금 상자이고, 이런 글이 새겨 있구나. '나를 고르는 자는 모든 이가 바라는 것을 얻으리라.' 둘째는 은 상자로, 이런 약속이 쓰여 있군. '나를 고르는 자는 신분에 어울리는 것을 얻으리라.' 셋째 상자는 둔탁한 납, 경고문까지도 무뚝뚝하군. '나를 고르는 자는 그가 가진 모든 것을 내놓는 위험을 무릅써야 하리라.' 그런데 내가 상자를 제대로 골랐는지를 어떻게 알아봅니까?
포르티아 이 세 개의 상자 가운데 어느 한 상자 안에 제 초상이 들어 있어요. 그것을 고르시면 저는 그 초상과 함께 왕자님의 것이 됩니다.
모로코 왕자 (혼잣말로) 신이여, 나의 판단을 이끌어 주소서! 그런데 가만있자, 글귀를 다시 한 번 읽어보자. 납 상자는 뭐라고 했더라? '나를 고르는 자는 그가 가진 모든 것을 내놓는 위험을 무릅써야 하리라.' 무릅써야 한다—무엇을 위해서? 납을 위해서? 납을 위해서 위험을? 협박조로군. 사람이 모든 것을 내놓는 위험을 무릅쓸 때에는, 무슨 좋은 이익이 보이니까 그러는 것 아닌가. 황금 같은 마음은 납 부스러기 따위에 굴복하진 않는다. 그러니 나는 납을 위해서 내놓을 생각도, 위험을 무릅쓸 생각도 없다. 그럼 빛이 처녀같이 순결한 은 상자는 뭐라고 하는가? '나를 고르는 자는 신분에 어울리는 것을 얻으리라.' 신분에 어울리는 것! 가만있자, 모로코 왕자여, 공평한 손으로 네 가치를 달아봐라. 세상의 평가대로라면 네 가치는 충분하지만…… 이 아가씨를 얻을 수 있을 만큼 충분한가? 그렇다고 내 가치를 의심하는 것은 스스로를 과소평가하는 것밖에 안 되지. 신분에 어울리는 것! 그건 물론 이 아가씨다. 집안이나 재산, 또 인품이나 교양, 어떤 관점에서 보더라도 나야말로 이 여자를 얻을 만하지. 그러나 무엇보다도 사랑이라는 관점에서도 나라는 사람은 얻을 만하지. 이제는 그만 망설이고 이 상자를 고르면 어떨까? 하지만 금 상자에 새겨 있는 문구를 다시 한 번 보자…… '나를 고르는 자는 모든 이가 바라는 것을 얻으리라.' 아! 이게 아가씨다…… 온 세상이 이 아가씨를 열망하고 있지 않은가! 세상 곳곳에서 사람들이 이 신전, 아니 이 살아 있는 성자에게 입을 맞추려고 모여들잖는가. 그래서 저 사막도, 황량한 아라비아의 드넓은 벌판도, 이제는 아름다운 포르티아를 찾아오는 귀인들로 큰길이 돼버렸다. 그리고 패기만만한 파도가 하늘을 찌르는 바다의 왕국들도 외국에서 오는 모험자들을 막아내진 못하니, 사람들은 개울처럼 손쉽게 넘어서 아름다운 포르티아를 만나러 오고 있지 않는가. 이 셋 가운데 하나의 상자에 그녀의 천사 같은 초상이 들어 있다는데, 과연 납 상자에 들어 있을 수 있을까? 지옥에라도 떨어지려거든 그런 야비한 상상을 하라고…… 납 상자는 캄캄한 무덤 속에 그녀의 수의를 담아서 넣어두기에조차도 너무나 볼품없는 물건 아닌가. 그럼 은 상자에 들어 있다고 생각할 수 있을까? 세련된 금보다는 십분의 일 가치밖에 없는 은 상자에? 상상만 해도 무서운 일이다! 저렇게도 값진 보석이 금보다 못한 상자에 들어 있던 일도 있었단 말인가. 잉글랜드에는 천사 모양을 박아 놓은 금화가 있다지만, 그건 표면에 새겨 있을 뿐인데, 여기 천사님은 황금의 침대에 누워 있지 않겠는가!—(결심하고는 포르티아에게) 자, 열쇠를 이리 주시오. 이것을 고르겠소. 운을 하늘에다 맡기고!

포르티아 (열쇠를 건네주며) 자, 열쇠는 여기 있어요. 그곳에 제 초상이 들어 있다면 저는 당신의 것입니다.

모로코 왕자 (금 상자를 열고서) 에잇, 망할 것! 이게 뭐냐? 더러운 해골바가지로구나. 움푹 꺼진 눈 속에는 두루마리가 있네. 무언가 적혀 있군. 어디 읽어보자.

반짝인다고 다 금은 아니다.
그 말 자주 들었으리라.
나의 겉모습에 마음을 빼앗겨,
목숨을 판 사람도 많다.
황금 무덤에 구더기 구물거린다.
그렇게 대담하듯이 지혜롭고,
팔다리가 젊고 판단력이 영글었더라면,
이런 두루마리의 답은 안 받았을 것을—
잘 가오, 그대의 소원은 차디차오.

참 차디차구나, 허탕만 쳤구나. 그럼 정열이여, 안녕. 그리고 서리야, 내려라…… 포르티아, 안녕히 계시오! 너무나 가슴이 아파서 작별 인사를 길게 할 수도 없습니다. 이것이 패자의 작별입니다. (시종들을 거느리고 퇴장)

포르티아 쉽게 쫓아버렸네. (하인들에게) 커튼을 치고 들어가자. 그와 같은 얼굴색을 한 사람은 다들 그렇게 골라줬으면. (모두 퇴장)

〔제2막 제8장〕

베니스. 어느 거리.
살라리노와 솔라니오 등장.

살라리노 여보게, 바사니오가 배에 오른 걸 보았네. 그라티아노도 함께 떠났네. 그러나 로렌조는 확실히 그 배에 타지 않았어.
솔라니오 그 망할 유대인이 아우성을 쳐서 마침내 공작님까지 깨워 놓았어. 그래서 공작님도 그놈과 함께 바사니오의 배를 찾으러 가셨다네.
살라리노 너무 늦게 도착해서 배는 벌써 떠나고 없었어. 하지만 공작님께 마침 이런 보고가 들어왔지. 로렌조와 연인 제시카가 곤돌라를 타고 있더라는 거야. 게다가 이들이 바사니오의 배에 있지 않다는 것을 안토니오도 증언했다네.

솔라니오 그 개 같은 유대인이 큰길에서 온통 정신을 잃고 기괴망측하게 악을 쓰며 펄펄 뛰는데, 그런 광경을 나는 처음 봤어. "내 딸! 오, 내 돈! 오, 내 딸! 그리스도교인과 달아났구나! 오, 그리스도교인이 가져간 내 돈! 재판이다! 법률이다! 내 돈, 내 딸! 꽉 매둔 돈주머니를, 두 개의 돈주머니를, 큼지막한 금화들이 들어 있는데, 내 딸아이가 훔쳐 갔어! 그리고 보석도 두 개나, 값지고 귀한 보석인데, 내 딸아이가 훔쳐 갔어! 재판이다! 그 계집을 찾아내라! 그년이 가지고 있다, 보석도 돈도!" 이렇게 말이야.

살라리노 음, 베니스의 애들이란 애들은 모두 그놈의 뒤를 졸졸 쫓아다니면서, "내 보석, 내 딸, 내 돈"이라고 소리를 지르고 있네.

솔라니오 안토니오도 조심해서 약속 기일만은 꼭 지키도록 하는 게 좋을 거야. 그러지 않았다간 큰코다치게 되네.

살라리노 음, 그러고 보니 생각나는군. 어제 어떤 프랑스 사람이 들려준 이야기인데, 프랑스와 잉글랜드 사이의 좁은 해협에서 화물을 잔뜩 실은 우리나라 배 한 척이 난파했다네. 그 이야기를 듣고서 안토니오가 떠올라서, 그의 배가 아니기만 속으로 바랐다네.

솔라니오 안토니오에게 이야기하는 게 좋지 않을까…… 하지만 이야기를 불쑥 꺼내지는 말게. 괜히 걱정을 끼치면 안 되니까.

살라리노 이 세상에 그렇게 착한 친구는 둘도 없네. 바사니오와 안토니오가 헤어지는 광경을 보았지만, 바사니오가 되도록 빨리 돌아오겠다고 하니까 안토니오가 이렇게 대답하더군. "서두르진 말게. 여보게, 나 때문에 일을 소홀히 하지는 말고, 때가 될 때까지 기다리게. 그리고 내가 유대인에게 써준 계약서는 마음에 두지 말게. 사랑에 가득 찬 자네가 아닌가. 유쾌한 마음으로 자네의 모든 중요한 생각들을 구혼에 쏟으란 말이야. 그곳에서 가장 알맞다고 생각되는 사랑의 표현을 하도록 마음을 쓰라고." 그러면서 두 눈에 눈물이 가득 고여서 얼굴을 돌리고는 손을 뒤로 내밀어 무한한 우정에 넘치는 듯 바사니오의 손을 꽉 쥐더군. 그리고 헤어졌지.

솔라니오 아마 그 친구는 오직 바사니오 덕분에 세상 사는 보람을 느끼고 있을 거네. 여보게, 우리 같이 가서 그를 찾아내 위안의 말이라도 해주자고.

그 친구의 울적한 기분을 풀어주도록 해보세.

살라리노　그렇게 하세. (모두 퇴장)

〔제2막 제9장〕

벨몬트. 포르티아 집의 어느 방.
네리사와 하인 등장.

네리사　어서, 자 어서, 얼른 커튼을 열어요. 아라곤 왕자께서 서약이 끝났으니, 상자를 고르러 곧 오실 거예요. (커튼이 열린다)

포르티아, 아라곤 왕자, 시종들 등장.

포르티아　보세요 왕자님, 저기 상자들이 있습니다. 제 초상이 들어 있는 상자를 골라내시면, 우리 결혼식은 즉시 치러질 거예요. 하지만 실패하시면, 아무 말씀 말고 곧 이곳을 떠나셔야 합니다.

아라곤 왕자　나는 세 가지 조건을 지키겠다고 맹세했소! 첫째 내가 고른 상자를 아무에게도 말하지 않을 것, 둘째 내가 상자를 제대로 고르지 못한 경우에는 앞으로 일평생 처녀에게 구혼하지 않을 것, 끝으로 불행히도 선택에 실패한 경우에는 작별하고 이곳을 떠날 것.

포르티아　그것은 보잘것없는 저를 위해서 운명을 걸어오는 분은 누구나 다 맹세해야 하는 조건들입니다.

아라곤 왕자　물론 나도 그렇게 각오하고 있소. 이 마음의 희망에 행운이 오기를! (상자를 낱낱이 조사해 본다) 금과 은과 천한 납. '나를 고르는 자는 그가 가진 모든 것을 내놓는 위험을 무릅써야 하리라.' 모양이 좀더 아름답지 않고서야 이런 것에 누가 자신이 가진 모든 것을 내놓는 위험을 무릅쓴단 말이냐…… '나를 고르는 자는 모든 이가 바라는 것을 얻으리라.' 모든 이가 바라는 것이라고…… 모든이라는 것은 아마 어리석은 대중을 뜻하는 것이겠지. 대중이란 겉모습만으로 선택을 하고, 바보 같은 눈이 가리키는 것밖에는 알지 못하며, 내부를 들여다보질 않거든. 흰털발제비가 비바람 들이치는 외벽에, 더구나 재앙의 길 한복판에 일부러 집을 짓는 것처럼. 그러나 나는 모든 이가 바라는 것을 고르지 않겠다. 어중이떠중이들과 함께 날뛰고 싶지도 않고, 아는 것이 없고 어리석은 군중과 어깨를 나란히 하고 싶지도 않으니 말이다. 그럼 자, 은의 보물 창고여, 네 위에 씌어진 문구를 한번 보자꾸나. '나를 고르는 자는 신분에 어울리는 것을 얻으리라.' 좋은 문구다. 이렇다 할 실력도 없는 주제에 요행을 노리고 영예를 얻으려고 해봤자 그게 될 일이냔 말이다. 분수에 넘치는 지위를 탐내서는 안 될 말이지. 신분이니 계급이니 관직은 떳떳하지 못한 수단을 통해서 얻어서는 안 되며, 영예는 당사자의 실력을 통해서만 얻을 수 있어야 한다. 그렇게만 되면 맨머리로 있는 사람이 얼마나 많이 모자를 쓰게 되고, 남을 지배하고 있는 사람이 얼마나 많이 지배를 받게 될 것인가. 고귀한 가문 태생 중에서도 골라내 보면 천한 농사꾼 같은 자들이 얼마나 많이 있을까! 반대로 지금 세상의 껍질과 쓰레기 중에서도, 얼마나 많은 영예로운 사람들이 나타나서 새롭게 빛낼 영예를 찾으랴! 자, 이제는 내 것을 고르자…… '나를 고르는 자는 신분에 어울리는 것을 얻으리라.' 그럼, 내 신분에 어울리는 것을 받기로 하자. (은 상자를 잡는다) 자, 열쇠를 이리 주시오. 당장 내 운명을 열어보겠소. (은 상자를 연다)

포르티아 (혼잣말로) 그렇게 시간을 들인다고 별것이 들어 있을 줄 알아요?

아라곤 왕자 이게 뭐야? 아니, 바보가 눈을 껌벅이면서 글발을 내밀고 있는 그림이 아닌가! 어디 읽어보자. 하지만 어쩌면 이렇게도 포르티아와는 딴판이냐! 어쩌면 이렇게도 나의 희망과 가치와는 거리가 먼 것이냐! '나를 고르는 자는 신분에 어울리는 것을 얻으리라.' 그렇다면 내 가치가 이 바보의 얼굴만도 못하단 말인가? 이게 내가 받을 상이라고? 내 가치가 겨우 요것밖에 안 된단 말인가?

포르티아 재판을 받는 것과 재판을 하는 것은 역할이 다릅니다. 아니, 완전히 반대되는 성질의 것이에요.

아라곤 왕자 (종이를 펴본다) 어디 보자. (읽는다)

이 상자는 불에 일곱 번 달구었다.
판단 또한 일곱 번 단련되어야만

잘못된 선택을 하지 않았으리라는 것을.
세상에는 그림자에 입을 맞추고
그림자 같은 행복만을 얻는 자도 있더라.
세상에는 은으로 겉치레한 바보도 있더라.
이것도 그 하나였다.
그대는 어떤 아내를 침실로 데려가더라도
내가 영원히 그대의 어리석은 머리가 되리라.
그러니 떠나라, 그대의 일은 끝났느니라.

이곳에서 망설이면 망설일수록 나는 더욱더 바보같이 보일 테지. 구혼하러 올 때는 바보 머리가 하나였는데 떠날 때는 두 개가 되었군. 그럼 안녕히 계시오! 맹세를 지켜 분한 마음은 꾹 참겠소. (시종들을 데리고 퇴장)

포르티아 나방이 촛불에 뛰어드는 격이지. 오, 짓궂은 바보들 같으니! 너무나 꾀를 내어 고르다가, 도리어 실패하고 마는 꼴이라니.

네리사 옛 속담에도 사형과 결혼은 운명이라잖아요. 그 말이 맞지요.

포르티아 자, 네리사, 커튼을 쳐라.

하인 등장.

하인 아가씨는 어디 계십니까?

포르티아 여기 있다…… 무슨 일이냐?

하인 아가씨, 지금 막 어떤 베니스 젊은이가 문 앞에 도착했는데, 그분은 자기 주인이 오시는 것을 미리 알리러 왔다고 합니다. 자기 주인의 정중한 안부 말씀 말고도, 눈에 보이는 인사, 글쎄 값진 선물들을 가져왔더라고요…… 사랑의 사신치고 그처럼 어울리는 분은 처음 봤습니다. 화창한 여름철이 쉬 찾아올 것을 미리 알리는 4월의 날씨가 제아무리 상쾌하다 할지라도 자기 주인보다 먼저 온 이분보다는 어림도 없죠.

포르티아 제발 그만해 둬. 지혜를 모조리 짜내 그분을 칭찬하는 걸 보니, 조금 있으면 그분이 네 친척이라는 말까지 네 입에서 나올까봐 무섭구나. 애, 네리사, 나가보아라. 그렇게도 점잖게 이곳을 찾아온 큐피드의 사신이라면 나도 얼른 만나보고 싶구나.

네리사 사랑의 신이여, 제발 바사니오이기를! (모두 퇴장)

〔제3막 제1장〕

베니스. 어느 거리.
솔라니오와 살라리노 등장.

솔라니오 그런데 리알토에서 무슨 소식이라도?

살라리노 음, 화물을 가득 실은 안토니오의 배가 해협에서 난파했다는 소문이 아직도 나돌고 있어. 그 지역을 굿윈 사주(砂洲 : 모래톱)라 부른다던데…… 어찌나 험한 모래톱인지, 큰 배들의 잔해가 무척 많이 파묻혀 있다더군. 소문이라는 수다쟁이 노파 말이 정직하다면 그렇다는군.

솔라니오 그게 제발 거짓말쟁이 노파였으면 좋겠네만. 수다쟁이 노파가 생강을 씹었다고 말해도, 또는 세 번째 영감이 죽어서 울었다고 말해도 이웃들이 믿도록 만들었던 것처럼 말이야. 그러나 사실 긴 이야기며, 쓸데없는 이야기는 모두 빼고 말이지만, 저 친절한 안토니오가, 저 정직한 안토니오가…… 원, 뭐라고 불러야 그 사람 이름에 꼭 맞을까!

살라리노 이보게, 그만하고 어서 이야기 끝을 맺게.

솔라니오 뭐, 어째? 글쎄 결말을 말하면 그 친구는 배 한 척을 잃었다네.

살라리노 제발 그 친구의 손실이 그것으로 끝났으면 좋겠네.

솔라니오 나도 어서 "아멘" 해두겠네. 악마한테 기도를 방해받기 전에 말이야. 저기 유대인의 탈을 쓴 악마가 오네그려…….

샤일록 등장.

솔라니오 어떻소, 샤일록 씨? 상인들 사이에서 무슨 말들이 오가죠?

샤일록 당신들이 그 누구보다도 잘 알지 않소? 내 딸년이 달아난 것 말이오.

살라리노 물론이오. 나도 당신 딸이 입고 날아간 날개를 맞춰 준 재단사를 아니까요.

솔라니오 그런데 샤일록 씨도, 그 새가 날 수 있게 되었다는 것쯤은 알았을 거 아니오. 새는 어미 새를 떠나는 것이 자연스러운 일이거든요.

샤일록 망할 년 같으니.

살라리노 악마 눈으로 판단한다면 그렇죠.

샤일록 내 살과 피가 나를 배반하다니!

솔라니오 아니 원, 그 나이에도 살과 피가 반항을 하오?

샤일록 아니, 딸년이 내 살과 피란 뜻이오.

살라리노 하지만 당신의 살과 딸의 살은 흑옥과 상아보다 더 많은 차이가 나오. 당신의 피와 딸의 피는 적포도주와 백포도주 이상의 차이요. 그건 그렇고 안토니오의 배가 난파했다는 소문을 못 들었소?

샤일록 그것도 나로서는 큰 손해요. 파산자, 낭비자 같으니, 이젠 리알토에 감히 얼굴도 못 내밀 테죠. 거지 같은 자식이 요전까지도 제법 멋을 내고 시장에 드나들었지만, 그 계약서나 잊지 말라고 하시오! 그 자식이 날 보면 고리대금업자라고 불렀겠다. 흥, 그 자식이 그리스도교인들의 친절이라며 돈을 그저 꿔주곤 했지만, 그 계약서나 잊지 말라고 하시오!

살라리노 그런데 그가 계약을 어기더라도, 그 사람의 살을 벌금으로 받거나 하진 않을 테지요? 그 살로 무엇을 하겠소?

샤일록 미끼로 쓰죠! 아무 쓸데가 없더라도, 내 복수심은 충족되겠죠. 그 자식은 나를 모욕하고, 50만 더컷이나 못 벌게끔 방해했소. 그리고 내가 손해를 보면 웃었고, 이익을 보면 비웃었소. 우리 민족을 멸시하고, 내 거래를 훼방하고, 친구는 떼놓고, 원수는 충동질했소…… 도대체 무슨 까닭에? 내가 유대인이기 때문이죠…… 아니, 뭐 유대인은 눈이 없소? 유대인은 손이, 오장육부가, 팔다리가, 감각이, 감정이, 정열이 없단 말이오? 같은 음식을 먹고, 같은 무기에 다치고, 같은 병에 걸리고, 같은 약에 낫고, 겨울에는 추위를 느끼고, 여름에는 더위를 느끼오. 어디가 그리스도교인들과 다르단 말이오? 찔려도 피가 안 난단 말이오? 간지럽혀도 웃지 않는단 말이오? 나머지 것들도 모두 당신들과 마찬가지라면, 이 일의 경우에도 뭐가 다르겠소? 유대인이 그리스도교도를 모욕했다고 합시다. 그리스도교도의 관용은 뭐겠소? 복수요. 그렇다면 그리스도교도가 유대인을 모욕한 경우, 그리스도교

3막 1장, 샤일록과 솔라니오, 살라리노 헨리 코트니 셀루스. 1830.

를 본뜬다면 유대인은 어떤 인내를 해야 옳겠소? 물론 복수요. 당신네들이
가르쳐 준 나쁜 짓거리를 나도 실행하겠소. 모든 고난을 무릅쓰고라도 교
훈보다 더 철저히 실행하겠소이다.

안토니오의 하인 등장.

하인 신사분들, 저의 주인 안토니오 님께서 돌아오셨는데, 두 분을 뵙겠답
니다.
살라리노 우리도 이곳저곳을 무던히 찾고 다녔다네.

투발 등장.

솔라니오 그의 종족이 또 하나 오는군…… 그런데 저놈을 당해 낼 만한 유대인은 이 세상에 없네. 악마가 직접 유대인의 탈이라도 쓰고 나타난다면 몰라도. (살라리노, 하인과 함께 퇴장)

샤일록 여보게, 투발, 제노바에서 무슨 소식이 있나? 내 딸은 찾아냈나?

투발 소문이 난 곳마다 다 가봤지만 어디 찾을 수가 있어야지.

샤일록 아니, 저런, 저런, 저런, 저런. 다이아몬드가 없어졌어. 프랑크푸르트에서 2천 더컷이나 주고 산 다이아몬드가 우리 민족에게 이렇게 천벌을 내릴 줄이야, 여태껏 난 몰랐네그려…… 다이아몬드만 해도 2천 더컷이나 되고, 이 밖에도 온갖 귀한 보석들이. 제기, 그년이 내 발밑에서 뒈져버려도 좋으니까, 보석들이나 귀에 달고 있었으면! 내 발밑에서 그년이 입관돼도 좋으니까, 돈이나 관 속에 들어 있으면! 아무 소식도 없어? 원, 제기…… 찾느라고 얼마나 돈이 들었는지 나도 모르겠어. 손해는 엎친 데 덮쳤다네. 도둑년 찾느라고 손해, 마음대로 일도 안 되고 분풀이도 못하고, 불행이란 불행은 모두 내 어깨 위에 내려와 앉고, 한숨이란 한숨은 모두 내가 쉬고, 눈물이란 눈물은 모두 내 눈에서 쏟아져 나와.

투발 아냐, 불행한 사람은 자네 말고 또 있네. 제노바에서 들은 이야기인데, 안토니오가…….

샤일록 뭐, 아니 뭐? 불행이 있었다고? 불행이?

투발 트리폴리스에서 오는 길에 상선이 한 척 난파했다네.

샤일록 아이고 고마워라, 고마워…… 그게 참말인가? 정말인가?

투발 그 난파선에서 살아 나왔다는 선원들 몇 명을 만나서 이야기해 봤네.

샤일록 고맙네, 투발. 참 고소한 소식이야, 고소한 소식. 하하, 그래 어디서 들었나? 제노바에서 들었나?

투발 자네 딸이 제노바에서, 글쎄 하룻밤에 80더컷을 썼다는군.

샤일록 자네는 내 가슴을 칼로 찌르네그려. 그돈은 영영 그만이군. 80더컷을 앉은 자리에서! 80더컷이나!

투발 베니스로 오는 길에 안토니오의 채권자 몇 사람과 동행했는데, 다들 이번에 그가 파산을 면치 못할 것이라고 하더군.

샤일록 그거 반갑군. 그놈, 욕을 좀 보여주고 혼을 내줘야지. 아무튼 기뻐.

투발 그런데 그 채권자 한 사람이 내게 반지를 보여주더군. 원숭이 한 마리를 주고 자네 딸한테서 얻었다던데.

샤일록 망할 년 같으니! 여보게 투발, 나를 그만 못살게 굴게…… 그건 내 터키 보석 반지네…… 그건 총각 시절에 레아한테서 선물받은 건데, 나로서는 몇 천만 마리의 원숭이를 준다고 해도 바꿀 수 없는 물건이네.

투발 그러나 안토니오가 망한 것만은 확실한 모양이야.

샤일록 그렇고말고, 그건 사실이야. 투발, 자네 가서 돈으로 관리 한 명을 매수해 놓게. 2주일 전부터 부탁해 두는 거야. 그놈이 계약만 어겨봐라. 그놈의 심장을 도려내 줄 테니. 그놈만 베니스에서 없어지면 나는 무슨 장사라도 마음대로 할 수 있게 될 거야. 자, 가보게 투발. 그리고 나중에 우리 회당에서 만나세…… 어서 가보게, 투발…… 회당에서, 알겠나? (모두 퇴장)

〔제3막 제2장〕

벨몬트. 포르티아 집의 어느 방.
바사니오, 포르티아, 그라티아노, 네리사, 하인들 등장.

포르티아 위험을 무릅쓸 때 쓰더라도 그 전에 하루나 이틀 시간을 끌어 보세요. 잘못 고르시는 날엔 당신과 헤어져야 하니까요. 그러니 잠시만 참으세요. 저에게 하실 말은 있으시잖아요. 그것이 사랑은 아닐지라도, 저로서는 당신을 잃어 버리고 싶지는 않아요. 당신도 아시다시피, 미움은 그런 좋은 도움말을 해주지는 않지요. 그러나 당신이 제 마음을 이해하지 못하시지나 않을까 하여…… 그래도 처녀의 마음은 생각뿐이지 표현을 못해서…… 그러니 저를 위해서도 운명을 시험하기 전에 한두 달 이곳에 머무르시게 하고 싶어요. 어떤 상자를 고르시라고 가르쳐 드릴 수도 있지만, 그러면 제가 맹세를 깨뜨리게 되니 그럴 수는 없어요. 하지만 내버려 두면 잘못 고르실지도 몰라요. 그렇게 되면 저는 맹세를 깨뜨렸으면 좋았을 것을 하고, 죄 많은 생각을 하게 되는지도 몰라요. 당신의 그 두 눈이 원망스러워요. 그 눈에 사로잡혀서 제 마음은 두 조각이 났어요. 한 조각은 당신의 것, 다른 한 조각도 당신의 것…… 아니, 제 것이긴 하면서도 제 것은 또한 당신의 것, 그러니 결국은 모두 당신의 것이에요…… 아, 이 무례한 세상 좀 보게, 소유주의 정당한 권리를 가로막다니…… 그러기에 당신의 것도 당신의 것이 되지 못하고 있지요. 그렇게 되면 제가 아니라 운명이 지옥에 떨어져야 해요. 제 말이 너무 길었어요. 그러나 이것도 추를 달아 시간을 늘이고 질질 끌어서 상자 고르시는 걸 늦추고 싶은 마음에서예요.

바사니오 어서 고르게 해주시오. 지금 같아선 고문대에 걸려 있는 셈이니까요.

포르티아 고문대라고요, 바사니오? 그렇다면 어서 자백하세요. 당신의 사랑에 어떤 거짓이 섞여 있는지 말이에요.

바사니오 거짓이라뇨? 다만 당신의 사랑을 놓치지나 않을까 하는 추악한 의혹밖에는 없습니다. 내 사랑에 거짓이 있다면 눈(雪)이나 불(火)과도 사이좋게 지낼 수 있을 것입니다.

포르티아 그렇지만 그 말씀, 고문대 위에서 하시는 거잖아요…… 고문대에 서면 무슨 말이나 다 하니까요.

바사니오 살려주겠다고만 약속해 주시오. 그러면 진실을 고백하리다.

포르티아 자, 그럼 고백을 하세요. 살려드리겠으니.

바사니오 고백합니다. 그리고 사랑합니다. 이것이 내가 고백하고 싶은 전부입니다. 구원될 방법을 고문하는 사람이 가르쳐 주다니, 이 얼마나 행복한 고문인지요! 자, 이제 운명의 상자를 고르게 해주시오.

포르티아 그럼 가세요…… 저기 어떤 상자에 제가 들어 있어요…… 진정으로 사랑하신다면 찾아내실 거예요. 네리사, 그리고 다른 사람들도 저만큼 물러서 있거라. 그리고 이분께서 상자를 고르시는 동안 음악을 울리도록 해…… 그래야 실패하시면 백조의 최후처럼 음악 속에 사라지실 게 아니겠느냐. 좀더 절실한 비유를 하면, 이 눈이 강물이 되어 이분에게 물속 죽음의 자리가 될 것 아니냐. 성공하신다면, 그때는 음악이 무슨 역할을 할까? 그렇지, 그때 음악은 충성된 백성들이 새로운 국왕을 보고 절할 때 울리는 우렁찬 나팔 소리와도 같을 게 아니겠는가. 아니면 결혼식 날 새벽, 꿈꾸는 신랑의 귓속에 살며시 찾아와서, 식장으로 불러내는 달콤한 음악과도 같은 것이겠지…… 이제 고르러 나가시네. 아우성치는 트로이 왕이 바다의 괴물에게 제물로 바친 처녀를 찾으러 간 젊은 헤라클레스에 못지않게 용감하게 그리고 그보다도 더한 애정을 가지고서. 나는 그 제물, 그리고 저기 저 여자

3막 2장, 포르티아의 집 홀에서 바사니오

들은 눈물에 젖은 얼굴로 이 위엄의 결과를 보러 나온 트로이의 부인들이
고. 가세요, 헤라클레스! 당신이 살아야만 저도 살아요. 승부를 하고 계시
는 당신보다, 보고 있는 제 마음이 훨씬 더 괴로워요. (음악, 그동안 바사니오
는 상자를 보고 혼자 궁리한다)

하인 (노래한다)

사랑이 자라는 곳 그 어디냐?
가슴속 깊은 덴가, 머릿속인가?
어떻게 낳고 뭘 먹고 자라나?
대답을 해라, 대답을 해.
사랑이 자라는 곳은 사람의 눈 속,
눈 속에서 자라지만 금방 사그라지네
누워 있는 요람 속에서,
함께 치세, 사랑의 종을,
내가 먼저 치겠네.

딩, 동, 댕.

모두 딩, 동, 댕.

바사니오 그러니 겉과 속이 전혀 다를 수도 있지…… 세상은 늘 겉모습에 속고만 있거든. 재판에서는 내용이 아무리 썩고 곪은 소송이라도, 교묘한 말로 그럴듯하게 꾸미면 나쁜 짓거리의 추악한 모습이 가려지거든. 종교를 보더라도, 무서운 이단설도 엄숙한 얼굴로 축복을 하고 경전(經典)을 인용하여 증명을 하면, 어떠한 모독도 아름다운 장식으로 은폐되지 않는가. 아무리 하찮은 악덕이라도 겉모습만은 그럴듯한 미덕의 표지로 꾸미는 것처럼, 모래로 쌓아올린 계단처럼 담력이 약한 세상의 겁쟁이들도 턱에는 헤라클레스나, 눈살 찌푸린 마르스 같은 수염을 달고 있지만, 속을 들여다보면 간(肝)은 우유같이 희기만 한 주제에, 이것들은 무섭게 보이려고 용맹한 척 겉치레를 한 것에 지나지 않아. 미인을 보더라도, 그건 무게에 따라 살 수가 있지. 여기서는 있는 그대로 기적이 행해지는 만큼, 가장 무거운 화장을 하는 여자일수록 가장 가벼운 여자란 말이야. 그렇지, 이름난 미인의 머리에서 바람과 음탕하게 희롱하는 저 뱀 같은 금빛 곱슬머리도 알고 보면 죽은 사람 머리의 유물이고, 그 금발의 주인공은 해골이 되어 무덤에 누워 있는 수도 흔히 있지 않은가. 그러니 겉모습이라는 건 사람을 악마의 바다로 꾀는 가짜 해안이요, 인도 미인의 얼굴을 가리는 아름다운 면사포이기도 하지. 요컨대 겉모습이라는 건, 이 교활한 시대가 몸에 지니고 있는 현자(賢者)를 꾀어 잡는 겉보기만의 진실이 아닌가. 찬란한 황금, 욕심쟁이 미다스 왕을 현혹케 한 황금, 너는 내게 소용이 없다…… 그리고 너, 창백한 얼굴을 하고서 사람과 사람 사이에 천한 역할을 하고 다니는 은도 그렇고. 그러나 보잘것없는 납아, 희망을 약속해 준다기보다는 사람을 위협하고 있는 것 같아도, 네 솔직함이 웅변보다 더욱 내 마음을 움직이는구나. 이것으로 고르자! 부디 기쁜 결과가 오기를! (하인, 열쇠를 내준다)

포르티아 (혼잣말로) 갖가지 의심과 경솔하게 품은 절망, 벌벌 떨리는 공포와 눈이 파래지는 질투 등등 모든 감정이란 감정이 어쩌면 다 이렇게 공중으로 흩날려 버릴까. 아, 사랑아, 진정하고 흥분하지 말아라. 기쁨의 비도 적당히 내려다오. 너무 지나치면 행복감을 이겨내지 못할 것만 같구나. 조금 줄

여줘, 행복에 질려버리면 안 되니까!

바사니오 (납 상자를 열고) 이건 뭐지? 오, 포르티아의 초상이구나…… 신의 경지에 이르지 않고서야 어떻게 이렇게까지 창조해 낼까? 눈은 움직이나 보다! 아니, 내 눈동자에 비쳐서 움직이는 듯이 보이는 것이냐? 반쯤 벌린 입술, 달콤한 입김에 벌어져 있구나…… 이렇게도 다정한 두 입술은 이처럼 향기로운 입김이라야 떼어 놓을 수 있겠지. 이 머리카락은 화가가 거미가 되어 황금의 그물을 쳐놓았나 보다. 거미줄에 걸려드는 모기보다 더 꽉 남자의 마음을 잡아 놓고서…… 그러나 이 눈! 이것을 그린 화가의 눈이 대체 끝까지 멀쩡할 수 있었을까? 한 눈을 그린 뒤에 화가는 두 눈 다 시력을 빼앗기고, 그림에는 더 이상 손을 대지 못하고 만 것 아닐까? 하지만 내 아무리 칭찬해 봐도, 칭찬의 말을 가지고는 오히려 이 그림에게는 모욕이 되다시피, 이 초상 또한 실물과는 하늘과 땅 차이가 난다…… 여기에 두루마리가 있구나, 내 운명에 대한 요약된 내용이 담긴. (두루마리를 펴서 읽는다)

눈으로만 고르지 않은 사람은
늘 행복하고 옳게 고른다.
이 행복 그대의 것이 되었으니
만족하고, 새것을 찾지 마라.
이제 이를 기뻐하고,
이 행복을 하늘의 축복으로 여긴다면
그대 여인에게로 가서,
사랑의 키스를 하고 구혼하라.

친절한 글이다. 아가씨, 실례지만 이 글귀대로 드릴 것을 드리고 받을 것은 받겠습니다. 상대와 상을 놓고 겨루는 사람이 관중 앞에서 잘 싸웠다고 생각하면서도, 박수갈채와 아우성 소리에 정신이 아찔하여, 과연 폭풍 같은 칭찬이 자기를 위한 것인지 한참 동안 어리둥절한 기분으로 아가씨, 지금 내가 바로 그렇습니다. 아가씨의 확인과 서명과 조인이 있기 전에는 눈앞의 것이 모두 얼떨떨하고, 정신이 먹먹할 뿐입니다.

포르티아 바사니오 님, 저는 보시는 바와 같은 사람이에요. 저 혼자만을 위한다면 이보다 더 훌륭하기를 바라진 않겠어요. 그러나 당신을 위해서는 오늘보다 스무 배의 세 곱이나 더 훌륭한 사람이, 천 배나 더 예쁜 여자가, 만 배나 더 부자가 됐으면 싶어요. 오직 당신의 높은 평가를 받고 싶어서 미덕이나 아름다움이나 재산이나 친구라는 관점에서 보았을 때 훨씬 더 훌륭한 사람이 됐으면 해요. 하지만 지금의 저로서는 모두 해봐야 별것이 아니에요…… 한마디로 교양도 학문도 경험도 없는 처녀예요. 다행스러운 것은 배우지 못할 만큼 나이를 먹진 않았다는 것이에요. 이보다 더 다행스러운 것은 천성이 배우지 못할 정도로 둔한 여자는 아니라는 것이에요. 그리고 무엇보다도 다행스러운 것은 성질이 온순한 만큼 모든 것을 내맡기고 당신을 저의 주인, 지배자, 임금으로 섬기고, 당신의 가르침을 받을 수 있다는 것이에요. 제 자신과 재산은 이제 모두 당신 것이 됐어요. 이때까지는 제가 이 집의 주인이며 하인의 주인이고, 제 자신의 여왕이었지만 지금부터는, 오늘 이 순간부터는 이 집과 하인들과 제 자신 모두 저의 주인인 당신 것이에요! 이 반지도 함께 드리겠어요. (반지를 바사니오에게 건넨다) 만약 이걸 손에서 빼놓거나 잃어버리거나 남에게 주거나 하시는 경우엔 당신의 사랑이 깨진 증거로 알겠어요. 그러니 그때는 저도 가만히 있진 않겠어요.

바사니오 포르티아, 나로선 이제 더는 할 말이 없소. 다만 내 혈관 속의 피만이 내 생각을 당신에게 전하고 있소. 내 모든 기능은 온통 혼란에 빠져 있소. 국민에게 존경받는 국왕이 멋진 연설을 마치고 났을 때, 기뻐서 어쩔 줄 모르는 군중 사이에서 볼 수 있는 그런 혼란이랄까요. 낱낱으론 의미 있는 말들이지만 온통 뒤범벅이 되어, 표현은 있었으나 잘 들리지는 않는 기쁨의 소리일 뿐인, 아무런 의미가 없는 잡음이 되어버리는 그런 혼란 말이오. 그러나 이 반지가 내 손가락에서 떠나는 날은 내 가슴에서 내 생명이 떠나는 날이오. 아, 그때는 서슴지 말고 이 바사니오는 죽었다 말하시오.

네리사 주인님, 그리고 아가씨, 여태까지 곁에 서서 소원이 이루어지는 모습을 지켜보고만 있었는데, 저희들도 이제는 축하의 말을 올려야겠어요. 축하드립니다. 주인님, 그리고 아가씨!

그라티아노 바사니오, 그리고 상냥한 아가씨, 나 같은 사람이 어디 축하할 말이 있겠소만, 두 사람이 마음껏 기쁨을 누리시오. 그리고 백년해로의 가약을 맺을 때는 나도 결혼을 하게 해주오.

바사니오　좋다뿐인가, 상대만 골라놨다면.

그라티아노　고맙네. 덕분에 한 사람 골라놨다네. 날쌔기로는 내 눈도 자네 눈에 지지는 않지. 자네는 아가씨를 보고 있고, 나는 시녀를 보고 있었지. 자네가 사랑에 넋이 빠진 동안에 나 또한 그러했지. 자네처럼 나도 성미가 급해서 말이야. 자네 운명이 저기 저 상자들에 달려 있었던 것처럼, 사실은 내 운명 또한 그랬었거든. 진땀을 빼며 구애를 해 입천장이 마를 정도로 사랑의 맹세를 해서, 겨우 사랑의 약속을…… 이 약속이 오래갈는지 모르겠지만…… 이 아름다운 여인한테서 얻어낸 것이라네. 자네가 아가씨를 차지했을 경우라는 조건부로 말일세.

포르티아　그게 정말이니, 네리사?

네리사　예, 아가씨께서 허락해 주신다면요.

바사니오　그라티아노도 진정이겠지?

그라티아노　진정이다뿐이겠나.

바사니오　우리의 축하 잔치는 자네들의 결혼으로 더욱더 빛나게 되겠군.

그라티아노　(네리사에게) 우리 1천 더컷을 걸고 누가 먼저 첫아들을 낳는가 내기해 볼까?

네리사　어머, 정말 돈을 거실 거예요?

그라티아노　아니, 이 내기에 이길 것 같지 않구려.

로렌조, 제시카, 살레리오 등장.

그라티아노　아니 이게 누구야? 로렌조와 유대인 아가씨 아냐? 그리고 베니스의 친구 살레리오잖아?

바사니오　로렌조, 그리고 살레리오, 어서 오게. 이제 막 이 집의 주인이 된 내가 환영할 자격이 있는지 모르지만, 환영하네. (포르티아에게) 포르티아, 나의 고향 친구들이오. 환영해 줍시다.

포르티아　예, 저도 환영하겠어요. 참 잘 오셨어요.

로렌조　고맙습니다. 실은 자네를 만날 계획은 아니었는데, 공교롭게도 도중에 살레리오를 만나 꼭 함께 가자고 해서 이렇게 같이 오게 됐네.

살레리오　그렇다네. 하지만 여기에는 까닭이 있네. 그리고 안토니오가 이걸

전해 달라더군. (편지를 바사니오에게 내준다)

바사니오 내가 이 편지를 뜯어보기 전에 어서 이야기해 주게. 그 친구는 어떻게 지내고 있나?

살레리오 그 친구는 병이 난 것은 아니지만 마음이 편치 않으니까 아무 일 없다고는 할 수 없겠지. 아무튼 이 편지를 보면 요사이 형편을 알게 될걸세. (바사니오, 편지를 뜯는다)

그라티아노 네리사, 저기 저 여자 손님 좀 부탁해…… (네리사가 제시카를 맞는다) 자, 악수나 하세, 살레리오. 베니스의 형편은 어떤가? 그리고 무역왕 안토니오는 어떻게 지내고 있나? 그 친구가 우리의 성공을 듣는다면 기뻐할 거야. 우리는 지금 그리스의 이아손처럼 황금 양털을 얻고야 말았으니까.

살레리오 글쎄, 그것이 안토니오가 잃은 황금의 양털이라면 좋겠네만.

포르티아 저 편지는 무슨 불길한 내용인가 보다. 저이의 얼굴빛이 저렇게 파리해지는 것을 보니. 친한 벗이라도 죽은 걸까? 그렇지 않고서야 멀쩡한 대장부가 저토록 무섭게 얼굴빛이 달라질 수 있을라고. 아니, 점점 더 나빠지네! 이보세요, 예…… 저는 당신의 반려자예요. 그러니 그 편지 내용을 절반은 마땅히 저도 알아야겠어요.

바사니오 아, 포르티아, 여기 이 몇 마디 말, 이렇게 불쾌한 말이 종이에 적힌 적은 한 번도 없었을 것이오. 포르티아, 처음 사랑을 고백했을 때 나는 솔직히 말했지만, 내 혈관 속에 흐르는 피가 내 모든 재산이오…… 신사라는 것—다만 그것뿐이었소. 그건 정말이었소. 그러나 포르티아, 무일푼이라고 했지만 실은 터무니없는 거짓말이었소. 재산이 무일푼이라고 했을 때, 무일푼도 되지 않는다라고 말했어야 했을 것이오. 사실은 비용을 마련하느라고 한 친구한테서 빚을 냈지요. 그런데 그 돈은 그 친구가 한 하늘 아래 함께 살 수 없을 정도의 원수한테서 빌린 돈이었소. 자, 이 편지를 보시오. 이 종이는 내 친구의 몸이랄까, 한마디 한마디가 입을 벌린 상처처럼 생명의 피를 토하고 있구려. 그런데 사실인가, 살레리오? 그 친구의 사업이 모조리 실패란 말인가? 정말 하나도 성공하지 못했단 말인가? 트리폴리스에서, 멕시코와 잉글랜드에서, 리스본, 바버리, 인도에서 아무 소식도 없단 말인가? 저 무서운 암초를 한 척도 피해 내지 못했단 말인가?

살레리오 그렇다네, 단 한 척도. 어디 그뿐인가. 지금 현금을 가지고 갚는다

해도, 그 유대 놈은 받지 않을 모양이야. 사람 탈을 쓴 놈 치고 그렇게 욕심 사납게 남을 망치려고 드는 놈은 처음 봤네. 글쎄 아침저녁으로 공작님을 성가시게 졸라대고, 정당히 재판을 안 해주면 베니스의 자유를 문제삼겠다나. 상인 스무 명과 공작님, 여러 명사들이 아무리 달래봐도 재산을 몰수하라느니, 법대로, 또 그의 계약대로 재판을 해달라느니 버티면서 그 잔인한 소청을 굽히지 않는다고 하더군.

제시카 제가 집에 있었을 적 이야기지만, 아버지가 동족인 투발 씨와 추스 씨에게 이렇게 맹세하는 것을 들었어요. 빌려준 돈의 스무 배를 가져와도 받지 않고, 반드시 안토니오의 살을 베어 갖겠다고 말예요. 그러니 법률이나 세력이나 권력으로 막아내지 않으면 가엾게도 안토니오는 화를 입고 말 거예요.

포르티아 그렇게 궁지에 빠진 분이 당신의 친한 친구이신가요?

바사니오 가장 친한 친구요. 마음씨가 착하고 인품이 고결하며, 무엇보다 남을 위한 일이라면 지칠 줄 모르는 사람이오. 그 친구이야말로 온 이탈리아에서 누구보다도 고대 로마 정신을 많이 보여주는 사람이오.

포르티아 유대인으로부터 빌린 돈은 얼마나 되죠?

바사니오 나를 위해 빌린 3천 더컷이오.

포르티아 겨우 그것뿐인가요? 6천 더컷을 주고 계약서를 없애버리세요. 아니, 그 두 배, 세 배를 내서라도, 당신 실수 때문에 그런 친구분의 머리칼 하나라도 잃게 해선 안 돼요. 무엇보다도 먼저 교회로 가서 저를 아내라 불러주세요. 그러고 나서 당장 친구분을 찾아 베니스로 떠나세요…… 불안한 마음으로 이 포르티아 곁에 누우시면 안 되니까요. 그까짓 빚쯤 스무 배라도 갚을 만한 돈을 드릴게요. 깨끗이 해결되면 그 친구분과 함께 오세요. 그동안 저와 네리사는 처녀나 과부처럼 지내겠어요. 자, 가세요! 결혼식이 끝나면 곧 떠나셔야 하니까요. 자, 친구분들을 즐거운 얼굴로 대접하세요. 비싼 값을 치르고 겨우 제 것이 된 당신이니 더욱 사랑하며 소중히 여겨 드려야죠. 하지만 친구분한테서 온 편지를 먼저 읽어주세요.

바사니오 (읽는다)

친애하는 바사니오, 나의 배들은 모두 난파되고, 채권자들은 갈수록 더 잔

혹해지고, 내 상황은 매우 악화되고 있네. 그리고 유대인에게 내준 그 계약서 또한 기한을 넘겼네. 이 빚을 갚고자 한다면 나는 도저히 살아날 길이 없을 테니, 죽기 전에 한 번 자네를 만나볼 수 있다면 자네와 나 사이의 채무 관계는 완전히 해결되겠네. 그렇기는 하지만 자네 뜻대로 하게…… 만약에 자네 우정이 오기를 허락지 않는다면, 이 편지는 더 이상 신경 쓰지 말기 바라네.

포르티아 아, 어서 일을 마치시고 곧 떠나세요.

바사니오 허락을 얻었으니 빨리 떠나겠소. 그러나 다녀올 때까지는 그 어떤 침실에도 절대로 머무르진 않겠소. 어떤 휴식으로도 당신과 나의 만남을 늦추지 못하게 하겠소. (모두 퇴장)

〔제3막 제3장〕

베니스. 어느 거리.
샤일록, 살라리노, 안토니오, 교도관 등장.

샤일록 교도관, 이 작자를 조심해요. 동정 따위는 내게 말하지 마시오…… 그는 이자 없이도 돈을 마구 빌려주는 바보요. 교도관도 조심하구려.

안토니오 여보시오, 샤일록 씨, 그러지 말고 내 말 좀 들어보시오.

샤일록 계약서대로 할 테니, 계약서 내용과 어긋나는 말은 하지 마시오. 나는 계약서대로 하기로 맹세를 했소. 이유도 없이 당신은 나를 개라고 불렀소. 그러니 내가 개라면 내 이빨을 조심하란 말이오. 공작님은 공정하게 판결을 내리실 거요. 제기, 망할 놈의 교도관 녀석이, 어쩌자고 이자의 청을 들어주어 멍청하게 이렇게 큰길에 데리고 나왔담.

안토니오 제발 내 말 좀 들어보시오.

샤일록 나는 계약서대로 할 거고, 당신 말은 듣고 싶지 않소. 계약서대로 할 테니까 더는 아무 말도 하지 마시오. 내가 그리스도교 녀석들의 중재에 넘어가서 머리를 끄덕이고, 마음이 풀리고, 한숨을 짓고 하는 멍청이 바보인줄 아오? 따라오지 말아요. 이야기하고 싶지 않소. 계약서대로 할 거요. (퇴

3막 3장, 샤일록의 집 앞 거리에서 안토니오와 샤일록 H.C. 셀루스. 1830.

장)

살라리노 사람들이랑 같이 사는 개들 중에 가장 악독한 개새끼야.

안토니오 내버려 두게. 아무리 애원해도 소용없으니까 이제 그만 쫓아다녀. 그자는 내 목숨이 목적인데, 그 이유를 내가 모르는 것도 아니네. 그자한테 사정하는 채무자들을 여러 번 도와준 일이 있었네. 그래서 그자는 나를 미워하는 거야.

살라리노 설마 공작님께서 이 계약 위반으로 유효 판결을 내리시겠나?

안토니오 아냐, 공작님도 법의 정당성을 부인하실 순 없지. 외국인들이 이 베니스에서 갖고 있는 특권이 거부된다면 이 나라 법은 크게 비난당할 게 아닌가. 더구나 이 베니스의 무역과 이권은 여러 민족들로 이루어져 있으니 말일세…… 그러니 이만 가세. 슬픔과 손해로 얼마나 말랐는지, 내일 그

잔인한 채권자에게 주어야 할 1파운드의 살조차 붙어 있는 것 같지가 않아…… 자, 갑시다, 교도관. 내가 빚 갚는 것을 보러 그저 바사니오가 와준다면 내가 뭘 더 바라겠나! (모두 퇴장)

〔제3막 제4장〕

벨몬트. 포르티아 집의 어느 방.
포르티아, 네리사, 로렌조, 제시카, 포르티아의 하인 발타자르 등장.

로렌조 부인, 이렇게 직접 말씀드리긴 쑥스럽습니다만, 고귀한 우정에 대한 부인의 생각은 참으로 훌륭하십니다. 남편이 안 계시는 동안 부인의 태도를 보면 잘 알 수 있습니다. 그러나 이 호의가 누구를 위한 것이며, 이 구원을 받는 상대가 얼마나 훌륭한 신사이고, 그분이 남편과 얼마나 가까운 친구인지를 알게 된다면 부인도 세상의 관례적인 우정보다 한결 더 자랑스러우실 겁니다.

포르티아 저는 좋은 일을 하고 후회한 적은 없어요. 이번에도 마찬가지예요. 평소에 친하게 지내는 친구란, 영혼이 같은 사랑의 멍에로 맺어져 있다고나 할까, 생김새나 태도나 정신이라는 면에서 반드시 공통점이 있는 법이에요. 이런 사실로 봐도, 안토니오라는 분은 남편의 둘도 없는 친구이니까 틀림없이 남편과 비슷한 분일 거예요. 만일 그렇다면 제 영혼인 남편과 비슷한 분을 지옥 같은 불행에서 구해 드리기 위해서, 그까짓 비용쯤 무슨 문제가 되겠어요? 그러고 보니 너무 제 자랑만 한 것 같네요. 이제 그만하겠어요. 그런데 다른 이야기가 있어요, 로렌조 씨. 남편이 돌아오실 때까지 이 집의 관리를 맡아주세요. 사실은 하느님께 남몰래 맹세를 했어요. 제 남편과 네리사의 남편이 돌아올 때까지, 저는 네리사만 데리고 가서 조용히 기도와 묵상의 날을 보내기로 말예요. 이곳에서 2마일 밖에 있는 수도원에 가서 지낼까 해요. 이 부탁은 제발 거절하지 마세요. 제 사랑은 물론이고 긴박한 사정이 있어서 부탁드리는 것이니까요.

로렌조 그러다뿐입니까, 부인. 분부시라면 뭐든지 하겠습니다.

포르티아 제가 데리고 있는 사람들은 벌써 제 결심을 알고 있어요. 그러니 제 남편과 저 대신 당신과 제시카를 주인같이 섬길 거예요. 그럼 다시 뵐 때까지 안녕히 계세요.

로렌조 부디 맑은 생각과 행복한 시간이 함께하시길!

제시카 마음 가득 즐겁게 보내세요.

포르티아 고마워요, 당신들도 만족스럽게 지내길 빌어요. 그럼 제시카, 잘 있어요. (제시카와 로렌조 퇴장) 그런데 발타자르, 여태껏 너는 충실하게 일을 보아왔는데, 앞으로도 그렇게 부탁한다. (발타자르에게 편지를 건네준다) 자, 이 편지를 가지고 있는 힘을 다해 빨리 파도바로 가서 사촌 오라버님 벨라리오 박사에게 틀림없이 전해라. 그리고 박사님이 서류와 옷을 주시거든 받아서 곧 그 나루터, 베니스로 건너가는 나루터로 뛰어오너라…… 여러 말 할 것 없이 어서 떠나라…… 나는 한 발 앞서 가 있겠다.

발타자르 예, 아씨, 되도록 빨리 다녀오겠습니다. (퇴장)

포르티아 네리사, 이리 와봐. 너에게는 아직 이야기 안 했지만 묘안이 있어. 우리 한번 남편들을 만나보자꾸나. 물론 두 사람은 눈치채지 못하게 말이야!

네리사 우리를 몰라볼까요?

포르티아 물론이지, 네리사. 변장을 해야 돼. 우리가 남자처럼 변장을 하면 그이들이 속아 넘어갈 거야. 내기를 해도 좋지만, 우리가 젊은 남자처럼 차려입으면, 내가 더 미남으로 보일걸. 칼을 차도 내가 더 맵시 있고 산뜻할 거야. 그리고 사춘기 변성기가 된 것처럼 갈대 피리 같은 목소리로 말을 하고, 걸을 때는 사내처럼 큼직한 걸음으로 걷는 거지. 또 떠벌리는 젊은이처럼 싸움 이야기도 하고, 교묘하게 거짓말도 꾸며내는 거야. "실은 양갓집 부인네들이 사랑을 고백해 왔지만 나는 거절했지. 그랬더니 병이 나서 그만 죽고 말았어. 나로선 어쩔 수 없는 일이었어. 그렇긴 해도 죽지 않게 해줄 것을 내가 잘못한 것 같아." 이런 시시한 거짓말을 잔뜩 늘어놓는단 말이야. 그러면 듣는 사람들은 내가 학교를 나온 지 1년은 넘었을 거라고 단정할 것 아니냐…… 이런 거짓말쟁이의 실없는 장난 같으면, 나도 얼마든지 알고 있어. 그걸 한번 써먹어 보자는 거야.

네리사 그럼, 우리가 남자 노릇을 하나요?

포르티아 그런 질문이 어디 있니? 곁에서 누가 이상하게 받아들이면 어쩌려고! 아무튼 가자. 상세한 계획은 마차에서 말해 줄게. 대문 앞에 마차가 기다리고 있다. 그러니 얼른 준비해. 오늘 안으로 20마일을 가야 하니까. (모두 퇴장)

〔제3막 제5장〕

포르티아 집의 정원.
란슬롯과 제시카 등장.

란슬롯 정말 그렇습니다, 아버지의 죄는 자식이 물려받게 마련이니까요. 그러니 정말이지만, 아가씨는 위험하십니다. 저는 언제나 아가씨께 솔직했고, 오늘도 이 문제를 곰곰이 생각해서 말씀드린 것입니다. 자, 그러니까 기운을 내세요. 아가씨는 틀림없이 지옥으로 가실 것 같으니까요. 그런데 지옥으로 가시는 것을 피할 길이 하나 있습니다. 그것도 떳떳하게 내세울 희망은 못됩니다만.

제시카 제발, 그게 어떤 희망인데?

란슬롯 말하자면 아가씨는 아버지가 만든 자식이 아니라는, 그러니까 유대인의 딸이 아니라는 희망 말입니다.

제시카 분명히 떳떳지 못한 희망이구나. 그렇게 되면 내 어머니의 죄 또한 내가 물려받아야 하지 않겠니?

란슬롯 사실 그래서 걱정이죠. 아버지 쪽으로나 어머니 쪽으로나 어차피 지옥에 떨어지게 마련이니까요. 앞문의 늑대를 피하고 나면, 뒷문의 호랑이가 기다리고 있는 셈입니다. 그러니 아가씨는 엎어치나 매치나 마찬가지입니다.

제시카 하지만 내 남편이 구원해 줄 거야. 그이는 나를 그리스도교도로 만들었으니까.

란슬롯 이거, 한술 더 뜨는 고약한 양반인데요. 안 그래도 그리스도교인들은 지나치게 많아요. 함께 살아갈 수 없을 만큼 수가 많아요. 거기다 또 그리스도교인을 만들어 놓으면 돼지고기 값만 오르게요. 너도 나도 돼지고기를 먹게 돼봐요. 돈을 암만 줘도 베이컨 한쪽 못 얻어먹게 될 테니까요.

3막 5장, 로렌조와 제시카, 란슬롯 H.C. 셀루스. 1830.

로렌조 등장.

제시카 란슬롯, 네가 한 말 내 남편에게 이야기할 테야. 저기 그이가 오시
잖아.

로렌조 란슬롯, 그렇게 남의 아내를 구석에 몰아넣고 있으면, 얼마 안 가 나
도 질투하게 될 거다.

제시카 아니에요. 그런 염려는 하실 필요가 없어요. 란슬롯과 지금 싸우고
있었어요. 저것이 저한테 함부로 뇌까리잖아요. 유대인의 딸이니까 천국은
막혀 있다는 둥, 그리고 당신은 유대인을 그리스도교도로 만들어서 돼지고
기 값만 올라가게 해놓았으니 고얀 시민이라는 둥 말이에요.

로렌조 그것쯤이야 저 녀석이 검둥이 계집의 배를 불려 놓은 데 비하면, 간

단히 변명이 되지. 란슬롯, 그 검둥이 계집이 네 아이를 뱄다면서?

란슬롯 그 검둥이 계집의 배가 보통이 아니라면 그것 보통 일이 아닌데요. 그 검둥이 계집이 그따위 수상한 짓을 했다면 거 뱃속까지 검은 년인뎁쇼.

로렌조 바보는 모두 입심도 좋구나. 이러다간 슬기로운 사람은 모두 입을 다 물어서 말 잘한다고 칭찬받는 건 앵무새뿐이겠구나. 자, 들어가서 밥 먹을 준비하라고 일러라.

란슬롯 먹을 준비는 다 돼 있습니다. 다들 허기져 있으니까요.

로렌조 아니, 너는 입씨름꾼이란 말이냐? 그럼 음식을 준비하라고 좀 일러라.

란슬롯 그것도 준비되어 있습니다. 그냥 식탁보를 씌우라고 말씀하시면 됩니다.

로렌조 그럼, 씌워 주겠느냐?

란슬롯 그럴 순 없죠. 천만의 말씀입니다. 제 분수쯤은 알고 있으니까요.*⁵

로렌조 요것 보게, 꼬박꼬박 말대답이군. 아니, 넌 있는 재치를 한꺼번에 털어놓을 셈이냐? 제발 솔직한 사람의 말을 솔직한 귀로 들어다오. 부엌으로 가서, 식탁에 보자기를 깔고 음식을 차려 놓으라고 일러라. 곧 식사하러 들어갈 테니까.

란슬롯 음식을 차려 놓고, 식탁보를 덮어 놓게 하겠습니다. 두 분께서 식사하러 들어오시는 건 마음 내시키는 대로 하십시오. (퇴장)

로렌조 기가 막혀, 어쩌면 저렇게도 입심이 좋을까. 바보 놈이 묘한 말을 머릿속에 산더미같이 집어넣고 있나 보네. 그런데 세상에는 저자보다 나으면서도 저자와 똑같은 머리를 갖고 있어 말의 겉멋만 내느라고 내용은 무시하는, 그런 바보도 얼마든지 있거든. 그런데 어때요, 제시카? 바사니오의 아내가 마음에 드오?

제시카 드니, 안 드니 정도가 아니에요. 바사니오 님은 정말 바른 생활을 하셔야 옳아요. 그렇게 훌륭한 부인을 만난 것은 이 세상에서 천국의 기쁨을 발견한 거나 마찬가지니까요. 그만한 생활을 하지 않으시면 마땅히 천국에 가지 못하실 거예요. 이를테면 두 신(神)이 하늘에서 무슨 승부를 하신다고

---

*⁵ 식탁보를 씌우라는 이야기를 가지고 하인이 주인 앞에서 머리에다 씌우는 것, 곧 모자를 쓸 수 없는 행동에 빗대어 한 우스갯말이다.

쳐요. 그리고 그 내기에는 이 땅의 여자를 건다고 쳐요. 그런데 그들 가운데 하나가 포르티아라면, 다른 여자한테는 무엇을 더해야 할 거예요. 빈약하고 볼품없는 이 세상에 포르티아에 견줄 만한 여자는 없으니 말이에요.

로렌조 아내로서는 말이지. 남편감으로는 바로 당신 남편이 그렇소.

제시카 뭐라고요? 그것 또한 제 의견을 들어보셔야죠.

로렌조 그건 곧 물어보기로 하고, 먼저 들어가서 식사나 합시다.

제시카 싫어요, 당신 칭찬을 하게 그냥 두세요. 그쪽에 입맛이 당기니 말이에요.

로렌조 아니오, 그런 입맛은 식사를 들면서 부탁하오. 그렇게 하면 당신이 무슨 이야기를 하든 다른 음식들과 함께 소화될 테니.

제시카 좋아요, 그럼 푸짐하게 칭찬해 드릴게요. (모두 퇴장)

〔제4막 제1장〕

베니스. 법정.
공작, 고관들, 안토니오, 바사니오, 그라티아노, 살레리오, 그 밖의 사람들 등장.

공작 안토니오는 왔는가?

안토니오 예, 여기 대령하고 있습니다.

공작 참 안되었네. 자네 상대라는 자는 돌처럼 비인간적이고 인정이라고는 털끝만큼도 없으니 말일세.

안토니오 공작님께서 그 사람의 가혹함을 누그러뜨리려고 애를 많이 쓰셨다는 이야기는 저도 들었습니다. 그 사람이 본디 완고할 뿐 아니라 합법적으로는 도저히 그자의 마수에서 벗어날 길이 없으니, 이제는 상대의 발악에는 인내심으로 대하고, 그저 조용한 마음으로 그자의 포악과 발광을 두말없이 받아들이기로 각오하고 있습니다.

공작 누가 가서 그 유대인을 불러들여라.

살레리오 그자는 문 앞에 대기하고 있습니다. 아, 이제 들어오는군요.

샤일록 등장.

공작 좀 비켜줘라. 내 앞에 세워라. 샤일록, 자네가 나쁜 마음으로 가득 찬 태도를 고집한 것은 최후의 시간까지만이고, 그때가 되면 지금의 이 괴이한 잔인성과는 딴판으로 뜻밖의 자비와 연민을 보여줄 것으로 세상은 생각하고 있다. 나 또한 그렇게 믿고 있네. 오늘은 이 불쌍한 상인의 살 1파운드를 벌금으로 강요하고 있지만, 결국은 그 벌금을 면제해 줄 뿐 아니라 인간적인 우정과 애정에 감동하여 원금의 일부까지도 덜어줄 것이라고 세상은 믿고 있네. 저 상인이 최근에 입은 어마어마한 손해를 동정의 눈으로 본다면 말일세. 무역왕이라고 할 만한 사람조차도 짓눌리고 마는 손해이니, 제아무리 냉혹한 마음을 가진 사람들조차도, 친절 같은 것은 전혀 배우지 못한 인정 없는 터키 사람과 타타르 사람들도 그의 지금 사정을 동정하지 아니할 수 없을 것이네. 여보게, 샤일록, 우리는 모두 자네의 친절한 대답이 나오기를 기다리고 있네.

샤일록 제 생각은 이미 공작님께 말씀드린 대로입니다. 그리고 계약서대로 벌금을 받겠다는 것도 저희 안식일에 두고 맹세한 사실입니다. 그래도 거절하신다면, 공작님의 특권과 이 도시의 자유가 위태로워지지 않겠습니까! 아마 의아하실 테죠. 왜 제가 3천 더컷을 마다하고 일부러 더러운 살 1파운드를 요구하는지를. 오늘 그 답변은 하지 않겠습니다! 하지만 그건 제 기분이라고 해두겠습니다. 이것으로 답변이 되었을까요? 이를테면 저희집에 쥐 한 마리가 나와서 귀찮게 할 경우, 제가 1만 더컷을 써서 그걸 독살시키게 한다고 합시다. 어떻습니까? 이만하면 이해가 되십니까? 세상에는 통째 구워진 것으로, 입이 딱 벌려진 돼지를 좋아하지 않는 사람도 있고, 고양이를 보면 미치는 사람도 있으며, 콧소리 같은 백파이프 소리만 들으면 오줌을 참지 못하는 사람도 있습니다. 감정의 주인공인 사람의 성미가 저마다의 기호를 결정하니 그런 것입니다. 그런데 아까 그 답변 말입니다만, 입이 벌려진 돼지를 왜 좋아하지 않을까요? 또 무해하고 유익한 고양이를 왜 싫어할까요? 천으로 싼 백파이프 소리만 들으면 왜 견디지 못할까요? 여기에 대한 대답으로 이렇다 할 이유를 들 수는 없지요. 다만 자기도 화가 나고 남까지 화가 나게 할, 그리고 끝내는 창피를 피하기 때문이라고나 할까요. 제가 안토니오를 상대로 이렇게 밑지는 소송을 일으킨 것도 따지고 보면 오래 묵은 원한과 증오감 때문이지, 이 밖에는 말할 수도 없고, 그리고 싶지도 않습니다. 이만하면 이해되십니까?

바사니오 인정머리 없는 사람 같으니, 그런 대답이 어디 있어? 그걸로 네 잔 인한 행동에 대한 변명이 될 줄 아느냐!

샤일록 나는 네 마음에 들 답변을 할 의무는 없다.

바사니오 자기가 싫다고 사람을 죽여도 좋단 말이냐?

샤일록 미우면 죽이고 싶은 것이 사람의 마음 아니냐!

바사니오 마음에 안 든다고 처음부터 미울 것은 없잖아!

샤일록 아니, 그래 너는 독사한테 두 번씩이나 물려도 좋단 말이냐?

안토니오 (바사니오에게) 여보게, 생각해 보게. 저런 유대인과 시비를 하느니보 다는 차라리 바닷가에라도 가서 만조의 밀물에게 여느 때 높이로 있어달라 고 하는 게 낫지. 그리고 늑대를 보고 어째서 새끼 양을 잡아먹고 어미 양 을 울렸느냐고 따지는 것이 낫지. 또 거센 바람에 흔들리는 산 위의 나뭇가 지에게 흔들리지 마라, 소리를 내지 마라고 하는 것이 낫지. 저 유대인의 마 음을 부드럽게 하려고 애를 쓰느니보다는—그렇게도 지독한 상대는 둘도 없으니 말이네. 그러니 자네에게 부탁인데, 이제 더는 무슨 제안도, 무슨 수 단도 쓸 것 없이 아주 간단하고 편리하게 판결을 보게 해주고, 이 유대인에 게 목적을 이루게 해주기만 바라겠네!

바사니오 자, 네 3천 더컷 대신에 6천 더컷이 여기 있다.

샤일록 그 6천 더컷의 1더컷 1더컷이 여섯 조각이 나서 그 조각조각이 1더컷 씩 된다 해도 돈을 받지는 않겠어. 나는 계약서대로만 하겠다.

공작 다른 사람을 그렇게 동정하지 않으면서 어떻게 신의 자비를 바라는가?

샤일록 저에게 잘못이 없는 이상, 무슨 판결이든지 두렵지 않습니다. 당신들 집에서는 노예를 많이 사서, 나귀나 개나 노새처럼 천한 일에 혹사시키고 있습니다. 왜 그렇지요? 돈을 주고 샀으니까 그렇겠죠. 어떻습니까, 제가 당 신들에게 노예를 해방시켜 당신 외동딸과 결혼시키시오, 왜 무거운 짐을 지 워 진땀을 빼게 하는 건가요, 그자들의 잠자리도 당신들처럼 푹신하게 해 주시오, 음식도 당신들이 먹는 것과 똑같이 입에 맞게 주시오, 이렇게 말한 다면 뭐라고 대답하실 겁니까? "노예는 우리 것이니까" 하고 대답을 하실 테죠. 그래서 제가 당신에게 대답합니다. 제가 요구하는 살 1파운드는 아주 높은 대가를 치른 것이니 그건 제 것입니다. 그걸 갖겠다는 것입니다. 그걸 거절하신다면 이 나라 법률은 휴지나 다름없고, 베니스의 법령은 허수아비와 마찬가지지요. 저는 판결을 요구합니다. 대답해 주십시오. 판결해 주시겠습니까?

공작 나는 내 권한으로 이 법정을 해산할 수 있지만, 이 사건의 판결을 위해 초청한 석학 벨라리오 박사가 오늘 도착하기로 되어 있소.

살레리오 각하, 파도바에서 박사의 편지를 가지고 이제 막 도착한 사람이 문 밖에서 기다리고 있습니다.

공작 그 편지를 이리 가져오고, 그 사람도 들어오라고 하시오.

바사니오 여보게, 안토니오! 기운을 내게, 이 사람아. 차라리 내 살과 피와 뼈와 그 모든 것을 저 유대 놈에게 주고 말지, 자네가 나 때문에 피 한 방울이라도 흘려서야 되겠나.

안토니오 양으로 치면 난 양떼 중에 병든 양이랄까, 죽어야 마땅하지. 과일 중에서도 가장 약한 놈이 가장 먼저 떨어지지 않는가. 그러니 나를 가만 놔두게. 바사니오, 자네는 할 일이 있어. 더 살아남아서 내 무덤에 비문이나 써주게.

네리사가 변호사의 서기 복장을 하고 등장.

공작 그대는 파도바의 벨라리오 박사가 보낸 사람인가?

네리사 예, 각하. 벨라리오 박사님이 안부 전하라 하셨습니다. (편지를 내준다)

바사니오 왜 칼을 그렇게 열심히 가는 거냐?

샤일록 저기 저 파산자한테서 벌금을 베어내려고 그런다.

그라티아노 이 지독한 유대 놈아, 네 신바닥에 가느니보다 돌 같은 네 마음에 대고 가는 게 나을 거다. 하지만 어떠한 연장도, 아니 사형집행인의 도끼도 너의 그 무섭고 그악스러운 생각에 비하면 반만큼도 날카롭지 못할 거다. 아무리 애원해도 네놈의 가슴에는 소용없단 말이냐?

샤일록 물론이지, 네놈의 재주에서 짜내는 애원은 소용없다.

그라티아노 기가 막혀서. 이 잔인한 개자식! 너 같은 놈을 살려두면 법이 욕을 본다! 네놈을 보고 있으니 내 신앙까지 흔들린다. 피타고라스 말마따나 짐승의 혼이 사람 몸속에 들어온다는 생각까지 하게 되는군. 네놈의 그 개

연극 〈베니스의 상인〉 피터 홀 연출, 더스틴 호프먼(샤일록 역) 출연. 1989.
이 공연에서는 샤일록이 그리스도교도에게 굴욕적인 처사를 받고 복수를 결심한다.

같은 근성은 본디 늑대 속에 들어 있던 것이, 사람을 잡아먹은 죄로 교수형
을 당할 때에 그놈의 흉악한 영혼이 교수대에서 도망쳐 나온 길로 네 몸속
에 들어간 거지 뭐냐. 네가 더러운 네 어미 배 속에 있을 때 말이다. 그래서
네 욕심이 살에 굶주린 늑대처럼 잔인한 거다.

샤일록 그렇게 욕을 한다고 계약서의 도장이 지워질 줄 아느냐? 괜히 소리

만 질러서 네 허파만 아프겠다. 젊은이가 그럴 것 없이 머리나 좀 잘 굴려보지. 이젠 아주 못 쓰게 망가질라. 나는 재판을 해달란 거야.

공작 이 편지를 보면 벨라리오 박사는 젊고 유능한 박사 한 사람을 이 법정에 추천하고 있는데, 그는 어디 있는가?

네리사 가까운 곳에서, 이 법정에 들어오게 허락하실지, 공작님의 지시를 기다리고 있습니다.

공작 들어오게 하다뿐인가. 자, 몇 사람이 가서 공손히 모셔오너라. 그동안 여러분은 벨라리오 박사의 편지를 들어보게. (편지를 읽는다)

각하께 이 편지를 올립니다. 각하의 편지를 받았을 때 저는 병을 앓고 있었으며, 각하의 전령이 도착했을 때 마침 로마의 청년 박사 발타자르 씨가 문병차 저를 방문 중에 있었습니다. 저는 유대인과 상인 안토니오 사이의 소송 내용을 이 박사에게 설명한 뒤 둘이서 함께 많은 참고 서적을 조사하고, 제 의견을 박사에게 충분히 이야기해 주었습니다. 박사의 학식은 저의 추천 여부를 기다릴 필요조차 없이 뛰어나니, 제가 아무리 말씀을 드려도 부족합니다. 다행스럽게도 그는 제 요청에 따라서 저를 대신해 그곳을 방문하게 되었습니다. 그는 아직 어리지만 두뇌는 제법 노련하므로, 나이가 어리다고 낮게 평가하시지는 않기를 바랍니다. 끝으로 박사를 환대해 주시기 바라며, 제가 추천한 근거는 결과를 보시면 밝혀지리라 확신하고 이 글을 마칩니다.

석학 벨라리오 박사의 편지 내용은 지금 여러분이 들은 것과 같네.

법학 박사 복장을 한 포르티아 등장.

공작 저 사람이 그 대리 박사인가 보군. 악수합시다. 벨라리오 박사가 보낸 사람이죠?

포르티아 예, 그렇습니다.

공작 잘 왔소. 앉으시오. 그런데 이 법정에서 현재 심의 중인 사건 내용은 알고 있겠지요?

재판관으로 변장한 포르티아가 출정한 두칼레 궁전 법원(오른쪽)

포르티아 상세한 이야기를 들었습니다. 그런데 어느 쪽이 상인이며, 어느 쪽
    이 유대인입니까?

공작 안토니오, 그리고 샤일록, 두 사람 다 앞으로 나와 서게.

포르티아 당신 이름이 샤일록입니까?

샤일록 예, 샤일록입니다.

포르티아 당신이 요구하는 소송은 그 내용이 참 괴이하기는 하나 위법성은
    없으니, 베니스의 법률로도 당신의 소송 진행을 비난할 수는 없군요. 그런
    데 안토니오, 당신의 운명은 저 사람 손에 달려 있단 말이지요?

안토니오 그런가 봅니다.

포르티아 계약서의 정당성을 인정합니까?

안토니오 예, 인정합니다.

포르티아 그렇다면 유대인 쪽에서 자비심을 발휘하셔야 되겠소.

샤일록 어떤 의무에서 말입니까? 어디 좀 들어봅시다.

포르티아 자비라는 것은 강요될 성질이 아니며, 하늘에서 이 땅에 내리는 자

비로운 비와도 같은 것이오. 자비는 이중의 혜택을 가지고 있소. 자비를 베푸는 사람은 물론이고, 자비를 받는 사람에게도 그 혜택이 있소. 자비야말로 최고 권력자의 가장 위대한 미덕이라 할 것이며, 군왕을 더욱 군왕답게 하는 것은 왕관보다 이 자비심이오. 군왕이 가진 홀(笏)은 지상 권력의 상징이자 위엄의 표지로, 불안과 공포를 뜻할 뿐이오. 그러나 자비는 권력의 지배를 뛰어넘어 군왕의 가슴속 옥좌에 앉아 있소. 말하자면 바로 하느님의 덕이라 하겠소. 따라서 자비를 가지고 정의를 완화할 때 지상의 권력은 신의 권력에 가장 가까워지는 것이오. 그러니 유대인, 당신의 주장이 정의에 알맞기는 하나 생각해 보시오. 누구나 정의만 좇는다면 인간은 한 명도 구원되지 못할 것이오. 우리는 하느님께 자비를 기원하지만, 이 기원은 곧 우리들 서로 간에 자비를 베풀도록 가르치고 있는 것이오. 내가 이렇게까지 말을 하는 것은 정의에 대한 당신의 주장을 누그러뜨려 보자는 것이지만, 굽히지 않겠다면 베니스의 엄격한 법정은 여기 이 상인에게 불리한 판결을 내릴 수밖에 없지요.

샤일록 제 행동의 결과는 제가 감수할 테니, 어서 재판이나 해주시죠. 계약서대로 벌금을 받겠습니다.

포르티아 상인은 빚을 갚을 능력이 없소?

바사니오 아닙니다. 지금 제가 대신 갚겠다는 것입니다. 두 배를, 아니 그것으로 부족하다면 열 배를, 제 손과 머리와 심장을 담보해도 좋습니다. 그래도 모자라다면 이건 틀림없이 저자에게 나쁜 마음이 있어 그런 거라고밖에 볼 수 없습니다. 아, 법관님, 직권으로 한 번만 법을 굽혀주십시오. 큰 정의를 위해 작은 부정을 저질러서 이 악마 같은 놈의 요구를 막아주십시오.

포르티아 그건 안 될 말이오. 베니스의 어떠한 권력을 가지고도 이미 정해진 법령을 바꿀 수는 없소. 그런 일을 하면 전례가 되어, 그 전례로 말미암아 수많은 착오가 일어나 나라에 범죄가 넘쳐날 것이오. 그러니 그것은 도저히 안 될 말이오.

샤일록 과연 명판관이십니다. 다니엘 같은 명판관이십니다! 젊은 분이 참 현명하고 훌륭한 판관이십니다!

포르티아 그럼, 어디 그 계약서를 좀 봅시다.

샤일록 이것입니다, 훌륭하신 박사님. 자, 읽어보십시오.

포르티아 헨리 우즈. 1888.

포르티아 샤일록, 이 금액의 세 배를 지급하겠다는데.

샤일록 맹세, 맹세, 저는 하늘에 맹세했습니다. 제 영혼에 거짓 맹세를 할 수야 있나요? 베니스를 모두 줘도 싫습니다.

포르티아 틀림없이 이 계약서는 기한이 지났구려. 그러니 유대인은 이 계약서에 명시된 바에 따라 마땅히 살 1파운드를 이 상인의 심장 가까운 곳에서 베어낼 권리를 요구할 수 있소. 그러나 자비심을 발휘하여 대신 세 배의 돈을 받고, 이 계약서는 찢어버립시다.

샤일록 찢는 것은 계약서 내용대로 빚을 갚은 다음에 하시지요. 보아하니 당신은 참 훌륭한 재판관 같습니다. 법률에도 밝으시고, 해석도 매우 온당하십니다. 당신은 법의 훌륭한 기둥이십니다. 법에 따라 어서 판결을 내려주시길 부탁합니다. 이 영혼에 두고 맹세하지만 어느 누구의 말도 제 마음을 돌리지는 못합니다. 어서 계약서대로 해주시기 바랍니다.

안토니오 저도 간절히 바랍니다. 어서 판결을 내려주십시오.

포르티아 정 그렇다면 자, 당신은 저 사람의 칼을 가슴에 받을 각오를 하시오.

샤일록 과연 명판관이시다! 젊은 분이 어쩌면 이렇게 훌륭하실까!

포르티아 이 계약서에 명시된 벌금은 법의 취지와 목적으로 보아 충분히 정당하기 때문이오.

샤일록 과연 그렇습니다. 어쩌면 이토록 현명하고 공정하실까! 보기와는 달리 어쩌면 이렇게 성숙하실까!

포르티아 그러니 상인은 가슴을 내놓으시오.

샤일록 예, 가슴입니다. 계약서에 그렇게 씌어 있습니다. 안 그렇습니까, 재판관님? '심장에 가장 가까운 곳'. 그렇게 적혀 있습니다.

포르티아 그렇소. 그러면 살을 달 저울은 준비돼 있소?

샤일록 예, 여기 있습니다. (외투 밑에서 저울을 꺼낸다)

포르티아 그럼 샤일록, 당신 돈으로 의사를 불러오시오. 출혈이 심해 죽으면 안 되니까 상처를 치료하기 위해서요.

샤일록 계약서에 그렇게 명시되어 있습니까?

포르티아 명시된 것은 아니지만 그렇게 하는 것이 어떻겠소? 그만한 자비쯤은 베풀어도 좋을 것 아니오.

샤일록 그런 말은 보이지 않습니다. 계약서에 없습니다.

포르티아 상인, 무슨 할 말은 없소?

안토니오 그다지 없습니다. 여보게 바사니오, 악수하세. 잘 있게! 자네 때문에 내가 이렇게 됐다고 해서 슬퍼하지는 말게. 이래 봬도 운명의 신은 보통 때보다 친절한 셈이야. 보통 같으면 거지꼴이 된 사람을 그대로 살려 놓고 푹 꺼진 눈과 주름진 낯으로 늘그막의 고생을 맛보게 할 텐데, 내 경우는 그렇게 오래오래 고생하는 벌은 면케 했단 말일세. (바사니오와 껴안는다) 자네 아내에게 안부 전해 주게. 이 안토니오의 마지막 과정을 전해 주게. 죽은 뒤에 나를 좋게 전해 주게. 그리고 그 이야기가 끝나거든 부인한테 물어보게. 바사니오 자네에게도 진실한 벗이 있었는지 없었는지를. 자네가 친구를 잃은 것을 슬퍼만 해준다면, 나는 자네 때문에 빚 갚는 것을 조금도 슬퍼하지 않겠네. 저 유대인이 칼을 찔러넣어만 주면, 나는 당장 내 심장을 모조리 바쳐서 빚을 갚을 결심이니 말일세.

바사니오 여보게 안토니오, 내 아내는 내게 목숨처럼 소중한 사람이네. 그러나 그 목숨도, 내 아내도, 아니 이 세상도 내게는 자네의 그 생명보다 소중하지 않네. 온갖 것을 잃어도 좋으니, 아니 이 모든 것을 악마에게 바쳐도 좋으니 자네 목숨만은 구하고 싶네.

포르티아 당신 아내가 곁에서 그 말을 듣는다면 그리 고마워하진 않겠군요.

그라티아노 저도 아내를 얻었지요. 그야 물론 사랑합니다만, 아내가 죽어서 천국에 가 신에게 저 들개 같은 유대 놈의 심보를 바꿀 수 있도록 빌어주었으면 합니다.

네리사 그런 말은 부인이 없는 데서나 하셔야지, 괜히 가정불화를 일으키겠소.

샤일록 (혼잣말로) 예수쟁이 남편 놈들은 다 저렇다니까! 나도 딸자식을 가졌지만…… 예수쟁이보다는 차라리 바라바*⁶ 같은 놈의 핏줄이 그 아이의 남편이 됐으면 좋았을걸. (큰 소리로) 이건 괜한 시간 낭비요. 얼른 판결이나 내려주십시오.

포르티아 저 상인의 살 1파운드는 당신의 것이오. 이는 법정이 승인하고, 국

---

*6 신약 성경에 나오는 인물. 빌라도가 예수를 재판할 때, 예수 대신 석방된 살인강도이다.

〈베니스의 상인〉 "그것이 법률입니까?"라고 되묻는 샤일록   동판화, 로버트 더들리. 1597.

법이 인정하는 바요.

샤일록   과연 공명정대한 판관이시다.

포르티아   그러니 당신은 상인의 가슴에서 살 1파운드를 베어내야 하오. 국법이 이를 허용하고, 본 법정이 이를 승인하오.

샤일록   과연 유식한 판관이시네! 판결이 났다! 자, 각오해라. (칼을 빼들고 앞으로 나온다)

포르티아   좀 기다려요! 더 할 말이 있소. 이 계약서에는 한 방울의 피도 당신에게 준다고 하지 않았소. 여기 쓰인 말은 분명히 '살 1파운드'요. 자, 계약서대로 살 1파운드를 떼어 가지시오. 그러나 베어낼 때에 그리스도교도의 피한 방울이라도 흘리는 날이면, 당신의 땅과 재산은 베니스 국법에 따라 이베니스에 몰수당하오.

그라티아노   참 공평한 판관이시다! 들었나, 이 유대 놈아! 참 유식한 판관이시다!

샤일록   그것이 법률입니까?

포르티아   (법률서를 펴 보이며) 자, 당신 눈으로 조문을 보시오. 당신은 정의를 주장하니 당신이 요구하는 이상의 정의를 이루어 주겠소.

4막 1장, 포르티아 "자, 당신 눈으로 조문을 보시오……."

그라티아노 과연 박식한 판관이시다! 들었나, 유대 놈아! 박식한 판관이시다!

샤일록 그럼, 아까 그 말대로 하겠으니 계약서의 3배를 지급해 주고, 저 그리스도교도는 풀어주십시오.

바사니오 자, 돈 여기 있다.

포르티아 가만있으시오! 유대인에게는 오직 정의대로 해주겠소. 가만있으시오. 그는 계약서대로 담보물 말고는 아무것도 가질 수 없소.

그라티아노 봐라, 이 유대 놈아. 참 공정하고 박식한 판관이 아니시냐!

포르티아 그러니까 살을 베어낼 준비를 하오. 피는 한 방울도 흘려서는 안 되오. 살도 꼭 1파운드를 베어내야지, 많아도 적어도 안 되오. 1파운드보다 가볍든 무겁든, 설령 그게 1파운드의 20분의 1만큼 적거나 많다 해도, 아무튼 저울대가 머리카락 한 올만큼이라도 기울어진다면 당신은 사형이며 모든 재산을 몰수당할 거요.

그라티아노 과연 제2의 다니엘이시다. 다니엘 같은 명판관이시다. 야, 이 유대 놈아! 불신자야. 맛이 어떠냐!

포르티아 왜 유대인은 망설이고 있소? 벌금을 받지 않고.

샤일록 원금만 돌려받고, 가게 해주십시오.

바사니오 여기 있다, 자 받아라.

포르티아 저 사람은 이 공개 법정에서 그것을 거절했소. 그러니 정의와 계약서대로만 해주면 그만이오.

그라티아노 정말 다니엘 같은 분이시다. 제2의 다니엘이시다! 유대인, 고맙다. 좋은 말을 가르쳐 줘서.

샤일록 원금만이라도 받을 수 없을까요?

포르티아 담보물 말고는 절대로 안 되오. 그것도 당신 목숨을 걸고 말이오.

샤일록 에잇, 제기랄! 더 이상 엉터리 심문에 응하지 않겠소.

포르티아 기다리시오, 유대인. 또 한 가지 법의 적용을 받을 일이 있소. (법률 책을 펼친다) 베니스 법률에 따르면, 만약 외국인이 간접 또는 직접적인 수단으로써 베니스 시민의 생명을 위협한 범죄 사실이 명백히 인정되면 범인의 재산 반은 피해자가 될 뻔한 피고의 소유가 되고, 나머지 반은 국고에 몰수되오. 아울러 범인의 목숨은 오직 공작의 처분에 따르고 어느 누구도 간섭하지 못하오. (책을 덮는다) 아시겠소? 원고는 지금 그런 형편에 놓여 있소. 원고는 직접적으로나 간접적으로나 피고인의 생명 자체를 위협한 것이 분명하니, 내가 앞서 말한 바와 같은 위험에 놓여 있는 것이오. 그러니 원고는 마땅히 무릎을 꿇고 공작님의 자비를 바라야 하오.

그라티아노 네 손으로 목매달아 죽게 해달라고 청이나 해보시지그래. 하지만 재산을 국가에 몰수당하면 목을 맬 줄인들 살 돈이나 있겠느냐. 그러니 아무래도 나랏돈으로 목매달릴 수밖에 없겠구나.

공작 우리의 정신이 얼마나 다른가를 보여주기 위해서 원고의 생명은 청도 있기 전에 용서해 주겠다. 다만 재산의 반은 안토니오 것이 되며, 다른 반은 마땅히 국고 수입으로 될 것이나, 뉘우친다면 벌금형으로 낮춰 줄 수도 있다.

포르티아 예, 국고 수입분에 한해서는 그럴 수 있습니다. 단, 안토니오의 몫은 문제가 다릅니다.

샤일록 아닙니다, 제 생명이고 뭐고 다 가져가십시오. 감형은 필요 없습니다. 집을 받드는 기둥을 빼버리면 집 전체를 뺀 것과 마찬가지입니다. 생계를 유지하는 재산을 빼앗아가 버리면 생명을 빼앗아간 것과 한가지니까요.

포르티아 안토니오, 당신은 어떤 자비를 베풀 수 있겠소?

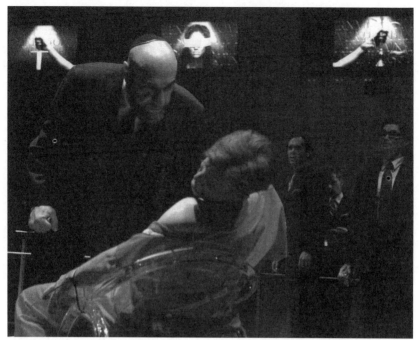

연극 〈베니스의 상인〉 다르코 트레스냑 연출, F. 머리 에이브러햄(샤일록 역) 출연. 2007.
이 공연에서는 초현대적 배경을 설정했다.

그라티아노 목매어 죽을 끈이나 하나 거저 주고, 그 밖에는 저 유대인에게
아무것도 주지 말게.

안토니오 공작 각하, 그리고 법정에 계신 여러분, 재산의 반에 대한 벌금은
면제해 주셨으면 좋겠습니다. 그리고 나머지 반의 재산은 제가 관리하고 있
다가, 얼마 전 저 사람의 딸을 훔쳐 낸 신사에게 저 사람이 죽은 뒤에 넘겨
주도록 하겠습니다. 다른 두 가지 조건도 있습니다. 첫째는 이러한 은혜에
대한 보답으로, 저 사람이 즉시 그리스도교로 개종할 것, 둘째는 자기 유산
모두를 딸과 사위 로렌조에게 양도한다는 서약서를 이 법정에서 작성할 것,
이 두 가지 조건을 요구하겠습니다.

공작 그렇게 시키겠네. 듣지 않으면 앞서 내가 한 말은 모두 취소하겠네.

포르티아 유대인은 만족하오? 어떻소?

샤일록 만족합니다.

포르티아 (네리사에게) 그럼 서기, 양도 서약서를 작성하오.

샤일록 그만 물러가게 해주십시오. 몸이 좀 불편해서요. 서약서는 나중에 보내주시면 서명하겠습니다.

공작 그럼, 가보게. 그러나 서명은 반드시 해야 하네.

그라티아노 세례를 받으려면 대부(代父)가 둘 있어야 하는데…… 내가 재판관이라면 열 명을 더 불러서 배심원 삼아, 너 같은 놈을 세례대로 데려가지 않고 교수대로 데려가겠다. (샤일록 퇴장)

공작 (포르티아에게) 내 집에 가서 식사나 함께합시다.

포르티아 죄송합니다만 용서해 주십시오. 오늘 밤으로 파도바에 돌아가야 하기 때문에 지금 곧 떠나야 합니다.

공작 그렇게 시간이 없으시다니 섭섭하구려. 안토니오는 이분에게 충분히 답례를 하게. 아무튼 큰 신세를 졌으니까. (고관들을 이끌고 퇴장)

바사니오 참으로 고맙습니다. 오늘 박사님 덕분에 저와 제 친구는 무서운 형벌을 면하게 되었습니다. 그 은혜에 보답하는 뜻으로 이 3천 더컷을 드리겠습니다. 유대인에게 지급하기로 되어 있던 것입니다만, 박사님의 수고에 대한 성의이니 받아주십시오.

안토니오 물론 이 이상으로 정성을 다해 영원히 은혜에 보답해야 될 줄로 생각합니다.

포르티아 넉넉히 만족스러우면 그것으로 보답된 것이오. 나는 당신을 구원할 수 있어서 만족합니다. 그러니 이것으로 충분히 보답받았다고 생각합니다. 처음부터 그 이상의 보수를 바라지 않았습니다. 나중에 다시 만났을 때 나를 몰라보지나 마시오. 그럼 안녕히, 이만 실례하겠습니다.

바사니오 실례를 무릅쓰고 억지떼를 쓰겠습니다만, 보수라고 생각지 마시고 그저 성의 표시로, 기념품으로 생각하시고 받아주십시오. 거절하지 마시고, 실례를 용서해 주십시오.

포르티아 그렇게까지 말하시니 고맙게 받겠습니다. (안토니오를 보고) 그럼 장갑을 주세요. 기념으로 쓰겠습니다. (바사니오를 보고) 그리고 당신의 우정 표시로는 그 반지를 받겠소. 그렇게 손을 뒤로 빼진 마시오. 그 이상은 받지 않겠습니다. 우정의 표시니만큼 거절은 안 하실 테죠?

바사니오 이 반지를 말입니까? 이것은 변변치 못한 것이 되어서요. 창피하게 이런 걸 드리고 싶지는 않습니다.

포르티아 그것이 아니면 받지 않겠습니다. 어쩐지 그 반지가 마음에 드는
군요.

바사니오 이 반지는 가격이 문제가 아니라 좀더 깊은 사정이 있습니다. 베니
스에서 가장 비싼 반지를 드리겠습니다. 광고를 해서 찾아낼 테니 이 반지
만은 제발 용서해 주십시오.

포르티아 당신은 말씀으로만 넉넉하시군요. 처음에는 나한테 청하도록 해놓
으셨소. 그런데 이제 생각해 보니, 청하는 사람이 어떤 꼴을 당하는가를 보
여주시는 것 같습니다.

바사니오 사실 이 반지는 아내한테서 받은 건데, 손에 이걸 끼워 주면서 저
에게 이런 맹세를 시켰습니다. 절대로 팔거나 누구에게 주거나, 잃어버리지
않는다는 맹세를요.

포르티아 주기가 아까울 때는 누구나 그런 핑계를 대는 법이죠. 그러나 당신
아내가 미친 여자가 아니라면, 그리고 내가 이 반지를 받을 만하다는 걸 인
정한다면 내가 이것을 갖는다고 해서 계속 원망하진 않을 것 같은데요. 그
럼 안녕히들 계시오! (네리사와 함께 퇴장)

안토니오 여보게, 바사니오, 그 반지를 드리게나. 자네 아내의 부탁도 부탁이
지만, 저분의 공로와 내 우정도 좀 생각해 주게.

바사니오 그라티아노, 얼른 뒤쫓아가서 이 반지를 전해 드리게. 그리고 될 수
있으면 그분을 안토니오 집으로 모시고 오게. 자, 빨리 가보게. (그라티아노
퇴장) 자, 우리도 가보세. 그리고 내일 아침 일찍 벨몬트로 떠나세. 자 가세,
안토니오. (모두 퇴장)

〔제4막 제2장〕

베니스. 어느 거리.
포르티아와 네리사 등장.

포르티아 유대인 집을 찾아가서 이 서약서를 주고 서명을 받아와. 우리는 오
늘 밤 떠나서 남편들보다 하루 앞서 집에 가 있어야 돼. 이 서약서를 보면
로렌조가 얼마나 기뻐할까.

그라티아노 등장.

그라티아노 박사님, 마침 잘 만났습니다. 실은 바사니오 씨도 이리저리 생각한 끝에 이 반지를 보내면서 저녁을 함께 드시자고 하는데요.

포르티아 저녁은 안 되겠으나 반지는 매우 감사히 받는다고 전해 주오. 그리고 수고스럽지만 저 젊은이를 샤일록 노인 집에 안내 좀 해주시오.

그라티아노 예, 그리하겠습니다.

네리사 저, 잠깐 여쭐 말이 있습니다. (포르티아에게만 들리게) 저도 저이의 반지를 빼앗아 보겠어요. 죽을 때까지 가지고 있으라고 맹세를 시킨 반지지만요.

포르티아 (네리사에게만 들리게) 뺏어낼 수 있을 거야, 틀림없이. 반지는 친구한테 주었다고 맹세를 하겠지만, 나중에 그이들을 면목 없이 해주고 실토를 시키자꾸나. (큰 소리로) 자, 어서 가봐. 내가 기다리는 곳은 알지?

네리사 자, 그럼 그 집을 안내해 주세요. (모두 퇴장)

〔제5막 제1장〕

벨몬트. 포르티아 집의 앞길.
로렌조와 제시카 등장.

로렌조 달이 참 밝구나. 이런 밤, 상쾌한 바람이 소리도 없이 나무들에 고요히 입맞추던 이런 밤이 아니었을까? 트로일로스가 트로이의 성벽을 올라가서, 그날 밤 미녀 크레시다가 자고 있는 그리스의 천막을 보고 영혼의 탄식을 지은 것은?

제시카 이런 밤이었을 거예요. 티스베가 무서워하며 이슬을 밟고 가서, 연인을 보기 전에 사자의 그림자에 겁을 먹고 달아난 것은.

로렌조 이런 밤이었지. 여왕 디도가 버들가지를 들고 거친 바닷가 기슭에 서서, 연인 아이네이아스에게 다시 한 번 카르타고로 돌아오라고 손짓을 한 것은.

제시카 이런 밤에 메데이아는 불로초를 캐서 늙은 아이손을 다시 젊게 한 것이에요.

로렌조 이런 밤에 제시카는 돈 많은 아버지 집을 몰래 빠져나와 건달 같은 애인하고 베니스를 버리고 멀고 먼 벨몬트까지 왔던 것이오.

제시카 이런 밤에 로렌조라는 젊은이는 깊이깊이 애인을 사랑한다고 철석 같은 맹세로 여자의 마음을 빼앗아갔으나, 알고 보니 모두 거짓말이었어요.

로렌조 이런 밤에 저 귀염둥이 제시카는 말괄량이처럼 마구 애인을 욕했으나, 남자는 다 용서했소.

제시카 '이런 밤'을 들먹이는 경쟁이라면 저도 얼마든지 해볼 수 있어요. 그러나 누가 와요. 보세요, 사람 발소리가 들려요.

스테파노 등장.

로렌조 조용한 밤에 그렇게 빨리 달려오는 분은 누구요?

스테파노 집안 사람입니다.

로렌조 집안 사람? 누구네 집안? 이름을 말하시오.

스테파노 이름은 스테파노입니다. 소식을 가져왔는데요. 아씨께서 먼동이 트기 전에 벨몬트에 도착하신답니다. 아씨는 이곳저곳의 성 십자가 앞을 지나오시면서, 무릎을 꿇고 행복한 결혼 생활을 빌고 계십니다.

로렌조 누구랑 함께 오시는가?

스테파노 신부님 한 분과 시녀밖에는 아무도 없습니다. 그런데 주인어른은 아직 안 돌아오셨나요?

로렌조 아직 안 돌아오셨다. 그리고 아무 소식도 없으시다. 그런데 제시카, 우리는 안으로 들어가서 부인을 맞이할 준비를 성대하게 합시다.

란슬롯 등장.

란슬롯 솔라, 솔라! 오, 하, 호, 솔라, 솔라!

로렌조 누구냐?

란슬롯 솔라! 로렌조 씨 못 봤어요? 로렌조 씨요? 솔라! 솔라!

로렌조　소리 좀 그만 질러! 여기 있어!

란슬롯　솔라! 어딥니까? 어디?

로렌조　여기라니까!

란슬롯　로렌조 씨게 좀 전해 주십쇼. 주인어른한테서 사람이 왔습니다. 기쁜 소식을 뿔나팔 속에 잔뜩 담아 가지고요. 주인어른이 아침까지는 돌아오신답니다. (퇴장)

로렌조　자, 제시카, 우리는 들어가서 주인 부부가 오는 것을 기다립시다. 아냐, 그럴 건 없지…… 들어가면 무얼 하겠소? 스테파노, 안에 들어가서 아씨께서 금방 돌아오신다고 전해 주게. 그리고 악대도 좀 밖으로 내보내 주고. (스테파노, 안으로 들어간다) 달빛은 이 둑에서 참 상쾌하게 잠을 자고 있구나! 자, 우리는 여기 앉아서 흘러나오는 음악 소리나 들어봅시다! 부드러운 고요함과 달콤한 가락이 서로 잘 어울리겠소. 앉아요. 그리고 저것 보오. 넓은 하늘은 황금 접시를 온통 깔아 놓은 것만 같소. 저기 보이는 가장 작은 별들도 모두 궤도를 돌며 천사같이 노래를 하오. 눈이 맑은 아기 천사들에게 소리를 맞추어서 말이오. 불멸하는 영혼 속에는 다 저런 화음이 있소. 그러나 그 영혼은 썩어 없어질 이 진흙 같은 살 속에 들어 있어서, 그런 화음이 우리 귀에는 들리지 않는 것이오.

악대 등장.

로렌조　자 그럼, 찬미의 음악으로 달의 여신 디아나를 깨우게! 그 멋있고 오묘한 음악의 가락을 아씨 귀에 보내어, 그 소리에 끌려 집으로 오시도록 해 보게. (음악 소리)

제시카　저는 왠지 즐거운 음악만 들으면 슬퍼져요.

로렌조　그건 당신이 정신을 너무 긴장시키기 때문이오. 사납게 뛰노는 가축 떼나, 길 안 든 망아지들은 미친 듯이 뛰고 고래고래 울어대고 하잖소. 그것은 피가 끓기 때문이오. 그러나 나팔 소리를 듣거나 무슨 음악 소리가 귀에 들리기만 하면 그것들은 한꺼번에 멈춰 서고, 그 사나운 눈까지도 온순한 눈초리로 변하고 마오. 이것이 상쾌한 음악의 힘이오. 그러기에 하프의 명수 오르페우스는 나무와 돌은 물론 강물까지 움직였다고 옛 시인이 전하

5막 1장, 로렌조와 제시카 H.C. 셸루스. 1830.

고 있소. 아무리 목석같이 고집스럽고 광포한 사람이라도 음악에는 잠깐이
나마 감동하지 않을 수 없으니 말이오. 마음속에 음악이 없는 사람, 달콤한
음악의 어울림에 감동하지 않는 사람은 배신, 음모, 강도밖에 못할 사람이
오. 그리고 정신은 밤과 같이 둔하고, 감정은 어둠의 신 에레보스처럼 컴컴
한 사람이오. 그런 사람은 믿을 수 없소…… 자, 음악을.

포르티아와 네리사 등장.

포르티아   우리집 홀의 불빛이구나. 저렇게 작은 촛불이 어쩌면 이렇게 멀리
까지 비쳐올까! 험악한 세상에서는 착한 행동도 꼭 저렇게 빛날 거야.
네리사   달이 밝았을 때는 저 촛불도 보이지 않았는데요.

포르티아 큰 영광이 작은 영광을 희미하게 하는 것은 마찬가지야. 왕이 없을
  때는 대리자도 왕처럼 빛나 보이지만, 왕이 나타나면 대리자의 위엄은 사라
  지게 마련이야. 육지의 개울도 바다에 삼켜지고 말잖니. 들어봐! 음악이야!

네리사 아씨, 저건 집에서 들려오는 아씨의 음악이에요.

포르티아 뭐든지 환경이 좋아야 좋게 보이는구나. 음악은 낮보다 훨씬 더 아
  름답게 들리는 것 같아.

네리사 조용해서 그런 것이 아닐까요, 아씨?

포르티아 곁에 아무도 없다면 까마귀 울음소리도 종달새 노래같이 아름답
  지 뭐냐. 그리고 소쩍새라도, 대낮에 거위 떼가 떠드는 속에서 노래하면 굴
  뚝새보다 나을 게 없지. 모든 것은 때와 장소가 들어맞아야만 제대로 칭찬
  받고, 충분히 인정되게 마련이야. 쉿, 조용히! 달님은 아름다운 연인 엔디미
  온을 품고 자는지, 깨워 봐도 일어날 것 같지가 않구나. (음악이 그친다)

로렌조 저건 틀림없이 포르티아의 목소리야. 내가 잘못 들었는지는 모르겠
  지만.

포르티아 내 목소리가 흉해서 로렌조는 나를 알아보는군. 장님이 뻐꾹새를
  알아보듯이.

로렌조 부인, 어서 오세요.

포르티아 저희는 남편들이 무사하길 빌고 왔지만, 제발 기도의 효험이 나타
  나 줬으면 좋겠는데. 돌아오셨나요?

로렌조 아직 안 왔습니다. 그러나 아까 사람이 와서 곧 도착한다고 했습니다.

포르티아 네리사, 안으로 들어가서 하인들에게 좀 일러라. 우리가 집을 비운
  사실을 조금도 내색하지 말아 달라고. 그리고 로렌조도 그렇게 해주세요.
  제시카도 물론이고요. (나팔 소리)

로렌조 주인이 돌아옵니다. 나팔 소리가 났어요. 우리가 입을 놀리진 않을
  테니 걱정 마세요.

포르티아 오늘 밤은 병든 낮만 같구나. 어째 좀 파리하구나. 해님이 숨은 낮
  같은 기분이 들어.

바사니오, 안토니오, 그라티아노, 그리고 그 뒤를 따르는 이들 등장.

바사니오　해가 없어도 당신만 이렇게 있어 준다면, 지구 저편의 낮같이 밝은 밤이오.

포르티아　밝게 하는 역할은 좋지만, 그렇게 가벼운 여자가 되진 않겠어요.*⁷ 아내가 경솔하면 남편은 침울해진다고 하니까요. 저는 바사니오를 그렇게 만들고 싶지 않아요. 하지만 다 하느님의 뜻에 달렸어요. 아무튼 무사히 잘 다녀오셨어요.

바사니오　고맙소, 부인. 내 친구를 좀 환영해 주시오. 이 사람이 바로 안토니오요. 내가 무한히 신세를 지고 있는.

포르티아　어느 모로 봐서나 신세를 지셨고말고요. 듣자니, 이분은 당신 때문에 목숨을 거셨다고 하니까요.

안토니오　아닙니다. 목숨을 걸었다지만 이렇게 살아서 돌아왔으니까요.

포르티아　참 잘 와주셨어요. 그러나 환영은 말보다 다른 방법으로 표현해야 되니까 말로 하는 인사는 그만둬야겠어요.

그라티아노　(네리사에게) 저기 저 달에 맹세하지만, 당신은 내게 너무하오. 참말이지 그 반지는 재판장의 서기에게 주었다니까. 그걸 그렇게까지 당신이 언짢아한다면, 그걸 받은 사람이 고자라면 좋겠네.

포르티아　아니, 벌써 부부 싸움이군요! 무슨 일로 그러지요?

그라티아노　글쎄, 하찮은 금반지 하나 때문인데, 저 사람이 내게 준 것이랍니다. 그런데 그 반지에 새긴 글귀가 칼장수가 칼에 새겨 놓음직한 '날 사랑하고, 버리지 마세요'랍니다.

네리사　글귀니 값은 왜 꺼내는 거예요? 그걸 받으실 적에 당신은 맹세하셨잖아요. 죽을 때까지 지니고 계시겠다고. 그리고 죽으면 무덤에도 함께 묻히게 될 거라고요. 저를 위해서가 아니라 당신의 그 열렬한 맹세를 위해서라도 소중히 끼고 있어야 하실 것 아녜요. 재판관의 서기에게 주셨다고요! 거짓말 마세요. 하느님도 아시겠지만 그따위 서기는 얼굴에 수염 하나 나지 않을 사람이겠죠.

그라티아노　아냐, 이제 어른이 되면 수염은 날 거야.

네리사　그럴 테죠. 여자가 나이를 먹어서 사내로 변한다면요.

---

*7 영어 'light'는 '빛'이란 뜻과 '가볍다'는 뜻을 함께 갖고 있는 동음이의어이다.

그라티아노 아냐, 이 손에 두고 맹세하지만, 젊은이에게 줬어. 아직 앳되고 키 작은 소년이야. 그 재판관의 서기는 당신보다 키가 크지 않을 거야. 그 애가 어찌나 재잘대면서 사례로 반지를 달라는지 그만…… 차마 거절할 수가 있어야지.

포르티아 그건 당신이 나빠요. 솔직히 말해 아내의 첫 선물을 그렇게 손쉽게 주시다니요. 더구나 맹세를 하고 손가락에 끼면서, 약속의 증거로 당신 살 속에 못 박아 둔 거라고요. 저도 남편에게 반지를 하나 주면서, 절대로 내놓지 않겠다는 맹세를 받아놨어요. 여기 남편이 계시지만, 세상의 보배를 다 준대도 반지를 내놓거나 손가락에서 빼지는 않으실 거예요. 정말이지 그라티아노 씨, 부인한테 너무하셨어요. 저 같으면 미쳐버릴 거예요.

바사니오 (혼잣말로) 이 왼손을 잘라버릴 것을 그랬어. 그랬더라면 반지를 지키려다가 손이 잘렸다고 말할 수 있었을 텐데.

그라티아노 바사니오도 재판관에게 반지를 주었는걸요. 꼭 그것을 갖고 싶다지 뭡니까. 재판관은 반지를 받을 만했습니다. 그러자 서기라는 소년도 내 것을 달라고 졸라댔어요. 그야 그 아이는 기록을 하느라고 애는 썼지요. 그는 다른 것은 아무것도 갖고 싶지 않다고 했지요.

포르티아 여보, 무슨 반지를 주셨어요? 설마 제가 드린 그 반지는 아니겠지요?

바사니오 실수에 거짓말을 덧붙여도 괜찮다면 아니라고 부정을 해보겠소만…… 보시오, 손가락에서 반지가 없어졌소. 그 반지를 주었소.

포르티아 거짓에 찬 당신 마음에는 그와 같이 진실도 비어 있을 거예요. 하늘에 맹세하지만 그 반지를 다시 보기 전에는 당신하고는 함께 자지 않을 테예요.

네리사 저도 반지를 도로 찾기 전에는 그렇게 하겠어요.

바사니오 다정한 포르티아, 그 반지를 누구에게 줬는지 당신이 알면, 또 누구를 위해 줬는지 당신이 알면, 그리고 무엇 때문에 줬는지, 또 얼마나 마지못해 줬는지, 그 반지 말고는 다 싫다고 한 그런 사정을 당신이 이해하면 그렇게까지 분하게 생각하지는 않을 것이오.

포르티아 그 반지의 가치를, 그 반지를 준 여자의 가치 절반쯤을, 그리고 당신의 명예를 위해서라도 그 반지를 끼고 있어야 한다는 것을 알고 계셨더라면, 그 반지를 그토록 쉽게 빼진 않으셨을 거예요. 당신이 조금만 더 열의를 갖고 막아내셨다면, 염치도 없게 남의 기념품을 달라고 억지로 졸라대는 그런 사람이 세상에 어디 있겠어요? 네리사 말이 옳아요. 정말이지 그 반지를 여자에게 주신 거죠?

바사니오 천만에. 내 명예를 걸고, 그리고 내 영혼을 두고 맹세하지만 그건 여자가 아니라 법학 박사로, 3천 더컷을 줘도 그는 거절하고 반지만을 요구했소. 한 번은 거절했더니 아주 괘씸해하는 눈치였소. 그는 바로 내 친구의 목숨을 살려준 사람이오. 그러니 여보, 내가 뭐라고 말했어야 좋았겠소? 할 수 없이 사람을 시켜서 반지를 보냈어요. 창피하고 미안해서 혼이 났소. 명예로 봐서도 배은망덕하다는 오명을 입고 싶지는 않았으니까요. 그러니 용서해 주오. 이 밤의 저 거룩한 촛불을 두고 맹세하지만 당신이 그 자리에 있었다면, 당신이 먼저 내 반지를 달라고 해서 그 훌륭한 박사에게 주었을 것이오.

포르티아 그렇다면 그 박사님을 우리집 근처에는 절대로 얼씬도 못하게 하세요. 제가 아끼고 아낀 반지를, 그리고 당신도 저를 위해서 언제까지나 끼고 있겠다고 맹세한 반지를 지금 그분이 가지고 있으니, 저도 당신같이 싹싹한 마음이 되어 제 것이라면 뭐든지, 이 몸과 당신의 침실까지도 그분에겐 거절하지 않을 테니까요. 그분과는 어쩐지 마음이 꼭 맞을 것만 같아요. 그러니까 하룻밤도 집을 비우지 마시고, 눈이 백 개 달린 장사 아르고스처럼 저를 잘 감시하셔야 돼요. 그렇지 않고 저를 혼자 내버려 두시면 아직은 깨끗한 제 정조를 두고 말이지만, 저는 그 박사와 같이 자겠어요.

네리사 저도 그 서기와 같이 잘 테예요. 그러니 당신도 저를 혼자 내버려 두지 않도록 조심하시는 게 좋을 거예요.

그라티아노 잘 테면 자라고. 그 대신 그 젊은 서기 녀석 잡혀만 봐라. 붓대를 꺾어 놓고 말 테니까.

안토니오 불행히도 내가 이 싸움의 원인입니다.

포르티아 아니에요, 그런 걱정은 마세요. 아무튼 당신은 잘 오셨어요.

바사니오 포르티아, 내가 잘못했소. 할 수 없이 그렇게 된 거니까 용서해 주오. 이렇게 친구들 듣는 데서 맹세하지만, 아니 나를 비쳐주는 당신의 아름다운 눈을 두고 맹세해도 좋소.

포르티아 저런 소릴! 제 눈은 두 개니까 눈 속에 비치는 당신도 둘이 아니겠어요…… 한 눈에 하나씩, 그러니 두 갈래의 마음에 두고 맹세하세요. 그래야 믿을 만한 맹세가 되지 않겠어요?

바사니오 그러지 말고 내 말 좀 들어봐요. 이번만 용서해 주면 나도 이 영혼에 걸고 다시는 맹세를 깨뜨리지 않을 테니까.

안토니오 나는 이 사람의 행복을 위해서 내 몸을 걸었습니다. 그런데 부인의 남편인, 이 사람의 반지를 가져간 박사의 힘이 없었더라면 내 몸은 파멸되고 말았을 것입니다. 그러니 한 번 더 걸겠습니다. 내 영혼을 담보로 맹세하겠습니다만, 당신 남편은 다시는 고의로 맹세를 깨뜨리진 않을 겁니다.

포르티아 그렇다면 당신이 보증을 서세요. (자기 손가락에서 반지를 빼서) 이걸 저 사람에게 주세요. 그리고 지난번보다 좀더 잘 간수하라고 일러주세요.

안토니오 (바사니오에게 포르티아의 반지를 주면서) 바사니오, 이 반지를 잘 간수하겠다고 맹세하게.

바사니오 이건 분명히 내가 박사에게 주었던 바로 그 반지로군!

포르티아 박사한테서 얻었어요. 미안해요, 바사니오. 이 반지를 두고 말하지만 저는 그 박사하고 함께 잤어요.

네리사 (손가락에서 반지를 빼면서) 그라티아노, 미안해요. 저도 간밤에 박사의 서기라는 그 꼬마아이와 같이 잤어요. 이 반지를 얻은 답례로 말예요.

그라티아노 아니, 이래서는 한여름 신작로를 보수하는 격이 아니겠는가, 멀쩡한 신작로를.

포르티아 그렇게 상스러운 말은 하지 마세요. 다들 놀라셨을 거예요. (편지를 꺼낸다) 자, 이 편지를 틈 나거든 읽어보세요. 파도바의 벨라리오 님이 보낸 편지예요. 편지를 보면 아시겠지만 이 포르티아가 박사였고, 저 네리사가 서기였어요. 로렌조도 증인이지만, 저는 곧 뒤따라 이곳을 떠났다가 이제 막 돌아온 길이에요. 아직 안에도 못 들어가 봤어요. 안토니오, 잘 오셨어요. 당신이 상상도 못하실 만큼 좋은 소식을 제가 가지고 있어요. 자, 이 편지를 곧 뜯어보세요. 뜻밖에도 당신의 상선이 3척이나 상품을 가득 실은 채 입항한다고 해요. 이 편지가 어떻게 제 손에 들어왔는가는 묻지 말아주세요.

안토니오 말문이 딱 막힙니다.

바사니오 아니 그래, 당신이 박사였는데 내가 몰라봤소?

그라티아노 당신의 새 서방인 서기가 바로 당신이었나?

네리사 그래요, 하지만 그 서기가 그런 짓은 절대로 하지 않을 테니 안심하세요. 자라서 아주 사내가 돼버린다면 모르지만요.

바사니오 여보 박사, 이젠 나와 같이 잡시다. 그러나 내가 없을 때는 내 아내와 같이 자도 좋소.

안토니오 부인, 부인 덕택에 나는 생명과 재산을 다시 찾았습니다. 이 편지를 보니 확실히 내 배들은 무사히 입항을 한 것 같습니다.

포르티아 그런데 로렌조 씨, 저 서기가 당신한테도 좋은 소식을 가지고 왔어요. (로렌조에게 문서를 건넨다)

네리사 그래요, 그리고 이번엔 사례 없이 거저 드리겠어요. 자, 이것 받으세요. 당신과 제시카에게 부자 유대인이 죽은 뒤에 모든 재산을 넘겨준다는 특별 서약서예요.

로렌조 부인, 이건 굶주린 사람에게 하늘에서 먹을 것을 내려주신 거나 다름없습니다.

포르티아 벌써 아침이 다 됐나 봐요. 하지만 여러분은 이번 일에 대해 충분히 듣고 싶으실 거예요. 이젠 안으로 들어가시죠. 그리고 심문을 하세요. 뭐든지 정직하게 답변해 드릴게요.

그라티아노 그렇게 합시다. 그러면 내가 먼저 네리사에게 맹세를 시키고 심문해 보겠는데, 어차피 내일 밤까지 참을 것인지 아니면 그냥 자러 갈 것인지? 아직도 두어 시간 있어야 날이 밝을 것 같은데. 그러나 그냥 자러 간다면 날이 새더라도 컴컴한 채로 있었으면 하고 나는 바랄 거야. 박사의 서기와 함께 그대로 자고 싶어서 말이지. 그건 그렇고 앞으로 일생 동안 다른 염려는 없겠으나, 다만 네리사의 반지를 잘 간수할 수 있는지, 이것만이 걱정스럽군. (모두 퇴장)

The Two Gentlemen of Verona
베로나의 두 신사

[등장인물]

밀라노 공작 실비아의 아버지

발렌타인
프로테우스 } 두 신사

안토니오 프로테우스의 아버지

수리오 발렌타인의 어리석은 경쟁자

에글라무어 실비아가 달아날 때 동반자

스피드 발렌타인의 어릿광대 하인

라운스 프로테우스의 어릿광대 하인

판시노 안토니오의 어릿광대 하인

여관 주인 줄리아가 밀라노에서 묵었던 여관 주인

산적들

줄리아 프로테우스의 연인

실비아 발렌타인의 연인

루세타 줄리아의 하녀

그 밖에 하인들, 악사들

[장소]

베로나, 밀라노 및 만토바 국경

베로나의 두 신사

〔제1막 제1장〕

베로나. 탁 트인 거리.
발렌타인과 프로테우스 등장.

발렌타인 친애하는 프로테우스, 나를 설득하는 건 그만두게. 집 안에만 틀어박혀 있으면 머리가 둔해지는 법이야. 자네가 사랑의 사슬에 묶여, 연인의 달콤한 눈길만 쳐다보고 있지 않는다면야 자네를 데리고 넓은 세상을 이리저리 구경하고 싶네. 태어난 곳에만 머물면서 아무것도 안 하고 게으름을 피우는 건, 젊은 사람이 할 일이 아니지. 그런데 자네는 사랑하는 사람이 있으니, 그 사랑을 잘 가꿔서 결실을 맺게나. 나도 연애를 한다면 자네와 같을 거야.

프로테우스 자네는 꼭 떠나야겠는가? 오, 발렌타인 잘 가게! 자네가 여행 중에 무슨 신기한 물건이라도 보거든, 이 프로테우스를 생각해 주게. 좋은 일이 생기거든 나도 자네 행복을 함께 누릴 수 있도록 해주게. 그리고 자네가 혹시 위험한 상황에 빠질 때는, 자네의 슬픔을 내 신성한 기도에 맡겨주게. 발렌타인! 나는 자네를 위해 기도하겠네.

발렌타인 성경 대신 사랑의 책 위에 손을 얹고 내가 여행을 무사히 마치도록 빌어주게.

프로테우스 내가 가장 아끼는 책에 두고 기도하겠네.

발렌타인 그것은 절절한 사랑에 대해 쓴 가벼운 이야기야. 젊은 레이안드로스가 헬레스폰트 해협을 건넜다는 이야기지.

프로테우스 깊은 사랑에 대한 심각한 이야기야. 그 젊은이는 사랑에 두 발이 완전히 잠겼지.

발렌타인 그렇긴 하지. 그리고 자네는 정강이까지 사랑에 빠진 셈 아닌가. 그래도 자네는 헬레스폰트 해협을 헤엄치진 못했어.

프로테우스 정강이까지 사랑에 빠졌다고? 아니야, 그런 장화는 내게 신기지 말게.

발렌타인 그만두지. 자네에게는 그게 아무 소용도 없으니까.

프로테우스 뭐라고?

발렌타인 자네는 연애를 하고 있단 말이야. 연애란 신음으로 경멸을 사는 거고, 가슴 쓰라린 한숨을 내쉬며 애인의 얼굴을 찌푸리게 만드는 것이지. 잠들지 못하는 지치고 지루한 밤을 20여 일 거듭하고서, 겨우 얻는 기쁨이란 것도 순식간에 사라지고 마는 것일세. 다행히 사랑에 성공했다 해도, 그것은 아무 소용없는 일이지. 만약 실패한다면, 그때는 실컷 애만 쓰고 슬픔만 남는 셈이라네. 어쨌든 지혜를 부려 바보가 되거나, 그렇잖으면 바보짓 때문에 지혜가 사라지거나.

프로테우스 그래서 자네 처지에서는, 내가 바보라는 얘기지.

발렌타인 그럼, 자네 처지를 보니 그런 것 같군.

프로테우스 자네는 사랑을 트집 잡는 모양인데, 나는 연애의 신이라고는 하지 않았네.

발렌타인 사랑의 신은 자네 주인 아닌가? 자네는 그 지배를 받고 있으니 말이야. 그러니 바보에게 얽매여 있는 자를 지혜로운 사람이라 여길 수는 없지.

프로테우스 그렇지만 글 쓰는 사람들이 말하기를, 가장 어여쁜 꽃봉오리에도 벌레가 있다고들 하지 않나. 그러니 가장 현명한 지혜 속에도, 그것을 좀 먹는 사랑이란 것이 살고 있는 걸세.

발렌타인 그런데 작가들이 또 이렇게도 말하지 않는가? 가장 일찍 맺은 꽃봉오리는 피기도 전에 벌레가 갉아먹듯이, 새파랗게 젊은 지혜는 사랑 때문에 바보가 되고, 꽃도 피기 전에 시들어 버려, 한창 시절인데도 씩씩한 빛을 잃게 되니 미래의 희망도 아무 소용없게 된다고. 왜 내가 자네에게 충고하면서 시간을 헛되이 쓰고 있는지 모르겠네. 자네는 어리석은 사랑의 숭배자인데 말일세. 한 번 더 작별 인사를 하세. 아버지가 항구에서 나를 기다리고 계신다네. 내가 배에 오르는 걸 보시려고 말이야.

베로나

프로테우스 그러면 내가 거기까지 바래다주지.

발렌타인 프로테우스, 괜찮아. 여기서 헤어지세. 밀라노로 편지해 주게. 사랑
이 잘 이루어진다든지, 다른 무엇이든지 내가 없는 동안 여기서 일어나는
일들을 편지로 알려주게. 나도 자네에게 소식 전하겠네.

프로테우스 밀라노에 있는 동안 잘 지내기를 비네!

발렌타인 고향에 남아 있는 자네도 잘 지내게. 그럼 잘 있게. (퇴장)

프로테우스 그는 명예를 좇고, 나는 사랑을 좇는다. 그는 친구를 더 빛내기
위해 친구를 떠나고, 나는 사랑을 위해 나 자신이나 친구를 저버리게 되는
구나. 사랑하는 그대 줄리아! 그대는 나를 변하게 했어. 나는 공부도 소홀
히 하게 되고 시간도 허비하게 됐으며, 좋은 충고를 거절하고 세상을 하찮

게 여기게 됐지. 지혜는 잡념으로 약해지고, 온갖 생각에 가슴이 저리구나!

스피드 등장.

스피드 프로테우스 도련님, 안녕하세요! 저희 도련님을 만나보셨나요?

프로테우스 밀라노 가는 배를 타려고 방금 여길 떠났다.

스피드 그럼 십중팔구 벌써 배에 오르셨겠네요. 도련님을 놓치다니 멍청한 양이 됐군요!

프로테우스 양이란 놈은 양치기가 잠시만 한눈을 팔아도 길을 잃는단 말이야.

스피드 그렇다면 저희 도련님은 양치기이고, 저는 양이란 말씀이시죠?

프로테우스 그렇지.

스피드 그렇다면 제가 잠을 자든 눈을 뜨고 있든 제 뿔이 저희 도련님의 뿔이 된다는 거죠?

프로테우스 정말 멍청한 양에게 꼭 맞는 바보 같은 대답이로구먼.

스피드 그렇다면 제가 바로 양이란 말씀이시죠?

프로테우스 그렇지, 자네 도련님은 양치기이고.

스피드 그렇지 않습니다, 제가 증거를 대서 부정해 보이지요.

프로테우스 틀림없이 그렇다니까, 나도 다른 증거를 대겠다.

스피드 양치기가 양을 찾지, 양이 그 주인을 찾는 법이 있습니까? 제가 저희 도련님을 찾는 것이지, 저희 도련님이 저를 찾는 게 아니지 않습니까? 그러므로 저는 양이 아니죠.

프로테우스 양은 풀을 먹으려고 양치기를 따르는 거야. 양치기가 먹이 때문에 양을 따라가는 것이 아니고. 너도 돈을 벌려고 네 주인을 따르는 것이지, 네 주인이 돈을 벌려고 널 따르는 것은 아니지 않느냐. 그러니 네가 양이란 말이다.

스피드 그렇게 말씀하신다면 제가 "음매" 소리를 질러야겠습니다!

프로테우스 그런데 이봐, 내 편지를 줄리아에게 전했나?

스피드 네, 저는 길 잃은 양이고, 그 아가씨는 길을 잃게 만드는 양이죠. 도련님 편지를 그분에게 전했는데 그분은 이 길 잃은 양에게 수고한 값도 주지 않았어요.

프로테우스 그렇게 많은 양떼를 위한 풀밭으로는 너무 적지만, 받아라.

스피드 목장이 비좁다면 그 암양을 쿡 찔러버리는 게 가장 좋죠.

프로테우스 이놈이 정말로 헤매고 있는 모양이로군. 너를 가두어야겠다.

스피드 아니, 편지 전해 드린 대가로는 너무 많은데요.

프로테우스 네가 잘못 들었어. 너에게 큰돈을 준다는 것이 아니라 너를 우리에 가둔다는 뜻이야.

스피드 큰돈을 주신다더니 땡전 한 푼요? 계속 줄어들면 연애편지 전한 값으로는 너무 적겠는데요.

프로테우스 그런데 줄리아 아가씨가 뭐라 하시던?

스피드 (고개를 *끄덕이면서*) 예.

프로테우스 고개를 *끄덕이면서*(nod), 예(ay)라. 그럼 그건 '바보(noddy)'란 말이잖아?

스피드 도련님이 잘못 알아들으셨습니다. 저는 줄리아 아가씨가 고개를 *끄덕*하셨다고 대답한 것입니다. 그리고 도련님이 아가씨가 *끄덕*하셨느냐 물으시기에 제가 "예"라고 대답한 것이죠.

프로테우스 그래서 둘을 섞어 바보라는 말이 아니냐?

스피드 도련님이 억지로 두 가지를 섞느라 수고하셨으니 그건 도련님한테 드리겠습니다.

프로테우스 아니, 편지를 전해 줬으니까 네가 수고한 거야.

스피드 도련님한테는 정말 당할 도리가 없네요. 제가 참아야죠.

프로테우스 뭐라고? 참기는 뭘 참는단 말이냐?

스피드 원 참, 편지는 잘 전해 드렸는데 그 수고 값으로 바보란 말밖에 못 듣게 됐으니까요.

프로테우스 이놈아, 너는 정말 머리가 빨리 돌아가는구나.

스피드 그래도 도련님의 느린 지갑에는 당할 수 없습지요.

프로테우스 자, 어서 입을 열어 말해 봐. 아가씨가 뭐라 하시던?

스피드 도련님, 지갑을 여십시오. 그러면 돈과 말이 한꺼번에 전달되지 않습니까?

프로테우스 자, 이게 네 수고비다. (돈을 내어준다) 아가씨가 뭐라고 하시던?

스피드 사실대로 말씀드리자면 아가씨와 잘되기는 좀 힘드시겠는걸요!

프로테우스 뭐라고? 왜 그런 느낌을 받았느냐?

스피드 도련님, 저는 아무것도 받은 게 없다니까요. 아니, 도련님 편지를 전해 드렸어도 한 푼도 받지 못했다니까요. 도련님의 심정을 제가 전해 드렸는데 말이죠. 저에게까지 그렇게 쌀쌀맞으시니, 도련님이 아무리 마음을 고백하셔도 계속 냉정하게 대하실 거예요. 그 아가씨에게는 선물을 하시더라도 돌이나 주세요. 마음이 강철 같아서 좀처럼 녹지 않으니까요.

프로테우스 아가씨가 뭐랬지? 아무 말도 없었어?

스피드 없었죠. 수고했으니 이걸 받아라 하는 말도 없었습니다. 도련님의 호의는 감사합니다. 제게 몇 푼 주셨으니까요. 그 답례로 말씀드리자면, 앞으로는 도련님 편지는 도련님이 몸소 전하시기 바랍니다. 자, 그러면 저희 도련님께도 안부 전해 드리죠.

프로테우스 어서 가, 이 멍청한 놈아. 네놈이 타서 난파되는 거나 막아라. 네가 타면 그런 일은 없을 게다. 대신 네놈은 뭍에 오르면 바짝 말라 죽을 게다. (스피드 퇴장) 다른 하인을 보내야겠다. 줄리아가 저런 멍청한 녀석에게서 내 편지를 받았으니, 내 글인들 소중히 생각했겠어!

〔제1막 제2장〕

베로나. 줄리아의 집 정원.
줄리아와 루세타 등장.

줄리아 그런데 루세타, 이제 우리 둘뿐이야. 그러니까 너는 나보고 사랑을 하라는 거지?

루세타 예, 아가씨, 괜히 부주의해서 넘어지지 마시고요.

줄리아 여러 훌륭한 신사들이 매일같이 나를 만나러 오는데, 너는 그 가운데에서 누가 가장 사랑할 만하다고 생각하니?

루세타 이름을 죽 불러보세요. 어리석고 하찮은 생각이지만 제 의견을 말씀드릴게요.

줄리아 잘생긴 에글라무어 경은 어떻게 생각하니?

루세타 말도 잘하고 단정하며 좋은 무사라고 생각하지만 저 같으면 선택하지 않겠어요.

줄리아 돈 많은 메르카시오는 어떻게 생각하니?

루세타 부자는 부자지만, 그분도 그저 그래요.

줄리아 얌전한 프로테우스 씨는 어떻게 생각하니?

루세타 아가씨, 아가씨! 우리는 참 바보예요!

줄리아 그런데 그 사람 이름이 나오니 왜 이렇게 흥분을 하고 그러니?

루세타 용서하세요, 아가씨. 잠시 부끄러운 생각이 들어서요. 저같이 천한 몸이 귀하신 어른들을 평가하다니요.

줄리아 프로테우스는 왜 다른 사람들처럼 평가를 못 해?

루세타 그럼 말씀드리죠. 제 생각에는 그분이 으뜸이신 것 같아요.

줄리아 어떤 이유로?

루세타 이유라면 그저 여자의 생각이라고나 할까요. 그분이 가장 마음에 드니까요.

줄리아 그럼, 그이에게 내가 사랑을 바쳐도 좋단 말이지?

루세타 아가씨의 사랑이 버림받지 않길 바라신다면요.

줄리아 그렇지만 그는 다른 사람들과 달라서 한 번도 내게 사랑을 구하지 않았어.

루세타 그래도 그중에서 그분이 아가씨를 가장 사랑한다고 생각해요.

줄리아 말이 적다는 건 애정도 적은 거지.

루세타 한곳에 모인 불꽃이 가장 뜨겁게 타는 거예요.

줄리아 애정을 표시하지 않는 남자는 사랑이 없는 거야.

루세타 천만에요! 애정을 남에게 알리는 사람은 사랑이 깊지 않아요.

줄리아 그의 마음을 알고 싶어.

루세타 이 편지를 읽어보세요, 아가씨. (편지를 준다)

줄리아 "줄리아에게." 누가 보낸 거야?

루세타 읽어보면 아실 거예요.

줄리아 말해 봐, 누가 주던?

루세타 발렌타인의 하인이에요. 아마 프로테우스 씨가 보냈을 거예요. 그 하인은 직접 아가씨께 그 편지를 드리고 싶어했지만, 제가 우연히 만났기에 아가씨 대신 받았어요. 잘못했으니 용서해 주세요.

줄리아 너는 중매를 잘 서는구나. 음탕한 편지를 맡아 가지고 속삭이는 목소리로 내 젊음을 후려볼 생각이냐? 그래 정말 중요한 역할을 하는군그래! 너는 그 일에 참으로 잘 맞는다. 이 편지를 가지고 가서 꼭 돌려보내라. 그렇게 못 하면 다시는 내 눈앞에 나타나지 마.

루세타 사랑의 심부름인데, 수고비로 미움을 받다니요.

줄리아 어서 나가지 못 해?

루세타 곰곰이 잘 생각해 보세요. (퇴장)

줄리아 슬쩍 그 편지를 볼 걸 그랬어. 루세타를 도로 불러다 꾸짖은 것을 사과하기는 좀 부끄럽고. 그 계집애도 눈치가 없어. 내가 수줍어하는 걸 알면서, 억지로라도 편지를 보게 했어야지! 처녀란 부끄러워서 입으로는 싫다하지만, 사실은 상대가 좋다는 뜻으로 알아주길 바란다고. 사랑이란 참 변덕스럽고 어리석은 거야. 짜증을 부리는 어린애처럼 유모를 못살게 굴다가도, 금세 순해져서 유모의 회초리에다 입을 맞춘단 말이야! 루세타를 몹시 야단쳤지만 진심은 그 애가 계속 있어주길 바랐는데! 화를 내며 눈살을 찌푸렸지만 마음속으로는 기뻤고, 억지로 웃음을 참고 있었다고! 후회가 되니 루세타를 다시 불러서 내 잘못을 사과해야겠다. 이봐! 루세타!

루세타 다시 등장.

루세타 부르셨어요, 아가씨?

줄리아 거의 식사 때가 됐지?

루세타 그랬으면 좋겠어요. 그래야 아가씨도 배가 부르실 테니, 하녀에게 화를 내시지는 않겠죠.

줄리아 무얼 그리 조심스럽게 줍고 있니?

루세타 아무것도 아니에요.

줄리아 그럼 왜 허리를 굽혔니?

루세타 떨어뜨린 종잇조각을 주우려고요.

줄리아 그 종잇조각이 아무것도 아니란 말이지?

루세타 저에게는 아무 상관없는 거예요.

1막 2장, 줄리아와 루세타 헨리 코트니 셀루스

줄리아 그러면 그대로 놓아두렴. 관계있는 사람이 줍겠지.
루세타 아가씨, 읽는 사람이 오해하지 않는다면 이 편지는 거짓말이 아니
에요.

줄리아 네 애인 되는 이가 네게 시를 적어 보냈구나.

루세타 곡조를 붙여 노래해야 하는데, 아가씨가 음을 만드세요. 마음에 드시는 대로요.

줄리아 나는 그런 쓸데없는 일에는 가능한 끼어들고 싶지 않아. '가벼운 사랑'이란 곡에 맞춰 부르면 괜찮을 거야.

루세타 그렇게 가벼운 곡에 맞추기에는 이게 너무 무거워요.

줄리아 무겁다고! 그럼 뭔가 누르는 게 있구나?

루세타 예, 아가씨가 그걸 노래하신다면 참 좋은 곡이 될 거예요.

줄리아 너는 못 해?

루세타 저는 그렇게 높이는 못 올라가요.

줄리아 그 노래나 들려주렴. (편지를 낚아채려 하나 루세타가 황급히 편지를 등 뒤로 숨기고 도망친다) 아휴, 이것이!

루세타 거기서 조용히 노래나 부르세요. 크게 부르세요. (줄리아가 그녀를 따라 잡는다) 이제 생각해 보니 이런 곡은 마음에 들지 않아요.

줄리아 싫다고?

루세타 네, 아가씨. 그건 너무 높아서 날카롭네요.

줄리아 이런, 심술궂기는.

루세타 아니, 이번에는 음이 너무 낮아요. 그렇게 급히 하시면 소리가 조화를 이루지 못해요. 아가씨 노래에는 중간 소리를 넣어야 해요.

줄리아 제멋대로인 너의 가장 낮은 소리에 중간 소리가 다 묻혀버려.

루세타 정말 저는 프로테우스 씨 때문에 기초부터 다시 한 거예요.

줄리아 이제 시끄럽게 하지 마라. 네 입을 꼭 다물란 말이야! (편지를 찢는다) 빨리 가봐. 그리고 종잇조각은 그냥 놔둬. 손댔다간 혼날 줄 알아.

루세타 (혼잣말로) 일부러 그러시네. 이런 편지를 또 받고 한 번 더 화내고 싶으실걸. (퇴장)

줄리아 아니, 나도 다시 한 장 받아서 화를 내봤으면 좋겠어! 그분의 다정한 말을 이렇게 찢어버리다니. 내 손이 미워 죽겠어. 해로운 말벌 같아. 남의 달콤한 꿀을 먹으면서도 그것을 만드는 집벌을 침으로 찌르다니! 사과하는 뜻에서 종잇조각마다 키스할 테야. 이것 봐, "친절하신 줄리아"라고 쓰여 있네. 친절하지 못한 줄리아인데! 은혜를 모르는 벌로 줄리아란 이름을 집어

던져서, 발로 짓밟아 주고 싶다. 그런데 여기 "사랑에 상처를 입은 프로테우스"라고 적혀 있네. 불쌍하게도 상처를 입은 이름이여! 내 가슴을 침대삼아 그 상처가 다 나을 때까지 쉬게 해드릴게요. 이렇게 키스를 해서 그 상처를 보살피는 거야. 그런데 두 번 세 번 여기에 "프로테우스"라고 쓰여 있네. 바람아, 불지 마라. 편지 속의 한마디 한마디를 다 찾을 때까지 글자 하나라도 날아가선 안 돼! 내 이름은 못 찾아도 좋아. 회오리바람이 불어 험준한 절벽으로 내 이름이 떨어져, 사나운 바닷속으로 휩쓸려 들어가도 좋아! 세상에, 한 줄에 그분 이름이 두 번이나 적혔네. "불쌍하고 외로운 프로테우스, 가슴이 타는 프로테우스로부터, 그리운 줄리아에게"라고 말이야. 내 이름은 찢어버릴 테야. 아니야, 그러지 말자. 내 이름이 예쁘게 그의 안타까운 이름 옆에 나란히 적혀 있으니까. 이렇게 내 이름을 하나씩 그의 이름 위에다 올려놓아야지. 자, 입맞춤을 하든 안아주든, 싸우든 마음대로 하세요.

루세타 다시 등장.

루세타 아가씨, 식사 준비 됐습니다. 아버님이 기다리세요.

줄리아 같이 가자.

루세타 아이고! 종잇조각을 여기 두시다니, 소문을 내시려고요?

줄리아 걱정이 되거든 네가 주우렴.

루세타 아니에요, 제가 그걸 거기다 떨어뜨렸다고 꾸중을 들었는데요. 이렇게 여기 버려두었다가는 감기 걸리기 십상이에요.

줄리아 그 편지가 퍽이나 걱정되는 모양이구나.

루세타 네, 아가씨가 보신 것처럼 저도 보았습니다. 아가씨는 제가 눈을 감은 거나 마찬가지라고 생각하실지 모르지만요.

줄리아 그래, 어서 가자. (모두 퇴장)

〔제1막 제3장〕

베로나. 안토니오의 집.
안토니오와 판시노 등장.

안토니오 판시노, 내 동생이 수도원에서 너를 붙들고 심각한 이야기를 하는 것 같던데, 무슨 일이더냐?

판시노 그분의 조카, 곧 나리의 아드님 프로테우스 도련님 이야기였습죠.

안토니오 프로테우스가 왜?

판시노 그분이 그러시는데 나리께서는 왜 아드님을 이 나라에만 꼭 붙들어 놓고 젊음을 허비하게 하시는지 모르겠답니다. 그다지 지체 높지 않은 사람들도 자식들을 외국에 내보내서 출세시키려 하지 않습니까? 전쟁터에서 운명을 단련하기도 하고, 또는 새로운 섬을 발견하기 위해 먼바다로 나가기도 하고, 학문 탐구를 위해 대학에도 가죠. 도련님은 뭘 하더라도 다 잘하실 분이니, 저더러 나리께 도련님이 더는 헛되이 세월을 보내지 않도록 잘 말씀드려 보라 하셨습니다. 젊을 때 여행을 많이 해야 늙어서 아무런 후회가 없다고요.

안토니오 네가 그렇게 말하지 않아도 이달 내내 그 일만 생각하고 있었다. 그 애가 시간을 헛되이 쓰는 것도 잘 알고 있고, 또 세상에 나가 시련도 겪고 배워야 사람이 완전해진다는 것도 잘 알고 있다. 또 경험도 부지런해야 쌓을 수 있는 것이고 사람은 바쁜 가운데 완숙해지는 법이지. 그러면 프로테우스를 어디에 보내는 게 가장 좋을지 말해 보거라.

판시노 나리께서도 아시다시피 도련님 친구인 발렌타인 도련님이 밀라노 궁전에서 공작님을 모시고 있지 않습니까?

안토니오 그래 잘 알지.

판시노 도련님을 그쪽으로 보내시는 게 좋을 듯합니다. 거기서는 창 시합도 하고, 말도 타고 다른 무술도 배우실 겁니다. 또 유익한 토론도 하고 높으신 분들과 말씀도 나눠 보실 수 있을 테니, 모두 젊은 도련님같이 귀하신 신분에 알맞은 값진 연습이 될 듯합니다.

안토니오 네 의견이 옳구나. 좋은 충고다. 그 의견이 마음에 드니 바로 실행하겠다. 당장 아들 녀석을 공작님께 보내겠어.

판시노 다행히 내일 알폰소 백작께서, 지체 높으신 분들과 함께 공작님께 문안도 드리고, 시중도 드실 겸 그리로 떠나신다고 합니다.

안토니오 같이 떠나면 좋겠구나. 프로테우스를 함께 보내야겠다.

프로테우스 등장.

안토니오 내가 아들에게 말해 보마.

프로테우스 달콤한 사랑! 아름다운 글귀! 즐거운 인생! 이것이 그녀의 글씨
구나. 이 필체는 그녀의 마음을 대신한 거야. 이 사랑의 맹세는 그녀의 명
예를 담보하는 거지. 아, 두 집안의 아버지가 우리 사랑을 찬성하시고 허락
하셔서 우리의 행복을 보증해 주시면 얼마나 좋을까! 오, 천사와 같은 줄
리아!

안토니오 얘야, 거기서 무슨 편지를 읽고 있느냐?

프로테우스 네, 아버지, 발렌타인이 보낸 편지예요. 거기서 온 친구 편에 보
내왔습니다.

안토니오 뭐라고 적혔는지 좀 보자꾸나.

프로테우스 별일은 없고, 그저 잘 지낸다고 합니다. 여러 사람들이 좋아해 주
고, 또 공작님이 아껴주신다고 썼어요. 그리고 그런 즐거움을 제게도 나눠
주고 싶다고 하는군요.

안토니오 너는 그의 바람을 어떻게 생각하느냐?

프로테우스 그야 아버지 뜻에 따라야죠. 친구의 바람보다는요.

안토니오 내 생각도 너의 친구와 같다. 내가 이렇게 갑자기 일을 진행시킨다
고 이상하게 생각지는 마라. 마음먹었으니 꼭 실천하겠다. 네가 한동안 공
작님께 가서 발렌타인과 함께 지냈으면 한다. 그가 받는 생활비만큼, 나도
네게 보내주겠다. 내일 떠날 테니 준비해라. 핑계는 필요 없다. 내 결심은 확
고하니까.

프로테우스 아버지, 그렇게 빨리는 안 돼요. 하루나 이틀쯤 여유를 주세요.

안토니오 필요한 건 나중에 보내줄 테니, 더 늦추지 말고 내일 꼭 떠나거라.
자, 판시노, 너도 도련님이 떠날 채비를 하는 걸 도와드려라. (판시노와 함께
퇴장)

프로테우스 불에 탈지 몰라 불을 피해 왔더니, 이제는 바다에 빠져 죽게 됐
구나. 아버지에게 줄리아의 편지를 보이기가 두려웠어. 아버지가 내 사랑을
잘못 보시면 안 되니까. 그랬는데 내가 둘러댄 핑계를 아버지가 이용하시다
니, 내 사랑에는 완전히 최악의 상황이 됐구나. 아, 사랑의 봄은 4월 날씨처

럼 잘도 변해서, 태양이 환하게 비치다가도 금세 먹구름이 몰려와 온통 뒤덮어 버리는구나!

판시노 다시 등장.

판시노 도련님, 아버님께서 부르십니다. 급하다고 하시니 빨리 가보세요.
프로테우스 아버지 뜻에 따라야 한다고는 생각하지만, 그래도 천 번이나 내 마음이 싫다고 하는군. (모두 퇴장)

〔제2막 제1장〕

밀라노. 공작의 저택.
발렌타인과 스피드 등장.

스피드 (장갑 하나를 주면서) 도련님, 여기 장갑요.
발렌타인 내 거 아니야. 나는 다 끼고 있어.
스피드 아뇨, 이게 도련님 거겠죠. 한 짝뿐이지만요.
발렌타인 어디 보자! 그래 나에게 줘, 내 거야. 거룩한 그대 몸을 꾸미는 아름다운 장식물! 아, 실비아! 실비아!
스피드 (소리친다) 실비아 아가씨! 실비아 아가씨!
발렌타인 너는 왜 부르느냐?
스피드 불러도 못 들으십니다, 도련님.
발렌타인 누가 아가씨를 부르라고 했어?
스피드 도련님이요. 제가 잘못 들었나요?
발렌타인 너는 너무 앞서가.
스피드 그런데 요전에는 너무 느리다고 꾸중하셨지 않습니까?
발렌타인 바보 같으니라고. 네가 실비아 아가씨를 아느냐?
스피드 도련님이 사랑하시는 분 말씀이죠?
발렌타인 내가 그녀를 사랑하는지 어떻게 아느냐?

스피드 보면 바로 알 수 있죠. 먼저 도련님은 프로테우스 도련님처럼, 무슨 불평이나 있는 듯이 팔짱을 끼시고, 또 붉은가슴울새처럼 사랑의 노래를 부르시고, 전염병 환자처럼 혼자 산책을 하십니다. 그리고 ABC 독본을 잃어버린 학생처럼 한숨을 쉬시고, 할머니를 장사 지낸 계집애처럼 훌쩍훌쩍 우시고, 식이요법 때문에 음식에 주의하는 사람처럼 식사를 거르시고, 도둑이 겁나는 사람처럼 밤에 잠을 못 주무시고, 만성절의 거지처럼 우는소리로 말을 하십니다. 전에 도련님은 수탉처럼 호탕하게 웃으시고, 사자처럼 당당하게 걸으셨습니다. 식사를 거르시더라도 만찬 뒤에만 그러셨고, 슬픈 얼굴은 돈이 없을 때만 지으셨습니다. 그런데 이제는 그분 때문에 완전히 변하셨습니다. 저의 도련님이신지 봐도 믿을 수가 없게 됐습니다.

발렌타인 내가 그렇게 보이니?

스피드 네, 다 드러납니다.

발렌타인 밖으로 드러난다고? 그럴 리가 없어.

스피드 아니라고요? 확실한대요. 도련님이 단순하지 않으시다면, 세상에 단순한 사람은 하나도 없을 거예요. 그런 어리석음이 도련님 속에 있어서 시험관에 담긴 오줌처럼 훤히 보입니다. 도련님 병세는 의사가 아니어도 알아볼 수 있다고요.

발렌타인 그렇다 치고, 너는 실비아 아가씨를 아느냐?

스피드 식사하시면서 도련님이 자주 쳐다보던 그분 말씀이죠?

발렌타인 그런 것까지 보고 있었느냐? 그래, 바로 그분이다.

스피드 실은 잘 모릅니다.

발렌타인 내가 그 아가씨를 쳐다본 것은 알아도, 그녀는 모른단 말이냐?

스피드 그 아가씨는 얼굴이 그리 예쁘지는 않던데요, 도련님?

발렌타인 아주 예쁘다고는 할 수 없지만 마음이 곱지.

스피드 그건 잘 알고 있습니다.

발렌타인 네가 뭘 안단 말이냐?

스피드 도련님이 못 견딜 만큼 예쁘지는 않단 말입죠.

발렌타인 아니다, 그녀는 뛰어나게 아름답고, 인정이 넘친단다.

스피드 아름다움은 화장 때문이고, 인정은 셈할 수 없죠.

발렌타인 화장 때문이라니? 또 셈할 수 없다는 건 뭐고?

스피드 아이고 도련님, 예쁘게 보이려고 화장을 한 것이니, 아무도 그분이 아름답다고는 하지 않는다는 말입니다.

발렌타인 너는 내가 눈뜨고도 못 보는 줄 아는구나. 나는 그녀의 아름다움 때문에 가슴이 울렁거린단다.

스피드 그분이 얼굴이 변한 뒤에는 한 번도 못 보셨죠?

발렌타인 언제부터 변했는데?

스피드 도련님이 아가씨에게 반하신 뒤부터랍니다.

발렌타인 나는 그녀를 처음 보자마자 반하게 됐지. 그리고 여전히 그녀가 예쁘다고 생각해.

스피드 반하셨으니 제대로 볼 수 있겠습니까?

발렌타인 왜 못 보느냐?

스피드 사랑은 눈멀게 하니까요. 오, 도련님의 눈이 저의 눈 같거나 옛날처럼 밝으시면 좋으련만! 도련님은, 프로테우스 도련님이 사랑 때문에 양말 끈도 매지 않고 다닌다고 핀잔 주실 때는 잘 보셨습니다!

발렌타인 그때라면 무엇을 볼 수 있단 말이냐?

스피드 그러면 도련님이 지금 어리석게 행동하시는 것이며, 그 아가씨가 못생긴 것쯤은 볼 수 있으실 겁니다. 프로테우스 도련님은 사랑에 빠져서 양말 끈도 제대로 매지 못하지만, 도련님은 바지 단추를 끼는 것도 잊고 있습죠.

발렌타인 이놈아, 너도 사랑에 빠진 게로구나. 어제 아침에 내 구두 닦는 것을 잊었으니 말이다.

스피드 네, 도련님. 저는 제 침대와 사랑을 하고 있습죠. 도련님이 저의 연애를 꾸중하시니, 저도 도련님의 사랑을 비꼬는 것입니다.

발렌타인 네가 무어라 비꼬든 내 사랑은 꼼짝 않는다.

스피드 차라리 꼼짝 못하게 얼어붙으면 좋겠네요. 사랑도 못하게요.

발렌타인 어젯밤에 아가씨가 내게, 자기가 사랑하는 사람한테 편지를 좀 써달라고 했어.

스피드 써주셨나요?

발렌타인 써줬지.

스피드 아무렇게나 써주셨나요?

2막 1장, 발렌타인의 편지를 거절하는 실비아   헨리 제임스 헤일리(1874~1964)

발렌타인   아니, 최대한 정성스럽게 써줬단다.

실비아 등장.

발렌타인   입 다물어라! 아가씨가 여기로 오신다.

스피드   (혼잣말로) 오, 아름다운 모습! 아, 어여쁜 인형! 이제 도련님이 아가씨
를 어떻게 표현하실지?

발렌타인   아가씨, 아침 인사를 천 번 드립니다.

스피드   (혼잣말로) 오, 밤에도 인사할 테고. 그러다 백만 번 인사드릴라!

실비아   발렌타인 경과 하인에게 2천 번 인사드립니다.

스피드   (혼잣말로) 남자가 여자를 재미있게 해줘야 하는데, 여자가 남자를 재
미있게 해주고 있네.

발렌타인   말씀하신 대로 이름도 모르는 아가씨의 비밀 친구에게 편지를 썼
습니다. 사실 쓰고 싶지는 않았지만 아가씨에 대한 의무감에 썼습니다. (편
지를 실비아에게 준다)

실비아   고마워요, 친절하신 일꾼…… 참 잘 쓰셨네요.

발렌타인 아가씨, 정말 힘들었습니다. 누구에게 보내시는 편지인지 몰라서, 그저 마음 가는 대로 적었습니다.

실비아 다시는 이런 부탁을 들어주지 않겠다 생각하셨죠?

발렌타인 아니요, 아가씨. 도움이 된다면 얼마든지 써드리겠습니다. 천 번이라도 시켜주세요. 그렇지만…….

실비아 말끝도 잘 마무리하시는군요! 그다음은 내가 이어보죠. "그렇지만 나는 말 않겠어요." "나는 아무래도 좋아요." (편지를 내밀면서) 이 편지를 가져가세요. 감사합니다. 이제는 더 수고롭게 하지 않을게요.

스피드 (혼잣말로) 또 수고하게 할걸. "그렇지만" 하면서 말야.

발렌타인 뭐라 하셨습니까? 글이 마음에 안 드시나요?

실비아 아뇨, 참 멋지게 쓰셨습니다. 하지만 억지로 쓴 것이라니 도로 갖고 가셔야죠. 자, 받으세요. (편지를 발렌타인에게 준다)

발렌타인 아가씨, 그 편지는 아가씨를 위해서 쓴 겁니다.

실비아 그건 그렇지요. 내가 부탁해서 쓰신 거죠. 하지만 이젠 소용없어요. 당신에게 드릴게요. 좀더 내용을 열정적으로 써달라고 할걸 그랬어요.

발렌타인 그러면 다시 써보겠습니다, 아가씨.

실비아 다시 쓸 때는 나를 위해 그것을 읽어주세요. 마음에 드시면 좋고, 안 들어도 괜찮습니다.

발렌타인 내 마음에 들면 어떻게 됩니까, 아가씨?

실비아 마음에 드시면 수고하신 값으로 그 편지를 가지세요. 그러면 안녕히 계세요. (퇴장)

스피드 (작은 소리로) 아, 재치 있는 말솜씨로군. 보이지도 않고, 이해하기도 어렵고, 드러나지도 않는구나. 자기 얼굴에 있는 코 같고, 첨탑 위에 있는 바람개비 같아 볼 수가 없구나! 도련님이 아가씨에게 구애를 하면, 아가씨가 도련님의 스승이 되는 셈이지. 그러면 도련님이 아가씨의 제자가 되면서 사실은 다시 선생이 되는 거지. 아, 참으로 절묘한 생각이구나! 이보다 더 좋은 작전은 들어본 적이 없어. 도련님이 대신 써주지만 결국 자기 자신에게 연애편지를 쓰게 된다?

발렌타인 이놈아! 뭘 혼자 중얼대고 있느냐?

스피드 아무것도 아니에요. 저는 글귀에 어울리는 운을 달고 있습죠. 중얼대

발렌타인에게 편지를 되돌려 주는 실비아 H.C. 셀루스

는 건 도련님이십니다.

발렌타인 뭘 중얼거린단 말이냐?

스피드 실비아 아가씨의 대변인이 되시겠다는 게 아닙니까?

발렌타인 누구한테 말인가?

스피드 도련님 자신에게 말입니다. 아가씨는 작전에 따라 도련님한테 구애하고 있는 겁니다.

발렌타인 무슨 작전 말이냐?

스피드 당연히 편지죠.

발렌타인 뭐? 아가씨는 내게 편지한 일이 없잖아?

스피드 아가씨가 편지를 쓸 필요는 없지요. 도련님에게 갈 편지를 도련님 스스로 쓰도록 했으니까요. 왜 그 재치 있는 수를 못 읽으십니까?

발렌타인 모르겠어, 정말.

스피드 아휴, 답답하십니다, 도련님. 아가씨 마음을 모르시겠어요?

발렌타인 아가씨는 내게 화만 냈지 아무것도 준 게 없어.

스피드 아가씨가 도련님한테 편지를 드리지 않았나요?

발렌타인 그 편지는 내가 아가씨 친구에게 보내려고 쓴 게 아니냐?

스피드 그런데 그 편지를 아가씨가 손수 도련님에게 전해 드렸잖습니까? 그게 바로 목적이었던 거죠.

발렌타인 나로서는 상황이 더 나빠지지만 않았으면 싶다.

스피드 잘될 겁니다. 도련님은 여러 번 아가씨에게 편지했지만, 아가씨는 얌전해서 그러신지, 아니면 시간이 나지 않아서인지 일일이 답을 할 수가 없었겠죠. 또 심부름을 시키면 남이 자기 마음을 알까 싶어서인지도 모르죠. 그래서 자기 연인에게 보낼 편지를 그 연인 자신이 쓰도록 한 겁니다. 제 말이 틀림없어요. 꼭 들어맞는다니까요. 무슨 생각을 그리 골똘히 하십니까? 도련님, 식사 시간입니다.

발렌타인 나는 밥을 안 먹어도 되겠다.

스피드 그래도 조금 드세요. 사랑이라는 카멜레온은 공기만 먹고도 살 수 있지만, 저는 음식을 먹고 사는 사람이라 고기가 먹고 싶어요. 오, 도련님, 제발 아가씨 흉내는 내지 마시고 어서 갑시다. 어서요. (모두 퇴장)

베로나. 줄리아의 집.
프로테우스와 줄리아 등장.

프로테우스 줄리아, 이해해 줘요.

줄리아 그래야죠, 다른 도리가 없으니까요.

프로테우스 돌아올 수 있으면 곧 돌아올게요.

줄리아 마음이 변하지 않는다면 곧 돌아오시겠죠. 이 정표를 간직하고 나를 잊지 마세요. (반지를 준다)

프로테우스 우리 서로 교환합시다. 자, 이걸 받아주오. (반지를 준다)

줄리아 이 반지에 신성한 키스로 다짐해 주세요.

프로테우스 이 손에 두고 변하지 않는 사랑을 맹세하겠소. 줄리아, 하루에 한 시간이라도 당신을 위해 한숨짓지 않고 지나간다면, 그 벌로 나중에 나쁜 일이 닥쳐 고통을 당해도 좋습니다. 아버지께서 기다리고 계십니다. 대답하지 않아도 괜찮지만…… 지금은 밀물 때요…… 그러나 당신의 눈물이 밀물이 되면 안 됩니다. 그러면 나는 떠날 수가 없어요. 줄리아, 안녕히. (줄리아 퇴장) 아니, 한마디 말도 없이 가버리다니! 하긴, 진정한 사랑이란 그런 거지. 말을 할 수가 없으니까. 진실이란 말로 꾸미기보단 행동이 더 필요한 법이지.

판시노 등장.

판시노 프로테우스 도련님, 아버님께서 기다리십니다.

프로테우스 곧 가, 곧 갈게. 슬프구나. 이별 때문에 연인들은 벙어리가 되는구나. (모두 퇴장)

베로나. 어느 거리.

라운스가 개를 한 마리 끌고 등장.

라운스 아니, 이제 그만 울 때가 됐다. 라운스 집안 사람들은 모두 이렇다 니까. 나도 성경에 나온 그 방탕한 아들처럼 내 몫을 받고 이제 프로테우 스 도련님과 함께 공작님이 계신 곳으로 가려 하는데 말이야. 그런데 이 크 랩이란 개는 얼마나 성질이 더러운지 몰라. 내 어머니도 울고, 아버지는 한 숨만 푹푹 쉬고, 여동생은 흐느껴 울고, 하녀는 울고불고 난리고, 고양이 도 두 앞발을 꼬고, 그래서 집안이 온통 난리인데 이놈은 눈물 한 방울 흘 리지 않으니. 이놈은 돌덩이인 게야. 꼭 조약돌 같아. 인정머리라곤 눈곱만 큼도 없어. 유대인이라도 우리가 작별하는 걸 보면 눈물을 흘릴 텐데. 눈 이 먼 할머니도 눈물을 쏟으셨단 말이야. 아니, 그 모습을 크랩한테 보여줘 야 하는데. 이 구두는 내 아버지고, 아니 이 왼쪽 구두가 아버지고. 아니, 아 니, 이 왼쪽 구두는 어머니구나. 아니, 이것도 저것도 아니야. 암, 그렇지, 그 래. 이쪽 구두 바닥이 형편없군. 구멍 뚫린 이쪽 구두가 내 어머니고 이쪽 것은 내 아버지야. 제기랄! 이건 여기에 두자. 그리고 이 지팡이는 내 누이동 생이야. 그 아이는 백합꽃같이 하얗고 막대기처럼 가녀리단 말이야. 이 모 자는 우리집 하녀 낸이고 나는 개야. 아니, 개가 곧 나야. 그러니 내가 개란 말이기도 하지. 오! 개가 나고 내가 나다. 그래 그렇지! 그런데 내가 아버지 에게 가서 "아버지 축복해 주십쇼" 했단 말이야. 그랬더니 구두가 눈물이 나 서 말 한마디 못 했어. 그래서 나는 아버지한테 작별 키스를 해야 해. (한쪽 구두에 키스를 한다) 그러면 아버지가 울어버리신단 말이야. 이번에는 내 어머 니에게 가야 해. 아, 그러면 어머니가 미친 여자처럼 말을 많이 해주면 좋을 텐데. 어쨌든 나는 어머니한테 키스를 한단 말이지. (다른 쪽 구두에 키스한다) 이렇게. 그러면 어머니도 결국에는 한숨을 내쉰단 말이야. 다음에는 내 여 동생에게로 가. 그 애는 나를 보고는 훌쩍거린다고. 그런데 이놈의 개는 그 동안 눈물 한 방울 흘리지 않고 말 한 마디도 없었어. 하지만 나는 눈물로 먼지를 다 가라앉힐 정도였다고.

판시노 등장.

판시노 라운스, 빨리 배에 올라타라고! 자네 주인은 벌써 배에 올라탔어. 어서 노를 저어 뒤따라가야지. 왜 그래? 이놈아, 왜 우는 거야? 빨리 가, 이 바보야! 꾸물거리다가는 '밀물 때(tide)'를 놓친다고.

라운스 묶여(tied) 있지 않은 것은 놓쳐도 괜찮아. 그것은 여태껏 인간들이 묶은 것 가운데 가장 인정머리 없이 묶인 것이니까.

판시노 뭐가 가장 인정머리 없는 밀물 때(tide)라는 말인가?

라운스 뭐? 여기에 묶여(tied) 있는 내 개 크랩을 말하네.

판시노 쯧쯧, 이봐, 나는 네가 밀물 때를 놓칠까봐 그러는 거야. 밀물 때를 놓치면 뱃길을 놓치고, 뱃길을 놓치면 주인을 놓치지. 또 주인을 놓치면 네 일자리도 놓치고 일자리를 놓치면…… 왜 내 입을 막으려는 거야?

라운스 자네가 혓바닥을 잃을까봐 걱정이 돼서 그러는 거야.

판시노 어디서 혓바닥을 잃는다는 거야?

라운스 자네 이야기(tale)에서 말이야.

판시노 자네 꼬리(tail)에서겠지!

라운스 밀물 때를 놓치고, 뱃길을 놓치고, 주인과 일자리를 놓쳐! 여보게, 강물이 말라도 내 눈물로 도로 가득 채울 수 있어. 바람이 없어도 내 한숨으로 배를 몰 수 있다네.

판시노 자, 빨리 가, 이 사람아. 나는 자네를 불러오래서 온 거야.

라운스 맘대로 불러보시지.

판시노 갈 테야?

라운스 암 가야지. (모두 퇴장)

〔제2막 제4장〕

밀라노. 공작의 저택.
발렌타인, 실비아, 수리오, 스피드 등장.

실비아 여보세요!

발렌타인 예, 아가씨?

스피드 도련님, 수리오 씨가 눈살을 찌푸리며 도련님을 노려보고 있어요.

발렌타인　응, 사랑 때문에 그러는 거지.

스피드　도련님을 사랑하는 건 아니겠죠.

발렌타인　나의 아가씨를 사랑하는 게지.

스피드　저런 사람은 한번 본때를 보여줘야 하는데요.

실비아　발렌타인, 무슨 걱정이라도 있으세요?

발렌타인　그렇게 보일 법하죠.

수리오　그렇지 않은데, 보이는 것만 그렇다는 거요?

발렌타인　그렇다고 할 수 있죠.

수리오　가짜는 거의 그렇지요.

발렌타인　그렇다면 당신도 가짜겠군요?

수리오　내가 어째서 가짜라는 거죠?

발렌타인　영리해 보이는 게 그렇다는 거죠.

수리오　그럼 실은 영리하지 않다는 거요?

발렌타인　어리석죠.

수리오　내가 어째서 어리석다는 거요?

발렌타인　당신의 윗옷을 보고 그랬어요.

수리오　나는 조끼를 두 개 겹쳐 입었소.

발렌타인　그러면 당신은 두 겹으로 어리석다는 거요.

수리오　뭐요?

실비아　수리오 씨, 화가 나셨군요! 얼굴색이 싹 변하셨어요.

발렌타인　그냥 내버려 두세요, 아가씨. 저 사람은 카멜레온 같으니까요.

수리오　그 카멜레온은 공기보다, 당신 피를 먹고 살 생각입니다.

발렌타인　그렇군요.

수리오　암, 그렇소. 이번에는 진짜로 그렇게 할 생각이오.

발렌타인　잘 알지요. 당신은 언제든지 시작하기도 전에 먼저 끝이 나니까요.

실비아　두 분 다 입심이 대단하시네요. 굉장히 빠르기도 하시고요.

발렌타인　예, 그렇습니다. 우리에게 그런 사랑을 주신 분께 감사를 드립니다.

실비아　그런 사랑을 주신 분이 누구죠?

발렌타인　바로 아가씨입니다. 당신이 불을 붙여주셨으니까요. 수리오 씨도
　　아가씨에게서 그 재주를 빌려와, 아가씨 앞에서 그것을 친절하게 써먹고 있

2막 4장, 발렌타인과 수리오, 실비아와 스피드 H.C. 셀루스

습니다.

수리오   이봐요, 당신이 나와 말싸움을 한다면, 당신 밑천은 곧 바닥이 날
거요.

발렌타인   예, 잘 알고 있습니다. 수리오 씨는 말의 금고는 가지고 있으나 하
인들에게 나눠 줄 돈은 없나 봅니다. 저들의 허름한 옷차림을 보니 짐작이
가는데, 모두 당신의 입에 발린 말만 듣고 사는 모양이오.

실비아   그만하세요, 두 분 모두. 아버지께서 오십니다.

공작 등장.

공작   실비아, 꼼짝없이 포위되었구나. 발렌타인 군, 자네 아버지는 건강하시다고 하네. 자네 친구들한테서 좋은 소식이 많이 왔으니 기쁘겠군?

발렌타인 거기서 기쁜 소식을 가지고 온 사람이면, 누구든지 감사하게 생각합니다.

공작 같은 고향 사람 가운데 안토니오 씨를 아는가?

발렌타인 예, 공작님, 그분을 압니다. 훌륭하고 명망이 높은, 존경받으실 만한 분입니다.

공작 그에게 아들이 있나?

발렌타인 예, 있습니다. 아버지의 명성에 누가 되지 않을 만한 아들입니다.

공작 그 사람을 잘 아는가?

발렌타인 저 자신만큼이나 잘 알고 있습니다. 어릴 때부터 가깝게 지내면서 함께 시간을 보냈지요. 저는 게으른 학생으로, 완전한 천사와 같은 모습으로 저를 단련하지 못했습니다. 하지만 그의 아들인 프로테우스 군은 그 시간을 알차게 보내, 젊지만 경험은 풍부하며 머리는 아직 미숙하지만 판단력은 성숙합니다. 한마디로, 지금 제가 하는 모든 칭찬으로도 그의 참된 가치를 다 표현할 수 없습니다. 그는 외모나 마음씨가 완벽하며 신사로서의 모든 덕성을 갖추고 있습니다.

공작 그가 그리 훌륭하다면, 여왕의 사랑도 받을 수 있고 왕의 고문관도 될 수 있겠지. 그런데 이 젊은이가 유력한 인사들의 추천서를 가지고 이리로 와서 한동안 머무를 모양이네. 이건 자네에게는 기쁜 소식이겠군.

발렌타인 저도 바라던 일이었습니다.

공작 그러면 그 젊은이에게 어울리는 환영을 하도록 하게. 실비아, 너와 수리오 군에게도 일러두겠네. 발렌타인 군에게는 더 말할 필요도 없겠지. 곧 그 젊은이를 이리로 오도록 하겠네. (퇴장)

발렌타인 내가 아가씨한테 말했던 바로 그 친구입니다. 둘이서 같이 오려고 했는데, 그가 사랑하는 여인의 수정과도 같은 눈빛에 사로잡혀 그때는 함께 오지 못했습니다.

실비아 그러면 이제 그분의 연인은 변치 않겠다는 마음의 맹세로 다른 저당을 잡고서 그분을 풀어주었겠군요.

발렌타인 아니요, 아직도 그녀는 그의 눈을 사로잡고 있을 겁니다.

실비아 아닐 거예요. 그렇다면 그분은 눈이 멀었을 거예요. 그런 분이 어떻게 당신을 찾아올 수 있겠어요?

발렌타인 하지만 아가씨, 사랑의 눈은 스무 쌍이나 된다지 않습니까?

수리오 사랑에는 눈이 하나도 없다고 하지 않소.

발렌타인 수리오 씨, 당신과 같은 연애꾼을 볼 때는, 그저 그런 것을 볼 때처럼 사랑도 눈을 감게 됩니다. (수리오 퇴장)

프로테우스 등장.

실비아 그만하세요, 그만요. 여기 그분이 오십니다.

발렌타인 어서 오게나, 프로테우스! (프로테우스와 포옹한다) 아가씨, 이 사람을 열렬히 환영해 주십시오.

실비아 발렌타인 씨가 늘 소식을 듣고자 하시던 분이니 마땅히 훌륭한 분이시겠지요? 여기 오신 걸 환영합니다.

발렌타인 예 그렇습니다, 아가씨. 이 사람도 함께 아가씨를 모시도록 해주세요.

실비아 이렇게 높은 분이 시중들기에 나는 너무나 보잘것없는데요.

프로테우스 천만에요, 아가씨. 훌륭한 아가씨를 쳐다보기에는 오히려 제가 너무나 미천합니다.

발렌타인 아가씨, 겸손의 말씀은 그만하시죠. 이 사람도 아가씨를 모시는 데 끼워 주십시오.

프로테우스 의무를 다하는 것을 자랑으로 삼겠습니다.

실비아 의무를 다하시면 꼭 보수가 있게 마련이지요. 변변치 않지만 환영합니다.

프로테우스 아가씨가 아닌 다른 사람이 그런 소리를 했다면, 저는 그와 싸웠을 겁니다.

실비아 그대를 환영한다고 해서 그러는 거예요?

프로테우스 아니요, 변변치 않은 사람이라 하신 말씀 때문입니다.

수리오 다시 등장.

수리오 아가씨, 공작님께서 하실 말씀이 있으시답니다.

실비아 곧 가겠어요. 수리오 씨도 나와 함께 가세요. 새로 오신 기사님, 참 잘 오셨습니다. 두 분은 남아서 고향 이야기나 나누세요. 이야기가 끝나시거든 나에게도 좀 들려주세요.

프로테우스 둘이 함께 아가씨를 찾아 뵙겠습니다. (실비아, 수리오 퇴장)

발렌타인 자, 이야기 좀 하세. 고향에서는 다들 잘 지내시는가?

프로테우스 자네 친구들은 다 잘 있네. 모두 안부를 전해 달라 했어.

발렌타인 자네 친구들은 어때?

프로테우스 다들 잘 있어.

발렌타인 자네 애인은 어떤가? 사랑은 잘되어 가는가?

프로테우스 자네는 내 사랑 이야기를 지겨워했지 않은가? 자네는 연애 이야기를 좋아하지 않지.

발렌타인 그랬지, 프로테우스. 그런데 나도 변했어. 사랑을 경멸한 대가로 고생하고 있다네. 사랑의 높고도 도도한 상념이 나를 벌하여, 요즘 나는 밥도 잘 먹지 못하고, 후회 때문에 신음하며, 밤마다 눈물 흘리고, 날마다 가슴 쓰린 한숨을 쉬고 있다네. 노예가 된 눈이 잠을 쫓아버리고, 내 가슴의 슬픔을 바라보고 있기 때문이지. 오, 프로테우스, 사랑의 신이야말로 강력한 군주라네. 나도 완전히 굴복했어. 사랑의 신이 주는 벌만큼 괴로운 것도 없고, 그에게 봉사하는 것만큼 기쁜 일도 이 세상에는 없다네. 이제는 사랑의 이야기가 아니면 듣기도 싫고, 사랑이란 말만 들어도 못 먹던 아침도 먹고, 점심도 잘 먹히고, 저녁도 맛있고 잠도 잘 잔단 말이야.

프로테우스 알았네. 자네 눈을 보니, 무슨 일이 있었는지 알겠군. 자네가 그리 숭배하는 우상이 좀 전에 본 바로 그 아가씨인가?

발렌타인 그래, 바로 그녀야. 천사처럼 보이지 않던가?

프로테우스 천사는 아니지만, 지상의 미인이긴 하네.

발렌타인 여신이라고 불러주게.

프로테우스 그녀에게 아첨은 하지 않으려네.

발렌타인 오, 내게라도 아첨을 해주게. 사랑은 칭찬을 좋아한다네.

프로테우스 내가 병이 났을 때 자네는 내게 쓴 약을 주었지. 그러니 나도 자네에게 같은 처방을 내려야겠네.

발렌타인 그러면 그녀에 대해 바른 대로 말을 해주게. 여신은 아니더라도, 이 지상의 모든 창조물을 다스리는 유일한 분이라고 해주게.

프로테우스 내 애인만 빼고.

발렌타인 예외가 어디 있는가? 내 애인에게 무슨 결점이 있다면 모르지만.

프로테우스 나는 내 연인이 최고라고 생각하는데!

발렌타인 나도 자네 연인이 최고가 되도록 도와주겠네. 그녀에게 이런 높은 명예를 붙여 위엄이 서도록 해야 해. 즉 아가씨의 치맛자락을 들어주는 사람이라고 해야지. 그렇지 않으면 천한 땅이 그녀의 옷에 키스하면 그 커다란 은총에 교만해져서는, 여름에 무성한 꽃이 뿌리를 내리는 걸 소홀히 여겨 영원히 메마른 겨울을 불러올지도 모르네.

프로테우스 발렌타인, 허풍이 대단하구먼.

발렌타인 용서하게 프로테우스, 그 아가씨에 비하면 나는 아무것도 아닐세. 아가씨와 비교하면 다른 사람은 가치가 없고, 그녀는 이 세상에 오직 하나뿐이라네.

프로테우스 그렇다면 그녀 혼자 내버려 두어야겠군.

발렌타인 그럴 순 없지. 아가씨는 내 것이라고. 나는 큰 바다를 스무 개나 갖고 있을 정도로 부자라네. 바다의 모래는 진주이고, 바닷물은 감로수이며, 바윗돌은 황금일세. 용서하게. 자네도 보다시피 나는 사랑에 푹 빠져서 자네 생각은 전혀 못하고 있네. 그런데 내게는 얼빠진 경쟁자가 하나 있는데, 여자의 아버지는 그자가 재산이 많다고 좋아하지. 그자가 방금 아가씨와 나란히 저쪽으로 갔으니, 나는 곧 뒤따라가야겠어. 자네도 알겠지만 사랑이란 질투가 심하다네.

프로테우스 그런데 그 아가씨는 자네를 사랑하는가?

발렌타인 그럼, 우리는 약혼까지 했는걸. 그뿐만 아니라 결혼할 때도 정했고, 둘이서 달아날 방법까지 다 결정해 놨네. 그녀의 창문에 기어올라갈 줄사다리도 만들어 놨다네. 나의 행복을 위해 모든 계획과 합의가 되어 있어. 여보게, 함께 내 방으로 가서 이 일에 도움이 될 만한 이야기를 해주게나.

프로테우스 먼저 가 있게. 곧 갈 테니까. 배에서 필요한 물품을 좀 내려야겠어. 끝나고 바로 찾아가겠네.

발렌타인 빨리 끝내고 오게나.

프로테우스 그러겠네. (발렌타인 퇴장) 열이 나면 다른 열을 몰아내듯이, 못 하나가 다른 못을 뽑아내듯이 옛 사랑의 기억은 새로운 사랑으로 완전히 잊히게 되었구나. 이렇듯 분별력을 잃게 만드는 건 내 눈 탓인가? 아니면 발렌타인의 칭찬 때문인가? 그 여인이 아름다워서인가, 아니면 나의 충실하지 못한 죄 때문인가? 도무지 알 수가 없군. 그녀는 아름답다. 내가 사랑한 줄리아도 아름다웠지. 전에는 사랑했지만 이제는 그 사랑이 식었어. 불에 녹아내리는 양초로 된 인형처럼, 예전의 모습은 사라졌구나. 발렌타인에 대한 나의 우정도 식어버린 모양이야. 그래서 예전처럼 그 친구를 좋아하지도 않는 것 같아. 친구의 연인이 너무도 내 마음을 사로잡는군! 그래서 친구가 그다지 소중하게 느껴지지 않는 것 같아. 언뜻 보고도 그녀를 사랑하게 되었는데 자세히 보면 얼마나 정신을 못 차릴까? 겉모습만 보고도 이렇게 이성이 마비되니, 그녀의 완전한 본디 모습을 알게 된다면 눈이 멀고 말 거야. 이 잘못된 사랑을 누를 수만 있다면 그렇게 하고 싶어. 그것이 어렵다면 모든 수단을 써서라도 그녀를 내 손에 넣어야지. (퇴장)

〔제2막 제5장〕

밀라노. 어느 거리.
스피드와 라운스 등장.

스피드 라운스! 내 맹세하는데 밀라노에 온 걸 진심으로 환영하네.

라운스 거짓 맹세는 집어치우게, 환영은 무슨 환영인가? 나는 언제나 이렇게 생각하네. 사람이란 목이 달아나기 전에는 끝난 게 아니며 술집에서도 외상값을 다 치러야 주인 여자가 "어서 오세요" 한다니까. 그때까지는 환영받는다고 할 수 없지.

스피드 자, 쓸데없는 소리 그만하고 이제 자네를 술집에 데리고 가지. 거기서는 5펜스짜리 술 한잔 값만 던지면, "어서 오세요"를 5천 번은 해줄 걸세. 그런데 자네 도련님은 줄리아 아가씨랑 어떻게 작별을 했나?

라운스 뭐, 서로 진지하게 끌어안더니, 농담까지 하면서 헤어지더군.

스피드 그럼, 줄리아 아가씨가 자네 도련님에게 시집가게 된다는 건가?

2막 5장, 스피드와 라운스 H.C. 셀루스

라운스 아니.

스피드 그럼 어떻게 한다는 건가? 자네 도련님이 줄리아 아가씨에게 장가간 단 말인가?

라운스 그것도 아닐세.

스피드 그러면 둘이 헤어졌단 말인가?

라운스 아니, 두 분은 물고기처럼 한 몸이 되었다고.

스피드 그럼 도대체 어떻게 된단 말인가?

라운스 그건 이런 말이지. 도련님이 좋다 하시면, 아가씨도 좋다 하셔.

스피드 바보같이! 무슨 소린지 알 수가 없네.

라운스 이 답답한 친구를 봤나, 멍청하긴! 내 지팡이도 잘 알아듣는데.

스피드 그건 또 무슨 얘긴가?

라운스 자네는 내가 하는 말을 못 알아듣는군. 내가 몸을 굽히기만 하면, 내 지팡이는 내 말을 알아듣는단 말일세.

스피드 정말 그렇군. 지팡이가 자네를 견뎌내고 있군!

라운스 견뎌내고 있다는 건, 이해한다는 거나 마찬가지거든.

스피드 알았으니 제대로 말해 주게나. 두 분이 맺어질 것 같은가?

라운스 내 개한테 물어보게. 저 개가 그렇다 해도 그렇게 될 것이고, 안 그렇다고 해도 그렇게 될 걸세. 그놈이 꼬리를 흔들고 입을 다물어도 그렇게 될 걸세.

스피드 그러면 결론은 된다는 말이 아닌가?

라운스 이런 비밀은 비유적으로 말하는 수밖에 다른 도리가 없다니까.

스피드 어쨌든 알아듣겠네. 하지만 이보게, 내 도련님이 굉장한 연애쟁이가 됐는데, 자네는 어찌 생각하나?

라운스 본디 그렇지 않았나?

스피드 어째서?

라운스 자네 말대로 그분은 유명한 건달이니까.

스피드 뭐라고? 바보 같으니라고. 자네는 내 말을 잘못 알아들었다고.

라운스 이런, 자네에게 하는 말이 아니야, 자네 도련님 말이지.

스피드 내 이야기를 좀 들어보게. 내리 도련님이 아주 뜨겁게 사랑을 하고 있다네.

라운스 자네 도련님이 뜨거운 사랑을 하든 말든 나와는 아무 상관 없다네. 나랑 술집에나 가서 한잔하세. 안 간다고 하면 자네는 히브리 사람, 곧 유대 사람이고, 기독교인이라고는 부르기 어렵지.

스피드 왜?

라운스 기독교도와 함께 술 마시는 축제에 가자는데 안 나선다면 자선을 모르는 사람이니까. 자네도 가겠나?

스피드 같이 가겠네. (모두 퇴장)

밀라노. 공작의 저택.
프로테우스 등장.

프로테우스 줄리아를 버리면 맹세를 어기는 게 되지. 실비아를 사랑하면 맹세를 어기는 게 되지. 친구를 배반하면 크게 의리를 저버리게 되지. 맨 처음 맹세하게 시킨 그 힘이, 이제는 이 세 가지로 합쳐져 괴로움을 주고 있다. 맹세로 이끈 것도 사랑이고, 이제 맹세를 깨라고 하는 것도 사랑이구나. 오, 달콤하게 유혹하는 사랑의 신이여! 그대가 죄를 지었다면 그 유혹을 받은 나에게 변명할 방법도 가르쳐 줘야 하지 않는가? 처음에 내가 사랑했던 것은 반짝이는 별이었고, 이젠 하늘의 태양을 숭배하고 있네. 잘못한 맹세는 필요하면 깰 수도 있지 않을까? 나쁜 짓을 좋은 것으로 바꾸는 기술이 필요해. 이런 기술을 배우겠다고 생각하지 않는 사람은 지혜가 없다고 할 수 있지. 역겹구나, 더러운 내 헛바닥! 내가 수만 번 마음의 맹세를 하고 숭배하던 그녀를 이제는 나쁘다고 하다니! 그 사랑을 단념할 순 없지만, 이제 그렇게 해야 한다. 그러면 사랑을 해야 하는 곳에서 사랑을 버리는 게 된다. 사랑을 하게 되면 줄리아와 친구 발렌타인을 잃게 된다. 둘 모두 그대로 두려면 나 자신을 잃게 된다. 물론 둘 다 잃으면, 그 대신 또 얻는 이득이 있다. 곧 발렌타인 대신 나 자신을 얻고, 줄리아 대신 실비아를 얻게 된다. 나 자신이야말로 친구보다 더 소중한 거지. 사랑은 언제나 자신만 생각하니까. 그런데 실비아는 그녀를 아름답게 만든 하늘이 증인이 되겠지만 이런 그녀에 비하면 줄리아는 시커먼 에티오피아 사람이나 마찬가지다. 줄리아가 살아 있음을 잊어버리자. 그녀에 대한 나의 사랑이 죽었다고 생각하자. 또 발렌타인을 적으로 여기자. 그리고 실비아를 더 그리운 친구로 삼는 거다. 이제는 발렌타인을 배반하지 않고는 나 자신에게 충실할 수 없어. 오늘 밤 그는 줄사다리를 타고 실비아의 방 창문으로 올라가겠다고 경쟁자인 내게 말했다. 그러니 바로 그녀 아버지에게 가서 곧 둘이 변장을 하고 도망치려 한다는 걸 알려주겠다. 그러면 공작은 몹시 화가 나서, 발렌타인을 쫓아낼 것이다. 그는 실비아를 수리오와 맺어주려 하니까. 하지만 발렌타인만 없어지면 무슨 교묘한 수를 써서, 수리오의 멍청한 계획쯤은 방해할 수 있다. 사랑의 신이여! 저에게 날개를 주십시오. 그래서 이런 계획을 꾸밀 수 있는 지혜를 주셨듯이 제 목적이 이루어지도록 해주십시오! (퇴장)

〔제2막 제7장〕

베로나. 줄리아의 집.
줄리아와 루세타 등장.

줄리아 루세타, 내가 어떻게 하면 좋을지 말 좀 해주려무나. 너를 믿고 간청한다. 너는 내 모든 생각이 분명하게 적히고 새겨진 목록과도 같아. 사랑하는 프로테우스가 있는 곳으로 어떻게 여행을 갈 수 있을지, 방법을 좀 생각해 보려무나. 내 체면을 세우면서 말이야.

루세타 세상에, 여행은 힘들고 길이 멀답니다.

줄리아 진실한 순례길은 연약한 발걸음으로 여러 나라를 지나가더라도 고단하지 않은 법이란다. 더구나 사랑의 날개가 있어 프로테우스처럼 존경스럽고 완벽한 분이 계신 곳으로 날아가는 것이니 그리 고되진 않을 게다.

루세타 프로테우스 님이 돌아오실 때까지 기다리시는 게 나을 겁니다.

줄리아 오, 그분의 얼굴이 내 영혼의 양식인 걸 너는 모르는구나! 그 양식을 오랫동안 얻지 못해, 허기가 져서 힘들어하는 걸 불쌍하게 생각해 주려무나. 네가 사랑의 쓰라림을 조금이라도 이해한다면, 말로 사랑의 불꽃을 끄는 것은 흰 눈으로 불을 붙이기보다 어렵다는 걸 알 거야.

루세타 저는 아가씨의 그 뜨거운 사랑의 불꽃을 끄려는 건 아니에요. 다만 그 불이 너무 많이 번지지 않도록 하자는 거예요. 이성의 한계를 넘지 않도록요.

줄리아 억지로 불을 끄려고 하면 오히려 불길은 더 번지는 거야. 잔잔하게 흐르던 냇물도 막으면 오히려 성난 듯 사나워지지 않더냐. 하지만 흐르는 대로 물길을 막지 않고 그냥 두면 매끄러운 돌에 부딪혀 아름다운 음악을 만들고, 만나는 창포 잎마다 부드러운 입맞춤을 하지. 몇 번이나 굽이쳐 돌다가, 마침내 넓은 바다에 이르거든. 그러니 나를 막지 말고 떠나도록 해주려무나. 나도 잔잔한 냇물처럼 참으면서 고된 걸음을 즐겁게 옮기다 보면, 결국 내 님이 계신 곳에 닿을 수 있겠지. 모든 어려움 뒤에 축복받은 영혼이 낙원에서 쉬듯이 나도 거기서 편안히 쉴 거야.

루세타 그러면 어떤 옷을 입고 가시겠어요?

줄리아 여자 차림으로 가면 안 돼. 음탕한 사내들에게 변을 당하면 안 되니까. 루세타, 괜찮은 하인으로 보이도록, 알맞은 옷을 준비해 줘.

루세타 아이고, 그러시면 머리도 잘라야 하는데요.

줄리아 아니야, 명주끈으로 잡아매 올려서, 여러 가지 모양으로 사랑의 매듭을 땋아야지. 그리고 그럴듯하게 꾸며야 내 나이보다 훨씬 나이 든 남자로 보일 게 아니냐?

루세타 바지는 어떤 모양으로 할까요?

줄리아 그건 꼭 "주인 나리, 치마통은 얼마나 넓게 할까요?" 묻는 것과 똑같아. 네가 알아서 해줘.

루세타 아가씨, 바지에는 앞주머니가 있어야겠죠?

줄리아 안 돼, 루세타! 그건 보기 싫어.

루세타 몸에 딱 붙는 둥근 바지는 핀 꽂을 앞주머니가 없으면, 구식이라 보기 싫어요.

줄리아 루세타, 네가 나를 사랑한다면, 네 생각에 가장 알맞고 맵시 있는 걸로 만들어 주렴. 그런데 내가 이런 경솔한 여행을 한다고 세상 사람들이 수군거리지 않을까? 아마 좋지 않은 소리를 할 거야.

루세타 그런 일이 걱정되신다면 그냥 집에 계세요.

줄리아 아니, 그건 안 돼.

루세타 그러면 남의 말 같은 건 생각지 마시고 떠나세요. 아가씨가 거기 도착했을 때 프로테우스 님이 반겨주시기만 한다면, 아가씨가 떠난 뒤 누가 무슨 소리를 한들 무슨 상관이에요? 걱정되는 건 프로테우스 님이 좋아하지 않으실까 하는 겁니다.

줄리아 루세타, 그건 조금도 걱정할 것 없단다. 그분은 수천 번 맹세를 했고, 눈물을 바닷물만큼이나 흘리며, 끝없는 사랑의 증거를 보여주셨어. 틀림없이 나를 반겨주실 거야.

루세타 그런 건 모두 여자를 속일 때 남자들이 잘 써먹는 방법이에요.

줄리아 천박한 것들이 그렇게 악용하니 그런 인상을 받는 것이지. 하지만 진실한 별이 프로테우스를 태어나게 했으니 그분의 말씀은 증서와 같고, 그분의 맹세는 신의 말씀과 같아. 그분의 사랑은 성실하며 그분의 생각은 깨끗해. 그분의 눈물은 마음이 보낸 순결한 심부름꾼이야. 그분의 마음은 하늘과 땅의 거리만큼이나 거짓과는 멀어.

루세타 아가씨가 그분한테 가셨을 때, 그 말대로 되기를 빕니다.

줄리아 네가 날 사랑한다면, 그분 사랑의 진실성을 의심하지는 말아줘. 내 사랑을 받고 싶거든 그분도 사랑해 주렴. 이제 같이 내 방으로 가자. 나의 그리운 여행에 필요한 물건을 적어다오. 내가 가진 모든 것을 너에게 맡길게. 내 소유물, 내 토지, 내 평판 모두를 말야. 그 대신 나를 여기서 떠나게 해줘. 자, 답은 안 해도 좋아. 하지만 서둘러 주렴. 늦어지는 걸 참을 수가 없구나. (모두 퇴장)

〔제3막 제1장〕

밀라노. 공작의 저택.
공작, 수리오, 프로테우스 등장.

공작 수리오 군, 우리 둘이 할 이야기가 있으니 잠시 자리를 비켜 주게나. (수리오 퇴장) 자, 프로테우스, 할 이야기가 무언가?

프로테우스 인자하신 공작님, 우정의 도리로는 감춰야 하겠지만 공작님께 받은 은혜를 생각하면, 이 세상의 어떤 비밀이라도 말씀드리는 게 도리라 생각됩니다. 다름 아니라 제 친구 발렌타인이 오늘 밤 공작님의 따님을 훔쳐 달아날 계획을 세우고 있습니다. 저도 이 계획에 관련되어 있고요. 공작님께서는 아가씨를 수리오에게 주려 하신다는 것과, 따님은 수리오를 싫어하는 것도 저는 잘 알고 있습니다. 그런데 아가씨를 그렇게 도둑맞게 된다면 공작님은 그 연세에 얼마나 힘드시겠습니까? 그래서 도리를 생각해, 그 친구의 계획을 막으려 합니다. 공작님이 걱정으로 건강이라도 잃게 되시면 그것이 원인이 되어 언제 돌아가실는지도 모르지 않습니까?

공작 프로테우스 군, 자네의 그 진실한 염려에 정말 고맙네. 그 답례로, 내 생전에 무엇이든 자네 소망을 말하게. 그 두 사람이 사랑하고 있는 것은 나도 잘 안다네. 우연히 내가 잠이 든 줄 알고 둘이서 서로에 대한 사랑을 표현하곤 했지. 그래서 나는 여러 번 발렌타인에게 내 딸과 교제를 끊고 내 집에도 드나들지 못하게 해야겠다고 생각했지. 하지만 내 추측이 잘못되어 괜히 죄 없는 사람을 욕보이는 게 아닐까 싶어 경솔한 짓을 이제까지 피해 왔네. 부드러운 얼굴로 그를 대해 왔지만, 사실은 자네가 내게 말해 준 그런 일을 발견할 때까지 참고 있었던 걸세. 내가 이런 일을 걱정했다는 건 자네도 짐작할 거야. 젊은 사람은 유혹에 쉽게 넘어가기 때문에 나는 내 딸을 밤마다 높은 탑에서 재우고, 열쇠는 내가 가지고 있었지. 거기에 두면 아무도 딸아이를 훔쳐 갈 수 없을 테니 말일세.

프로테우스 공작님, 그들은 아가씨 방 창문에 올라갈 방법까지 마련했습니다. 줄로 사다리를 만들어 따님을 데리고 내려올 겁니다. 그래서 그 친구가 줄사다리를 가지러 갔으니, 곧 나타날 겁니다. 공작님께서 마음을 정하시면 그 사람을 막을 수 있을 겁니다. 하지만 공작님, 제가 말씀드렸다는 걸 눈치 채지 못하도록 해주십시오. 제 친구가 미워서 그런 게 아니라, 공작님을 존경하기 때문에 이렇게 말씀드리는 겁니다.

공작 내 명예를 걸고, 절대로 자네에게 이 말을 들었다고는 생각하지 않게 할 테니 염려 말게.

프로테우스 그럼 물러가겠습니다, 공작님. 발렌타인이 옵니다. (퇴장)

발렌타인 등장.

공작 발렌타인 군, 어딜 그리 급히 가나?

발렌타인 공작님, 제 친구에게 편지를 보내려, 그걸 받아 갈 심부름꾼에게 지금 전하러 가는 길입니다.

공작 중요한 편지인가?

발렌타인 제가 공작님 궁전에서 건강히 잘 지낸다는 내용입니다.

공작 그다지 중요한 건 아니구먼. 그렇다면 여기 잠깐 있다 가게나. 다름이 아니라 내 개인적인 일로 상의할 게 좀 있어. 자네는 비밀을 지켜줘야 하네.

내 딸을 수리오와 결혼시키려는 것은 자네도 알지?

발렌타인 네, 잘 알고 있습니다, 공작님. 그 혼사는 정말 재산과 명예라는 관점에서 볼 때는 서로 잘 맞는 듯합니다. 게다가 덕이 있고 너그러우며 재주가 있고 인품이 좋으니, 따님도 공작님의 뜻에 따를 것입니다.

공작 아닐세. 사실 내 딸아이는 짜증을 잘 내고 시무룩하며 외고집일세. 또 오만하고 순종할 줄 모르는 데다, 책임감도 부족하다네. 그 아이는 자기가 내 자식이라는 걸 생각지도 않고, 나를 제 아버지로 두려워하지도 않는다네. 그래서 그 오만함 때문에 나는 생각다 못해, 딸아이에 대한 사랑을 단념해 버렸네. 내 남은 삶을 그 아이의 효성에 의지하려 했으나 이제는 나도 마음을 바꾸어 새로 아내를 얻고 그 애는 누구든지 데리고 가겠다는 사람에게 맡길 생각이야. 예쁜 얼굴이 지참금이 되겠지. 그 아이는 나와 내 재산에는 관심도 없으니까.

발렌타인 그런데 제가 뭘 해드리면 될까요?

공작 이 베로나 시에 내 맘에 드는 여자가 하나 있네. 착하지만 수줍음이 많아서, 이 노인이 말을 해보아도 먹히질 않네. 그러니 자네가 나에게 가르쳐주게나. 나는 나이 들어 여자를 유혹하는 법도 잊어버렸고, 또 시대가 변했으니 풍속도 달라졌을 게 아닌가? 어떻게 하면 태양처럼 눈부신 그녀의 눈에 들 수 있겠는지 가르쳐 주게나.

발렌타인 말로 해서 듣지 않는다면, 선물로 그녀의 마음을 사야 합니다. 말 없는 보물이 생생한 말보다 여자의 마음을 더 잘 움직입니다.

공작 하지만 그 여자는 내가 보낸 선물을 모두 비웃었단 말일세.

발렌타인 여자는 마음에 들어도 가끔 비웃기도 합니다. 다른 걸 보내보시죠. 절대 포기하시면 안 됩니다. 처음 비웃음이 나중에는 더 깊은 사랑이 될 수 있습니다. 그 여자분이 만일 얼굴을 찡그린다고 해도, 그것은 공작님이 싫어서가 아니라 공작님의 사랑을 더 북돋기 위해서입니다. 공작님을 꾸짖더라도 떠나라는 이야기가 아닙니다. 여자들은 어리석어서 혼자 내버려 두면 미치니까요. 여자가 무어라 하든 물러나면 안 됩니다. 그쪽에서 "가세요" 하더라도 그건 정말로 가라는 말이 아닙니다. 그녀들의 아름다움에 아첨하고 찬양하며 칭찬해 주고 높이 기려주세요. 아주 까맣다 해도, 천사 같은 얼굴이라 말씀하세요. 자신의 혀로 여자 하나를 자기 것으로 만들지 못한다면,

그건 남자가 아닙니다.

공작 그런데 그녀는 친구들 소개로, 젊고 괜찮은 남자와 약혼을 했다네. 그래서 다른 남자와는 절대로 못 만나게 되었어. 어떤 남자라도 낮에는 그녀에게 가까이 갈 수가 없네.

발렌타인 저라면 밤에 가겠습니다.

공작 하지만 문이 모두 잠겨 있고, 그 열쇠도 누가 철저히 관리하고 있으니, 밤이라고 해도 그녀에게 가까이 갈 수 없네.

발렌타인 창문으로 들어가면 어떻습니까?

공작 그녀의 방은 높은 곳에 있고 탑 위에 튀어나와 있어서, 목숨을 걸고 올라야만 하네.

발렌타인 그러면 줄로 사다리를 만들고, 거기다 갈고리 두 개를 달아 던져 올리면, 아무리 높은 헤로의 탑이라도 올라갈 수 있습니다. 레이안드로스처럼 용감한 사람이라면 말입니다.

공작 자네가 뼈대 있는 집안의 신사라 생각하고 말하는데, 내가 어디서 그런 사다리를 구할 수 있는가?

발렌타인 언제 필요하신지요? 그것부터 말씀해 주세요.

공작 바로 오늘 밤에 필요하네. 사랑이란 어린애와 같아서 뭐든 손에 넣을 수 있는 것이면 다 독차지하려 들거든.

발렌타인 7시에 그 사다리를 갖다드리겠습니다.

공작 하지만 이보게, 나 홀로 그곳에 가고 싶은데 어떻게 사다리를 갖고 갈 수가 있을까?

발렌타인 영주님, 그건 아주 가볍습니다. 망토 밑에 감추고 가시면 됩니다.

공작 자네가 입은 그 망토 길이면 될까?

발렌타인 예, 그렇습니다.

공작 그럼, 자네 망토를 좀 보여주게나. 나도 그만한 길이로 하나 구해야겠네.

발렌타인 아니, 아무 망토나 다 좋습니다, 공작님.

공작 망토는 어떻게 입어야 할까? 자네 망토를 한번 입어보세. (발렌타인의 망토를 잡아챈다. 사다리와 편지가 땅에 떨어진다) 이건, 무슨 편지인가? 뭐라 쓰여 있지? 또 내게 필요한 줄사다리도 함께 있군! "실비아에게!" 이건 무언가? (혼잣말로) 내가 찾던 것이 여기 있군. 이왕 이런 거 남의 편지나 한번 읽어

볼까? (읽는다)

내 마음은 밤마다 나의 실비아와 함께 있으니, 내 마음은 내 뜻을 전하는 심부름꾼입니다. 오, 마음의 주인인 나에게 날개가 있다면 사뿐히 날아 그 마음 쉬는 곳에 즐거이 머물 수 있을 텐데. 내 마음을 전령 삼아 미리 보내어 깨끗한 그대 품에 안기니, 바삐 마음을 보낸 이 몸은 미련한 내 하인에게 베푸신 은혜가 도리어 저주스럽습니다. 이 몸이 받지 못한 행운을 나의 하인이 받고 있으니, 주인이 있어야 할 곳에 하인만을 보낸 자도 바로 나 자신이니 나는 스스로를 원망합니다.

이건 뭐지? (읽는다)

실비아, 오늘 밤 그대를 자유롭게 해주리라.

역시 그랬구나. 그 때문에 사다리도 있고. 오, 파에톤! 너는 메롭스의 아들이 아니냐? 너는 하늘의 수레를 타고, 어리석게도 세상을 불태우는 모험을 하려는가? 네 위로 별이 반짝인다 하여 그 별에 손을 대려는가? 물러가라, 이 천한 침입자! 오만한 노예 같으니라고! 그런 알랑거리는 웃음일랑 너 같은 족속들에게나 줘라. 너를 조용히 내보내는 것은 내 참을성 덕분에 가능한 특혜인 줄 알아라. 이제까지 내가 너에게 베푼 온갖 과분한 호의에 대해서도 감사히 생각해라. 바로 내 궁전에서 떠나지 않는다면 신에게 맹세하건대, 나의 분노는 그동안 내 딸이나 너에게 주었던 사랑보다 훨씬 더 거셀 것이다. 나가! 변명 따위 듣기 싫다. 살고 싶다면 서둘러 떠나거라! (퇴장)

발렌타인 살아서 고통을 받느니 차라리 죽는 게 나은 것을! 죽음은 나에게서 추방되는 것. 그리고 실비아는 나 자신이 아닌가? 그래서 실비아를 떠나는 것은 나 자신이 나에게서 추방되는 것이요, 죽음과도 같은 추방이다! 실비아를 볼 수 없다면 빛이 있다고 할 수 있는가? 실비아가 곁에 없으면 세상에 기쁨은 사라진다. 그녀가 내 곁에 있다고 상상하면서, 그녀의 완전한 그늘에 살고 있다고 생각하면 나는 행복하다. 밤에 실비아와 함께하지 못하면 밤꾀꼬리 노래도 음악이 될 수 없고, 낮에 실비아를 보지 못하면 바

3막 1장, 공작과 발렌타인 H.C. 셀루스

라볼 해님이 없는 것과 마찬가지이다. 그녀는 나의 본질, 나는 그녀의 아름
다움으로 양육되고 빛이 나며, 그 은혜로 살아갈 수 없다면 차라리 죽는

게 낫다. 죽음을 피했다 하더라도 결국 죽음의 운명을 맞게 되는 것이다. 여기 머뭇거리고 있다간 죽음을 맞을 수밖에 없지. 그러나 여기서 달아나는 것도 생명에서 떠나는 것이다.

프로테우스와 라운스 등장.

프로테우스 빨리 달려가서 그를 찾아라!

라운스 여기요! 여기 있어요!

프로테우스 무엇이 있다는 거냐?

라운스 우리가 찾는 사람 말이에요. 머리카락 한 올까지 똑같은 발렌타인 님입니다.

프로테우스 발렌타인?

발렌타인 아니야.

프로테우스 그러면 누군가? 그의 영혼인가?

발렌타인 그것도 아니야.

프로테우스 그럼 뭔가?

발렌타인 아무것도 아니지.

라운스 아무것도 아닌데 어찌 말을 합니까? 이분을 좀 때려볼까요?

프로테우스 누구를 때린단 말이냐?

라운스 아무것도 아니라는 것을요.

프로테우스 이놈, 그만둬.

라운스 왜요, 아무것도 아닌 것을 때리는데…… 한번 해볼게요.

프로테우스 이놈, 그만두라니까. 발렌타인, 자네에게 할 말이 있네.

발렌타인 내 귀는 꽉 차서 좋은 소식을 들을 수 없어. 이미 나쁜 소식으로 가득 찼으니까.

프로테우스 그러면 나도 침묵을 지키지. 귀에 거슬리는 좋지 않은 소식이니 말일세.

발렌타인 실비아가 죽었나?

프로테우스 아니네, 발렌타인.

발렌타인 성스러운 실비아에게 이제 발렌타인은 없어. 그녀가 나를 배반했다던가?

프로테우스 아니, 발렌타인.

발렌타인 실비아가 나를 배반했다면, 발렌타인은 없는 거나 마찬가지. 그래 무슨 소식인가?

라운스 도련님을 쫓아낸다는 발표가 있었습니다.

프로테우스 자네를 추방한다는 명령이 내려졌어. 지금 이 시간부로. 실비아, 그리고 나와도 헤어지게 되었네.

발렌타인 아, 그 슬픈 소식이라면 이미 배부르게 들었네. 너무 자주 들어 이제는 질리려고 하네. 실비아는 내가 추방된 걸 아는가?

프로테우스 알고말고. 그녀는 그 통지를 받자 철회를 요청했지만 결정을 뒤집을 수 없었네. 진주가 녹듯 눈물바다를 이루어 아버지의 완고한 발을 적시고, 또 그 앞에 무릎 꿇고 몸을 엎드려 펑펑 울었는데, 비는 두 손도 슬픔 때문에 창백해진 듯했어. 그러나 결국 꿇어앉은 무릎이며 높이 든 깨끗한 손도, 슬픈 한숨과 깊은 신음도, 떨어지는 은빛 눈물도 무자비한 아버지의 마음을 돌리지 못했다네. 공작님은 자네가 다시 눈에 띄면 살려두지 않겠다고 하셨어. 그뿐 아니라 아가씨가 자네를 용서해 달라고 빌면 빌수록 오히려 공작님의 노여움을 돋우어서, 아가씨를 감옥에 가두겠다고 위협하시더니 끝내 가두셨다네.

발렌타인 그만하게. 내 생명을 앗아갈 악한 힘을 가진 게 아니라면 말일세. 아니, 그런 힘이 있다면 제발 내 귀에 들려주게. 그래서 나의 끝없는 탄식의 노래가 끝나게 해주게.

프로테우스 너무 슬퍼하지 말게. 어쩔 수 없지 않나? 앞으로 어떻게 할지나 생각해 보라고. 시간이란 모든 행복의 유모이며 양육자라네. 자네가 여기 계속 있는다 해도 자네 연인을 볼 수도 없고, 도리어 자네 목숨만 단축한다네. 희망은 사랑하는 사람의 지팡이일세. 이제부터는 그것에 의지하며 절망을 이겨 나가게. 자네가 떠나더라도 편지는 보낼 수 있지 않은가? 내 이름으로 편지를 보내면 자네 연인의 순결한 가슴으로 전해 줄 테니. 지금은 위로나 하고 있을 때가 아니네. 자, 자네를 성문까지 데려다주겠네. 작별하기 전에 여러 가지로 자네 사랑에 대해 이야기해 보세. 자네 자신이 아니라도 실비아를 위해서, 자네에게 닥친 위험을 조심해야지. 자, 같이 가세!

발렌타인 라운스, 네게 부탁이 있다. 네가 내 하인을 만나거든 빨리 북문으로 오라고 전해 줘.

프로테우스 너는 어서 가서 찾아보아라. 자, 발렌타인.

발렌타인 오, 나의 사랑하는 실비아여! 불운한 발렌타인이여! (프로테우스와 함께 퇴장)

라운스 나는 멍청하지만, 내 주인이 악당이라는 것 정도는 알 수 있어. 그가 악당이긴 하지만 뭐, 다 마찬가지겠지. 그나저나 내가 연애를 하고 있다는 건 아무도 모르지만 나는 연애를 하고 있다. 그렇지만 말 두 필이 나를 잡아끌어도 내 입에서는 그 얘기가 안 나올 거야. 그래서 내가 누구를 사랑하는지 남들은 모르겠지. 여자는 여자지만, 누구인지는 말하지 않겠어. 그녀는 우유 짜는 처녀야. 하지만 숫처녀는 아니지. 애를 뱄었으니까. 그래도 처녀는 처녀인데 주인에게 돈을 받고 그 집 일을 해주는 처녀다. 물새 사냥을 하는 우리집 곱슬개보다야 자질이 낫고, 보통 기독교인들보다 훨씬 낫지. (종이를 끄집어 내면서) 이것이 그 처녀의 상태에 대한 목록표라고 할 수 있어. "첫째, 그녀는 물건을 손에 들 수도 있고, 운반할 수도 있다." 말(馬)도 이렇게는 할 수 없지. 말은 물건을 들지는 못하고 운반만 하니까. 그러니까 그 처녀가 말보다는 나아. 자, 다음 항목으로 가서, "그녀는 우유를 짤 수 있다." 그렇지, 마음씨도 곱고 손도 깨끗하니 예쁜 처녀란 말이지.

스피드 등장.

스피드 여보게 라운스, 요즘 자네 주인은 별일 없으신가?

라운스 별일이야 별도 안 보는데 있겠는가?

스피드 원, 그 입버릇은 여전하구먼. 내 말을 못 알아듣는군. 그 종이에는 뭐라고 씌어 있는 거지?

라운스 들어본 것 중에 가장 컴컴한 소식이야.

스피드 이 사람, 얼마나 컴컴한데?

라운스 먹물처럼 컴컴하다네.

스피드 한번 읽어볼까?

라운스 쳇, 바보, 글도 모르면서 뭘 읽는다고?

스피드 모르긴 뭘 몰라. 읽을 줄 안다고.

라운스 그럼 시험해 보지. 자네는 누구 자식인가?

스피드 그야 내 할아버지 아들의 자식이지.

라운스 봐, 무식한 게으름뱅이 같으니라고! 자네 아버지는 자네 할머니의 아들이 아닌가? 그것만 봐도 무식하다는 걸 알 수 있네그려.

스피드 아이고, 바보 같기는. 이젠 자네 문서로 나를 시험해 봐.

라운스 (종이를 건네준다) 자, 학문의 신이 자네와 함께하길 바라네.

스피드 (읽는다) "먼저, 그 여자는 젖을 짤 줄 안다."

라운스 암, 할 줄 알지.

스피드 "다음 항목, 그 여자는 술을 맛있게 담근다."

라운스 그래, 속담에도 있듯 "술을 맛있게 담그는 사람은 축복을 받을지니."

스피드 "다음 항목, 그 여자는 바느질을 할 줄 안다."

라운스 그저 그런 정도겠지.

스피드 "다음 항목, 그 여자는 뜨개질을 할 줄 안다."

라운스 여자가 남자 양말을 기울 줄 알면 남자는 양말 걱정 안 해도 되지.

스피드 "다음 항목, 그 여자는 씻고 닦을 줄 안다."

라운스 그것은 굉장한 미덕이지. 내가 씻고 닦아주지 않아도 되니까.

스피드 "다음 항목, 그 여자는 베를 짤 줄 안다."

라운스 그 여자가 베를 짜서 생활해 갈 수 있으니, 잘 굴러가겠군.

스피드 "다음 항목, 그 여자는 이름은 붙이기 어렵지만 하여튼 여러 미덕이 있다."

라운스 그리 많다면, 사생아의 미덕이구면. 그 여자의 아비가 누군지 모르니 이름을 붙이기 어렵지.

스피드 다음은 그 여자의 결점이네.

라운스 미덕의 발꿈치를 따라 바로 나오는구면.

스피드 "첫째, 그 여자는 입 냄새 때문에 아침밥 먹기 전에는 키스할 수 없다."

라운스 그거야 아침 먹고 하면 되는 거고. 더 읽어보게.

스피드 "다음 항목, 그 여자의 입은 달콤하다."

라운스 그렇다면 입 냄새는 고쳤네그려.

스피드 "다음 항목, 그 여자는 자면서 잠꼬대를 한다."

라운스 그거야 아무것도 아니지 뭐. 말하는 동안에는 잠자지 않으니까.

스피드 "다음 항목, 그 여자는 말이 느리다."

라운스 아, 이 사람아, 그걸 결점에 넣다니! 말이 느린 건 여자의 유일한 미덕이야. 제발 거기서 이걸 지우고 그 여자의 최고 미덕에 집어넣으라고.

스피드 "다음 항목, 그 여자는 교만하다."

라운스 그것도 지우게. 그건 하와로부터 내려오는 유전이라, 그걸 떼어낼 수는 없네.

스피드 "다음 항목, 그 여자는 이가 없다."

라운스 이것도 괜찮아. 나는 빵 껍질을 좋아하니까.

스피드 "다음 항목, 그 여자는 짓궂다."

라운스 아주 잘됐군. 이가 없으니 물지는 못하겠군.

스피드 "다음 항목, 그 여자는 가끔 자신이 담근 술을 칭찬한다."

라운스 그 여자가 만든 술이 맛있으면 마땅히 그러겠지. 그녀가 맛을 안 본다면 나라도 봐주지. 좋은 건 칭찬해 줘야지.

스피드 "다음 항목, 그 여자는 뭘 아끼지를 않는다."

라운스 말이 느리다고 했으니 입을 아끼지 않는 건 아닐 테고, 돈도 헤프게 쓸 수 없지. 내가 돈주머니를 꼭 닫아둘 테니까. 그런데 다른 하나는 제멋대로 하더라도 내가 어떻게 할 수는 없지. 계속해 보게.

스피드 "다음 항목, 그 여자는 지혜보다 머리카락이 더 많고, 머리카락보다 허물이 더 많고, 허물보다 돈이 더 많다."

라운스 잠깐, 나는 그 여자를 마누라로 삼겠네. 그 여자를 내 사람으로 삼을까 말까 두세 번 망설인 건 마지막 부분 때문이야. 그 부분 다시 한 번 읽어 보게.

스피드 "다음 항목, 그 여자는 지혜보다 머리카락이 더 많고……."

라운스 지혜보다 머리털이 더 많다고? 그럴지 모르지. 내가 설명해 보겠네. 소금 껍질은 소금을 안에 품고 있으니, 소금보다 더 크겠지. 큰 것이 작은 것을 덮고 있으니까, 지혜를 덮고 있는 머리털이 지혜보다 더 많겠지. 다음은 뭔가?

스피드 "머리카락보다 허물이 더 많고."

라운스 그건 무시무시하네. 그건 좀 빼줘!

스피드 "허물보다 돈이 더 많다."

라운스 그래서 허물도 훌륭해지는구먼. 좋아, 그 여자를 마누라로 삼겠어. 결정했다면 꼭 이뤄야지.

스피드 다음은 뭐지?

라운스 다음은 내가 말해 주지. 자네 도련님이 북문에서 자네를 기다리고 있네.

스피드 나를?

라운스 응. 자네를! 그런데 자네는 누군가? 그분은 자네보다 더 나은 사람을 기다리실 텐데 말이야.

스피드 그럼 어쩌지? 그래도 가봐야겠지?

라운스 빨리 달려가 보게. 자네가 여기서 너무 오래 끌었어. 지금 가도 못 만날지도 몰라.

스피드 왜 진작 말해 주지 않았어? 자네 연애 문서 때문에 젠장! (퇴장)

라운스 저 녀석, 내 편지를 읽다가 늦었구나. 엄청 혼이 나겠군! 버릇없는 놈, 남의 비밀에 참견하다니. 나도 뒤따라 가봐야지. 저 녀석 혼나는 꼴이나 구경하게. (퇴장)

〔제3막 제2장〕

밀라노. 공작의 저택.
공작과 수리오 등장.

공작 수리오 군, 걱정 말게. 이젠 발렌타인이 추방되어, 내 딸아이와 만날 수 없게 되었으니 그 아이가 자네를 사랑하게 될걸세.

수리오 그가 추방된 뒤로 아가씨는 저를 경멸하고, 함께 있으려 하지 않는 데다 욕까지 했습니다. 아가씨에게 잘 보이려고 온 힘을 다해 애쓰는데도요.

공작 딸아이 가슴에 새겨진 연약한 사랑의 인상은 얼음에 새겨진 거나 마찬가지라 한 시간만 열을 받아도 물로 녹아 그 형체조차 사라지는 법이니,

조금 있으면 얼어붙은 생각도 녹을 테고, 쓸데없는 발렌타인도 잊어버릴 걸세.

프로테우스 등장.

공작 여보게, 프로테우스 군! 자네 고향 사람은 내 지시에 따라 이곳을 떠났는가?

프로테우스 떠났습니다, 공작님.

공작 그가 떠나서 딸아이가 많이 슬퍼하고 있네.

프로테우스 시간이 지나면 그 슬픔도 사그라질 겁니다, 공작님.

공작 나도 그렇게 생각하네. 하지만 수리오는 생각이 달라. 프로테우스, 나는 자네가 마음에 드네. 큰 공도 세워 주고 말이야. 그래서 자네와 상의할 일이 있네.

프로테우스 제가 공작님에 대한 충성을 저버린다면, 공작님을 뵙지 않겠습니다.

공작 수리오 군과 내 딸을 맺어주려고 내가 얼마나 애를 쓰는지 자네도 알 테지.

프로테우스 네, 잘 알고 있습니다.

공작 그리고 딸아이가 내 말을 따르지 않는 것도 모르지는 않는다고 생각하네.

프로테우스 발렌타인이 여기 있을 때는 그랬지요, 공작님.

공작 그래, 여전히 고집을 부리고 있지. 어떻게 하면 딸아이가 발렌타인을 잊고 수리오를 사랑하게 할 수 있겠는가?

프로테우스 발렌타인이 거짓말쟁이에다 비겁하며 몹쓸 놈이라고 비난하는 것이 가장 나을 듯합니다. 이 세 가지가 여자들이 가장 싫어하는 것이니까요.

공작 하지만 실비아는 그 사람이 미워서 일부러 그런다고 생각할 거야.

프로테우스 발렌타인의 연적이 그런 소리를 하면, 그렇게 생각하겠지요. 그러니 따님이 발렌타인의 친구라고 생각하는 사람을 시켜 그런 말을 해줘야 합니다.

공작 그럼 자네가 그 일을 해줘야겠네.

프로테우스 공작님, 저는 하고 싶지 않습니다. 신사로서 할 만한 일이 아닙니다. 특히 가장 친한 친구를 헐뜯을 수는 없습니다.

공작 자네가 좋은 말을 한다 해도 그 사람에게는 아무런 득이 되지 않고, 비방한다 해서 그에게 해가 되는 것도 아니네. 자네는 친구 같은 나의 부탁으로 하는 거니까, 나쁘고 좋고가 없다네.

프로테우스 공작님 말씀대로 하겠습니다. 제가 그를 헐뜯는 것이 효과가 있다면 따님은 머지않아 발렌타인을 잊을 겁니다. 하지만 그렇다 하더라도 따님이 수리오 씨를 사랑하리라고는 장담할 수 없습니다.

수리오 그러니 아가씨의 사랑을 그에게서 풀어낼 때 일을 복잡하게 만들어서 말짱 도루묵이 되지 않도록 나에게 맡기되, 그러기 위해서는 발렌타인을 헐뜯는 만큼 나를 칭찬해 줘야겠지요.

공작 프로테우스, 우리는 자네를 믿네. 발렌타인이 말해서 알았지만, 자네는 사랑의 신을 깊이 믿는 사람이니 쉽게 나를 배반하거나 마음이 바뀌지 않으리라 생각하네. 그래서 자네가 실비아에게 자유롭게 다가가서 이야기하도록 허락하는 것일세. 딸아이는 지금 얼이 나가서 마음이 무겁고 우울해하고 있긴 하지만 자네는 발렌타인의 친구이니 반가이 맞아줄 걸세. 그러니 자네가 그 아이를 잘 타일러서 젊은 발렌타인을 미워하고, 수리오를 좋아하도록 설득해 주게.

프로테우스 하는 데까지 해보겠습니다. 그런데 수리오 씨, 당신은 열의가 부족한 것 같군요. 당신도 애틋한 소네트를 쓰든지 해서 아가씨의 마음을 사로잡아야 합니다. 시를 그럴듯한 맹세로 가득 채워야 하지 않습니까?

공작 그렇지, 시의 힘은 위대하다네.

프로테우스 아가씨 아름다움의 제단에, 당신의 눈물과 한숨과 마음을 바친다고 해요. 잉크가 마를 때까지 쓰고 다시 눈물로 적실 만큼 써야 합니다. 감동적인 글을 써서 지극한 사랑을 보여주도록 해요. 오르페우스가 켜는 류트는 시인의 힘줄로 줄을 만들었기 때문에, 그 황금 같은 소리는 강철과 돌을 부드럽게 만들고, 무서운 호랑이도 길들이며, 바다의 큰 괴물도 깊은 물속을 떠나 모래 위에서 춤추게 되었습니다. 당신 마음속의 애끓는 노래를 지어 보내고, 밤이 되면 악사를 데리고 아가씨의 창문으로 가서, 그 악기에 맞추어 슬픈 노래를 부르세요. 밤의 고요한 침묵은 당신의 애틋하고도 감미로운 노래를 부르기에 알맞을 겁니다. 그것 말고 다른 방법은 없습니다.

공작 자네 말을 들으니, 자네는 연애를 해봤구먼.

수리오 당신의 충고대로 오늘 밤 실행해 보겠소. 그러니 고마운 프로테우스, 나를 이끌어 지금 곧 함께 시내로 가서 연주를 잘하는 악사들을 구합시다. 내게 소네트가 한 수 있는데, 당신 말대로 한번 해봐야겠소.

공작 다들 바로 시작하시게나!

프로테우스 영주님께서 저녁 식사를 마치신 뒤에 일을 진행하겠습니다.

공작 허락할 테니 지금 바로 시작하게! (모두 퇴장)

〔제4막 제1장〕

만토바의 국경 지역. 어느 숲.
산적들 등장.

산적 1 이봐, 움직이지 마! 사람이 온다.

산적 2 열 명이 와도 우리는 끄떡없어. 오면 때려눕히자.

발렌타인과 스피드 등장.

산적 3 게 섰거라. 가진 것 다 내놔. 그렇지 않으면 꿇어 앉혀놓고 몽땅 털 테다.

스피드 도련님, 어떡하죠? 저 사람들은 나그네들이 무서워하는 악당들입니다.

발렌타인 여보게 친구들!

산적 1 이보게, 친구라니, 우리는 당신들의 적이다.

산적 2 가만있어! 이유를 들어보자.

산적 3 그러지, 뭐, 멀끔해 보이는데.

4막 1장, 산적들을 만난 발렌타인과 스피드 H.C. 셀루스

발렌타인 내 말 좀 들어보시오. 나는 여러분에게 줄 게 없소. 나는 지금 어
려운 상황에 처해 있어서, 재산이라야 이 보잘것없는 헌 옷뿐이외다. 이것
마저 벗겨 가면 나는 알몸뚱이만 남는다오.

산적 2 어디로 가는 길이냐?

발렌타인 베로나로 가던 길이오.

산적 1 어디서 왔느냐?

발렌타인 밀라노에서 왔소.

산적 3 거기서 오래 머물렀나?

발렌타인 16개월쯤. 운이 따라 주었더라면 좀 더 있었을 거요.

산적 2 그럼 거기서 쫓겨났다는 말인가?

발렌타인 그렇소.

산적 2 무슨 죄로?

발렌타인 다시 떠올리기도 싫소. 나는 사람을 죽였는데 지금은 많이 후회하고 있소. 하지만 사내답게 당당히 싸웠지 거짓 수단이나 비열한 계략은 쓰지 않았지요.

산적 1 그럼 후회는 왜 하나? 그런데 그런 조그마한 잘못 때문에 추방을 당했나?

발렌타인 그렇소이다. 그래도 이만하길 천만다행이라 생각하오.

산적 2 그런데 자네 여러 나라 말을 할 줄 아나?

발렌타인 젊어서 여행을 많이 해서 좀 한다오. 안 그랬다면 고생깨나 했을 거요.

산적 3 로빈 후드의 부하 뚱보 수도사 대머리를 걸고 말하겠는데, 이자를 우리 일당의 두목으로 삼았으면 좋겠어!

산적 1 우리 일당으로 받아들이자. 여보게들, 잠깐 할 말이 있네. (산적들끼리 따로 의논한다)

스피드 도련님, 이 패거리에 낍시다. 도둑치고는 점잖은 것 같습니다.

발렌타인 가만있어, 이 녀석아!

산적 2 이봐, 어디 믿는 구석이라도 있소?

발렌타인 운을 믿는 수밖에요.

산적 3 이보쇼, 우리 중에서 몇몇은 신사인데, 젊은 혈기를 누르지 못해 높으신 분들 있는 데서 뛰쳐나왔소. 나도 베로나에서 공작의 친척 되는 부잣집 여자를 몰래 빼내오려다 쫓겨났죠.

산적 2 나는 만토바에서 왔는데, 열받아서 어떤 신사 놈을 칼로 팍 찔렀소.

산적 1 나도 비슷하게 이런저런 죄로 이렇게 되었는데, 우리가 우리 잘못을 다 까발리는 건 우리의 무법적인 생활을 변명하려는 것이기도 하지만 다른 이유는 당신 풍채가 좋고, 들어보니 여러 나라 말도 한다고 해서 우리 일당에게 안성맞춤이기 때문이오.

산적 2 당신도 쫓겨난 사람이니 말인데, 우리 두목이 돼줄 수 없겠소? 이걸 기회 삼아 우리와 함께 이 숲속에서 살아보겠소?

산적 3 대답하시오. 우리 일당에 들어오겠소? 그러겠다고 답하면 우리 두목으로 모시겠소. 기꺼이 당신 부하로 명령에 복종하고, 당신을 우리 지휘관

이자 왕으로 모시겠소.

산적 1 우리가 이렇게 예의를 다하는데도 거절하면 살려두지 않겠소.

산적 2 우리 제안을 떠벌리고 다닐 수 있으니 살려두지 않겠다는 뜻이오.

발렌타인 여러분의 뜻대로 여기서 같이 살겠소. 하지만 연약한 여자들이나 불쌍한 나그네는 그냥 내버려 둔다고 약속하오.

산적 3 좋소, 우리도 그런 비열한 짓은 질색이오. 함께 갑시다. 우리 패거리가 있는 곳에 가면, 우리 보물을 모두 보여주겠소. 그 보물들도 우리 몸뚱아리처럼 당신에게 다 맡기겠소. (모두 퇴장)

〔제4막 제2장〕

밀라노. 공작 저택 뒤, 실비아의 방 창문 아래.
프로테우스 등장.

프로테우스 나는 발렌타인을 배신했다. 이제는 수리오에게도 똑같이 해줘야 한다. 그를 칭찬하는 척하면서, 내 사랑을 얻어야 하는 작전이니 말이다. 내가 보내는 보잘것없는 선물로는 너무나 아름답고 진실하며 성스러운 실비아를 유혹할 수가 없어. 그녀에게 진실한 사랑을 바친다고 외치더라도, 그녀는 내가 친구를 배반했다고 비웃을 것이다. 내가 그녀의 아름다운 모습에 맹세한들, 사랑하던 줄리아와의 맹세를 그리 쉽게 저버린 걸 생각해 보라고 할 테지. 그녀의 날카로운 말들은 사랑하는 사람의 소망을 무너뜨리기에 충분하지만 마치 스패니얼 개처럼 발로 차면 찰수록, 더 그녀에게 매달리게 된다. 그런데 수리오가 오는구나. 자, 그녀의 창문 아래로 가서 음악을 들려줘야겠군.

수리오와 악사들 등장.

수리오 프로테우스 씨, 우리보다 먼저 숨어들어 왔군요.

프로테우스 네, 수리오 씨, 사랑이란 허락되지 않은 곳도 어디든지 기어들어 간다는 걸 아시죠?

수리오 당신의 사랑이 여기가 아니기를.

프로테우스 하지만 여기죠. 그거 말고 제가 여기에 왜 왔겠습니까?

수리오 누구? 실비아 말이오?

프로테우스 당신을 위해서 마땅히 그렇지요.

수리오 고맙소. 자, 악사 여러분, 신나게 음악을 연주합시다.

　　여관 주인 등장. 뒤따라 사내아이 차림을 한 줄리아 등장.

여관 주인 젊은 손님, 기분이 안 좋아 보입니다.

줄리아 네, 기분이 좋지 않네요.

여관 주인 그럼 즐겁게 해드리죠. 음악도 듣고 찾는 사람도 만나게 해주리다.

줄리아 그분 목소리도 들리겠지요?

여관 주인 당연하죠.

줄리아 그분의 목소리가 곧 나에게는 음악이랍니다. (악사들 음악을 연주한다)

여관 주인 자, 들어봐요!

줄리아 그이도 이 속에 있나요?

여관 주인 네, 조용히 하고 들어봅시다.

(노래)

실비아 아가씨는 누굴까?
젊은이를 가슴 뛰게 하는 아가씨는 아름답고 지혜로울까?
하늘의 은혜를 입었구나!
성스럽고 아름다우며, 슬기롭다는 칭찬이 마르지 않으니.

실비아 아가씨는 아름다운 만큼 상냥하신가?
아름다움은 상냥함과 함께하는 법,
사랑의 신도 그녀의 눈을 찾아
눈을 뜨고 그곳에 산다오.

우리 실비아를 위해 노래하세.

실비아는 너무도 아름답구나.

하찮은 우리 인간을 뛰어넘는 그대.

사랑의 꽃다발을 드리리.

여관 주인 이봐요! 아까보다 더 슬퍼 보입니다. 무슨 일이오? 음악이 마음에
안 드는 모양이오.

줄리아 아니에요, 악사들이 마음에 안 드는군요.

여관 주인 어떤 점에서요, 젊은이?

줄리아 음악에 거짓이 있는 것 같아요.

여관 주인 왜요? 가락이 틀렸소?

줄리아 그런 게 아니라, 곡조에 거짓이 있어 내 마음의 줄을 아프게 하네요.

여관 주인 귀가 굉장히 예리하군요.

줄리아 네, 차라리 귀머거리가 되었으면 좋겠어요. 저 음악을 들으니 마음이
무거워져요.

여관 주인 음악을 그다지 좋아하지 않는가 보구려.

줄리아 저렇게 곡조가 엉망이면 싫지요.

여관 주인 들어봐요! 음악이 갑자기 완전히 달라졌는데요!

줄리아 네, 바뀌니까 더 싫어지네요.

여관 주인 언제나 한 곡조만 좋아하는군요.

줄리아 네, 같은 곡조만 연주해 줬으면 좋겠어요. 그건 그렇고, 우리가 말한
프로테우스 씨는 그 여자분에게 자주 드나드시나요?

여관 주인 하인 라운스가 그러는데, 그분은 그 여자에게 홀딱 반했답니다.

줄리아 라운스는 어디 있어요?

여관 주인 개를 찾으러 갔습니다. 그 주인이 내일 아가씨에게 개를 선물로 준
답니다.

줄리아 쉬, 숨어요. 저 사람들 떠나는가 봐요.

프로테우스 수리오 씨, 내가 잘 설득할 테니 걱정 마시오. 내 작전이 훌륭하
다는 말을 듣게 하리다.

수리오 어디서 만날까요?

프로테우스 성 그레고리의 우물에서요.

수리오 잘 가시오. (악사들과 함께 퇴장)

실비아가 탑에 나타나 창문을 연다.

프로테우스 아가씨 안녕하십니까?

실비아 음악을 들려주셔서 고마워요, 여러분. 아까 말을 하시던 분은 누구죠?

프로테우스 아가씨가 나의 순진한 정성을 알아주신다면, 그의 목소리만 들어도 누군지 금세 아실 겁니다.

실비아 프로테우스 님이라고 생각하는데요.

프로테우스 네, 아가씨의 충실한 하인 프로테우스입니다.

실비아 하실 말씀이 있나요?

프로테우스 아가씨의 뜻을 받들겠습니다.

실비아 내 뜻은 바로 이렇습니다. 곧장 집으로 돌아가서 잠이나 주무세요. 교활하고, 약속을 저버리는, 신의 없는 위선자! 당신의 그 간사한 말에 넘어갈 만큼 내가 그리 천박하고 멍청한 여자로 보였나요? 당장 돌아가서 당신의 사랑이나 들여다보세요. 나는 이 창백한 밤의 여왕, 달에게 맹세합니다. 당신 소원을 들어줄 순 없어요. 당신의 비뚤어진 구애를 경멸해요. 당신과 이렇게 이야기 나누며 시간을 보내는 것도 내 양심에 꺼려질 지경이에요.

프로테우스 아가씨, 내가 한 여인을 사랑했다는 것은 인정합니다. 그러나 그녀는 죽었습니다.

줄리아 (혼잣말로) 내가 입만 열면 그건 새까만 거짓말이 될걸. 그 여자는 죽지 않았으니까!

실비아 그 여자가 땅에 묻혀 있다 하더라도, 당신 친구 발렌타인은 살아 있잖아요? 그와 내가 약혼했다는 사실은, 당신이 그 증인으로서 잘 알고 있지 않나요? 그런데 이렇게 끈질기게 친구를 배신하는 것이 부끄럽지도 않나요?

프로테우스 발렌타인도 죽었다는 소문이 들리던데요.

실비아 그럼 나도 죽은 거나 마찬가지예요. 그의 무덤 속에 내 사랑도 함께 묻힐 테니까요.

프로테우스 아가씨, 그럼 내가 땅속에서 그 사랑을 파내겠소.

실비아 당신의 애인 무덤에 가서, 그 여자의 사랑이나 파세요. 아니면 그 여자의 무덤에 당신 사랑을 묻어버리든가요.

줄리아 (혼잣말로) 저 말은 듣지도 못하는구나.

프로테우스 아가씨, 그렇게 매정하시다면 나의 사랑을 위해 아가씨 방에 걸려 있는 아가씨 초상화라도 주십시오. 그러면 그 초상화를 보면서 말을 하고 또 한숨도 쉬고 눈물도 흘리겠습니다. 당신은 모든 것을 다른 사람에게 바쳤으니, 나는 그저 그림자에 지나지 않습니다. 그래서 당신의 그림자에라도 진정한 사랑을 바치려 합니다.

줄리아 (혼잣말로) 아가씨가 전부를 준다 하더라도 당신은 그것을 속여, 그 여자까지 나와 같은 그림자로 만들어 버릴 거예요.

실비아 당신의 우상이 되는 것조차 싫지만 당신 같은 위선자는 그림자나 숭배하고 거짓 모습이나 칭찬하면 딱 맞아요. 내일 아침에 사람을 보내주세요. 전해 드리죠. 그러면 안녕히 주무세요.

프로테우스 아침에 당할 사형을 기다리는 죄인의 심정으로 하룻밤을 지새우며 이 밤을 보내겠습니다. (실비아가 들어가고 바로 퇴장)

줄리아 주인장, 이제 갈까요?

여관 주인 깜박 잠이 들었군요.

줄리아 프로테우스 씨는 어디 묵으시죠?

여관 주인 내 여관에 묵고 계세요. 벌써 날이 밝아오나 봐요.

줄리아 아직 아닙니다. 하지만 이렇게 길고도 괴로운 밤은 처음입니다. (모두 퇴장)

〔제4막 제3장〕

밀라노. 공작 저택 뒤, 실비아의 방 창문 아래.
에글라무어 등장.

에글라무어 실비아 아가씨가 의논할 것이 있으니 오라 하던 시간이 됐구나.

내게 무슨 중요한 부탁이라도 있으신가? 아가씨, 아가씨!

실비아 창문가에 등장.

실비아 누구시죠?

에글라무어 아가씨의 하인이자 친구입니다. 분부받고 왔습니다.

실비아 에글라무어 경이세요? 안녕히 주무셨어요! 백 번 천 번 인사드립니다.

에글라무어 아가씨도 안녕히 주무셨습니까! 이렇게 일찍 오라고 하신 이유가 뭔지 궁금합니다.

실비아 오, 에글라무어 경, 당신은 신사예요. 입에 발린 소리는 절대 아니에요. 나는 그런 건 싫어해요. 당신은 씩씩하고 지혜롭고 다정하고 교양이 있는 분이에요. 쫓겨난 발렌타인에게 내가 얼마나 깊은 애정을 품고 있는지 잘 아실 겁니다. 또 내 아버지께서 내가 싫어하는 어리석은 수리오와 억지로 인연을 맺어주려 하시는 것도 잘 알고 계실 겁니다. 당신도 사랑을 해본 적이 있으시죠? 당신이 사랑하는 여자가 죽었을 때 그런 슬픔은 다시없다고 가슴 아파하며, 그 무덤 위에 당신이 정절을 지킬 것을 맹세하셨다죠? 에글라무어 경, 나는 발렌타인에게 가고 싶어요. 그가 만토바에 있다는 말을 들었어요. 길이 위험하니, 당신이 나와 함께 가주세요. 당신의 충성과 명예를 믿고 있어요. 에글라무어 경, 아버지가 화내실 거라는 말은 제발 하지 말고 나의 슬픔, 한 여자의 슬픔을 생각해 주세요. 성스럽지 못한 결혼을 피해 여기서 도망치는 것으로 생각해 주세요. 이 결혼은 하늘도 운명도 마지막에는 큰 재난으로 답해 줄 겁니다. 모래의 바다처럼 슬픔으로 가득 차서 당신에게 부탁하는 것이니, 부디 나를 도와 같이 가주세요. 만약 그렇게 해주실 수 없다면 내가 당신에게 했던 말은 비밀로 해주세요. 그러면 나는 혼자서라도 떠나겠습니다.

에글라무어 아가씨, 아가씨의 슬픔을 너무도 잘 압니다. 정절을 지키려 하시는 걸 잘 알기 때문에, 기꺼이 아가씨와 함께 가겠습니다. 나에게 어떤 불행이 온다 하더라도 마음 쓰지 않겠으며, 오직 아가씨의 행운만을 빌겠습니다. 언제 떠나시겠습니까?

실비아 오늘 밤에요.

에글라무어 어디서 만날까요?

실비아 패트릭 수사의 수도실에서요. 거기서 고해성사를 할 거예요.

에글라무어 약속 지키겠습니다. 이만 가보겠습니다, 아가씨.

실비아 안녕히 가세요. 고마워요, 에글라무어 경. (모두 퇴장)

〔제4막 제4장〕

밀라노. 공작 저택 뒤, 실비아의 방 창문 아래.
라운스가 개를 데리고 등장.

라운스 (개에게) 사람의 하인이 개 흉내를 내려니 원, 힘들어 죽겠네. 이건 강아지 때부터 내가 길렀어. 이놈 형제가 서너 마리 있었는데, 아직 눈을 안 떴을 때라 모두 물에 빠졌지. 그중에서 한 놈 구한 게 이 녀석이라고. 내가 이놈을 가르쳤지. "개라는 것은 바로 이렇게 길을 들이는 거다" 뽐낼 만큼 제대로 가르쳤어. 이 개를 주인님 분부대로 실비아 아가씨에게 선물로 보냈어. 그런데 내가 식당에 들어가니 아, 글쎄 이놈이 아가씨의 밥상으로 뛰어 올라가서 닭다리 하나를 물지 뭐야. 아이고, 얼마나 못된 짓인가! 이놈이 여러 사람 앞에서 이런 염치없는 짓을 하다니. 남들도 뭐 그렇겠지만 나도 개는 개답게 제 노릇을 해줬으면 하거든. 내가 이놈보다 지혜로웠기 때문에 이놈이 한 짓을 내가 했다고 말했기에 망정이지 안 그랬다면 이놈 모가지는 벌써 어디 가고 없을 거야. 내가 살아 있는 게 확실하듯 틀림없이 이놈도 변을 당했을 거라고. 그리고 이놈은 공작님 탁자 밑에 있던 서너 마리 점잖은 개 무리에 끼어들었지. 아 그런데, 겨우 쉬 한 번 갈길 시간이나 되었는지 모르겠지만, 온 방에 지린내가 아주 진동을 하더군. 누가 "그놈의 개를 쫓아내라" 하니, 다른 사람이 "그놈은 무슨 개냐" 했고, 세 번째 사람이 "그놈을 두들겨 패라" 하자 공작님께서 "그놈을 목 졸라 매라" 하셨단 말이지. 나는 그 냄새에 익숙해서, 바로 내 개 '크랩'인 걸 알았어. 그래서 개 길들이는 사람을 찾아가, "이보시오, 개에게 매질을 할 셈이오?" 물었더니, "마땅히 그래야지요" 하더군. "그러지 마세요. 그 일은 제가 저질렀습니다" 그랬더니 다짜고짜 내게 채찍질을 하면서 나를 방에서 쫓아냈지. 자기가 부리는 하인에게 이렇게 해주는 주인이 도대체 몇이나 될까? 나는 이놈이 푸딩을 훔치는 바람에 족쇄를 찬 적도 있었다고. 그냥 두었으면 이놈은 벌써 이 세상에 없을 거야. 또 이놈이 거위들을 물어 죽여서 목에 칼을 차기도 했어. 가만히 있었으면 이놈은 끝장났을 거야. 이놈아, 내 은혜는 까맣게 잊었겠지? 내가 실비아 아가씨와 작별할 때, 네가 한 짓을 잊지 않았다. 늘 나를 본뜨라 하지 않았느냐? 내가 언제 한쪽 다리를 들고 점잖은 아가씨 치마에다 오줌을 갈기더냐? 내가 그런 장난을 치는 걸 본 적이 있느냐?

프로테우스와 소년 옷을 입은 줄리아 등장.

프로테우스 이름이 세바스찬이라고? 네가 마음에 든다. 너를 고용해서 곧 무슨 일을 시키도록 하겠다.

줄리아 무엇이든지, 시키시는 대로 열심히 하겠습니다.

프로테우스 그래야지. (라운스에게) 야, 이 무지렁이야! 이틀 동안 어디를 싸돌아다니다 들어왔느냐?

라운스 아이고, 도련님, 분부하신 대로 개를 실비아 아가씨한테 데리고 갔습니다.

프로테우스 그래, 내 작은 보물을 보고 뭐라 하시던?

라운스 아가씨 말씀이, 도련님 개는 똥개니까, 그런 선물에 맞게 개똥 같은 감사를 드린다고 전해 드리라 하셨습니다.

프로테우스 어쨌든 아가씨가 내 개를 받으시더냐?

라운스 아니요. 받지 않으셨어요. 그래서 도로 데리고 왔습죠.

프로테우스 뭐라고? 내가 보낸 선물이라고 말씀드렸더냐?

라운스 도련님의 다람쥐만 한 작은 개는 교수형을 집행하는 사람들에게 도둑맞았습죠. 그래서 대신 제 개를 아가씨에게 갖다드렸습니다. 제 개가 도련님 개보다 열 배는 더 크니까, 선물로도 그만이죠.

프로테우스 이놈아 얼른 가서 내 개를 다시 찾아와. 못 찾으면 두 번 다시 내 눈앞에 나타나지 마라. 썩 물러가. 여기서 어물쩍거리며 열받게 하지 말고! 하인 놈이 내 망신을 톡톡히 주는구나. (라운스 퇴장) 세바스찬, 내가 너를 고용한 이유는, 내 일을 잘 처리해 줄 젊은이가 필요해서야. 저 멍청한 바보를 믿고 일을 맡길 수가 없단 말이야. 그리고 네 얼굴과 행동이 좋은 집 안에서 자란 것 같고, 신분도 있고 성실해 보여서 너를 고용했다. 그러니 잘 들어라. 지금 바로 이 반지를 가지고 가서, 실비아 아가씨한테 전해라. 이걸 내게 준 예전 여자는 나를 무척이나 사랑했지.

줄리아 사랑의 정표를 다른 사람에게 보내시는 걸 보니, 주인님은 그 여자를 사랑하지 않으셨군요. 그분은 죽었나요?

프로테우스 아니, 아직도 살아 있을 거야.

줄리아 안됐군요!

프로테우스 안됐다니?

줄리아 불쌍하네요.

프로테우스 왜 그 여자가 불쌍하단 말이냐?

줄리아 아마 주인님이 실비아 아가씨를 사랑하시는 것만큼, 그 여자분도 주인님을 사랑했을 테니까요. 그 여자분은 사랑을 잊어버린 남자를 그리워하고 있을 테니까요. 또 주인님은 실비아 아가씨를 좋아하시지만, 그분은 주인님의 사랑을 받아주지 않고요. 이렇게 서로 사랑이 어긋나니 참으로 안됐지 뭡니까? 그래서 저도 모르게 안됐다는 말이 나왔습니다.

프로테우스 어쨌든 이 반지와 편지를 아가씨에게 전해라. 저기가 아가씨 방이다. 가서 약속한 대로 천사 같은 아가씨 초상화를 받아 와. 심부름이 끝나는 대로 바로 내 방으로 오너라. 내 방에 홀로 쓸쓸히 있을 테니. (퇴장)

줄리아 이런 심부름을 하게 되다니! 불쌍한 프로테우스! 당신은 여우를 시켜 양을 지키도록 하는 셈이군! 아, 바보 같으니라고! 나를 싫어하는 그를 왜 불쌍하게 생각해? 그는 실비아를 사랑하기 때문에 나를 싫어하는 거고, 나는 그를 사랑하기 때문에 그가 불쌍한 거고. 이 반지는 그 사람과 헤어질 때 내가 그에게 준 것인데. 나를 잊지 않고 늘 생각해 달라고! 그런데 이제 내가 불행한 심부름꾼이 되어 갖고 싶지 않은 것을 얻으러 가고, 주고 싶지 않은 것을 전하러 가고, 경멸하고 싶은 그의 신의를 칭찬해야 하다니! 나는 이 사람의 성실한 애인은 될 수 있지만, 성실한 심부름꾼은 될 수 없는걸. 내가 나 자신을 거짓으로 배반한다면 모르지만 말이야. 어쨌든 나는 그이 대신으로 그 여자에게 간청해 보겠어. 하지만 아주 냉정하게 하겠어.

하느님도 아시겠지만, 나는 이 일이 잘되는 게 싫어.

실비아, 하녀를 데리고 등장.

줄리아 아가씨, 안녕하세요! 실비아 아가씨께 드릴 말씀이 있는데, 어디로 가면 뵐 수 있을까요?

실비아 내가 그 여자라면 무슨 일인데요?

줄리아 아가씨가 그분이라면, 제가 심부름 온 까닭을 말씀드릴 테니, 들어주세요.

실비아 누구의 심부름이지요?

줄리아 제 주인이신 프로테우스 님입니다.

실비아 아! 내 초상화 때문에 왔구나.

줄리아 예, 그렇습니다.

실비아 우르술라, 거기 내 초상화를 갖고 오너라. (하녀가 초상화를 갖고 온다) 자, 이걸 네 주인께 갖고 가거라. 그리고 내가 이렇게 말하더라고 전해 주렴. 그분이 변덕스러워서 잊어버리고 있지만, 그분에겐 줄리아라는 연인이 이 그림보다 더 어울릴 거라고.

줄리아 아가씨, 이 편지도 좀 읽어보시죠. 아, 죄송합니다. 그건 아가씨께 드리는 편지가 아니에요. 이게 아가씨께 전할 편지입니다.

실비아 아까 그걸 도로 보여주게.

줄리아 그건 안 됩니다, 아가씨. 죄송합니다.

실비아 자, 그렇다면 (편지를 찢고 다시 돌려준다) 네 주인의 편지는 읽고 싶지 않구나. 아마 여러 가지 나에 대한 사랑의 호소와 새로 꾸민 맹세가 가득 차 있겠지. 그는 내가 찢은 이 편지보다 더 쉽게 그 맹세를 깨버릴 거야.

줄리아 아가씨, 그분이 아가씨께 이 반지를 전하라 하셨습니다.

실비아 내게 그것을 보내다니, 정말 수치스러운 짓이구나! 그것은 그가 떠나올 때 그의 연인 줄리아가 자기에게 준 것이라고, 나에게 수천 번 이야기해 놓고선. 비록 거짓으로 가득한 그의 손가락이 그 반지를 더럽혔지만, 내 손가락은 줄리아의 반지를 더럽히진 않을 거야.

줄리아 줄리아는 당신께 감사를 드립니다.

실비아 뭐라고?

줄리아 감사드린다고요, 아가씨. 당신이 줄리아를 생각해 주시니까요. 불쌍한 여자거든요! 제 주인이 그분을 너무 소홀히 대하셨어요.

실비아 너는 그 여자를 아니?

줄리아 제 일처럼 잘 알고 있어요. 그분의 슬픔을 생각하니 몇백 번이고 눈물이 흐릅니다.

실비아 아마 그 여자는 프로테우스가 자기를 저버렸다는 걸 알겠지?

줄리아 그런가 봐요. 그래서 무척이나 서러운 모양입니다.

실비아 그녀는 아주 아름다운 분이겠지?

줄리아 전에는 지금보다 한결 더 아름다우셨죠. 아가씨, 제 주인이 사랑해 준다고 생각했을 때는 그 여자도 아가씨만큼 예뻤습니다. 하지만 이제는 거울도 잘 들여다보지 않고, 햇빛 가리는 마스크조차 집어치웠답니다. 장밋빛 뺨도 바람에 사그라들고, 백합꽃 같던 얼굴도 시들어서, 이제는 제 얼굴처럼 새까맣게 돼버렸습니다.

실비아 그 여자 키는 얼마나 돼?

줄리아 저만 합니다. 성령 강림절에, 모두들 이런저런 놀이를 했는데, 친구들이 저에게 여자 역할을 시켰습니다. 그래서 저는 줄리아 아가씨 가운을 빌려 입었는데 그것이 제 몸에 꼭 맞았습니다. 사람들이 맞춘 옷 같다고 그랬어요. 그러니까 그분은 제 키 정도일 겁니다. 저는 그때 그분을 많이 울게 만들었습니다. 제가 슬픈 역할을 맡아 했으니까요. 그것은 테세우스 왕이 아리아드네 아가씨를 버리고 달아났기 때문에 아리아드네가 슬퍼한다는 대목이었습니다. 제가 눈물을 흘려가면서 아주 그럴듯하게 연기를 했더니 줄리아 아가씨는 감동해서 눈물을 엄청 흘리셨답니다. 그때 제가 그 아가씨의 슬픔을 함께 느끼지 못했다면 저는 죽어 마땅합니다.

실비아 그녀가 너에게 고마워할 거야. 아, 불쌍하기도 하지! 가엾게 버림을 받고! 네 말을 들으니 나도 눈물이 나려고 해. 이봐, 얼마 안 되는 돈이지만 이걸 받아. 그 아가씨를 생각하는 마음에서, 그녀를 사랑하는 너한테 주는 거니까. 잘 가.

줄리아 만약 서로 만나게 된다면, 그녀도 아가씨께 감사하다는 인사를 드릴 겁니다. (실비아, 하녀를 데리고 퇴장) 덕이 있는 참한 아가씨구나. 상냥하고 아

름다우서! 그러니 나의 주인이 구애를 해도 냉대할 수밖에. 아가씨가 주인
님의 전 연인을 그리 존중하는 걸 보니, 아, 사랑이란 어찌나 우스운지! 그
녀의 초상화 좀 보자. 나도 이렇게 머리 장식을 하면 이분만큼 예쁠 거야.
그런데 화가가 실물보다 잘 그려준 것 같아. 내 자랑을 하는 건 아니지만
이 여자 머리카락은 적갈색인데, 내 머리카락은 완전한 금빛이야. 만약 프로
테우스의 사랑이 이 때문에 변했다면, 이런 색 가발을 위에다 덮어쓰면 되
겠지. 이 여자의 눈은 유리와 같은 회색빛이고, 내 눈도 그렇고. 이 여자의
이마는 좁은데 내 이마는 넓어. 그런데 어째서 프로테우스는 이 여자는 숭
배하고 나는 홀대할까? 어리석은 사랑의 신은 눈이 어두운 모양이구나! 자,
그림자인 내가 그림자인 이 그림을 들고 간다. 너는 내 연적이다. 아, 아무
감각도 없는 이 그림이 존경을 받고, 키스를 받고, 사랑을 받고, 그리고 칭
찬을 받다니. 만약 프로테우스의 우상 숭배에 분별이 있다면 이 그림 대신
내 실체가 숭배되어야 할 텐데. 나는 아가씨 대신 이 그림을 소중히 다뤄야
지. 아가씨가 내게 친절하게 대해 주었으니까. 안 그랬다면 제우스 신의 이
름으로 보이지도 않는 그녀의 눈을 내 손가락으로 후벼파서, 나의 주인 프
로테우스의 사랑이 이 그림에서 떠나도록 했을 거야. (퇴장)

〔제5막 제1장〕

밀라노. 한 수도원.
에글라무어 등장.

에글라무어 해가 서쪽 하늘을 금빛으로 물들이기 시작했다. 이제 패트릭 수
도원에서 아가씨와 만나기로 한 시간이 거의 다 되었어. 꼭 오시겠지. 사랑
을 하는 사람은 일찍 오면 왔지 시간을 어기지 않는 법이니까. 그만큼 서두
른단 말이야.

실비아 등장.

에글라무어   아, 저기 오시는군. 아가씨, 안녕하십니까?

실비아   아멘, 아멘! 에글라무어 경, 어서 가요. 수도원 담을 지나 뒷문으로 가요. 누가 나를 따라올지도 모르니까요.

에글라무어   염려 마세요. 숲은 여기서 9마일도 안 되는 거리에 있어요. 거기만 가면 괜찮습니다. (모두 퇴장)

〔제5막 제2장〕

밀라노. 공작의 저택.
수리오, 프로테우스, 줄리아 등장.

수리오   프로테우스 씨, 실비아는 내 구혼에 뭐라고 하던가요?

프로테우스   예, 전보다는 온순하더군요. 그래도 당신 체격의 결점에 대해 말했습니다.

수리오   그게 뭐요? 내 다리가 너무 길다 하던가요?

프로테우스   아니요, 지나치게 가늘다 했어요.

수리오   장화를 신어 좀더 굵어 보이도록 하겠소.

줄리아   (혼잣말로) 그렇지만 사랑이란 싫어하는 곳으로는 아무리 채찍을 가해도 가지 않아.

수리오   내 얼굴에 대해서는 뭐라 하던가요?

프로테우스   하얗다고 했습니다.

수리오   그 말괄량이 아가씨가 거짓말을 했군요. 내 얼굴은 까맣소.

프로테우스   그러나 진주는 아름다운 것이죠. "얼굴이 검은 남자도 어여쁜 여자 눈에는 진주와 같다"는 속담도 있지 않습니까?

줄리아   (혼잣말로) 정말 그래. 진주란 여자들의 눈을 멀게 하지. 나 같으면 쳐다보느니 차라리 눈을 감겠어.

수리오   내 말솜씨에 대해서는 뭐라고 하던가요?

프로테우스   당신이 전쟁 이야기를 할 때는 싫다더군요.

수리오   그러면 사랑과 평화 이야기를 할 때는 좋다는 말이오?

줄리아   (혼잣말로) 당신이 잠자코 있을 때가 좋다는 얘기지.

수리오 내 용기에 대해서는 뭐라 하던가요?

프로테우스 아, 그건 물론 의심할 여지가 없죠.

줄리아 (혼잣말로) 비겁한 줄 알고 있으니 의심할 여지가 없지.

수리오 내 출신에 대해서는 뭐라고 해요?

프로테우스 출신은 좋다고 합니다.

줄리아 (혼잣말로) 사실이지 뭐. 신사로 태어난 바보이지.

수리오 내 재산에 대해서는 알고 있던가요?

프로테우스 예, 동정한다고 하더군요.

수리오 왜죠?

줄리아 (혼잣말로) 이런 바보가 그런 걸 갖고 있으니까.

프로테우스 빌려주고 빼먹은 거라고 하더군요.

줄리아 공작님이 오십니다.

공작 등장.

공작 요즘 어찌 지내는가, 프로테우스? 수리오도 잘 지내시는가? 요즘 에글
라무어 경을 본 사람이 있는가?

수리오 못 봤습니다.

프로테우스 저도 못 봤습니다.

공작 내 딸아이는 보았는가?

프로테우스 아가씨도 못 봤습니다.

공작 그렇다면 무지렁이 발렌타인에게로 도망간 거야. 에글라무어 경을 데
리고 말일세. 확실해. 로렌스 수사가 고행을 하느라 숲속을 헤매다 그 둘
을 봤다고 하네. 남자는 에글라무어 경이 맞는데, 같이 가던 여자는 가면을
쓰고 있어서 확신할 수는 없지만 실비아인 것 같다 하더라고. 그리고 오늘
저녁에 실비아는 패트릭 수사의 수도실에서 고해성사를 보기로 되어 있는
데, 그곳에도 오지 않았다는 거야. 여러 가지를 종합해 봤을 때 그 애가 달
아난 게 분명해. 그러니 이야기하느라 시간 보내지 말고 바로 말에 올라타
게나. 둘이 만토바로 도망갔으니 만토바로 가는 고갯길에서 만나세. 자, 어
서 출발하세. 내가 앞장서겠네. (퇴장)

수리오 참 철이 없는 아가씨로구면. 행운이 자기를 따라오는데도 이렇게 도
   망을 가다니. 무모한 실비아의 사랑은 놔두고라도 에글라무어에게 복수하
   겠다. (퇴장)

프로테우스 나도 뒤를 따르겠다. 함께 간 에글라무어보다 실비아의 사랑을
   얻기 위해! (퇴장)

줄리아 나도 따라가야지. 사랑 때문에 달아난 실비아가 밉기보다 내 사랑을
   막기 위해서 말야. (퇴장)

〔제5막 제3장〕

만토바의 국경 지역. 어느 숲.
실비아, 산적들에게 잡혀서 등장.

산적 1 자, 기다려. 두목에게 데리고 갈 테니.

실비아 이보다 훨씬 힘든 일도 겪었는데, 이쯤이야 못 견딜라고.

산적 2 자, 이 여자를 끌고 가.

산적 1 이 여자하고 같이 온 놈은 어딨어?

산적 3 발이 무척 빨라서 놓쳤어. 모이세스와 발레리우스가 그놈 뒤를 따르
   고 있어. 너는 이 여자를 숲 서쪽 끝으로 데리고 가. 거기 두목님이 계시네.
   우리는 놓친 놈을 추격할 테다. 숲이 울창해서 빠져나가기 힘들 거야. (산적
   1과 실비아만 남고, 모두 퇴장)

산적 1 자, 우리 두목님이 계신 굴로 가자. 겁내지는 말고. 두목은 훌륭한 분
   이라, 여자에게 무례한 짓은 하지 않으실 거다.

실비아 오, 발렌타인! 나는 당신을 위해 모든 걸 참겠어요. (모두 퇴장)

〔제5막 제4장〕

숲의 다른 쪽.
발렌타인 등장.

발렌타인 사람이란 습관 들이기 나름이군! 번화하고 사람들로 북적거리는 도시보다 이 그늘진 황야와 인적 드문 숲속이 더 견딜 만하구나. 여기 홀로 앉아 아무도 보는 사람 없이, 밤꾀꼬리의 애달픈 곡조에 맞추어 내 고통과 슬픔을 노래할 수 있지 않은가? 아, 내 가슴속에 자리한 그대여, 주인 없이 버려진 이 마음의 큰 집을 너무 오래 비워 두지 마세요. 집이 낡아 허물어져 옛 모습을 찾아볼 수 없을까 두렵습니다. 실비아! 당신이 와서 나를 고쳐주오! 그대 다정한 숲속의 여신이여! 쓸쓸한 그대의 연인을 어루만져 주오! (안에서 시끄러운 소리) 무엇 때문에 이리 야단법석이지? 내 부하들인 모양인데, 그놈들은 제멋대로 법을 만들고 불행한 나그네를 쫓는단 말이야. 나를 좋아들 하지만, 그래도 지나치게 잔인한 일은 못하도록 이자들을 막는 게 쉽지는 않아. 자 숨자, 발렌타인. 누가 오는 모양이군.

프로테우스, 실비아, 줄리아 등장

프로테우스 아가씨, 아가씨는 이 프로테우스가 하는 일은 무엇이든 경멸하시지만 나는 아가씨를 위해 이렇게 애를 썼습니다. 아가씨의 명예와 사랑을 짓밟으려는 자로부터 아가씨를 구하려고, 내 목숨을 아끼지 않았습니다. 그 보상으로, 한 번만이라도 내게 웃어주시면 안 되겠습니까? 더는 바라지도 않습니다. 이 정도는 해주시겠죠?

발렌타인 (혼잣말로) 아니, 이게 꿈인가 생시인가! 이런 광경을 보고, 이런 말을 듣다니! 사랑의 신이여, 잠시만 참게 해주소서!

실비아 아, 비참하고 불쌍한 내 신세!

프로테우스 내가 오기 전에는 불행했지만 내가 왔으니 아가씨는 기쁘지 않으신가요?

실비아 당신이 왔기 때문에 더 불행해졌어요.

줄리아 (혼잣말로) 저도 그래요. 그이가 아가씨 앞에 나타났을 때요.

실비아 거짓된 프로테우스에게 구조를 받느니 차라리 배고픈 사자에게 잡혀 짐승의 밥이 되는 게 나을 거예요. 아! 하늘이시여, 내가 발렌타인을 얼마나 사랑하는지 알아주소서. 그의 생명은 제 영혼만큼 소중합니다. 그리고 그에 못지않게, 그 이상은 있을 수 없을 만큼 거짓으로 가득 찬 프로테우

욕망을 채우려는 프로테우스로부터 실비아를 구한 발렌타인   윌리엄 홀먼 헌트. 1851.
시동으로 변장한 줄리아가 이를 지켜보고 있다.

스를 싫어해요. 그러니 어서 가버려요. 더는 나를 괴롭히지 말고.

프로테우스   어떤 위험한 행동이라도, 혹 죽음에 버금가는 일일지라도 아가
씨가 단 한 번이라도 내게 부드러운 눈길을 줄 수만 있다면 해내겠습니다!
자기에게 사랑을 바치는 남자를 사랑하지 않다니! 계속 되풀이되는 사랑의
저주여!

실비아   프로테우스 당신이야말로 사랑을 바치는 여인이 있어도, 그 사랑을
받지 못하는 사람이면서 뭘 그러시나요? 줄리아의 심정을 생각해 보세요.
그녀는 당신의 가장 아름다운 첫사랑이었잖아요. 당신은 그녀에게 수천 번
맹세해 놓고 나를 사랑한다며 그 모든 맹세를 갈기갈기 찢어 거짓으로 만
들고 말았죠. 진심이 둘이 되지 않는 한, 당신에게는 진심이 하나도 없어요.
하긴 진심이 둘이라는 건 전혀 없는 것보다 더 나쁘지만요. 맞아요. 두 개
가 많긴 하지만 하나도 없는 게 더 나아요. 또 당신은 당신의 진정한 친구
를 배반한 위선자예요!

프로테우스 사랑에 빠진 사람이 친구가 보이겠습니까?

실비아 그대만 그렇지요.

프로테우스 당신의 마음을 사려고 부드럽게 애원해도 아무 소용이 없다면 할 수 없죠. 기사답게 칼끝으로 당신에게 구혼하겠소. 사랑의 본성에 어긋나는 힘으로 말이오.

실비아 세상에!

프로테우스 힘으로 당신을 굴복시켜 내 욕망을 채우겠소.

발렌타인 (앞으로 나오며) 이 악당 같은 놈, 그 더러운 손을 당장 떼라. 그리고도 네가 친구냐!

프로테우스 발렌타인!

발렌타인 신의도 사랑도 저버린 비열한 놈, 이게 친구란 말이냐! 배신자! 네 놈은 내 희망을 짓밟았다. 내 눈으로 보지 않았다면 이것을 믿지 못했을 거다. 이제 나는 친구 하나 살아 있다고도 할 수 없게 됐다. 네가 스스로 우리 우정을 배반하지 않았느냐? 나의 오른손이 내 가슴을 속였는데 이제 누구를 믿으란 말인가? 프로테우스, 미안하지만 나는 너를 다시는 믿을 수 없게 됐다. 너 때문에 이 세상이 낯설게 느껴진다. 너에게 받은 상처가 너무나도 깊구나. 아, 참으로 저주스런 세월이구나! 적들 가운데 친구가 최악의 원수가 되다니!

프로테우스 부끄러움과 죄책감으로 미칠 것 같구나. 용서하게, 발렌타인. 마음에서 우러난 진정한 슬픔이 죗값이 될 수 있다면, 그것을 여기 내놓겠네. 나쁜 일을 저지른 건 사실이지만, 나는 지금 진심으로 뼈저리게 후회하고 있어.

발렌타인 그렇다면 됐네. 다시 한 번 자네 말을 믿겠네. 후회하는 자를 용서하지 못하는 사람은 하늘과 땅의 섭리를 받아들이지 못하는 것이지. 참회는 영원한 신의 분노를 가라앉힐 수 있네. 나의 우정이 솔직하고 진실하다는 것을 보여주기 위해, 실비아에 대한 나의 모든 사랑을 자네에게 바치겠네.

줄리아 아, 나는 어찌 이리 불행할까? (기절한다)

프로테우스 저 소년 좀!

발렌타인 왜 그래? 무슨 일이야? 고개 들고, 말 좀 해봐!

5막 4장, 발렌타인과 실비아, 공작과 수리오 H.C. 셸루스

줄리아 아, 나의 주인님이 실비아 아가씨한테 반지를 전해 달라고 했는데, 제가 그만 깜빡 잊고 아직 전해 드리지 못했네요.

프로테우스 반지가 어디 있니?

줄리아 여깄어요, 이거예요. (반지를 내준다)

프로테우스 어디 좀 보자. 이건 내가 줄리아에게 준 반지가 아니냐?

줄리아 아, 용서하세요. 제가 다른 걸 드렸군요. 이게 실비아 아가씨한테 드릴 반지입니다. (다른 반지를 보인다)

프로테우스 그런데 네가 어떻게 이 반지를 갖고 있느냐? 이건 내가 집을 떠날 때 줄리아에게 준 건데.

줄리아 줄리아 아가씨가 제게 그걸 주셨어요. 줄리아 자신이 이걸 가지고 왔습니다. (자신을 드러낸다)

프로테우스 아니! 줄리아!

줄리아 당신 맹세의 목표였고, 그 맹세를 마음속 깊이 간직했던 여자를 보세요. 당신은 몇 번이나 맹세를 깨뜨리고 내 마음을 아프게 했어요! 아, 프로테우스! 이 옷을 보고 얼굴빛이라도 붉히세요. 내가 사랑 때문에 변장을 한 것이 수치가 된다면 이렇게 점잖지 못한 옷차림을 하게 만든 자신을 부끄럽게 여기세요. 여자가 변장하는 것은 남자의 변심에 비하면 그리 큰 잘못은 아니에요.

프로테우스 남자의 변심에 비하면이라고? 맞는 말이오. 아! 남자가 변하지 않는다면, 그는 완전한 인간일 거요. 한 가지 잘못이 온갖 잘못을 저지르게 하고 죄가 넘쳐나도록 만드오. 변심은 시작하기도 전에 사라지는 것이오. 한결같이 성실한 눈길로 보았다면, 실비아의 얼굴에 있는 것들은 모두 줄리아의 얼굴에서 더욱 신선하게 빛났을 텐데!

발렌타인 자, 자, 두 사람 모두 손을 내놓게. 둘이 다시 이렇게 만나게 된 것을 축복하네. 사랑하는 두 사람이 오랫동안 원수로 지내는 것은 슬픈 일이야.

프로테우스 하느님이 지켜보소서. 이 기쁨이 영원하게 하겠나이다!

줄리아 나도요.

산적들이 공작과 수리오를 잡아서 등장.

산적들 대단한 놈을 잡았어요! 상! 상을 주세요!

발렌타인 가만있어. 가만있으란 말이야. 옛 주인 공작님이시다. 불명예스러운 일로 쫓겨난 발렌타인에게 이렇게 와주시니 환영 인사 올립니다.

공작 발렌타인 군!

수리오 저기 실비아가 있군. 실비아는 나의 것입니다.

발렌타인 수리오, 물러서시오. 그렇잖으면 죽음을 각오해야 할 거요. 나를 화나게 하지 마시오. 실비아가 그대 것이라고 하지 마오. 한 번만 더 그랬다간 베로나에서 쫓아버릴 테니. 여기 이 아가씨에게 손끝이라도 댔다가는, 내 사랑을 걸고서 그대의 숨통을 끊어버리겠소.

수리오 발렌타인 씨, 아가씨는 아무래도 좋소. 자신을 사랑해 주지도 않는 여자 때문에 스스로를 위험에 빠뜨리는 사람은 바보죠. 그러니 나는 이 여인을 포기하겠소. 아가씨는 당신의 것이오.

공작 수리오! 그대는 참으로 비열한 사내로군. 내 딸아이를 얻으려고 온갖 수단을 다 쓰더니 어찌 이토록 가볍게 단념할 수 있는가. 이제 내 조상의 명예를 걸고 말하겠네. 발렌타인! 자네의 정신을 높이 사네. 자네는 여왕의 사랑을 받고도 남네. 유감스런 지난 일들은 모두 잊어버리고, 나쁜 감정도 다 썼고, 자네를 다시 부르겠네. 자네의 뛰어난 공적을 생각해 새로 자리를 마련하겠네. 또 자네는 신사이며, 집안도 훌륭하니 실비아를 데려갈 만한 자격이 있어.

발렌타인 감사합니다, 공작님. 귀한 선물을 받게 돼서 기쁩니다. 그런데 청이 하나 있사오니, 따님을 위해서라도 꼭 들어주시기 바랍니다.

공작 그게 무엇이든 들어줄 테니 말해 보게.

발렌타인 제가 거느리는 이 사람들은 비록 쫓겨나긴 했지만 다 쓸모가 있는 자들입니다. 지나간 잘못은 모두 용서해 주시고, 추방령에서 풀어주십시오. 공작님, 그들은 마음도 바로잡고 법도를 지키며 완전히 선량한 백성이 되어 있어, 큰일을 맡겨도 될 만합니다.

공작 자네의 청대로, 자네와 그들의 죄를 모두 용서하겠네. 자네는 그들의 자질을 알고 있을 테니, 알아서 처리해 주게나. 자, 돌아가세. 그동안의 일들은 모두 잊고서, 승리를 축하하며 즐거운 잔치를 열고 가장 신성한 의식을 올릴 것이네.

발렌타인 가는 길에 공작님을 웃길 만한 이야기를 감히 하나 해보겠습니다. 여기 따라오는 이 시동을 어찌 생각하십니까, 공작님?

공작 그 아이 참 예쁘장하게 생겼구나. 그런데 대단히 부끄러운 모양이구나.

발렌타인 그렇습니다, 공작님, 남자치고는 아주 예쁘게 생겼지요.

공작 그게 무슨 말인가?

발렌타인 걸어가면서 말씀드리죠. 그동안의 일들을 말씀드리면 아마 많이 놀라실 겁니다. 여보게, 프로테우스, 자네 연애를 남들에게 알려줄 텐데, 그것도 자네가 속죄하는 길이지. 그리고 우리가 결혼하는 날 두 사람도 함께 결혼식을 올리세. 잔치도 함께하고 행복도 같이 누리세. (모두 퇴장)

셰익스피어의 희극 세계

윌리엄 셰익스피어는 25년쯤 활동하면서 작품 40여 편을 발표했다. 처음에는 영국 역사를 중심으로 한 역사극과 낭만적인 희극을 많이 썼으며, 뒤로 갈수록 대표작으로 평가받는 비극을 내놓았다. 나중에는 다시 낭만적인 희극으로 돌아오기도 했다. 또한 소네트에서도 놀랄 만한 경지를 이룩했는데, 시집 《소네트》(1609)만으로도 형식과 내용 모두에서 영어권 최고 작가로 인정받았다.

셰익스피어에게 대중적 인기를 얻게 해준 작품들은 주로 감미롭고 감상적인 희극들이었다. 《말괄량이 길들이기》, 《뜻대로 하세요》, 《십이야》, 《한여름 밤의 꿈》, 《베니스의 상인》, 《베로나의 두 신사》, 《사랑의 헛수고》, 《윈저의 즐거운 아낙네들》, 《헛소동》 등은 사랑과 결혼을 소재로 한 익살과 해학이 넘치는 작품으로 낭만희극의 정석을 보여준다. 이 작품들은 구성과 내용 등에서 중세부터 르네상스 시대를 거쳐 발전한 이탈리아 희극의 전통을 잇고 있는데, 셰익스피어는 한 발 더 나아가 인간에 대한 애정 어린 시선에서 비롯한 재담과 풍자 그리고 인간성에 대한 깊은 이해를 바탕으로 한 보편적인 이야기와 인물을 섬세하게 그려냈다.

셰익스피어 희극들이 그가 죽은 뒤 수백 년이 지나도록 연극과 문학 작품, 그 밖의 예술 분야에 끼친 영향은 더할 나위 없이 크다. 독일 대문호 괴테(Johann Wolfgang Goethe 1749~1832)는 "위대한 희곡은 분야를 넘어서며, 셰익스피어의 작품은 연극으로 보기보다는 글로 읽음으로써 더 많은 것을 배울 수 있다"고 말했다.

셰익스피어가 다른 작가들과 구별되고 오늘날까지 세계적으로 널리 사랑받는 데에는 수많은 이유가 있지만, 무엇보다 그가 새롭게 만들어 낸 인물들의 생명력에 가장 큰 이유가 있으리라. 먼저 그는 한 작품에 적게는 10명에서 많게는 수십 명에 이르는 인물들을 등장시키는데, 누구 하나 서로 그 특성이 겹치지 않는다. 또한 그들은 실제로 이 세상에 태어나 살아가는 인물인 듯, 저마다의 방식대로 보고 느끼며 사랑하고 질투하며 생각하고 행동할 뿐만 아니라 유형적이거나 평면적으로 해석하기도 어렵다. 그만큼 셰익스피어는 인간 그 자체를 창조하는 데 뛰어난 재능이 있었다. 이런 까닭에 영국의 한 비평가는 "나이가 들기 전까지는 아무도 셰익스피어의 작품을 이해할 수 없다"고 말하기도 했다.

더욱이 셰익스피어는 같은 유형의 성격을 두 번 사용하지 않은 것으로도 높은 평가를 받았다. 겉으로 볼 때는 비슷한 유형의 인물로 여겨져도, 하나하나 들여다보면 행위의 동기나 마음속 고민 등에서 그들은 모두 완전히 다르다. 다시 말해서 사랑에 빠진 인간, 질투하는 인간 등 유형화될 수 있는 인물에게도 저마다의 성격과 성장 환경, 현재 상황에 따라 근본적인 성격 요소를 모두 다르게 만들어 냈다. 그러면서도 인생과 인간 내면에 자리한 보편적인 특질을 창조함으로써 셰익스피어는 시대를 뛰어넘어 오늘날까지도 널리 공감대를 이루는 불후의 작가가 되었다.

《말괄량이 길들이기》

《말괄량이 길들이기》는 《실수 연발》과 같은 계통의 이탈리아식 익살극(소극)이다. 1593~94년에 쓰인 것으로 추정되며, 언제 처음으로 상연되었는지는 정확히 알려져 있지 않다. 1594년 《말괄량이 길들이기》라는 제목으로 인쇄된 사절판(四折版)이 있는데, 이 사절판을 셰익스피어의 이른바 나쁜 사절판으로 보는 견해와, 이를 바탕으로 셰익스피어가 고쳐 썼으리라는 견해가 있는데, 앞 의견에 더욱 무게가 실린다.

술 취한 땜장이 슬라이로 하여금 자신을 영주(領主)로 믿게 하여, 그 앞에서 극중극(劇中劇)으로서 말괄량이를 길들이는 연극이 벌어진다. 파도바의 갑부 밥티스타에게는 두 딸이 있다. 동생 비앙카는 얌전해서 구혼자가 많으나, 언니 카타리나는 고집 세고 입이 거친 말괄량이여서 아내로 삼겠다는 남자가 한 사람도 없다. 아버지가 큰딸을 시집보내기 전에는 작은딸도 혼인시키지 않겠다고 선언하는 바람에 비앙카의 구혼자들은 몹시 조바심한다. 이때 베로나의 젊은 신사 페트루키오가 나타나서 말괄량이에게 거침없이 구혼한다. 페트루키오는 카타리나보다 한술 더 떠서 거리낌 없이 말을 내뱉고 제멋대로 행동하며 정신없이 밀어 붙여서, 이름난 말괄량이도 마지못해 결혼을 받아들인다. 그 뒤 페트루키오는 갖가지 우스꽝스럽고도 철저하게 계산된 행동으로 말괄량이를 길들이기 시작하여 마침내 온순한 아내로 만드는 데 성공한다. 한편 비앙카의 구혼자 가운데 하나인 루센티오도 온갖 수법으로 경쟁자들을 따돌리고 비밀리에 비앙카와 결혼하기에 이른다. 비앙카의 다른

2막 1장, 〈카타리나〉 토머스 프랜시스 딕시

구혼자인 호르텐시오는 과부와 혼인한다. 그리고 이들 결혼 피로연에서 세 여인들 가운데 카타리나가 가장 얌전한 아내임이 증명된다. 모두들 부드럽고 순종적인 부인으로 변한 말괄량이를 보고 깜짝 놀란다. 카타리나는 '아내로서 갖추어야 할 점'에 대해 훈계까지 한다.

남편은 그대의 주인이며 생명이고, 수호자이며, 머리, 군주예요. (…) 신하가 군주에게 진 의무, 그것이 곧 아내 된 자의 남편에 대한 의무랄까요. 그렇다면 아내가 고집을 부리고, 짜증을 내고, 시무룩해하고, 불쾌한 얼굴을 하고, 그리고 남편의 착한 생각에 반항하는 것은 바로 인자한 군주에게 반역을 꾀하는 무리가 아니고 뭘까요? (…) 남편이 바란다면 저는 순종의 증거로 언제든지 남편 앞에 엎드릴 생각이에요. (제5막 제2장)

이 작품은 익살극 특유의 생생한 활기를 뿜어내며 순수한 희극 형태로 발

〈비앙카〉 윌리엄 홀먼 헌트

전하여, 통속적인 가면 너머에 연극의 본질을 지니고 있는 듯하다. 말괄량이 카타리나를 길들이는 페트루키오는 단순히 보기 언짢은 야만인이 아니라 괴팍할망정 당당한 신사이며, 젊은 셰익스피어가 흥미를 느낀, 그리고 소박하나마 처음으로 성격을 창조한 인물이다. 길들여지는 쪽인 카타리나 또한 지독한 왈가닥이 아니라 다만 말괄량이를 가장한 것뿐이며, 또한 야비한 남편에게 짓밟히는 게 아니고 그녀 눈에서 사랑의 빛이 반짝이고 목소리에는 음악이 감도는 참으로 온순하고도 밝은 근대적인 아내로 탈바꿈한다.

《말괄량이 길들이기》는 셰익스피어 작품들 가운데에서 유일하게 '서막(또는 서극)'과 '본극' 구조로 나뉜다. 서막에는 슬라이 사건의 짧은 이야기를 담고, 본극은 서막의 극중극 장면으로 이루어지는 독특한 형식이다. 극중극은 《한여름 밤의 꿈》이나 《햄릿》에도 나오지만, 이들 두 작품은 이른바 극중의 한 장면으로서 연극이 벌어지는 반면 《말괄량이 길들이기》는 중심 내용이 '서막의 극중극'으로 되어 있다.

서막을 뺀 본극의 구조를 보면 두 개의 익살극, 즉 루센티오가 그의 하인 트라니오와 바꿔치기하여 여러 경쟁자를 물리치고 밥티스타의 둘째 딸을 손에 넣는 익살극과, 난폭한 페트루키오가 큰 딸인 말괄량이 카타리나를 억지 결혼으로 길들이는 익살극을 나란히 놓으며 얽어 나갔다. 익살극다운 성격을 띠는 만큼 완전한 익살극 구조라고 할 수는 없으나, 그 무렵 기교로 무대에서 발휘할 수 있는 효과를 충분히 보여주도록 능숙하게 짜 나갔다. 그러나 이는 자칫하면 극의 중심이 흩어지기 쉬운 위험한 구조이다. 이 극의 중심과 흥미는 페트루키오가 말괄량이 카타리나를 길들이는 데에 있어야 하는데도 오히려 비앙카를 둘러싼 익살극이 차지하는 비중이 클 뿐 아니라, 이로 말미암아 이 사건이 연극의 줄거리가 아닌가 하는 인상을 주기 때문이다.

이 작품을 책으로 읽든, 무대에서 배우들의 연기로 보든 간에 머릿속에 강하게 남는 것은 페트루키오와 카타리나의 관계이다. 그런데 왜 셰익스피어는 비앙카와 관련된 일들을 더 많이 다루었을까? 아마도 그는 처음부터 완전한 희극 구조를 세워 놓고 페트루키오와 카타리나를 중심으로 작품을 구성한 게 아니라 무대에 올려서 성공한 익살극 작품을 손봤기 때문에, 동떨어진 서막이 들어가거나 또한 주류와 비주류가 혼동되는 결과를 불러오게 되었으리라 짐작된다. 어쨌든 재미있는 희극 구조이다.

《뜻대로 하세요》
셰익스피어가 《뜻대로 하세요》를 쓴 때는 1599~1600년으로 추정된다. 이 무렵 그는 《십이야》와 《율리우스 카이사르》 등을 쓰던 중이었고, 4대 비극에 들어가기 한두 해 전인만큼, 극작가로서의 틀이 확고히 잡혀 있었다. 1600년 8월 4일 날짜로 이 극의 출판저지등록(出版沮止登錄)이 되어 있는데, 아마도 판권 소유자인 궁내장관 극단에서 다른 사람들이 허락 없이 출판하지 못하도록 미리 손을 써둔 조치인 듯하며, 이런 대책을 세워야 할 만큼 그 무렵 이 극은 매우 인기가 있었던 모양이다. 첫 출판은 1623년 제1이절판(퍼스트 폴리오) 전집이다.

이 작품은 토머스 로지(Thomas Lodge 1558~1625)의 산문 이야기 《로잘린드, 유퓨즈의 황금 유산 Rosalynde, Euphues Golden Legacy》(1590)에서 소재를 얻어 연극 형식으로 만들었다. 하지만 셰익스피어가 곳곳에서 내용을 자유롭게 바꾼 탓에 두 작품은 소재에 공통점이 많음에도 전체 분위기는 완전히 다르다. 로지에게 올란도와 올리버의 갈등은 사뭇 격렬하며, 마지막에는 프레더릭이 죽고 나서 쫓겨난 옛 공작이 다시 돌아오는 것으로 되어 있다.

셰익스피어의 생태주의, 곧 인간을 생태계의 일부로 보고 자연과 조화를 이루어야 한다는 사상이 가장 잘 담겨 있는 이 작품에서 눈여겨보아야 할 점

3막 2장, 〈변장한 로잘린드와 실리아〉 헨리 넬슨 오닐. 1856.

은 인물의 성격 묘사이다. 셰익스피어는 로지의 원작에 없는 수많은 인물을 새롭게 만들어 냈다. 시골 처녀 오드리, 그녀를 사랑하는 시골 청년 윌리엄, 추방당한 공작을 따르는 귀족 에미엔즈와 제이퀴즈, 어릿광대 터치스톤 등인데, 특히 터치스톤과 제이퀴즈는 기억할 만한 성격이다.

먼저 터치스톤에게는 《뜻대로 하세요》보다 앞선 작품들에 나오는 광대들에게서는 찾아볼 수 없는 점이 있다. 터치스톤은 《한여름 밤의 꿈》의 직조공 닉 보텀에 비해도 아주 지적으로 세련된 인물이다. 그는 귀금속과 비금속(卑金屬)을 가려내는 역할을 한다. 어떤 인물이든 이 터치스톤 눈앞에 모습을 보이기가 무섭게 그 약점이나 결점이 뚜렷이 드러난다. 그러면 터치스톤은 그 약점에 대해 두말할 것 없이 매우 날카롭게 주석을 달고 비평을 한다. 그의 생각이 가장 잘 나타난 대목은 다음 장면이다.

음, 이 생활 자체로선 썩 좋지만, 양치기 생활이란 점에선 형편없소. 고독하다는 점에서는 꽤 맘에 들지만, 쓸쓸하다는 점에서는 영 아니오. 그리고 전원생활이란 점에서는 즐거워도, 궁정 생활이 아닌 점은 지루하오. 검소한 생활이라서 내 기분에 썩 맞지만, 풍족하진 못해서 내 배는 쪼르륵 소리가 나니 말이오. (제3막 제2장)

양치기 생활이 이론 상으로는 좋지만 현실 이라는 관점에서 볼 때 는 물질이 넉넉하지 못 하기 때문에 바라지 않 는다는, '현실 생활을 긍정하는 태도'는 곧 인생을 바라보는 셰익 스피어 자신의 시선이 리라.

다음으로 제이퀴즈 는 터치스톤처럼 하나 의 방관자에 지나지 않지만, 작품 흐름이나 분위기를 만들어 가는 데는 꼭 필요한 인물이 다. 모든 일에 비판적이 며 풍자적이라는 점에 서는 터치스톤과 두루 통하는 부분이 있지만, 침울하고 명상을 즐기 는 점에서는 이중성을

〈오드리와 터치스톤〉 아서 휴즈

보인다. 또한 그는 터치스톤보다 개성이 뚜렷한 데다 사색을 즐기는 성격이어 서 햄릿을 닮았다고 주장하는 비평가도 있다. 제이퀴즈의 성격 또는 인생관은 제2막 제7장에 나오는 유명한 대사 "우리가 사는 세계는 모두 하나의 무대입 니다. 그리고 남자와 여자들은 그저 배우에 지나지 않지요"에 잘 드러난다.

제이퀴즈의 무거운 우수(憂愁)철학과 터치스톤의 경쾌한 통속철학 등을 통 해 셰익스피어는 궁중 생활과 숲속 생활, 사랑과 자연 따위를 아무런 거리낌 없이 평가한다. 제이퀴즈와 터치스톤 말고도 여러 인물들 입을 빌려 그는 가 슴에 품은 말, 하고 싶은 말을 빛나는 표현으로 전달하고 있다.

셰익스피어의 비극은 인간 고뇌에서 비롯하는 무한한 문제를 다루는 데 비하여, 희극은 인간 사회의 즐거운 부분뿐만 아니라 어리석은 모습까지 그린다. 《뜻대로 하세요》도 이 두 가지가 뒤섞여 있다. 그런데 이 희극에서는 악(惡) 또한 다루어진다. 전원극(田園劇)에 속하는 낭만희극이면서도, 제1막부터 무질서가 걷잡을 수 없이 퍼진 궁정의 하극상 분위기를 펼쳐 보여준다. 신하가 군주를 찬탈하고, 형제끼리 서로 해치고 죽이려 들며, 미덕이 적이 되는 등 온갖 사건들이 뒤죽박죽 엉키는데, 이 무질서는 악으로부터 싹튼 것이다.

이 작품에서 아든 숲은 은근히 중요한 역할을 한다. 어쩌면 등장인물들보다 더 큰 역할을 하고 있는지 모른다. 어처구니없는 두 쌍의 사랑, 믿기지 않는 형과 아우의 다툼, 판에 박힌 듯한 찬탈자 이야기가 작품의 줄기를 이루지만, 읽는 이의 마음을 단번에 사로잡아 최면을 거는 것은 아든 숲이 풍기는 마력이며, 셰익스피어의 문체에서 느낄 수 있는 매력이리라. 이 극의 중심 배경인 아든 숲속 생활은 부패한 궁정 생활과 대조된다. 이는 '궁정 대(對) 전원'이라는 셰익스피어가 즐겨 다루는 주제이기도 하다.

《십이야》

'십이야(十二夜)'란 크리스마스로부터 12일이 지난 1월 6일을 말하며, 크리스마스 축제 기간의 마지막 날이다. 유럽에서는 이날 하루를 아주 즐겁고 활기차게 보내는데, 흔히 악의 없는 장난과 농담을 즐긴다. 이 극에서 토비 벨치 경 일당이 집사 말볼리오를 골려주는 것도 이런 놀이 가운데 하나이다. 이 작품은 1601년 1월 6일, 엘리자베스 여왕이 이탈리아 귀족 메디치 집안에서 보낸 오르시노 공작을 환영하기 위해 궁정에서 초연된 것으로 추측된다. 따라서 작품이 쓰인 것도 1599~1600년으로 추정된다.

《십이야》는 셰익스피어가 살아 있는 동안에는 출판된 적이 없으며, 1623년 그의 첫 번째 전집(퍼스트 폴리오)에 처음 실렸다. 작품 소재는 바네이브 리치(Barnabe Rich 1540~1617)가 쓴 《이제 군인은 그만 *Farewell to Militarie Profession*》 가운데 〈아폴로니우스와 실라 이야기〉에서 얻었고, 또한 《속은 자들 *Gl'ingannati*》이라는 이탈리아 연극도 원전의 근거가 되었다고 전한다.

그러나 이 극에 담긴 인물이나 장면 처리 방법은 이미 셰익스피어가 다른 희극에서도 여러 번 썼던 것으로서, 그의 낭만희극 가운데는 가장 뛰어난 작

〈'십이야'의 올리비아〉 에드먼드 레이턴. 오빠의 죽음을 애도하며 베일을 쓴 채 7년을 지내 오던 올리비아가 세자리오를 본 순간 얼굴을 드러냈다.

품으로 손꼽힌다. 그는 이 작품 뒤로 이른바 명랑희극은 거의 쓰지 못하고, 희극으로 다룬 것도 모두 어딘지 모르게 어두운 그림자를 드리우고 있다. 《십이야》에서 굳이 그림자의 한 조각이라도 찾는다면 말볼리오가 있으나, 이 작품의 분위기를 좌우할 만큼 힘있는 존재는 아니다.

쌍둥이 오누이가 엇갈리는 장면은 셰익스피어의 초기 희극 《실수 연발》에서 한번 다루어졌는데, 그 작품에서는 남자 형제였던 것을 여기에서는 누이를 남자로 변장하게 하여 혼란을 일으킨다. 젊은 여자가 남자처럼 꾸미는 것은 《베로나의 두 신사》의 줄리아, 《베니스의 상인》의 포르티아·네리사·제시카, 《뜻대로 하세요》의 로잘린드, 그리고 《심벨린》의 이모젠 등 자주 등장하며, 어린 남자 배우가 여자 역할을 맡았던 그 무렵 관습을 생각한다면 오히려 남자처럼 꾸며서 더 자연스러워졌다고도 할 수 있다. 또한 남자의 우정은 《베니스의 상인》 안토니오를 통해 다루어지는데, 공교롭게도 여기에서는 그 이름까지같다. 이런 식으로 따져 보면 토비 벨치 경과 앤드류 에이규치크 경은 저마다 《윈저의 즐거운 아낙네들》에 나오는 폴스타프와 슬렌더를 떠올리게 한다. 이

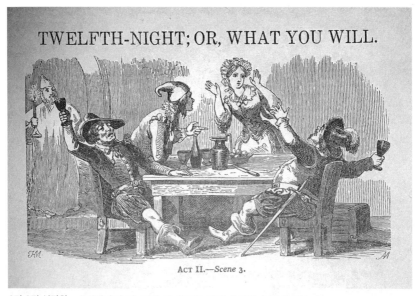

ACT II.—Scene 3.

2막 3장 석판화　올리비아의 집. 토비 경·앤드류 경과 올리비아·광대 페스테

렇듯 셰익스피어는 그가 이미 썼던 인물 성격과 장면을 이용했으며, 그것이 여기서 오롯이 하나의 작품으로 집약되어 나타난다.

'사랑'은 셰익스피어의 모든 낭만희극에서 공통되는 주제이다. 그리고 대부분 첫눈에 반하는 그 운명적 사랑은 심각하지 않은 감탄을 지니고 있다. 다시 말해서 웬만한 사랑은 빨리 이루어지고, 그것이 이루어지기까지 적지 않은 갈등이나 어려움을 겪는다 해도, 아니 그 갈등 자체가 이야기 줄거리를 이루는 경우가 많지만 마침내는 행복하게 끝나는 것이 낭만희극의 정해진 틀이다. 《십이야》에서는 비올라—오르시노—올리비아, 올리비아—비올라 등, 사랑의 술래잡기가 그다지 까다롭지 않게 이어지다가 제5막 마지막에 풀린다. 오르시노의 그 감탄과 집착이 덧없다고 느껴질 만큼 그는 쉽사리 올리비아를 단념하고 비올라를 맞아들인다. 이를 심각하게 따져 들어가면 셰익스피어의 희극은 멋이 없어진다. 경우에 따라서는 이 구김살 없는 작품 가운데 유독 말볼리오만이 부당한 대접을 받았다고 느끼는 독자가 있다면, 그것은 지은이가 말볼리오를 미워해서가 아니라 그의 낭만성을 살리기 위한 뜻이라고 보아야 하리라.

3막 4장, 왼쪽부터 〈파비안 역(프렌시스 월드론)·비올라 역(엘리자베스 영)·앤드류 경(제임스 윌리엄 도드)·토비 경(제임스 러브)〉 프랜시스 휘틀리. 1772.

오, 내 여인이여, 어디를 그렇게 떠도시나요? 아, 멈추어 들어보아요. 높고 낮은 노래하며 그대의 사랑이 오잖아요. 더는 방황치 마요, 달콤한 그대. 연인들이 만나면 여정은 끝이죠. 지혜로운 이들은 모두 알고 있어요. (제2막 제3장 페스테가 부른 노래)

등장인물들 가운데 가장 현명한 사람은 《뜻대로 하세요》의 터치스톤이나 《리어 왕》의 광대처럼, 올리비아의 어릿광대인 페스테이다. 페스테가 지혜로운 까닭은 그 자신의 미덕에서 온다기보다는, 다른 사람들에 비해 상대적으로 어리석지 않다는 데 있다. 사람은 곧잘 사랑에서 어리석다. 엉뚱하게 착각하기도 하고, 터무니없이 빠지기도 한다. 그런데 바보처럼 여겨지는 광대만이 어리석지 않다는 설정 자체가 모순적이며 흥미롭다. 그리고 이 아이러니가 날카로운 가시를 품고 있지 않다는 점에 셰익스피어 특유의 익살이 있다.

이 세상이 언제나 따사로운 햇볕이 내리쬐는 곳이 아니라는 사실을 알고도,

그 그늘을 들추어내려고 들지 않는 것이 그가 이즈음에 쓴 희극의 특징이다. 《십이야》 맨 끝 페스테의 노래가 나타내듯 바보도 물론 "비바람이 불어"오고 "비님이 내리"는 인생의 존재를 알고 있다. 이 작품은 삶에 대한 긍정과 예찬의 극치를 표현하면서, 기쁨에 벅찬 나머지 도리어 서글픔을 느끼게 한다.

《한여름 밤의 꿈》

"셰익스피어의 의심할 여지가 없는 최초의 걸작이다. 낭만과 현실을 어우러지게 하여 하나로 만든다는 점에서는 완벽에 가깝다. 이런 완벽에 가까운 하나로의 어우러짐은 요정에 쫓기는 숲속에서 달빛과 훌륭한 서정시라는 홍수로 목욕한 것과 같다."

미국 문학가 패럿(Thomas Marc Parrott 1866~1960)은 《한여름 밤의 꿈》을 이렇게 평했다.

셰익스피어 극 가운데 가장 환상적이고 몽환적이며 신비로운 이 작품은 작가의 뛰어난 상상력이 더할 나위 없이 풍요롭게 펼쳐진다. 또한 이 극이 지닌 훌륭한 가치는 바로 시(詩)에 있다. 셰익스피어의 서정적인 시적 정취와 시를 쓰는 마음이 극적 분위기에 맞추어져 이 작품에서 절정을 이루고 있다.

온갖 요정과 마법이 넘쳐나는 이 극은 이성과 합리주의를 강조하던 신고전주의 시대에는 그다지 주목받지 못했다. 하지만 상상과 초자연의 세계를 추구하던 낭만주의 시대가 오자 가장 사랑받는 작품이 되었다. 특히 많은 낭만주의 화가들이 이 작품에 사로잡혀 그 어떤 셰익스피어 작품보다도 많은 그림들을 남겼다.

셰익스피어는 초기 희극에서 로맨스(중세 설화)적인 소재와 코미디(현실 풍자)적인 소재를 교대로 시도한 바 있다. 이 두 소재는 유기적으로 결합, 발전하여 낭만희극(로맨틱 코미디)이라는 새롭고도 뛰어난 작품들이 쏟아져 나온다. 《한여름 밤의 꿈》은 첫 낭만희극으로, 공상 세계와 현실 세계가 완전히 뒤섞여 만들어진 즐거운 이야기이다.

그이가 헤르미아 눈에 끌려서 넋을 잃고 있듯이, 난 그이의 장점에만 감탄하고 있어. 야비하고 비천한 것도 사랑에 빠진 사람이 보면 훌륭한 모양을 갖게 되거든. 사랑은 눈으로 보지 않고 마음으로 보는 거야. 그러기에 날

개를 가진 큐피드는 장님으로 그려지는 거겠지. 그뿐인가, 사랑의 마음은 조금도 분별심이 없어. 날개와 장님, 이거야말로 물불도 모르는 성미를 나타낸 거지. (제1막 제1장 헬레나의 대사)

셰익스피어의 낭만희극은 주로 초기에 쓰였으며, 복잡하게 얽힌 젊은 남녀의 아름다운 사랑과 행복한 결혼이 주된 내용이다. 《한여름 밤의 꿈》, 《베니스의 상인》, 《뜻대로 하세요》가 그 대표적 작품이다.

장난꾸러기 요정 〈퍽〉 조슈아 레이놀즈 경. 1789.

집필 연도는 1595~96년으로 추정된다. 첫 출판은 1600년의 사절판으로, 작가의 자필 원고를 바탕으로 인쇄된 좋은 원전으로 여겨진다. 줄거리로 미루어 보아 어떤 귀족의 결혼 축하연에서 흥을 돋우기 위해 쓰인 것으로 보이며, 그 귀족이 누구인지에 대해서는 여러 주장이 제기되어 왔다.

이 작품의 소재는 대부분 셰익스피어가 만들어 냈다. 《실수 연발》에서 로마 희극작가 플라우투스(Titus Maccius Plautus B.C.254?~B.C.184) 스타일을 그대로 닮은 것과 마찬가지로, 어느 누구의 영향을 입은 흔적이 없는 작품이다. 셰익스피어는 여기에 몇 개의 구성(플롯)을 서로 얽어서 하나의 큰 줄거리로 잇고 있다.

테세우스 공작 이야기는 《플루타르크 영웅전》 가운데 〈테세우스 전기〉에서 소재를 끌어온 것으로 보이며, 또 영국 시인 초서(Geoffrey Chaucer 1343~1400)의 《캔터베리 이야기 The Canterbury Tales》 중 〈기사 이야기〉에서 소재를 따왔

2막 1장, 〈오베론과 티타니아의 말다툼〉 조셉 노엘 페이튼. 1849.

을 것이다. 그리고 두 쌍의 연인 이야기는 포르투갈 출신 스페인 소설가 호르헤 데 몬테마요르(Jorge de Montemayor 1520~1561)의 《달의 여신 디아나 *Diana*》에서 가져왔으리라 추측한다. 요정들 이야기는 영국 민간 설화에서 따왔다. 요정들의 왕 '오베론'이라는 이름은 1591년 극작가 로버트 그린(Robert Greene 1558?~1592)의 《제임스 4세》에 나온 적이 있었다. 대부분 여기에서 끌어오거나 프랑스의 옛이야기에서 소재를 가져왔으리라 여겨진다. 요정들의 여왕 '티타니아'는 셰익스피어가 즐겨 읽던 로마 시인 오비디우스(Publius Naso Ovidius B.C.43~A.D.17)의 시에서 따왔다. 또 요정 퍽(로빈 굿펠로)은 영국 민간설화에서 직접 가져온 것이다. 나머지 요정들 이름은 뜰에서 흔히 볼 수 있는 꽃과 풀의 이름이다. 노동자 무리는 그즈음 일하는 계급을 그대로 쓴 것이다.

한여름을 뜻하는 'midsummer'는 하지(夏至) 무렵을 일컫는다. 영국에서는 이때 잔치를 벌이며 재미있는 놀이를 하는 전통이 있다. 전설에 따르면 이날 밤에는 요정과 마녀들이 모여 굉장한 잔치를 연다. 이러한 전설과 전통을 바탕으로 한 이 작품에서는 하룻저녁 사이 숲속에서 온갖 일들이 일어나지만, 제

〈보텀과 사랑에 빠진 요정 여왕 티타니아   에드윈 랜시어. 1851.

목에 나온 그대로 한낱 꿈이며, 아침 해가 뜸과 동시에 뒤집혔던 상황들이 다시 제자리로 돌아간다.

극의 구성은 성격상 전혀 다른 4개로 이루진다. ① 요정 이야기, ② 공작의 결혼 이야기, ③ 두 쌍의 연인 이야기, ④ 노동자들 이야기. 이 네 가지 이야기는 얼핏 하나로 어우러질 수 없는 듯 보이면서도 서로 자연스럽게 연결됨으로써 놀라운 조화를 이루는데, 그 과정에서 셰익스피어의 뛰어난 솜씨가 드러난다. 이런 점에서 《한여름 밤의 꿈》은 높은 평가를 받고 있으며, 그의 낭만희극 가운데 으뜸으로 여겨진다.

셰익스피어는 이 극에서도 매력적인 인물 묘사로 우리에게 깊은 인상을 남긴다. 테세우스 공작을 비롯해 히폴리타, 리산드로스와 헤르미아, 데메트리우스와 헬레나, 오베론과 티타니아 등은 이런 종류의 극에서 흔히 볼 수 있는 전형적인 인물이다. 둘씩 짝을 이루는 관계라는 것 말고는 특별한 개성을 나타내는 입체적인 인물은 아니다. 그러나 직조공 닉 보텀과 장난꾸러기 요정 퍽은 곁다리 같은 존재라고는 해도 지은이가 훌륭하게 만들어 낸 인물임에는 틀림없다. 퍽이 주인인 오베론의 명령에 따라 움직이면서도 인간들의 어리석은 행동을 한없이 즐기는 모습은 작품의 흥미를 한껏 돋우어 준다. 나쁜 뜻이 없는 장난이 빚어내는 결과들을 보며 유쾌하게 웃게 되는 것이다. 그리고 보텀은 비록 무식하지만 여기저기서 얻어들은 짧은 지식으로 지껄여 대는 선량한 인간이다. 무엇이든지 하고 싶어하며, 어디든지 참여하려고 덤비는, 그리 영특하지는 않지만 숭굴숭굴하고도 익살맞은, 통속적이지만 이 작품에서 재미있는 부분을 가장 잘 이끌고 나가는 개성적인 인물이다. 패럿은 보텀을 일컬어 "셰익스피어가 처음으로 만들어 낸, 매우 개성적이며 인간미가 넘치는 인물"로 평가한다.

어울림의 극치인 이 작품은 음악·무용·시의 리듬에다 보통 사람들의 익살을 골고루 버무려 놓았고, 빈틈없는 인물 묘사와 더불어 아름다운 환상 속에서도 또렷한 현실을 느낄 수 있는 하나의 빼어난 그림이다.

《베니스의 상인》

셰익스피어가 두 번째로 손댄 낭만희극이 《베니스의 상인》이다. 청춘 남녀의 사랑 이야기에 16세기 영국의 반유대주의라는 서로 다른 두 개의 축을 치밀하게 엮어낸 작품으로, 무대에서는 오늘날까지도 셰익스피어의 가장 인기 있는 극 가운데 하나이다.

작품에 드러난 사회적 문제와 셰익스피어의 문체 등으로 봐서 1596~97년에 완성되었으리라 여겨진다. 첫 출판은 1600년의 사절판으로 이는 좋은 원전으로 알려져 있다.

극의 소재를 얻은 것은 크게 두 줄기로 나뉜다. 첫째로, 빌려간 돈을 정해진 날짜 안에 갚지 못하면 살점 1파운드를 채무자의 몸에서 채권자가 마음대로 떼어내도 좋다는 이야기의 뿌리는 로마법에서 찾아볼 수 있다. 유럽에서는 중세 시대에 흔하게 전해 내려오는 이야기로서, 1588년 출판된 《얼간이 *Il Pecorone*》라는 설화집에 실린 이야기 가운데 하나이다. 그리고 악역 샤일록의 원형은 크리스토퍼 말로(Christopher Marlowe 1564~1593)의 비극 《몰타의 유대인》에서 비롯되었는데, 기독교인을 미워하는 유대인 이야기로서 셰익스피어가 이 작품을 쓸 무렵에 런던 시민에게 인기가 높았다고 한다. 둘째로, 금·은·납 상자 3개 가운데 하나를 고름으로써 귀부인의 사랑을 얻는 이야기 또한 오래전부터 전해 내려오는 이야기이다. 보카치오(Giovanni Boccaccio 1313~1375)의

《데카메론 *Decameron*》에도 이런 이야기가 들어 있다.

이 두 이야기가 작품의 중심을 이루고, 거기에 더욱 재미있게 꾸미기 위해 반지 이야기와 유대인 딸이 기독교인 애인과 달아나는 이야기를 곁들였다. 이 또한 르네상스 시대에 널리 퍼졌던 것이다.

《베니스의 상인》은 셰익스피어가 극작가로서 그 성숙함을 보여주는 첫 작품이다. 이보다 앞선 그의 작품에서는 시적 요소가 많이 끼어들어 있었다. 이 극 이후로 작가는 등장인물의 행동에 집중하며, 가

2막 5장, 〈제시카에게 열쇠를 맡기는 샤일록〉 찰스 프레드릭 로 우콕

장 서정적인 요소도 대화의 일부가 되도록 만들었다. 따라서 여태까지 셰익스피어가 써온 어떤 작품보다도 희곡으로서 완성도가 높다고 볼 수 있다.

첫째, 이 작품을 성공으로 이끈 것은 '촘촘하고 세밀하게 짜인 구성'이다. 사람의 살점을 잘라내는 것을 담보로 내건 차용증서를 둘러싼 이야기와 상자 선택이라는 두 가지 구성을 절묘하게 짜 넣고, 그것을 자연스레 반지 이야기로 연결시켜서 펼쳐 나가는 기법은 오늘날에도 좋은 연구 대상이다.

둘째, 등장인물의 '훌륭한 성격 묘사'이다. 무엇보다 인물 성격이 판에 박은 듯한 정형성에서 벗어나 인간다운 요소가 많다. 다시 말해 사실적인 인물들이다. 유대인 고리대금업자 샤일록을 비롯하여 베니스의 상인 안토니오와 그의 친구 바사니오, 벨몬트의 부잣집 딸 포르티아 등이 모두 인간으로서 그럴 듯한 장점과 단점을 가지고 있다. 안토니오는 정직하며 우정을 위해서는 목숨까지도 아끼지 않지만, 샤일록에게는 부당하게 편협하고 독선적이다. 바사니

3막 3장, 〈안토니오의 애원을 거절하는 샤일록〉 리처드 웨스톨.
1795.

오는 품행이 바르지 않지만 애인으로서는 진실하며, 포르티아는 아름답고 지혜로우며 용감한 반면 샤일록이나 바사니오에 대한 일에서 조금 지나치게 교활하다.

극작가로서 셰익스피어의 뛰어난 점은 샤일록이라는 인물 창조에 있다고 해도 지나친 말이 아니다. 그즈음 유대인이 연극 무대에서 다루어질 때에는 언제나 기독교인에게 나쁜 뜻을 품은 극악무도한 인간으로 그려졌다. 이 극에서도 샤일록의 배후에는 그 시절 온갖 사회 문제가 담겨 있는데, 특히 유대인과 고리대금 두 가지는 영국 사람들에게 적지 않은 반발을 불러일으키던 문제였다. 더욱이 1594년에는 엘리자베스 여왕의 주치의였던 포르투갈 출신 유대인 로페즈(Roderigo Lopez 1517~1594)가 여왕 독살 시도 혐의로 교수형에 처해진 뒤 그 시체는 팔다리가 찢긴 채 런던 거리를 끌려 다닌 일이 있었으며, 이 사건의 재판은 셰익스피어 후원자 가운데 한 사람인 에섹스 백작이 주관했다.

아니, 뭐 유대인은 눈이 없소? 유대인은 손이, 오장육부가, 팔다리가, 감각이, 감정이, 정열이 없단 말이오? 같은 음식을 먹고, 같은 무기에 다치고, 같은 병에 걸리고, 같은 약에 낫고, 겨울에는 추위를 느끼고, 여름에는 더위를 느끼오. 어디가 그리스도교인들과 다르단 말이오? 찔려도 피가 안 난단 말이오? 간지럽혀도 웃지 않는단 말이오? 나머지 것들도 모두 당신들과 마찬가지라면, 이 일의 경우에도 뭐가 다르겠소? 유대인이 그리스도교도를 모욕했다고 합시다. 그리스도교도의 관용은 뭐겠소? 복수요. 그렇다면 그리스도교도가 유대인을 모욕한 경우, 그리스도교를 본뜬다면 유대인은 어떤 인내를 해야 옳겠소? 물론 복수요. (제3막 제1장 샤일록의 대사)

4막 1장, 〈이 조문을 보시오〉 엘리자베스 쉬펜 그린. 1922.

로페즈 사건 뒤 그 무렵 사회에서 샤일록은 단순한 악역으로만 비치지는 않았을 것이며, 셰익스피어 또한 그런 군중 심리에 맞추어 샤일록을 막돼먹은 악인으로 그리는 것이 본디 목적이었을지도 모른다. 그러나 이 극에서 샤일록은 그와 같은 한낱 시대의 저속한 인물에 그치지 않는다. 셰익스피어는 샤일록을 나쁜 뜻과 원한을 품는 게 마땅한, 정당한 이유를 가진 사람으로서 등장시키고 있다. 줄거리에서 샤일록은 사건을 복잡하게 갈등하게 만드는, 적극적인 역할을 하는 인물이다. 그리고 재판 장면에서는 포르티아 대사의 유명한 자비론과, 계약대로처리할 것을 고집하여 안토니오를 죽게 만들려는 샤일록의 집념이 서로 맞서있다.

처음에는 낭만희극의 줄거리 흐름에서 단순한 악역이 필요했을 텐데, 이 악역 샤일록이 엉뚱하게 생기를 띤 인물로 발전해 간다. 어쩌면 셰익스피어 눈에는 이 악역이 그 본디 행동반경을 넘어설 수밖에 없는 한 인간, 더구나 심한 모욕을 받아 온 수난 민족의 한 사람으로서 비쳤을지도 모른다. 한편, 독자의 눈으로 본 샤일록은 그저 남편으로서, 아버지로서 자연스러운 보통 사람일 뿐이다. 그가 안토니오에게 받은 모멸감을 늘어놓을 때는 고개가 살짝 끄덕여지기도 한다. 딸이 가지고 달아난, 먼저 세상을 뜬 아내가 준 보석 반지를 아끼는 말에서는 독자 또한 그와 같은 감정을 느낀다. 재판에 지고 떠나려고 할 때 내뱉는 말에는 연민의 정마저 품게 된다.

앞서 말한 그 시절 고리대금 문제도 마찬가지이다. 예부터 고리대금은 물론 악덕이었다. 그렇다면 셰익스피어는 정당한 대금업은 어떻게 생각했을까? 포르티아가 재판장에서 펼치는 자비론 또한 정의를 바탕으로 하고는 있지만, 그 한편에서는 기독교인의 위선을 풍자하고 있는 것은 아닐까? 악역 샤일록은 《오셀로》에서 이아고로 발전해 간다. 그러나 무대 위에서, 그리고 비평가들의 펜 끝에서 샤일록은 희극적 인물, 기괴한 인물, 비극적 인물 등 갖가지로 해석되어 전해진다. 셰익스피어의 원작 자체가 그런 여러 해석이 나올 수 있는 요소를 안고 있기 때문이다.

《베로나의 두 신사》

이 작품의 집필 연도는 확실하지 않으나 셰익스피어 초기 희극들 가운데 하나인 것은 틀림없다. 이러한 사실은 문장과 운율의 특성, 그리고 조금 서툰 구성 및 성격 묘사에서도 드러난다. 학자들은 이런 점들을 헤아려 셰익스피어가 1594~95년에 쓴 것으로 추정한다.

《베로나의 두 신사》가 언제 처음으로 무대에 올랐는지는 알 수 없으며, 첫 번째 인쇄는 1623년 제1이절판 전집으로 가장 권위 있는 원전이다. 이 극의 소재가 된 책으로는 다음 두 가지가 언급된다. 줄리아와 프로테우스의 사랑은 호르헤 데 몬테마요르의 《달의 여신 디아나》와 줄거리가 비슷하며, 또한 사랑과 우정 사이의 갈등은 존 릴리(John Lyly 1554~1606)의 《유퓨즈 *Euphues*》를 그 바탕으로 삼고 있다.

젊은 셰익스피어는 중세 설화를 바탕으로 젊은 남녀의 사랑과 우정의 문제를 서정적이고 낭만적인 희곡으로 만들어 냈다.《베로나의 두 신사》는 남장 여주인공, 여러 쌍의 사랑과 우정의 갈등, 순수한 사랑과 비정한 사랑, 참된 우정과 거짓된 우정의 대조 구성, 그리고 결혼 축하연으로 막이 내리는 등 전형적

4막 4장, 〈라운스의 개로 프로테우스의 개를 대신하다〉 오거스터스 에그. 1849.

인 낭만희극의 특징을 보여준다.

베로나의 두 신사인 발렌타인과 프로테우스는 둘도 없는 친구이지만, 발렌타인이 출세의 꿈을 안고 밀라노로 떠나게 되면서 둘은 헤어지게 된다. 프로테우스는 베로나의 처녀 줄리아를 사랑하고 있어서 발렌타인과 함께 가지 않은 것이다. 그러나 프로테우스의 아버지는 아들을 타일러 밀라노에 머물고 있는 발렌타인을 찾아가게 한다. 발렌타인은 밀라노에 도착한 뒤 실비아에게 마음을 고백하고, 마침내 그녀의 사랑을 얻는다. 실비아는 밀라노 공작의 딸이었는데, 자신의 딸과 발렌타인의 사이를 알게 된 공작은 둘의 결혼을 반대한다. 그래서 두 남녀는 사랑을 위해 달아날 것을 계획한다.

한편 프로테우스가 밀라노에 도착하자 발렌타인은 그를 반갑게 맞이한다. 그리고 친구에게 사랑의 도피 계획을 털어놓으면서 도움을 청한다. 이 말을 듣고 프로테우스는 힘닿는 데까지 도울 것을 약속한다. 그러나 첫눈에 실비아에게 반한 프로테우스는 친구 발렌타인을 돕겠다는 약속과, 고향에 두고 온 연인 줄리아와의 결혼 약속마저 저버린 채 실비아를 자기 여자로 만들려고 일을 꾸민다.

5막 4장, 〈프로테우스로부터 실비아를 구해내는 발렌타인〉 안젤리카 카우프만. 1788.

열이 나면 다른 열을 몰아내듯이, 못 하나가 다른 못을 뽑아내듯이 옛 사랑의 기억은 새로운 사랑으로 완전히 잊히게 되었구나. (…) 내가 사랑한 줄리아도 아름다웠지. 전에는 사랑했지만 이제는 그 사랑이 식었어. 불에 녹아내리는 양초로 된 인형처럼, 예전의 모습은 사라졌구나. 발렌타인에 대한 나의 우정도 식어버린 모양이야. 그래서 예전처럼 그 친구를 좋아하지도 않는 것 같아. (…) 모든 수단을 써서라도 그녀를 내 손에 넣어야지. (제2막 제4장)

이렇게 친구는 물론 약혼자까지 배신한 프로테우스는 발렌타인과 실비아가 도망치려 한다는 것을 공작에게 몰래 알리고, 발렌타인을 밀라노에서 추방당하도록 만든다. 친구의 간사한 계략에 말려들어 쫓겨난 발렌타인은 가까운 산속에 숨어, 그곳을 근거지로 삼고 있는 산적들의 우두머리가 된다. 이러는 동안 프로테우스에게 버림받은 줄리아는 남자로 변장하고 밀라노에 도착하여, 자기 본모습을 감춘 채 프로테우스의 하인이 되어 그 곁을 지킨다. 프로테우스는 실비아에게 사랑의 징표로 반지를 보내기로 하고, 줄리아에게 가지고 가라고 명령한다. 그러나 그녀는 이를 거부한다.

실비아는 발렌타인을 찾아가다가, 산적들에게 잡힌다. 하지만 그녀를 우두머리에게 끌고 가기 전에 프로테우스가 그녀를 구해 낸다. 그리고 그녀에게 결혼을 강요한다. 때마침 나타난 발렌타인이 친구의 배신을 목격하지만, 프로테우스가 진심으로 사과하자 그를 용서하고 놓아준다. 마침내 실비아는 발렌타인의 아내가 된다. 한편 자신의 하인이 줄리아인 줄 모르고 있던 프로테우스는 나중에 그 사실을 알고는 그녀의 일편단심에 감동하여 다시 그녀를 사랑하게 된다. 이러한 사건들이 벌어지는 동안 공작은 산적들에게 붙잡힌 신세가 되기도 하지만, 결국 그들에게 시민권을 주어 용서해 준다.

이러한 행복한 마무리는 셰익스피어의 다른 희극에서도 가끔 볼 수 있으나, 그의 초기 작품인 《베로나의 두 신사》에서는 극적이라기보다는 서정시와 같은 분위기를 풍긴다. 이런 점은 그의 초기 작품들 대부분에서 보이는 특징이기도 하다.

중세 설화를 바탕으로 한 이 작품 속 연인의 변심과 우정의 배신 문제는 만족스럽게 처리되지는 못했지만, 이 문제들은 앞으로 되풀이되어 차츰 깊이 있게 발전해 나아간다. 그런데 발렌타인의 하인 스피드와 프로테우스의 하인 라운스는 매우 현실적인 인물들로서, 중세 설화적인 극의 전체 분위기와는 이질적인 모습을 보여준다. 그들은 어릿광대와 같은 말과 행동으로 주인들을 비웃거나 비판하는 비교적 발랄한 인물들이며, 이들 또한 다른 작품에서 생생한 인물 성격으로 성장해 간다.

신상웅(辛相雄)

일본 교토에서 태어나 경북 의성에서 성장했으며, 중앙대 영문학과를 졸업 대학원에서 문학박사 학위를 받았다. 1968년 〈세대〉지 신인문학상에 중편 「히포크라테스 흉상」이 당선되어 작품활동을 시작한 뒤, 진중한 역사의식과 날카로운 현실인식이 돋보이는 중량감 있는 작품들을 발표하여 한국현대문학을 대표하는 작가의 한 사람으로 자리잡았다. 시대의 모순과 개인적 갈등을 밀도 있게 조명한 그의 소설들은 시대를 뛰어넘어 강한 흡인력을 행사하고 있다. 장편 「심야의 정담(鼎談)」으로 제6회 한국일보문학상을 수상하였다. 중앙대 교수와 예술대학원장 역임, 현재 명예교수이다. 주요 작품 「히포크라테스 흉상」, 「분노의 일기」, 「쓰지 않은 이야기」, 「돌아온 우리의 친구」, 장편 「배회」, 「일어서는 빛」, 「바람난 도시」, 「심야의 정담」 등이 있다. 셰익스피어30년 연구와 열정을 바친 신상웅 옮김 「셰익스피어전집(총8권)」으로 '춘원문학상'을 수상했다.

World Book 286
셰익스피어전집5 [희극 I]
William Shakespeare
TAMING OF THE SHREW/AS YOU LIKE IT/TWELFTH NIGHT
A MIDSUMMER NIGHT'S DREAM
THE MERCHANT OF VENICE/THE TWO GENTLEMEN OF VERONA

말괄량이 길들이기/뜻대로 하세요/십이야
한여름 밤의 꿈/베니스의 상인/베로나의 두 신사

셰익스피어/신상웅 옮김

1판 1쇄 발행/2019. 11. 1
발행인 고정일
발행처 동서문화사
창업 1956. 12. 12. 등록 16-3799
서울 중구 다산로 12길6(신당동 4층)
☎ 02-546-0331~6 Fax. 545-0331
www.dongsuhbook.com

사업자등록번호 211-87-75330
ISBN 978-89-497-1730-2 04080
ISBN 978-89-497-0382-4 (세트)